Nuova Cultura
47

Giovanni De Luna

Donne in oggetto

L'antifascismo nella società italiana 1922-1939

Bollati Boringhieri

Prima edizione settembre 1995

Stampato in Italia dalla Stampatre di Torino
ISBN 88-339-0932-8

Stampato su carta Palatina delle Cartiere Miliani Fabriano

Indice

Prefazione

A Marina

1. Le «donne in oggetto» del titolo sono tutte quelle inquisite, denunciate, arrestate, processate, incarcerate durante il fascismo e per qualsiasi motivo finite davanti al Tribunale Speciale. Fascicoli processuali e documenti di polizia, infatti, con burocratica glacialità recitavano nella loro intestazione «l'imputata in oggetto» «la detenuta in oggetto», annegando sotto il peso di quella formula impersonale, reificata, disumanizzata una folla di personaggi e di percorsi biografici, un intero mondo di affetti, di speranze, di progetti. Tutto quanto restava impigliato nelle strette maglie della sorveglianza poliziesca doveva essere non solo annientato ma anche cancellato e rimosso. La storia raccontata da questo libro comincia proprio da quell'«in oggetto», nel tentativo di dare spessore e solidità a quei brandelli di esistenze individuali e collettive che filtrano attraverso le successive scansioni, rigidamente prefissate, dei procedimenti giudiziari, restituendo carne e sangue a figure rese larvali dalla loro dimensione esclusivamente cartacea.

Questo percorso narrativo (e il progetto di ricerca che lo sostiene) è stato reso possibile dalla consultazione dei fondi archivistici del Tribunale Speciale versati all'Archivio Centrale dello Stato. Come è noto, per accelerare i tempi della loro accessibilità c'è voluta una legge speciale, promossa dai senatori Gaetano Arfè e Giuseppe Fiori. Prima di questo opportuno provvedimento, del Tribunale Speciale si conoscevano i dati riassuntivi della sua attività e, per intero, le motivazioni delle sue sentenze, comprese quelle della Commissione Istruttoria. Adesso, invece, a essere disponibile è la documentazione completa, cioè tutti i fascicoli degli antifascisti deferiti, ognuno dei quali comprende documenti che vanno dai certificati di rito (generalità, grado di istruzione, stato civile, professione) ai verbali dei singoli interrogatori, di perquisizione domiciliare, di sequestro di materiale vario fino alle sentenze (sia istruttorie che dibattimentali). Si tratta di più di mille buste con oltre ventimila fascicoli, un'enorme mole di materiale in cui è possibile rintracciare, tra l'altro, documenti clandestini prodotti dal PCI non disponibili altrimenti, in particolare alcune delle circolari dell'Ufficio Politico e copie dei vari periodici clandestini. Ma non è solo questo. Attraverso i rapporti di polizia, gli interrogatori e, soprattutto, la tipologia del materiale sequestrato affiora nitidamente l'intero universo familiare e sociale dei militanti antifascisti. È come se, inconsapevolmente, sequestrando lettere, fotografie, diari, carte private, conti della spesa, libri, album di canzoni, oggetti personali, gli aguzzini abbiano lavorato perché fosse possibile raccontare la storia delle loro vittime.

2. Quelle carte racchiudono le radici di un'identità collettiva, umana prima ancora che politica. Perciò, attingendo a quelle fonti, questo libro non parla solo di donne. In un progetto intellettuale che privilegia la categoria interpretativa dell'antifascismo esistenziale, la centralità della storia delle donne si impone prima di tutto come una priorità metodologica, poi come un'inclinazione soggettiva dello storico. Sono pochissime infatti, tra le donne denunciate e condannate dal Tribunale Speciale, quelle che si definirono totalmente per la loro militanza, per la loro «carriera» politica (ne citiamo una per tutte, Camilla Ravera). La stragrande maggioranza, invece, continuò a muoversi all'interno di una zona di frontiera nella quale l'appartenenza all'antifascismo organizzato, alla cospirazione politica contro il regime, non fu mai così esclusiva e assorbente da azzerare completamente la continuità di attività familiari, di consuetudini amicali e lavorative, di scelte e comportamenti direttamente legati alla propria collocazione sociale. Nelle reti della macchina giudiziario-repressiva del fascismo, oltre alle «cospiratrici», restarono impigliate centinaia di sorelle, mogli, madri, fidanzate di detenuti politici, di militanti clandestini. I fondi archivistici del Tribunale Speciale ci restituiscono oggi le loro lettere, le loro suppliche, il peso di innumerevoli atti burocratici che presero a incombere sulla loro esistenza (il dissequestro dei beni, ad esempio, per poter continuare un'attività lavorativa anche senza il marito) stra-

volgendone le abitudini, scaraventandole in un universo tradizionalmente maschile ma con il quale furono costrette ad acquistare subito familiarità. La loro storia diventa così una chiave che dischiude orizzonti interpretativi più complessivi, indicando percorsi di ricerca che si allargano fino a ricomprendere l'intera vicenda dell'antifascismo italiano negli anni del regime.

Molte pagine del libro saranno dedicate a motivare l'opzione storiografica per l'ambito più largo dell'antifascismo esistenziale nei confronti di quello più restrittivo delimitato dall'antifascismo politico, concentrandosi sugli slittamenti semantici che – sul piano interpretativo – hanno subìto entrambe le definizioni. Qui basti anticipare soltanto che nei percorsi biografici in cui ci si è imbattuti l'approdo all'antifascismo appare come la sanzione politica di una diversa visione del mondo che nasceva già all'interno della propria dimensione esistenziale: la loro configurazione collettiva, la risultante ultima di mille tensioni individuali, di frequenti sconfinamenti in uno o nell'altro dei campi politici, di contraddizioni laceranti, lascia comunque affiorare un'altra Italia, guardata con sospetto, con diffidenza, ma in qualche caso anche con ammirazione, da poliziotti e magistrati che ne leggevano benissimo il profilo politico ma che non riuscivano a capire perché un così grande numero di uomini e donne affrontassero lunghi anni di galera pur di non rassegnarsi al conformismo e all'opportunismo della maggioranza.

3. La storia dell'antifascismo nella società italiana costituisce la prima parte di questo libro. Segue una seconda che racconta quattro storie con sei personaggi femminili. È una storia complessa quella delle donne antifasciste e quella dell'antifascismo esistenziale, una storia che in certi passaggi sembra sfuggire alla comprensione che scaturisce dai consueti impianti di ricerca, dall'uso degli attrezzi che appartengono al tradizionale laboratorio dello storico: il confronto con la bibliografia, la ricognizione delle fonti (compresi altri importanti corpus documentari conservati all'Archivio Centrale dello Stato, a partire da quelli del Casellario Politico Centrale e dalle carte della Direzione generale della P.S.), il ricorso alle testimonianze. Per penetrare i contorni reali di uomini e donne le cui scelte di vita non si lasciarono imprigionare esclusivamente nel mondo della politica, è stato necessario, così, rompere le rigidità che segnano il racconto «della storia

di tutti», animando quello scenario di figure in carne e ossa, andando a scoprire nella dinamicità e nella drammaticità dei singoli destini individuali la conferma dei presupposti interpretativi fissati nel descrivere la dimensione collettiva dell'esperienza esistenziale dell'antifascismo.

Dal punto di vista metodologico, la maggiore difficoltà affrontata in questo lavoro è legata proprio al tentativo di padroneggiare il nesso tra la singolarità e la pluralità con gli strumenti della storia contemporanea, una disciplina che non ha ancora uno statuto consolidato e sconta proprio in questa direzione le sue più vistose incertezze. La tentazione «scientifica» sarebbe quella di spingersi lungo i sentieri che portano a delineare quadri collettivi in grado di offrire certezze interpretative e solidi ancoraggi conoscitivi; la realtà delle nostre fonti tende invece a moltiplicare le specificità, a restituirci una ragnatela di vissuti e di scelte soggettive in cui è difficile ritrovare una trama, un ordito unitario. In pratica, per attingere a una dimensione collettiva storiograficamente efficace, occorre ridurre la complessità, sforzarsi di essere lineari e definitori; di contro, la dimensione individuale nega la semplificazione e si lascia conoscere storicamente solo attraverso la ricchezza e la moltiplicazione dei casi singoli e delle esperienze personali. La soluzione adottata nel libro si riflette nella sua divisione in due parti. È una partizione funzionale a dare spazio adeguato alla trattazione sia degli scenari collettivi sia di quelli individuali. Non c'è però soltanto una giustapposizione tra i due ambiti. Così come la storia dell'antifascismo esistenziale non può essere separata da quella dell'antifascismo politico, anche il nesso individuale/collettivo sfonda la «separatezza» dell'impianto redazionale in un percorso al cui interno, considerando come una straordinaria opportunità conoscitiva la contraddittorietà delle vicende individuali, si è cercato, alla fine, di coglierne la «risultante» ultima; ed è proprio questa «risultante» nel senso attribuitole dalla fisica quella che alla fine ci restituisce le identità collettive, delineatesi sia sul versante antifascista sia su quello fascista, facendo scaturire la linearità della tesi interpretativa del libro dalla molteplicità e dalla varietà degli ambiti di ricerca e delle fonti documentarie.

In questo senso, la scelta di coniugare «la storia» con le «storie» deriva anche dal confronto con altri paradigmi interpretativi, in particolare quelli di derivazione letteraria, attraverso il franco riconoscimento che in certi casi gli scrittori sono in grado di leggere e interpretare la realtà senza scontare le «parzialità» degli approcci degli storici. Balzac, Hugo, Zola resero «conoscibile l'inconoscibile» attraverso un impianto metodologico di assoluto rigore storiografico che giustamente Louis Chevalier ha sintetizzato in un brano di Victor Hugo:

La fogna è come la coscienza della città. Tutto vi converge e vi si confronta. In quel luogo livido, regnano sì le tenebre, ma non ci sono più segreti (...) Una fogna è come un uomo cinico. Dice tutto (...) Una tale sincerità dell'immondizia ci piace (...) L'osservatore sociale deve entrare in quelle ombre. Fanno parte del suo laboratorio.

Non si tratta, quindi, soltanto di un invito a frequentare con più disinvoltura le fonti letterarie, quanto di accettare la sfida sullo stesso piano della narrazione come modello espositivo e interpretativo. Per gli storici c'è come un vecchio complesso d'inferiorità, un sentirsi degli scrittori mancati che al talento, alla creatività di una fantasia capace di nutrire scenari e personaggi, all'abilità di intrecciare trame e risvolti psicologici hanno sostituito l'uso dei documenti e delle fonti chiedendo in prestito agli archivi vicende da raccontare e protagonisti da descrivere. In questo senso, non stupisce l'eccessiva timidezza con cui è stato recepito in Italia (soprattutto nell'ambito della storia contemporanea) l'appello al ritorno alla narrazione lanciato da Stone agli inizi degli anni ottanta. In fondo, proprio negli elementi salienti del modello narrativo definito da Stone (organizzazione del materiale in sequenza cronologica; concentrazione del contenuto in un unico racconto coerente; taglio descrittivo anziché analitico; attenzione all'uomo e non alle circostanze e al particolare più che al collettivo; robuste concessioni all'eleganza stilistica, all'arguzia, all'aforisma) è racchiusa la possibilità concreta di contemperare le ambizioni scientifiche della spiegazione e dell'argomentazione storica con la finezza e l'efficacia interpretativa dei percorsi letterari. D'altra parte, proprio a ridosso di queste considerazioni di Stone, con un approccio mutuato dalla critica letteraria, già Starobinsky aveva posto al centro del meccanismo che fa scattare la scintilla della conoscenza storica la risonanza emotiva instauratasi tra lo storico e il proprio oggetto di studio, illuminata dal suo progetto intellettuale, dalle chiavi di lettura che lo storico utilizza attingendo al complesso delle proprie ipotesi di lavoro e alle proprie capacità di elaborare concetti generali.

In quest'ottica, quindi, sono state varate *le storie* che concludono il libro. Si è trattato certamente di un'opzione di tipo soggettivo, legata a una forte empatia personale con quelle specifiche vicende biografiche, prima fra tutte quella di Tina Pizzardo; ma è stato anche il tentativo di cogliere le molteplici opportunità che, sul piano metodologico, scaturiscono dalla scelta di affrontare senza remore i sentimenti, le emozioni, i modelli di comportamento, il desiderio sessuale, i rapporti familiari, i vincoli emotivi, sottraendosi all'ossessione di raccontare una storia lineare e assumendo invece esplicitamente come un proprio progetto di ricerca quello di «vagare nella testa della gente».

4. Negli anni in cui si è protratto questo lavoro ho accumulato cospicui debiti di riconoscenza. Anzitutto verso la sezione di Torino dell'ANPPIA che ha finanziato almeno il progetto iniziale di ricerca per la cui prosecuzione ho poi attinto ai fondi 60 e 40 per cento del ministero dell'Università e della ricerca scientifica. Nei miei prolungati soggiorni romani sono stato ospitato con fraterna generosità da Grazia Levi, Guido e Annabella Crainz, Antonello Branca e Donatella Barazzetti, Enrico Deaglio e Guido Chiesa. Marina Giannetto mi ha pilotato con competenza e passione nei meandri dell'Archivio Centrale dello Stato, il cui personale è stato di una gentilezza squisita. Sempre nell'ambito della documentazione conservata all'Archivio di Stato, ho potuto contare sulla proficua collaborazione di Gerardo Padulo. Decisivo è stato infine l'apporto della rete periferica degli Istituti della Resistenza, una vera e propria miniera di energie intellettuali alle quali ho potuto largamente attingere, grazie in particolare a Rino Sala (Trieste), Stefano Vitali (Firenze), Nicoletta Pantaliti (Trento), Brunella Della Casa (Bologna), Piero Ambrosio (Borgosesia), Luciano Boccalatte e Dada Comandone (Torino). Hanno accettato di discutere con me l'impostazione del libro e di seguirne la faticosa stesura Ersilia Alessandrone Perona, Bianca Guidetti Serra, Simonetta Soldani, Anna Rossi-Doria e Claudio Pavone: a tutti mi lega oggi un'amicizia resa ancora più solida dalla riconoscenza. Alfredo Salsano ha voluto e fermamente inseguito questo libro; Patrizia Guerra lo ha accompagnato con efficacia nel suo percorso redazionale. Ma su tutti mi corre l'obbligo di ringraziare Vittorio Rieser: l'avermi consentito l'accesso alle memorie di sua madre, Tina Pizzardo, mi ha dato la possibilità di disporre dell'«eroe eponimo» su cui questo libro è stato modellato.

GIOVANNI DE LUNA

Torino, luglio 1995

Donne in oggetto

Introduzione

L'antifascismo tra storiografia e ricerca

1. *Le cifre*

Tra il 1926 e il 1943 furono deferiti al Tribunale Speciale per la Difesa dello Stato 15806 antifascisti (748 donne). Quasi altrettanti, 12330, furono quelli inviati al confino (145 donne), mentre 160000 furono «ammoniti» o sottoposti a «vigilanza speciale». Su queste cifre, da sempre, si è annodata la *querelle* storiografica sulle dimensioni quantitative del movimento di opposizione al regime di Mussolini.[1] Ne è stata messa in discussione l'esattezza, ma senza spostarne di molto l'ordine di grandezza.[2] Si è tentato, soprattutto, di disaggregarle così da renderne più percepibili e controllabili anche i contorni qualitativi. Quelli effettivamente processati dal Tribunale Speciale furono, ad esempio, 5620 (124 donne), agevolmente identificabili sulla base della loro provenienza sociale e del loro status professionale (3898 operai, 546 contadini, 221 professionisti, 238 commercianti, 296 impiegati, 164 studenti, 37 casalinghe).[3] Le articolazioni per singole aree geografiche hanno poi efficacemente confermato non solo l'ammontare complessivo ma anche le proporzioni stabilitesi tra i diversi numeri che indicano confinati, vigilati, denunciati, condannati, ammoniti ecc. Così, ad esempio, i deferiti al Tribunale Speciale in provincia di Vercelli furono 155 (16 donne), e i confinati 175 (6 donne). Dei 155 deferiti, 81 furono condannati, 66 prosciolti, 24 rinviati ad altri giudici; tra le donne, 6 furono condannate, 8 assolte, 2 «passate» alla magistratura ordinaria: 11 su 14 erano tessitrici, 14 su 14 comuniste.[4]

Molto opportuna è stata anche l'elaborazione di schemi periodizzanti che hanno permesso di forzare la staticità del puro dato numerico in un percorso diacronico in grado di restituirci con immediata evidenza l'alternarsi delle diverse fasi che scandirono le manifestazioni del dissenso antifascista. I processati dal Tribunale Speciale, ad esempio, si distribuiscono nel tempo in maniera considerevolmente difforme da quella dei deferiti: i primi sono più numerosi nel periodo 1930-34 (il 28 per cento del totale), i secondi nel triennio 1940-43 (il 31,4 per cento del totale). Queste le due serie complete così come sono state elaborate da Luciano Casali:[5]

	1927-29 %	1930-34 %	1935-39 %	1940-43 %
Processati	24,5	28	26,3	21,2
Deferiti	25,8	27	15,8	31,4

Dati ancora diversi si ricavano se si prendono in considerazione le donne, per le quali le stesse serie si distribuiscono lungo queste sequenze:

	1927-29 %	1930-34 %	1935-39 %	1940-43 %
Processate	29	18,6	15,3	37,1
Deferite	21,2	14	10,3	54,5

Per quanto riguarda il numero dei procedimenti aperti a carico di donne presso il Tribunale Speciale, i dati della Rubrica del registro generale ci forniscono questa sequenza dal 1927 al 1939:

1927	129	1934	55
1928	54	1935	47
1929	26	1936	45
1930	25	1937	46
1931	119	1938	37
1932	55	1939	61
1933	46		

In totale furono quindi 748 le donne la cui posizione fu comunque presa in considerazione dal Tribunale Speciale, alle quali bisogna aggiungere le 323 coinvolte nelle agitazioni degli stabilimenti tessili della Valle Olona e nei cui confronti il procedimento non ebbe nemmeno inizio.[6]

In modo certamente più suggestivo Altiero Spinelli, sulla base dei calcoli effettuati da Ernesto Rossi, ha notato come, tra il 1926 e il 1943, ogni settimana il regime, attingendo a un numero impreciso di fermati, infliggeva a 181 cittadini l'ammonizione o la vigilanza speciale inviandone 11 al confino, mentre ne denunciava 24 al Tribunale Speciale, condannandone 6 a pene che andavano da uno a trent'anni.[7]

Restano, però, tutti i dubbi circa la reale portata conoscitiva di questi dati. Gli antifascisti furono molti o pochi? È un interrogativo francamente destinato a restare senza risposta se si rimane chiusi nella ridda dei numeri. Tra il 1926 e il 1943, ad esempio, presso il Casellario Politico Centrale che dipendeva dalla Divisione Affari Generali e Riservati della polizia furono aperti 110000 fascicoli, corrispondenti ad altrettanti «sovversivi» schedati: in cifra assoluta il dato può anche essere considerato poco rilevante; diventa invece straordinariamente imponente se lo si confronta con le appena 40000 pratiche avviate presso lo stesso ufficio tra il 1896 e il 1926.[8] Maggiore efficienza della polizia fascista rispetto a quella giolittiana o un'area eversiva e di opposizione dilatatasi in misura notevole? Fuori d'Italia, in Francia, nel mondo dell'emigrazione furono censiti circa 15000 antifascisti; erano pochi, non più del 2-2,5 per cento della comunità italiana, ma diventano tantissimi se confrontati con il tasso della militanza politica registrato tra i francesi.[9] E così le cifre delle donne deferite al Tribunale Speciale impallidiscono di fronte a quelle che definiscono le dimensioni della partecipazione femminile alla Resistenza[10] quando si contarono 35000 partigiane combattenti, 20000 patriote, 70000 iscritte ai Gruppi di difesa della donna, 2750 morte in combattimento o fucilate, 4500 uccise, 3000 deportate, 4400 arrestate; solo in Piemonte, ad esempio, le deferite furono 57,[11] mentre nella lotta partigiana, tra le vittime, si contarono 99 cadute e 185 deportate;[12] in Emilia-Romagna le deferite furono 79 contro le 817 riconosciute come partigiane, le 390 patriote e le 229 benemerite censite nella sola provincia di Reggio Emilia.[13] Sembrerebbe confermata la tendenza interpretativa che punta ad appiattire tutto l'antifascismo sui venti mesi della lotta partigiana, quasi che questo periodo, con la sua carica di protagonismo combattente e con la sua dimensione epica, abbia indotto gli storici a considerare il mondo della clandestinità e della cospirazione soltanto nella prospettiva di una introduzione alla Resistenza, di una fase preparatoria, priva di una sua autonomia e di una sua specificità.[14]

In realtà, si ha l'impressione che la *querelle* possa continuare all'infinito in una sorta d'interminabile ping-pong storiografico se non si sradicano quelle cifre dalla loro dimensione puramente quantitativa utilizzandole come elementi che, insieme agli aspetti qualitativi, confluiscono all'interno di una compiuta definizione dei caratteri specifici dell'antifascismo, con un'operazione metodologica che ha come ambito prioritario e privilegiato quello delle fonti.

2. *Le fonti*

Sono infatti esattamente gli stessi corpus documentari che hanno consentito il censimento minuzioso dei dati numerici e gli sviluppi di una ricerca più tipicamente statistica a permettere ricognizioni più ampie, dilatando in maniera significativa l'oggetto storiografico con cui possono efficacemente interagire. Quelle cifre, infatti, derivano essenzialmente dallo spoglio dei documenti «prodotti» dall'apparato repressivo del regime, in particolare dagli atti relativi ai 13547 procedimenti aperti presso il Tribunale Speciale, dai fascicoli del Casellario Politico Centrale,[15] dalle 1000 buste *ad personam* e dalle 250 divise per materia della Divisione Polizia Politica, dalle relazioni dei prefetti relative a incidenti e discussioni che avevano portato a un intervento poliziesco,[16] dai rapporti dei questori, dell'Opera Vigilanza Repressione Antifascismo (OVRA), dell'Arma dei carabinieri, della Milizia Volontaria per la Sicurezza Nazionale (MVSN), delle organizzazioni periferiche del Partito Nazionale Fascista (PNF)[17] e via di seguito scendendo fino «ai gradini più bassi di un asfissiante controllo sociale su operai, modesti impiegati, gente povera e umile».[18]

Chiamati ad alimentare non numeri e grafici statistici ma veri e propri scenari interpretativi, quei documenti, comprese le note informative di provenienza fiduciaria che giorno per giorno relazionavano su «fatti, discorsi, umori, vociferazioni» raccolti tra la gente, hanno un segno inquisitorio che li rende «sospetti». Non si tratta, però, di rilanciare la vecchia polemica sull'attendibilità della documentazione giudiziaria,[19] in particolare di quella di provenienza fascista, quanto di selezionare particolari «oggetti» storiografici nei cui confronti quelle fonti siano in grado di dare efficaci risposte alle domande degli storici. Spesso le carte di polizia si fermano alle soglie della comprensione della realtà, soprattutto quando non si tratta di decifrare scelte e opzioni politiche e si sondano le profondità poco note dei comportamenti collettivi degli italiani. È un dato che risalta ogni volta che, nella ricerca, le acquisizioni legate alla loro utilizzazione sono state confrontate con quelle che scaturiscono da altri percorsi conoscitivi. La cospirazione organizzata da Giustizia e Libertà, ad esempio, per quanto vagliata alla luce di una mole veramente ingente di rapporti di spie e d'infiltrati, era conosciuta dalla polizia fascista solo nelle sue grandi linee politiche; per il resto, quelle stesse spie erano totalmente inadeguate a penetrare i riferimenti culturali e sociali dei cospiratori, incapaci di padroneggiare un mondo al cui «lessico familiare» erano irriducibilmente estranee.[20]

Il problema, quindi, diventa quello di scardinare l'intenzionalità della fonte lungo almeno due direzioni di ricerca convergenti: la prima che costringa quei documenti a parlare malgrado se stessi, forzando la fissità burocratica del loro linguaggio per organizzare le notizie e le informazioni in essi racchiusi in un contesto radicalmente diverso da quello repressivo in cui hanno visto la luce; la seconda che valorizzi i materiali non «prodotti» direttamente dall'occhiuta sorveglianza poliziesca ma da essa canalizzati negli archivi. Nelle strette maglie della repressione fascista restavano impigliati, infatti, uomini e donne, una folla di personaggi e di percorsi biografici, un intero mondo di affetti, di speranze, di progetti: inconsapevolmente, sequestrando lettere, fotografie, diari, carte private, conti della spesa, libri, album di canzoni, oggetti personali, gli aguzzini lavorarono perché fosse possibile raccontare la storia delle loro vittime.[21]

3. *Il Tribunale Speciale*

In questo senso, tutti i fondi aggregatisi e sedimentatisi intorno alle diverse articolazioni dell'apparato repressivo diventano importanti e significativi; per lo studio dell'antifascismo, però, la documentazione raccolta nei fascicoli del Tribunale Speciale assume una valenza esplicativa di straordinaria efficacia, come diretta conseguenza sia del ruolo istituzionalmente dominante di questa fonte (che presenta anche forti aspetti simbolici), sia per la particolare tipologia dei documenti confluiti nei suoi archivi.

Sul primo versante, era stato lo stesso regime a sancire la superiorità gerarchica del Tribunale Speciale, innalzandolo al vertice della propria piramide repressiva.[22] Introdotto, insieme alla pena di morte, con la legge n. 2008 «provvedimenti per la difesa dello Stato», discussa dal Consiglio dei ministri il 5 novembre 1926 ed entrata in vigore il 25 novembre 1926, soppresso col D.L. n. 668, 29 luglio 1943, il Tribunale svolse con solerte efficienza i propri compiti contribuendo, così, a selezionare una sorta di avanguardia militante dell'antifascismo. Quelli che finivano nella famosa Aula IV dove si svolgevano i dibattimenti, erano, infatti (tranne rarissimi errori giudiziari uno dei quali documenteremo in seguito), certamente colpevoli e certamente antifascisti: «Il Tribunale Speciale – ricordava Altiero Spinelli – procedeva, dal punto di vista fascista, con sostanziale buon fiuto. Gli errori giudiziari furono assai scarsi; chi era condannato aveva di regola effettivamente violato la legge fascista».[23] La sua composizione (era formato esclusivamente di giudici scelti tra ufficiali provenienti dal Regio Esercito, dalla Regia Marina, dalla Regia Aeronautica e dalla MVSN), la sua competenza (limitata ai più gravi delitti contro la personalità dello Stato), la sua distribuzione territoriale (era unico per tutto il regno e sedeva a Roma) ne facevano una straordinaria macchina repressiva, perfettamente adeguata all'intento fascista di «sottoporre progressivamente alla tecnica della giustizia penale militare un settore sempre più ampio dell'area riservata dalla tradizione liberale alla giurisdizione ordinaria».[24] In questo senso, più dell'OVRA, il Tribunale Speciale accese la fantasia popolare degli oppositori («Questo è il tribunale | schifoso e maiale | si chiama speciale | non è che un pitale (...) A questi figuri (che schifo, che odori) la merda è speciale come è il tribunale»)[25] e costituì, anche all'estero, uno dei cavalli di battaglia preferiti dagli antifascisti nella loro polemica contro il carattere liberticida del regime; fu Silvio Trentin il primo a sottolinearne la funzione strategica nel quadro complessivo della ristrutturazione autoritaria dello Stato: «Il fascismo avrebbe rischiato di compromettere la solidità della sua struttura dittatoriale, se avesse trascurato di porre al vertice della sua gerarchia un guardiano vigilante alla sua sicurezza, un esecutore delle sue opere, sempre all'erta».[26]

Da questo punto di vista i documenti raccolti nei suoi archivi hanno una grande importanza per documentare sia i tratti salienti (non solo quantitativi) della cospirazione politica antifascista, sia gli aspetti più tipicamente giudiziari dell'intervento repressivo del fascismo e in questo senso sono stati finora prevalentemente adoperati, utilizzando il materiale venuto alla luce grazie alla pubblicazione integrale delle decisioni emesse sia dalla Commissione istruttoria che dallo stesso Tribunale.[27] Ma in quei fascicoli non ci sono solo dati procedurali e vicende processuali. Nei «corpi del reato» che pure vi sono stati conservati c'è un materiale assolutamente diverso da quello finito negli altri archivi polizieschi, come se in esso fosse racchiuso un irriducibile nucleo d'inconsapevolezza, d'incontaminata spontaneità. Le lettere dal carcere, i documenti prodotti *dopo* che si era finiti nelle maglie della repressione poliziesca, tutte quelle «tracce» di vita privata, cioè, che la polizia convogliava nelle sue «schedature di massa» si riferiscono ai percorsi esistenziali d'individui che si sentivano già «scoperti», scrutati, catalogati, impietosamente esposti agli sguardi di estranei, per giunta nemici. Come ricordava Giorgio Amendola, dopo che si era finiti nelle grinfie della polizia «si diventava di un'altra maniera»:[28] il sapersi sorvegliato finiva con alterare, sia pure in modo impercettibile, il senso della realtà, obbligava a toni e comportamenti che, magari per una frazione infinitesimale, avevano perso il timbro dell'autonomia personale e quello che si scriveva, si diceva, si pensava era segnato come da un velo di distorsione. I «corpi del reato», invece, fotografano la vita degli imputati *al momento* in cui caddero nelle mani della giustizia fascista, fissandone i caratteri identitari così come si erano definiti fino ad allora, in un universo libero e spontaneo in cui affetti, desideri, speranze erano tutte «vere», immuni da restrizioni mentali anche inconsapevoli.

Di qui, nello scorrere i loro inventari e nel verificarne la tipologia, una sensazione di straniamento che si impadronisce del ricercatore, sollecitato come a un tuffo in altre esistenze, rimaste «congelate» nel momento in cui in quelle camere ammobiliate, in quei domicili provvisori, in quelle stanze d'albergo, in quelle povere case che, pure nella loro assoluta precarietà, costituivano luoghi intimamente privati, si era abbattuta la repressione, scardinandole dalla loro piccola storia per proiettarle per sempre sullo scenario della grande storia. Quando, subito dopo la fine della guerra, per un periodo brevissimo quelle carte furono rese accessibili agli studiosi, Bianca Ceva, che le consultò tentando di decifrare la tragica fine di suo fratello, testimoniò di una sensazione che per molti giorni la lasciò «come immersa in una pesante atmosfera, dove in un breve cerchio tutto il volto terribile della vita e gli abissi del cuore umano mi apparvero nella loro nuda e spietata verità».[29]

A distanza di oltre quarant'anni, finalmente aperti senza più restrizioni,[30] quegli archivi sono in grado di restituire lo stesso turbamento e lo stesso pathos costituendo, per il ricercatore, anche una irripetibile occasione metodologica. La stragrande maggioranza delle lettere sequestrate provenivano, infatti, da individui che avevano appena varcato la soglia dell'alfabetizzazione; in molti casi, anzi, si trattava delle loro prime «prove di scrittura» operate fuori del contesto subalterno dell'istituzione scolastica. Di qui la capacità di quei documenti di restituirci i segni preziosi di un'autonomia individuale pienamente dispiegata: a quei livelli di alfabetizzazione scrivere costava molta fatica, ma era anche la prova della capacità di isolarsi dal proprio ambiente, emancipandosi «dal controllo della comunità, della famiglia, della parrocchia», e, su un altro versante, di avere una certa familiarità con i meccanismi dell'introspezione e «della riorganizzazione della propria esperienza in maniera analitica» lungo la strada che conduceva al riconoscimento di sé come soggetto.[31] Raramente quelle lettere tendono soltanto a «informare»; anche la fitta trama di notizie sui risvolti materiali ed economici della vita quotidiana che affolla le loro pagine punta, in realtà, a «comunicare», a ricercare il coinvolgimento e la costruzione di un rapporto dialettico tra informatore e destinatario, sempre con forti connotazioni emozionali ed espressive.[32] In questo senso non c'è una marcata differenza tra le lettere e i diari o tra i documenti femminili e quelli maschili;[33] in tutti i casi ci si soffermava a *osservare* la realtà intorno per poterla *comunicare* e così finalmente *informare* l'interlocutore lontano, in un racconto che attraversava questi tre stadi senza soluzioni di continuità. Soprattutto le lettere che provenivano dall'emigrazione racchiudevano la stessa «ricerca di preservazione e di identità»[34] tipica del diario, quasi che le diverse tipologie espressive che generalmente caratterizzavano questi documenti si riferissero solo a livelli più alti di scrittura, ad argomentazioni più formalizzate e meno direttamente spontanee. Ne risultava una sorta di scrittura corale, «dal basso», che ci restituisce oggi aspetti inediti e insoliti dell'esistenza collettiva delle classi subalterne negli anni tra le due guerre mondiali, delineando un vivido affresco dello scenario sociale al cui interno collocare la vicenda storica dell'antifascismo.

4. *La bibliografia*

Queste fonti interagiscono, così, con un dibattito storiografico in cui i numerosi titoli che alimentano la bibliografia sull'antifascismo appaiono irregolarmente distribuiti, fittissimi su alcuni temi, radi e sporadici su altri. I tre ambiti, infatti, nei quali fondamentalmente si svolse la sua storia (il carcere e il confino, il mondo dei fuoriusciti, la cospirazione all'interno del paese), sono rappresentati in modo disuguale da una storiografia che si è soffermata in prevalenza sulle vicende parigine e moscovite dei movimenti e dei partiti politici: la storia di Giustizia e Libertà (GL), del Partito Comunista Italiano (PCI) e dei suoi rapporti con l'Unione Sovietica, della Concentrazione, ha costantemente privilegiato la ricostruzione del dibattito politico nei suoi sviluppi all'estero, dove, per ovvie ragioni, quel dibattito ebbe modo di manifestarsi liberamente.[35] Un altro filone storiografico, quello essenzialmente legato alla memorialistica, ha sottolineato la dimensione carceraria, documentando, con opere anche di grande spessore, l'esperienza di una generazione che fece il suo tirocinio politico all'interno delle strutture repressive del regime. In questo ambito, sia per le donne sia per gli uomini, accanto ai diari, alle memorie, ai racconti, anche le biografie degli antifascisti confluiscono in una scrittura sia personale sia biografica che alimenta «una sorta di autobiografia corale, costruita nel tempo, che intende restituire e rivendicare dei ruoli, oltre che trasmettere dei valori»;[36] è un intento «edificante», teso a costruire una identità politica e culturale per educare alla militanza, attento quindi a descrivere, soprattutto per quanto riguarda i militanti comunisti, «un immane panorama di sacrifici, di persecuzioni, di volontà di battaglia, ma insieme anche la caratteristica classista del combattente e l'abiezione del nemico persecutore».[37]

Sul piano della ricerca proprio questo filone è stato esplorato con i risultati più significativi. È restato decisamente in ombra, invece, lo studio dell'antifascismo nella realtà viva del paese, di quell'universo cospirativo che tenacemente si radicò nelle fabbriche, nei paesi, nei quartieri anche negli anni in cui sembrava che il fascismo fosse sorretto da un consenso generalizzato; una lacuna storiografica che può essere colmata sfruttando queste nuove fonti e leggendo, in un'ottica diversa, quelle «vecchie», proponendosi di rompere la dicotomia tra storia del fascismo e storia dell'antifascismo, così da studiare «fascismo e antifascismo come termini strettamente correlati di un'unica realtà e non come generi storiografici»,[38] in una prospettiva che guardi essenzialmente alla ricostruzione di una più generale storia della società italiana tra le due guerre mondiali. In questo senso, la griglia della politicità dei comportamenti antagonistici al regime risulta troppo selettiva, rende eccessivamente alta la soglia della «visibilità» così da condannare alla cancellazione tutte quelle scelte non immediatamente riducibili all'agire politico. Privilegiando in termini esclusivi lo studio delle istituzioni e delle idee dei gruppi dirigenti si approda a una vera e propria paralisi interpretativa,[39] rimanendo confinati dentro quella che Ragionieri definiva «una piccola minoranza decisa a pensare e operare in termini politici, senza avere la possibilità reale di fare politica».[40]

Di fatto la politica è una coordinata importante dell'esistenza collettiva, ma non ne esaurisce mai completamente gli ambiti e le dislocazioni; forzare i suoi confini vuol dire, quindi, guardare direttamente agli uomini e alle donne in quanto individui concreti, «alle loro fedi e passioni, ai prezzi pagati, alle privazioni subite più che alla rete cospirativa, all'impianto organizzativo, al partito come entità quasi disincarnata e astratta».[41] Questo approccio indica due scelte in un certo senso obbligate, la prima sulle domande da porre alle fonti, la seconda relativa agli «oggetti» storiografici da privilegiare. Svincolati dalla connessione con la politica, i documenti di polizia diventano finalmente uno strumento prezioso per «ricostruire i tratti più appariscenti della vita delle classi popolari, quelli che lasciarono un segno fosse pure effimero nell'unico modo che ne consentiva la registrazione e il ricordo, attraverso cioè il turbamento dell'ordine pubblico fascista»;[42] la macchina repressiva e di controllo impiantata dalla dittatura riacquista concretezza e spessore, consentendo di recuperare «aspetti e risvolti della vita sociale largamente rimossi, di ridare voce al silenzio dell'esclusione, a un'esperienza quotidiana fatta di intransigenza politica, di disponibilità a battersi per salvaguardare princìpi non negoziabili e fondamenti della propria identità».[43]

Ed è lungo questo percorso metodologico che quelle fonti si mostrano particolarmente congruenti per la ricognizione di oggetti storiografici riferiti a una realtà finora «sommersa», come «gli atteggiamenti, i codici di comportamento, i modi di vita, le idee, le visioni del mondo»[44] di quella parte d'italiani «non acquisita dal fascismo». Occorre a questo proposito ricordare che il progetto di dominio mussoliniano aveva esso stesso dimensioni non tutte immediatamente riconducibili al potere politico, affidando le proprie mire totalitarie a un massiccio intervento nei confronti della società teso a innescare «processi di acculturazione» e iniziative volte a destrutturare le identità e le appartenenze sedimentatesi in precedenza. Molte di queste scelte si esaurivano sul piano di un costume effimero e artificiosamente propagandistico, confluendo – come ricordava Calamandrei – «in quell'atmosfera di prepotenza e di viltà, di compromesso e di corruzione in cui era immerso l'ordine fascista»:

I riti fascisti (teschi e camicie nere), le beffe punitive, le uniformi, lo stile marziale e romano, l'atletismo, le adunate oceaniche, la cultura del gruppo dirigente, la stampa, i giornali, il teatro, la scuola, la propaganda (EIAR, scritte murali), la fascistizzazione della lingua, l'università, la campagna demografica, il clero, la musica fascista, l'urbanesimo, gli scrittori, l'esercito, le barzellette, il buon costume, il razzismo, la burocrazia,

erano i materiali eterogenei a cui attingeva un costume fascista che serpeggiava, fermentava, circolava, «alimentando altre ruberie, incoraggiando altre tracotanze, suscitando altre oppressioni»; ma in questa dimensione tra dominatori e vittime esistevano paratie stagne di «separatezza», una reciproca impermeabilità esistenziale.[45]

Altre iniziative del fascismo, invece, in particolare quelle legate al «tentativo di introdursi nella vita privata dei singoli, per destrutturarla, e di spezzare i legami di solidarietà interni al vicinato e alla fabbrica, utilizzando il sospetto e la delazione»,[46] tendevano a insinuarsi più in profondità, ad annidarsi nelle coscienze di uomini e donne, lasciando incrostazioni difficili da sciogliere. In entrambi i casi, comunque, era lo stesso regime a indicare ambiti più vasti di quelli più strettamente legati alla politica come altrettanti territori sui quali poteva crescere la pianta dell'opposizione; allargando i confini della sfera pubblica per inserirvi momenti fino allora propri di quella privata, il regime finiva esso stesso per valorizzare un antifascismo esistenziale le cui dimensioni quantitative e i cui tratti qualitativi sono oggi ancora tutti da esplorare sul piano della ricerca storica.

5. *Le donne*

In questa direzione, i risultati più significativi sono venuti dalle ricerche che hanno privilegiato la storia delle donne nel regime fascista. Dopo aver a lungo ripetuto l'andamento per «compartimenti stagni» tipico del tradizionale dibattito storiografico (la condizione femminile nelle organizzazioni di partito, nella stampa, nello sport, nella scuola, nelle associazioni cattoliche, nella famiglia e nel carcere), l'attenzione si è infatti decisamente spostata sulle coordinate «unitarie» che definirono l'esistenza collettiva delle donne, a partire dalle modificazioni indotte nel costume dal cinema, dallo sport e dal tempo libero, dalla razionalizzazione del lavoro domestico, dai nuovi consumi, dalla richiesta di maggiori attenzioni verso i figli.[47] In particolare nei suoi ultimi sviluppi questo filone della ricerca ha testimoniato la maturità di una storia generale della società italiana tra le due guerre, affrontando di petto «la madre» di tutte le questioni storiografiche sul fascismo, quella del rapporto tra regime e modernizzazione.

Non è facile trovare degli indicatori in grado di restituirci uno scenario interpretativo adeguato a cogliere la complessità dei processi di sviluppo. Quelli sottolineati da Luciano Gallino (inserimento delle masse nel sistema politico ed economico, urbanizzazione, sviluppo di un forte apparato giuridico-amministrativo, forte incremento della differenziazione sociale e della divisione del lavoro, moltiplicarsi di associazioni, organizzazioni e istituzioni nel campo produttivo ed educativo, istituzioni politiche che favoriscano l'assunzione di decisioni razionali ed efficienti) offrono una prima base a cui ancorare il giudizio sulle specificità dell'esperienza fascista in Italia anche se non riescono a dare conto in maniera convincente della scarsa razionalità complessiva del sistema di potere.[48] Fuori da tutte le ambiguità concettuali che segnano una categoria come quella della modernità, si tratta di distinguere quali siano stati gli specifici contributi del fascismo alla «modernizzazione» italiana e quali invece rientrino più in generale nel processo della «grande trasformazione», indicato da Polanyi come il «luogo storico» (il mondo tra le due guerre mondiali), in cui si definirono gli elementi di una vera e propria rifondazione della società contemporanea (dall'irrompere dei mezzi di comunicazione alla massificazione della politica, dal mutato ruolo dello Stato alla distruzione delle vecchie élite intellettuali e alla dissoluzione dei riferimenti culturali ottocenteschi).

> Nel periodo interbellico – scrive ad esempio Victoria De Grazia – tutti i governi occidentali dovettero fare i conti con la doppia sfida della democratizzazione e della crisi demografica. La risposta fu trovata nel suffragio femminile e in una nuova politica verso le donne che andava da una rinnovata legislazione sulla loro presenza nel mercato del lavoro a una revisione della politica delle famiglie.[49]

Specifico del fascismo fu il tentativo di coniugare questa accentuazione del ruolo dello Stato con un'accelerazione del processo di nazionalizzazione forzata degli italiani e delle italiane; e fu proprio in questa direzione che i limiti intrinseci del regime si rivelarono insuperabili.

Di fatto, allora più che l'ideologia impositiva alimentata dal PNF e dalle altre strutture istituzionali, a «fare le italiane» contribuirono tre strumenti molto più potenti: la spontaneità del mercato e dello sviluppo economico, l'influenza del cattolicesimo, la persistente vitalità dei reticoli associativi della società civile. Ma se la morale cattolica contribuì a rafforzare atteggiamenti e comportamenti tradizionali, la radio, il cinema, i grandi magazzini, la stampa femminile, i rotocalchi alimentarono «nuove forme di espressione individuali e di gruppo, nuovi stili di vita e nuove modalità di impiego del reddito disponibile».[50] E qui l'immagine unitaria della donna ottocentesca si frantumò lungo molteplici linee di faglia che corrispondevano ad altrettante diverse sfumature del modo in cui le donne reagirono all'impatto con la modernizzazione. Ancora la De Grazia ne individua vari tipi, dalle più emancipate, le ragazze lavoratrici di Milano («grandi consumatrici di moda, riviste illustrate e cinema»), a quelle più all'antica, le provinciali cattoliche che, «trecce lunghe e calze spesse imparavano le responsabilità sociali e l'autodisciplina nelle organizzazioni femminili della Gioventù cattolica»; le più ostentatamente moderne erano comunque le ragazze aristocratiche o arricchite della capitale, «con i loro tè danzanti e le gite in auto a Ostia»; le consumatrici più timide della cultura di massa erano le decine di migliaia di ragazze di campagna che «mandate a servizio già a tredici, quattordici anni, coglievano di sfuggita i diversivi urbani mentre si affrettavano a fare le commissioni».

Quanto al fascismo, il regime mussoliniano si schierò a fianco della Chiesa nella denuncia dei pericoli del sesso[51] ma favorì, di fatto, una maggiore libertà fisica e comportamenti più emancipati, dilatando gli spazi creati dalle moderne forme del tempo libero. A ispirare il tentativo di «fare le italiane» contribuirono così una pluralità di modelli, che costituirono altrettante sfaccettature di una tensione irrisolta tra continuità e rottura. Di qui la convincente argomentazione con cui De Grazia scioglie sul piano interpretativo molti degli interrogativi affiorati nel più generale dibattito storiografico sul fascismo:

Nell'Italia fascista i mutamenti nella vita delle donne derivarono più dai nuovi modi di vivere i sentimenti, i bisogni, gli svaghi normalmente identificati con la vita privata, che non dalla maggior visibilità della loro presenza nella sfera pubblica. In quest'ottica, la vita delle donne italiane nel periodo tra le due guerre appare molto più simile a quella delle donne di altri paesi. La differenza principale sta nel fatto che la dittatura fascista cercò sistematicamente di impedire alle italiane di vivere questi momenti come occasioni di emancipazione individuale e, tantomeno, collettiva.[52]

Nasce così la necessità di una storia dell'antifascismo delle donne in grado di inseguirle dentro tutti gli ambiti in cui si sviluppò una loro presenza significativa, forzando la «separatezza» dell'antifascismo politico: il lavoro, la politica con l'infrangersi delle grandi speranze collettive del femminismo dell'immediato dopoguerra (gli anni 1924, 1926 e 1928 fecero registrare il più alto numero di suicidi femminili dell'Italia contemporanea), la cultura (una donna su cinque nel 1930 non sapeva leggere), la scuola e le facoltà «ghetto» (nel 1938 i quattro quinti delle laureate uscivano da Lettere, Magistero, Farmacia, Matematica e Scienze), i rapporti sessuali segnati da un capillare e asfissiante controllo sociale, i canoni della bellezza e della moda e, soprattutto, la famiglia, un terreno strategico scelto come prioritario anzitutto dal fascismo che al nucleo familiare attribuiva il ruolo di estrema propaggine, verso il basso, dello Stato totalitario.[53]

Ripercorrere i lineamenti di una specifica identità antifascista delle donne dentro tutti questi ambiti ci restituisce, così, la possibilità di scoprire una risposta al dominio fascista molto più complessa di un'oscillazione tra passiva subordinazione e delirante entusiasmo, documentandone «l'inquietudine, la ribellione, la dissimulazione, lo scetticismo e una consapevolezza crescente dei loro diritti di donne e di cittadine».[54] In realtà, la partita tra fascismo e antifascismo, per le donne come per gli uomini, si giocò su un campo molto più vasto di un confronto tra opposte concezioni politiche, riferendosi direttamente a due progetti di costruzione di identità collettive. Ed è proprio la specificità del tentativo di «fare gli italiani e le italiane» perseguito dall'antifascismo, nonché la portata della sua autonomia e diversità nei confronti di quello operato dal fascismo, che attraverseremo in questo libro.

Parte prima

La storia

1.
Il fascismo

1. *I limiti del progetto totalitario*

Il progetto di dominio mussoliniano era definito sia dal controllo totalitario del potere politico sia dal tentativo di fascistizzare la società italiana. Su entrambi i versanti, però, le ambizioni del regime naufragarono sugli scogli di insormontabili limiti strategici. In particolare, anche se fu in grado di ricomporre le lacerazioni aperte dal conflitto sociale nel tessuto logoro del vecchio Stato liberale, il fascismo non riuscì a liberarsi dalla stretta di forze egemoniche che gli preesistevano e che avrebbero continuato a esistere anche dopo la sua caduta: l'esercito, la monarchia, il potere economico, il Vaticano. Ma anche verso il basso il disegno di sussumere al proprio interno l'intero corpo sociale del paese, quasi azzerando ogni soluzione di continuità tra il livello sociale e quello istituzionale della vita pubblica, si scontrò con la duratura persistenza di un reticolo familiare, parentale e comunitario così solido da renderne perennemente problematico l'assorbimento. Gli interessi locali riuscirono spesso a rintuzzare le pretese egemoniche del nuovo potere politico e i percorsi innescati dal regime attraverso l'intervento pubblico, la sfera della politica e le organizzazioni legate al PNF si arrestarono alla soglia delle sfere di influenza delle élite periferiche, che si lasciarono assorbire dalle strutture fasciste senza perdere ruoli e funzioni egemoniche direttamente legittimate dalla continuità delle tradizioni comunitarie.[1]

La conseguenza fu una sorta di cortocircuito tra il livello istituzionale e quello più squisitamente politico. In particolare, anche in Italia, tra le due guerre mondiali, in coincidenza quindi con il ventennio fascista, si completò quella fase di passaggio obbligato verso la modernizzazione della politica costituita dall'estensione nazionale della rete dei controlli igienici, sanitari, scolastici, fiscali e militari.[2] Così come negli altri paesi industrializzati, inoltre, dopo la crisi del '29, l'estensione della spesa pubblica in funzione di regolamentazione del ciclo segnalò il progressivo dilatarsi del ruolo della politica economica statale, «come volano essenziale della riproduzione e l'aggregazione di interessi organizzati che selezionavano le risorse pubbliche e intervenivano sulla loro distribuzione».[3] Queste drastiche modifiche nel rapporto Stato-mercato furono il riferimento strutturale di una progressiva invasività dello Stato nei confronti della società civile, avviando una commistione pubblico/privato destinata a durare nel tempo, ben al di là della caduta del fascismo. Si pensi – in questo senso – a enti come le aziende del turismo, le opere pie, le casse mutue e le associazioni di varia assistenza per invalidi, orfani, pensionati, gli enti fieristici, le camere di commercio, i consorzi di bonifica, di istruzione tecnica, tutti chiamati a gestire direttamente interessi privati coordinandoli con finalità pubbliche. Ne derivò un modello di Stato nuovo che non poteva definirsi come un regime *tout court* totalitario e neppure semplicemente come il risultato dell'involuzione massima di uno Stato liberale, ma come

> un regime di tipo nuovo per la commistione che – almeno negli anni venti – rimase tra il vecchio dell'autoritarismo classico proprio di tutta l'esperienza statutaria, del burocratismo ulteriormente accresciuto dalla legislazione e dalla prassi del periodo giolittiano e soprattutto bellico, e il «nuovo» che incominciava ad affacciarsi e che proponeva – in veste oppressiva e autoritaria – misure e iniziative proprie del modo di produzione capitalistico a un certo grado del suo iter e che, da questo punto di vista, presentavano punti di contatto con intraprese e tentativi analoghi che si svolgevano in altri paesi.[4]

A questa statalizzazione diffusa non seguì mai una compiuta «nazionalizzazione del paese». Il PNF, lo strumento a cui il regime affidò il compito di avviare l'educazione nazionale degli italiani, scontò in questa direzione limiti strutturali che si riferivano al modo stesso di concepire la politica e il rapporto con le masse. Nella sua pedagogia autoritaria la «linea» dell'intervento politico si riduceva di fatto ai compiti burocratici-amministrativi («Non politica, ma scuole, circoli, conferenze, sport, specialmente rivolti alla donna lavoratrice, per creare nel mondo operaio un ambiente favorevole al fascismo»)[5] auspicati da Volpe e rigorosamente amputati del finalismo ideologico e di tutti gli altri aspetti «militanti» tipici dei partiti «di integrazione di massa».[6] L'incalzante ascesa egemonica del segretario amministrativo Marinelli nell'organigramma del partito fu, in questo senso, assolutamente esemplare.[7] Il finanziamento e l'amministrazione divennero le principali attività delle gerarchie, lo strumento di una *leadership* sancita dalla dipendenza (anche sul piano finanziario) delle federazioni periferiche dal centro. In proiezione «esterna», quelle attività miravano a fare del PNF un partito «assistenziale»; si trattava di creare un apparato organizzativo molto articolato in grado di inserirsi in tutti gli aspetti della vita quotidiana con un programma «benefico, propagandistico, assistenziale e anche culturale», così da garantire ai vertici del partito la possibilità di padroneggiare perfettamente il «controllo del consenso».

L'espressione più tipica di questa «nazionalizzazione burocratica» è quella documentata da Mariuccia Salvati nei confronti dei dipendenti statali e di quelli degli enti pubblici, assistenziali, di partito, economici, tutti a statuto pubblico. Nemmeno verso un segmento sociale in teoria così permeabile e recettivo, infatti, la fascistizzazione riuscì ad assumere un contenuto ideologico tale da renderla qualcosa di diverso da una «condizione formale con validità giuridica pubblica». Inquadrati nel PNF, i dipendenti pubblici interpretarono il proprio status come una semplice appartenenza corporativa, non sentendosi depositari di una particolare missione nazionale.

> Muniti di gradi e distintivi, – scrive Mariuccia Salvati – i nostri funzionari – con stipendio fisso ma decurtato dalle misure economiche del governo, circondati da miseria e disoccupazione – vivevano in preda all'incertezza economica e di status, chiedevano barriere protettive, anche se simboliche, sia contro la proletarizzazione che la femminilizzazione degli uffici (...) [così che] le uniche disposizioni emanate e invocate [furono] la concessione di viaggi ferroviari con sconto e la limitazione prima e il divieto poi dell'assunzione delle donne negli impieghi pubblici.[8]

In generale, comunque, il discorso valeva per tutti quelli che il regime considerava «le sentinelle avanzate dell'idea fascista»: i maestri, i medici condotti, i segretari comunali, i veterinari, i mediatori tradizionali tra élite locali e potere politico centrale, piuttosto che portare «tra le masse la parola della fede e dell'obbedienza» finirono col subordinare i contenuti della propria professione alla «forma», al fatto, cioè, «di essere organizzati in ordini professionali nazionali o enti pubblici statali o parastatali, attraverso i quali passava, insieme al controllo della carriera, anche quello della loro cultura politica».[9] Per le figure professionali più nuove, soprattutto quelle legate al mondo della tecnica e delle comunicazioni di massa, il PNF fu qualcosa di più, la scelta di un ambito di promozione sociale dove trovare occasioni di mobilità verso l'alto negate dall'esiguità del libero mercato lontana, comunque, dai percorsi di un impegno militante sorretto da solide convinzioni politiche.[10]

A questa nazionalizzazione burocratica dei ceti medi si affiancò la complessiva impermeabilità degli operai verso gli aspetti più ideologici della fascistizzazione: alla socializzazione obbligata del dopolavoro e degli altri istituti fascisti preferirono quella spontanea del quartiere e dell'osteria.[11]

2. *La concezione della politica*

Il fatto è che il progetto totalitario del fascismo tendeva a unificare sul terreno istituzionale tutto quello che si intendeva tenere diviso sul terreno sociale. E questo fu il suo limite strutturale. «Ciascuno al suo posto» era il principio adottato per garantire un generale immobilismo e permettere la perpetuazione di un sistema politico compatto, consolidato, rigidamente gerarchizzato: «Lo studente non frequentava che studenti, professionisti, uomini di cultura: non un operaio, un contadino, un artigiano era per lui uomo, amico, pari»;[12] questo moltiplicarsi di «riserve indiane», con la conseguente stratificazione della società in compartimenti stagni, era funzionale alla conservazione dello *status quo*, non certo ad accelerare il processo di nazionalizzazione. All'interno del partito si assorbivano «gruppi sociologicamente identificati (preferibilmente ceti medi), professionalmente omogenei, reciprocamente distinti», racchiusi in una rigida gabbia corporativa che eliminava la libera circolazione delle idee, il confronto tra diverse posizioni culturali e politiche, stroncando sotto il peso di strutture elefantiache e burocratiche ogni progetto di «pedagogia di massa».[13] Tutta la storia del PNF può, in questo senso, essere letta come quella di un progressivo svuotamento delle sue istanze politiche a favore di compiti puramente amministrativi, fino a trasformare la «tessera» in un «elemento tendenzialmente eguale all'atto di nascita o al certificato di iscrizione nelle liste elettorali in un sistema a suffragio universale».[14] Se, all'inizio, potevano registrarsi tracce degli antichi progetti eversivi nella pratica dei «due livelli» e del «doppio Stato», che consisteva nell'affiancare alle vecchie istituzioni dello Stato liberale quelle nuove prodotte dal fascismo, progressivamente, almeno a partire dalla costituzionalizzazione del Gran Consiglio, si registrò il definitivo superamento di ogni tipo di dualismo tra partito e governo, tra partito e Stato, fino a consacrare la definitiva riaffermazione della supremazia della burocrazia statale su quella di partito.[15]

Ne derivò una ferita mortale al nesso tra politica e mobilitazione collettiva che aveva segnato la fase movimentistica del fascismo. Alla data del 7 luglio 1929, Ugo Ojetti annotava nel suo taccuino: «Balbo si vanta di non parlare più di politica: – La politica non mi interessa più. Facciano quello che vogliono. Io mi occupo di aeronautica».[16] Era la testimonianza di uno stato d'animo di stanca disillusione che, verso la fine degli anni venti, andava sempre più diffondendosi tra gerarchi e semplici gregari: la mortificazione della politica come libero dibattito si risolveva inesorabilmente nell'impossibilità per lo stesso gruppo dirigente che monopolizzava il potere di fare vera politica. C'era all'interno del regime una radicale avversione per lo scontro ideologico, la dialettica politica; le adunate oceaniche, i comizi di Mussolini alle piazze gremite, erano momenti di sollecitazione esterna, che alimentavano una tensione artificiosa senza promuovere un'autentica partecipazione collettiva. L'archivio della Segreteria personale del Duce è oggi una significativa testimonianza storica su come la politica veniva vissuta e interpretata dai vertici del fascismo: intrighi e ricatti come metodo, i salotti e le anticamere dei ministri come scenari, la denigrazione personale e la calunnia come obiettivi. Di questo squallore Mussolini si serviva; lo alimentava, anzi, a garanzia dell'intangibilità della sua posizione personale. Con effetti esiziali per lo stesso fascismo. Negli anni che segnarono la vigilia della seconda guerra mondiale, l'accentuazione del mussolinismo precluse, infatti, la strada di ogni possibile ricambio «interno».

> Effettivamente, – gli scrisse allarmato Farinacci – Presidente, cos'è lo Stato oggi? La fiducia in Mussolini. Noi non siamo ancora arrivati allo Stato che dà forza agli uomini. C'è l'uomo che dà forza allo Stato. Che avverrà quando ci verrà meno quest'uomo?[17]

La risposta era semplice: la fine di Mussolini sarebbe stata la fine del fascismo.

Ma il «mussolinismo» degli ultimi anni del fascismo fu anche in un certo senso una scelta obbligata per una «linea» politica privata dell'ampio respiro strategico di un rapporto fecondo con i movimenti di massa che non fosse quello puramente burocratico e amministrativo.

Il succedersi degli *Statuti*, ad esempio, documenta la graduale trasformazione del PNF in un'organizzazione di tipo piramidale, sempre più dipendente dagli impulsi del vertice, in cui la nomina dall'alto si sostituì progressivamente all'azione dal basso. Il processo involutivo raggiunse il suo culmine nel 1931 con l'assunzione di Starace della segreteria del PNF.

> Starace – osservò Aquarone – fu non tanto la causa quanto l'espressione emblematica di quel processo di spoliticizzazione, di riduzione a un ruolo prevalentemente coreografico del partito, che si andò sempre più accentuando nel corso del secondo decennio del regime e che contribuì in larga misura a far sì che quest'ultimo fosse incapace di creare una propria classe dirigente, preparata e dinamica, in grado costantemente di ricambiarsi.[18]

La scissione tra il momento burocratico e quello delle decisioni politiche fu letale per la capacità di iniziativa del PNF e, dimenticata la mobilitazione degli esordi, gerarchi e semplici gregari si adagiarono nella ripetitività di una stanca routine priva di tensione interiore e di slanci creativi.[19]

3. *Il costume fascista*

In questo contesto, anche le iniziative propagandistiche del regime apparivano come svuotate dall'impossibilità strategica di coniugare il consenso con un attivo e partecipe protagonismo di massa. I miti dell'Impero, del Mediterraneo sbarrato e da liberare, del corporativismo, della civiltà italica e cattolica, dell'Urbe, dell'eredità imperiale romana furono i titoli di altrettante «campagne», segmenti staccati di una mobilitazione priva di continuità e di efficacia, non in grado di scalfire ritmi e tempi di una quotidianità vissuta invece nel solco di abitudini assolutamente tradizionali.[20] Era come se ogni volta il tentativo fascista di «fare gli italiani» dovesse ricominciare da capo, giustapponendo, come avvenne nel 1938, la campagna «anti-lei» e il divieto della stretta di mano alle leggi razziali e alle rivendicazioni territoriali nei confronti della Francia: si rimbalzava da uno all'altro di questi temi, allineando tessere scompaginate di un mosaico che, alla fine, avrebbe dovuto restituire l'immagine dell'«italiano nuovo» vagheggiato da Mussolini.

Di fatto, quelle «campagne» erano gli aspetti rituali di una religione senza contenuto, pretendevano anzi di assumere essi stessi, in quanto riti, potere e valore, quasi che fosse il rito, per una volta, a creare la religione e non viceversa. Quella marcata tendenza alla ritualizzazione dei rapporti sociali segnava, in realtà, l'affiorare di una forte istanza protettiva nei confronti di una società italiana colta nel suo impatto con il contesto strutturale (taylorizzazione e razionalizzazione produttiva), istituzionale (Stato interventista) e culturale (fine dell'autonomia ottocentesca delle élite intellettuali) della «grande trasformazione». C'era nei ceti e nei gruppi sociali che affollavano le adunate fasciste come una sorta di «grande paura» nei confronti di una brusca accelerazione del tempo della storia; si trattò, quindi, da parte del fascismo di una gigantesca opera di rassicurazione collettiva che aveva al suo centro una ripetitività in cui si riversarono «il mangiare, il riposo, i sentimenti familiari, il linguaggio, il tono di voce, il voi, i rapporti con gli inferiori e con i contadini e con i funzionari dello Stato, le idee, i pregiudizi (...) il tutto eternamente ripetuto».[21]

Segnato da questa sorta di «coazione a ripetere», il costume fascista si adeguò a quello burocratico, clericale e militare che aveva caratterizzato gli assetti di potere nell'Italia postrisorgimentale, ribadendo, così, la mancanza di autonomia strategica del regime. Il tentativo di diffondere un uniforme messaggio di fascistizzazione su tutto il territorio nazionale finì col risultare sempre esterno rispetto alle articolazioni economiche e geografiche della società italiana in quanto affidato a una burocrazia di Stato che ne esaltò il carattere piccolo-borghese; di fatto, il fascismo riuscì a estendere e generalizzare soltanto la riedizione di modelli identitari preesistenti, scontando, anche sul piano del costume, un retroterra ideologico privo di autentici slanci rivoluzionari e di originali sfide progettuali al futuro che lo costringeva a una permanente subalternità nei confronti della forza attrattiva dei quadri mentali piccolo-borghesi. Il principio del «ciascuno al suo posto», utilizzato come riferimento privilegiato per governare la politica, le istituzioni e i rapporti sociali, era in grado di garantire l'ordine e la stabilità, non di aprire la strada a innovazioni e mutamenti profondi. Il progetto totalitario di «costruire» dall'alto gli italiani, per potersi realizzare, avrebbe avuto bisogno di svincolarsi dalla gabbia obbligata del rispetto dei ruoli e delle gerarchie sociali ereditate dal passato, rendendo fluide le comunicazioni tra i vari segmenti della compagine nazionale attraverso una mobilitazione politica in grado di scardinare con l'attivismo e la militanza le vecchie appartenenze territoriali e particolaristiche. Ma il fascismo era nato come geneticamente contrapposto al protagonismo collettivo, edificando una società compatta, gerarchizzata, frammentata in compartimenti stagni che costringevano i rapporti tra le classi a orientarsi lungo i due unici schemi obbligati della «diffusione» o dell'«imitazione». I primi agivano in senso orizzontale per garantire sia la «coesione» di quanti si trovavano allo stesso livello sociale sia la «chiusura» di questo gruppo nei confronti dei gradi sociali inferiori: in questo caso un processo diffusivo portava a una sorta di uniformazione dei comportamenti prima nei confronti «del vicino, del capoufficio e, per le donne, della moglie del dirigente», poi nei confronti di modelli astratti sulla base di «quanto suggerito dai grandi magazzini, dalla radio, dai giornali». I secondi operavano in senso verticale, lasciando rimbalzare lungo una scala gerarchica alcuni standard di comportamento che dal vertice si imponevano alla base secondo un tipico procedimento imitativo;[22] fu, così, ad esempio per il modello familiare mutuato da quello maggiorascale aristocratico fondato sulla comunione dei beni, la liquidazione delle donne con doti in denaro, la loro esclusione dai beni immobili e sull'autorità indiscussa del capofamiglia.[23] Negli anni del fascismo la tendenza della famiglia a irrigidirsi e gerarchizzarsi intorno all'asse maschile (già avviatasi nell'Europa del primo Novecento) si rafforzò coinvolgendo anzitutto gruppi sociali come quelli dei commercianti, degli imprenditori e dei professionisti, ma poi, ancora più in basso, anche i ceti medi impiegatizi che adottarono con entusiasmo «un rapporto regolato da un padre serio e severo, una madre tutta rivolta alle cure della casa e della famiglia, relazioni domestiche rigorosamente gerarchiche, un ménage familiare parsimonioso ma decoroso».

In questo senso era come se il fascismo avesse tagliato l'albero su cui si era arrampicato. La famiglia piccolo-borghese, assunta dal regime come pietra angolare per la costruzione del suo edificio sociale, appariva contemporaneamente anche come una sorta di sbarramento naturale alla fascistizzazione della società italiana; cellula fondamentale per una sistemazione armoniosa e aconflittuale della compagine sociale, essa si caratterizzava esplicitamente, però, come un nucleo nel cui ambito venivano assolutizzati tutti «quei valori di riservatezza, morigeratezza, individualismo, asocialità che definiscono la sfera privata in contrapposizione a quella pubblica»;[24] vissuta come un perimetro di sicurezza, garantiva un argine di protezione verso l'esterno che ne preservava l'intimità e però, allo stesso tempo, sbarrava le porte a una socializzazione efficace. Se le strade, le scuole, gli ambienti di lavoro costringevano a un'assidua frequentazione della sfera pubblica, la famiglia garantiva un ritorno al privato gelosamente tenuto al riparo sia dall'attivismo collettivo sia dalla partecipazione a una identità comune: fu nel tepore protettivo delle mura domestiche che la piccola borghesia italiana sperimentò un *modus vivendi* con il fascismo ispirato esclusivamente al tentativo di trarne tutti i vantaggi possibili evitandone gli svantaggi; vi profuse astuzia ed energia, passività e silenzio, accettazione, accomodamento e consenso per approdare, alla fine, all'«indifferenza» del paradigma moraviano. «Sono impiegato al ministero di Grazia e Giustizia, prendo ottocento lire mensili (...) ma i miei superiori mi vogliono bene (...) Mi è stata promessa una promozione (...)»: queste le referenze matrimoniali di Leo, il protagonista fascista del romanzo *Gli indifferenti*. Nel curare che i canali di comunicazione tra i segmenti del corpo sociale restassero rigidamente sbarrati, il fascismo riuscì quindi a evitare che in Italia la massificazione della politica (un aspetto particolare della «grande trasformazione» nella sua duplice veste di estensione generalizzata del suffragio universale e di mobilitazione attivistica dal basso) si coniugasse con la democrazia infliggendo, però, un *vulnus* irreparabile al proprio disegno di «fascistizzazione integrale».

Se il regime mussoliniano scalfì solo superficialmente identità e appartenenze, a rimodellare efficacemente l'esistenza collettiva degli italiani contribuì il dispiegarsi di alcuni meccanismi sociali e istituzionali comuni a tutti i paesi dell'Occidente industrializzato; si trattò degli esordi di un processo di omologazione le cui spinte sfondarono i muri delle ideologie, si svilupparono nel vivo dei comportamenti collettivi, rendendo l'Italia fascista pienamente partecipe di una congiuntura storica caratterizzata, a livello internazionale, oltre che dal dilatarsi della sfera pubblica, anche dall'adozione di modelli unitari sul piano della produzione e dei consumi. Per la prima volta nella sua storia, anzi, il nostro paese sperimentò l'eventualità che il mercato si affiancasse allo Stato e alle istituzioni nel costruire e sedimentare identità: «Il consumismo – come scrive Mariuccia Salvati – offrendo l'immagine di una popolazione che persegue scopi uguali (...) forniva, in apparenza, il biglietto di ingresso alla comunità nazionale». In una rotta alternativa a quella seguita dagli strumenti dell'artificialismo politico, prescindendo sia dagli apparati istituzionali sia dal PNF come veicoli di integrazione, ci fu allora per una fascia molto ristretta di italiani del Nord e del Sud la possibilità di riconoscersi in un'appartenenza comune definitasi intorno alle categorie del mercato, della produzione e dello sviluppo economico, affidando spontaneamente la propria «nazionalizzazione» a una illimitata fiducia nel progresso materiale e nell'accrescimento dei beni e delle merci. Cambiò l'assetto produttivo industriale e alcune città (Milano, Torino e Roma in primo luogo) conobbero significativi mutamenti nell'ordito del tessuto urbano; fu un processo di esigue dimensioni quantitative e i cui risultati qualitativi determinarono soltanto una sorta di superficiale omologazione di comportamenti e aspettative, e tuttavia la sua ricaduta sulla mentalità collettiva non può essere oggi sottovalutata, soprattutto se confrontata con la «leggerezza» dell'identità nazionale sedimentatasi intorno all'apparato ideologico e burocratico del regime.

4. *Le donne tra il regime e la Chiesa*

Significativa, in questo senso, è proprio la storia delle donne durante il fascismo. A «fare le italiane» in quegli anni contribuirono, infatti, non solo le strutture di massa varate dal regime ma anche l'influenza della Chiesa cattolica, la persistente vitalità degli istituti familiari, e, come abbiamo visto, tutte quelle modificazioni indotte nel costume dal cinema, dallo sport e dal tempo libero, dalla razionalizzazione del lavoro domestico, dall'affacciarsi di nuovi consumi. Certamente il fascismo contribuì a rendere più visibili le donne nella sfera pubblica. Ma senza che questo comportasse una rottura drastica nella continuità di comportamenti assolutamente tradizionali. C'è in questo senso un infittirsi di contraddizioni irrisolte che appartennero allora alla realtà dei percorsi di vita femminile e che oggi si ribaltano in un dibattito storiografico che stenta a coagularsi intorno a una interpretazione sufficientemente consolidata. È un fatto, ad esempio, che la «nuova italiana» auspicata dal regime fosse titolare di diritti e doveri nella costruzione di un forte Stato nazionale che la proiettavano all'esterno delle strutture familiari:

Non sono più i tempi – scriveva «Cordelia» nel 1938 – in cui la donna si appartava completamente dall'attiva vita sociale; oggi il Regime le ha dato una nuova coscienza, chiamandola a partecipare all'attività magnifica delle nostre più belle energie. Giovinetta, sposa, madre, ella deve essere conscia e degna della sua opera sociale (...).

Pure, l'inquadramento femminile nelle organizzazioni di massa non era di per sé in grado di spezzare gli antichi ruoli. In questo caso, infatti, l'applicazione del principio del «ciascuno al suo posto» assumeva come priorità strategica la conferma della netta opposizione tra una cittadinanza piena riconosciuta agli uomini in quanto titolari di una partecipazione attiva alla sfera pubblica e la passività della sfera domestica e privata che competeva alle donne.[25] Il regime intendeva sovrapporre alle consuete immagini delle spose, delle madri e delle sorelle, quelle moderne della cittadina, della lavoratrice, della consumatrice e dell'utente dei servizi dello Stato sociale; in realtà, una sintesi unitaria di questi modelli poteva scaturire solo da una drastica ridefinizione degli ambiti e delle collocazioni delle donne, forzando una «separatezza» tra mondo maschile e mondo femminile che era invece geneticamente inscritta nel paradigma costitutivo dell'ideologia fascista. Stretto nella morsa tra le esigenze di protezione nei confronti di un sociale poco articolato, opaco, statico e gli esordi di una modernizzazione che procedeva fuori dai canali istituzionali e prescindendo da qualsiasi tipo di vincolo ideologico, il fascismo si dimostrava incapace di articolare i suoi progetti identitari nel vivo di una efficace mobilitazione politica limitandosi, così, ad «amministrarli» lungo i sentieri di una burocratizzazione pressoché obbligata.

Le organizzazioni di massa volontarie femminili ripetevano di fatto il modello «assistenziale» del PNF. I Fasci femminili si svilupparono solo negli anni trenta, grazie ai compiti ricevuti nella campagna demografica e nella politica autarchica.[26]

L'attivista fascista, la squadrista della prima ora – ha scritto Chiara Saraceno – non costituì mai per il regime un modello femminile da proporre. Al contrario, queste figure costituivano piuttosto una presenza problematica e imbarazzante, da tenere sotto controllo proprio a motivo del messaggio di devianza da un modello di normalità femminile ruotante attorno alla famiglia, alle virtù e pratiche domestiche, all'obbedienza, alla modestia, alla fecondità.[27]

Contrapponendosi radicalmente alle squadriste che ricordavano le origini emancipazioniste e futuriste del fascismo, le massaie rurali, «inventate» in occasione del censimento del 1931 e definite in termini organizzativi nel 1933, risolvevano ad esempio la contraddizione fra tradizione e modernità semplicemente negando uno dei termini, sfruttando la «donna rurale» per designare alcuni tratti femminili «naturali» «autentici» «tradizionali»; si trattava, inoltre, di un contenitore artificioso, assolutamente inadatto a ricomprendere in termini unitari un mondo così variegato come quello delle figure rurali femminili (le mondine, le reggitrici, le braccianti), legittimato unicamente come strumento per l'organizzazione del consenso di un potenziale enorme di aderenti.[28] Altre, come le visitatrici fasciste, venivano mutuate senza soluzione di continuità da ruoli e funzioni definitisi in altri ambiti ideologici, semplicemente aggiungendo ai compiti assistenziali e benefici di sempre quelli della sorveglianza e del controllo sociale indotti dal contesto repressivo del regime.[29] Istituita nel dicembre 1930, la visitatrice fascista all'inizio era, infatti, fondamentalmente una dama di carità che

scodellava la minestra ai ranci del popolo, diceva una buona parola ai poveretti (...) Non c'era bisogno di preparazione. Bastava scegliere le visitatrici tra quelle signore che per intelligenza, tatto o conoscenza del popolo e dei suoi bisogni erano maggiormente atte a svolgere efficacemente questo compito;

nella seconda metà degli anni trenta, la visitatrice divenne «una vera e propria assistente sociale di partito», assumendo sempre più le vesti della funzionaria e smarrendo progressivamente tutti gli aspetti militanti della sua attività.[30]

Obbligato a percorrere sentieri già noti, tesi più alla rassicurazione che alla mobilitazione, il fascismo, così come per i modelli piccoloborghesi ereditati dall'Italia liberale, in questo caso impostava il suo rapporto con le donne nel solco di una vistosa continuità con la tradizione cattolica. L'educazione religiosa assumeva come priorità molti dei tratti essenziali del modello femminile del regime: rassegnazione, spirito di sacrificio, umiltà; «per questa ragione, la versione cattolica del posto della donna e della centralità della famiglia, certamente più ricca simbolicamente della versione puramente pronatalista del regime, non si oppose a quest'ultima»;[31] tra i due universi organizzativi che facevano capo alla Chiesa e al PNF, non solo non ci furono attriti e divergenze di qualche peso, ma – quasi a ribadire su questo terreno una sua irreversibile subalternità strategica – il regime tese a presentarsi alle donne accentuando in modo esplicito i tratti più confessionali della sua politica, garantendosi, almeno sino alla seconda guerra mondiale, sia dal punto di vista numerico sia da quello ideologico il «consenso senza recriminazioni» di tutti i rami femminili dell'Azione Cattolica.[32] Fu un'operazione, però, che restrinse drasticamente gli ambiti in cui poteva dispiegarsi il progetto fascista di «fare le italiane»: una volta imboccata, ad esempio, la strada della sfrenata esaltazione della domesticità riproduttiva, era inevitabile soccombere alla maggiore credibilità di cui godeva, su quel terreno, l'insegnamento della Chiesa. Non fu un caso se «l'enciclica *Casti Connubii* di Pio XI sul matrimonio e la morale sessuale del 1930 ebbe una risonanza molto maggiore dei discorsi di Mussolini sulle culle e le bare»; come scrivono Di Cori e De Giorgio, «la forsennata insistenza del regime sui valori della maternità appariva scarna e grossolana nelle sue argomentazioni, quando la si confrontava con i messaggi che erano invece diffusi dalle organizzazioni cattoliche (...)».[33] Proprio negli anni venti e trenta, quindi, nella fase che avrebbe dovuto segnare almeno in termini organizzativi l'impianto di un monopolio fascista nello scandire i termini della mobilitazione politica delle donne, l'entrata pubblica in campo delle organizzazioni cattoliche femminili rappresentò invece un passaggio cruciale nella strategia di radicamento popolare della Chiesa. Al riparo di una presunta apoliticità, il movimento femminile cattolico si inserì stabilmente nelle strutture dello Stato e della società civile, occupandosi dell'organizzazione del lavoro, di legislazione sociale e di istruzione pubblica, fornendo alle donne spazi e strumenti di socializzazione.

Il tentativo delle gerarchie ecclesiastiche di operare una sintesi non traumatica fra tradizione e innovazione, naufragato nel modello burocratico delle organizzazioni di regime, fu perseguito su un terreno delimitato dai simboli più vistosi della modernità: il ballo, l'indipendenza intellettuale, gli spettacoli, la moda, lo sport; nessuno fu condannato in sé, né, tantomeno, in quanto frutto di un modello di sviluppo economico sempre accettato come intrinsecamente legittimo. Il rapporto con i «capricci» della moda, ad esempio, era consentito senza restrizioni a quelle donne che per finezza culturale o per condizione sociale erano in grado di padroneggiarlo senza cadute di gusto, mentre veniva considerato «inverecondo» e goffo per le «povere donne» che volevano imitare i costumi dei ricchi. Si trattava, quindi, di «aiutare» queste ultime a destreggiarsi nei nuovi spazi delineatisi intorno a quei simboli, fornendo di ognuno di essi un'immagine edificante che nella sua valenza pedagogica fosse in grado di proteggerle dai loro effetti più negativi; fu in questa direzione, ad esempio, che si arrivò a consigliare una versione «casta» dello sport, al riparo di tutte le occasioni di promiscuità tra i sessi, che privilegiava i giochi di cortile, le passeggiate, il salto alla corda («quella ginnastica spontanea che interessa tutte le membra senza sforzi violenti») o a contrapporre alla bellezza, edonistica e paganeggiante, la «gradevolezza, fondata sull'ordine e la pulizia».[34]

C'erano, di fatto, almeno tre livelli in cui si articolava il confronto tra donne cattoliche e modernità: il primo, caratterizzato da un netto rifiuto, puntava alla lotta contro l'empietà, il disordine, la depravazione dei costumi, le cattive letture, gli spettacoli pericolosi per costruire un'avanguardia militante, ascetica e rigorosa; il secondo, che esaltava le istanze protettive verso le più povere e le più umili; il terzo, attraversato da una sostanziale accettazione e da un conseguente permissivismo. A essere condannata sempre e comunque era la libertà sessuale, in una visione che induceva a vedere come tarlo, morbo, sozzura, fango, il piacere fisico non finalizzato alla procreazione.

Grazie alla propria diversificazione, le organizzazioni cattoliche furono così in grado di rappresentare la traduzione operativa di questa complessa articolazione di diversi toni e registri d'impegno: da un lato, ad esempio, l'Unione donne, subito dopo la guerra, si adoperò in campagne per la moralità contro la bestemmia, il ballo e la moda indecente, per la diffusione massiccia del catechismo, nella lotta contro il progetto di introdurre il divorzio indugiando sulle immagini tradizionali della fragilità e pericolosità del corpo e dell'istinto femminili e sulla necessità di un loro costante controllo, «quasi a riproporre i tratti immodificabili di un ruolo identificato con la legge naturale e la volontà di Dio»;[35] dall'altro, la Gioventù femminile, fondata nel 1919, ebbe il suo massimo successo sia tra le donne occupate in mestieri dove più alto era il livello del ricatto padronale e più scarse le possibilità di autodifesa – «le domestiche, le lavoratrici a domicilio, le raccoglitrici di olive e agrumi nel Sud» –,[36] sia nell'area dei nuovi impieghi, legati a un'accentuata femminilizzazione di alcuni comparti del mercato del lavoro. Ed è proprio alla Gioventù femminile che si può attribuire la sintesi più efficace operata tra i diversi livelli di intervento, grazie alla sua capacità di rompere il circuito tradizionale fra casa e chiesa e di «proporre nuove forme di militanza, di iniziativa, di responsabilità organizzativa».[37]

5. *Il lavoro*

E direttamente sul piano del loro inserimento nel processo produttivo affiorava un altro strumento in grado di condizionare in modo efficace l'esistenza collettiva delle donne. Anche in questo caso i dati puramente quantitativi non sono in grado da soli di rendere i contorni qualitativi del fenomeno. Certamente, a partire dalla fine della guerra si registrò una massiccia espulsione della manodopera femminile dalle fabbriche; la smobilitazione dal settore industriale avvenne con estrema rapidità tanto che in sole cinque settimane, fra il dicembre 1918 e il gennaio 1919, secondo una rilevazione compiuta dagli organismi della Mobilitazione industriale, furono licenziate il 27 per cento delle donne occupate nelle industrie durante la guerra (solo il 4,5 per cento dei maschi). E anche nei lavori agricoli, l'impiego delle donne rientrò e venne assorbito entro i meccanismi tradizionali e gli assetti consolidati dei rapporti familiari e di lavoro in agricoltura.[38] E comunque, mentre nel 1921-22 la disoccupazione femminile era ancora inferiore a quella maschile, nel 1926-32 era diventata superiore di molto, segnalando «che le donne stavano abbandonando la forza-lavoro, almeno quella ufficiale».[39] L'attuazione delle leggi del 1938, tese a espellere definitivamente le donne dal mercato del lavoro rappresentò, in questo senso, l'epilogo istituzionale e legislativo di un trend di fondo protrattosi in tutti gli anni del fascismo.[40]

E tuttavia, anche le donne-operaie, le donne-tramviere, le donne-carrettiere, le donne-spazzine, le donne-infermiere, le donne-contadine, le donne-ferroviere, tutte le figure, insomma, che («chiusi i capelli nella nuca e con i calzoni al posto delle gonne»)[41] avevano segnato durante la guerra l'ingresso delle donne nel mercato del lavoro, non si erano mai poste in alternativa radicale ai tradizionali ruoli femminili. Indubbiamente la presenza nel mondo della produzione costituiva uno scenario ambientale in grado di incidere sull'interpretazione sociale e individuale della propria condizione: c'era, ad esempio, una netta divaricazione tra il modo di vivere l'adolescenza da parte delle giovinette delle classi popolari, precocemente avviate alla fabbrica, e quello delle giovani figlie delle classi medie o alte, «costrette a una esistenza casalinga in attesa del matrimonio»;[42] nell'assenza di una cornice di autentico protagonismo politico, però, il lavoro era solo una condizione oggettiva, un dato strutturale non in grado, di per sé, di alimentare una radicalizzazione soggettiva in termini di attivismo sociale e consapevolezza ideologica.

A rendere accidentato il percorso dell'emancipazione femminile fondato esclusivamente sul rapporto donna-lavoro era non solo la diversità delle esperienze lavorative tra donne contadine, artigiane, operaie,[43] ma anche la tenace persistenza di culture familiari-comunitarie che dispiegavano i loro effetti fin dentro l'universo modernizzante della fabbrica e dell'industria: le operaie tessili isontine, ad esempio, una volta assunte al cotonificio, consegnavano la «quindicina» alla madre e fino al matrimonio i genitori continuavano a provvedere a tutte le loro esigenze.[44] Non c'era alcun collegamento automatico, quindi, tra salario e autonomia, e il passaggio dal sistema domestico a quello del lavoro salariato non sempre coincideva «con lo spostamento del baricentro economico dall'interno all'esterno della famiglia».[45]

Più in generale, per le operaie l'esperienza di fabbrica era assolutamente parentetica: andavano a lavorare più giovani dei loro fratelli ma smettevano anche prima, appena si sposavano e avevano figli. C'era appena il tempo di giovarsi del nuovo ambiente per impadronirsi di alcune informazioni (che non avevano ricevuto dalle madri e che ricevevano dalle compagne)[46] sulle mestruazioni, la meccanica dei rapporti sessuali, la realtà dell'aborto, prima di tornare in seno allo spazio domestico e familiare.[47] Meno garantite perché meno tutelate da una efficace copertura sindacale, inserite da poco nel ciclo produttivo e quindi più esposte all'andamento del mercato del lavoro, addette in fabbrica alle lavorazioni più semplici e ripetitive,[48] le operaie avevano, inoltre, livelli di identificazione molto bassi con il proprio «mestiere», anche perché il loro lavoro «non era collocabile dentro gli schemi storicamente affermatisi in quelle configurazioni professionali che erano proprie delle prestazioni maschili»:

Di fatto – ha scritto Silvano Benvenuti – la donna veniva sentita come portatrice di una capacità lavorativa «polivalente» e veniva utilizzata più per la sua continua disponibilità a fornire prestazioni d'ogni genere, che non per i contenuti del suo operare.[49]

Ne derivava una marcata tendenza spontanea a spostarsi verso altre figure professionali (la sarta, la commessa, la parrucchiera),[50] in ambiti lavorativi in cui l'aspirazione alla mobilità sociale si esprimeva quasi esclusivamente in «una notevole disinvoltura verso le norme di "contegno come si deve" del loro sesso»,[51] o, più spesso, in approssimative strategie matrimoniali («tutte figlie di operai, ma chissà, forse per il fatto di vedere sempre bei vestiti o gente che viveva in una condizione economica più elevata desideravano tutte di sposare l'avvocato, il dottore»).[52]

Esemplari, però, in questo senso furono i cambiamenti che si determinarono tra le impiegate, le contabili, le ragioniere e cassiere, uno dei pochi settori che fece segnare un notevole incremento occupazionale (erano circa 40000 nel 1911; 117000 nel 1921; 190000 nel 1931).[53] Giovani, ancora inserite nelle famiglie di origine perché non potevano permettersi di vivere da sole con il proprio stipendio, utilizzarono il lavoro solo come un'opportunità per accedere a una fascia più alta di consumi (vestiario, cosmetici, viaggi, divertimenti, fine settimana e soprattutto cinema), «improntando il loro modo di vestirsi e di comportarsi all'accettazione passiva del dettato dell'industria»[54] e considerando il lavoro «un elemento passeggero della propria vita». Fu soprattutto in questi ambiti che ai modelli tradizionali se ne affiancò un altro, affermatosi nell'America degli anni venti, quello della *flapper*, la «monella spregiudicata»: gonna sopra il ginocchio, trucco sfacciato, economicamente autosufficiente, la *flapper* rappresentava la conferma di una effettiva ascesa sociale delle donne, «beneficiate» da varie leggi, dall'estensione del diritto al voto (1920) alla possibilità di accedere alle carriere impiegatizie e dirigenziali. Ma era anche il simbolo efficace e suggestivo degli «anni folli», di un mondo segnato da una diversa qualità della vita, da una drastica e irreversibile trasformazione dello spazio quotidiano dell'uomo, da un entusiasmante nesso tra prosperità e civiltà di massa. Nel 1921 negli Stati Uniti circolavano sulle strade 1500000 auto; erano diventate 4800000 nel 1929. Gli indici della produzione e dei consumi crescevano di pari passo e al gigantismo industriale si accompagnava un mercato vastissimo; in realtà tutto doveva essere «grande», secondo quanto suggeriva la facile simbologia dell'Empire State Building: i mezzi di comunicazione erano «di massa» (le prime trasmissioni radiofoniche regolari erano cominciate nel 1920 e già nel 1929 una famiglia americana su tre possedeva un apparecchio radio); gli spettacoli sportivi diventavano «di massa» (a Chicago, alla sfida mondiale tra i pesi massimi Dempsey e Tunney, presenziarono 145 000 spettatori); «di massa» fu il successo del cinema che proprio allora passava dal «muto» al «sonoro». Arrivò il jazz, la musica popolare della civiltà industriale, il segnale di un nuovo modo di ballare, di esprimersi, spontaneo, naturale, senza regole.

La *flapper* evocava questo scenario e in tutti i paesi industrializzati i capelli molto corti, le gonne sul ginocchio e i vestiti stretti, le calze di seta e spesso anche i profumi, il trucco e il rossetto della «maschietta» o della *garçonne*, furono considerati i simboli di una modernizzazione voracemente dilagante,[55] nel contesto di un martellante e ossessivo invito al consumo; secondo la Frevert «le donne si subordinarono volontariamente alle nuove leggi del mercato e la fuga nella moda e nell'erotismo furono anche una forma di protesta contro le discriminazioni subite».[56] A ridimensionare il mito della *flapper* intervenne la crisi del 1929; con il grande crollo della Borsa di Wall Street essa smise di svolazzare e il suo sfarfallio si stemperò in un mesto ripiegarsi in se stessa. Del resto in Italia, anche durante gli «anni folli», la sua presa era stata già allentata, oltre che dalla esiguità dei settori femminili in grado di conoscerne e apprezzarne il significato simbolico, anche dalla congerie di costumi e convenzioni riassuntivamente indicate come «le buone maniere borghesi» che si erano intrecciate con il suo mito. E tuttavia, il peso della sua immagine fu superiore a quanto suggerito dalle esigue dimensioni quantitative della modernizzazione dei consumi in Italia.[57] Priva di ogni substrato materiale e assunta quindi come una figura totalmente simbolica, la *flapper* fu in grado di sedimentare modelli di identificazione superficiali ed epidermici, racchiusi nelle coordinate di una omologazione comunque lontana dai percorsi della costruzione di una solida identità collettiva; le impiegate della generazione successiva, quella delle donne cresciute già dentro il fascismo, ereditarono così i valori simbolici della *flapper* depotenziati di tutta la carica di vitalità che ne aveva alimentato il mito negli «anni folli», pronte quindi ad arrendersi senza condizioni agli impulsi della cultura cosmopolita di massa che arrivavano da Hollywood: le canzoni, le riviste scandalistiche, i romanzi e una «moda» che cambiava almeno due volte all'anno, «diffusa dai film, dai manifesti pubblicitari e da oltre 40 riviste».[58]

6. *L'antifascismo esistenziale*

Il fascismo in quanto apparato istituzionale e in quanto partito, la Chiesa, il mercato: se tali e così diversi tra loro furono quindi i fattori identitari che operarono nella società italiana tra le due guerre, sarebbe veramente incongruo identificare l'antifascismo con la pura e semplice negazione «politica» del fascismo. In realtà l'antifascismo non fu solo uno schieramento, un elemento di legittimazione per alleanze tra forze politiche. Questo è solo il più stretto dei tanti cerchi concentrici lungo i quali è indispensabile inseguire la sua definizione.

Ci si può infatti riferire all'antifascismo come a una forma particolare della concezione della politica totalmente svincolata dal canonico ambito cronologico del ventennio fascista e definita attraverso elementi che appartengono drammaticamente alla realtà del nostro tempo: la tolleranza, la libertà, i diritti degli uomini, l'uguaglianza, la giustizia, il rispetto delle regole della convivenza civile. Nella tradizione di derivazione azionista, per esempio, questa è sempre stata l'accezione prevalente:

> La storia dell'antifascismo – scrisse Ferruccio Parri – è lunga e le sue origini sono lontane. Possiamo dire che in esso si riassumono e si raccolgono tutte le tradizioni migliori dello spirito italiano, di libertà e di aperture, che lo guidano per tappe liberatrici successive, a cominciare dalla prima rivoluzione illuminista del Settecento.

Senza mezzi termini, per Parri l'antifascismo era da considerarsi l'unica esperienza democratica concretamente vissuta dall'Italia del Novecento, identificando il suo fondamento ultimo nel «superamento del vecchio Stato liberale di diritto – formalmente di diritto – oltre che di quello fascista».[59]

Ma il cerchio più largo (forse il più efficace dal punto di vista storiografico) è quello che lo interpreta utilizzando il paradigma gobettiano del fascismo/«rivelazione»: in questo caso ad affiorare è un antifascismo rappresentativo di un'altra Italia, quella nella quale, sia durante il ventennio – quando si contrappose nettamente all'Italia fascista e agli italiani fascisti –, sia nella Resistenza, con la scelta matura e consapevole di iniziare una guerra civile, confluirono i comportamenti antagonistici di quanti non si riconobbero non solo nelle scelte politiche del fascismo, ma anche e soprattutto nel «carattere» degli italiani che di quelle scelte costituirono lo sfondo antropologico. Sul piano storiografico, la segnalazione della sua rilevanza interpretativa risale almeno a Giorgio Amendola che già agli inizi degli anni sessanta richiamava l'attenzione sull'«opposizione dei senza partito», su quelli che, con una punta di condiscendenza, definiva «i dormienti» i quali, pur rinunciando alla politica attiva, agivano come «importanti veicoli di continuità e di collegamento con i giovani». In questo caso, però, dell'*antifascismo esistenziale* si dava una definizione solo in negativo, identificandolo con tutto quanto restava *fuori* dall'antifascismo organizzato («quello che voleva mantenere una propria organizzazione illegale di fronte al regime»).[60] Fu invece Guido Quazza a caratterizzarlo in senso prevalentemente generazionale, sempre comunque declinandolo lungo il versante della spontaneità, usando come termine di riferimento, cioè, la sua «diversità» dall'antifascismo politico.[61]

In realtà, in chiave storiografica, i suoi contorni appaiono molto più vasti in almeno due direzioni: la prima, lungo la quale, mantenendo la distinzione con l'antifascismo organizzato politicamente, se ne precisano meglio gli ambiti sociali e i soggetti collettivi che vi confluirono; la seconda, più importante, attenta a cogliere la sua presenza direttamente dentro le coordinate che scandirono il processo d'impianto dell'antifascismo politico. Molti percorsi dell'antifascismo esistenziale si snodarono, infatti, dentro un'area di ribellismo indistinto, rappresentando l'aspetto congiunturale di fenomeni inscritti in tradizioni popolari «antistatuali» di lungo periodo, da sempre tipiche delle «classi pericolose»: in questo caso è una resistenza sorda, generica, ma assolutamente «incompatibile» con il regime che deve essere approfondita sul piano della ricerca. Nell'altro, invece, c'è da forzare la soglia di una «separatezza» che appartiene più all'autorappresentazione dei militanti antifascisti che alla loro realtà. I comunisti, in particolare, articolarono la propria «diversità» «in maniera prevalentemente fantastica», in larga misura inconsapevoli, invece, di condividere pienamente «esperienze e pratiche sociali che costituivano l'espressione essenziale di quel modo di vita contro il quale ritenevano di battersi».[62] Quanto degli stili di vita, delle abitudini quotidiane, dei valori morali diffusi in modo generalizzato nell'Italia di allora arrivò a insinuarsi nel mondo di «incontaminata purezza» della cospirazione politica contro il fascismo? Fu sufficiente, insomma, l'agire politico a esprimere da solo – in assenza di significativi processi di autotrasformazione individuale – una critica radicale e assoluta alle forme sociali dominanti? Veramente in una gerarchia fondata sui diversi gradi di estraneità e di irriducibilità al regime, l'antifascismo politico acquistò più rilievo di quello esistenziale?

2.
L'antifascismo organizzato: linee politiche, modelli cospirativi e intervento sul campo

1. *La linea*

Per quanto riguarda in particolare la storia del PCI nel «ventennio» fascista, la risposta a questi interrogativi scaturisce dal confronto con la complessa realtà dei percorsi di approdo all'opposizione al regime e alla scelta di diventare comunisti.

È difficile credere che su di essi abbia avuto un'influenza decisiva la linea politica perseguita dal partito tra il 1922 e il 1943. Di fatto, si trattò di una vertiginosa serie di aggiustamenti tattici, impennate strategiche, svolte di «rifondazione» che si avvicendarono secondo una successione in cui nemmeno la cronologia riesce a mettere ordine: al giudizio iniziale (1921) sulla necessità di adeguare il partito a una fase rivoluzionaria seguì una serie di proposte che spaziavano dal «fronte unico» (per smascherare i «sedicenti democratici») del 1926 e dalla posizione «classe contro classe», affermata nel 1930, al patto di unità d'azione con Nenni nel 1934 fino all'impostazione frontista del 1935-36, interpretata con quella rigidità che Amendola definì «il settarismo dell'antisettarismo».[1] E non era finita; prima della caduta del fascismo ci fu ancora il tempo per un rilancio di alcuni aspetti del «socialfascismo» (nel 1939, dopo il patto Molotov-von Ribbentrop), seguito da un'ennesima brusca virata dopo l'aggressione hitleriana all'Unione Sovietica nel 1941.

Di tutte queste «svolte», l'unica veramente rilevante fu quella del 1930;[2] si trattò di una vera e propria rottura che coincise con la fondazione di un gruppo dirigente totalmente e compiutamente togliattiano (Ravera, Grieco, Longo, Secchia, ai quali l'anno dopo si aggiunsero Di Vittorio, Dozza, Santhià e Pajetta), il ringiovanimento dei quadri e l'inizio di un processo di radicamento nelle roccaforti della Toscana e dell'Emilia che, alla fine, avrebbe molto attenuato il carattere operaio e operaista del PCI delle origini.[3] Per il resto, se si vuole rintracciare una trama unitaria in questa acrobatica serie di giravolte, occorre soffermarsi innanzi tutto su un'accentuata subordinazione a Mosca e alle direttive della Terza Internazionale; grande «catalizzatore di utopie», il modello sovietico fu assunto per restituire ai militanti l'immagine di un paese «dove massima era l'efficienza amministrativa, dove alta era la tensione alla giustizia sociale, dove era riconosciuto il diritto al lavoro della donna, dove era sicura la solidità nazionale»,[4] così che la sua capacità di alimentare meccanismi di convinta identificazione più che agli strumenti dell'ideologia e della propaganda si ancorò al fascino pragmatico di «conquiste» già concretamente realizzate. La linea poteva cambiare e «passare»; le realizzazioni dell'Unione Sovietica restavano.[5]

Su un piano più tattico e congiunturale, un altro elemento unitario fu la netta differenziazione dal riformismo, apparsa subito come una condizione irrinunciabile per il nuovo partito alle prese con la necessità di ritagliarsi uno spazio politico autonomo in un'area sociale già occupata dalla tradizione organizzativa e culturale del socialismo italiano.

Resta il fatto, comunque, che difficilmente si poteva diventare comunisti soltanto riconoscendosi nella linea politica del PCI; il risultato sarebbe stato un grottesco partito-arlecchino, affollato di soggetti che, a seconda della loro data di ingresso, potevano essere indotti a credere che i socialdemocratici fossero dei traditori e i fascisti «fratelli in camicia nera». Mettiamo a confronto due documenti, uno del 1931, l'altro del 1937:

> È alla borghesia – recita il primo, scritto da Ruggero Grieco – che questa gente (i socialdemocratici) vuol lanciare la minaccia dell'insurrezione del proletariato per farle vedere il pericolo cui può andare incontro e per porre la candidatura allo strangolamento della rivoluzione (...) Questa gente non organizza rivoluzioni proletarie, ma solo pogrom contro il proletariato insorto. Bisogna smascherare questi mistificatori delle classi lavoratrici. Dietro al «perenne valore della libertà» c'è la reazione capitalistica, democratica, fascista, socialfascista;[6]

il secondo, appena sei anni dopo, capovolge in modo drastico questa impostazione.

È una lettera di Luigi Grassi, inviata a due compagni «di base», Nicola Scola e Martino Gualco:

Era nella nostra intenzione di non rispondere a questa vostra lettera come già d'altronde abbiamo fatto l'anno scorso, essendo che noi non abbiamo nulla a che fare con voi, i signatari della lettera e quelli che ce l'hanno fatta recapitare, ma poi abbiamo pensato che era meglio rispondere una volta per tutte a queste «famose» lettere (...) dicendo cosa pensiamo noi del vostro modo di agire che può essere molto dannoso al movimento operaio (...) anche in uno solo di quei settori che sono ancora sotto l'influenza del sindacalismo anarchico, di quei piantagrane che vogliono sapere e fare tutto loro e che vogliono arrivare ad avere un posto in direzione,

era l'esordio risentito di Grassi che poi proseguiva entrando nel merito della linea del partito:

L'unica strada per uscire da questa situazione di fame di schiavitù è quella della riconciliazione del popolo italiano, dai comunisti ai fascisti della prima ora, e dell'unione in un blocco d'acciaio per il pane, la pace e la libertà e per l'aiuto del popolo spagnolo che lotta contro il fascismo internazionale (...) dovete concentrare le vostre energie nel lavoro in seno ai sindacati fascisti, in seno del dopolavoro, in seno ai circoli cattolici (...) ma per fare questo è necessario che voi diate la mano ai fascisti e ai cattolici e non respingerli in braccio all'odio. Di conseguenza dovete scacciare quello stato d'animo di ripugnanza e avvicinarvi in ogni dove ai nostri fratelli in camicia nera.[7]

Destinato uno ai «quadri» e alla diffusione attraverso «Lo stato operaio», la rivista ufficiale del partito, l'altro a due semplici compagni, scritti il primo nel linguaggio classico della propaganda «alta» del PCI, il secondo in forma più diretta, più brusca, quasi colloquiale, i due documenti letti in successione segnalano un dato significativo sul piano interpretativo: difficilmente le «svolte» e i radicali capovolgimenti di fronte potevano avere una ricaduta effettiva sull'insieme dei militanti comunisti, che avrebbero trovato difficoltà insormontabili a passare con un minimo di consapevolezza da una posizione all'altra. In realtà, molti dei «nodi» che resero aggrovigliato e contorto il processo d'impianto del PCI dispiegarono i loro effetti (anche in termini di lacerazioni e rancori personali) esclusivamente all'interno di un numero ristrettissimo di persone, alimentando in pratica soltanto i meccanismi di selezione e di cooptazione del gruppo dirigente.

È un fatto – riconosceva Camilla Ravera in una riunione del Comitato Centrale del 28 febbraio 1929 – che di tanto in tanto arriviamo un pochino in ritardo in questioni che sono essenziali per un partito politico. Non siamo un'accademia di marxisti per scrivere articoli; di fronte a ogni avvenimento il partito deve prendere posizione al più presto. Noi disponiamo di pochissimi mezzi di collegamento e di influenza oggi (...).[8]

Come si espresse Togliatti all'Ufficio Politico, nel 1932, «non è che la base rifiuti la linea del partito, semplicemente non l'applica»,[9] e, si potrebbe aggiungere ora, non la conosceva.

Le testimonianze sulla mancanza di collegamenti, sui ritardi nella comprensione e nell'applicazione della «linea», affollano la documentazione sedimentatasi negli archivi del PCI.

> Le nuove reclute sono elementi nuovi, prevalentemente giovani che cercano il partito della lotta, in una situazione oltremodo difficile – recitava un documento dell'Ufficio Politico del 1932. – Ma questi elementi sono politicamente arretratissimi, non hanno le grandi esperienze della lotta di classe, sono ideologicamente digiuni – anzi sono profondamente influenzati da ideologie non comuniste, e spesso perfino da ideologie fasciste (...).[10]

Può sembrare paradossale, ma la stessa svolta del 1930 fu vissuta, così, più all'insegna della priorità di ristabilire una qualsiasi comunicazione tra base e vertice che nella consapevolezza del suo spessore teorico e politico.[11] Fu questa, in particolare, la lettura che ne diede la polizia fascista («(...) la direzione del partito ha deciso per una svolta sostanziale sul metodo e nella intensità del lavoro di propaganda e di organizzazione (...) in attuazione di tale decisione ha inviato in Italia la Ravera (...) quasi a dimostrare una volta tanto che i dirigenti del partito lasciavano il comodo e sicuro rifugio all'estero ed esponevano qualche cosa in confronto al molto che si richiede alla massa (...)») sulla base degli interrogatori resi da Camilla Ravera dopo il suo arresto; in quello del 12 luglio 1930, ad esempio, «Silvia» aveva motivato la sua venuta in Italia sulla base della

> direttiva sancita dal Comitato Centrale che tutti i suoi membri debbono recarsi a turno di tanto in tanto nel Regno. Ciò, specifico, in contrasto con gli opportunisti i quali ritenendo che l'attuale momento politico non è favorevole (...) pensano che è inopportuno esporre a inutili rischi i membri del Comitato Centrale, che dovrebbero, secondo loro, restarsene più sicuri all'estero.[12]

Per quanto da accogliere con il beneficio dell'inventario, come tutte le dichiarazioni rese negli interrogatori di polizia, colpisce tuttavia l'assonanza con quanto aveva affermato Pietro Secchia, sullo stesso argomento, alla II Conferenza organizzativa del PCI svoltasi a Basilea nel gennaio 1928: «Tra i funzionari questo malcontento si manifesta con l'insistente richiesta di copertura, di documenti, di cose impossibili ad aversi (...) "i fessi – dicono – sono in Italia a lavorare, i furbi sono fuori"».[13]

Tutto sembrò allora aggrovigliarsi intorno al «nodo» dell'invio dei funzionari dal centro alla periferia:

> Durante una discussione – ricordava Teresa Noce – una compagna (Teresa Recchia) finì per dirmi: «Tu difendi tanto la svolta, perché sei sicura che tanto in Italia con il tuo pancione non sarai mandata di certo». Rimasi di stucco. Era un argomento che non mi sarei mai aspettata da lei, membro del Comitato Centrale del partito.[14]

Ma chi veniva in Italia in pratica esauriva le sue energie esclusivamente nel tentativo di sfuggire alla sorveglianza dell'OVRA. Così, in seguito alle numerose «cadute» verificatesi dopo la svolta, il Centro estero prese la decisione di «restringere nuovamente il lavoro in Italia, di mandarvi meno compagni e possibilmente quelli meno conosciuti o legali con l'ordine assoluto di prendere pochi contatti con la base».[15] In rapida successione, tra la primavera del 1930 e l'estate del 1931, erano caduti infatti ben tre Centri interni, retti rispettivamente da Pietro Secchia, Camilla Ravera e Luigi Frausin; più in generale, tra il 1° gennaio 1931 e il 30 aprile 1932 furono arrestati 1595 militanti comunisti e 35 funzionari.[16] Come ricorderà in seguito malinconicamente la stessa Teresa Noce, «rinchiusi nel ghetto dell'illegalità assoluta ci riducemmo a scrivere e a parlare in un gergo a volte incomprensibile agli stessi lavoratori».[17]

2. *L'organizzazione*

C'erano due modi diversi di concepire l'attività del partito e l'applicazione della linea: l'azione rivolta all'esterno per una politica di massa da un lato, la salvaguardia del nucleo clandestino mediante contatti ristretti a pochi conoscenti sicuri dall'altro.[18] All'inizio, tra il 1924 e il 1926, soprattutto per garantire la visibilità del partito, prevalse la prima: come riconobbero prima Secchia («noi lottammo a viso aperto, noi andammo all'assalto di fronte alle mitragliatrici senza alcun riparo. Era la tattica di Cadorna»),[19] poi la stessa Ravera («non era giusto frenare lo slancio e l'audacia dei giovani proprio in quel momento in cui bisognava far rivivere il partito (...) Il nostro Partito aveva pochi anni di vita e doveva mantenersi vivo nell'opinione pubblica; si doveva sentire che i comunisti continuavano a vivere e a lavorare»),[20] allora, per conseguire quell'obiettivo, si commisero e si affrontarono errori e sacrifici «forse eccessivi».[21] Non si trattò, comunque, soltanto di una scelta «avventurista» da parte del gruppo dirigente; c'era allora nei militanti comunisti una vera e propria febbre di attivismo politico, quasi che la scissione di Livorno li avesse liberati dal peso umiliante della sconfitta, consentendo finalmente al loro coraggio di mostrarsi in maniera totalmente dispiegata così da differenziare nettamente il nuovo partito dal vecchio circo Barnum socialista.[22]

Negli anni successivi, tuttavia, a prevalere fu nettamente il secondo: tranne che per una breve ripresa dell'iniziativa politica nel biennio 1930-32, infatti, almeno fino al 1941 l'attività illegale servì quasi esclusivamente alla formazione dei quadri e ad assicurare la pura e semplice sopravvivenza dell'apparato organizzativo del partito.[23]

Gli iscritti si assottigliarono vertiginosamente: erano 25 000 nel 1925, 15 000 nel 1926, 5000 nel 1927; precipitarono a 2000 nel 1929 per risalire a 10 000 (7000 più 2800 giovani) nel 1932 e attestarsi tra i 2500[24] e i 3000 fino al 1943, quando con un'ultima impennata, risalirono a 7000. In molti casi queste cifre risultavano moltiplicate per 5 o per 10.[25] A ridurre i comunisti a una presenza quasi catacombale era stata, dopo il 1926, soprattutto una durissima repressione poliziesca:

> Oggi – affermava Camilla Ravera il 10 dicembre 1926 – tremila compagni nostri sono in carcere, o già al confino, o in attesa di altre condanne (...) La situazione però ci è favorevole nel senso che pone la lotta nei suoi termini crudi e precisi di classe; che sgombra ogni illusione anche fra gli stessi piccolo-borghesi;[26]

era intervenuta, inoltre, anche una massiccia selezione interna, necessaria ad adeguare il partito alle regole cospirative imposte dalla clandestinità e che aveva comportato, come si esprimeva la stessa Ravera, una «revisione intelligente degli iscritti, allontanando dalla organizzazione non soltanto gli elementi comunque sospetti, ma anche quelli ritenuti deboli e incapaci di resistere ai modi e alle forme di repressione».[27]

Fu stabilito di conservare la struttura del partito articolata secondo lo schema federazione, zona, settore, cellula, gruppi di cinque militanti nelle cellule. Era un modello al quale si era approdati dopo l'intenso dibattito che tra il 1922 e il 1923 vide contrapporsi la territorialità e la centralità della fabbrica come due diverse opzioni strategiche, con due conseguenti opposte soluzioni organizzative incentrate rispettivamente sulla sezione e sulla cellula.[28] Ora le esigenze cospirative azzeravano entrambi i presupposti teorici che avevano fatto da sfondo a quella discussione e quello che si varò fu, in effetti, un organismo teso solo a garantire la sopravvivenza del PCI, incentrato su un cospicuo numero di funzionari, una rete capillare di rivoluzionari di professione e una esasperata centralizzazione del dibattito e dell'attività politica. Si vararono anche strutture-ombra, comitati molto ristretti in grado «di prendere il posto di quello eventualmente colpito dalla polizia, in modo da garantire la continuità dell'apparato anche nel momento di attacco molto grave».[29]

Una delle conseguenze più immediate della scelta di un simile modello organizzativo fu la diffidenza marcata verso ogni forma di spontaneismo; di fatto, però, la base del partito si organizzò in larga parte autonomamente, limitandosi ad assecondare le proprie esigenze specifiche.

Così, in Emilia e in Toscana il riferimento alle cellule restò sostanzialmente inapplicato, anche perché in quelle zone il luogo privilegiato della formazione e della circolazione delle idee non era mai stata la fabbrica ma «il territorio, in cui i piccoli gruppi si costituivano sulla base delle amicizie e delle parentele».[30] I comunisti, come ricordava Giorgio Amendola, «in una frazione di campagna si conoscevano, erano meno dispersi di quello che potevano essere in un grande quartiere di una grande città».[31] In un paesino del Biellese, ad esempio, l'organizzazione coincideva in pratica con

> una famiglia patriarcale, nella quale tutti lavoravano per il partito, dai fratelli che erano i responsabili politici dell'organizzazione locale e di quelle di fabbrica, alla sorella e alla fidanzata di uno di loro, che policopiavano la stampa e la portavano fuori. La vecchia madre faceva da mangiare per tutti e il padre aiutava anch'egli come poteva i figli (...) Le riunioni si tenevano di sera, nell'ampia cucina (...).[32]

Anche nelle concentrazioni operaie del Nord, tuttavia, il movimento comunista clandestino ebbe una spiccata tendenza a privilegiare la trama dei rapporti personali, specialmente familiari; a Torino l'organizzazione si era sviluppata «sulla base dei gruppi di case, dei gruppi di strada», trascurando di fatto le cellule di officina. I dirigenti diffidavano di questi percorsi spontanei, attribuendo al rifiuto delle cellule una serie di «guasti»: la mancanza di collegamento «con la massa di officina»;[33] una visione riduttiva del lavoro di massa che si limitava alla sola distribuzione di una stampa clandestina «di carattere generico, scritta in un linguaggio difficile e con parole d'ordine non adeguate al livello di coscienza raggiunto dal movimento»;[34] l'isolamento degli organi dirigenti impegnati «soprattutto a mantenere i collegamenti con le formazioni inferiori e a risolvere i problemi del soccorso vittime».[35]

Questi «rimproveri», però, delineavano i contorni di un paradosso apparentemente inestricabile. Da parte dei vertici del PCI si lamentava che tutto il «lavoro di massa» fosse affidato ai «quadri» dell'apparato, agli «istruttori illegali già conosciuti e ricercati dalla polizia i quali sono costretti ad una vita assolutamente artificiale e non possono avere nessun contatto con le masse».[36] D'altra parte, però, la diffidenza per lo spontaneismo li costringeva a considerare la fedeltà al partito e l'assuefazione ai vincoli disciplinari requisiti più importanti della capacità di caratterizzarsi come avanguardie suscitando e dirigendo lotte, scioperi, agitazioni. Significativo, in questo senso, il ricordo di Lucia Bianciotto, inviata dal centro a prendere contatto con «un compagno di Bergamo»:

> Bene mi rallegro con te, che sei l'unico che sei riuscito a far fare questo sciopero (...) Come hai fatto, quali argomenti? Ah, ho fatto presto, ho preso un martello in mano, mi son messo in mezzo al reparto, ho detto «se non mollate il lavoro spacco la testa a tutti». Ho capito che era un mezzo anarcoide (...) aveva solo fatto una bravata.[37]

Il fatto era che per i vari gruppi locali la figura del «funzionario» del centro del partito era quasi mitica, circondata di attese e speranze tali da far sbiadire i suoi contorni reali, trasformandolo nel messaggero di una entità disincarnata, remota, segreta, potentissima:

> L'attesa del funzionario, la preoccupazione per un mancato appuntamento, la ricerca del collegamento se perduto (...) erano momenti attraverso i quali i militanti si sentivano parte di un movimento più generale e da essi traevano slancio per continuare o rilanciare l'azione politica.[38]

Il primo incontro con il Partito/Funzionario assumeva così – come in questo racconto di Teresa Cirio – le cadenze emozionanti di un rito iniziatico:

> «Guarda questa volta è proprio il Partito! Vedrai, trovati al capolinea del 6. È uno alto, così così, avrà un giornale in mano». Arrivate lì abbiamo visto un tipo distinto, con gli occhiali, che sembrava proprio un intellettuale. Poi lei, via! Allora lui mi ha preso sottobraccio e mi fa «Compagna! Compagna!», ah! che emozione. Perché ora

era il partito, mentre prima si faceva un'attività così (...) E subito mi ha dato un foglio: Come deve essere un comunista (...) Allora io ho letto e ho detto, «Che meraviglia questa! io diventerò una tempra così!»[39]

Ma non sempre l'apparizione si materializzava; in questi casi, nell'attesa ci si arrangiava come si poteva lungo percorsi intrisi di ingenuità e spontaneità.

Nel Parmense l'organizzazione si radicò in un tessuto sociale del quale

una grossa fetta viveva di lavoro saltuario e precario, intervallato da lunghi periodi di disoccupazione, le cui conseguenze cercava di arginare con il piccolo furto di città, la caccia di frodo, il furto campestre (...) propenso e dedito ad attività extralegali, pronto a gesti di coraggio e di forza, insofferente al potere costituito (...),[40]

certamente, quindi, un humus non favorevole a far attecchire una solida e compatta disciplina di partito. Ma era uno scenario che si ripeteva un po' in tutta Italia; ovunque, infatti, l'impianto organizzativo del PCI interagiva con i caratteri originari, le specificità culturali e sociali delle diverse situazioni ambientali con le quali veniva in contatto.

A Messina, nel 1929, la questura scoprì una «cellula comunista» che aveva giurato guerra «contro la Francia, per Nizza e Savoia»; si trattava di una vera e propria società segreta alla quale si era ammessi previo giuramento su un teschio umano e i cui adepti portavano «un anello a serpente e con gli occhi di pietra a colori secondo la carica e l'importanza di chi doveva portarlo».[41] Il gruppo diffuse anche un volantino, il cui testo fu diligentemente annotato dalle autorità inquirenti:

Siciliani! il Parlamento è stato sempre un'accolta di buffoni e di cialtroni, (...) l'Aventino non altro se non una lustra dei più codardi rifiuti, (...) il re, seguendo le tradizioni e le aspirazioni della sua casa è un turpissimo spergiuro; (...) il Vaticano al dire del poeta, in ogni tempo ha fornicato coi dominatori (...) Riscuoti, o gente sicula, nel cuore generoso, il valore che fece compiere ai tuoi avi i miracoli del Vespro e del Risorgimento.[42]

I partecipanti alla improbabile congiura si erano raccolti intorno a Vincenzo Mazzone,[43] nato il 10 novembre 1906, arrestato il 30 agosto 1929, appaltatore di lavori edili alle dipendenze del padre, che aveva coinvolto i suoi amici «già appartenenti al battaglione marinaro e altri perché facenti parte di organizzazioni sportive»; vi era implicato pure il fidanzato della sorella di Mazzone, Assunta, il barbiere Carmelo Caponetto, cugino di Lucia Caponetto (moglie dell'anarchico Salvatore Renda, esiliato in Francia) e del falegname anarchico Paolo Caponetto.

A Taranto, l'organizzazione comunista era raccolta intorno a Odoardo Voccoli,[44] «propagandista efficace e organizzatore di masse che sfruttò arricchendosi»: così la polizia ne descriveva i singoli membri:

Galeandro Giovanni e Mellone Francesco sono ostinati propagandisti e fiduciari del Voccoli, di cui frequentano la casa in tutte le ore; la d'Auria Assunta è l'amante del Voccoli; Voccoli Libertà ne è la figlia; Alfeo Elisabetta va raccogliendo offerte per i detenuti politici e reca giornalmente il pranzo ai detenuti; Moro Concetta e Rosalia, sorelle, sono moglie e cognata rispettivamente del detenuto Valeri Egidio, e Carmignano Candelora è l'amante dell'altro detenuto La Torre Giuseppe.[45]

A Modena, nel 1937, per praticare «l'entrismo» nelle organizzazioni fasciste e stringere rapporti con i «fratelli in camicia nera», l'inviata dal Centro estero Elgina Pifferi organizzò una rete che comprendeva il padre, Gerolamo, il fratello, Giuseppe, un vicino di casa, Alceste Borghi;[46] Gina era espatriata in Francia, richiamata dalla cugina Elide Soncini:

La famiglia Soncini di Castellarano – recitava la denuncia della questura di Modena del 4 luglio 1937 – ha inoltre diversi parenti nella Frazione Vecchia del comune di Vezzanio sul Crostolo; e ciò spiegherebbe come la Gina Pifferi lavorando nel cerchio della parentela abbia potuto stabilire qualche rapporto di partito con elementi della suddetta frazione.[47]

A Certaldo, nel 1927, la cospirazione comunista stroncata in una retata poliziesca era incentrata intorno alla figura di Ida Scarselli, una giovane donna di trent'anni, moglie dell'anarchico Giacomo Bottini (stuccatore, arrestato a Messina il 13 febbraio 1927, confinato a Lipari) dal quale aveva avuto una figlia, Scintilla, e sorella di Oscar Scarselli, detto lo Zoppo «capo di una banda di delinquenti anarchici»; con lei fu arrestata Elisa Veracini, amante di Guido Nencioni, condannato all'ergastolo per i reati commessi nella banda dello Zoppo, e sorella di Alfredo Veracini, che stava scontando trent'anni (altri due fratelli erano in manicomio criminale e uno era fuoriuscito da sette mesi). Ida Scarselli, «anarchica e delinquente fu anche arrestata per rapina a mano armata commessa con i componenti la nota banda»; Elisa Veracini era definita dalla polizia «sovversiva, di pessima posizione sociale, di carattere volgare e prepotente»; con le due donne fu arrestato anche Giulio Montagnani, fratello di Narciso, condannato a vent'anni nel 1925 per tentato omicidio di un carabiniere nel 1921.[48]

I riferimenti alla politica che ispirarono l'adesione al PCI si innestavano quindi su preesistenti forme di socialità, nutrendosi di tradizioni comunitarie di lungo periodo. Era già successo alla fine dell'Ottocento, nel processo di costruzione dell'identità politica del bracciantato padano con il passaggio, senza soluzione di continuità, dalla «combriccola», dalla «cameraccia» rurale, dove si beveva e si giocava, alla «setta», alla lega, all'organizzazione sindacale. La «febbre dell'associazione» (come la chiamavano allora i prefetti) dilagò facendosi strada in un precedente reticolo amicale, parentale, tutto interno alla comunità, rinvigorendo vecchie consuetudini di solidarietà e di cameratismo: si precisò così l'ambito entro il quale Crainz ha recentemente collocato la chiave di volta per leggere

> alcune modalità specifiche della lotta politica destinate a durare a lungo, sia quando la solidarietà si traduceva nell'iniziativa cooperativa, negli stretti legami delle compagnie di braccianti delle bonifiche, sia quando si connetteva alla durezza (settaria appunto) nei confronti dell'avversario e talora anche dell'organizzazione politica strettamente concorrente.

Nell'impatto con la politica, però, queste vecchie appartenenze «naturalistiche» tendevano anche a ridefinirsi lungo i nuovi caratteri impressi dal «disciplinamento socialista», scoprendo la profonda vena pedagogica della cultura del movimento operaio. Comportamenti violenti apparentemente endemici e segnati da vistosi riferimenti alla faida come strumento di regolamentazione dei conflitti all'interno della comunità si affrancavano dai vincoli familistici e individualistici per coniugarsi con le grandi speranze dell'emancipazione collettiva e del rivolgimento sociale. Ne risultava esaltata e sottolineata la funzione didattica dei grandi partiti di massa, la conferma di una specificità tutta italiana nel dettare un percorso in cui le classi subalterne costruirono la propria identità in una marcata «separatezza», in un mondo che la loro autorappresentazione ridisegnò in termini di incontaminata purezza.[49]

3. *L'intervento sul campo*

Questi rilievi sono particolarmente pregnanti se riferiti al ruolo delle organizzazioni del movimento operaio nell'età giolittiana, che Crainz chiama l'«età della Federterra», o a quello del PCI negli anni del secondo dopoguerra. Difficilmente però il PCI della clandestinità e della cospirazione antifascista avrebbe potuto esplicare questa attività didattica in senso lato, indirizzando lungo i percorsi di una gigantesca opera di pedagogia di massa la sua iniziativa politica.

Allora, il suo processo di impianto organizzativo rinviò, in realtà, all'immagine di un sottile e uniforme velo di ideologia disteso su situazioni eterogenee, tutte molto influenzate dal contesto locale, al cui interno il ribellismo, l'indisciplina, o viceversa, una rigida ortodossia, la fedeltà alla linea, apparivano tutte variabili indipendenti dal concreto operare del partito e che scaturivano «naturalmente» da comportamenti collettivi consolidatisi nel tempo. Per di più le singole particolarità alimentavano non solo le caratteristiche qualitative assunte nelle diverse situazioni dalla cospirazione comunista ma apparivano in grado di scandire anche i tempi e i modi con cui si estendeva la rete organizzativa del partito. In questo senso, per tornare alle scelte del gruppo dirigente, il contrasto tra i rimproveri mossi ai militanti per la scarsa attenzione ai movimenti spontanei tra le masse e la diffidenza che ispiravano i rapporti con il mondo esterno all'apparato sembra meno paradossale proprio perché tra i percorsi della spontaneità e quelli dell'organizzazione non c'era affatto una netta «separatezza» e anzi tutto il modo in cui in concreto operavano le strutture periferiche del partito era segnato dal loro intreccio strettissimo. Al centro si era perfettamente consapevoli di questa realtà, giungendo anzi a teorizzarla nelle direttive inviate ai militanti locali; si trattava di osservare con attenzione tutti i fermenti e le iniziative politiche che fiorivano spontaneamente per legarle poi all'organizzazione solo quando si fossero sufficientemente consolidate:

> Il lavoro sia portato alla base e cioè sul luogo di lavoro ove si trovano gli operai (...) per il momento a questi gruppi non daremo dei vincoli organizzativi, soltanto li porteremo sul nostro terreno facendo loro comprendere la necessità della solidarietà con i combattenti della lotta di classe.[50]

E in genere, proprio nel momento in cui i due percorsi si univano, puntuale arrivava anche l'intervento della polizia.

Esemplare per la verifica di questo modello appare il caso di Torino, la grande città operaia, la cui organizzazione spontaneistica era severamente criticata dai dirigenti del partito. Qui, il 10 dicembre 1931, con l'arresto dell'operaio Cesare Biora davanti ai cancelli della Fiat Lingotto, prese l'avvio una «grande retata» poliziesca che stroncò tutto quanto era stato appena faticosamente messo in piedi dai quadri periferici del PCI. Erano 150, allora, gli iscritti al partito, con un brusco calo nei confronti dei 514 censiti nell'aprile 1927.[51] Accanto a essi, operava il gruppo giellista raccoltosi, nel 1930, intorno a Mario Andreis, Luigi Scala e Aldo Garosci e coinvolto allora in una frenetica attività propagandistica: la commemorazione dell'anniversario dell'uccisione di Giacomo Matteotti, la celebrazione di episodi clamorosi come lo schiaffo di Toscanini, il gesto di Fernando De Rosa, il volo di De Bosis su Roma, lo stesso processo contro il gruppo milanese di Giustizia e Libertà (Ernesto Rossi, Riccardo Bauer e Vincenzo Calace) apertosi il 29 giugno 1931. In luglio, nelle fabbriche, i giellisti diffusero un loro documento (*La lotta antifascista*, n. 6) sulla crisi economica; in agosto si rivolsero con un volantino ai «disoccupati torinesi».[52] Il 15 settembre uscì «Voci d'officina». Del giornale, fortemente voluto da Andreis, furono pubblicati in tutto tre numeri nell'arco complessivo di due mesi.[53] Nelle sue paginette tirate al ciclostile ritornavano tutti i motivi salienti di quella stagione dell'antifascismo democratico: l'analisi della crisi rovinosa del capitalismo,[54] l'appello alla «collaborazione di tutte le forze antifasciste», la denuncia degli accordi tra il regime e la Chiesa cattolica.[55] Su questa base, però, si innestavano alcune connotazioni operaiste di chiara ascendenza gobettiana. Il giornale ospitava, infatti, una serie di brevi notizie dalle principali fabbriche cittadine (Fiat Lingotto, Lancia, Michelin, Fiat Ferriere, Viberti, Garavini ecc.) nel tentativo di accreditarsi come l'espressione di una organizzazione capillarmente diffusa e, soprattutto, per suggerire un modello di informazione diversa e altra da quella del regime, raccontando «i fatti principali di politica interna ed estera che la stampa fascista tace o travisa» direttamente a partire dalla realtà delle fabbriche e dei luoghi di lavoro.

In realtà, la catena informativa che faceva capo ad Andreis era molto ristretta e i «corrispondenti» dalle fabbriche si riducevano al solo

Angelo Croci, un impiegato quarantenne della Fiat Lingotto. Croci aveva mantenuto stretti contatti con il tipografo Enrico Fenouil, un suo ex collega licenziato dalla Fiat proprio in settembre; i due si incontravano tutte le domeniche al bar dell'Hotel Ligure dove avveniva lo scambio di informazioni e notizie che poi Fenouil riferiva direttamente ad Andreis. Questo per il percorso di «andata». Per il «ritorno», invece, per l'introduzione cioè di «Voci d'officina» negli stabilimenti, il giornaletto passava attraverso un altro impiegato della Fiat, il segretario d'officina Giuseppe Fasciano, che a sua volta lo distribuiva a vecchi operai repubblicani come i collaudatori Severino Gozzellino e Giorgio Gili e il meccanico Michele Stella, detto il «Borgno» per il suo occhio di vetro. Punti di riferimento per altre situazioni periferiche erano invece il falegname Nicola Sasso e il tipografo Eraldo Borasi, amici personali di Andreis e incaricati della distribuzione in provincia (Fossano e Saluzzo in particolare).[56]

Quando Biora fu arrestato gli fu sequestrato (oltre a quello di provenienza comunista) anche un grande quantitativo di materiale di propaganda di GL. Con lui fu catturato anche Claudio Bricca, il militante del PCI che in quel periodo teneva i contatti tra i compagni sparsi nelle fabbriche torinesi e l'apparato del Centro estero, residente a Parigi.[57]

Bricca era stato scarcerato nel luglio 1930, dovendo scontare ancora tre anni di libertà vigilata, e la polizia non aveva mai smesso di tenerlo d'occhio. Falegname con la casa e il laboratorio in via Ellero 7, cieco e apparentemente inoffensivo, Bricca svolgeva la sua attività tra le pieghe delle adesioni spontanee al PCI, privilegiando rapporti di base, con gruppi di operai «non compromessi» come quello che alla Fiat contava su Matteo Caratto, Vittorio Bozzolin e Massimo Ramassotto. Era comunque un punto di riferimento complessivo a cui si rivolgevano tutti quelli che a Torino cercavano contatti con l'organizzazione comunista (come Veniero Spinelli che – nel giugno 1931 – Bricca mise in collegamento con Caterina Bruna, del nucleo di Borgo Vanchiglia) o che continuavano a operare in strutture cospirative parallele al PCI come quella del Soccorso Rosso.[58] Gli aiuti economici alle famiglie dei carcerati e dei confinati erano anzi l'aspetto più rilevante delle sue iniziative, alle quali collaboravano soprattutto compagne come Pasqualina Rossi («libera pensatrice separata giudizialmente per di lei colpa dal marito e convivente con il cameriere pregiudicato per reati contro la proprietà Mario Batistini»),[59] Angela Visetti, un'operaia di 34 anni «cugina e ammiratrice del Bricca», e Maria Accossato che aveva un negozio di mercerie a Torino, in corso Moncalieri 234.

La «caduta» della sua rete riproduce in un esempio da manuale la tipologia degli interventi polizieschi nei confronti della cospirazione comunista. I «cospiratori» da tener d'occhio erano pochi e già tutti schedati. Li si seguiva senza intervenire in tutto il percorso clandestino che si svolgeva alla base, tra i gruppi che più o meno spontaneamente si formavano nelle fabbriche e nei quartieri. Appena uno di questi gruppi tentava di ufficializzare la sua adesione al partito, prendendo contatto con i vertici parigini per regolarizzare la propria affiliazione, quando cioè si era pronti a passare «dalla spontaneità all'organizzazione», allora la repressione scattava puntuale, cogliendo l'occasione anzi per catturare con impressionante regolarità gli inviati dal Centro estero. Nel caso degli arresti del dicembre 1931 questi inviati erano tre: Emilio Alzati, espatriato clandestinamente appena in settembre e subito arrestato al suo ritorno, Giacinto Calligaris e Lucia Rosso (espatriata clandestinamente nel giugno 1928, moglie di Battista Santhià), arrestati a Genova, nella casa che era diventata la centrale operativa del Centro interno del PCI dopo il loro rientro in Italia. Il tramite tra i tre «parigini» e Bricca era stato il giovanissimo Giuliano Pajetta, allora appena sedicenne, che fu anche l'unico del gruppo che riuscì a sottrarsi alla cattura riparando in Francia.

Ma l'arresto di Bricca e dei suoi compagni è una testimonianza preziosa anche su un altro aspetto, questo più legato alle caratteristiche della cospirazione antifascista torinese. Le coordinate politiche dell'antifascismo in quello scorcio del 1931 erano segnate dalla durissima polemica sul «socialfascismo» condotta allora dal PCI: all'estero ci si accapigliava tra comunisti e giellisti e tra questi e i vecchi «concentrazionisti» in risse ideologiche e programmatiche al cui centro non c'era solo il giudizio da dare sul fascismo e sulle strategie per combatterlo, ma anche e soprattutto motivi esplicitamente concorrenziali su chi dovesse assumere la leadership dello schieramento di opposizione.[60] Sull'«Unità» del 1932 fu pubblicato un articolo di fondo in cui, a proposito di GL, si diceva: «Essa ci ruba delle parole d'ordine e le trasporta di peso nei suoi documenti. È probabile che degli operai si siano lasciati ingannare da questa letteratura pseudorivoluzionaria».[61] Non è il caso di ripercorrere qui tutti i passaggi salienti della polemica che ebbe come riferimento soprattutto le due riviste parigine, «Lo stato operaio» e «Quaderni di GL»; limitandosi a Torino, a rappresentare l'atteggiamento dei comunisti nei confronti di quei fermenti giovanili che si agitavano nell'Università (raccolti intorno al giornaletto «Umanità Nuova») e che sarebbero confluiti in GL, ci sembra sufficiente una nota (firmata «segreteria politica della Fgcd'I») risalente al 15 maggio 1927, nella quale veniva detto testualmente:

Come via d'uscita dall'attuale situazione, coloro che vorrebbero dar vita a questo movimento vedono un ritorno alla democrazia borghese sulla base del suffragio universale (sia pure raggiunto con mezzi insurrezionali), cioè un ritorno a quel regime che ha permesso e favorito il sorgere del fascismo, a quel regime del quale il fascismo è una filiazione. Noi sappiamo che ormai il regime capitalista in Italia non può esistere che con una dominazione di carattere fascista sulla massa della popolazione lavoratrice. La caduta del fascismo, ove non coincidesse con una lotta anticapitalista del proletariato e dei suoi alleati (contadini, minoranze nazionali, piccola borghesia) per la conquista del potere, tale da portare alla rivoluzione proletaria e alla instaurazione del nuovo potere soviettista, sarebbe inevitabilmente seguita da un ritorno a forme acute di reazione borghese (...) Benché queste iniziative appaiano slegate, si può ritenere che esse partano da un unico centro, la Massoneria. Questa è una ragione di più per perseguire questi fatti con la dovuta attenzione.[62]

Quattro anni dopo, in un incontro a Torino con Andreis avvenuto il 20 ottobre 1931, Giorgio Amendola, pur mostrando apprezzamento per un'iniziativa come quella di «Voci d'officina», aveva concluso il suo colloquio (al quale si era presentato con il nome di Rastelli), invitando addirittura il suo interlocutore a firmare un documento nel quale si affermava che «solo la lotta classista poteva battere il fascismo».[63] Amendola aveva incontrato Andreis attraverso un doppio contatto, uno parigino con riferimento allo studente d'ingegneria Armando Capezzone, allontanatosi da Torino l'anno prima, l'altro torinese, che passava attraverso Giuliano Pajetta. E proprio quest'ultimo era stato un primo *trait d'union* tra il gruppo Andreis e il gruppo Bricca. Ma qui, a livello di base, l'atmosfera cambiava bruscamente. Quello che nel cielo dell'alta politica e delle dispute teoriche sembrava irriducibilmente contrapposto in una logica «muro contro muro», sul terreno dei comportamenti concreti e delle scelte quotidiane della cospirazione acquistava improvvisamente una fisionomia unitaria, in un mondo in cui ci si conosceva un po' tutti e nel quale i reticoli amicali e familiari contavano più delle appartenenze ideologiche.[64]

Insieme al Bricca viveva infatti un suo carissimo amico, l'ebanista disoccupato Giuseppe Zuccarelli. A partire dal 15 settembre 1931,

Zuccarelli cominciò un'assidua frequentazione con un amico di Andreis, il sarto Giuseppe Filippone, che aveva il suo laboratorio in via Nizza 7. Nei verbali di polizia, Filippone veniva definito «libero pensatore» sulle orme del padre, l'anarchico Saverio Sergi, ed era effettivamente un esemplare rappresentante di quell'antifascismo libertario dei cui succhi l'esperienza giellista torinese si nutrì ampiamente. In passato Filippone era stato socio dell'Associazione Giordano Bruno, quando questa aveva la sede in comune con l'«Italia Libera» nei locali di via San Quintino 11 bis; ora il suo internazionalismo era costretto nei limiti angusti dell'Associazione Esperantista, la cui sede di via Mazzini 40 egli peraltro frequentava assiduamente. E proprio tra gli esperantisti aveva incontrato un magazziniere della Fiat, Mario Canonico, al quale chiese di essere messo in contatto con il Bricca. Canonico si rivolse a sua volta all'aggiustatore meccanico Andrea Carena, il quale, finalmente, presentò Filippone a Bricca e allo Zuccarelli. Dopo quello di «vertice», tra i due gruppi si stabilirono così anche collegamenti alla base, con esiti di immediata collaborazione, tanto è vero che lo stesso Andreis consegnò allo Zuccarelli trenta copie di «Voci d'officina» perché ne curasse la distribuzione nelle fabbriche. E questo nel momento in cui per il PCI, a Parigi, GL era il volto mascherato della reazione e la Federazione milanese aveva tassativamente vietato ai militanti di far entrare nelle fabbriche «i giornaletti di Giustizia e Libertà»![65] Non solo. Le carte di polizia documentano anche un insolito convegno, svoltosi nei viali brumosi e spogli del Valentino l'11 novembre 1931, nel quale gli operai comunisti (Zuccarelli, Bricca, Carena, Canonico, con l'aggiunta del meccanico disoccupato Giovanni Vergnano e del falegname Aleardo Francesconi, entrambi giellisti) discussero al loro interno se era opportuno o meno continuare a stampare e diffondere il giornale di Andreis. Proprio in novembre, infatti, «Voci d'officina» sospese le sue pubblicazioni. Tutti questi movimenti erano ovviamente seguiti passo per passo dalla polizia fascista. Quando il 28 novembre 1931 si arrestò l'Alzati, i fili della congiura, sia quelli che si riferivano a GL, sia quelli comunisti, erano controllati strettamente e tra il 19 e il 28 dicembre tutti i cospiratori furono presi.

Due anni dopo si ripeté lo stesso identico copione. Si unirono due diversi gruppi, uno «spontaneo», una formazione «cristiano-comunista» nata dall'aggregazione di quadri improvvisati come Barboni, Mosso,

Porcelli con parole d'ordine del tipo «abolisci la proprietà privata e forma la collettività» e con lo scopo di «creare squadre di azione con obiettivi sovversivi e rivoluzionari»; l'altro «organizzato» che faceva riferimento a Dante Conte e a Luigi Capriolo. La polizia sorvegliava soprattutto il secondo, attivo dal maggio 1933 con la creazione di cellule d'officina alla Fiat Lingotto, all'Avio e alla RIV di Villar Perosa e cellule rionali in Barriera di Milano e Borgo San Paolo; poi, quando si verificò la saldatura tra i due gruppi, scattarono immediatamente gli arresti (28 febbraio 1934).[66]

Non vogliamo arrestarli tutti, – aveva detto il capo dell'OVRA, Guido Leto, a Giorgio Amendola – ci basta controllare la loro attività. Anche nelle fabbriche ci sono comunisti noti, bravi operai, che gli industriali non vorrebbero perdere. Li sorvegliamo e al momento opportuno se crediamo utile, li prendiamo.[67]

4. *Ingenuità e durezze cospirative*

Il percorso delle direttive di partito dal vertice alla base, giù giù, lungo tutti i gradini della scala gerarchica su cui si fondava il PCI, ci fornisce altri esempi di come l'attività politica – nella sua prassi concreta – fosse attraversata da prorompenti meccanismi spontanei. La disciplina di partito, ad esempio, imponeva una dedizione assoluta, modellando anche la vita privata intorno alle priorità della politica: il proselitismo, la difesa dell'organizzazione, la fiducia assoluta nell'apparato e nel gruppo dirigente.

Un comunista – recitava un documento della direzione del partito – perché possa chiamarsi tale, perché sia veramente degno di appartenere a un Partito bolscevico (...) non deve mollare un istante il suo compito quotidiano, esso deve saper utilizzare tutti i momenti, tutti i luoghi, tutte le occasioni per diffondere le parole del Partito in mezzo alla massa (...) Un compagno non può dichiararsi soddisfatto se ha finito la sua giornata senza aver dato al Partito e all'organizzazione sindacale tutto il suo contributo (...).[68]

Così, in una totale dissipazione delle proprie risorse individuali, il militante testimoniava la sua fede dissolvendo nella politica la propria dimensione esistenziale, sforzandosi di applicare la linea del partito secondo quelli che erano i suoi impulsi, le specificità della sua condizione professionale, del suo status sociale.

Una corrispondenza tra ragazzi, tre studenti, che si scrivono nel corso delle vacanze estive del 1926, ci restituisce un esempio prezioso di come si faceva concretamente politica «dal basso», in questo caso di come si svolgeva l'attività di proselitismo.

Uno dei tre, Alessandro Vaia,[69] è già inserito nell'organizzazione comunista; gli altri due, Claudio e Angelo, conoscono il PCI soltanto attraverso l'amicizia che li lega ad Alessandro. Dei due, Claudio è in vacanza al mare, a Moneglia; Angelo in una località dell'Appennino pistoiese. I due ragazzi tentano entrambi di «impressionare» Alessandro raccontando con abbondanza di particolari il modo in cui cercano di utilizzare le vacanze in chiave politica: «Ho adocchiato un giovane operaio che lavora nel trasporto di sabbia (...) – scrive Claudio il 13 agosto – nei prossimi giorni cercherò di intervistarlo. Lo so, è poca roba; quello che interessa sarebbe sapere qualcosa sulla situazione dei pescatori e dei contadini». Dissimulando la propria condizione borghese, Claudio denuncia «lo stato di abbrutimento dei lavoratori», descrivendo minuziosamente tutte le fasi della sua opera di proselitismo («prendo alla larga il discorso»), ma anche confessando senza reticenze i suoi fallimenti: «Sei troppo giovane per queste cose» gli dicono i vecchi operai senza prenderlo troppo sul serio. Dal canto suo Angelo si vanta di essere più «scientifico» di Claudio e illustra un proprio metodo di approccio articolato in tre fasi: l'inchiesta «sul campo» sulla situazione locale e sulla realtà sociale degli operai part-time; un primo «contatto» con discorsi generici «sulla politica internazionale»; il tentativo di reclutamento vero e proprio mirato nei confronti degli emigrati rientrati in patria per le vacanze. I risultati, tuttavia, restano gli stessi:

> Non ho avuto che il piacere di crearmi degli amici personali – scrive Angelo il 19 agosto. – Questo per merito dei tuoi soldi e dei miei che sono andati a finire nelle loro capaci pance sotto forma di vino e birra (...) Uno solo, reduce dall'Argentina, mi ha fatto capire di essere antifascista;

e il 24 agosto, parlando delle sue iniziative nei confronti dei minatori:

> Tra di essi vi sono parecchie ragazze che lavoravano con il badile e la mazzetta da spaccapietre. Ho cercato di andare in conversazione ma non sono riuscito ad andare al sodo. Al solito si rispondeva alle mie domande – sapientemente velate – con monosillabi o con gesti. Una cosa esasperante.[70]

Improvvisazione e goffaggine appartenevano, però, sia alla base sia ai vertici del partito, soprattutto per quanto riguardava la possibilità di conoscere la realtà del paese. I pochi comunisti che arrivavano a Parigi erano letteralmente tormentati dai compagni alla ricerca di informazioni:

Arrivati coi treni del mattino, venivano presi in consegna, interrogati, incaricati di scrivere brevi relazioni sulla situazione e sullo stato del partito. Il giorno seguente partecipavano a un «breve corso» che durava cinque giorni. La mattina v'era una relazione fatta da un dirigente; poi, dopo la colazione, una discussione.[71]

La stessa cosa, così come emerge dal racconto di Marcellina Oriani, capitava in Italia: «A noi arrivavano le direttive dal funzionario che arrivava dall'estero, punto e basta. Loro volevano sapere esattamente quello che si faceva in Italia, cosa faceva la popolazione. In base a queste informazioni, loro davano delle direttive».[72]

C'era, però, una soglia oltre la quale nessuna ingenuità era permessa e i percorsi della spontaneità si infrangevano contro la dura intransigenza della disciplina di partito: era quella che si riferiva alle regole della «vigilanza rivoluzionaria» e alla lotta per la «purezza ideologica». Era una soglia che pochi tra i militanti del PCI oltrepassavano, entrando così in un universo cospirativo dal quale era possibile allontanarsi solo attraverso le angosce e i drammi dell'«uscita di sicurezza».[73]

In questo ambito, il riferimento ossessivo alla segretezza e alla vigilanza per proteggere l'organizzazione costituiva una prospettiva in cui la lotta contro «le spie» rappresentava una priorità assoluta, affrontata con lucidità e intransigenza sul piano delle direttive dall'alto («non bisogna allarmarsi, bisogna continuare il lavoro come prima e più di prima; non si deve vedere una spia in ogni angolo e andar cauti prima di affermare che un elemento è una spia. Ma quando si è certi, la spia deve essere resa innocua, il che in questo caso significa annientarla, ucciderla»),[74] vissuta come un vero e proprio incubo totalizzante dalla base: «Non parlare con nessuno e fa in modo che tutti ignorino la tua vera causa. Guardati da tutti. Tutti sono spie. Tutti sono traditori, perversi», scriveva Vincenzo Mazzone al suo compagno Peppino Celeste.[75]

I «guasti» peggiori nella vita di relazione che si stabiliva dentro le organizzazioni di partito si registravano quando l'incubo delle spie si intrecciava con le dispute dottrinarie e lo scontro ideologico; i comunisti erano troppo pochi, il loro mondo troppo piccolo, perché tra i compiti della vigilanza rivoluzionaria, la battaglia per il rispetto dell'ortodossia e le rivalità, le inimicizie personali non si stabilisse, a volte, un intricato viluppo. Uno di questi ci è restituito da una lettera, del 29 maggio 1934, di Mario Guarnaschelli al fratello Emilio, emigrato in Unione Sovietica:

Finché ho dato tutto senza mai domandare nulla, – cominciava il suo sfogo – finché ho ubbidito da buon gregario, senza discussione alcuna e ho eseguito gli ordini di coloro che si presentavano come rappresentanti dell'esecutivo federale, tutto è andato bene (...) ma quando per procurarmi il pane ho accettato un posto all'estero allora è stata finita (...) Per quell'ubriacone che rappresentava il federale io diventavo addirittura una spia (...) Cosa c'era di concreto? Nulla, sospetti ingiustificati basati sul giudizio personale di un tizio che, non appena riceveva la nostra stampa, me la passava per fifa (e tu sai che ne ho ricevuto delle valigie piene) e l'ho sempre distribuita coscienziosamente. E dopo che sono partito cosa è andato a dire. Che la buttavo in Po (...) E R[enato Salimbeni] allora che è stato accusato di appropriazione indebita del denaro del S[occorso] R[osso]? E quando ha potuto pescare l'individuo e domandargli le prove costui è rimasto di merda sconfessato (...) Io conosco ancora oggi (e anche R. lo sa) la persona che essendo conosciuta viene visitata da gente che viene da fuori la quale vorrebbe lavorare. Costui prende le commissioni e le riporta ad altri al completo, non fa e non arrischia niente e vuol fare la figura di far tutto lui: se costoro non vogliono eliminarsi da sé bisogna eliminarli con la forza. Un piccolo episodio dimostrativo: un giorno io e R. riceviamo ordine di mettere a parte «Tom Mix» considerato spia della Fiat Centro. Dopo pochi giorni ordine di domandargli scusa (...) dopo pochi giorni ancora ordine di staccarlo del tutto perché assodato spia.[76]

Mario Guarnaschelli era un militante, non un semplice simpatizzante. Il suo sfogo con il fratello lontano non ha quindi niente del pettegolezzo futile. Anzi, come vedremo, quando sarà Emilio ad avere i primi dubbi e le prime incertezze ideologiche sarà proprio Mario ad assumere il ruolo di custode dell'ortodossia e della fedeltà al partito. Semplicemente, la sua lettera ci documenta, dal basso, quella realtà del «sospetto» che era la regola applicata con più durezza nel «cuore» staliniano del PCI.

A volte i militanti si pedinavano e si scrutavano a vicenda, in un inestricabile groviglio in cui, a un certo punto, non si capiva più chi era il poliziotto, chi la spia e chi il compagno. Quando Veniero Spinelli si trasferì a Torino e cercò di prendere contatto con l'organizzazione, dopo i primi approcci con Antonio Banfo, Michele Ballarin e Daniel Sinhreich, fu «messo sotto controllo»: un giorno, così, nei suoi spostamenti, mentre era in compagnia di Luigi Salvaneschi, si trovò seguito oltre che dai poliziotti anche dal falegname Francesco Marletta, per incarico del parrucchiere Giuseppe Roselli:

Essendo provato che il barbiere Roselli è a contatto col centro comunista – spiegava la denuncia della Questura di Torino – e dato quanto ha dichiarato in merito è da ritenersi che il partito si avvalesse di questo barbiere per scopi di polizia (...) lo scopo del pedinamento può anche ricercarsi nella pratica del partito di far sorvegliare da elementi non visti i suoi funzionari, specie i giovani e i nuovi assunti.[77]

Il «sospetto» colpiva in alto e in basso, senza distinzioni, in questo caso, tra base e vertice. Era una regola di comportamento praticata e accettata senza discussione. Quando Emilio Sereni si recò in Unione Sovietica, il paese del comunismo lo accolse con polizia, interrogatori, arresto.

Non si stupì – scrive oggi sua figlia Clara. – Conosceva le tortuose teorie di Stalin sui controrivoluzionari e concordava con lui – con il Partito – sulla necessità di guardarsi da se stessi (...) Si disse che tutto questo e l'altro che si poteva intuire era giusto, anzi necessario. Così alto era il fine – un destino collettivo potenzialmente perfetto – che gli inciampi del singolo cammino non potevano avere importanza.[78]

Lo squallore della vita quotidiana condotta in ossequio rigoroso alle regole della cospirazione («una vita d'inferno, non eroica, nascosti con carte false, passando da una riunione all'altra, oppure chiusi in povere abitazioni illegali a scrivere articoli e a studiare pile di documenti (...) con orari di lavoro che duravano 14 o 16 ore») poteva essere riassorbito e sopportato solo «con la coscienza che gli interessi generali dovevano essere superiori agli interessi personali».[79] Di qui le condizioni sempre drammatiche che segnavano la rottura con il partito.

5. *Le uscite di sicurezza*

Non era solo questione di cambiare le proprie convinzioni politiche. Si trattava di una vera e propria scelta di vita contraria e opposta a quella fatta nel momento dell'adesione al PCI. Una scelta traumatica che metteva in gioco l'intera dimensione esistenziale di chi decideva di imboccare l'«uscita di sicurezza». Con l'abiura, crollava un mondo intero, spesso anche la speranza per il proprio riscatto individuale. Il militante che si allontanava dal partito poteva farlo con protervia, con dolore, con ironia, con amarezza, ma sempre e comunque attraverso un proprio totale coinvolgimento emotivo.

Un operaio, ma rivoluzionario «di professione», come Emilio Guarnaschelli ci fornisce un esempio prezioso in questa direzione:

Mario tu credi che io non comprenda che tu soffri? – scriveva da Pinega al fratello nel comunicargli i suoi propositi di lasciare il partito –. Tu pensi ch'io non sappia che il tuo cervello non ha più posto per pensare, meditare, disperarsi? Io so questo. Lo so perché pure io chiuso nella cella ho versato lagrime di dolore, pensando che crollava tutta una idea. Ma che dico mai? La fede dell'idea non crolla mai (...) dobbiamo ricominciare? Ho conosciuto un savant che per 60 anni lavorò a collezionare le più rare farfalle, giunto al termine della sua collezione alata, un incendio gli distrusse tutto. Passato il primo periodo di dolore, ricominciò ormai ottantenne dalla semplice farfalla dei campi.[80]

La causa era giusta, i metodi sbagliati: era il consueto primo approccio all'«uscita di sicurezza». Mario gli rispose – proprio lui, che un anno prima gli aveva fatto un quadro disastroso dei «guasti» alimentati dal «sospetto» – esortandolo a non mollare:

Noi non vogliamo far della teologia dietro a nessuno sia rosso o nero perché al di sopra dell'uomo deve rimanere sempre l'idea e tu non puoi negare che la nostra idea sia l'unica a noi sia lecito seguire. Certamente vediamo che parecchie cose non vanno e si usa la forza per imporle ma se fosse lecito a tutti protestare e cambiare ogni giorno dove andrebbe a finire la rivoluzione?

In un poscritto alla stessa lettera, un amico di Emilio, Renato,[81] aggiungeva:

Noi non possiamo concepire l'anarchia, noi dobbiamo lottare per una dittatura, la nostra, sia essa della terza o della quarta internazionale, non importa purché proceda. Nella dittatura, antipatica, ma strettamente necessaria, tutto è caduco e fallibile. Fermi nel nostro proposito noi dovremmo difenderci e imporci un motto: meglio un innocente punito che un colpevole libero.[82]

Emilio, nei confronti della insensata spietatezza di questa conclusione, non trovò altre parole che quelle dettate dall'affetto:

Il coraggio sostiene quando si è in galera, – rispose al fratello – ma non quando si è obbligati a mangiare erba, poiché il cervello non è più al tuo comando, ma bensì fa quello che vuole, dunque io ritengo che tutti quelli che hanno la fortuna di sedersi a tavola una volta al giorno, non hanno il diritto di giudicare cosa fa colui che mangia erba tritata (...) Accetto la qualifica di borghese, ma lasciami che ti porti sempre tanto affetto, la poca esperienza che ho acquistata mi ha dimostrato che l'uomo ha bisogno di affetti (...) (è meglio che la pianti poiché se tu piangi la morte di tua madre ti si condanna di essere un piccolo borghese!).[83]

Tra gli intellettuali si registrava un altro tipo di reazioni. Il percorso di Veniero Spinelli all'interno dell'organizzazione comunista, ad esempio, era stato sempre ineccepibile. Fratello di Altiero che stava scontando una pena di 16 anni e 11 mesi di reclusione inflittagli dal

Tribunale Speciale nel 1928,[84] Veniero era stato arrestato a Torino il 15 luglio 1931 e condannato egli stesso a 6 anni di carcere. Liberato l'11 novembre 1932 per amnistia, era ritornato ancora a Torino per poi espatriare definitivamente in Francia il 6 ottobre 1933.[85] Pochi mesi dopo fu espulso dal PCI come traditore:

Per aver espresso e mantenuto opinioni che non sono ammissibili con la permanenza nel partito, per aver tradito la fiducia che il partito aveva riposto in lui, per essere passato nelle file della concentrazione trozkista (...) Occorre impedire – proseguiva il comunicato della Segreteria del PCI – che penetrino degli elementi piccolo-borghesi sedicenti intellettuali spostati i quali non hanno ancora dato prova di essere legati ideologicamente in modo profondo alla classe operaia.

Scrivendone al fratello Cerilo, il 23 febbraio 1934, Veniero si era limitato a comunicare «ho rotto con i miei amici». Con la mamma fu meno laconico:

Bramo tanto conoscerti un poco meglio di quello che non mi è stato possibile nel periodo burrascoso della mia giovinezza, ormai chiusa per sempre (...) perseguitato da coloro con i quali avevo combattuto, trasformati in maestri della calunnia, fui spettatore dolente del tramonto dei valori in cui avevo confidato: uno dopo l'altro essi crollarono con fracasso, come imponenti idoli dai piedi di argilla, mentre le mie labbra si contraevano in una smorfia di disgusto, preludio del riso scettico. Non ti dirò di più.[86]

Nei cerchi più esterni della militanza, quelli meno strettamente legati all'apparato, il problema si poneva con aspetti ancora diversi. Giacomo Deana, ad esempio, era un altro operaio, ma a differenza di Guarnaschelli non aveva scelto di diventare un rivoluzionario di professione. Era stato coinvolto in una serie di risse con i fascisti del suo paese (Flumignano di Talmassons, in provincia di Udine) che gli avevano reso la vita difficile.[87] Nell'aprile 1921,

mentre percorreva la strada che da Flumignano porta a Talmassons, accortosi che a poca distanza trovavasi un camion sul quale erano alcuni fascisti, si appiattò con i suoi lungo i cespugli fiancheggianti la strada e di là iniziò un fitto fuoco di fucileria contro lo stesso camion (...) il 1° gennaio 1925 inscenò una dimostrazione ostile al Governo nazionale. Intervenuti i fascisti locali ne seguì una zuffa durante la quale il dr. Giuseppe Vedovato ricevette un colpo di mazza ferrata all'occhio sinistro per opera di certo Pittaro Longino, amico e fedele compagno del Deana. Arrestato subito, fu tradotto alle carceri di Codroipo ed appena rimesso in libertà, emigrò in Francia clandestinamente.[88]

Arrivò in Francia nel febbraio 1925; da Antibes, nella corrispondenza con Maria Valussi, la sua fidanzata, le sue lettere ci forniscono un'altra interpretazione dell'«uscita di sicurezza», sempre però scandita dai due tempi. In questo caso le esitazioni iniziali sono legate ai vincoli di fedeltà non tanto al partito quanto ai singoli compagni che si battono contro il fascismo:

Esprimi preoccupazione per la mia attività politica – scriveva il 7 giugno 1925. – Ebbene, tu sai che io non desisto dai miei fini. Ma ciò non toglie che si possa ugualmente vivere (...) in pace (...) Noi abbiamo tanti compagni sepolti vivi nelle galere borghesi e assassinati vigliaccamente i quali chiedono che noi si faccia il nostro dovere.

Pochi mesi dopo, però, il 22 febbraio 1926, la decisione è stata presa:

Mi venne detto del tuo continuo preoccuparsi circa quello che è oggi e che sarà domani il mio contegno politico (...) Ebbene mentre ho passato molte e amare delusioni nell'ambito politico, ove ho sempre con fede e coscienza di dovere prestato la mia attività, oggi sono costretto a circondarmi del più profondo disgusto e pessimismo (...) lo scorso sabato rassegnai le mie dimissioni (...) mi sono liberato di ogni vincolo di impegno e resto libero di agire senza alcuna subordinazione (...).[89]

Sembra di cogliere nelle parole di Deana un sospiro di sollievo analogo a quello restituitoci dal libro di Silone:

Avrei potuto difendermi. Avrei potuto provare la mia buona fede. Avrei potuto dimostrare la mia non appartenenza alla frazione trotzkista. Avrei potuto precisare (...) avrei potuto, ma non volli (...) Era meglio finirla una volta per sempre. Non dovevo lasciarmi sfuggire quella nuova, provvidenziale occasione, quell'«uscita di sicurezza» (...) Era finito. Grazie a Dio.[90]

Generalmente, però, era molto, molto difficile imboccare l'«uscita di sicurezza». Il settarismo, l'ostinata chiusura verso l'esterno, il «sospetto» assunto come norma anche nei rapporti umani e affettivi, una rappresentazione di se stessi legata all'interpretazione totalizzante della propria militanza politica incideva sugli stessi contorni esistenziali dei militanti che decidevano di entrare a far parte dell'apparato. La carica finalistica che li animava garantiva una solidarietà ideologica granitica e compatta; si sentivano depositari di grandi certezze e di grandi «verità», sorretti da una speranza di rivoluzione che era anche un progetto di complessiva palingenesi sociale. Avevano, insomma, una fede da testimoniare. Era questa la loro forza, il grande patrimonio umano e morale a cui poteva attingere la loro linea politica. Ma c'era ovviamente un prezzo da pagare: gli avversari erano tutti «nemici»; i dissensi interni, le rinunce alla militanza politica, erano eventi altamente drammatizzati come sempre avviene nei gruppi fortemente centralizzati e con esasperati vincoli disciplinari. L'incubo degli «eretici» e dei «traditori» rendeva molto improbabile che un «compagno» potesse diventare anche un amico.

Alla periferia del partito, lo abbiamo visto, non era così e l'amicizia ritrovava una sua giusta collocazione nella scala dei valori affettivi; pure, per i dirigenti comunisti, più che una risorsa sulla quale contare per rinvigorire il tessuto connettivo dell'organizzazione essa restava una iattura, il sintomo di uno stato di immaturità da superare.

L'organizzazione di Torino – scriveva il segretario federale Remo Scappini in un suo rapporto del 30 settembre 1943 – fino al 25 luglio – anzi più precisamente fino alla fine di settembre – non ha mai funzionato sulla base dei settori e delle cellule di officina. Essa era fondata su dei legami personali individuali (...) Si stabiliva così un rapporto tra compagni che non era dato precisamente dalla qualità e dalla preparazione politica dell'elemento, ma più spesso era dato dalla simpatia e dall'intraprendenza del compagno.[91]

6. *La cospirazione alla luce del sole*

Diverse erano le coordinate al cui interno si consolidò il modello cospirativo dell'altro grosso troncone che alimentò l'antifascismo «politico», quello legato organizzativamente a Giustizia e Libertà. C'era al suo interno, infatti, una sorta di «secondo livello», più solido di quello dichiaratamente politico, direttamente legato alle consuetudini di vita e alle vicende umane e biografiche dei singoli cospiratori. Certamente anche per i giellisti valevano alcune delle regole ispirate alla tradizione più consolidata di tutti i movimenti clandestini: l'uso dei nomi di battaglia (mutuati, però, direttamente dalla vita quotidiana, anonimi – «Parodi» – banali – «Emiliano» – vagamente goliardici – «Pallotta» –, comunque immuni dall'enfasi retorica che di solito si insinua in questo tipo di scelte); la consueta struttura per compartimenti stagni («L'organizzazione che collegava i gruppi italiani con i centri stranieri, in particolare di Parigi – scriveva Riccardo Levi – mi era ignota, né desideravo conoscerla. Volevo evitare di coinvolgere altri compagni per una mia eventuale ingenuità e debolezza. Consegnavo i miei scritti a Leone Ginzburg. Riavevo i "Quaderni" da leggere da Mario Levi»);[92] le ovvie precauzioni nei contatti e negli spostamenti, l'inchiostro simpatico e codici cifrati per le comunicazioni, la cautela nelle conversazioni telefoniche. Altrettanto usuali per tutti i gruppi cospirativi erano alcune dinamiche interne che finivano per determinare i comportamenti individuali dei singoli membri: l'emulazione, le prove di coraggio fisico, l'ostentazione di una forte determinazione spesso si sostituivano ai «ragionamenti» politici, suggerendo atteggiamenti di sfida tipici di tutti i movimenti «iniziatici», specie di quelli giovanili.

Le inclinazioni per il «gesto esemplare», ampiamente diffuse negli ambienti dei fuoriusciti legati a GL (ricordiamo per tutti il volo su Milano di Giovanni Bassanesi e Gioacchino Dolci e quello su Roma di Lauro De Bosis), si urtavano ad esempio con il netto dissenso politico dei gruppi italiani, specialmente quelli di Firenze e Torino;[93] pure, ricordava Garosci,

> il gruppo di Torino (...) accettò di assumere seri rischi per dimostrare appunto a Parigi che le proprie posizioni intellettuali e di propaganda non dimostravano, rispetto alle tendenze spericolate che allora prevalevano al centro, minor decisione e volontà di lotta.

I rimproveri per essere «tiepidi» verso l'azione diretta venivano temuti come e più di quelli legati alle divergenze politiche; nella coerenza bisognava dimostrare coraggio anche a scapito della propria sicurezza personale: «Quando si svolse il processo del 1932 – ricordava ancora Garosci – le accuse più gravi erano contro Andreis, ma Scala gli venne affiancato nella gravità della pena per il contegno di sfida che tenne coraggiosamente in aula».[94]

Ma a queste regole e a queste «virtù» cospirative mancavano quelle caratteristiche che discendevano come corollari dall'ossessione per la vigilanza rivoluzionaria. Da GL, a differenza che dal PCI, ci si poteva dimettere. In questo senso, quella giellista fu una tipica «cospirazione alla luce del sole».[95] Lo fu in senso politico-culturale, secondo le caratteristiche acutamente rilevate da Domenico Zucaro nel disegno di Leone Ginzburg di affiancare all'attività clandestina, «la formula crociana della cospirazione aperta della cultura».[96] E proprio «La cultura», la rivista einaudiana diretta prima da Arrigo Cajumi e Leone Ginzburg, poi da Cesare Pavese, doveva essere lo strumento per la pratica di questo doppio binario – clandestino e legale a un tempo – per puntare su un dibattito libero e aperto, in grado di coinvolgere, al di là del gruppo ristretto dei cospiratori, un pubblico più vasto, un prezioso serbatoio di energie intellettuali al quale attingere per evitare le ristrettezze recriminatorie delle polemiche tra «iniziati».

Un simile modello non prevedeva, di fatto, la figura del rivoluzionario di professione. I cospiratori condividevano una visione del mondo legata alla stessa comune pratica quotidiana, rafforzata da vincoli affettivi e dalla omogeneità della propria collocazione sociale. A Torino, in un primo elenco di arrestati dalla polizia fascista nella grande retata del 15 maggio 1935, su trentatré nomi figuravano dieci laureati (medici, ingegneri, architetti, fisici), sei professori, sette tra dottori in legge e avvocati, uno studente, un geometra, un funzionario statale; in un secondo elenco, riferito agli «indiziati e ai perquisiti», si contavano sei professori, cinque studenti, dieci avvocati, cinque laureati vari, due ingegneri, due impiegati, un rappresentante di commercio e, finalmente, due operai e tre artigiani (un tipografo, un ebanista, un falegname).[97] Di qui una solidarietà, una comune visione del mondo che non aveva bisogno di alcuna forma di ideologizzazione per restare compatta. Ne scaturiva una concezione della politica interpretata come un impegno morale, una scelta esistenziale di opposizione e di intransigenza coniugata con la continuità dei propri ruoli familiari e sociali. «Noi siamo giunti alla politica per natura, quasi a malincuore, per il dovere dei tempi», era scritto nel n. 7 dei «Quaderni di Giustizia e Libertà». Per i giellisti la politica era azione, un'azione improntata più che a una dottrina o a una concezione generale del mondo, a un «senso del dovere» che faceva della scelta antifascista l'ora in cui si era chiamati a testimoniare anzitutto il bisogno di essere in pace con la propria coscienza.

Non si trattava, quindi, soltanto di avere una professione per «coprire» la propria attività cospirativa;[98] era il rifiuto di una dimensione ossessiva e totalizzante della politica, la cura gelosa dei propri spazi affettivi. Scaraventati nella grande storia della lotta politica, i cospiratori GL non avevano nessuna intenzione di rinunciare alle proprie piccole storie. Rifiutando la professionalizzazione della politica, finivano per viverla tutta all'interno del proprio universo quotidiano, in una dimensione che ignorava gli effetti dirompenti della scissione tra «pubblico» e «privato». Quando Riccardo Levi stava per essere arrestato, lesse il «presagio» dell'evento direttamente in un episodio del suo lavoro di ingegnere:

Verso sera si sperimentava un nuovo tipo di illuminazione aziendale a vapori di sodio. Consuma meno energie, stanca meno gli occhi; ma quella luce gialla dà alla figura umana una parvenza spettrale, che sembra fatta apposta per denunciare i lati innaturali e spiacevoli della vita di fabbrica (...) Quella sera, assistere a quegli esperimenti di un mondo reso tetro e disumano, accentuò il mio malessere (...) La mattina dopo, era il 13 marzo 1934, prima delle sei la polizia venne ad arrestarmi,[99]

quasi a testimoniare l'indissolubilità psicologica del rapporto tra la sua attività professionale e la sua militanza politica.

Di fatto, dunque, nell'antifascismo organizzato si affollava una pluralità di figure e di caratterizzazioni. Emilio Sereni e Riccardo Levi, tra gli esempi citati, possono considerarsi i due estremi: in mezzo, una molteplicità di identità diverse, modellate non tanto sulla base delle appartenenze di classe quanto secondo stadi e livelli eterogenei di adesione più o meno totalizzante agli apparati organizzativi: i rivoluzionari di professione, i militanti in clandestinità, quelli che – come gli intellettuali e i professionisti di GL o gli operai del PCI – avevano scelto di essere antifascisti continuando la propria vita «normale», e infine coloro che testimoniavano il proprio antifascismo più nella «pratica» diretta della loro quotidianità che nell'universo della politica.

3.

Le donne e la politica

1. *Le linee*

Anche per le donne, come per gli uomini, era molto improbabile che l'adesione al PCI potesse scaturire da motivazioni legate alle posizioni politiche assunte dal partito. Soltanto nei primissimi anni del dopoguerra, infatti, tra il 1919 e il 1921, il dibattito nelle file comuniste risentì della generale effervescenza e vivacità che aveva portato il movimento femminile a confrontarsi con questioni di ampia portata politica e culturale che implicavano la trasformazione dei costumi e dell'organizzazione sociale, quali il divorzio, il diritto al lavoro e il suffragio elettorale. In quella fase, l'attenzione fu rivolta alle operaie, alle contadine, alle casalinghe, alle impiegate, rompendo ogni rigidità classista per propugnare «l'alleanza con l'ala più avanzata del femminismo democratico e pacifista»; la denuncia del lavoro domestico, seguita dalla proposta di organizzare una rete di servizi sociali capaci di sostituirlo, apparve come un obiettivo unificante in grado di aggregare ampi strati di donne, non solo operaie e non solo proletarie:[1] il documento finale approvato (il 26 marzo 1922) dalla prima Conferenza nazionale delle donne comuniste, indicava, in questo senso, tra le interlocutrici sociali da privilegiare anche le «maestre e le impiegate» oltre che le casalinghe.[2]

Era una linea in cui confluivano molti dei residui italiani del dibattito emancipazionistico sulla valorizzazione della maternità, individuata come elemento fondante dell'identità femminile, ma anche un filone ispirato alle considerazioni espresse da Clara Zetkin nel 1920, al Congresso internazionale delle donne senza partito, sul tema della famiglia come ambito in cui collocare la specificità della condizione femminile.[3] In quello stesso anno, però, al II Congresso dell'Internazionale comunista (30 luglio-2 agosto), il Segretariato femminile (guidato dalla stessa Clara Zetkin) aveva rilanciato lo schema classista per cui l'emancipazione del proletariato avrebbe promosso – automaticamente – quella di tutti gli oppressi, comprese ovviamente le donne. Di fatto, anche in quella fase nel partito serpeggiava una tensione irrisolta tra le angustie del determinismo economicistico da un lato, e, dall'altro, il respiro più ampio di quelle posizioni che consideravano l'oppressione di sesso con le sue implicazioni di carattere etico e culturale su un piano più vasto di quello economico: la linea improntata alla «socializzazione del lavoro domestico» rappresentò quindi una sorta di mediazione provvisoria e fu quella perseguita nell'ambito dell'Ufficio femminile nazionale, costituitosi nel gennaio 1922, dapprima affidato a Ruggero Grieco poi, in maggio, a Camilla Ravera.[4]

Almeno sul piano della linea «ufficiale» quella contraddizione si sciolse poi nel 1926, quando la IV Conferenza femminile internazionale sancì un'accentuata sterzata operaista, con una risoluzione che individuava nelle fabbriche il centro dell'iniziativa politica e nelle assemblee delle delegate lo strumento organizzativo più idoneo.[5] Si ritornava, così, nell'alveo della più stretta ortodossia, ricomprendendo «naturalmente e automaticamente» le aspirazioni delle masse femminili dentro le finalità proprie del comunismo. Lasciate cadere, senza molti strascichi, le considerazioni gramsciane sulla donna vista non solo ed esclusivamente come lavoratrice ma come ricomposizione unitaria di diverse «figure sociologiche» (lavoratrice, casalinga, moglie, madre, innamorata ecc.), finiva col prevalere una impostazione nettamente produttivistica che, passando ancora attraverso la Zetkin («la donna adempia ai suoi doveri di madre al focolare (...) aggiunga a questi compiti l'esercizio di una professione all'esterno, perché la società deve poter profittare di tutti i valori materiali, intellettuali e morali che le donne sono capaci di creare»), approdava, con Stalin, all'immagine monumentale della donna «lavoratrice e madre», ferrea sintesi tra produttivismo e moralismo.[6]

Era come se, confrontandosi con il *vulnus* originariamente inferto dalla Rivoluzione francese alla dimensione pubblica e politica della donna, la rivoluzione bolscevica e il comunismo tentassero di superarlo limitandosi ad affiancare al ruolo riproduttivo un nuovo ambito di «cittadinanza» segnato dalle categorie della produzione e del lavoro. Anche in questo caso, però, come abbiamo visto per il fascismo, non c'era alcuna contrapposizione strategica alla «separatezza» tra i sessi come struttura sociale in grado di improntare tutti i campi della vita. Non direttamente la donna come madre veniva chiamata a diventare cittadina (nel senso ampio di una piena appartenenza alla comunità politica), ma la donna che al proprio essere madre aveva aggiunto il suo inserimento nel mondo del lavoro, indicando così come unica via di uscita alla domesticità segregata nel privato della casa la socializzazione/promiscuità che si realizzava nella fabbrica. Di qui la valorizzazione del lavoro extradomestico più che come un ripiego, frutto di necessità, come un presupposto di grande valore etico «per migliorare la condizione della donna sia sotto il profilo economico, sia sotto quello sociale, per raggiungere l'autonomia e affermare la propria dignità».

La «centralità della fabbrica» si sovrapponeva alla «centralità della madre», e l'originaria attenzione ai temi sollevati dalle emancipazioniste si dileguava fino quasi a negare il nesso strettissimo tra la maternità e la sfera dei diritti sociali.[7] Ancora più netta, ovviamente, era la rottura con il retroterra «borghese» delle suffragiste, che, capovolgendo la tradizionale scala gerarchica tra pubblico e privato (e tra uomo e donna), ancoravano questo nesso a un valore collettivo fondato «sulla superiorità morale della donna derivante dalla maternità».[8]

Tra i due termini del binomio staliniano madre/operaia, era quindi piuttosto al secondo che si riconosceva una reale supremazia:

> Le operaie debbono fin da oggi essere chiamate a partecipare attivamente alla vita sociale ... – affermava la risoluzione finale della III Conferenza internazionale femminile sull'educazione sociale della donna. – Soltanto attraverso questa partecipazione reale alla vita e alla lotta del proletariato rivoluzionario si potranno porre le basi di una nuova famiglia nella quale tutti i membri riuniscano i loro sforzi in uno scopo comune; si potranno creare le condizioni nelle quali la famiglia non diventerà più un impedimento per nessuno dei suoi membri alla partecipazione alla vita sociale, ma aiuterà anzi a sviluppare le energie e la capacità di ognuno per dedicarle alla costruzione di un ordine sociale nuovo (...) Soltanto partecipando largamente alla vita sociale, acquistando coscienza della sua classe e organizzandosi negli organi di lotta del proletariato, l'operaia si trasformerà in militante coraggiosa e attiva, capace di lottare per il suo ideale di classe e di partecipare alla trasformazione del regime capitalista nel regime comunista.[9]

Sulla base di questa impostazione – voluta soprattutto dalla Krupskaja – la Conferenza aveva anche varato una piattaforma rivendicativa che rappresentava una efficacissima traduzione operativa sià del binomio madre/operaia sia delle relazioni gerarchiche stabilite tra i suoi due termini. I suoi dieci punti prevedevano, infatti, anzitutto una rigorosa parità salariale («uguale salario per uguale lavoro in tutte le branche dell'industria e dell'agricoltura e per le impiegate delle aziende pubbliche e private», «parificazione dei sussidi di disoccupazione alle operaie nei confronti di quelli degli operai») e l'abolizione di tutte le forme più o meno occulte di supersfruttamento (il cottimo, «i metodi di paga con cui si nasconde un minor salario concesso alle operaie in confronto agli operai», il lavoro notturno), poi una serie di provvedimenti modellati intorno all'esigenza della tutela più ampia «del lavoro delle donne, della maternità, dei lattanti»: ferie obbligatorie della durata di otto settimane prima e dopo il parto con l'erogazione dell'intero salario; istituzione di case per l'allattamento nelle fabbriche e concessioni di intervalli durante il lavoro alle madri lavoratrici per l'allattamento dei bimbi; divieto per i licenziamenti durante la gravidanza e il periodo dell'allattamento e contro le donne sposate.[10]

2. *Il mito dell'Unione Sovietica*

«Compagna» era già in perfetta sintonia con questa enfasi posta soprattutto sulle condizioni materiali, scegliendo uno stile giornalistico («non accettiamo inutili volate retoriche, lunghe e stucchevoli geremiadi, desideriamo manoscritti di operaie e contadine su problemi reali che si presentano tutti i giorni nella vita sociale delle operaie (...) le compagne intellettuali cerchino di trattare argomenti che suscitino l'interessamento delle operaie, delle contadine, delle impiegate»)[11] rigorosamente congruo alla lotta contro «l'elemento borghese che ammorba gli animi». Rincorrendo immagini e stereotipi attinti dai filoni più radicalmente propagandistici della linea operaista («la donna borghese (...) non ha che da guardarsi nello specchio e da mantenere il comodo benessere della vita domestica con l'aiuto delle sue cuoche e delle sue cameriere»), il giornale indicava proprio nel lavoro salariato la condizione indispensabile per indurre nelle donne la scelta della militanza politica: «per te operaia», scriveva Carlotta D., «per la donna che si guadagna la vita con il lavoro, che è una ruota, sia pure piccolissima, dell'immenso meccanismo della produzione, la politica è qualche cosa di assai importante, qualche cosa che rappresenta insieme il suo interesse e il suo dovere». «Quando poi l'operaia, la salariata è anche madre, – aggiungeva – la politica diventa per lei doppiamente un interesse e un dovere, perché ella non deve difendere soltanto se stessa».[12]

L'assoluta rigidità con cui il PCI modellò la sua linea intorno al binomio operaia/madre si sviluppò quindi prevalentemente lungo due direzioni: da un lato, una durissima opposizione alla tentazione ricorrente – spontaneamente diffusa, come abbiamo visto, tra le masse femminili – di abbandonare la fabbrica, inseguendo disegni di promozione sociale all'interno di percorsi totalmente individuali:

Le operaie considerano il periodo di tempo in cui lavorano nelle officine e nei laboratori come transitorio; le giovani pensano che un giorno troveranno marito; le sposate sperano sempre in un possibile miglioramento delle condizioni del marito per poter restare a casa

lamentava Felicita Ferrero;[13] dall'altro la svalutazione impietosa di ogni altro ruolo professionale e di ogni diverso inserimento nel mercato del lavoro:

Sfuggire al laboratorio, all'officina, alla terra! Ecco l'aspirazione di molti proletari (...) – si indignava Abigaille Zanetta –. Noi donne comuniste che vogliamo rivendicare la superiorità del lavoro operaio nei confronti di quella povera classe semiproletaria che vuole essere borghese, che si fa sfruttare nei piccoli impieghi dallo strozzinaggio immondo dei commercianti, degli industriali, dei professionisti (oh! le dattilografe degli avvocati a 200 lire al mese!) (...) rifiutiamo che l'istruzione debba servire alle figlie della classe lavoratrice proprio per disertare i ranghi (...) per passare ad altri ceti a corrompersi e a farsi più elegantemente ma forse peggiormente sfruttare (...) Vogliamo utilizzare la scuola pubblica per i nostri scopi classisti, per armare il proletariato maschile e femminile di quegli elementi del sapere che sono indispensabili ad emancipare la classe operaia (...) Immaginate, compagne, quale forza sarà quella di una massa lavoratrice che mentre sa l'agilità, la resistenza, la forza delle sue mani per la creazione industriale, per la produttività della terra, possa insieme competere con le classi colte nel campo intellettuale![14]

Era quindi il mondo della produzione e del lavoro l'ambito esclusivo al cui interno la donna poteva raggiungere una dimensione di autonomia e autorealizzazione pienamente compiuta. I termini in negativo che alimentavano questa considerazione erano non solo gli altri mestieri non legati alla fabbrica e alla terra ma anche «la casalinghitudine», rappresentata dalla propaganda comunista come una sorta di fatica di Sisifo, ripetitiva, inutile e improduttiva:

La massaia – era scritto su «Compagna» del 1° marzo 1925 – può ben passare tutta la sua giornata a pulire la sua povera casa, a lavare e ripassare la biancheria, a consumarsi in continui sforzi per tenere in ordine le vesti usate; può ben ingegnarsi a preparare con le modeste provviste di cui dispone dei piatti di suo gusto: al cadere della notte non rimarrà nessuna traccia materiale del suo lavoro di tutta la giornata, ed essa, con le sue mani infaticabili, non avrà creato nulla che costituisca un valore sul mercato commerciale. Vivesse anche mille anni la massaia dovrebbe eternamente ricominciare lo stesso lavoro...[15]

C'era, in questo tipo di argomentazioni, una marcata inconsapevolezza nei confronti dei grandi cambiamenti che, come abbiamo visto, si stavano verificando all'interno della condizione femminile sotto l'influenza di molteplici fattori; a essere ignorate, in particolare, erano proprio tutte le potenzialità racchiuse nelle contraddizioni che si aprivano tra una modernizzazione affidata soltanto ai meccanismi spontanei del mercato e i vincoli tradizionalisti che segnavano gli interventi del regime fascista e della Chiesa nei confronti delle donne. L'ottica con cui il PCI guardò a questi fenomeni fu solo quella della propaganda e dell'agitazione, soccombendo su questo terreno, in misura maggiore che in ogni altro settore, sotto il peso della sua subalternità all'Unione Sovietica: le tesi per il III Congresso di Lione (20-26 gennaio 1926), da sempre il documento più significativo per sostenere l'originalità delle posizioni dei comunisti italiani nei confronti di Mosca, si caratterizzarono per l'assoluta mancanza di riferimenti alla questione femminile. L'Unione Sovietica, «era quella del diritto di voto alle donne (...) del diritto al lavoro extradomestico e del dovere al lavoro domestico per gli uomini», nonché il paese che aveva abrogato le leggi contro l'adulterio e contro l'omosessualità.[16] Queste realizzazioni, da sole, bastavano ad alimentare le iniziative propagandistiche avviate dal partito per il «più ampio reclutamento di donne lavoratrici quali componenti essenziali del grande fronte capitalistico».[17]

Esemplari, in questo senso, erano i frammenti di un «dialogo» immaginario riprodotto in un opuscolo del partito: «È vero che in Russia vi sono tante agevolazioni per le operaie incinte?», chiedeva Elisa, un'operaia tessile che si trovava in avanzato stato di gravidanza. «Sicuro. La Russia sovietica è governata dagli operai e dai contadini. È perciò naturale, Elisa, che il governo degli operai e dei contadini protegga in ogni modo la maternità delle donne lavoratrici», le rispondeva Carla, una sua compagna di lavoro, «non più giovanissima», che poi proseguiva: «Dal settimo mese di gravidanza fino alla nascita del bambino tutte le operaie abbandonano il lavoro e restano in riposo fino a due mesi dopo il parto, sempre con salario interamente pagato». Un'altra operaia, Anna, sollevava un altro interrogativo: «Nelle fabbriche sovietiche vi è molta disciplina?» «La disciplina che vi è nelle fabbriche sovietiche – rispondeva Carla – non ha nulla a che vedere con la disciplina che vi è da noi. Là ad esempio è proibito dare multe».[18]

Sulla falsariga di queste battute, i giornali, gli opuscoli, i documenti prodotti dal PCI ripetevano uno schema fisso: dapprima si soffermavano sulla descrizione delle condizioni che facevano dell'Unione Sovietica il «luogo storico» dove si era concretamente affermata una nuova visione della vita e del ruolo delle donne;[19] poi, su queste basi, modellavano le richieste economiche e le rivendicazioni sociali che ispiravano la lotta contro il fascismo da un lato e le polemiche contro la Chiesa dall'altro. «La Rivoluzione russa ha liberato le lavoratrici russe dalle leggi borghesi che asserviscono e umiliano la donna; e la costruzione del socialismo le libererà del tutto anche dal lavoro noioso e pesante della casa e della cucina»: era la premessa di un documento di Teresa Noce (1931) che poi continuava soffermandosi, in particolare, sulle condizioni lavorative e sulle provvidenze concesse alle donne sovietiche per consentire una piena realizzazione del binomio operaia/madre:

> Mentre i salari diminuiscono continuamente per le lavoratrici italiane, – scriveva «Estella» – per quelle russe essi segnano un continuo aumento (...) L'operaia russa entrando al lavoro lascia il suo bimbo in belle e candide sale dove un personale specializzato si occuperà di lui (...) La lavoratrice russa è libera di fare o di non fare figli. Se essa non ha salute sufficiente, se parti numerosi l'hanno già indebolita, lo Stato le assicura tutta l'assistenza medicale gratuita per evitare il parto. Se essa può o vuole avere figli lo Stato proletario dà due mesi di riposo prima e due mesi dopo il parto completamente pagati (...) L'operaia russa frequenta scuole di fabbrica speciali per poter elevare la sua qualifica tecnica (...) nuovi ristoranti collettivi sorgono nelle grandi fabbriche (...) Lavanderie collettive vengono dappertutto organizzate così come vengono organizzati servizi collettivi per la pulizia degli alloggi, il governo degli abiti e della biancheria, così che la casa operaia non è più sporca e disordinata, non è più il luogo di fatica per le operaie (...).[20]

Nella contrapposizione al regime, l'accento cadeva soprattutto sulle condizioni economiche e sul tipo di interventi operati dallo Stato per la «tutela» del lavoro femminile. Tutto quanto di positivo c'era in Unione Sovietica, si capovolgeva nella sua radicale negazione nell'Italia di Mussolini. La denuncia dell'abbrutimento delle donne sotto il fascismo solo in parte si rifaceva, così, agli spunti tradizionali della propaganda socialista; ne ereditava in pieno sia quello della donna proletaria sempre sull'orlo della necessità di vendere non solo la propria forza-lavoro ma anche il proprio corpo:

La fame, la miseria, le privazioni di ogni sorta molte volte costringono le donne proletarie – e particolarmente le giovani proletarie – a cercare di trarre dalla vendita del loro corpo, della loro gioventù, il necessario per sfamarsi, per coprirsi, per aiutare la famiglia,[21]

sia quello della denuncia dei privilegi delle donne borghesi nei confronti dell'aborto:

Se la donna operaia, la madre lavoratrice si rifiuta di metter al mondo dei figli per non vederli deperire per fame, se essa ricorre alle pratiche che i moralisti benestanti chiamano illecite, la reazione di classe si abbatte spietatamente su di lei (...) Questo mentre le donne della borghesia hanno a loro disposizione dottori e specialisti per preservarle dalla gravidanza affinché la loro linea non sia deformata (...),[22]

per aggiungervi nuovi motivi, rintracciati direttamente dentro le scelte del regime. Il fascismo aveva varato «la legge contro le pratiche illecite, le economie dei bilanci comunali fatte dai podestà fascisti sui fondi dell'assistenza medica e ostetrica alle madri povere»; aveva cercato «di penetrare nelle famiglie operaie a mezzo delle dame fasciste e attraverso l'insopportabile controllo dei preti»; aveva diminuito i salari delle donne in misura maggiore di quelli degli uomini.

All'operaia che diviene madre e che ha pagato regolarmente le sue quote quindicinali, – denunciava un documento della Segreteria femminile del 1931 – viene dato un premio di lire 150 e pagato il sussidio di disoccupazione – lire 3,75 – per un mese prima e dopo il parto. In sostanza le viene rimborsato quanto ha versato (...).

La polemica con la Chiesa si articolava, invece, essenzialmente in temi come quelli del matrimonio e del divorzio:

Nella Russia dei soviet – scriveva R. Maier – la donna ha piena libertà nella scelta del suo compagno; piena libertà che deriva dalla sua indipendenza economica rispetto all'uomo e che senz'altro sgombra ogni forma di contratto e di mercato ed elimina gran parte delle cause di infelicità femminile (...) nel rispetto assoluto della dignità e della libertà della donna, nella stima reciproca, le unioni affettive daranno molto maggior garanzia di stabilità e di felicità e la prostituzione scomparirà man mano che sarà raggiunto un maggior benessere collettivo.[23]

Questa enfasi posta sull'Unione Sovietica come paradigma di riferimento per tutto quanto riguardava la sfera dei diritti civili più strettamente connessi alla condizione familiare alimentava un radicale contrasto propagandistico con il mondo cattolico:

La Chiesa in prima linea grida alla morte della morale, al disfacimento della famiglia. Chiama morte della morale l'indipendenza economica delle donne, il pagamento del loro lavoro con un salario uguale a quello degli uomini, il suo diritto di scegliersi un compagno invece di vendersi a un marito ricco come avviene nei matrimoni borghesi che la Chiesa benedice.[24]

L'esaltazione dell'Unione Sovietica e la denuncia del fascismo (sul piano politico ed economico) e della Chiesa (su quello della morale sessuale e della famiglia), erano quindi i passaggi attraverso i quali la propaganda comunista riusciva a coniugare l'attenzione per la condizione materiale delle donne con motivi più legati alle tematiche dei diritti civili e, in parte, anche alle più generali rivendicazioni per gestire in assoluta libertà le proprie scelte di vita; sui due versanti delle donne «lavoratrici della terra e della fabbrica» si denunciavano, così, da un lato consuetudini e leggi come quelle che permettevano di inserire nei contratti di affittanza e di mezzadria clausole che impedivano il matrimonio di qualunque membro della famiglia del fittavolo o del mezzadro senza il consenso del padrone e quelle che permettevano ai padroni «lo sfratto dei contadini nella cui famiglia era avvenuto un aumento o una diminuzione dei componenti»; dall'altro comportamenti ispirati a una esasperata visione moralistica come quello dell'industriale Borsalino che aveva imposto «alle sue dipendenti di allungare le sottane e coprirsi le braccia e il collo, pena il licenziamento»[25] e, più in generale, i meccanismi di controllo sociale che – fuori dalla fabbrica – perpetuavano lo sfruttamento delle donne in una sfera di totale segregazione. Era questa, ad esempio, la chiave di lettura utilizzata dalla propaganda comunista nei confronti dei convitti, dei dormitori e dei reclusori istituiti presso molte fabbriche, specialmente tessili:

Le disgraziate operaie che devono vivere nei convittori sono obbligate a ritirarsi alle otto di sera, a uscire sotto la sorveglianza delle suore, a sottomettere al loro controllo la posta che ricevono, a parlare e ad avere relazioni solo con le persone che hanno il gradimento delle loro carceriere.[26]

Sulla maternità si denunciava la capillarità inquisitoria delle strutture del regime (attraverso «lo spionaggio» delle ispettrici dell'ONMI, «mogli e figlie di borghesi, industriali e commercianti (...) che appena nasce il bambino arrivano per far pressione sulla madre che si affretti a battezzarlo (...) per sapere quali persone frequenta, quali giornali legge»),[27] rivendicando la «protezione effettiva della maternità; la libertà di fare o di non fare figli; la soppressione delle misure contro le pratiche illecite», in una sorta di piattaforma programmatica che conteneva anche le consuete parole d'ordine «contro la fascistizzazione e la militarizzazione dei figli dei lavoratori (...) per l'amnistia, contro la guerra, contro il fascismo per un governo operaio e contadino».[28]

Nel 1931, il volantino distribuito alle donne in occasione della giornata dell'8 marzo registrava fedelmente la confluenza di due diversi ordini di rivendicazioni, rispettivamente ispirati alla figura dell'«operaia» e a quella della «madre»:

A lavoro uguale uguale salario, aumento di tutti i salari del 20 per cento, sussidio di 10 lire al giorno per tutti i disoccupati, elezioni delle commissioni interne, libertà sindacale di stampa e di sciopero, rifiuto di pagare i contributi sindacali, liberazione di tutte le vittime del fascismo, leggi per la tutela della maternità.

Ma, al di là di una incongrua commistione di temi e di slogan che appartenevano a orizzonti rivendicativi radicalmente diversi, questi obiettivi erano assorbiti e svuotati dall'interno di ogni capacità di mobilitazione dal fatto che proprio su questi stessi terreni la politica fascista si mosse con le sue iniziative più efficaci tanto che le leggi concernenti la maternità costituirono l'unico filone organico di interventi a favore della donna,[29] «proprio mentre i suoi diritti come individuo e cittadino subirono un netto arretramento». In quegli anni, come ci ha ricordato Simonetta Soldani, la tutela venne estesa alle gestanti, il sussidio fu accresciuto, le norme previste per le operaie furono applicate a vasti settori dell'impiego pubblico e privato e

la linea di politica legislativa si tradusse in norme, che in nome del potenziamento demografico, finivano col favorire l'assunzione delle madri (...) con un primo faticoso aumento della loro incidenza sul totale delle lavoratrici a partire dai primi anni trenta.[30]

Nel 1923 la riforma della Cassa Nazionale di Maternità aumentò sia i contributi delle lavoratrici sia l'indennità per la nascita di un figlio, portata da 40 a 100 lire; nel 1935, con il passaggio all'INPS dell'amministrazione della Cassa, si ebbe anche una parziale copertura delle spese mediche per il parto. D'altra parte, difficilmente il PCI avrebbe potuto elaborare un diverso percorso rivendicativo: le più significative realizzazioni dell'Unione Sovietica si erano avute anch'esse proprio nella stessa direzione, in un parallelismo col fascismo italiano dettato dalla scelta comune di considerare la dimensione domestica e familiare delle donne come fondamento dell'intervento esterno dello Stato; fu questo un classico esempio in cui la subalternità all'Unione Sovietica costrinse i comunisti italiani a delle scelte rivendicative legittimate solo nell'astrattezza della propaganda e dell'ortodossia ideologica.

3. *L'organizzazione*

Fermenti di vivacità politica e tronconi di una elaborazione autonoma si addensarono, così, su aspetti settoriali, e in qualche caso marginali, del problema senza mai metterne in discussione il disegno strategico e i presupposti teorici. Il dibattito tra le donne si soffermò soprattutto sulle formule organizzative da adottare. Le soluzioni potevano essere varie; in Germania, ad esempio, i tre sindacati proposero ognuno un modello diverso di organizzazione, oscillando dal sindacato di sole donne ai gruppi misti, con in mezzo una formula di mediazione che prevedeva gruppi di donne organizzati autonomamente ma all'interno di un unico sindacato.[31] In Italia la discussione era già cominciata in seno al PSI che, nel 1919, aveva optato per il rifiuto di un'organizzazione separata per le donne, sia sul piano partitico che sindacale;[32] lo scontro riaffiorò anche nel PCI, assumendo i toni aspri restituitici dall'abbondante memorialistica sull'argomento.

Anche per l'Ordine Nuovo le donne erano sempre e solo mamme, spose, sorelle, al massimo operaie. A noi stava bene così – ricordava ad esempio Felicita Ferrero. – Vedevamo la politica con una rigida ottica di classe (...) e consideravamo riformiste anche le posizioni di *La difesa delle lavoratrici*, discorsi di emancipazione degni tutt'al più di maestrine socialiste, non di operaie rivoluzionarie. Nello stesso tempo l'organizzazione femminile era considerata molto importante e costituiva uno dei problemi più discussi. C'era chi sosteneva accanitamente che le donne, come gruppi di massa, dovevano essere organizzate a parte. Io, con altre, non riconoscevo la necessità di formare gruppi femminili, di distinguere tra uomini e donne nel partito. Prevalse invece la tesi contraria, che ora riconosco più giusta: in una fase di riflusso del movimento rivoluzionario non era il caso di mettere nel partito ragazze che di politica non sapevano ancora niente.[33]

Un'organizzazione di sole donne, quindi, per il «lavoro di massa» e strutture rigidamente «unitarie» con gli uomini, per le militanti, così che «i comitati femminili» apparivano come un *minus* nei confronti del partito vero e proprio, una sorta di limbo dove completare un necessario apprendistato politico. Era una concezione riduttiva che nei ricordi di Teresa Noce assume ancora il colore dell'invettiva personale:

Le «cattedrali» come chiamavamo le vecchie compagne provenienti dal partito socialista e non dalla Gioventù, volevano la ricostituzione delle sezioni femminili. Io mi dichiarai risolutamente contro, sostenendo che non poteva esserci un partito per gli uomini e uno per le donne (...) Fu in quell'occasione che mi scontrai con le compagne torinesi, conoscendole più a fondo: le sorelle Montagnana (Rita, sartina, buona, dolce e attiva, ed Elena insegnante proveniente dalla Gioventù), Rina Picolato, anche lei sarta e proveniente dai giovani; Felicita Ferrero, un'impiegata intelligente e colta; Camilla ed Elena Ravera, due sorelle appena entrate nel partito ma già vecchie «cattedrali» come mentalità.[34]

Nella citata I Conferenza femminile nazionale, accogliendo proprio la proposta di Teresa Noce, fu dato l'ordine di immediato scioglimento delle sezioni separate.

In realtà, per le donne come per gli uomini, quelle discussioni servirono solo ed esclusivamente come laboratorio di formazione di apparati organizzativi e gruppi dirigenti. Certamente la linea sostenuta da Camilla Ravera era più vicina alla «donna nuova» voluta da Caterina Cinesi («presente nel mondo del lavoro, attiva nella sfera sociale e politica»)[35] che non alla rudezza proletaria enfatizzata da Teresa Noce e Felicita Ferrero; ma questa contrapposizione, oltre a essere subalterna ad altre divergenze più generali sulla «linea» (e lo dimostrano gli accenni della Noce a motivazioni che scaturivano dalla diversità dei percorsi di approdo al PCI), in pratica non aveva alcuna ricaduta o efficacia nei confronti della base del partito. Le iscritte erano poche (appena 400 nel 1922), e quasi tutte estranee agli ambiti politici e organizzativi al cui interno veniva elaborata «la linea». Di fatto, dopo una pausa nel 1922-23, si registrò un sussulto di attivismo solo tra il 1924 e il 1925 quando riapparve «Compagna» (settembre 1923) diretto da Camilla Ravera e Teresa Recchia, si ricostituì, sotto la direzione di Camilla Ravera, l'Ufficio femminile nazionale e si registrò una leggera ripresa dell'attività nelle fabbriche; poi, dopo il 1926, con il passaggio alla clandestinità, per le donne la possibilità di partecipare alla vita cospirativa si restrinse ancora più drasticamente proprio per il livello totalizzante di militanza richiesto dalla struttura clandestina.

Nella prassi concreta dell'attività del partito, molti aspetti dell'intreccio tra spontaneità e organizzazione ripetevano quindi elementi già affiorati sul versante maschile della politica del PCI, scontando, in questo caso particolare, ulteriori contraddizioni. Tipica, in questo senso, era la denuncia della sproporzione tra la combattività e la capacità di mobilitazione mostrata spontaneamente dalle donne e l'esiguità della loro presenza organizzata nelle file del partito:

Nelle ultime agitazioni economiche avvenute – si leggeva in un documento del partito del 29 agosto 1927 – l'elemento femminile è quello che si è dimostrato più combattivo, più energico. Una grande percentuale di queste agitazioni sono state svolte esclusivamente da donne; e per conseguenza fra le operaie abbiamo avuto arresti, licenziamenti, persecuzioni, ma, in compenso, anche qualche buona vittoria. Può il nostro P[artito] che si propone la conquista della classe operaia (...) lasciare che questi movimenti si inizino e terminino senza che esso li abbia sfruttati per attirare gli elementi più attivi verso di noi? (...) bisognerà trovare fra la massa di donne organizzate, fra queste donne che hanno diretto le agitazioni e gli scioperi, qualche compagna, ex compagna, simpatizzante.[36]

Era un classico esempio della politica dei due tempi che abbiamo già visto affiorare nel processo di impianto cospirativo del PCI: lasciar crescere spontaneamente fermenti di opposizione, limitandosi a osservare i potenziali aderenti e simpatizzanti; poi intervenire, avviando contatti diretti per ricondurli nell'ambito dell'organizzazione (e della fedeltà alla linea). Nel caso delle donne, però, quel modello era complicato dall'esiguità delle strutture di partito esistenti nel settore e, di conseguenza, dalla scarsa capacità di attrazione che esse potevano esercitare nei confronti dei movimenti spontanei.

Sull'argomento, i documenti del PCI tendono ad assumere toni desolati:

Una parte molto importante del nostro lavoro di massa è il lavoro tra le donne, tanto operaie quanto contadine, mogli di operai e donne di casa (...) le operaie sono il 40 per cento del proletariato italiano (...) ebbene non vi sono nemmeno 4 donne ogni cento militanti (...) – affermava sconsolata una nota della Segreteria femminile del gennaio 1931, che poi proseguiva senza cambiare tono. – Esistono delle fabbriche le quali hanno delle maestranze completamente femminili. Ebbene di regola queste fabbriche non sono collegate con il nostro movimento.

Le indicazioni operative, però, risentivano ancora di tutto il groviglio di contraddizioni irrisolte sia nella prassi più generale del partito sia sul terreno specifico delle scelte organizzative da fare nei confronti delle donne:

Per cominciare il lavoro di massa tra le donne – proseguiva infatti il documento – è sufficiente anche avere pochissime donne nel partito (una o due a cui affidare la responsabilità del lavoro) (...) Se non vi sono delle donne per dirigere e fare questo lavoro, lo debbono fare i compagni, considerandolo, come abbiamo detto, come una parte del lavoro generale (...).

L'ingresso in campo dei maschi era la testimonianza di come la vivacità teorica del dibattito che aveva segnato l'oscillazione tra modelli «separati» o «unitari» di organizzazione si fosse stemperata ormai in considerazioni essenzialmente pratiche che assumevano come unica priorità quella del radicamento e dell'ampliamento della presenza del partito «tra le masse»:

Si deve anche comprendere la necessità di avere delle forme di organizzazione particolari per la massa femminile. Se farete una riunione di uomini e donne assieme, anche se tutti operai, vedrete che la maggior parte delle donne starà zitta e sarà passiva. Le donne parleranno invece e si mostreranno attive se saranno convocate in una riunione in cui siano tutte donne. È evidente che questo non si deve fare nel Partito perché le donne iscritte al Partito sono uguali a tutti gli altri compagni, ma nel fare il lavoro di massa bisogna tener presente questa necessità, altrimenti si corre il rischio di non riuscire mai a ottenere dei successi nella organizzazione delle masse femminili.[37]

La «separatezza» tra uomini e donne era il criterio che doveva ispirare il confronto con la «spontaneità», mentre le posizioni rigidamente «unitarie» restavano confinate strettamente nell'ambito dell'«organizzazione». Il lavoro sul campo, «tra le masse», doveva essere svolto così da Comitati femminili in cui era ritenuta obbligatoria la presenza di almeno due operaie;[38] ogni Comitato

doveva prendere contatti con almeno cinque fabbriche, creare almeno tre gruppi sindacali di fabbrica, tenere tre-quattro conferenze d'officina, fare un giornaletto di officina e qualche manifestino locale, fare una buona preparazione del primo maggio, organizzare due gruppi di Soccorso Rosso e, sulla base del lavoro fatto e dell'attività svolta, raddoppiare gli attuali effettivi femminili del partito.

L'elencazione di questi compiti, ancorata a un'ossessiva indicazione di cifre e di obiettivi quantitativi, lasciava trasparire un senso di impotenza e insieme di irrealtà; di fatto il partito aveva rapporti solo con qualche «vecchia compagna simpatizzante sentimentale»[39] e i percorsi di reclutamento si affidavano ai tradizionali veicoli delle reti familiari e amicali, gli unici in grado di assicurare un minimo di contatto con la realtà delle fabbriche; di qui indicazioni operative del tipo di queste inviate, nel marzo 1931, dalla Direzione femminile centrale alle «compagne dell'organizzazione di Torino»:

A noi risulta che la compagna A. può avvicinare (magari facendosi accompagnare dal fratello dello studente) la simpatizzante evangelista che è tessile e che lavora in una fabbrica di 2000 operai (...) Sappiamo che un compagno dell'organizzazione locale ha la moglie che lavora alla Manifattura Tabacchi e questa conosce delle compagne di lavoro vecchie iscritte ai sindacati e simpatizzanti.[40]

4. *Un'altra forma di sospetto*

Ritornava così la politica dei «due tempi», con la stessa contraddizione irrisolta tra la necessità di contare su una sorta di «affidamento» alla spontaneità delle donne e il peso di una linea che guardava con sospetto perfino alle «donne borghesi» inserite nell'organizzazione («dove sono incaricate del lavoro tra le donne delle compagne le quali non provengono dalla classe operaia o non sono legate con gli operai e con la vita delle officine, non di rado avviene che queste compagne abbiano la tendenza a ridurre il lavoro femminile a delle riunioni che esse fanno tra loro, in cui parlano di tutto un po' eccetto che del modo di cercare e stabilire il collegamento con le masse»),[41] e che trovava accenti di radicale sfiducia («dobbiamo tener conto che la massa delle donne lavoratrici è una massa arretrata, per la sua ideologia, per la sua mentalità, per il suo orientamento politico. Bisogna sapersi adattare a questa sua ideologia»)[42] nei confronti di quelle stesse masse femminili sulle quali il partito puntava per una vasta mobilitazione antifascista.

In questo caso, a rafforzare il sospetto per tutto quanto restava fuori dai confini dell'organizzazione contribuivano anche pregiudizi radicati in culture e tradizioni di lungo periodo[43] che rendevano particolarmente stridente il contrasto tra l'autorappresentazione totalmente ideologica che il partito dava del proprio rapporto con le donne e il concreto operare dei suoi militanti. Le immagini che oggi rimbalzano dalla memorialistica (come questo ritratto al femminile tracciato da Altiero Spinelli, «la Tanziani, da tutti noi benvoluta in quanto unica ragazza del gruppo, era piccola, occhialuta, vestita con tailleurs di taglio maschile, rigida nelle movenze e nelle espressioni, quasi incapace di sorridere, bruttina, dotata di una tal quale aura ermafrodita»)[44] appartenevano allora alla realtà esistenziale dei giovani comunisti, totalmente avviluppati dentro i recinti obbligati dei luoghi comuni e degli stereotipi più ovvi. Così, nelle occasioni in cui non si parlava direttamente di politica, c'era spazio per ancorare lo scarso successo delle proprie *avances* estive («in spiaggia le vesti non sono aderenti, le braccia si vedono come a Milano, le gambe qualcosa di più, il collo un po' meno. Ma quello che più importa è che gli istinti sessuali si assopiscono e contro questo argomento anche Marx non direbbe nulla») a considerazioni più generali («la donna per natura è inferiore all'uomo, ma non di tanto come l'abbiamo sempre vista in tutte le epoche della storia compresa l'epoca attuale per la semplice ragione che se la donna è tale, lo è per la condizione in cui si trova, condizione quale ci è giunta a noi per un processo che ha come punto di partenza la debolezza fisica della donna in confronto all'uomo») dal sapore vagamente autoconsolatorio. Era il caso di questa lettera di Claudio Pontiggia, che, come abbiamo visto, dalle sue vacanze intratteneva una fitta corrispondenza con l'amico Alessandro Vaia, ma era anche quanto affiorava in questa dichiarazione d'amore di Giulio Turchi («dato e riconosciuto come in generale le donne siano talmente povere mentalmente da non sapere guardare un palmo più in là di quella inutile civetteria che le espone ai frizzi e ai desideri dei più (...) per queste e altre considerazioni di fatto quando una donna si erge da tanta miseria e si innalza fino alle cose sublimi, diviene per me un idolo e non so fare a meno di ammirarla»), un rivoluzionario di professione che sentiva il bisogno di motivare «ideologicamente» il proprio innamoramento per la futura moglie, Emma Forconi.[45]

Gli esempi in questa direzione, come vedremo, sono moltissimi, così da far credere che argomentazioni simili fossero profondamente radicate non solo nei percorsi individuali ma anche nell'identità collettiva dei militanti comunisti. Inevitabilmente, la loro traduzione in termini organizzativi si legava a una considerazione riduttiva del «lavoro tra le donne», in una realtà al cui interno le strutture periferiche del partito capovolgevano questi pregiudizi in elementi di giudizio politico tali da giustificare insuccessi e rovesci:

Le donne della nostra località – era scritto in un rapporto della Federazione di Firenze del febbraio 1930 – si lamentano ma sono ancora molto religiose. Ci aiutano in piccole mansioni, ma non capiscono nulla del nostro movimento. Sono donne di casa, che saranno forse utili e attive domani, ma che ora ci sarebbero solo di peso e nient'altro.[46]

Più sinceramente, un'analoga nota, del 1926, proveniente da Pavia, aggiungeva: «I compagni di tutto il pavese hanno un'antipatia speciale per il lavoro delle donne. Tutti i mezzi di persuasione adottati per far comprendere la necessità e l'importanza del lavoro fra le donne non ha avuto finora efficacia alcuna».[47]

Gli interventi dall'alto per correggere questi errori e combattere questi pregiudizi furono numerosi e ripetuti nel tempo.[48] Fu una sorta di lotta su due fronti, condotta certamente contro gli avversari di classe per rivendicare anche sul terreno del rapporto uomo/donna la superiorità etica e politica del proletariato («la vostra cultura, la vostra filosofia amano considerare la donna come un bello e cretino animale. Per voi la donna vale meno dell'uomo. La differenza di valore è data dalla dote. Per noi, per gli operai, per i lavoratori la donna è la compagna di lavoro, che lavora e soffre lo stesso tormento di tutta la classe lavoratrice»),[49] ma anche e soprattutto all'interno stesso delle file del PCI dove il nemico da battere era forse ancora più insidioso, profondamente annidato nel cuore stesso delle strutture organizzative e accuratamente celato sotto una «coltre di opportunismo»,

tanto più pericolosa – si diceva in una nota del 25 luglio 1932 – in quanto spesse volte non si manifesta apertamente. Alcuni compagni dicono chiaramente che (...) le donne non devono essere avvicinate perché sono megere chiacchierone (...) ma la maggioranza, mentre si dichiara d'accordo con le direttive del partito, nella pratica non fa nulla per seguire queste direttive.[50]

I documenti della Direzione del PCI non si stancavano di denunciare «la mentalità borghese-fascista che consiste nel considerare la donna come "buona solo alle faccende di casa"»,[51] le resistenze opposte dai compagni di base anche verso la sola possibilità di consentire alle loro compagne di leggere.[52]

In realtà, scampoli robusti di questa «mentalità imbecille» affioravano a tutti i livelli, senza una marcata distinzione tra base e vertice. Essi trasparivano anche dai documenti prodotti direttamente dalla Direzione. («Si deve combattere il punto di vista di quei compagni i quali ritengono che siccome noi siamo per l'eguaglianza tra gli uomini e le donne, siccome noi diciamo che è assurdo parlare di differenze politiche e sociali tra i due sessi, per questo non si può parlare, neanche di una particolare propaganda e organizzazione delle donne (...). L'eguaglianza di fatto tra uomini e donne sarà una delle realizzazioni della società socialista. Sino a che di fatto, le donne sono più arretrate degli uomini noi dobbiamo tener conto di questa situazione nel nostro lavoro»), ma soprattutto appartenevano alla prassi corrente del partito, al tipo di rapporti che si instauravano tra compagni e compagne, al sistema di relazioni che caratterizzava l'universo cospirativo in cui erano immersi i «rivoluzionari di professione».

Erano comportamenti e convinzioni che trovavano mille pretesti per affermarsi, dalla diffidenza verso i nomi femminili come nomi di battaglia[53] al modo quasi ovvio e naturale con cui i dirigenti affidavano alle donne mansioni tradizionali.

La nostra biancheria – ricordava Giorgio Amendola – veniva lavata e stirata dalle mogli dei compagni. Ora, quelle del Nord erano brave e non ti rovinavano la roba. Le meridionali invece non sapevano lavare e stirare bene (...) Le donne confinate politiche erano poche, meno di una decina, e si erano emancipate da questa servitù. Ed erano esse a considerare con un certo distacco la condizione servile delle casalinghe.[54]

Questa sorta di gerarchia tra i compiti svolti dalle «compagne» e dalle «mogli di compagni» (a Parigi, ad esempio, le donne sposate furono organizzate a parte, nel gruppo delle mogli), era in realtà molto elastica e i passaggi da uno all'altro dei suoi livelli erano molto frequenti: Vittoria Guadagnanini, ad esempio, pur con un curriculum da perfetta militante (manifestazione per l'8 marzo 1934 a Imola contro il carovita, espatrio clandestino in Francia, scuola di partito a Mosca), a Parigi, nel 1939 si guadagnava da vivere «facendo da mangiare nelle case di Negarville, Scotti, Reale».[55] Di fatto, a parte un nucleo estremamente ristretto di rivoluzionarie di professione, la maggior parte delle donne comuniste attinse direttamente dalla propria «domesticità» i caratteri specifici che ne improntarono la militanza politica: «Il 90 per cento delle mogli dei perseguitati antifascisti – ricordava Ambrogio Filipponi[56] – aiutavano in particolar modo nella stampa dei volantini, magari con lo stenderello della pasta; io mi ricordo l'inchiostro, il piombo, lo stenderello che serviva per piegare»; sorelle, fidanzate, mogli, tenevano i collegamenti, fungevano da recapito, «confezionavano le bandiere rosse che gli uomini andavano a issare sui punti più alti e diversi della città».

Nella clandestinità, alle donne si richiedeva di offrire in pubblico un *surplus* di rassicurante normalità; non importava soltanto «comportarsi bene» secondo gli standard comunemente accettati, ma soprattutto bisognava «essere giudicate bene», quasi che l'*apparenza* fosse uno dei doveri in più imposti alle donne dalle norme cospirative: «Essere seria; non aspettare per strada (...) s'andava magari in chiesa (...) di sera stavo a casa perché non bisognava farsi vedere», ricordava Lucia Bianciotto. Di qui l'enfatizzazione e la dilatazione del ruolo delle mogli, l'obbligo, ad esempio, imposto alle militanti del Centro estero di «figurare come la moglie dei compagni che venivano in Italia, prendere gli alloggi, svolgere una certa attività. Un uomo e una donna passavano più inosservati».[57]

5. *Il Soccorso Rosso*

Fu una situazione che si protrasse senza soluzione di continuità per tutto il periodo clandestino, fino ai tempi del «ferro e del fuoco» della Resistenza e della lotta armata contro i tedeschi, quando le abilità domestiche si coniugarono con la *pietas* e la cura per i combattenti nel dettare la linea propagandistica del PCI:

> Alle donne che non hanno l'abitudine di uscire, – diceva un documento del maggio 1944 – noi daremo del lavoro a casa, le interesseremo alla vita dell'organizzazione finché verranno a prendere una parte attiva alla soluzione dei problemi che noi presentiamo. I lavori che le donne svolgeranno a casa (accomodare indumenti, confezionare pacchi) si uniranno a quelli che richiedono una dedizione molto più grande (visite a feriti, organizzazione di ambulatori, nidi d'infanzia).[58]

E proprio lungo questo percorso che azzerava ogni soluzione di continuità tra la specificità della tradizionale dimensione domestica e privata del ruolo delle donne e i loro compiti dentro l'organizzazione si incontra uno dei più singolari paradossi che segnano la vicenda storica del PCI negli anni del fascismo, quello legato alle caratteristiche politiche assunte dal Soccorso Rosso.

La storia di questa organizzazione è nota nelle sue grandi linee. Nel dicembre 1922 si costituì, come emanazione dell'Internazionale comunista, il Soccorso Rosso Internazionale; il 21 novembre 1924 divenne operativa anche la sezione italiana, con un Comitato Centrale in cui figuravano Aladino Bibolotti, Camilla Ravera, Giuseppe

Dozza e Ruggero Grieco.[59] Dopo una fase di semilegalità, durante la quale operò nel solco della vecchia tradizione dei Comitati pro-vittime politiche, l'organizzazione divenne clandestina già nei primi mesi del 1925, quando a dirigerla fu chiamato Guglielmo Jonna; un anno dopo, nel febbraio 1926, essa poteva contare – almeno sulla carta – su 77 comitati provinciali, 515 sottocomitati territoriali e 1012 gruppi di base, che fornivano assistenza e sussidi a 3480 detenuti, 3140 famiglie, 3846 bambini; nel 1927 a Jonna (arrestato nell'ottobre dello stesso anno) fu affiancato Felice Platone.[60]

Sulla sua attività e i suoi compiti i documenti del PCI e quelli della polizia fascista ci forniscono due immagini radicalmente contrapposte; da un lato un'autorappresentazione improntata agli slanci di una generosa e disinteressata solidarietà:

> Che cosa è il Soccorso Rosso? È la riunione di tutte le forze, di tutti i mezzi di cui gli operai possono disporre, per venire in aiuto alle famiglie dei compagni carcerati e ai carcerati stessi. Chi deve pensare a soccorrere la vecchia madre, la moglie ammalata, i teneri bambini di queste vittime della lotta antifascista se non i loro compagni di lavoro, di miseria e di fede? E chi meglio della donna lavoratrice che sa per esperienza quale strazio sia il non aver pane per i propri piccoli, chi meglio di lei comprende quanto sia sacra e doverosa per tutta la classe operaia questa solidarietà?,[61]

dall'altro, un'analisi impietosa che ne denunciava il crudo cinismo, il calcolo opportunistico di chi puntava a crescere organizzativamente come partito speculando sulle disgrazie dei propri militanti:

> È il puntello e il fulcro della resistenza del partito comunista, del quale segue direttive e metodi, in quanto questa assistenza, che dovrebbe esprimere la più raffinata delicatezza e la forma meno umiliante della umana fraternità, viene sfruttata a scopo di propaganda politica (...) un canagliesco sistema di assistenza (...) viene per lo più praticato in confronto di disgraziate donne alle quali si chiede in corrispettivo che si lascino lanciare allo sbaraglio.[62]

Quello che colpisce, indipendentemente dai toni e dal merito delle due argomentazioni, è che entrambe concordano nell'evidenziare due elementi: il Soccorso Rosso era l'ambito privilegiato per la militanza delle donne aderenti al PCI; gli sforzi che vi venivano convogliati esaurivano quasi interamente l'attività politica del partito. Ecco confezionato, così, il paradosso di cui si parlava prima: a quelle stesse donne delle quali si denunciavano ritardi «nell'ideologia e nella mentalità», lamentandone la scarsa presenza organizzata nelle file del partito, si affidava il settore in assoluto più importante, un intervento decisivo per garantire la continuità sia dell'apparato, sia dei flussi di reclutamento. Di fatto, sul Soccorso Rosso il PCI scaricava compiti che assumevano una valenza strategica nella sua linea, interagendo con i suoi cambiamenti «di fase», rappresentandone un efficace strumento di attuazione. Fu così, ad esempio, per le sfumature diverse in cui fu recepita la parola d'ordine del «fronte unico» nel 1928 e nel 1933, in un'accezione prevalentemente tattica nel primo caso, strategica nel secondo. Puntualmente, una circolare comunista del 1928 definiva il «Soccorso vittime»

una organizzazione di difesa della classe operaia e come organizzazione di massa uno strumento dei più importanti del fronte unico perché esso organizzando i lavoratori senza partito attorno alle parole d'ordine della solidarietà proletaria internazionale li mantiene su una posizione di retroguardia della rivoluzione,[63]

mentre un analogo documento del 1933 eliminava ogni considerazione riduttiva sulla «retroguardia» per enfatizzare nel Soccorso Rosso

l'organizzazione degli operai di tutti i partiti e anche di senza partito purché disposti a lottare contro il fascismo e contro la reazione (...) a portare alle vittime del fascismo la parola del conforto e della solidarietà: una sola visita, qualche piccolo dono ai bambini (...) può asciugare molte lagrime di madre e di sposa; può dare la coscienza del valore proletario delle loro attuali privazioni (...) L'aiuto deve essere dato a tutte le vittime senza nessuna distinzione che, lottando contro il nemico di classe, vengono colpite dalla reazione in un modo qualsiasi.[64]

Ma il terreno su cui il Soccorso Rosso svolse l'attività più efficace fu senz'altro quello del reclutamento. In particolare, una circolare di Jonna del 1927 aveva toni e accenti che sembravano fatti apposta per dare ragione ai rilievi della polizia sul cinismo dei comunisti:

Abbiamo constatato – esordiva «Latini» – che fino ad oggi i nostri gruppi si sono limitati a distribuire a questi familiari [degli arrestati, cioè] il sussidio stabilito senza richiedere ad essi una qualsiasi attività. Questo è un errore, perché tali famiglie, private del loro sostegno e in preda alla fame, possono divenire focolai attivissimi per l'espansione delle nostre parole d'ordine (...) In una parola si deve mobilitare queste famiglie perché in tal modo, oltre che ritrarre dei vantaggi concreti dal punto di vista dell'assistenza, noi faremo un buon lavoro di agitazione che servirà ad allargare sempre più le nostre basi.[65]

Ma, al di là di queste indicazioni del vertice, erano le strutture periferiche del partito che interpretavano spontaneamente in quel senso l'attività del Soccorso Rosso:

> Il lavoro che finora è stato svolto più ampiamente – scriveva da Roma al Centro di Parigi Adele Bei – è il lavoro di S. R. Si prendono dei punti concreti e si fa un lavoro locale; come ad esempio una trattoria dove vanno molte persone a mangiare; vi andava un musicista da vario tempo disoccupato che si trovava in grande miseria. Un nostro compagno, senza presentarsi come tale, propose una sottoscrizione che si fece e vi raccolse 70 lire. Questo musicista è un sovversivo al Regime fascista; tutti hanno versato, anche i fascisti che lo sentivano lamentarsi tutti i giorni. Un altro particolare; un comp[agno] carbonaio porta il carbone alle famiglie e propone con tattica il lavoro di S. R. alle casalinghe con dei buoni risultati.[66]

Fare delle sottoscrizioni («Uno dei più elementari doveri di ogni socio del S. R. è quello di pagare regolarmente le quote mensili nella proporzione delle sue possibilità finanziarie, oltre che il minimo di L. 0,50»), raccogliere e inviare libri ai detenuti, distribuire il materiale di propaganda erano viste, insomma, come tappe di una più complessiva opera di proselitismo nei confronti di possibili militanti («impegnare chi sottoscrive una quota una volta a sottoscrivere un'altra volta, in modo di dare alla sottoscrizione la forma e il valore politico»)[67] in un percorso che vedeva strettamente intrecciate le ragioni della solidarietà con quelle dell'organizzazione.

Il coinvolgimento pieno e totale delle donne in questo tipo di attività avvenne naturalmente, quasi con un semplice travaso di mansioni dall'ambito domestico a quello politico.[68] Prima ancora che la struttura del Soccorso Rosso venisse formalizzata, infatti, alla base del PCI si era già operata una spontanea divisione dei compiti («abbiamo diviso le due funzioni, – affermava una nota della federazione di Firenze del 1925 – cioè quella di assistenza alle famiglie e ai detenuti la sbrigano interamente alcune compagne, il reclutamento è affidato a quattro compagni (...) Aiuto morale: lettere o parlatorio; aiuto materiale, il pranzo a ogni detenuto il giorno stesso dell'arresto»),[69] impegnando le donne oltre che nel lavoro di propaganda, nella confezione di calze, maglie di lana e altri indumenti per i carcerati, nelle visite alle famiglie delle vittime, nel «portare a passeggio, al cinema o al teatro i bambini».[70]

L'assistenza ai bambini figli di carcerati o di vittime del fascismo fu, in effetti, uno dei compiti che le donne svolsero con più assiduità nell'ambito del Soccorso Rosso. Un lavoro specifico in questa direzione fu avviato a partire dal 1925, quando «furono costituiti appositi comitati di donne e in parecchi centri sorsero le madrine e i padrini rossi allo scopo di mantenere i collegamenti con questi bambini e portare a essi quanto poteva essere necessario». Una delle iniziative più significative in questo senso fu l'organizzazione, a cura della Federazione di Firenze, di due colonie marine, a Viareggio presso i bagni Galli nel 1925, e ai bagni Vittorio Veneto nell'estate 1926.[71]

I bambini furono scelti dai Comitati provinciali fra i figli dei caduti nella guerra di classe e tra i figli dei reclusi politici condannati a forti pene. L'entusiasmo che suscitò questa nostra iniziativa – commentava il Comitato fiorentino – è stato certamente superiore alle nostre previsioni. I bambini ne riportarono grande giovamento sia per la loro salute, sia per ciò che appresero dalla vita in comune e dall'insegnamento che con grande affetto materno furono loro impartiti dalla compagna Gioconda Lavagnini, Vedova del nostro martire Spartaco.[72]

Nell'occasione, per ogni bambino furono compilate schede analitiche che riportavano i dati relativi alla città di provenienza, alla famiglia, al carattere e al comportamento, alle malattie, al peso fatto registrare all'inizio e alla fine del soggiorno marino, raccogliendo una documentazione che ci restituisce oggi un affresco significativo sia della realtà sociale che costituiva il serbatoio di reclutamento del PCI, sia dell'approccio che l'organizzazione comunista aveva ai problemi dell'infanzia. Su 16 bambini che avevano partecipato alla colonia dell'estate del 1926, 6 venivano dal Sud (San Severo, Bari, Lecce, Napoli), 3 dalla Toscana (Firenze, Pescia, Ponte a Moriano), 2 dall'Emilia-Romagna (Forlì, Parma), 5 dal Nord (Torino, Milano). Appartenevano tutti a famiglie duramente colpite dalla repressione fascista, chi col padre «condannato a lunghissima pena» (Bruno Garuglieri, Giovanni e Maddalena Monticone, Foscolo Maltagliati), chi addirittura ucciso dai fascisti (Adler Venturi, Giordano e Adalgisa Moroni, Amilcare Cremonesini, la cui madre era poi impazzita per il dolore). Quelli che provenivano dal Sud erano praticamente sprovvisti di corredo personale, trasmettendo un'immagine di desolata povertà; a tutti comunque, nel nome del più rigoroso egualitarismo, fu dato in dotazione un nuovo corredo che comprendeva un costume da bagno, un berretto da spiaggia, una paletta di legno, una maglia di lana e un vestito completo.

Tra le malattie segnalate ricorrevano il linfatismo glandolare, la meningite, l'appendicite, la bronchite, la polmonite cronica; tranne due casi, tutti gli altri avevano fatto registrare un consistente aumento di peso (da mezzo chilo a quattro chili) durante la vacanza. I dati che colpiscono di più, tuttavia, sono quelli relativi alla descrizione del carattere e del comportamento dei bambini: Dante Ferrara, cinque anni, veniva definito «violento e antisociale», messo in un ipotetico album dei «cattivi» insieme a Carmelo Spagnolo, nove anni («antisociale, impulsivo, ha tentato di fuggire»), Rosetta Smaldini, tredici anni («carattere chiuso, poco socievole»), Giordano Moroni, otto anni («vivacissimo, disubbidiente e manesco»), Adler Venturi, sette anni («carattere chiuso, iroso, violento»); tra i «buoni» venivano invece iscritti d'ufficio Enrico Cafaro, dieci anni («socievole, educato, intelligente, rispettoso»), Graziella Tarantino, cinque anni («quieta»), Lenin Talarico, otto anni («allegro, socievole, spontaneamente ha desiderato scrivere al proprio maestro»), Giovanni Monticone, sette anni («vivace ma educato e ubbidiente»), Maddalena Monticone, nove anni («quieta, rispettosa, educata»), Bruno Bolzoni, cinque anni («calmo affettuoso, servizievole»), Maria Moroni, undici anni («quieta, rispettosa, temperamento malinconico»), Foscolo Maltagliati, otto anni («rispettoso, ubbidiente»), Amilcare Cremonesini, cinque anni («vivace e affettuoso»); in mezzo, in una sorta di malinconico limbo, Bruno Garuglieri, sei anni («non vuole vivere lontano dalla madre, rifiuta il cibo per pensare a casa»). Si costruiva, così, una scala di valori che vedeva al primo posto l'obbedienza e la disciplina, reintroducendo nel cuore dell'organizzazione comunista gerarchie non dissimili da quelle adottate in ambito fascista; al di là della radicale diversità dei contesti ideologici e delle finalità educative, rimbalzava infatti una sostanziale omogeneità di approccio, popolata dagli stessi «ossessivi controlli del peso, dell'altezza, delle dimensioni del cranio», da preoccupazioni analoghe a quelle degli operatori della colonia Fiat di Marina di Massa, attentissimi «a mandare i ragazzi a Torino non solo puliti, abbronzati e indottrinati al rispetto per i loro sorveglianti, il duce, la Chiesa, ma anche aumentati di peso».[73]

Il fatto era che anche in questo campo il PCI inseguiva motivi di radicalizzazione propagandistica presenti in modo massiccio nelle piattaforme rivendicative pubblicizzate dalla sua stampa, articolando la sua battaglia «contro la fascistizzazione della gioventù» in un programma in cui accanto alla lotta contro lo sfruttamento della manodopera infantile, i maltrattamenti e le condizioni salariali o fisiche dei bambini impiegati nel lavoro, gli insegnamenti «borghese o militarista» nelle scuole, le punizioni corporali, comprendeva obiettivi come «il nutrimento gratuito durante la scuola, la fornitura dei libri, dei quaderni e di ogni altro materiale scolastico»,[74] rinviando, al solito, la prospettiva per i bambini «di vivere più sani e felici» e quella per le donne di «liberarsi dal peso dei lavori domestici» alla «rete di servizi» che avrebbe caratterizzato «la società nuova» e che rappresentava già una solida realtà nell'Unione Sovietica di Stalin.

Ancora una volta, se si volevano trovare caratteri di originalità, occorreva prescindere dalla linea del partito e rincorrere i percorsi biografici dei suoi singoli militanti. Era lì, come nel caso testimoniato da questa lettera di un fuoriuscito toscano, che all'obbedienza e alla disciplina inseguite dalla pedagogia autoritaria della Colonia di Viareggio si sostituivano corposi riferimenti alla libertà e alla creatività del bambino:

> Lascia che il bambino esprima il suo giudizio e poi, se occorre, correggilo; è dannoso usare il vecchio sistema «Sta zitto, tu se' piccino e fai silenzio moccolone», la gioventù ha bisogno di esprimersi e fin dai primi giudizi è necessario che prenda queste abitudini.[75]

E anche Camilla Ravera, scrivendo in una lettera dal carcere del suo nipotino («il bambino, del quale si sente una grande mancanza (...) verso di lui io sentivo fluire costantemente quel poco di buono che è in me», «il bambino è tanto piccoletto che i giocattoli migliori per lui sono un bastone con cui possa picchiare le sedie o fare comunque chiasso; la sua palettina e il suo secchiello per giocare con la terra e con i sassi quando va a passeggio»)[76] lasciava affiorare una tenerezza in grado di fare appello direttamente alla fantasia del bambino, dimenticando – per un istante – l'ossessione di un'educazione tanto severa quanto assolutamente tradizionale.

6. *La violenza*

> Imprecare soltanto contro ogni guerra e contro tutto ciò che è militare? Invocare soltanto il disarmo? Le donne di una classe oppressa che è rivoluzionaria (...) diranno anzi ai loro figli: «Tu diventerai grande e ti verrà dato il fucile. Prendilo e impara bene tutta l'arte militare». Ciò è-necessario ai proletari per non sparare contro i propri fratelli, come succede nella guerra e come ti consigliano i traditori del socialismo, ma per combattere contro la borghesia del tuo proprio paese, per por fine allo sfruttamento, alla miseria e alle guerre, non mediante pii desideri, ma bensì con la vittoria sulla borghesia e col suo disarmo.

Ancora bambini e ancora madri, questa volta, però, collocate all'estremo opposto dei «valori» incarnati nell'attività del Soccorso Rosso; le donne alle quali era diretto il volantino[77] appena citato non erano più figure protettive e rassicuranti ma potenziali «madri di eroi», pronte a diventare eroine esse stesse. Dalle retrovie della lotta di classe alla prima linea, quella dello scontro fisico e della violenza:

> Giovani proletarie, non assisterete passivamente alla fucilazione dei vostri fratelli male armati o disarmati da parte della borghesia armata fino ai denti; ma dovrete prendere voi stesse le armi, per abbattere il fascismo affamatore. Non lasciatevi arrestare senza reagire con la violenza! Assalite gli sbirri e i fascisti e strappate loro le armi di mano.

Nel corso della Rivoluzione francese, la richiesta femminile di portare le armi per la difesa della patria indicò una soluzione estrema e radicale al problema dell'appartenenza delle donne al popolo sovrano.[78] È possibile che in alcuni di questi spunti della propaganda comunista riaffiorasse l'ipotesi di un analogo percorso di accesso alla cittadinanza e alla sfera pubblica? Soprattutto nella fase del passaggio alla clandestinità, quando la necessità più urgente per il partito era quella di consolidare, anche soggettivamente, la tempra cospirativa dei militanti, parve effettivamente emergere una esplicita presa di posizione contro il tradizionale «pacifismo» delle donne, il loro «spavento» nei confronti «della violenza rivoluzionaria, della visione della guerra civile con le sue lotte sanguinose, con i suoi sacrifici, le sue privazioni»; citando l'esempio delle barricate di Parma contro gli squadristi di Italo Balbo («le donne portavano le munizioni e i viveri ai combattenti sulle barricate, preparavano la difesa delle case, soccorrevano i feriti nelle strade e via dicendo») si insisteva, così, sui caratteri «difensivi» della violenza rivoluzionaria, sulla sua necessità imposta dalle scelte sanguinarie dell'avversario di classe:

> Questo regime non si può abbattere che con la violenza rivoluzionaria [la quale] non è fine a se stessa; i comunisti non predicano questa violenza per voluttà di uccidere e massacrare ma perché non c'è altro mezzo per farla finita con la violenza di cui la borghesia si serve per tenere assoggettati i lavoratori.[79]

Anche il rapporto con la lotta armata, tuttavia, era al centro della consueta tensione tra spontaneità e organizzazione, tra i comportamenti della base e gli affannosi tentativi del gruppo dirigente comunista di delineare una sistematizzazione teorica compiuta al cui interno riassorbire quelle scelte:

Nel P[artito] – riconosceva francamente Camilla Ravera nel novembre 1926 – si è manifestata qualche deviazione di carattere terroristico, ma abbiamo immediatamente reagito. La situazione giustifica l'improvviso apparire di queste deviazioni, specialmente là dove le persecuzioni contro gli operai e i contadini sono state più feroci.[80]

Lo stesso Togliatti – in uno dei rari documenti di quella fase in cui traspare il suo assiduo coinvolgimento in un dialogo diretto con i militanti periferici – si faceva interprete di quella tensione, ribadendo la linea del PCI ancorata al carattere «difensivo» e «di massa» della violenza rivoluzionaria:

Sembra che tu creda che noi abbiamo una pregiudiziale contro la violenza – scriveva a un anonimo compagno di base il 20 ottobre 1927. – È strano che un compagno creda una cosa simile. Tutto il lavoro del nostro partito è diretto a preparare la caduta del fascismo attraverso la violenta insurrezione delle masse popolari italiane guidate dalla classe operaia. Ma per noi la violenza è essenzialmente la violenza di massa. Sono gli strati di migliaia e migliaia di operai che noi dobbiamo portare a prendere le armi per cacciare con la violenza i padroni e le camicie nere. La violenza delle piccole squadre è uno dei mezzi che ci possono aiutare a portare le masse alla violenza, ma non è oggi il centro del nostro lavoro.[81]

Di fatto, tra i militanti comunisti e la violenza si realizzò allora un nesso comportamentale e non teorico. Sarà necessario aspettare la Resistenza per trovare una «teoria dell'insurrezione» elaborata compiutamente dal gruppo dirigente;[82] nell'attesa, l'unico riferimento concreto restarono le esperienze di illegalità e di violenza (picchetti, scontri con i crumiri, il dileggio irridente per gli avversari, la minaccia al padrone e soprattutto la risposta al terrore fascista) collettivamente e direttamente vissute nella fase più calda del «biennio rosso» e della conquista del potere da parte di Mussolini. Anche la scelta delle donne di «impugnare le armi» (se pure solo in senso metaforico) non si coniugò mai con la consapevolezza della sua dirompente portata simbolica, per riproporre, semplicemente, una irrisolta tensione tra il protagonismo spontaneo che segnava alcuni gesti di coraggio individuale («la gente arretrò ma non fuggì: rimase ai margini del piazzale antistante la caserma. Restai sola là in mezzo e quando un carabiniere si avvicinò per mandarmi via reagii a schiaffi e pugni: poi raggiunsi gli altri compagni di corsa»)[83] e gli ambiti più tradizionali che affioravano dai comportamenti dettati dall'organizzazione: a Torino, dopo le stragi fasciste del dicembre 1922, «le ragazze formarono un gruppo speciale con diversi incarichi di sorveglianza, soccorso e sicurezza. I ragazzi si unirono in gruppi di combattimento veri e propri, armandosi di vecchie pistole a tamburo e qualche Beretta».[84]

7. *Le lotte*

Per le lotte economico-rivendicative la questione si ripropose in termini sostanzialmente analoghi. A prescindere dalla sua configurazione armata che resta pur sempre qualcosa di eccezionale e di patologico, nella fisiologia del conflitto sociale è racchiusa infatti una irripetibile occasione per una pedagogia di massa capace di inscrivere la spontaneità delle lotte per la difesa delle proprie condizioni materiali dentro le coordinate di un lungo percorso di approdo alla consapevolezza e alla coscienza politica. Di fatto, però, questo terreno durante il ventennio fu praticato in modo del tutto sporadico e saltuario e i documenti provenienti dal PCI ci restituiscono quasi esclusivamente i temi dell'agitazione e della propaganda sviluppati dalla direzione del partito piuttosto che episodi concreti di mobilitazione nelle fabbriche e nelle campagne. La classe operaia si riprese molto tardi dalle dimensioni catastrofiche della sconfitta subita alla fine del biennio rosso:[85] sconvolta nella sua composizione, priva di accettabili riferimenti istituzionali, costretta sulla difensiva da una condizione materiale gravemente compromessa, affidò la sopravvivenza della sua autonomia a un presente vissuto come vita quotidiana, estranea e «altra» rispetto al regime, e a un passato reinterpretato come memoria ideologica, alimentata e sorretta dal mito sovietico.

L'assenza di momenti significativi di lotta la fece sprofondare in un profondo isolamento politico e sociale. La stessa centralità della fabbrica nello sviluppo del movimento in Italia fu rimessa in discussione dai mutamenti della composizione interna di classe e di carattere professionale indotti dai nuovi metodi di produzione e di organizzazione della forza-lavoro.[86] Durante il fascismo, non ci furono, di fatto, agitazioni di rilievo in cui le rivendicazioni degli operai fossero in grado di esprimere un reale protagonismo collettivo. La geografia del dissenso disegnata dalle ricerche più recenti ci rinvia a episodi di malcontento popolare del tutto spontanei causati dai licenziamenti o dal rifiuto fiscale, a numerosi casi individuali di ribellione o meglio ancora a generiche situazioni di disagio sociale: pochissimi sono i casi di proteste consapevolmente organizzate.[87] Una fiammata si registrò nell'estate/autunno del 1927, quando cominciarono ad essere applicate le riduzioni salariali stabilite con gli accordi interconfederali. Poi, il «lungo sonno» cominciato dall'ottobre 1927 fu interrotto soltanto da una microconflittualità spontanea che, soprattutto durante la crisi, ebbe il suo epicentro nelle industrie tessili a ridosso delle città e nelle grandi fabbriche meccaniche e siderurgiche.[88]

Fu così anche per le donne. Nel 1927, in Valle Olona, a Legnano e Gallarate, gli scioperi delle operaie tessili contro le decurtazioni salariali (in sei mesi la paga della «quindicina» era passata da 190 a 123 lire) furono al centro di quella stagione di lotte.[89] Complessivamente, anzi, la loro presenza in alcune lotte spontanee, soprattutto nelle campagne, nelle spedizioni contro i municipi e le sedi del PNF,[90] risultò addirittura più massiccia e più assidua di quella degli uomini, anche grazie al calcolo delle famiglie contadine che, come scrive la De Grazia, «sapevano della maggiore difficoltà del regime di punire o incarcerare le donne e del pericolo maggiore della perdita del lavoro agricolo dell'uomo che era a volte l'unica risorsa della famiglia»;[91] e tuttavia, anche gli scioperi delle mondine del 1927 e del 1931, che pure restano gli episodi di lotta più facilmente riconoscibili secondo criteri strettamente politici, apparvero profondamente segnati dai percorsi della spontaneità.

Certamente da parte del PCI, soprattutto nelle agitazioni del giugno-luglio 1927, si sostenne un notevole sforzo organizzativo che portò alla distribuzione di circa 20 000 volantini tra le mondine. L'iniziativa comunista, per una volta, fu visibile a occhio nudo suscitando l'intervento seccato di Edoardo Malusardi, il segretario generale della Confederazione nazionale dei sindacati fascisti:

> Affermiamo quindi: 1) che il contratto di lavoro sarà rispettato in pieno; 2) che desideriamo che le mondine facciano buona guardia perché le clausole sull'orario di lavoro sul riposo festivo, sul vitto, sull'alloggio siano sempre osservate; 3) che con questo facciamo stop alle polemiche; 4) che quelli che saranno sorpresi a diffondere i manifestini potranno ringraziare il Signore se andranno a finire in mano dei carabinieri (...) perché quelli che capiteranno in mano nostra non sappiamo se avranno il tempo di pentirsi del mal fatto.[92]

Ma gli elementi che assicurarono il successo dell'agitazione furono, soprattutto, una tradizione di combattività non ancora estirpata dalle risaie e la necessità impellente di reagire a un massiccio attacco ai livelli salariali. Il 27 marzo, infatti, le tariffe della monda erano state ridotte del 14 per cento rispetto al concordato del 1926; all'inizio della stagione, il 13 giugno, la Confederazione nazionale dell'Agricoltura propose un'ulteriore diminuzione della paga giornaliera di una lira e cinquanta centesimi. Di qui la risposta che si concretizzò in un primo sciopero, il 28 giugno, alla cascina Inglesa di Trecate, estendendosi nei giorni successivi (fino al 1° luglio), a Granozzo, Trino, Sali Vercellese. Alla fine, con l'intervento della Magistratura del lavoro (con una sentenza del 17 luglio 1927), la diminuzione delle paghe fu contenuta nella somma di 60 centesimi al giorno.[93]

A questo relativo successo del 1927 si contrappose il totale fallimento delle agitazioni che il PCI tentò di promuovere nel 1932; eppure, anche in questo caso lo sforzo organizzativo del partito era stato massiccio se era vero, come riferivano le fonti di polizia, che alla vigilia della «campagna risicola», «suscitatrice di sentimentalismi e di nostalgie di memorabili lotte di tempi trascorsi e di governi superati (...) nel giro di poche settimane ben ventitré emissari comunisti erano stati tratti in arresto ai diversi valichi di frontiera».[94] L'assenza totale di episodi di lotta suscitò quindi la reazione stizzita e adirata dei vertici del PCI nei confronti dei militanti di base. Il primo a intervenire fu direttamente il Comitato sindacale:

L'errore più grave commesso dalla vostra organizzazione in questi ultimi mesi (...) è stata la mancata preparazione da parte vostra dello sciopero generale delle mondine (...) avete disatteso le direttive: con 180 000 mondine provenienti da una quindicina di province italiane era possibile scatenare lo sciopero anche nel caso previsto (e che poi si è verificato) di una rinuncia forzata da parte dei padroni e dei funzionari fascisti ad imporre una nuova riduzione salariale (...) Il Partito e la Confederazione, utilizzando l'esperienza dello scorso anno (dalla quale risulta che la mancata estensione dello sciopero dipese soprattutto dalla mancanza di collegamenti politici ed organizzativi tra le mondine della nostra provincia e quelle forestiere) hanno concentrato il massimo del lavoro di preparazione e di organizzazione fra le mondine dell'Emilia (...) Dal lavoro condotto in Emilia risulta che le mondine sono assai malcontente del fatto che i padroni e i fascisti hanno confermato la riduzione di salario imposta lo scorso anno (con la scusa che il prezzo del riso ribassava malgrado che il prezzo del riso è ora aumentato di almeno 20 lire al quintale) (...). Voi invece non avete compiuto alcun serio lavoro di preparazione! (...) vi siete limitati a domandare a qualche mondina isolata – quasi da persone neutre, estranee alla massa – che cosa pensavano del salario per la prossima campagna della monda. Queste poche mondine che temevano una nuova riduzione avrebbero risposto che sarebbero state contente di avere ancora il salario dello scorso anno. E voi, interpretando erroneamente le risposte di alcune mondine isolate come l'espressione del sentimento collettivo della massa, avete concluso che non vi è più nulla da fare (...) Innanzi tutto il comunista non si limita a chiedere agli operai, in generale cosa ne pensano. Il comunista è, deve essere, un agitatore, un organizzatore che denuncia alla massa il feroce sfruttamento dei padroni e la incita a lottare (...) Il fatto che voi avete accettato passivamente il pensiero espresso da qualche mondina isolata e sfiduciata dimostra che voi siete staccati dalla grande massa e non sentite il vero polso di essa (...) In Emilia, dove le nostre organizzazioni si sono collegate in una certa misura con le masse, hanno sentito che le mondine sono pronte a lottare.[95]

Oltre a discriminare tra «buoni» (gli emiliani) e «cattivi» (i vercellesi), il documento del Comitato sindacale articolava i suoi capi d'accusa intorno al consueto, intricato nodo del binomio spontaneità e organizzazione. In questo caso il rimprovero sottolineava una troppo marcata acquiescenza ai percorsi della spontaneità (la passività delle mondine) e la frettolosa rinuncia a promuovere direttamente episodi di lotta in grado di innescare forme più vaste di malcontento e di protesta. A rincarare la dose intervenne un «rapporto» redatto da Francesca Ciceri («Clara») dopo una ricognizione sul campo:

I compagni di base non hanno dato valore dovuto alla monda (...) tutti si sono squagliati al momento buono (...) mi è stato dichiarato che non si facevano riunioni di cellula nei giovani e negli adulti. Mai ne furono fatte, i compagni si limitavano a parlare quando si vedevano ed intervenivano alle riunioni quando c'era il funzionario.[96]

Non erano stati stampati volantini, «la monda era iniziata e ancora in nessun luogo si erano tirati giornali o manifestini». A una riunione convocata dagli emissari della Direzione si erano presentate cinque donne, operaie in due cotonifici della zona. Di fatto, però, il rapporto della Ciceri, nel sottolineare così impietosamente l'esiguità delle strutture organizzative del partito, finiva per svuotare di significato gli stessi rimproveri del Comitato sindacale: chi e con quali mezzi avrebbe dovuto prendere l'iniziativa di scatenare gli scioperi? Quelle cinque donne e le loro amiche?

In realtà, proprio il fallimento del 1932 conferma l'impotenza velleitaria delle iniziative prese dall'alto; in quel caso, a disincentivare ogni spinta di lotta intervennero due elementi, entrambi legati alla concretezza delle condizioni materiali delle mondine e quindi tipicamente spontanei: il mancato successo delle agitazioni del 1931 (quando avevano ottenuto solo i gambali di gomma, la branda per dormire, il vino e la carne la domenica, senza riuscire a evitare una riduzione di paga del 24 per cento),[97] e la rinuncia da parte dei fascisti a operare ulteriori diminuzioni salariali, disinnescando così il meccanismo che aveva alimentato le agitazioni del 1927.[98] Soprattutto i Carabinieri si erano adoperati, come avevano già fatto nel 1931, per non inasprire la repressione, consapevoli che una linea morbida avrebbe contribuito a circoscrivere i focolai della protesta.[99]

Certo – riconosceva la stessa Ciceri – gli agrari e i fascisti quest'anno hanno saputo ben manovrare: (...) spargendo prima continue voci di diminuzione, poi facendo intervenire i sindacati fascisti per confermare i salari dell'anno scorso (...) Il fascismo, inoltre, contrariamente alle nostre previsioni non ha impedito alle mondine di ballare e di uscire a spasso (...) dando loro modo oltre che di lavorare, di svagarsi la sera nell'aia o nell'unica locanda aperta.

Molte mondine erano giovani (un quarto avevano un'età inferiore ai ventun anni) e non sposate; decise e disinibite erano note per la loro sessualità sfacciata così da cucirsi addosso i termini di uno stereotipo che ne faceva «l'equivalente rurale della commessa sexy»:[100] anche nell'austero documento comunista l'influsso di questo stereotipo si fa sentire con forza, sia pure solo per giustificare una sconfitta politica.

4.
Gli antifascisti

1. *Identità contrapposte*

Difficilmente si era comunisti e giellisti e *quindi* antifascisti. Era sempre vero il contrario. Si era antifascisti e quindi si cercava un contatto con i partiti organizzati per dare uno sbocco operativo a una scelta che scaturiva da motivazioni che non si esaurivano certamente nell'universo della politica. L'approdo alla cospirazione si poneva alla confluenza di diversi percorsi che coinvolgevano le intelligenze, i sentimenti, ma soprattutto le coscienze e dai quali scaturiva una sorta di paradigma identitario in grado di delineare i tratti di una vera e propria alterità nei confronti dei modelli che ispiravano l'«italiano» di Mussolini.

Due incontri di Giorgio Amendola lungo l'accidentato sentiero che lo condusse alla sua personale «scelta di vita» ci introducono alla ricognizione dei caratteri originari di questa identità. Tra lui e Galeazzo Ciano non c'era certamente una grande amicizia ma piuttosto una costante frequentazione degli stessi ambienti. Ciano, in quelle cerchie piuttosto ristrette, ostentava apertamente il suo disprezzo per i fascisti.

Un giorno – ricordava Amendola – gli chiesi perché se la pensava così non si staccava dal fascismo. «Fossi matto!», mi rispose. «Con mio padre ministro e membro del Gran Consiglio ho la carriera assicurata. Per te è un'altra cosa, devi restare dalla parte di tuo padre».[1]

Si era nel 1924. Più o meno nello stesso periodo, il padre di Giorgio, Giovanni Amendola, incontrò un suo antico e fedele grande elettore, l'oculista Cirincione:

Tu, Giovanni – si sentì dire – sei un eroe o un santo, io non lo sono. Io nella vita ho avuto una sola ambizione, quella di comandare a Bagheria. Per questo ero con Orlando. Avrei preferito restare come ero, ma adesso comandano i fascisti e io devo passare dalla loro parte se voglio continuare a comandare a Bagheria.[2]

Molto più in basso nella scala sociale rispetto al notabile di Bagheria, un operaio di Terni, Luigi Capello, motivava così la propria adesione al fascismo e le conseguenze che ne erano derivate:

A me non me' ccià obbligato nessuno a segnamme su lu partitu. Ho visto che se segnavano tutti, me so' segnato anch'io (...) In bona fede. A me il fascismo non m'ha portato né bene né male. Perché io m'Aricordo che quando annettero in Africa, tutti me volevano menà: perché loro evano fatto l'impero e io no' l'évo fatto? Poi so' arvenuti, m'hanno armenato 'n'andra vorda, perché io ero fascista e loro no.[3]

Al vertice come alla base, il programma esistenziale di quanti sostennero il fascismo e soprattutto si riconobbero nei suoi modelli comportamentali sembrava, quindi, segnato da alcuni elementi ricorrenti: un concetto sentimental-servile della legittimazione del potere, un familismo avidamente lucrativo, l'opportunismo di chi è sempre pronto a saltare comunque sul carro del vincitore. Un fedele servitore del regime, la spia Carlo Del Re, ci ha lasciato in questo senso un piccolo, perfetto riassunto di quello che poteva essere un progetto di vita ispirato a simili valori. Del Re si vedeva come un martire e, in modo significativo, sottolineava in un lungo elenco di sofferenze patite a causa dei servizi resi all'OVRA innanzi tutto il disprezzo della madre, dei fratelli, degli amici e dei conoscenti («avendo distrutto tutto di me, nel male, ma anche nel bene: essendo costretto a rifare una vita con l'onere ben grave di una fama poco lusinghiera, esposto all'odio, quantomeno al disprezzo»), poi, subito dopo, i costi materiali derivati dalla sua delazione che avevano comportato una serie di spese scrupolosamente elencate: «*a*) settemila lire ricavate dalla precipitosa svendita della mia casa di Milano (...) *b*) quindicimila lire avute a Buenos Aires dal ragionier B. che ho dovuto spendere per rimpatriare *c*) quindicimila perdute nella svendita effettuata a Genova della mia Fiat 514». Seguiva la parte più significativa di questa lettera al capo della polizia, Bocchini, in cui Del Re esponeva quelli che definiva i suoi *desiderata*:

1) una sistemazione (attraverso qualche incarico statale, para o extrastatale) che, almeno per qualche anno, mi consenta un'attività consona alla mia capacità e tale da permettermi un congruo corrispettivo economico (...); 2) Il rimborso delle quin-

dicimila del rag. B (...); 3) il rimborso delle settemila lire (di ricavato della casa) da me spese (...); 4) il rimborso della perdita sulla svendita dell'auto (...) In luogo di questo rimborso, mi si potrebbe egualmente consegnare una stessa macchina. Creda, eccellenza, che, alle volte e specialmente nel mio caso, la soddisfazione di una passione modesta e non dannosa, conforta e compensa più di tante altre cose (...).[4]

Tra il settembre 1930 e il dicembre 1938 Del Re riuscì a ottenere dalla polizia fascista oltre 400 000 lire. Ma la lettera non documenta soltanto la venalità di chi tradisce per denaro i suoi migliori amici. In realtà, le sue richieste erano fondate su una scala di priorità che egli stesso sapeva condivisa dai propri interlocutori, utilizzata quindi consapevolmente per rendere più efficaci le sue suppliche; quella lista di bisogni materiali in cima alla quale aveva messo un incarico statale visto come «sistemazione», l'aspirazione al possesso di alcuni beni (la casa, la macchina) che incorporavano qualcosa di più del loro prezzo come merce, simboli di potere e di privilegio, erano rappresentative di un intero universo sociale, di un modo di concepire il rapporto con lo Stato e con la cosa pubblica diffuso a tutti i livelli nel cuore stesso degli apparati del regime.

Per gli oppositori questa era la prova che il fascismo aveva «rivelato» non solo le tare genetiche della costruzione politica dello Stato unitario nel processo risorgimentale, ma anche e soprattutto quelle nascoste negli aspetti più riposti del carattere nazionale così da attribuire allo scontro tra fascismo e antifascismo i tratti di una vera e propria «contrapposizione identitaria», di un conflitto che rifiutava non solo il progetto totalitario di Mussolini ma anche il quietismo attendistico, il «tirare a campare» delle tante maschere popolari da Gianduia a Pulcinella, la fatalistica rassegnazione allo scorrere di un tempo sempre uguale a se stesso che ispiravano i comportamenti della maggioranza degli italiani. In questo senso, l'antifascismo, come scrisse Giacomo Noventa a proposito della Resistenza, aveva combattuto «non soltanto l'ultimo fascismo e l'ultimo nazismo, ma l'indifferenza popolare italiana dal risorgimento in qua» e i suoi uomini furono obbligati a lottare

prima che contro il fascismo, contro se stessi. Avevano dovuto mettere un segno interrogativo o negativo a tutto ciò che avevano pensato essi stessi, rompere tutti gli schemi, sconvolgere le proprie abitudini di ragazzi e di uomini, i propri rapporti familiari, sentimentali, in una parola tutto il proprio pensiero e la propria vita.[5]

2. *Piero Gobetti*

Così come sul versante politico dell'interpretazione del fascismo/«rivelazione», anche i risvolti identitari di questo paradigma si addensarono intorno alla figura di Piero Gobetti. Nella sua ferrea intransigenza morale e intellettuale, Gobetti era infatti veramente, prima che antifascista, antitaliano, attraversato dal tormento e dal rigore di chi si costruisce, ancora adolescente, una identità granitica pagando un prezzo molto alto in termini di solitudine affettiva e di energie bruciate che ne consumarono la fiamma vitale in una febbrile giovinezza improvvisamente troncata dalla morte.

Credo di poter riconoscere – egli aveva scritto di se stesso – le mie qualità più innate in una fondamentale aridezza e una inesorabile volontà (...) Ho l'anima e l'inquietudine di un barbaro, con la sensibilità di un cinico; la storia non mi ha dato eredità di sorta; l'ambiente in cui son vissuto non mi ha offerto comunicazioni, non ha alimentato i miei problemi; non devo nulla a nessuno. (...) Dovevo anche fare in fretta; se mi guardo ora vedo proprio il desiderio gretto e feroce del povero che vuole arricchire. Cinico perché arido, forte perché solo e spregiudicato.[6]

La propria realizzazione come uomo e come intellettuale era un progetto di vita che non prevedeva attimi di rilassamento: una lotta continua («bisogna alla nostra precisione e maturità imporre la costanza di un'inquietudine, di un'inappagata ricerca, di una lotta continua contro tutto ciò che ci può irrigidire in un passato») che ebbe termine solo quando Piero, estenuato, si lasciò andare per sempre.

La sua «rivoluzione liberale», quindi, apparteneva solo in parte alla politica. Il 13 settembre 1920, durante l'occupazione delle fabbriche che tante speranze aveva suscitato nel movimento operaio, così si rivolgeva ad Ada:

La rivoluzione che oggi si prepara non muterà, non può mutare nulla negli uomini, che saranno seri solo se si faranno tali nella loro intimità (...). La rivoluzione non si fa in un giorno, o se si fa è una cosa ridicola. Conta per i sacrifici che ne costarono tutti i passi.[7]

Bisognava quindi cambiare anzitutto se stessi per poter cambiare gli altri. La prima «zona libera» da creare era quella all'interno della propria coscienza attraverso la pratica diretta di una rottura drastica e radicale con tutti i riferimenti esistenziali dell'«altra Italia» a cominciare da quella «pietà» familiare che nel nostro paese è sempre stata coniugata con la negazione del senso dello Stato, l'esasperazione dell'individualismo e del particolarismo. Il 29 agosto 1922, appena saputa la notizia della morte di suo zio, così scriveva ad Ada:

Bisogna che io sia rude – che mi sforzi di non avere affetti di sorta. Sotto questa costruzione di impassibilità serpe in me un'infinita pietà per tutto ciò che è anonimo, per tutto ciò che è martirio incosciente di personalità, per ciò che non è riuscito (...) Ma tu capisci che questa commozione, che è come la mia antitesi, non è più per i singoli, ma è come un tono sentimentale, più o meno giustificato dalla mia visione del mondo. È per questo che sembro agli altri un freddo.[8]

Erano gli stessi motivi che lo portavano ad aborrire il sentimentalismo («è indubitato – scriveva il 9 agosto 1922 – che nel sentimentalismo io scorgo una vera malattia benché questa condanna non significhi in nessun modo incomprensione delle più tenere e profonde e sottili sfumature dello spirito, anzi di queste il vero nemico è proprio il sentimentalismo. Il segreto è nella misura e nella compostezza con cui le effusioni si armonizzano nella serietà e nell'azione»)[9] e che lo rendevano assolutamente consapevole di una «diversità» che lo assaliva sempre e dovunque, anche nelle atmosfere rilassate dei viaggi in treno[10] o in quelle torpide e oziose delle vacanze al mare:

27 luglio 1919, in vacanza: ho respirato – scriveva ad Ada – un po' il putridume che emana dalla società fallita, quasi associazione storica a delinquere di questi maledetti signori e signore e signorine bagnanti. L'aria nuova li spazzerà via tutti, se Dio vuole. Del resto non danno neanche noia. Divertono. Qualche volta noi uomini siamo un po' crudeli. Il cretinismo degli altri uomini invece che farci pietà ci fa sorridere e ci distrae (...) Ho abbozzato una discussione politica con qualcuno. Poverini! La maggior parte teme il bolscevismo, l'imposta sul capitale, le violenze e i tumulti; e vanno cercando di conservarsi il patrimonio. È ciò che hanno. In fondo sono ragionevoli. Difendono ciò che è loro, il loro unico avere, i quattrini, collo stesso accanimento con cui noi difenderemmo l'integrità del nostro pensiero. Non vedono nulla fuori della comodità e del pranzo ben cotto. Litigare ogni giorno sul menù: è il loro programma. Io devo far loro l'effetto di un lupo.[11]

3. *L'antifascismo popolare*

Gobetti coniugava questi suoi percorsi con una «aridità» interiore rivendicata come una conquista e si definiva un lupo solitario; in realtà, se la sua figura può essere assunta come quella che delinea una sorta di tipo ideale dell'antifascismo è proprio perché molti tratti della sua personalità si ritrovano diffusi a tutti i livelli nel mondo della cospirazione contro il regime. A cominciare proprio dal senso di solitudine, dovuto a uno scarto rispetto ai comportamenti di massa, che vediamo emergere negli stessi termini e nelle stesse situazioni da lui descritte (una vacanza estiva) nel già citato carteggio con Alessandro Vaia di altri due adolescenti, certamente da Gobetti diversi per cultura e per condizione sociale:

> Qua dove sono io – scriveva il primo da Caldé – non si pensa che a divertirsi e le conversazioni sono così frivole che il più delle volte oltre ad annoiarti ti fanno sentire maggiormente la lontananza dei compagni coi quali si parlava di argomenti ben più importanti;

e il secondo, da Moneglia, aggiungeva con fastidio: «Qui sono tutti fascisti, i bagnanti, tutti ricchi o gente della piccola borghesia».[12]

La stessa intransigenza gobettiana, affermata prevalentemente in una dimensione etica, in altri ambiti sociali affiorava presentandosi strettamente intrecciata alla lotta per i bisogni materiali. In questo senso la negazione più drastica del modello esistenziale proposto da Del Re ci viene forse da un operaio, quel Giacomo Deana, fuoriuscito in Francia, che abbiamo già incontrato nel momento del suo distacco dal PCI.

> I bisogni materiali che s'impongono per l'effettuazione di questo nostro sogno comune, – scriveva infatti Giacomo alla sua fidanzata – questi bisogni, secondo la mia volontà, dovrebbero consistere nell'assicurarci oltre il necessario per la realizzazione del nostro matrimonio, anche una relativa posizione la quale mi consenta, attraverso il mio quotidiano lavoro, di vivere senza disagi.

Un progetto assolutamente prosaico e privo di slanci eroici («possedere – aggiungeva nella stessa lettera – almeno quel misero patrimonio che ci dovrebbe consentire di unirci alla compagna, alla donna del nostro cuore (...) la quale ci darebbe una famiglia, una pace domestica, un focolare, la gioia di essere felice della felicità di lei») interpretato, però, secondo gli schemi di quella che Deana chiamava la «mentalità di noi individualisti, di gente ribelle che vediamo e combattiamo le innumerevoli ingiustizie della vita, ingiustizie che si convertono metodicamente a profitto di pochi gaudenti i quali si concedono ogni sorta di orgie e di lusso».[13] L'obiettivo della tranquillità domestica era da perseguire non con la supplica ai potenti e l'elargizione dall'alto ma attraverso il conflitto, la necessità di identificare in quelle mete conquiste da raggiungere lottando contro un lungo elenco di nemici che Deana apriva con «il prete che per primo comincia con l'impedire agli uomini lo sviluppo della loro intelligenza e la conseguente evoluzione, dando a credere nella necessità di seguire quella sporca dottrina della religione cattolica acciocché conseguire la felicità eterna (...)».[14] Non era, inoltre, solo una richiesta di miglioramento della propria condizione economica, e nemmeno di ottenere il godimento pieno dei diritti di cittadinanza: si trattava di essere riconosciuti come «uomini»:

Noi, – si infervorava Deana – in possesso di un fisico senza difetti, aventi una mente sana, esseri come tanti altri ci sono, né più né meno di questi, noi pure sappiamo concepire una felicità e il bello della natura e della vita. Anche in noi vi è un istinto che ci parla della grandezza dell'amore (...) anche in noi, dico, vi è qualche cosa come negli altri, un sentimento, un pensiero che lavora.[15]

Nelle sue lettere a Maria Valussi, Deana disegnava con efficacia il profilo di una scelta nutrita dall'odio di classe ma anche dalla solidarietà, dalla speranza, dal coraggio individuale da affermare nello scontro fisico, dal dovere della coerenza morale, da progetti per il futuro: «La coscienza del dovere nostro è l'intatta dignità anzitutto. A domani il resto: le cose subiranno una metamorfosi se non altro per la stessa forza d'evoluzione graduale», scriveva da Sanremo mentre era in procinto di espatriare, il 14 febbraio 1925; e due giorni dopo: «Qui mi sembra di trovarmi in un nuovo mondo, perché sono in mezzo a compagni di vera fede. Se disgraziatamente ci dovesse capitare un fascista, si farebbe la mortadella»; «a noi individualisti il compito (compito che a sua volta diventa obbligo) dell'insurrezione certo immancabilissima e speriamo non molto lontana (...) Individualismo è sinonimo di anarchia. Anarchia è sinonimo della più squisita bontà, di generosità. Tutto è idealismo. Dunque non siamo della merce da commercio noi!» concludeva orgogliosamente l'8 marzo 1925 in una delle ultime lettere prima della «rottura» con i comunisti.[16]

Nella classe sociale a cui apparteneva il muratore Giacomo Deana l'avversione al fascismo scaturiva da una condizione insopportabile, e l'Italia di Mussolini era uno stagno senza acqua nel quale si era costretti a muoversi come pesci:

La vita qui in Italia si fa sempre più difficile, – scriveva da Biella Annibale Lodone – moralmente non si vive più, si è schiavi di un'idea che si disprezza e che purtroppo è tanto lontana dal darci quei benefici indispensabili per un vivere civile.

La lotta che si combatte è una lotta delle più terribili e secondo le mie poche cognizioni l'uomo per forza di cose o deve diventare troppo cattivo, e così le lotte continuano, o al contrario resta sfiduciato, incapace di agire privo di spirito di sacrificio tanto che i nobili sacrifici dei migliori uomini non sono più riconosciuti.[17]

La lettera (datata 27 maggio 1924) era indirizzata a Pietro Diana, un compaesano emigrato due anni prima a Kandane, nell'allora Congo belga. E proprio queste corrispondenze da e per l'Italia con il mondo dell'emigrazione ci restituiscono i contorni più nitidi di un antifascismo popolare in cui la lotta per la sopravvivenza economica era interpretata nel solco di una marcata conflittualità non solo politica:

Mi annunci la schiavitù che ancora tutt'ora c'è lì in Italia sotto il regime fascista. Ho cercato appena ricevuto la tua, di poter fare in modo di levarti il peso della tua oppressione sperando di poterti fare partire e venire qua dove c'è vita, libertà e lavoro infinito,[18]

scriveva dalla Francia Primo Tubertini ad Augusto Parazza, restato al paese, a Pianoro in provincia di Bologna. E Valentino Baroncelli, un operaio di Bagnacavallo emigrato a Grenoble nel 1923 per sottrarsi «alle meritate persecuzioni da parte dei fascisti»,[19] differenziava a seconda dei suoi interlocutori la propria testimonianza di intransigenza: alla madre riservava la tristezza di una vita dura ma anche una speranza di riscatto:

In quanto al lavoro marcia sempre poco bene e molto triste e sempre quelle tre o quattro ore al giorno e si vive come si può, la disoccupazione è grande (...) molti compagni erano passati al fascismo può darsi certo io nò, mai, volontà di entrare in Italia cè lo e non sarà più lungo il tempo. Ma entrare al fascismo no. Troppo manno fatto soffrire. Se è così soffro ancora, non siamo ancora morti, siamo ancora vivi e l'ora verrà dei conti che molto dovranno rispondere, la nostra via è difficile e dura piena di sacrifici ma sicuri che l'avvento nostro non è lontano;[20]

al fratello l'ironia e il disprezzo per chi ha fatto una scelta di campo opportunistica e una orgogliosa rivendicazione di diversità: «Apprendo che in Italia si vive bene (...) Ora siete italiani, fate il vostro dovere, io non son miga italiano e quindi non fo il mio dovere perché non mi aspetta, o compreso tutto, l'avvenire è nostro»;[21] alla sorella (in una lettera in cui era disegnata a matita una grande falce e martello) un'autorappresentazione della propria militanza politica nei termini adolescenziali di una invincibile potenza:

In Girmania c'è la rivoluzione, certo che sarà vittoriosa per i compagni comunisti tedeschi. Auguriamo al proletariato della Girmania il loro trionfo che la sua vittoria è la vittoria della rivoluzione mondiale, noi siamo al posto di battaglia e sarà l'ora della nostra riscossa.[22]

L'antifascismo popolare era anche questo, una sorta di piattaforma collettiva di riconoscimento per percorsi individuali segnati da un'indole ribelle che si definiva e modellava soprattutto ma non esclusivamente intorno all'immagine di un partito comunista in grado di incutere paura e rispetto.

Oggi io, l'umile gregario del grande e ottimo partito comunista, – scriveva Vincenzo Mazzone nel 1929 – mi trovo in Germania, a Lipsia, ma partirò ancora per mete più lontane e arriverò tra breve a Berlino. In questa città siamo forti e possiamo pure combattere a mano armata e io mi sento pur capace di essere un ardito del popolo per immolarmi per la santa causa – io giovane senza amor patrio – senza bandiera da difendere, senza beni da tutelare e senza sostanza da cautelare sono rinnegato dalla nazione e me ne posso vantare, per me non esiste nemmeno la famiglia tranne che il solo, immenso, indefinito comunismo.[23]

Ritornavano così le mille rotture di cui si alimentava la scelta antifascista (con la famiglia, con l'Italia come «nazione degli altri»), ma anche la fierezza di appartenere a uno schieramento ideale che non necessariamente coincideva con il comunismo:

Qui io sono in buone mani – scriveva ancora Mazzone alla cugina Maria, il 15 ottobre 1929 – c'è gente di tutte le razze e di tutte le nazioni che mi vogliono bene, mi rispettano, mi trattano, mi difendono (...) io non sono più comunista cioè non lo ero mai stato – sono anarchico – comunque non sono un partigiano di una dittatura russa.[24]

Su tutto, trionfava una sorta di rifiuto permanente della quotidianità intesa come quieto vivere e banale routine che in qualche caso, come in questa lettera scritta da Luigi Viana alla madre, il 27 ottobre 1931, si accompagnava a un filo di sottile ironia nei confronti della gente comune:

Noi siamo ancora in pieno vigore, la volontà al lavoro è buona, fummo e lo siamo tuttora lavoratori volenterosi e capaci, quindi il domani non ci spaventa e non ci spaventerà. Chi ha braccia buone, volontà ferrea ed iniziativa può affrontare il domani senza tema, anche se questo si annuncia nero,

scriveva Luigi con un certo compiacimento per poi continuare:

I rischi nella vita sono molti, moltissimi, non per questo dobbiamo però temere la vita. Incidenti ne sono capitati a molti (...) forse noi saremo degli infortunati, ma anche quelli che non si muovono mai di casa gli possono capitare incidenti. Ricordati del Piantin Mario, non lasciava mai il paese eppure finì sotto un'automobile.[25]

Altre volte, la rivendicazione di una propria orgogliosa impossibilità di essere «normali», il rifiuto ostinato di ogni tipo di compromesso con il regime, venivano invece coniugati con minacciosi propositi di riscatto:

La nostra tranquillità si può sperare di acquistarla per queste vie solo facendo dei compromessi con la propria coscienza – scriveva alla madre, da Basilea, Giorgio Massari. – Qui veramente entriamo in un campo dove non ci intenderemo mai (...) esaminiamo pure la questione sotto altro punto di vista: ero forse di aiuto alla famiglia? potevo sperare di diventarlo a questi chiari di luna? (...) con l'impossibilità di provvedere a se stesso, sorvegliato come un delinquente (...) alla mercé del capriccio di qualche funzionario (...). State poi certi che presto torneremo, in condizioni cambiate (...) e allora chi, come me, si è mantenuto retto, sputerà sul muso a quegli altri che hanno fatto quello che io avrei dovuto fare secondo voi.[26]

C'è, tuttavia, in questo antifascismo «dal basso», un dato che evidenzia più di tutti la rotta di collisione con le abitudini e gli atteggiamenti tradizionali degli italiani ed è quello relativo alla consapevolezza di aver subìto una sconfitta i cui effetti sarebbero durati a lungo nel tempo:

Sono reo solo di averla pensata, e di pensarla ancora, diversamente di come pensa il regime e per conseguenza la maggioranza della popolazione d'Italia – scriveva da Taranto Giuseppe La Torre. – Non importa, soffro e forse continuerò a soffrire per parecchi e svariati anni ancora, appunto per il bene di quella tale maggioranza, che ne sono sicuro non ricorda neppure, oppure finge di ignorare la sorte di molti uomini che come me soffrono e giacciono nelle carceri di tutta Italia per una causa che non è se non la causa santa e giusta.[27]

Si diventava antifascisti, quindi, con la certezza che la vittoria non sarebbe stata affatto vicina e che quella scelta avrebbe comportato lunghi anni di emarginazione e di sofferenza; era un atteggiamento che poteva alimentarsi solo grazie a una straordinaria fiducia nel futuro, secondo quanto suggerito da queste due lettere, selezionate tra tante proprio per la loro capacità di rappresentazione poetica della speranza:

Cara Nicoletta... – scriveva alla figlia un operaio esule in Francia – l'evoluzione cammina come il mondo gira: questa nel suo cammino ci ha sempre portato a un regime più umanitario e più civile e se qualche volta viene frenata dai farisei del privilegio, questi finiscono travolti come da un diluvio;[28]

e il muratore Genunzio Guerrini da Cordoba, così si rivolgeva ad Anita Montanari: «La via che ci siamo tracciati io e i miei compagni è intralciata da tanti e tali ostacoli e seminata di roccia e biancospini, ma al di là c'è il sole rosso, il nostro sole, che attraverso a tutti gli ostacoli viene ad illuminare i nostri cervelli».[29]

Una speranza che – come in questa lettera di Elisa Veracini – era anche spirito di rivincita e, in moltissimi casi, sete di vendetta: «Bisogna farsi coraggio e resistere fino in fondo un giorno la pagheranno per tutti (...) vedi che oggi non siamo soli a soffrire ci siamo delle migliaia, tutti per la stessa ragione, bisogna stare calmi e sereni e covare odio per il momento opportuno».[30]

4. *L'antifascismo dei colti*

La consapevolezza dei tempi lunghi dell'attesa e della speranza animava, ovviamente, anche i percorsi dell'antifascismo non popolare. «Una frase correva allora fra i più consapevoli. "Ci vorranno vent'anni!" (...)», ricordava Giorgio Amendola che poi aggiungeva: «Ma non solo i giovani, anche gli uomini che uscivano già da una lunga esperienza di vita, uomini già avanti nella vita, e per i quali vent'anni potevano sembrare lunghi, si dicevano con fermezza: "Ci vogliono vent'anni! Bisogna accettare questo destino!"».[31] Lo stesso Amendola, dando in un'opera successiva una diversa organizzazione narrativa a questo stesso ricordo, lo utilizzava per introdurre all'interno dell'universo della cospirazione politica contro il fascismo una opportuna differenziazione nei confronti di coloro ai quali «aspettare vent'anni faceva paura. Molti – aggiungeva – erano vecchi esponenti della democrazia liberale italiana, che venivano dalle esperienze clientelari e trasformistiche, un discorso di questo genere li agghiacciava».[32]

Essere «disposti ad aspettare vent'anni» era quindi già una prima condizione – prepolitica – che permetteva di distinguere i «veri» antifascisti, indipendentemente dalla loro collocazione sociale. Altre coordinate comuni affioravano poi nella dimensione collettiva assunta dalla scelta del *conflitto* come carattere identitario, sempre intrecciata con il rifiuto della banalità del quotidiano come in questa lettera di Veniero Spinelli alla madre, che ripete – esprimendosi ovviamente secondo gli schemi della «cultura alta» – lo stesso modello narrativo adottato prima da Giorgio Massari:

Il tuo augurio di una vita fortunata per i tuoi figli so che parte dalle profondità, spesso insondabili, dell'anima e io mi ci associo – le si rivolgeva da Parigi. – Voglio dirti, però, per quanto mi concerne, che in verità non corro dietro alla fortuna perché non vi è nulla di più effimero e insoddisfacente che la visione antispirituale racchiusa in quella espressione. I soli uomini fortunati, gli esseri tranquilli, sono coloro che non aspettano il bene da forze estranee soprannaturali, ma ricercano incessantemente nella lotta quotidiana il modo più adatto per realizzare il massimo di libertà, che è interna e non esterna, e senza adagiarvisi, cioè continuando a tendere avanti, tuttavia se ne contentano e non se ne lamentano.[33]

Lo stesso si può dire per il sentimento di estraneità e di differenza dagli altri, la riconsiderazione e, talvolta, l'azzeramento degli affetti familiari in chiave politica. Quello che apparteneva invece in esclusiva all'antifascismo «borghese» erano i percorsi che avevano determinato scelte più squisitamente ideologiche, come la lettura di Marx di Velio Spano («non so se tu sappia come io sono diventato comunista: ho letto Marx – I volume – a 15 anni e non ne sono stato eccessivamente colpito. Qualche mese dopo, esaminandomi, mi sono trovato diverso e ho scoperto che Marx mi aveva trasformato dentro»)[34] o il disgusto per il velleitarismo imbelle dei socialisti che fu decisivo per spingere Altiero Spinelli all'adesione al PCI.[35]

Era esclusivamente in questi ambiti che si annidava anche l'ambizione personale, il vivere l'ingresso nella cospirazione antifascista come una sorta di tirocinio indispensabile per diventare un capo: fu così per i fratelli Spinelli, in particolare, per Altiero («occorreva accettare la dura scuola dell'obbedienza e dell'abnegazione per apprendere bene l'arte ancora più dura del comando»),[36] ma anche per Veniero, che al fratello minore Cerilo dava una serie di consigli delineando una sorta di piccolo manuale per apprendisti *leaders* rivoluzionari («Non lasciarti sopraffare dai pregiudizi e spezza sempre con tutti i mezzi la schiena a chi ti sbarra la strada. Ma d'altra parte sii tattico e non crearti inutilmente dei nemici; cerca invece di usufruire di tutte le forze che ti si prestano, approfitta rapidamente delle buone situazioni, per procedere per la tua strada. Certo tutto questo non va frainteso, io non ti predico l'opportunismo e neanche l'arrivismo. Tattica, per un capo, il quale non può esserlo se non è guidato da un'alta coscienza morale – s'intende qui si allude ai capi dell'avvenire –, significa far vivere i princìpi in ogni momento»)[37] e alla sua mamma prometteva un futuro da madre dei Gracchi:

Abbi fiducia mamma, non ti smarrire, sappi preservare la tua vita che per noi è preziosa, e assisterai alle giornate radiose in cui i tuoi figli, alla testa del popolo nobile, generoso e pur tanto oppresso e calpestato, si scaglieranno all'attacco contro i barbari, i corrotti, i nemici dell'umanità.[38]

Questo percorso che si sviluppava nell'ambito della cospirazione comunista lo abbiamo già sfiorato avvicinandoci all'«uscita di sicurezza»; lo ritroviamo ora ai suoi esordi, al momento della scelta, quando «la forza logica e quadrata del comunismo» dilagava nella mente e nei cuori dei futuri rivoluzionari di professione annientando ogni dubbio e ogni incertezza, trasformandoli in tanti «peccatori convertiti, che, raggiunta una volta la verità, pongono siepi intorno alla legge per non correre il pericolo di ricadere nella tentazione».[39]

Non per tutti ovviamente era così. In altri settori politici, ad esempio, *la scelta* era vissuta non come una rottura drastica e definitiva, ma come una sfida continua, una scommessa con se stessi da affrontare giorno per giorno in un susseguirsi di tante piccole scelte, meno nette ma qualche volta altrettanto drammatiche. Molti cattolici, ad esempio, si ritrovarono in questa situazione all'avvicinarsi della data del plebiscito del 24 marzo 1929, subito dopo il varo di quei Patti lateranensi che in qualche modo obbligavano a votare a favore di un regime sulla cui conciliazione con la Chiesa non restavano più dubbi. Il 13 marzo si era pronunciata in questo senso la Giunta centrale dell'Azione Cattolica e numerosi vescovi avevano abbandonato le tradizionali riserve di apoliticità.[40] Augusto Benedetti, un insegnante elementare veronese, che era stato consigliere comunale del Partito Popolare nel 1921, visse la vigilia della consultazione elettorale in uno stato di febbrile agitazione, in un «rovello quasi drammatico»:

Fino all'ultima ora – scriveva sua moglie Olga Tentori all'amica Lauretta Rendi – si ostinò a ritenere possibile l'astensione; poi – da fonte ben attendibile – ebbe la certezza del suo immediato licenziamento, oltre la scenata umiliante di vedersi accalappiato in casa, come un merlo, dalla ronda automobilistica che andava a prendere i recalcitranti.

Benedetti si sentì così esposto a un duplice ricatto: da un lato il peso delle scelte delle gerarchie cattoliche («Augusto è soprattutto impressionato per quello che ha fatto in questi giorni l'Azione Cattolica e che gli pare di una gravità eccezionale. Egli si domanda: il Vaticano ha avuto promesse e garanzie che non è dato ancora conoscere? La situazione di domani si imperniera intorno alla partecipazione dei cattolici alla vita pubblica e al governo? (...) Erano corse voci sensazionali: soppressione del partito fascista, invito di collaborazione dei principali esponenti cattolici dell'ex PP (...) Oppure tutto si riduce al trattato del Vaticano e al riconoscimento dell'Azione Cattolica? (...) In ogni modo la propaganda delle Giunte diocesane, perfino d'alcuni vescovi è stata di una esagerazione evidente e avvilente») che lo lasciava solo con la propria coscienza individuale, dall'altro la minaccia portata dal regime alle prospettive economiche della sua esistenza di tranquillo piccolo-borghese, di «trovarsi privo d'ogni lavoro, con tutte le porte chiuse (anche il seminario e l'Istituto Stimate l'avrebbero naturalmente licenziato), nell'inazione assoluta e senza che il suo gesto avesse la minima ripercussione morale su chicchessia».

Le mie argomentazioni – seguitava Olga Tentori – che avrebbe potuto rimanere egualmente coerente a se stesso e votare secondo coscienza non lo pacificavano per nulla: per lui non aveva valore votare un sì o un no, ma aveva valore solo il fatto di andare o non andare. Andare era per lui una viltà che gli avrebbe tolto il diritto di parlare. Quando sabato sera sentì che doveva cedere fu come lo stroncamento di un arto, d'una violenza contro natura. Con tanta amarezza disse «in fondo è uno smisurato orgoglio, è l'egoismo idolatra del proprio carattere. Un poco di umiltà insegnerebbe delle rinunce che valgono forse di più dell'affermazione». Andò e naturalmente votò No.[41]

Benedetti, oltre alla sua coscienza, poté contare in quella occasione sulla totale solidarietà di sua moglie:

Vivendo in perfetta comunione di spirito e di sentimento col marito – diceva di lei una nota della Questura di Verona del 22 gennaio 1931 – ne condivide le idee politiche ed è ritenuta capace di seguirlo in qualsiasi attività o propaganda avversa al regime. Anch'essa, come il marito, è ritenuta capace di valersi dell'insegnamento elementare per fare opera contraria al fascismo.[42]

Oltre che negli ambienti cattolici, anche l'approdo alla «cospirazione alla luce del sole» era – e lo abbiamo visto – meno connotato in senso epico, più «leggero» e la consapevolezza della propria diversità, di vivere in una sorta di nicchia scavata nelle pieghe di un regime mal sopportato, profondamente avversato anche se magari non apertamente combattuto, veniva coniugata con altri indicatori, più di tipo culturale che politico. In questo ricavarsi delle «zone libere» private in una dimensione pubblica dominata dal conformismo e dall'ossequio al regime c'era infatti spazio per uno straordinario riconoscimento tra uguali, per incontri che il giellista torinese Giorgio Agosti, in una sua lettera all'amico Mino Castellani, esemplificava con una metafora efficacissima: «Sebbene tutti noi viviamo isolati e chiusi nel nostro guscio come tartarughe, capita all'improvviso che, allungando cautamente la testa di sotto la corazza, incontriamo un'altra testa, che si è affacciata anch'essa con circospezione». Bastava poco a queste tartarughe per riconoscersi; nel caso di Mino era stato «un modo di portare la divisa con circospezione, che è proprio degli intellettuali non interamente adeguati al clima»; per Mario Andreis, la saldezza morale, «l'essere un uomo, nel senso più semplice, più sobrio e perciò più raro della parola: un uomo che sa prendersi le sue responsabilità senza esitazione, che segue la strada che crede giusta senza compromessi, e che sa sacrificarsi senza rimpianti e senza pose». «Vicino a lui, – scriveva Giorgio in un'altra lettera del 2 marzo 1940, – posso non essere convinto dei suoi argomenti, ma provo un'impressione di sicurezza e come di riposo».

In questo mondo di tartarughe si incontrava un altro elemento dell'identità antifascista, un *respiro culturale cosmopolita*, quasi biologicamente contrapposto alle angustie provincialistiche e autarchiche del fascismo. Giorgio Agosti e i suoi amici si sentivano partecipi di un universo senza altre frontiere che non fossero quelle segnate dalla cultura, dall'intelligenza e dal buon gusto. Nella loro scala di valori, le gerarchie stabilite dal fascismo erano radicalmente capovolte e la seconda guerra mondiale ne avrebbe svelato molto bene alcune priorità che rifuggivano da ogni slancio nazionalistico comunque inteso.

Io attendo ormai con terrore la posta, che altra volta ricevevo con gioia: – scriveva ancora Giorgio il 22 maggio 1940 – avere degli amici significa oggi veder riflesse su visi cari le sofferenze anonime dei popoli; aver viaggiato, aver goduto le bellezze di paesi lontani significa potersi immaginare con più atroce immediatezza la somma immane delle rovine. E a tutto ciò che accade noi assistiamo impotenti, senza neppure il conforto di accogliere nella nostra casa un amico che, a poche ore di viaggio da noi, sta forse in questo momento morendo di fame.

Quando l'offensiva nazista prese a incalzare oltre la linea Maginot in un crescendo vittorioso che suggerì a Mussolini la «pugnalata alle spalle», per Giorgio quei successi assumevano le cadenze angoscianti di un incubo che coinvolgeva prima ancora che gli Stati e le ideologie direttamente i suoi amici, persone come lui totalmente partecipi di una comunità di spiriti liberi e uguali:

Non riesco più a far nulla: – scriveva il 12 maggio 1940 – sbrigato, Dio sa come, il mio lavoro d'ufficio, mi attacco alla radio, risento per dieci volte le stesse notizie, a un certo punto anzi non sento più nulla e il pensiero se ne va per conto suo, mentre l'odioso strumento continua a sgranare in tutte le lingue i suoi isterici commenti. Ho pensato molto a te, caro Mino, in questi due giorni: ecco una nuova pena e una nuova speranza che ci unisce. Che sarà dei nostri amici? Bruxelles è stata bombardata senza riguardo.[43]

5. *La scelta delle donne*

Essere antifasciste comportava la condivisione di molte di queste coordinate esistenziali che definivano la scelta degli uomini anche se per le donne l'opposizione al regime implicava un di più di motivazioni, direttamente proporzionale ai maggiori ostacoli che si incontravano lungo quel percorso. Nel momento in cui decidevano di essere contro il fascismo, esse erano obbligate non solo a schierarsi politicamente ma anche a rompere *oggettivamente* con la separatezza della propria tradizionale domesticità per proiettarsi sulla scena pubblica. A quel punto non era possibile più nessuna ingenuità, nessuna mancanza di consapevolezza. Si accorgevano di essere doppiamente diverse rispetto al resto della società, aggiungendo al senso di solitudine, che le avvicinava ai loro compagni di fede, la percezione vivissima di essere isolate anche e soprattutto nei confronti delle altre donne.

Non ho amiche, appunto perché non mi piacciono le conversazioni frivole e inutili: – scriveva Rita Majerotti – leggo, scrivo, studio, discuto, amo la sociologia (...) con tutta disinvoltura scrivo una novella o preparo una buona pastasciutta o un eccellente risottino e ci tengo a farmi onore nel salotto, come nella cucina o in qualsiasi altro lavoro casalingo. Ma c'è anche il rovescio della medaglia; in certi giorni mi sento triste e stanca e logora, come se tutto il dolore umano pesasse su di me.[44]

Dovevano negare il modello seduttivo di tanti stereotipi al femminile, e questo poteva risultare piuttosto facile: «di ciò che facevano le donne importava poco; non sapevano fare altro che sedurre e farsi sedurre dal nemico», ricordava Teresa Noce.[45] Difficile, molto più difficile era spezzare i condizionamenti e i legami familiari quando questi si ponevano come barriere ardue da scavalcare.

In questo caso la scelta poteva assumere una dimensione totalizzante, fino ad azzerare del tutto la propria realtà privata in un universo che era quello arido e corrusco restituitoci da questa lettera di Xenia Silverberg Sereni a sua madre:

Il mio lavoro per me non è una cosa tra le altre ma il centro della mia vita, così come è il centro della vita di Mimmo; – le scriveva da Parigi il 28 febbraio 1937 – l'azione è per noi più importante della famiglia, più importante dei figli. Se adesso Mimmo fosse più utile nelle trincee di Spagna che qui, non esiterei nemmeno un momento e gli direi: parti, vai! E altrettanto posso dire per quanto riguarda le figlie. Se fosse necessario abbandonarle per andare altrove le abbandonerei.

Dopo questa dichiarazione che sembrava un punto di non ritorno, la lettera continuava implacabile ripercorrendo una intera storia familiare secondo le cadenze di una irreale, burocratica contabilità di «più» e di «meno»:

I più sono innanzitutto i miei genitori, che durante la prima rivoluzione si sono battuti ostinatamente contro la Russia zarista; in secondo luogo il mio lavoro in Italia, con Mimmo e senza di lui; in terzo luogo la mia vita personale semplice e chiara. Ma ho anche dei meno. Tra questi: i rapporti che ho avuto con Savinkov, uno dei più attivi controrivoluzionari; il fatto che io abbia vissuto a lungo nell'ambiente dei social-rivoluzionari, dal primo istante nemici dell'URSS; e infine il fatto che i miei parenti più prossimi, tu e la zia, anche se in voi non c'è più quella profonda ostilità verso l'URSS che nutrivate un tempo, siano dei controrivoluzionari.

Alla fine, gelida come la lama di un bisturi, arrivava l'annuncio della rottura:

Forse per me sarà duro, forse intollerabilmente difficile passare sopra un sentimento così profondo quale è l'amore per la propria madre; ma non ho il diritto di porre i miei sentimenti personali al disopra degli interessi del partito (...) noi rivoluzionari non abbiamo il diritto di esitare, o di aver paura. Se così è stato deciso, così deve essere (...) Non ti scriverò, non mi scriverai.

Certamente Xenia rappresentava un caso limite e il suo slancio nei confronti del partito assumeva i contorni di una fede integrale che non lasciava spazio a nessun altro sentimento:

Al partito – recitava il suo testamento del 1952 – non so come esprimere la mia immensa gratitudine, per quel che ha fatto della mia vita, per il contenuto che le ha dato, ed anche per le possibilità che mi ha dato di poter esplicare un lavoro in momenti decisivi della sua storia; senza questa attività oggi mi sentirei incompleta, avrei da rimpiangere qualcosa che non ho avuto. Il Partito invece si è fuso per me con la mia vita privata, così strettamente e completamente, da darmi sempre la certezza di essere una particella di quella immensa forza che porta avanti il mondo.[46]

Erano pochi i casi, però, e lo vedremo meglio in seguito, in cui il rapporto con la famiglia assumeva toni così radicalmente conflittuali e anzi, nella memoria delle militanti, la cultura familiare viene costantemente rivissuta come moralità, come un ambito al cui interno la scelta antifascista appariva in un certo senso predestinata. Sempre, invece, la frequentazione con gli ideali e i progetti politici dell'antifascismo produceva nella loro vita intima contraddizioni laceranti, la sensazione di essere considerate «bestie nere» per le quali la trasgressione del modello femminile tradizionale comportava l'attivazione quasi automatica di «meccanismi di difesa e di autoisolamento».[47] Per intraprendere quel cammino bisognava essere assolutamente convinte della propria forza interiore, autorappresentarsi secondo gli schemi dettati da Caterina Cinesi («convinciamoci della forza grandissima che risiede in noi, così resistenti alle sofferenze fisiche e morali, quando un'idea di giustizia ci anima e tutto ciò che di marcio, di obbrobrioso esiste ora nel mondo sparirà inevitabilmente»),[48] assecondando quelle scintille di *diversità* che facevano di ogni antifascista una donna che si distingueva dalle altre anche solo per una infinitesima porzione di comportamenti, atteggiamenti, letture, abitudini culturali, modi di vestire, di truccarsi, di vivere il rapporto con i propri figli, con i genitori, di interpretare l'amore, di gestirsi la propria sessualità.

Talvolta questa scintilla era frutto di una consapevole autoanalisi caratteriale:

> Io ò guardato dentro di me e fuori di me, – scriveva «Iperea» su «Azione comunista» – ò pensato con la mia testa, ò agito con la mia opinione, mi sono liberata dalle reti vischiose dei millenari pregiudizi, ò distrutto le convinzioni ipocrite della nostra società (...) Io, perché sono una ribelle;[49]

altre volte, invece si radicava in esperienze, come l'emigrazione, che segnavano una netta discontinuità all'interno della propria biografia. Tipico in questo senso era il caso di Edvige Lodone che legava alla «vita nuova» scoperta a New York («lavoro nove ore al giorno perché festeggiamo il sabato dopo pranzo; – scriveva alla famiglia il 12 novembre 1925 – le ore passano tanto veloci che non ho neanche il tempo di stancarmi (...) Non vi sto a dire che faccio fatica perché lo dicono le 15 libbre che ho aumentato (...) Mangio con un appetito fenomenale (...) vado a scuola 3 giorni alla settimana dove comincio a ritrovare qualche cosa della lingua tanto difficile da apprendere. Ho un vivo desiderio di imparare, perché mi trovo tanto male quando mi trovo tra le amiche di lavoro e che non capisco i loro discorsi (...) Siamo a ottobre, chissà quanto lavoro avrete (...) Anche noi questa settimana siamo affaccendati a fare il vino. Altro che proibizionismo (...) Il fascismo come stà? Trionfa sempre? Leggo i giornali in italiano, ma non si può ricevere una verità di quanto stanno facendo. Se non vi è di disturbo speditemi qualche giornale "Avanti", "Lavoro", "Asino"») un senso di estraneità all'Italia che abbiamo già ritrovato nei suoi compagni, un rifiuto di riconoscersi in una italianità artificiosamente propagandistica come quella sbandierata in occasione del volo di Nobile al Polo Nord che, il 18 giugno 1926 la portavano a scrivere così ai propri familiari restati a Biella:

Quale beneficio ne hanno i poveri operai italiani da questa soddisfazione morale di pochi scienziati? (...) Vorrei che tutti voi miei più cari foste con me, per disinteressarmi completamente della schiavitù che regna costà, assoggettandovi a una brutta esistenza. La popolazione è ancora troppo sciocca e priva di retti sentimenti.[50]

Erano tutti rivoli di una «diversità» che confluivano in un tipo ideale dell'antifascismo al femminile la cui sintesi unitaria può dirsi ben rappresentata da Maria Valussi, la fidanzata di quel Giacomo Deana in cui ci siamo più volte imbattuti.

Maria all'epoca della sua relazione con Giacomo aveva poco più di vent'anni. Viveva a Flumignano di Tolmassons, nei pressi di Udine, in una famiglia contadina insieme ai genitori e alla sorella Elide, appena più grande di lei. Maria non lavorava ancora e i suoi ambiti di socializzazione erano i soliti, stretti tra la parrocchia, i parenti, le amiche incontrate la domenica dopo la messa. Non poteva dirsi nemmeno antifascista per quello che questa definizione comportava in termini direttamente politici. Anzi, in una lettera a Giacomo del 22 ottobre 1926, proclamava la sua decisa estraneità ai meccanismi della politica chiedendogli di fare altrettanto: «Vivi per te, vivi per me (...) Non ti interessare della politica. Essa fu causa di tutto il mio soffrire». Eppure Maria era radicalmente distante, estranea, nemica delle figure femminili proposte dal fascismo. In lei agivano molle prorompenti che la allontanavano dalle sue compagne, dai suoi familiari, dalle tradizioni più consolidate del mondo rurale a cui apparteneva, a partire da un fortissimo spirito di emulazione con Giacomo, una tensione che scaturiva dall'amore ma che poi si definiva nell'accettazione dello stesso modello esistenziale proposto dal suo ragazzo lontano:

Ho cercato di assomigliarti perché voglio in tutti i modi (...) il tuo carattere di nomade mi piace (...) – gli scriveva il 17 luglio 1926. – Tu sai (...) come era schietto e naturale in me il sorriso, ma io a poco a poco mi sono corretta, non voglio sorridere perché non corrisponde al nostro passato pieno di sofferenze e perché tu pure non sorridi mai (...) Quando ritorneremo vicini, ci sorprenderemo per la nostra somiglianza, saremo soddisfatti. In me non troverai quella fanciulla di ieri, ma una donna che saprà comprenderti.

Questo percorso verso una maturità vissuta come «serietà», questo passaggio da fanciulla a donna, si sviluppò, tuttavia, lungo sentieri che non coincidevano automaticamente con quelli di Giacomo. Maria avviò una propria personalissima ricerca di una nuova identità affidandosi unicamente a se stessa. Aveva poche risorse culturali; leggere le costava fatica:

Soffro molto (...) – scriveva a Giacomo il 10 ottobre 1926 – soffro per esserti lontana (...) soffro perché tutti hanno per me un senso di ironia (...) e quella io non la posso soffrire (...) Nei momenti più tristi mi provo a leggere (...) forse con il pensiero di distrarmi un po', ma non capisco nulla. Può occupare la mia mente sia pure per un minuto, un avvenimento creato dalla fantasia di qualche autore, se tu continuamente l'occupi tutta? (...) Io penso agli ostacoli che frappone la società al cuore dell'uomo, alle ingiustizie che vi esistono.

Pure era assistita da una profonda consapevolezza della propria autonomia e del proprio destino. Istintivamente della religione rifiutava i meccanismi di controllo sociale e di repressione sessuale, non la fede in quanto tale. A Giacomo anzi rimproverava le bestemmie («A che servono quelle bestemmie? Forse per darti importanza? O credi che esse mi influiscano? Ti sbagli (...) ho in me una cocciuta volontà quindi puoi risparmiarle») e l'assenza di fiducia in Dio: «Tu di certo puoi immaginare quella santa pace che la fede in Dio infonde nel mio cuore (...) Prova anche tu a riacquistare la fede e vedrai, te lo garantisco, che ti sentirai confortato e alleggerito dei tuoi pesi». Ma la sua fede religiosa rifuggiva dalle convenzioni formali, da ogni forma esteriore:

Ho scoperto che nei tuoi genitori (...) vi è una profonda plutomania – raccontava a Giacomo il 23 aprile 1926. – Tuo papà e specialmente mamma hanno detto che a te occorre una donna che sappia fare sgridandoti essendo tu troppo generoso (...) ho risposto che quella donna non sono io (...) Poi venne in ballo la morale (...) Ti occorre una donna che preghi per intercedere da Dio la grazia di farti ritornare alla fede (...) Ho risposto che nemmeno questa volta non sono fatta per quello e ho aggiunto noi sapremo dare ai nostri figli un'educazione migliore, e di noi un migliore esempio di quello che praticano i preti.

Come risultava da questa lettera, anche della famiglia respingeva le ipocrisie, il culto «plutomane» della roba, gli obblighi di un perbenismo artificioso.

Sono contenta per la nostra felicità e perché presto daremo l'ultima sfida al mondo (...) – si sfogava ancora con Giacomo il 24 giugno 1926 – secondo essi [i genitori] è indispensabile sacrificare qualsiasi impulso, qualsiasi gioia per evitare un giudizio malevolo (...) Strana educazione di reticenza e di timori. Falsissima, però, perché trattiene ciascuna donna dall'assumere la responsabilità della propria esistenza. Le critiche per me non valgono nulla. Gli «altri» non mi rappresentano nulla. Il pensiero che altri influenzeranno la mia volontà per costringerla ad un sacrificio mi fa agire nel modo opposto, con una sottile contentezza creata della mia volontà.

Nel suo ambiente, le strategie familiari apparivano come l'ordine naturale delle cose, un ordine al quale era impensabile sottrarsi, «tanto è vero – scrive oggi Anna Di Gianantonio – che quasi tutte le donne accettarono di conformarsi ai dettami e alle scelte fatte dalla famiglia (...) facendone propri regole e valori».[51] Ad avvertire Maria della propria diversità contribuiva, così, anche la convivenza con una sorella ligia e ossequiosa («buona fanciulla (...) si sottomette ai voleri dei genitori, pensa più al domani, comprende più cosa sia papà e mamma», la definiva Maria) nei confronti della quale, quando poteva, si prendeva qualche piccola rivincita. L'episodio che descriveva al suo ragazzo il 6 aprile 1926 era reso particolarmente divertente proprio dal tono sbarazzino e compiaciuto usato da una Maria che vedeva finalmente colta in fallo anche l'irreprensibile (e insopportabile) sorella. Era accaduto infatti che alla fine della messa, mentre tutte le ragazze del paese erano tornate regolarmente alle loro case, solo

Elide mancava. Dov'era a quell'ora (...) – scriveva Maria con uno spigliato brio narrativo. – Fu il primo dubbio, che sia andata in qualche luogo con il suo fidanzato. Ma era impossibile (...) non si credeva (...) Papà li aspetta furibondo che ritornasse (...) E ritorna. Gli furono fatte domande, gli fu chiesto dove si erano rifugiati (...) In una strada campestre insieme. Comprendi? Per poco mia sorella non è rimasta vittima nelle mani di papà (...) Io ne fui soddisfattissima, perché, perché, queste cose di noi le supponevano, ma non di loro (...). Ai miei gli servirà di lezione (...) Ora che a Tolmassons c'è il cinema tutte le domeniche con delle bellissime film. Noi non ne usciamo (...) si vive come in un monastero (...) Tutte le sere si corica a letto alle sei. Letto, chiesa, casa, campagna le nostre attrattive.

Sotto i toni scherzosi affiorava però il disagio per l'insensatezza del ferreo controllo che la stringeva, il rimpianto per quella modernità di costumi («le bellissime film») appena sfiorata e subito da considerare irraggiungibile. Non solo. In quella stessa lettera, senza nessuna mediazione ideologica o politica, Maria lasciava trasparire anche quella che in altri ambiti sociali si sarebbe chiamata «coscienza di classe». Sempre a proposito della sorella, infatti, riferiva a Giacomo di come – prima dell'episodio della scappatella nei prati – fossero state rimandate le sue nozze con quello che, con esplicita ironia, definiva «un bravo ragazzo (...) in perfetta armonia con la sua famiglia (...) e che partecipa a tutte le funzioni religiose»:

> Nel tempo in cui facevano l'amore li si lasciava in pace (...) le ore per essi non erano limitate come erano per noi (...) – sottolineava Maria a Giacomo. – Dunque avevano deciso di sposarsi a Carnevale (...) Papà accordava, con sollecitudine furono fatti tanti capi di biancheria, poi la sua famiglia gli impose aprile (...) Per quale scopo? (...) A Carnevale le donne non vanno in campagna, si dondolano nelle stalle quindi riesce a discapito portare una donna a casa in tali momenti, mentre che il mese di aprile si svegliano i lavori, le donne sono necessarie.

Questo considerare le donne come bestie di lavoro indignava Maria («la storia di Roma della schiavitù di quei tempi oggi giunge a noi, siamo una leggenda e quasi non si crede (...)») e la portava a rifiutare, con semplice spontaneità, ruoli, tradizioni e costumi che, per le altre, per la sua famiglia ma anche per le sue amiche, sembravano appartenere a una normalità del mondo rurale fissata da sempre.[52]

6. *Tra rappresentazione e autorappresentazione*

Questa scintilla di trasgressività che serpeggiava in Maria Valussi era quella che veniva colta con più solerzia nei rapporti di polizia sulle donne antifasciste che restavano impigliate nella rete repressiva. La prassi era di evidenziarne ovviamente «i sentimenti spiccatamente sovversivi» o le «idee estremiste», ma a colpire maggiormente i poliziotti erano in realtà le «anomalie» che distinguevano le cospiratrici dalle donne «normali»: «di carattere volgare e prepotente» (Elisa Veracini); «dotata di grande scaltrezza, di somma rapidità di percezione, imbevuta di teorie comuniste che sostiene con fede e piena convinzione» (Felicita Ferrero);[53] «di intelligenza sveglia, molto scaltra, di animo risoluto e sprezzante di pericoli, simulatrice, molto pericolosa» (Paolina Giannella);[54] «elemento terribile e capacissimo», «di mediocre condotta morale perché fin da giovane frequentava giovanotti con i quali aveva relazioni intime» (Anna Pavignano);[55] «di facili costumi e di carattere leggero» (Ines Gualla);[56] «di equivoca condotta morale ha avuto diversi amanti» (Laura Cavallucci);[57] «giovanissima, piacente e prosperosa, parrebbe creatura volta al sorriso e alla benevolenza, anziché all'odio. Eppure il suo odio raggiunge il fanatismo e la sua coscienza appare inaccessibile nonché alla persuasione, all'accademia più amabile ed elevata» (Lucia Bianciotto);[58] «frequentatrice assidua di ambienti del vizio, viziosa essa stessa, lesbica, cocainomane, facile preda di chiunque desiderasse possederla» (Elsa Oswald).[59] Erano definizioni che rimbalzavano dalle carte dei processi, dai verbali degli interrogatori, dalle requisitorie dei pubblici ministeri, quasi a sottolineare l'imbarazzo e la sorpresa di uomini alle prese con la negazione fisicamente concreta degli stereotipi al femminile che avevano segnato la propria formazione culturale e la propria esperienza umana.

A questa «rappresentazione» tutta in negativo che scaturiva direttamente dall'interno delle strutture repressive del regime (ma che affondava solide radici nelle pieghe più riposte della società italiana) si contrapponeva specularmente un'«autorappresentazione» delle militanti comuniste fondata essenzialmente su un elemento di carattere generale teso a sottolineare la loro appartenenza «di classe» («Chi sono infatti queste donne? Quasi tutte operaie; tutte lavoratrici. Qual è la categoria che ha dato più vittime al Tribunale Speciale? La più numerosa del proletariato femminile: la tessile. Come sono state le operaie tessili che più vigorosamente, che più continuatamente hanno lottato contro il fascismo e contro il capitalismo, così sono le operaie tessili che più numerose sono entrate nel partito della classe operaia e che più numerose sono cadute nella lotta quotidiana»)[60] e su alcune notazioni individuali che ne assorbivano le singole personalità in una generale dimensione epica caratterizzata da un forte spirito di abnegazione, dalla disciplina, dall'assoluta dedizione al partito: «una delle migliori e più attive compagne di Firenze» (Zaira Cianchi);[61] «studiosa e intelligentissima, durante dieci anni, fino al momento del suo arresto, diede tutta la sua attività al movimento operaio» (Felicita Ferrero); «una delle migliori militanti del Partito comunista (...) arrestata e condannata non smentì la ferrea tempra di militante comunista», «nel suo corpo fragilissimo si racchiude un'anima di ferro che non conosce debolezze di alcuna sorte. Alla prima richiesta del partito abbandonò casa e famiglia e corse a mettersi agli ordini del partito come funzionaria, cioè come rivoluzionaria di professione. Al processo, il presidente del Tribunale Speciale, impressionato forse dalla sua debolezza fisica, cercò di togliere importanza alle sue coraggiose dichiarazioni affermando che era figlia di genitori alcolizzati. Col massimo sdegno, lo interruppe con fuoco gridandogli: "Figlio di alcolici sarà lei!"» (Anna Pavignano); «maestra di Ancona è una delle più attive e coraggiose militanti del partito comunista (...) Dopo l'arresto del suo compagno essa, benché madre di due teneri bambini, lo sostituì completamente nel suo lavoro, diventando essa stessa rivoluzionaria di professione» (Lea Giaccaglia);[62] «venne nelle file comuniste alla fine del 1920 (...) studiosa di questioni politiche e sociali, essa diede subito la sua adesione alla frazione comunista torinese (...) il suo attaccamento e la sua devozione al partito del proletariato, la sua profonda cultura, il suo spirito di abnegazione e di sacrificio ne fecero in breve una delle militanti più stimate ed apprezzate (...) Abbandonò famiglia, casa, lavoro; accorse fin dal 1922 là dove il Partito la mandava» (Camilla Ravera).[63]

Fu all'interno delle coordinate fissate da questa autorappresentazione che si sviluppò – in seguito – una memoria collettiva tesa a rafforzare tutti gli aspetti edificanti e gratificanti di esperienze in grado di sedimentare identità e appartenenze destinate a non sbiadire nel tempo. L'elemento della fedeltà al partito, la consapevolezza di aver sacrificato alle ragioni della propria militanza politica ogni altra possibilità di autorealizzazione, anche affettiva, era particolarmente presente, ad esempio, proprio nei ricordi della stessa Camilla Ravera:

> Fin da giovane sono stata tanto presa dalla politica da non avere né tempo né disponibilità per accettare l'idea di avere un compagno o un figlio. Infatti ho sempre creduto che per una donna formare una famiglia significhi rinunciare a molte aspirazioni, specie nel campo del lavoro e dei rapporti sociali. E la vita non mi ha concesso di scegliere tra la famiglia e l'attività politica. La Storia ha deciso per molti della mia generazione.[64]

La maggior parte delle testimonianze, però, privilegiano l'altro termine dell'autorappresentazione addensandosi, oggi, intorno a una condizione operaia che avrebbe resa quasi ovvia, naturale, la scelta di schierarsi contro il fascismo:

> La mia idea – ricorda la biellese Alba Spina – è nata quando sono entrata in fabbrica, giovanissima, perché vedevo in casa la ristrettezza (...) avevo 13 anni e allora ero contenta di finire le scuole, la quinta classe elementare (...) sono andata in una fabbrica di Chiavazza come annodatrice e portatrice di trama per le tessitrici;[65]

puntualmente, le cinquantun donne raccontate da Bianca Guidetti Serra delineano uno scenario corale in cui risalta, ovviamente, la comune militanza politica nel PCI ma anche e soprattutto un percorso biografico che si snoda attraverso una serie di elementi ricorrenti che le videro tutte avviarsi al lavoro «giovanissime, quasi bambine», oppure lasciare la scuola per occuparsi della famiglia:

> Nessuna libertà, sia la famiglia che l'ambiente sociale «controllavano» – scrive Bianca Guidetti Serra. – Poi, con il matrimonio, casalinghe, oppure operaie in fabbrica, oppure l'artigianato e il terziario (sarte, modiste, ricamatrici, scatolaie, commesse, piccole impiegate).[66]

In tutte, il lavoro rivissuto con la stessa fierezza «di mestiere» degli uomini, un'adesione totale ai valori della fabbrica e della produzione esemplarmente riassunta da questo ricordo di Teresa Noce, che, prima di essere rivoluzionaria di professione, fu tornitrice alla Fiat Brevetti:

> Facevamo bronzine per camion e trovavo che questo era sempre meglio che fabbricare proiettili. I bei pezzi lucenti che uscivano dal mio tornio potevano servire anche a opere di pace. E poi mi piaceva fare, creare qualche cosa con le mie mani, vedere intorno a me altre ragazze intente al mio stesso lavoro, con i miei stessi problemi, che si affaticavano e pensavano come me.[67]

I ricordi tendono a cancellare la stanchezza, la sofferenza, il frastuono, la nocività di lavori duri e ripetitivi, la condizione amarissima di chi doveva affrontare con il proprio corpo di bambina fatiche pesanti anche per «i grandi»; quello che resta è il lavoro come valore in sé, come segnale di una condizione privilegiata di una élite professionale oppure come criterio di orientamento onnicomprensivo, tale da scandire, insieme a opzioni ideali, giudizi strettamente personali, diventando uno strumento di selezione tra buoni e cattivi:

> La questione politica per me fu questa – ricordava Elvira Faè, operaia della Fiat Lingotto tra il 1936 e il 1939. – Ero contro il fascio, ma non perché avessi un'idea precisa; io vedevo i fascisti qui intorno, erano tutti senza professione, senza un lavoro, senza capacità, poca volontà di lavorare, lazzaroni nel vero senso della parola.[68]

La struttura di classe della società, la contrapposizione tra operaio e padrone, la lotta che crea solidarietà e modifica i rapporti di forza, non erano solo elementi del messaggio ideologico diffuso dal partito allora ma furono in seguito rivissuti, nel ricordo, come i frutti di una esperienza diretta, verificati direttamente nella realtà della fabbrica. «Una soffitta e un operaio»: questo era il programma esistenziale di Maria Bronzo che rivendicava con orgoglio la propria diversità nei confronti delle amiche che tentavano di sottrarsi alla propria collocazione sociale.[69]

La condizione operaia coniugata con l'odio di classe ritorna anche in molte delle testimonianze di chi, come Camilla Ravera, Lucia Canova, Clementina Ciecato, materialmente non lavorò mai in fabbrica; l'insofferenza per ogni ingiustizia, una naturale predisposizione a stare dalla parte dei deboli, una epidermica repulsione verso l'arroganza dei forti furono i fattori che determinarono le loro scelte: la Ravera, a otto anni, restò impressionata da un corteo di donne scalze e malvestite («fu allora che nacque in me coscientemente l'interesse per la condizione della donna lavoratrice»);[70] Lucia Canova, all'asilo, si avvilì e si indignò per la povertà del proprio cibo: «Già da piccola, quando andavo dalle suore, le mie osservazioni le facevo sul cestino della merenda: la mamma, con tutti i suoi sacrifici, dentro al mio metteva solo quel poco che poteva, mentre vedevo un'altra categoria di bambini che avevano magari la bistecchina da far cuocere a mezzogiorno»;[71] Clementina Ciecato, commessa nel negozio di cioccolato della Venchi, fu scandalizzata dagli eccessi di gola dei ricchi: «È lì che è maturata l'idea. Nessuno me l'ha inculcata. Io vedevo questi signori che comperavano, sbafavano tanta roba, venivano tanto eleganti, con delle idee sempre contro gli operai, contro la gente che lavora, contro le serve, contro qui contro là».[72]

Tutto lascerebbe supporre, quindi, che tra autorappresentazione nella propaganda comunista di allora, linea politica del PCI impostata in particolare sul primo termine del binomio operaia/madre e memoria collettiva non si registri in seguito nessuno scarto. Di fatto, però, questo dato non può estendersi all'intera realtà dell'antifascismo esistenziale. Fuori dallo specifico contesto delle donne che militarono nel PCI, l'antifascismo smarrisce i contorni di un'esperienza assoluta da testimoniare, di un modello etico-politico che diventa una realtà totalizzante, per assumere la configurazione tumultuosa e incandescente di un universo fatto di scelte individuali, casualità, contraddizioni personali, lasciando affiorare una molteplicità di percorsi difficilmente riconducibili a una uniformità segnata dalle grandi sintesi politiche e ideologiche.

5.
Il carcere e il confino

1. *L'arresto*

Il carcere e il confino sono i primi ambiti in cui è possibile verificare lo scarto tra autorappresentazione e realtà, tra storia e memoria. Su quelle esperienze, infatti, si affollano in modo particolare i ricordi più profondamente segnati da una visione edificante della propria militanza antifascista, lasciando affiorare una memoria monumentale che ci restituisce un carcere quasi spogliato dei suoi contorni più odiosamente repressivi e trasformato in una sorta di laboratorio, una palestra di apprendistato permanente, un seminario di formazione per dirigenti efficacemente rappresentato dal binomio «cattedra e bugliolo» che ispira gran parte della produzione bibliografica dell'antifascismo.[1] È come se, semplicemente, in prigione al tempo dell'azione si fosse sostituito il tempo della riflessione e dello studio; per il resto tutto restava uguale a prima: la propria militanza politica, il mondo degli affetti familiari, le amicizie, la percezione di se stesso, la scala di valori che improntava le singole scelte di vita, in un disperato bisogno di continuità che funzionò allora come una risorsa a cui ancorare la strenua difesa della propria integrità psicologica e morale, e diventò poi, con il trascorrere degli anni, un potente strumento di rimozione per allontanare la carica di angoscia e di sofferenza innescata dalla reclusione e dalla privazione della libertà.

La realtà è ovviamente diversa e si snoda all'interno di immagini molto più frastagliate e contraddittorie.

All'interno della condizione esistenziale degli antifascisti la prospettiva di finire in carcere era un dato permanente; vi si conviveva accettandola più o meno serenamente, considerandola un elemento su cui misurare di volta in volta i propri progetti di vita: era così per il matrimonio («se uno dei due fosse stato arrestato, l'altro non avrebbe avuto la possibilità di ottenere un colloquio o il permesso di scrivere o di ricongiungersi in caso di assegnazione al confino. Fu così che il 4 agosto 1927 ci unimmo in matrimonio presso il comune di Brescia», ricordava Antonia Abbiati)[2] o per le fantasie e il desiderio di coronare con un figlio la propria storia d'amore:

Sì, deve essere bello vederselo trotterellare per la stanza, averlo lì vicino, quieto, occupato in qualche suo trastullo, mentre si lavora e si studia – scriveva Tina Pizzardo ad Altiero Spinelli il 27 maggio 1927. – Sono così contenta che ora anche tu lo ami il nostro pupetto però penso che non è punto bello vederlo solo, solo, povero piccino, col babbo e la mamma in carcere.[3]

Si parlava di carcere parlando di amore, si misuravano sugli anni di carcere anche i propri percorsi professionali, fino a considerare la dimensione carceraria una sorta di irreale normalità in grado di segnare anche la più banale routine della vita quotidiana:

In via Polonghera c'era un compagno, Balossino – raccontava la torinese Antizarina Cavallo – questo qui guardava quando c'era la luce e diceva: «Dina preparati che sono già da Gaeta, adesso arrivano qua». E infatti facevano il giro e andavano a prendere Cesare e poi andavano a piedi alle Carceri Nuove perché è vicino.[4]

Per i rivoluzionari di professione, poi, il carcere era quasi una certezza, l'epilogo scontato della loro scelta di vita. Erano preparati caratterialmente e ideologicamente a quella prova. Per rendere più controllabile l'inevitabile sgomento legato ai momenti concitati dell'arresto, il PCI aveva predisposto istruzioni dettagliate che dovevano servire ai militanti come norma di condotta in tutto il tortuoso percorso che si snodava dentro le strutture repressive del regime:

I militanti – recitava un documento del Soccorso Rosso – non devono chieder la grazia ai giudici del Tribunale Speciale, ma di fronte ad essi devono tenere alta la bandiera della lotta di classe e del loro Partito politico (...) Ci sono parecchi che ancora credono poter giungere a provare la loro innocenza o, quanto meno, diminuire la propria responsabilità, facendo dei lunghi memoriali o ampie dichiarazioni di fronte ai giudici istruttori, tentando di mostrare che, mentre ammettono una delle circostanze contestate loro dall'accusa, essi si possono agevolmente liberare da tutte le altre o da qualcuna delle più gravi (...) L'arrestato politico sottoposto a istruttoria deve parlare il meno che sia possibile; non deve entrare in nessuna discussione col magistrato inquirente; dopo date le generalità necessarie e risposto alle domande di rito, non parlare più se non per negare tutto ciò che viene lui contestato.[5]

Pure, nonostante questo assillante allenamento psicologico e politico, l'arresto, gli interrogatori, l'avvio delle procedure giudiziarie alimentavano un meccanismo che difficilmente rientrava in schemi prevedibili e controllabili emotivamente. L'evento tanto temuto e tanto atteso si materializzava, infatti, secondo molteplici e variegate modalità operative: qualche arresto assumeva le cadenze tranquille di un semplice adempimento burocratico, l'esplicazione di un dovere interpretato dall'una e dall'altra parte come necessario e ovvio: fu così per Camilla Ravera («Non la picchiarono, non la malmenarono, non tentarono neanche di impaurirla con le minacce. Forse capirono ch'era inutile, forse la sua serena dignità s'impose anche agli aguzzini che le dimostrarono sempre un certo rispetto»);[6] altri furono più drammatici e movimentati come quello di Violet Gibson, l'attentatrice di Mussolini che rischiò di essere linciata sul posto dalla folla inferocita:

La battaglia al Campidoglio – scriveva alla sua amica Enid, l'11 settembre 1926 – c'è stata con la polizia e il popolo; questo ultimo mi era venuto addosso, mi aveva strappato i capelli e i colpi piovevano su di me e la bravura della polizia mi salvò la vita. Le mie vesti erano lacerate e strappate le medaglie. Ma internamente io ero trasformata in un altro essere che non aveva niente a che vedere con la politica e senza compiere nessuno sforzo da parte mia, il mio cuore si riempì di dolcezza e di un grande amore. Chiusi allora gli occhi e non feci nessuna resistenza.[7]

A differenza di Camilla Ravera, Adele Bei («le botte, gli strilli, gli insulti che durarono dieci giorni nei sotterranei della Questura di Roma a nulla valsero: ciò che dissi al momento dell'arresto lo ripetei l'ultimo giorno dell'interrogatorio»)[8] e Marcellina Oriani («Puttana, faccia di gatta morta, Conosci questi?»)[9] furono duramente picchiate. Tra gli uomini, si registrarono casi di torture particolarmente efferate. Gastone Sozzi morì nella notte tra il 6 e il 7 febbraio 1928, a nemmeno 25 anni (era nato a Cesena nel 1903), suppliziato con gli enteroclismi di soluzione iodica; a San Vittore si registrarono i decessi di Antonio Sanvito (arrestato nell'agosto 1927), e dell'ex capostazione Pirola. Augusto Ruggeri, ex consigliere socialista di Castelfranco Emilia, fu pestato a morte al momento dell'arresto; Carlo Riva, 33 anni, impiegato presso la delegazione commerciale dell'Unione Sovietica a Genova, fu trovato impiccato in cella il 20 aprile 1928; il calzolaio Ruota, di San Quirico, morì nell'infermeria di Marassi, torturato nelle «celle sorde» dei sotterranei del carcere. Fu seviziato anche Paolo Betti, il marito di Lea Giaccaglia, catturato a Milano nel maggio 1927.[10]

Ma, a prescindere dalle specifiche modalità dei singoli arresti e dall'uso o meno della violenza, quel momento era vissuto come una lacerazione che squarciava bruscamente la tela della propria esistenza: prima si era liberi, clandestini, cospiratori, braccati, spiati ma liberi; poi di colpo si era scaraventati nel cuore di una macchina poliziesca che si sapeva potente ed efficiente, si azzerava ogni dimensione collettiva e si era lasciati soli con la propria coscienza, con le proprie risorse individuali. Alla violenza fisica si accompagnavano forme più striscianti e più subdole di aggressione, a cominciare, per le donne, dagli approcci viscidi dei poliziotti che oscillavano tra miserabili ricatti, come quello tentato dal brigadiere Bartolini nei confronti di Emma Turchi («il discorso partì da lontano e quando dovette rendersi conto che non c'erano speranze in un attacco diretto, mi disse che lui era nelle migliori condizioni per aiutare mio marito e che lo avrebbe fatto volentieri»),[11] e insinuanti tentativi di corruzione che, come nel caso di Tina Pizzardo, proponevano di scambiare «lavoro e tranquillità» con il consenso a diventare «una informatrice segreta e magari anche l'amante di un poliziotto dell'OVRA».[12]

2. *La prigione*

Dopo i giudici e i poliziotti, che costituivano il primo segmento del lungo viaggio nel mondo carcerario, arrivava la prigione vera e propria con la svestizione iniziale che assumeva le cadenze di un vero e proprio rito di passaggio, anche in questo caso con un surplus di disagio e di umiliazione per le donne: «Le donne venivano private, oltre che di cinture, reggicalze e mollette per i capelli, anche delle sigarette – gli uomini no – e non avevano accesso al catalogo della biblioteca del carcere».[13] Quando la porta della cella si richiudeva alle proprie spalle, ci si guardava finalmente intorno: «Tre brande di ferro con sopra il materasso vegetale, un attaccapanni, uno sgabello ed un bugliolo di coccio, alto mezzo metro – e sulla tavola, infissa nel muro, la scodella di duro alluminio, una posata di legno, un bicchiere di alluminio, un recipiente per l'acqua da bere ed un catino per lavarsi»;[14] questo era il carcere femminile delle Mantellate; in quello di Perugia era ancora peggio: «Una ghiacciaia umida con un letto stretto, una bara: un paglericcio di foglie di granturco, alto sui trespoli, una nicchia nel muro a mo' di scaffale».[15] In quello spazio ristretto (1,90 × 4 di superficie, 3,10 di altezza per tre detenute)[16] bisognava mangiare, pulirsi, vestirsi, leggere, parlare, pensare. Si mangiava male («le società appaltatrici tendevano a realizzare il massimo di economia sulla quota giornaliera globale riscossa e fissata in una gara vinta da chi offriva lo sconto percentuale massimo sulla cifra base»),[17] tranne in alcuni casi che suscitavano scalpore come quello di Violet Gibson che nella sua cella a pagamento si faceva portare il pranzo dall'autista vestito di bianco in piatti d'argento direttamente dall'Hotel de Russie.[18] L'assenza di pulizia («lenzuola uscite dalla lavanderia in condizione di sudiciume indecente, la stessa amministrazione consegnava all'atto dell'ingresso coperte, paglericci, brande pietose»)[19] induceva comportamenti quasi maniacali, una sorta di caccia al «granellino di polvere» e un ossessivo lavare e rilavare biancheria e asciugamani.[20]

Anche la cura che si metteva nel vestirsi poteva sembrare eccessiva ma rispondeva a questo bisogno di ordine e pulizia interiore:

Un vestitino per casa, semplice, alla buona, adatto a questo luogo; tanto per cambiare quello che ho indosso da un mese e che merita veramente di essere cambiato; un golf o una giacchetta di lana per le ore fresche (...) un cambio di biancheria; un paio di quelle sopracalze di lana che Elena porta in montagna (...) qualche asciugamano, qualche tovagliolo, pettine, spazzola per cappelli, pettinetta e un pettinino, qualche sapone Palmolive, un tubetto di dentifricio, un po' d'acqua di Colonia, un vasetto di miele, uno di marmellata, uno di Ovomaltina;[21]

a questa dettagliata lista di richieste di Camilla Ravera si affiancava quella di Violet Gibson che a madame Oly, la sua sarta, scriveva: «Potete venir qui a provarmi l'abito e il cappotto che ho ordinati? Siccome i miei abiti sono tutti a pezzi, se non potete assumervi di fornirmi il cappotto e l'abito vogliate gentilmente invitare qualcun altro a fornirli».[22] Solo in qualche rara occasione – al processo ad esempio («quando è arrivato il giorno che mi dovevano processare, m'ero messa in ghingheri, il vestito me lo aveva prestato Emilia Albonico, che era una spia, perché dovevo andare di fronte ai miei nemici, dovevo dimostrare a loro la mia dignità personale»),[23] o quella volta al mese in cui si proiettava un film – quei vestiti venivano sfoggiati con qualche civetteria, con le detenute «tutte imbardate come per una festa, abiti arrangiati con eleganza, tacchi alti, rossetto alle labbra».[24]

Il processo o il cinema erano tra i pochi «imprevisti» esterni che increspavano l'uniformità di un tempo sempre uguale a se stesso:

A partire dal quarto o dal quinto anno di reclusione – ricordava Vittorio Foa – (ne ho constatato in me stesso l'inizio verso la fine del terzo anno), con l'attutirsi dei ricordi di azione e col meccanizzarsi di ogni movimento, il tempo si vuota e si fa geometrico e spaziale (...) I giorni in carcere passano molto lentamente, i mesi e gli anni passano velocissimi.[25]

Per il resto, quasi tutti leggevano con famelica avidità. I classici della letteratura «carceraria» (opere di economia e di storia soprattutto), ma anche – come nel caso di Valeria Wachenhusen[26] – una imprevista e sorprendente *Introduzione alla psicoanalisi* di Freud.[27] Chi poteva si faceva mandare i libri da casa:

La mia necessità sono i libri (...) – scriveva Violet Gibson a Enid Dinnis – dopo essere stata imprigionata i libri che trattano di persone che vivono all'aria aperta, come quello che la vostra amica scrisse sugli esploratori, sarebbero un vero sollievo per me. Ed anche, per questo motivo, qualche libro che parli della Torre di Londra (...) Se riuscite a trovare un Dante metà in italiano metà in inglese (...) I libri sono un dono di Dio;[28]

gli altri si arrangiavano con la biblioteca del carcere, dove si poteva pescare anche qualcosa di buono: Dante, Petrarca, le opere di Goethe, Cesare, Cicerone, sant'Agostino, Cartesio, Rosmini, Gioberti, Tolstoj («ho riletto *Anna Karenina* in una pessima traduzione – scriveva Carlo Levi – che libro ammirevole e bellissimo! M'era toccato prima leggermi del Gorki e del Kipling, autori mediocrissimi e debolmente tendenziosi»),[29] ma anche testi scientifici, molto appetiti, specialmente quelli di scienze naturali, dai detenuti: «Ho scelto quanto tu mi consigli – scriveva Lea Giaccaglia a Paolo Betti – e sto appunto leggendo un libro di Fabre sugli insetti (...) hai ragione ad esaltare *Resurrezione*, è uno dei libri che lascia un ricordo indelebile nell'anima».[30] Ma, come poetava lo stesso Carlo Levi, («darei S. Agostino per un mazzo di fiori | e Rosmini e Gioberti per un po' di colori»),[31] i libri da soli non potevano «ingannare» il tempo troppo a lungo e quando il mondo dell'evasione fantastica si dileguava, si era restituiti alla propria solitudine, alle proprie smanie e alle proprie ossessioni.

Il sesso, ad esempio. Un sesso sognato, immaginato, qualche volta, in un colloquio, anche fisicamente sfiorato:

Sono appena venuto su dal colloquio, non ho avuto neanche il tempo di cambiarmi ed ecco che già penso nuovamente a te. Ho ancora sulle labbra il tepore dei tuoi baci, mi sento ancora nella mano, la tua morbida manina, sento ancora il caldo profumo emanante dalla tua leggiadra persona, scriveva Giuseppe Gaddi alla sua ragazza Marcella Vrenek,[32] con accenti passionali che risuonavano anche nel mondo dell'antifascismo dei colti:

Durante tutta l'ora le tenni la mano sul ginocchio, sentendo il calore del suo corpo trasmettersi e carezzandolo con il moto lento delle sole dita (...) lei sentì questo mio muto, immobile slancio e nella prima lettera dopo il colloquio se lo fece confermare chiedendomi con un moto di civetteria se l'avevo trovata abbastanza carina.[33]

Altiero Spinelli, alle cui pagine abbiamo strappato questa immagine di eccitazione inappagata, è stato anche uno dei pochi che nei suoi ricordi abbia confessato una pulsione omosessuale non accettata e subito repressa.

C'era fra noi una forte e collettiva repressione sessuale. Condannata, ad esempio, l'esibizione delle fotografie considerate pornografiche, tratte da qualche settimanale illustrato (...) – si autocompiaceva invece Giorgio Amendola. – L'autocontrollo, la disciplina, la severa moralità puritana erano le condizioni per respingere il pericolo della degenerazione (...) Non è un caso che sulle tante migliaia di detenuti politici, gli episodi di omosessualità si contassero sulle dita di una mano, severamente condannati con l'allontanamento dalla collettività politica.[34]

Non era tutto così lineare, però. La disciplina di partito, l'orgoglio di essere comunisti, la fede ideologica dovevano fare i conti con i rovelli e i tormenti dei singoli casi individuali; e in quei tumulti interiori, a un certo punto a contare di più era il vissuto di ognuno, le specifiche esperienze sessuali che avevano preceduto l'ingresso in carcere.

Tra le cose che più fanno sentire la nostra situazione di bestie prigioniere è il problema sessuale – confessava con franchezza Giorgio Jaksetich[35] a sua moglie, Giuseppina Zolia.[36] – Esso non è uguale e non può venire posto e risolto come quando esso si fece sentire e si fa presente a tutti i giovani (...) Allora esso era la crisi indispensabile per il mio passaggio alla condizione di marito e di padre, attraverso processi mentali e a sentimentalismi, con lotte contro pregiudizi e istinti. Ora arrivato a quel punto, superando il periodo romantico e avventuroso (come tendenza se non come fatti compiuti), per essere giunti a uno stadio riflessivo e di equilibrio, potevo ben sperare di non dovermelo mai più porre il problema come mio personale ed invece si è impadronito di me (...) nel caso mio e di molti altri la soluzione non dipende da un fatto esterno ma soltanto dalla volontà individuale. Non ti dico per farmi bello, ma lascio che natura agisca. Per me è forse più facile che per molti altri e per questo ringrazio questa mia costituzione che mi preserva da pensieri e azioni che danneggiano moltissimo.[37]

Per le donne questi stessi problemi si declinavano anche lungo il versante del pudore. La galera significava, infatti, perdere il controllo della sfera intima e privata al cui interno si gestiva il rapporto con il proprio corpo; si era spiate, controllate dalle suore – come in questo caso raccontato da Felicita Ferrero: «Una domenica estiva particolarmente calda, mentre le altre detenute erano scese a Messa, decisi di fare delle spugnature. Una guardiana passando mi vide dallo spioncino e avvertì subito la suora: Rivestiti. Più tardi fui chiamata dalla superiora: ma io ero sola, volevo farmi delle spugnature, ero sola. Cosa dici Dio ti vedeva»[38] –, dalle sorveglianti («due di esse, Fabri e Trachia, – scriveva Violet Gibson – mi tengono sempre gli occhi addosso mentre mi svesto, ma quando è il turno di un'altra chiamata Meneschini questa ha la delicatezza di girare la testa da un'altra parte»),[39] dalle altre detenute, e qualche volta, come capitava al confino per le ispezioni notturne della ronda, anche dai militi fascisti.

Per esempio, – raccontava il Bollettino del Soccorso Rosso – nell'estate del 1930 una giovane maestra del Tirolo confinata a Ponza fu svegliata una notte di soprassalto e in preda allo spavento mentre una mano intraprendente di un capo squadra le sfiorava il corpo. Quell'impudente ebbe allora la sfacciataggine di rispondere alle contestazioni-burletta del direttore che, non avendo la confinata risposto alla chiamata, egli era entrato e stava cercando l'interruttore della luce.[40]

3. *Il regime carcerario*

Gli impulsi sessuali, la difesa del pudore, le letture, i sogni e le fantasticherie legate alla vita fuori dalle mura della prigione costituivano comunque una sorta di zona libera interiore, un confine di autonomia e di indipendenza che era però sempre insidiato dalla realtà normativa del regime carcerario. La condizione di detenuto di per sé non comportava la necessità di essere sottoposto a regole particolarmente feroci:

Durante i miei dieci anni di prigione – ricordava Altiero Spinelli – ho assistito ad alcuni lievi addolcimenti della severità del regime carcerario. La segregazione cellulare è stata ridotta a più piccole proporzioni; la durata delle punizioni in cella di rigore è stata quasi dimezzata; i reclusi hanno visto il loro corredo accrescersi di calze e di una forchetta di legno; le biblioteche si sono arricchite; la pasta asciutta è stata distribuita cinque volte all'anno anziché tre; l'intervallo tra le visite dei familiari è diminuito e si è ottenuto di scrivere lettere più frequenti;[41]

gli scarti violenti e brutali erano dovuti alla solerzia di qualche carceriere fascista, il capoguardia Protti «che abbatté a pugni in una cella isolata il compagno Scevola Ricci Puti e lo lasciò solo in preda a un attacco di epilessia» o il direttore di Civitavecchia, Doni, che si adoperava per impedire lo studio («operai ignoranti siete entrati e più ignoranti dovete uscire») e la più elementare solidarietà («per un quarto di latte regalato a un compagno, tre giorni di cella»):

Ma tutto il resto – aggiungeva Lucio Lombardo-Radice – era più antico; non toccato dal fascismo avrebbe potuto sopravvivere intatto al fascismo: l'automatismo della vita, la riduzione della vita del detenuto alla pura, vacua sopravvivenza, senza preoccupazione alcuna per il «fuori» e per il «dopo»; la piccola corruzione, il privilegio al più abbiente, lo sfruttamento del più debole.[42]

I rapporti tra la direzione e i detenuti erano improntati alla paura e all'ipocrisia: la prima era quella che si voleva incutere ai reclusi, la seconda era la loro risposta speculare a quei tentativi:

Il detenuto che poteva rifarsi uomo era, nel concetto di chi doveva sorvegliare, un detenuto che più facilmente era in grado di fuggire; quindi il detenuto doveva essere per quanto possibile cosa (...) dal rivolgersi al suo custode chiamandolo superiore sino alla punizione inflitta per ogni benché minima infrazione disciplinare.[43]

Il Regolamento per gli istituti di prevenzione e di pena, promulgato con decreto del 18 giugno 1931, prevedeva, così, accanto a un'area pedagogica («lavoro, istruzione civile, pratiche religiose») una serie di divieti («ogni giuoco, festa o altra forma di divertimento che possa recare offesa all'austerità del luogo (...) come la musica») ispirati a un concetto di espiazione al cui interno le violenze spirituali contavano più di quelle fisiche.[44] C'era come una sorta di eccesso di moralismo e di perbenismo, quasi il tentativo di riprodurre con enfasi caricaturale il modo di vita della gente «normale», ribadendone artificiosamente le regole anche fuori dal contesto delle relazioni sociali per cui erano state elaborate. Per le donne, ad esempio, venivano considerati come elementi di corruzione anche «l'alfabetizzazione e lo studio, lo svago, il gioco e la libera comunicazione umana»: era proibito parlare fuori orario, cantare, aiutarsi, scambiarsi oggetti; era una colpa anche «giacere sul letto durante il giorno, mostrare malcontento per la minestra, scambiarsi il cibo».[45]

Non era facile resistere all'impersonale efficienza di queste norme. Spesso, anzi, se ne introiettava l'essenza burocratico-formale senza nessun barlume di consapevolezza. Era così, ad esempio, per la separatezza tra i «comuni» e i «politici», perseguita e voluta dalla direzione carceraria, ma fatta propria con determinazione anche dai detenuti antifascisti. Andava letta in questo senso il moto di ripulsa che, al confino, ispirava i rapporti con i «manciuriani» («persone inviate al confino per motivi vari, spesso per manifestazioni individuali di spirito antifascista, schiamazzi, turbolenze, grida contro il duce in stato di ubriachezza, alloggiati in un altro camerone, chiamato appunto Manciuria, e tenuti in disparte dai comunisti e dagli altri pochi confinati politici, specialmente anarchici, per motivi di vigilanza ma anche per un certo orgoglio di partito»),[46] trattati con disprezzo («rispondevano con la stessa servilità e remissione del cane che striscia il ventre dimenando la coda», ricordava impietosa Cesira Fiori)[47] per il solo fatto che il loro antifascismo era sprovvisto di quei requisiti «organizzativi» ritenuti indispensabili per distinguere i «veri» oppositori al regime da quelli puramente occasionali («confinati comuni trasformati in politici per una sola parola pronunciata contro il fascismo, all'osteria», sbottava ancora Cesira Fiori).[48]

Significativamente, nei confronti di questi antifascisti «spontanei» si era più severi che nei confronti dei detenuti comuni veri e propri. Francesco Fancello, ad esempio, tra i delinquenti maschi operava una distinzione («chi ha affrontato per animo impetuoso o per spirito d'avventura rischi mortali (assassini e rapinatori in grande stile) ha un fondo di nobiltà che lo riavvicina ai galantuomini. I peggiori, i più vili, sono i truffaldini, i marioncelli professionali e gli autori di certi delitti bestiali. In generale nel violento c'è un fratello, nel subdolo uno sporcaccione e un traditore»),[49] il cui versante femminile era invece sottolineato – in termini un po' lombrosiani – da Adele Bei:

> V'erano delle donne anziane che portavano dipinti sul volto i segni d'una vita vissuta nel vizio e nella corruzione. Ve ne erano altre, invece, giovanissime che nello sguardo avevano l'espressione della bontà e dell'innocenza. E fu in particolar modo verso queste ultime che noi, donne politiche, noi mamme carcerate per un ideale di alta giustizia, volgemmo lo sguardo con simpatia.[50]

In fondo, i detenuti comuni erano l'unico segmento di società civile con il quale potevano entrare in contatto diretto; costituivano così una sorta di pietra di paragone nei cui confronti, da un lato, esercitare il proprio impegno pedagogico, dall'altro marcare un'accentuata differenza, in grado di enfatizzare le proprie «virtù» di rivoluzionari. Per i maschi era come una rivendicazione di status, una certificazione di identità affermata con la consueta durezza e intransigenza. Isolati dal respiro profondo dei movimenti di massa, essi sottoponevano i propri comportamenti quotidiani al vaglio di una moralità le cui regole erano esclusivamente dettate dalla politica e dalla storia. Per le donne, agiva in più l'esplicitazione di un «bisogno di rispettabilità» rafforzato dalla consapevolezza di aver abbandonato la famiglia e derogato al proprio ruolo per inseguire la militanza antifascista. Ne derivava un modello di convivenza con «gli altri» segnato dalla diffidenza e dalla separatezza. Così come le norme del regolamento carcerario estremizzavano in modo grottesco i canoni della «buona educazione» in vigore fuori dalla prigione restituendoli ai detenuti sotto forma di precetti formali e astratti, i comportamenti dei detenuti politici (specialmente quelli comunisti) dilatavano all'eccesso tutti gli elementi («la purezza, la fedeltà all'organizzazione, la dedizione totale, il rifiuto dell'egoismo dei bisogni e dei sentimenti»,[51] il controllo dei propri istinti), che ispiravano, nella clandestinità, la militanza politica, compresi, ovviamente, il sospetto e la diffidenza verso la spontaneità e verso tutto quanto fuoriusciva dalle regole dell'«organizzazione».

Al confino la «separatezza» fu temperata dagli spazi relativamente ampi in cui ci si poteva muovere. Specialmente le donne, infatti, riuscirono a stabilire relazioni non effimere con la popolazione locale, coniugando il loro ruolo, tutto politico e ideologico, di «avanguardie rivoluzionarie» con la possibilità di fornire alle altre donne con cui entravano in contatto esempi concreti di emancipazione e di autonomia («Le donne di qui, – scriveva da Longobucco Lea Giaccaglia al marito Paolo Betti – abituate ad una chiusa vita casalinga, tutta e unicamente negli affetti familiari, intendono la grandezza del mio sacrificio, e i loro occhi si riempiono di lacrime e vogliono sapere della mia mamma, del mio bimbo, del mio compagno (...) Ho tentato di far capire che non è necessaria una grande dote e che l'unica dote che ha valore è quella spirituale e culturale, che, date le loro possibilità avrebbero potuto acquisire, per essere vere compagne di un uomo, anziché una moglie, invece di porsi sin dall'età di 12 anni al telaio, logorandosi per cose di relativa utilità»),[52] spesso operando come consapevoli strumenti di «modernizzazione»: «Spargendosi la voce in poco tempo che venivo da Parigi e che ricevevo giornali di moda da Parigi, ebbi ben presto buona clientela che vestiva moderno, di fronte a centinaia di donne giovani e anziane che vestivano con costumi antichi», ricordava ad esempio Novella Pondrelli,[53] confinata a Girifalco.[54]

Certamente non mancarono anche al confino rigidità e durezze eccessive. A Gino Abbiati capitò di essere aspramente criticato dai compagni per aver manifestato gratitudine e riconoscenza al milite fascista che aveva salvato il suo bambino dall'annegamento («in definitiva era pur sempre un fascista e coi fascisti non si dovevano avere, per nessun motivo, debolezze»).[55] Ma fu certamente in carcere che la fede politica da «insostituibile strumento di lotta e di autodifesa» diventò un vero e proprio «filtro» nei confronti sia del mondo esterno, sia della realtà del carcere. Tra le donne la differenza con le confinate fu ancora più marcata e furono rarissimi i casi in cui le detenute politiche accettarono di avere relazioni significative con le «comuni»: ricordi in questo senso appartengono in modo significativo soltanto alla più giovane di tutte, Giorgina Rossetti[56] («mi volevano tutte bene, loro si picchiavano, io benché capivo dicevo che non capivo quello che dicevano per non fare la spia. Ero da maglierista; non c'era nessun ordine di separarci, c'ero solo io di politica»),[57] «aiutata» in questo senso anche dal fatto di essere stata la prima donna condannata dal Tribunale Speciale, e Tina Pizzardo, favorita, oltre che dalla sua estrazione sociale, anche da un carattere così naturalmente socievole da poter essere difficilmente costretto nel regime di «separatezza» imposto dal partito. In un certo senso, anzi, Tina sentiva di avere più cose in comune con le antifasciste «spontanee» («il gruppo delle giovanissime, vivaci, allegre, siciliane; stufe di lavorare dieci ore al giorno per una paga irrisoria avevano deciso di fare la rivoluzione. Come, semplicissimo! In fila dietro un fazzoletto rosso avevano girato per la città gridando: rivoluzione, rivoluzione!»)[58] che con le altre detenute politiche:

> Fare amicizia con le compagne, darmi da fare per eludere il regolamento carcerario mi prendevano molto tempo, pure qualcosa riuscivo a studiare, ma lo facevo quasi di nascosto per timore di dare rilievo a una differenza di classe. Perché le altre, mogli, madri, sorelle, morose di comunisti erano state per la gran parte la manovalanza del partito. Alla manovalanza il partito chiede solo fede cieca nei princìpi e dedizione, coraggio, spirito di sacrificio, che sia analfabeta o istruita non fa differenza.[59]

4. *Il partito*

La regola della separatezza trasgredita da Tina era invece osservata in modo quasi maniacale da tutte le altre che finivano così per rinchiudersi in «una sorta di comunità totale autorganizzata, alternativa e contrapposta al sistema carcerario». Era il famoso «collettivo» sul quale si è tradizionalmente soffermata la memorialistica, enfatizzandone «la funzione solidaristica ma soprattutto educativa».[60]

Di fatto, i collettivi che sorsero nelle varie carceri italiane servirono a sperimentare una sorta di comunismo integrale, inimmaginabile in condizioni normali. Si misero in comune soldi, libri, viveri e sentimenti. Si sancì, ad esempio, «l'obbligo di leggere ad alta voce, in circolo, la corrispondenza in arrivo perché tutti ne traessero conforto, e di esporre le fotografie delle persone care tutte assieme su di una parete del camerone perché ognuno, cogliendone i sorrisi, acquietasse i propri affanni».[61]

Mio marito – ricordava Emma Turchi – era fra tutti quello che riceveva visite più spesso; il contatto con una persona che veniva dall'esterno era nel carcere un piccolo avvenimento, cosicché i colloqui non interessavano soltanto chi vi partecipava, ma tutta la piccola comunità. Me lo disse un giorno mentre mi ringraziava «ti ringrazio anche a nome dei compagni (...) perché tu non vieni solo per me, la tua visita qui porta un soffio di novità e di calore a tutti loro».[62]

I collettivi femminili assunsero dimensioni comunitarie altrettanto esasperate, nemmeno temperate da una domesticità che ritornava ad essere vissuta come l'ambito privilegiato della propria dimensione esistenziale:

Ci eravamo imposte – ricordava così Adele Bei – un regolamento interno che comportava una certa autodisciplina come, ad esempio, per le pulizie personali e delle celle, per lo studio, e per il buon comportamento in generale. Tutto ciò sotto il controllo della «mamma», funzione che a turno settimanale ognuna di noi esercitava. Compito della «mamma» era anche quello di controllare la cassa, il libretto della spesa, avendo cura prima di ogni cosa di comperare il necessario per le malate, di provvedere tutti i giornali e i libri che ci era permesso di acquistare (...) La convinzione era, attraverso lo studio, migliorando il nostro livello culturale, di poter un giorno servire la nostra causa con maggior lena.[63]

Ci si svegliava alle 5 e 30; si leggeva fino alle 6 e 30. Alle sette, in piedi e pulizie personali fino alle 8 per il caffè e per l'uscita di un'ora «all'aria»; dalle 9 alle 11 studio collettivo, alle 11 pranzo e ricreazione. Dalle 13 alle 15 ognuna nella propria cella, poi ancora tutte insieme dalle 15 alle 20.[64]

La memoria di quell'esperienza oscilla tra la riconoscenza testimoniata da Aurora Benna[65] («Si può dire che io ero senza istruzione; ero andata a scuola ma non avevo un fondamento. Lì ho imparato»)[66] e lo scandalizzato stupore per alcuni «eccessi» («avevano criticato il fatto che mi ero sposata. La Pavignano[67] era arrabbiata perché diceva che non mi dovevo sposare perché la Bessone[68] non si era sposata», ricordava Giorgina Rossetti)[69] che tendevano ad azzerare ogni margine di autonomia nella vita privata delle singole detenute, alimentando piccole gelosie, rivalità, rancori spesso legati esclusivamente al modo che ognuna di esse sceglieva per rincorrere qualche attimo di felicità. Fu questo il caso di Camilla Ravera che, urtata dalle lettere traboccanti «reminiscenze erotiche» che si scambiavano «in simpatico» Giorgio Jaksetich e Pina Zolia, la rimproverava severa («non si devono adoperare i mezzi che dà il partito per delle comunicazioni personali») spegnendo nel gelo, come ricordava Felicita Ferrero, quella «ventata di freschezza giovanile e anche di leggerezza».[70]

Ma, soprattutto, nei collettivi si tentò disperatamente di continuare a fare politica, quasi quello fosse l'unico modo per sentirsi ancora vivi.

> Convincetevi compagni dell'U[fficio] P[olitico], – scriveva Umberto Terracini dal carcere di Castelfranco Emilia, – che il nostro settore si sente parte viva del p[artito] e brama viverne la vita. Non vogliamo essere un numero su un elenco filantropico ma una forza calcolata e curata nel suo sviluppo. Le carceri italiane stanno preparando al p[artito] e alla rivoluzione una massa mirabile di energie e di capacità.[71]

In realtà, fino al 1931 non fu stabilito nessun collegamento stabile e generalizzato fra il Centro estero e i detenuti comunisti. Un'attività significativa e coordinata in questo senso si registrò solo in un breve periodo, tra il 1931 e il 1932, grazie all'iniziativa di Adamo Zanelli, «Jean», un operaio originario della provincia di Forlì emigrato in Francia. Il centro organizzativo ebbe sede a Basilea e si alimentò esclusivamente grazie agli sforzi volontaristici di Zanelli, senza che le strutture dirigenti del partito vi fossero effettivamente coinvolte.[72]

Noi abbiamo rintracciato solo una direttiva dell'Ufficio Politico del PCI, datata febbraio 1932 e quindi precedente alla lettera prima citata di Terracini.[73] Il documento entrava nel merito delle principali questioni politiche del momento assumendo le caratteristiche di una vera e propria dispensa da «scuola quadri». Si davano informazioni sugli sviluppi della politica mondiale, dall'aggressione giapponese alla Cina («un'altra importante tappa della lotta che il capitalismo conduce per uscire dalla più grave crisi che la sua storia conosca»), alla situazione dei partiti comunisti in Occidente («in Germania il nostro partito guadagna terreno ogni giorno, conduce una lotta decisa contro l'hitlerismo (fascismo), la socialdemocrazia, ed organizza già delle lotte indipendenti di massa per il pane, il lavoro, la libertà»), ai principali eventi della vita politica in Unione Sovietica («Ormai è fuori discussione che alla fine di questo anno sarà compiuto il programma del primo piano quinquennale in quattro anni»), per poi arrivare ai problemi relativi alla linea del partito, gli unici che veramente stavano a cuore agli estensori del documento: si affrontavano così i «nodi» teorici («bisogna combattere l'opinione non leninista del crollo automatico, catastrofico, del capitalismo. Nessun regime cade se non lo si abbatte, ha detto Lenin»), lo stato di salute dell'organizzazione («ha aumentato nel corso del 1931 i suoi effettivi di oltre il 100 per cento di quelli che erano alla fine del 1929. Ciò dimostra che il nostro partito vive»), i dissensi interni («la radice ideologica di questa resistenza è socialdemocratica, anzi per meglio dire massimalista. I compagni resistenti opinano che non è questo il momento per un lavoro di massa, che bisogna che la situazione cambi, oppure dicono che occorrono armi, gesti, che le masse sono greggi di pecore (...) questo fatto ci consuma numerosi funzionari, i quali cadono prevalentemente in questa opera di formazione di nuovi dirigenti (...) la lotta per la purezza ideologica del partito deve essere condotta in ogni situazione, sempre, dovunque, anche nel carcere e nella deportazione»). Ma i passi più significativi erano quelli relativi ai temi più strettamente connessi alla condizione carceraria.

Dobbiamo dirvi subito – recitava infatti il documento – che i contatti che prendiamo con i compagni reduci dal carcere danno a tutto il partito un rinnovamento di vigore e di volontà, per l'entusiasmo che anima i liberati e per l'esperienza attiva ed autorevole che essi portano tra le giovani reclute che vengono al P[artito] in questi anni. Ciò dimostra che il carcere è davvero una grande scuola per i rivoluzionari, esso seleziona, rassoda le convinzioni, forma i quadri più sicuri e più decisi della rivoluzione. Perciò voi avete il dovere di seguire la vita del partito, di perfezionarvi ideologicamente e noi abbiamo l'obbligo di aiutarvi.

Dopo questo riconoscimento, arrivavano alcune direttive specifiche relative alle questioni che indubbiamente premevano di più ai detenuti:

Da alcune carceri ci è stato chiesto di dare delle direttive chiare ai compagni reclusi a proposito delle domande di grazia. Il partito disapprova e vieta ai compagni di fare qualsiasi domanda di grazia, remissione o altro, la quale comporti comunque un atto di sottomissione al regime. Il compagno che esca dal carcere o dalla deportazione per aver fatto domanda di grazia deve essere messo fuori dell'organizzazione (...) invece il partito consiglia ai compagni di servirsi di tutti i mezzi legali e per la loro difesa ed eventualmente per la revisione dei processi.

Una volta usciti dal carcere, però, i «compagni detenuti» trovavano un'atmosfera molto diversa da quella adombrata nell'elogio ricevuto dall'Ufficio Politico e dovevano frequentare una sorta di piccolo corso di aggiornamento per evitare deviazioni o ritardi nella comprensione della linea, ricevendo «lezioni» (con interventi dello stesso Comitato Centrale) che spaziavano dalla descrizione dell'attività dei «vecchi gruppi frazionisti in seno al partito» fino alla valutazione dell'amnistia concessa nel 1932 per il Decennale della marcia su Roma: «Non è un atto di clemenza (...) la manovra avrebbe dovuto consentire il ritorno in Italia dei quadri dirigenti della socialdemocrazia (...) per sostituire al Tribunale Speciale il ruolo reazionario dei capi socialdemocratici».[74] E comunque permaneva sempre nei loro confronti come un'aura di sospetto e di diffidenza, così che a due anni dall'amnistia, nel 1934, lo stesso Comitato Centrale si sentì obbligato a lamentare che

una quantità non indifferente di ex carcerati non hanno compreso la circolare inviatavi un anno fa dal C. C. del P[artito] (...) i comp[agni] non debbono far parte della organizzazione attiva, delle cellule, sia di officina che di strada, di Dopolavori ecc. (...) essi non debbono interessarsi più di niente, divenire apolitici.[75]

Altro che carcere come «grande scuola per rivoluzionari»!

5. *La religione*

Isolati dal partito con il quale erano in grado di avere solo sporadici contatti, costretti a confrontarsi con la politica in interminabili dispute ideologiche in cui il grado di astrattezza era direttamente proporzionale al dogmatismo settario che ispirava le varie prese di posizione, privi di un rapporto fecondo con quegli operai e quei contadini sulle cui sorti si interrogavano lungo percorsi teorici sempre più accidentati, i «collettivi» rifluirono in un'attività di studio e di approfondimento culturale che finiva per privilegiare di fatto quasi esclusivamente le inclinazioni personali e individuali dei singoli detenuti.

Odi, rancori, durezze caratteriali – gli scenari psicologici restituitici dalla letteratura carceraria più avvertita e più sensibile a questo versante della memoria[76] – furono dei corollari quasi ovvi di questa condizione ambientale.

C'era un'assai forte ripugnanza a rimeditare le proprie idee; – ricordava Altiero Spinelli – ogni ripensamento, non appena andava un po' a fondo, era considerato come un inizio di cedimento morale e politico. Le uniche idee e prospettive nuove ammesse erano quelle che giungevano – debitamente controllate – dalle centrali della cospirazione. Chi tentava di pensare per conto proprio correva qualche spiacevole rischio. La durezza verso gli eretici non era una specialità dei comunisti, i quali erano costretti a mettere al bando qualcuno ogni volta che giungeva notizia di uno dei sorprendenti cambiamenti di rotta decisi dal Cremlino: la svolta, il fronte popolare, il patto Stalin-Hitler, l'aggressione alla Finlandia. Con minore furore ideologico, ma in compenso con assai maggiore rigore moralistico, la stessa diffidenza verso il nuovo regnava tra i prigionieri democratici, i quali, specialmente negli ultimi anni, accoglievano con la stessa altezzosità con cui Farinata accoglie Dante nell'Inferno, la gente nuova che approdava al carcere o al confino dopo aver vissuto per lunghi anni la normale vita del paese e che non aveva perciò la rigorosa puntigliosità moralistica dei vecchi antifascisti (...) Gli eretici erano trattati come lebbrosi. Si toglieva loro il saluto, erano invitati ad andarsene dalla mensa di cui facevano parte (...) gli occhi non li notavano, quasi fossero aria trasparente e non corpi.[77]

Per le donne fu anche peggio. Erano meno numerose degli uomini, con minore potere di pressione. Solo le funzionarie e le mogli dei funzionari – ha sottolineato Laura Mariani – ricevevano un sussidio di 150 lire al mese; le altre erano assistite in modo discontinuo dal Soccorso Rosso;[78] quanto ai collegamenti politici, se per gli uomini furono labili e carenti, per le detenute furono totalmente inesistenti: «Il partito, – si lamentava Felicita Ferrero – come aveva stabilito norme precise di comportamento per i compagni arrestati avrebbe dovuto pensare anche alle donne, destinate a trovarsi più spesso sole e isolate in carcere».[79] Era oggettivamente quasi impossibile applicare nei collettivi femminili i metodi della didattica ispirati al binomio cattedra-bugliolo. «In carcere – ricordava Lucia Bianciotto – le compagne erano poche, non è come i compagni che loro avevano questa grande fortuna di avere tra loro compagni preparati, capaci (...) Eravamo tutte della stessa levatura politica, non è che una potesse insegnare molto alle altre».[80] Camilla Ravera e Cesira Fiori furono tra le poche messe in grado di esercitare la propria vocazione pedagogica, la prima sulle compagne arrestate, inseguite dal suo zelo anche a distanza:

Sono contenta delle buone notizie che mi date di [Ergenite] Gili;[81] quando le scriverete raccomandatele di fare in particolare un po' di studio ordinato e sistematico di storia: vorrei sapere di quali libri dispone. Di giornali e di riviste ne ha abbastanza. E ditele che studi quel volume di princìpi di economia politica del Baroni che so in sue mani o quasi. Anch'io la ricordo molto e con molto affetto,[82]

la seconda sulle confinate:

Mi venne affidato, quale maestra, già dai primi giorni un bel compito; far la scuola alle sorelle e alle mogli dei compagni che, quasi tutte facevano giornate di bucato e di stiratura; era loro affidato il lavaggio, l'accomodatura di tutta la biancheria della mensa, della biancheria personale dei confinati.[83]

Al di fuori di questi tenui esperimenti di «scuola quadri», il tempo della reclusione era scandito da qualche lettura, molte conversazioni e tanti, tantissimi lavori domestici, sia al confino («Per Terracini, noi lo chiamavamo sempre Umberto lì al confino, io stiravo, lavavo, cambiavo i colletti (...) C'era una compagna, Ida Balli di Milano, (...) era (...) anche una bravissima sarta che aveva lavorato nei laboratori di lusso di Milano. Allora il direttore di Ventotene la faceva andare a casa sua e lei faceva i vestiti per la moglie»), sia in carcere («in carcere fanno lavorare, io avevo fatto un bel centrino tutto in filet sul tulle, un copridolci, era venuto una meraviglia e la superiora, quando lo ha ricevuto in regalo, è venuta nella cella a fare le congratulazioni e mi aveva portato un piatto di formaggio»).[84]

Era difficile, in un simile contesto, dare un senso concreto alla propria militanza politica:

Le nostre manifestazioni politiche alle Mantellate – ricordava Tina Pizzardo – erano di poco rilievo. Al tuonare del cannone di mezzogiorno urlavamo in culo a Mussolini. Al silenzio da tutte le nostre celle, si levava sommesso il canto dell'Internazionale. Celebrare il 7 novembre, l'8 marzo, il 1° maggio, sì, ma chi se ne accorgeva?[85]

Gli uomini avevano trovato un valido surrogato nelle dispute ideologiche e nella lotta per l'ortodossia; per le donne questo stesso simulacro di attivismo politico si raggrumò, invece, intorno alla questione religiosa. Il comportamento da tenere nei confronti di quegli articoli del regolamento carcerario che imponevano l'osservanza dei riti cattolici era stato oggetto, infatti, di uno dei pochi interventi ufficiali del partito: chi accettava quelle imposizioni era automaticamente condannato:

Ci è stato sottoposto – recitava un comunicato dell'Ufficio Politico del PCI del 24 maggio 1933 – qualche caso di compagni i quali durante la loro permanenza nelle prigioni hanno fatto atto apparente di conversione alla religione e al culto, o di compagni che hanno avanzato domande di grazia. Indipendentemente dalle richieste individuali che verranno fatte a suo tempo dall'U.P. comunichiamo che tutti coloro che fanno atto di conversione o avanzano domanda di grazia sono per questi atti automaticamente messi fuori dal partito.[86]

La conversione religiosa e la domanda di grazia erano quindi equiparate, collocate al vertice della scala dei comportamenti vietati. Se non altro, quindi, per le donne quella diventava una trincea su cui schierarsi, un banco di prova, attendibile, per misurare il grado di purezza ideologica e di fedeltà al partito.

«Tornavamo spesso sul grande problema: andare in chiesa e guadagnarsi la benevolenza delle suore, oppure rifiutare e essere vessate dalla rigida applicazione del regolamento carcerario?»[87] Intorno a questo interrogativo si dislocavano le scelte individuali, una gamma di comportamenti eterogenei che interagivano non solo con il modo specifico con cui ognuna di esse interpretava la propria militanza politica ma anche con le diverse risorse caratteriali a cui poteva attingere.

Pur sapendo bene che allora una perfetta comunista non andava in chiesa, non vedevo la necessità politica del rifiuto a ogni costo. Pensai di temporeggiare e di attendere di entrare in rapporti con altre compagne, per attenermi a ciò che il partito aveva richiesto (...) A poco a poco il mio temporeggiare nella solitudine e nell'isolamento significò di fatto accettare.[88]

La «capitolazione» di Felicita Ferrero non fu un caso isolato; per Iside Viana, come vedremo, questa scelta fu anzi particolarmente tragica. Tutte quelle che ne seguirono l'esempio furono comunque vittime degli stessi meccanismi di esclusione e di isolamento messi in atto dagli uomini nei confronti degli «eretici».

Le compagne operaie carcerate – ricordava Teresa Noce – avevano fatto sapere alla Direzione del partito, indignatissime, che Camilla Ravera e Felicita Ferrero, premute dalle suore e dalla direzione del carcere, avevano consentito di partecipare alle funzioni religiose, di assistere alla messa, confessarsi, farsi la comunione (...) A quanto pare il loro cedimento era dovuto alla promessa di certe agevolazioni e concessioni. In quel caso aveva poi avuto la conseguenza di far aumentare la severità della Direzione verso le compagne che non si erano volute piegare.[89]

E, ancora come per gli uomini, strascichi di queste polemiche carcerarie si sarebbero prolungati a lungo nel tempo. Felicita Ferrero fu sottoposta a un vero e proprio processo «per collaborazionismo» e costretta all'autocritica da Ruggero Grieco; dopo la guerra, a Camilla Ravera il PCI negò il seggio alla Consulta proprio per il comportamento «accomodante» tenuto in carcere, se è vero quanto racconta, con la malignità che ne circonda i ricordi ogni volta che parla della sua «rivale», Teresa Noce.[90]

Una testimonianza di dura intransigenza fu invece quella di Anna Bessone, che appena arrivata in carcere aveva tentato di suicidarsi:[91] «Ogni volta lei concludeva: per la chiesa si dice "no" e il regolamento per dignità e per disprezzo si osserva senza proteste e sotterfugi». Tina Pizzardo, nel ricordarla, ne tratteggia con molta efficacia la durezza caratteriale, una ossessiva interpretazione della militanza politica che – come vedremo meglio in seguito – si collocava agli antipodi della propria:

Io invece, fin dal primo giorno mi ero studiata di eludere il regolamento in mille modi, non avevo perso occasione di protestare (...) e in quanto ad andare in chiesa mi ero stufata (...) Cercavo di resistere, di scherzare. Lei non scherzava mai (...) All'aria se ne stava silenziosa in mezzo alle nostre chiacchiere, con gli occhi inquieti e un povero sorriso volenteroso sulle labbra smorte. La volta che in sua assenza potemmo parlare del suo tentativo di suicidio ci trovammo d'accordo: lo ha fatto per protesta. Invece, dopo mesi di convivenza, credo di aver capito perché aveva voluto impiccarsi: per timore di non saper resistere alle torture che, ne era certa, le sarebbero state inflitte per farla parlare. Torture che nella solitudine della segregazione aspettava, immaginava, inventava e – devo dirlo? – sperava: nel suo fanatico odio per i fascisti anche torturatori li voleva.[92]

Il rifiuto degli obblighi religiosi era sanzionato in modo difforme; dipendeva dalla direzione del carcere e, più spesso, dalle singole suore. Quando Dina Mingozzi dichiarò di non voler più andare in chiesa le fecero indossare la divisa a strisce e la mandarono tra le «comuni» separandola dalle compagne.[93] Teresa Noce, invece, ebbe un'esperienza diversa:

Malgrado ci fossimo rifiutate di andare a messa, le suore non ce l'avevano con noi «politiche» e continuavano a occuparsi di me e del nascituro: la superiora mi fece sapere che avrebbe personalmente assistito il medico durante il parto. Poiché costui era un fascista, la suora non si fidava molto.[94]

Ed è lungo il versante di questa eterogeneità di comportamenti che si incontra il rapporto con le suore, un'altra delle coordinate che scandiva la vita all'interno del carcere femminile.

Entrando in carcere, – ricordava Felicita Ferrero – noi compagne eravamo più sfortunate dei maschi perché non trovavamo secondini, ossia individui rozzi ma semplici, tendenti a svolgere con indifferenza il loro mestiere; noi trovavamo le monache, quasi sempre zelanti, spesso fanatiche, onnipresenti e onnipotenti.[95]

Era vero. Alla routine burocratica, ottusamente sempre uguale a se stessa, che ispirava i rapporti tra il regime carcerario e i detenuti maschi, nelle sezioni femminili subentrava un maggiore coinvolgimento, anche emotivo, da parte delle suore, animate da un esplicito intento missionario e da una interpretazione assolutamente gratificante del proprio ruolo.

Le suore di Trani – ricordava ad esempio Camilla Ravera – erano donne cresciute e vissute sempre in un convento o nel carcere (...) Bambine, erano entrate in un collegio convittuale o in un convento perché orfane o per altri motivi familiari. Lì erano cresciute, erano diventate novizie, poi suore; avevano trovato il loro impiego, quasi tutte giovanissime ancora, nel carcere (...) Erano di un grande candore, credevano alle cose più strane. Per loro il carcere era come una sottospecie di collegio o di ricovero, dove le ricoverate erano donne che avevano commesso gravi peccati e dovevano perciò sopportare severe penitenze: penitenze che erano state giustamente dosate dalle autorità e che dovevano perciò essere accettate senz'alcuna attenuazione e con la massima docilità e sottomissione, come nel purgatorio, con la speranza della redenzione attraverso l'espiazione.[96]

Questa maggiore partecipazione soggettiva da parte delle suore ispirava, ovviamente, una gamma molto più differenziata di comportamenti: gli episodi di bontà e di solidarietà segnalati da Lea Giaccaglia («ascoltando unicamente la voce della fede cristiana mi hanno offerto il conforto di una amorosa parola, di una attenzione delicata che molte volte ha spezzato il gelido cerchio di ghiaccio che mi opprimeva»),[97] si intrecciavano, così, con quelli di brutale violenza ricordati da Adele Bei («ci venne proibito di biasimare alcune di quelle sorelle custodi che invece di sollevare con una parola buona l'animo di quelle disgraziate, le picchiavano spesso con le grosse chiavi strette da quelle mani tutt'altro che sante»);[98] e anche gli atteggiamenti delle detenute nei loro confronti si modellavano sulla base di questa eterogeneità, oscillando tra la *captatio benevolentiae* (qualche volta sincera, qualche volta frutto di un'accorta dissimulazione) e, più spesso, gesti di sfida aperta e provocatoria. Con l'abito nero chiuso fino al collo, il pallore trasparente, i lineamenti minuti, la bocca senza colore, Lina Ranucci Bonelli passava il tempo a pregare e a ricamare in attesa di ottenere la libertà per grazia della Madonna. Era in carcere, diceva, perché moglie di un comunista, «sebbene fosse da un pezzo separata da lui proprio perché avversa alle sue idee». Divenne così una protetta della superiora, con il privilegio di vivere in infermeria, con vista sul mare e vitto speciale. Fu prosciolta in istruttoria.[99] Due anni dopo, andò a trovare Tina Pizzardo: «Io fingevo, tu lo avevi capito!» le disse ridendo. La stessa Tina, invece, scelse la linea dello scontro frontale: la sua avversaria fu la superiora del carcere di Ancona: «Aspetto luciferino. Piccola, riarsa, con un'intera gobba dietro e mezza gobba avanti, aveva occhi neri, grandi, bellissimi, lucenti di furbizia e di cattiveria». Le politiche erano le vittime designate di un dispotismo esercitato anche con qualche punta di sadismo: «Francesca Corona,[100] detta Rosina, una tessitrice biellese dura e taciturna, ascoltava impassibile i discorsi, ora suadenti ora minacciosi, della reverenda e ironicamente obbediva senza protestare. Le altre (...) riusciva ad impaurirle e a farle piangere come a lei piaceva». Interpretò l'arrivo «di una professoressa» come una sorta di sfida. «Non essendo riuscita a spegnere il mio contagioso buonumore cercò di distaccarmi dalle altre detenute mettendo ironicamente in risalto la mia condizione sociale». Non ci riuscì. Tina non si piegò. E una volta uscita dal carcere fece un lungo viaggio in treno da Torino fino ad Ancona solo per il gusto di sbeffeggiare, finalmente libera, l'arcigna madre superiora.[101]

6. *I rapporti con l'esterno*

Di fatto, a rompere la monotonia e la solitudine della reclusione contribuivano quasi esclusivamente i rapporti con l'esterno. A parte i compagni di partito, alcune delle figure con cui si poteva entrare in contatto «fuori» erano puramente professionali, gli avvocati difensori ad esempio. Ne sappiamo poco, anche perché erano rari e pochissimi detenuti politici se li potevano permettere. Meno ancora le donne. Quelli che abbiamo incontrato appaiono esosi – come capitò a Violet Gibson («qui i legali credono che io debba essere ricchissima (...) vi prego quindi di stendere un breve e conciso rapporto che sia facile a capirsi da stranieri, nel quale in breve sia spiegato come l'interesse sul mio capitale si aggiri fra le 300 e le 400 sterline all'anno»)[102] – o assumono contorni più inquietanti, come nel caso di Pina Zolia: mentre il marito Giorgio Jaksetich era in carcere, il suo avvocato difensore Bruno Matosel Loriani si innamorò di lei; fu un corteggiamento pressante, accompagnato da sollecitazioni ad abbandonare la lotta politica e la clandestinità in cui nel frattempo Pina era entrata prendendo il posto di combattimento di Giorgio. La passione dell'avvocato fu senza speranza e le sue richieste tutte disattese:

Continua nel tuo lavoro e nel tuo eroismo! Se io ti capisco o meno è indifferente, vero? Ma tu, Pina, tu che eri il mio amore disperato, tu non pretenderai mica che io ti approvi e plauda al tuo agire! (...) Sei arrivata però all'estremo della tua crudeltà allegandomi aperta la lettera così espansiva per tuo marito, dolore, gelosia, vergogna, nausea di me stesso mi hanno preso alla gola (...) Addio Sirenetta, nome leggiadro e ingannatore, addio Pina, essere di fascino e di tormento. Vorrei non averti conosciuta mai (...) Addio, striscio ai tuoi piedi e te li bacio lungamente i tuoi piedi Pina, vera e cattiva. Le bacio la mano signora, ossequi.[103]

Pina oppose a queste dichiarazioni traboccanti di umiliazione e di rancore un disprezzo in cui la ripulsa sessuale e la fedeltà al marito si mescolavano con un prorompente odio di classe:

Avrei dato non so cosa per schiacciarlo e fargli pagare tutto ciò che dobbiamo soffrire io, Giorgio e tutti gli altri causa quei maledetti borghesucci – scriveva al suo amico Gino Giassetti. – E lui è borghese depravato fino alle midolla; ma immagina mettersi in testa che la donna di un comunista e in carcere per di più si fosse data a lui per il solo gusto che lui ne avesse perduto la testa (...) Ha detto che non capisce come mai io preferisco le privazioni e una vita piena di pericoli ai vantaggi che poteva offrirmi lui dandomi un posto in un suo ufficio come direttrice di studio (...) Se tu sapessi come lo odio![104]

A parte gli avvocati, tra gli interlocutori esterni si potevano annoverare casi altrettanto rari di amici. Quelli di Violet Gibson, una detenuta tutta particolare alla quale venivano concesse facilitazioni nella corrispondenza che alle altre erano drasticamente negate, discutevano a distanza con lei di libri e di religione.[105] Per il resto gli unici contatti possibili erano con i familiari. Una folla di fratelli, sorelle, madri, spose, che si muovevano freneticamente in un universo impazzito in cui il carcerato era il centro di tutto, un punto di riferimento la cui assenza fisica era ampiamente compensata da una ingombrante presenza morale.

Per i genitori, per la moglie, per i figli dei detenuti e dei confinati – ricordava Umberto Terracini – arrivavano il licenziamento dal lavoro, l'emarginazione scolastica, il diniego della residenza, il rimpatrio obbligatorio, il rifiuto di ogni licenza ed autorizzazione, l'esclusione di ogni forma di assistenza pubblica, le frequenti perquisizioni domiciliari, l'intimidazione dei vicini e dei conoscenti.[106]

I familiari erano anche gli unici con i quali si poteva avere un contatto fisico, vedere, toccare gente che veniva dall'aria libera e dal mondo normale. Ed erano in questo senso una fonte perenne di felicità ma anche di angoscia; i colloqui erano istanti che consentivano fugaci eccitazioni sessuali (lo abbiamo visto con Giuseppe Gaddi e Altiero Spinelli), rischiosi scambi di messaggi politici (era bravissima in questo Ada Rossi, la moglie di Ernesto)[107] ma soprattutto di dare una parvenza di continuità fisica alle proprie relazioni affettive: «Quando mi vidi dinanzi Giulio nel parlatoio non capii che cosa ciò significasse e non credetti a ciò che vedevo se non quando mi disse che era proprio lui e che non era un sogno», ricordava Emma Turchi.[108] Non erano facili però. Per raggiungere le carceri bisognava percorrere distanze lunghissime; i permessi non si ottenevano facilmente; e, soprattutto, per gran parte delle famiglie i costi, che comprendevano anche il soggiorno in località disagiate e remote, apparivano veramente proibitivi. «Carissimi, avevo sudato quattro camicie per indurvi ad attraversare l'oceano. Veniva a costare poco o niente, ma non siete venuti. Naturalmente vi sono grato della prova di affetto che mi avete collettivamente fornito», scriveva amareggiato Pietro Grifone ai suoi familiari il 30 settembre 1934. E sei anni dopo, il 16 novembre 1940, al fratello Lino: «Sono quasi otto anni che manco da casa. Sono quattro anni esatti che non vedo nessuno di voi e la mia insistenza – mi sembra – abbia un certo fondamento!»[109]

Restavano, così, le lettere. Se ne potevano scrivere due al mese. Ciò nonostante una vera e propria alluvione epistolare straripò dalle prigioni. Gli epistolari più noti – da Gramsci a Terracini – ci hanno consegnato ormai una tipologia consolidata delle «lettere dal carcere». Quello su cui ora occorre lavorare sono gli «scarti» da quei modelli, quegli aspetti – cioè – che si sottraggono alla monumentalità insita in ogni carteggio che veda come protagonista un leader politico.[110]

Così, ad esempio, sono da segnalare le intemperanze dei più giovani, di quelli che affidavano alle proprie lettere le fantasie su impossibili vie di fuga, sfogando la voglia di attivismo sfrenato nell'architettare piani di evasione tanto ingenui quanto improbabili. Giuseppe Gaddi arrivò a scrivere direttamente alla Federazione giovanile di Trieste per farsi spedire «cloroformio o altro più forte narcotico (...) mi occorre una dose per dieci persone»; e prima ancora, rivolgendosi a un suo amico, aveva raccomandato di mandargli un sonnifero potentissimo e di sicuro effetto. Se però – proseguiva – come tu credi che alla prossima amnistia mi mettono in libertà, non vorrei che tu ti esponessi per me e per le mie compagne (...) In caso dei più disperati ricordati che c'è la Russia che si chiama Unione delle Repubbliche socialiste soviettiste e nella quale comandiamo noi.[111]

Per le donne, si aggiungeva un marcato senso di colpa per una scelta che le aveva portate a lasciare la famiglia. La pena per il distacco dai propri bambini in alcuni casi è straziante. «Anche Lucetta mi ha lasciato, questo distacco è stato dolorosissimo (...) – scriveva Lea Giaccaglia a Paolo Betti. – Ella è andata con zia Tina, là avrà l'educazione e le cure che tu desideri, tanto più che tutti gli zii pensano a lei».[112] Certamente la separazione e l'allontanamento dai figli era un comportamento che veniva già messo nel conto da pagare quando si sceglieva di diventare rivoluzionaria di professione. Ma la clandestinità non equivaleva automaticamente al carcere.

Per il bimbo – scriveva nella stessa lettera prima citata Pina Zolia – non mi do tanto pensiero; so che è in mani buone, e poi la mamma tua è il rifugio di tutti gli orfani; ti dico non so pregare come lei, ma se la mia vita fosse necessaria, per lei non esiterei un attimo a dargliela. E sono pentita di averle dato dei dispiaceri (...) Perdonami se ti dico queste cose (...) ma cosa vuoi qui tutti sono molto buoni con me, ma certe cose non le puoi dire per non ricorrere in ridicolo. Io capisco perfettamente la loro logica, in fondo siamo tutti nella stessa barca, e guai se qualcuno si facesse prendere dalla sfiducia. Sarebbe la fine. Lottare, lottare, fino al ultimo.[113]

Fuori dal carcere, la separazione non aveva niente di definitivo e irreparabile e il febbrile attivismo della lotta poteva lenire il dolore della lontananza. In carcere c'era solo tempo per pensare.

7. *L'amore dentro e fuori dal carcere*

Molte di quelle lettere erano lettere d'amore. Esiste un loro modello maschile sul quale ritorneremo a proposito del carteggio tra Altiero Spinelli e Tina Pizzardo. Qui basti sottolinearne una certa strumentalità, gli intenti sottilmente ricattatori che serpeggiavano nell'approccio pedagogico ed edificante che ne improntava il timbro più consueto. Con il tempo, le mogli e le fidanzate lontane acquistavano i contorni disincarnati dei simboli e in quanto tali entravano nel «collettivo», oggetti di dispute astratte, esempi da illustrare in un senso o nell'altro:

Oggi davanti a taluni piagnistei inutili quanto stupidi – scriveva Turchi alla moglie – ti ho agitata davanti a tutti come una bandiera, come un esempio che tutti dovrebbero sapere imitare (...) nella mia considerazione tu mi sei divenuta di una grandezza gigantesca, come gigantesco diviene ognora più l'affetto, l'amore profondissimo che ti porto e quando ti additavo ad esempio, sentivo.[114]

Pure, per quanto rimosso o sublimato potesse essere, il problema di fondo restava sempre quello della fedeltà/infedeltà. L'abbandono aveva per il carcerato effetti traumatici:

Clara, la mia fidanzata – scriveva Pietro Grifone a Giovanna Marturano il 7 dicembre 1940 – due anni dopo il mio arresto mi lasciò. Ciò mi rattristò molto. Reagii duramente con molto vigore e con successo alla mia tristezza ma non potei impedire che la brusca interruzione di rapporti affettivi così intensi, come erano quelli che io avevo con Clara, non lasciassero in me postumi non ancora del tutto sanati. Tra i quali appunto da annoverare quell'aridità affettiva che durante tutti questi anni io ho portato con me come un peso morto, come qualcosa di indubbiamente negativo, a cui ho cercato sempre di ovviare senza peraltro riuscirvi perché, malgrado ogni mia buona volontà, non potevo certo creare a mio piacimento un fittizio stimolante dell'assopita affettività.

Intorno agli interrogativi e ai dubbi che circondavano gran parte degli affetti lontani si raggrumavano, così, le inquietudini più diffuse tra i carcerati: «Sotterranea, ma ben percepibile, serpeggiava sempre nel mio animo, e perciò nelle lettere, una gelosia che mi rendeva attento ad ogni parola che mi scriveva», confessava ad esempio Altiero Spinelli.[115]

In qualche caso, queste stesse angosce si materializzavano direttamente dentro le mura del carcere.

La storia che raccontiamo ora ha per protagonista una militante comunista, Paola Giannella. Quando fu arrestata, il 19 settembre 1927, aveva venticinque anni, era sposata con il comunista Amedeo Ferrari, aveva un figlio, Vladimiro, di tre anni. Ferrari era di Bergamo; di qualche anno più anziano di Paolina (era nato il 6 settembre 1895), meccanico ciclista, era stato uno degli iniziatori del movimento comunista in quella città. Proprio per la sua notorietà politica, era stato oggetto – tra il 1923 e il 1926 – di un'asfissiante persecuzione poliziesca: arresti ogni venti-trenta giorni, intimidazioni ai suoi datori di lavoro (la ditta Chiorda) con conseguenti licenziamenti, una sorta di *via crucis*, insomma, come egli stesso la definiva («fuori e dentro dalla galera nelle schifose guardine della questura di Bergamo mentre divenni totalmente disoccupato e mi preoccupava l'avvenire»), spezzata soltanto dal trasferimento a Monza. Nella nuova residenza Ferrari aprì una piccola officina ciclista, ritirandosi, a suo dire, dalla politica: «Benché per la verità non condividessi la mentalità dei fascisti – scriveva in una sua memoria difensiva – io politicamente ero scomparso, sono scomparso, e la mia vita era diventata lavoro e famiglia». La polizia, però, non smise di sorvegliarlo, consapevole di una sorta di coazione a ripetere che prima o poi portava tutti i vecchi militanti a riallacciare antichi rapporti di amicizia, a riprendere la tessitura di una ininterrotta trama cospirativa. Il percorso di Ferrari si snodò proprio all'interno di questi binari: dapprima si trattò di amicizie personali e di lavoro, poi, piano piano, ci si allargò a una cerchia più vasta, reclutando nuovi adepti; e a quel punto, alla polizia non restò che far scattare gli arresti. A lavorare con lui in officina Ferrari aveva assunto Celeste Villa, un meccanico nato a Monza il 4 luglio 1898. Se Villa era noto all'autorità giudiziaria soltanto per «precedenti per furto e resistenza alla forza pubblica», della sua «amante», Maria Trivulzio, una cappellaia di trentasette anni, anche lei monzese, gli inquirenti conoscevano benissimo le «palesi idee comuniste», così che fu abbastanza facile capire come l'officina del Ferrari stesse diventando il nucleo costitutivo di una nuova cellula del PCI. Il 10 luglio 1927, Ferrari e Villa diedero appuntamento agli altri cospiratori (tra i quali anche Enrico Riboldi) in una osteria di campagna, a Groane di Lentate sul Seveso. Anche quello della gita ciclistica fuori porta era uno dei pretesti più usati dai militanti comunisti per mascherare le riunioni e come tale arcinoto alla polizia. Così, subito dopo il convegno, con in mano la lista completa dei partecipanti, scattò con puntuale tempestività la retata poliziesca. Ferrari fu arrestato già il 10 luglio. Paolina, Celeste e Maria riuscirono a fuggire, riparando a Intra, dove affittarono una camera presso la pensione gestita da Angela Cozzi; Paola riuscì perfino a trovare lavoro in un cappellificio. Finalmente, il 19 settembre, furono arrestati tutti e tre, raggiungendo Ferrari nel carcere di Monza.

E qui, in un copione finora scontato, si inserì un improvviso colpo di scena. Durante la latitanza, Celeste e Paolina si erano innamorati; era divampata una passione irrefrenabile, tale da travolgere ogni prudenza cospirativa e da sfidare poi anche le rigidità del regolamento carcerario, trasformando la prigione di Monza nello scenario di una storia d'amore del tutto inconsueta per quell'ambiente e segnata da una forte carica di drammaticità.

I suoi protagonisti furono essenzialmente Amedeo e Paolina, mentre sullo sfondo restarono Maria e Celeste. La Trivulzio, afflitta da un enfisema polmonare, ebbe un unico sussulto di rabbia e di indignazione che l'indusse a chiedere il trasferimento in un'altra cella, per non condividere quella assegnatale insieme a Paolina; era arrivata una lettera di Celeste, e Maria, spiando nell'amica di un tempo i segni dell'eccitazione e della gioia, si era lasciata andare a un profluvio di insulti e di recriminazioni, per poi rinchiudersi in un dolente e rassegnato vittimismo:

Paola – scriveva in risposta a una lettera della Giannella – io ti comprendo e perdono benché alle volte dico che almeno qui si doveva non straziarmi il cuore. So il fascino che ha verso le donne e le parole che ti scrive le lessi sui miei scritti, ben tante volte, almeno che a te siano sincere. Ma per venire da voi [tornare nella vostra cella, *N.d.R.*], Paola, pensa che in questi giorni continuo a sputar sangue, e non posso più stare a letto una mezzora senza dovermi alzare per il mio cuore, vedi che sarebbe brutta cosa dormire con altre. Non prenderla a male Paola io ti perdono e pensa a tuo figlio Paola, forse lui può ancora avere una forza su di te.

Celeste, dal canto suo, si dimostrò un amante ingordo, avido di amore e di possesso, implacabile contro il vecchio amico, privo di ogni slancio di generosità e di rispetto, ansioso di far recidere tutti i legami che stringevano Paola alla sua famiglia.

Più tormentato e complesso fu il ruolo di Amedeo. Il militante comunista affrontò quell'uragano sentimentale che gli sconvolgeva la vita stretto nella morsa di una contraddizione lacerante: da un lato il tentativo di operare delle scelte illuminate dalla tolleranza e dalla comprensione, secondo le regole di una morale antitetica a quella «della borghesia»; dall'altro una irrefrenabile gelosia, l'urlo di delusione di un grande amore infranto, con una serie di comportamenti ispirati agli stereotipi più ovvi del tradimento e dell'abbandono. Ferrari scoprì la relazione tra Celeste e Paola nel modo peggiore, intercettando un messaggio che i due amanti si stavano scambiando in carcere tramite una scopina, la detenuta Giuseppina Sangalli. La sua reazione immediata cercò di ispirarsi a un distacco freddamente venato di disprezzo; si rivolse a Paola dandole del voi, annunciandole l'intenzione di chiedere al più presto la separazione legale:

Per quello che è stato sempre il mio grande amore che ho nutrito per voi, – le scrisse – e che voi così incoscientemente avete divelto come una ramificazione secca, vi prometto che sarò uomo, in tutti i sensi della parola. Sappiate però che io tengo prove schiaccianti (non dico borghesemente) della vostra viltà, così oltre che difendermi difenderò l'onore di vostro figlio che spero avrete compreso quanto mi stia a cuore più di voi, specialmente quando abbandonavate nelle ore così deliziosamente passate col vostro Nino [Celeste, *N.d.R.*], mentre il padre di vostro figlio si trovava rinchiuso in una cella. Sappiate inoltre che farò pratiche per la separazione legale.

Ma questa della fermezza e del distacco era una trincea destinata a sgretolarsi rapidamente; già in una lettera successiva Amedeo aveva arretrato la sua linea di difesa, ponendo un'unica condizione per dare il suo consenso alla fine del matrimonio con Paola, l'impegno della moglie «a non fare vita insieme a quell'altro»:

Io mi assoggetto al tuo volere, – scriveva – e cioè ognuno faccia per conto proprio. Io terrò il nostro figlio, procurerò e tutto farò affinché esso cresca bello buono e forte, non negherò quell'ora che tu lo vorrai anche per qualche giorno in compagnia, lascerò che tu gli possa regalare col frutto del tuo lavoro qualche cosa (...) tutto questo però sarà accompagnato con un'intimità di amicizia, ch'io saprò essere tanto forte, che più nulla farò, ne tenterò, per varcarne i limiti di essa, così facendo noi metteremo nostro figlio nella condizione di non arrossire di qualunque ricordo a noi concernente. In cambio di questo ti chiedo con sincera preghiera di non fare vita insieme a quell'altro (...) per me questo sarebbe troppo e io penso che potrei diventare molto cattivo (...) In attesa di una risposta ti stringo con devozione la mano.

L'accenno al piccolo Vladimiro lasciava aleggiare l'ombra del ricatto sulla disponibilità a restare amici ostentata da Amedeo, ma erano le reazioni scomposte e contraddittorie di un uomo ferito («il tuo orgoglio insano, sì forte da farti dimenticare i tuoi principali doveri di madre, ti stringe in un mutismo ancor più straziante per il padre di tuo figlio, per il motivo di non sapere fin dove è arrivata la tua intimità con l'altro»), di fatto disponibile a sempre nuove concessioni pur di tenere in piedi qualche speranza di riconciliazione. In una terza lettera, infatti, si limitava a chiedere a Paola «di non mandare più il soccorso all'altro», in gergo carcerario di non far arrivare pacchi con viveri e indumenti a Celeste:

Per i tuoi genitori e per quello che è stato sempre e lo sarà il mio grande amore per te, esaudisco il tuo volere. Ti prego solamente a mia volta di concedermi una grazia e cioè fin quando io sarò qui di non mandare più soccorso all'altro, perché sai per me è un'umiliazione straziante. Ho fatto domanda di essere trasferito ad altro carcere, poi puoi fare quello che vuoi (...) io non vado più neanche all'aria.

Il carcere incideva in maniera tragica su questo inconsueto «triangolo»; della storia di Amedeo e Paola tutti sapevano tutto, detenuti e secondini. Amedeo e Maria si erano incontrati ai gabinetti, rivolgendosi affettuose parole di reciproca commiserazione; dai finestroni del reparto femminile che si affacciavano sul cortile dell'aria Amedeo aveva spiato per giorni la moglie senza riuscire a vederla; le compagne di cella di Paola, Nini e Giuseppina, partecipavano con totale coinvolgimento alla vicenda, fino a sostituirsi a Paola quando questa non poteva scrivere a Celeste: «Ieri è venuto il suo bambino e non pronunciava più il nome di mamma» gli scrivevano il 17 ottobre 1927. Amedeo appariva come ossessionato dall'ambiente che lo circondava. Quando aveva scelto di militare nella cospirazione comunista non aveva certo immaginato questo tipo di esperienza carceraria. Senza riferimenti, orfano di una linea politica e con l'unico obiettivo di salvare il proprio matrimonio, nel chiuso della sua cella ripensava continuamente all'intreccio tra la propria militanza e il suo rapporto con Paola, scrivendole una sorta di lettera-diario che ripercorreva tutto il loro passato comune, lasciando emergere uno straordinario quadro di infedeltà, sacrifici, scelte politiche in rotta di collisione con quelle sentimentali, una vita durissima rivisitata con un solo scopo: giustificare le proprie asprezze caratteriali («ricordati bene tutte le angherie da me sofferte e dai compagni e dal lavoro e talvolta dalla reazione (...) tali da rendere il mio carattere (già serio e taciturno) più duro») e cercare di riconquistare Paola.

Permettimi di grazia che io ricordi tutto ciò che avvenne prima del 15/8/1925 (...) Ti ricordi, ricorrevano allora le feste di Ferragosto, la mattina della prima festa hai voluto che andassi a portare a passeggio il nostro caro Vladimiro, ci sono andato, tornato si mangia. Tu eri distratta, e dietro mia richiesta, prima non rispondesti e poi d'un tratto venisti sulle mie ginocchia e abbracciandomi come fossi tua madre mi dicesti: «Cosa debbo fare io se ho amato troppo un altro» e io annichilito ebbi il coraggio di domandarti «e lo ami ancora tanto?» e tu mi rispondesti di sì? Tu sai quanto ne ebbi da soffrire. Tanto da ridurmi ammalato.

Il ricordo di quella prima confessione di infedeltà era altrettanto nitido che bruciante e Amedeo ne scriveva come se Paola non conoscesse la storia, quasi per esorcizzare con la precisione dei particolari il fantasma di un dolore ancora fortissimo. Quella confessione, fatta dopo pranzo, in un giorno di festa, davanti al figlioletto in una domesticità apparentemente felice, non si riferiva al passato, al primo e indimenticato amore di Paola, come Amedeo credeva; si trattava di molto peggio.

Mi ricordo che l'Ettore – continuava la lettera – venne come al solito a passare un po' di tempo in tua compagnia, mi trovò a letto; io non badai a ciò che doveva avvenire poco tempo dopo (...) in quel frangente di tempo oltre che essere accasciato per la tua rivelazione, mi avvennero dei dispiaceri di lavoro, ti ricordi che volevo licenziarmi dal Chiorda? (...) Un venerdì sera tornato dal lavoro triste più che mai, mi metto per mangiare, non riesco, tu hai detto quasi in modo brutale «hai ragione, ne amo un altro!» (...) il tuo cuore poteva dimenticare colui che fu il tuo primo amore, scavalcando quello che per la stessa rivelazione sì tanto soffriva per esserne così presa fortemente per un terzo.

Paola lo tradiva proprio con Ettore, un compagno comunista; Amedeo fu sottoposto a una prova ardua: controllarsi, adeguare le sue reazioni alle necessità di una vita di partito che doveva comunque continuare:

Il giorno appresso Ettore veniva alla sera per delle comunicazioni in riguardo di una riunione; tu ti eri recata a fare la spesa, mi trovò solo (...) Ebbi il coraggio da buon compagno a mantenermi tranquillo e con tranquillità gli chiesi conto del suo agire (...) Tu mi seguisti e inginocchiatati davanti mi chiedesti perdono. Volevo suicidarmi. Tu mi fermasti (...) Il giorno appresso non volevo recarmi in una riunione; fosti all'uopo una sacerdotessa del dovere col convincermi al mio dovere e con l'angoscia nel cuore mi vi recai e feci intero il mio dovere benché mi trovassi di fronte colui che doveva rendermi infelice per tutta la vita.

La lettera continuava raccontando i litigi, le scenate, le difficoltà finanziarie, una difficile convivenza con la madre e la famiglia di lei («portami via di qui», lo aveva implorato Paola), la decisione di trasferirsi a Monza, il primo incontro con Villa, accolto in casa come aiutante e collaboratore («per me tutte le donne sono eguali, non vado solo con Maria» gli avrebbe confidato alla ricerca di complicità maschili), in una sorta di promemoria su cui riflettere prima di prendere ogni decisione. Non si trattava solo di ricordare i torti subiti, di mettere Paola di fronte all'enormità di uno stesso comportamento replicato nel giro di due anni e che per due volte consecutive l'aveva portata a tradire il marito con un compagno.

Amedeo cercava di scovare nel passato anche qualche traccia di serenità e di allegria, ricordando così, in un'altra lettera carica di abbandoni e pur essa ispirata alla solitudine ossessiva della reclusione, la prima volta in cui Paola, dopo un iniziale diniego, gli si era concessa («È mezzanotte, la sento suonare non so da dove, mi fermo e conto i suoi dodici rintocchi, salgo alla finestra, scruto lo spazio stellato e mi domando perché! (...) scendo, la candela si spegne, ne accendo un'altra, cammino, la mia mente fantastica in modo da rivedere come quella sera, che tu mi desti la prima risposta di no, eravamo allora a teatro, ne uscii non mi recai allora a casa, remingai errando in cerca di una pace da poter arrecare al mio cuore, trovai allora guardando lo spazio stellato, le stelle, che con sogghigno beffardo e feroce mi staffilavano il cuore, ed io che le stelle le tenevo come mia unica compagnia da quando un giorno tu sempre vivace mi buttasti il giornale in faccia e io mi azzardai a guardarti nei tuoi occhioni, e fu una cosa che si insinuò nel mio cuore, chi lo sa dire?, solo che da quello sguardo ne ebbi timore e spavento»), insistendo soprattutto sui momenti di grande tenerezza vissuti alla nascita di Vladimiro:

Il ricordo di ieri! mio figlio! che quando fu messo alla luce ne fui giulivo e contento. E mi ricordo le cure che gli prodigai, lo lavavo io, era piccolino piccolino allora, con una mano lo lavavo e l'altra lo sorreggevo (...) Così come ricordo le cure che ti prodigai (...) ti ricordi la levatrice, il primo latte che ti levai dal seno che tu avevi rigurgito da farti male (...) il ricordo di quando spesse volte nell'intimità mi dicevi, «Amedeo se perissi io, darai un'altra madre a Vladimiro?» E io ti rispondevo con franchezza e infusione di affetto, «no Paola!» Tu allora con i tuoi occhioni fissi nei miei, come domandassero nel profondo del mio animo se non ero sincero avutane la certezza mi serravi con le tue braccia al tuo seno. Io allora prendevo la tua testa e ti guardavo fisso fisso nei tuoi occhioni.

Alla fine, il 14 ottobre 1927, l'angoscia di Amedeo si sciolse in una proposta finale:

Un giorno usciti da quest'altra occasionale situazione, noi andremo lontani da tutti, soli con il nostro amato figlio (...) Detto questo mi occorre una tua precisa e sincera promessa. E cioè che tu mi assicuri che saprai dimenticare l'altro e che assolutamente non terrai più nessuna corrispondenza di sorta.

Il travaglio di Amedeo era finito; ormai era pronto a dimenticare la politica, il partito, a ricominciare da capo, pur di riavere Paola. Pochi giorni dopo questa lettera, scrisse una memoria difensiva al giudice istruttore nella quale ribadiva la sua intenzione di occuparsi solo della famiglia e del lavoro, smettendo ogni attività cospirativa.

E Paola? Finora l'abbiamo vista attraversare la vita di Amedeo come una furia, «rubare» il compagno alla povera Maria ammalata, sottoposta all'incombente minaccia di perdere Vladimiro, disprezzata anche dai suoi familiari («il tuo onore, – le scriveva il fratello Sandro – non lo sapevi che lo macchiavi! Noi che per te avremmo messo la mano sul fuoco, specialmente la mamma, i tuoi parenti che tanto ti amano che forse quando sapranno il triste caso chissà cosa diranno»). Anche Paola era una militante comunista; «professa apertamente idee sovversive» era scritto nel rapporto dei carabinieri che la riguardava. Alla riunione di Groane del 10 luglio era lei che si era assunto l'incarico di distribuire le tessere sindacali alle nuove cellule di fabbrica che stavano nascendo. A differenza di Amedeo, però, impegnato nel difficile tentativo di testimoniare la coerenza tra fede politica e scelte sentimentali, circondato da un generale consenso familiare e sociale, i comportamenti di Paola erano apertamente trasgressivi, tali da infrangere sia la morale borghese che quella di partito, lasciandola completamente isolata, con l'unica risorsa della convinzione assoluta che accompagnava il suo amore per Celeste. Scelse, così, semplicemente di essere con tutti se stessa in modo spontaneo e immediato, cercando di non ferire nessuno.

A Maria si rivolse in modo diretto e sincero, chiedendole perdono e invitandola – come abbiamo visto – a ritornare nella stessa cella:

> Maria, intanto che le altre dormono, voglio scriverti questo biglietto per diverse spiegazioni e poi per chiederti perdono del male che involontariamente ti ho fatto! Sappi che malgrado noi capissimo di recarti dolore, pure non sapevamo frenare questo amore e quando molte volte mi promettevo a me stessa di non andarci più insieme, bastava una sua parola per convincermi e non ragionare più. Dunque Maria, malgrado tra noi ci siano state delle parole astiose pure io capivo il tuo grande dolore e mi rincresce assai vederti in cella da sola. Stamattina a Nino ho scritto di non scrivermi più che per molte cose è meglio troncare la nostra corrispondenza. Io credo che darà ascolto ai miei consigli e dunque ti prego a voler venire in cella con noi, che almeno ti passerà di più il tempo. Se alle volte tu avessi vergogna di dirlo alla guardiana, glielo dirò io.

Era vero che aveva chiesto a Nino di non scriverle; ed era altrettanto vero che «bastava una sua parola» per «non farla ragionare».

La sua passione per Nino era totale ed era disponibile a qualsiasi passo per compiacerlo; pure cercava di coinvolgerlo nel suo percorso fatto di rispetto per i sentimenti altrui e punteggiato da sensi di colpa ansiosi di essere placati. Così gli scriveva a proposito di Maria:

> Se tu sapessi la figura che ho ricevuto ieri quando ricevetti la tua dalla Maria! in faccia alle mie compagne di cella si è messa a insultarmi (...) però tu non dirle niente perché in fondo se lei ti vuol bene non bisogna dargli torto (...) nevvero Nino che non sono io la colpa di averti fatto dimenticare lei? già tante volte tu mi hai assicurato di ciò, ma che vuoi io ho subito una scossa tale che ancora ho bisogno di sapere da te una risposta sicura e sincera che mi tranquillizzi e non mi faccia almeno avere questo rimorso.

Anche Paola si sentiva assediata, stretta nella morsa di un carcere che la espropriava di ogni intimità, assillata dalla vicinanza di Amedeo al quale non era facile negarsi:

A proposito, – scriveva ancora a Nino – poiché lui mi scrive e ogni sua riga è una protesta d'amore per me, io gli scrivo del mio bambino e così lui si lamenta della mia freddezza (...) Se tu sapessi quanto mi è stata cara la tua missiva, ora l'ho qui nel petto e non so come fare a leggerla di nuovo dato che c'è qui lei. Ora ho detto che scrivo a lui ma ho paura che ha già capito. Bé, pazienza.

A Nino confidava tutte le sue difficoltà, cercandone la comprensione anche e soprattutto nei confronti del nodo più difficile da sciogliere, quello relativo al piccolo Vladimiro:

Domenica ho visto mio figlio! Dirti l'impressione che ho provato non saprei; so che mi sentivo una gioia in cuore da non saper esprimere; lo baciavo, lo ribaciavo, lo abbracciavo stringendolo forte a me, ma quale dolore fu per me quando nessun contraccambio di affetto ebbi da lui! (...) piango da due giorni sulla perdita del figlio mio perché sento proprio che non è più mio, dato che se avrò la disgrazia di star dentro qualche anno mio figlio non si ricorderà più di me.

Poi, alla fine, dopo la lettera di Amedeo del 14 ottobre, anche lei sciolse ogni dubbio, prendendo con nettezza la decisione più difficile e scrivendone subito a Nino:

Lui mi ha scritto mandandomi come un ultimatum: gli ho risposto con sincerità dicendogli che con lui non mi sento più di vivere insieme. Malgrado sia vivo il mio dolore gli lascio il mio bambino perché sarebbe troppo per lui togliergli anche l'unico suo conforto! Mi ha risposto rammentandomi tutto il nostro passato e augurandomi di essere felice con te (...) Guarda Nino mio, brutto e cattivo che hai ottenuto tutto quello che volevi e ora credo ne sarai contento! O no? Gelosaccio! mandami una tua fotografia.

Una volta accettata la realtà del suo amore per Nino, fu tutto più facile, anche destreggiarsi nelle strette di un'inchiesta giudiziaria avida di confessioni e di cedimenti, con i giudici pronti a cogliere al volo tutte le opportunità probatorie racchiuse nella complicata storia d'amore nata tra gli imputati. Amedeo, Paola, Celeste, Maria, tutti i protagonisti della storia, avevano sempre tenuto un comportamento processuale ineccepibile; Amedeo, in particolare, aveva fatto di tutto per minimizzare il ruolo di Celeste nella cospirazione, anche dopo aver scoperto la sua relazione con Paola. Tutti avevano presentato la riunione di Groane come una normale gita in campagna e i loro incontri come assolutamente casuali. Paola si spinse oltre, recitando fino in fondo il proprio ruolo di donna innamorata; così, dopo aver in un primo interrogatorio confermato almeno la presenza a Groane di Celeste e Maria, il 4 novembre 1927 prese carta e penna e scrisse direttamente al giudice istruttore, per negare assolutamente la partecipazione dei due alla gita:

Quando vidi di fronte a me il Villa – scriveva per motivare la sua nuova versione dei fatti – persi intero tutto il mio coraggio e per timore di sentirmi dire ancora da sua signoria che io tradivo il marito per salvare l'amante vilmente affermai ancor ciò che invece era mio dovere sacrosanto negare perché non corrispondeva affatto a verità.

Il giudice non le credette. Anzi, nonostante che le responsabilità di Ferrari fossero senza dubbio più rilevanti di quelle del Villa, condannò il primo a due anni di reclusione, il secondo a tre. Con la stessa sentenza del 25 ottobre 1928, Maria Trivulzio e Paola Giannella furono condannate entrambe a un anno di reclusione.[116]

Pochi mesi dopo, il 5 settembre 1929, Paola fu di nuovo denunciata al Tribunale Speciale; nella denuncia, i carabinieri la descrivevano così: «Di intelligenza sveglia, molto scaltra, di animo risoluto e sprezzante di pericoli, simulatrice, molto pericolosa, ha sempre professato princìpi comunisti; è l'amante di Sansoni Benedetto, operaio».[117] Anche Celeste era stato dimenticato.

6.

La famiglia

1. *Un familismo antifascista*

Con il loro groviglio di emozioni e di ragionamenti, di sentimenti e di considerazioni politiche, le lettere dal carcere delineano i contorni di un altro paradosso innescato dallo scarto tra l'autorappresentazione e la realtà delle biografie dei militanti antifascisti. Costretti dalla dimensione carceraria a misurare ogni volta il confine che ne separava la vita privata dall'ambito totalmente pubblico verso cui si era indirizzata la scelta della militanza politica, gli antifascisti erano portati quasi naturalmente a riscoprire le sicurezze e le certezze di una famiglia dalla cui domesticità si erano allontanati scegliendo i percorsi della cospirazione e dell'impegno e alla quale restituivano, così, quella «centralità» che sembrava aver smarrito a vantaggio del partito o dei compagni.

La famiglia ridiventava quindi la sede naturale in cui collocare le proprie pulsioni sentimentali ma anche le proprie aspettative e i propri progetti di vita, suggerendo la possibilità di un familismo antifascista i cui tratti originari vanno riconosciuti anzitutto sulla base di un confronto con gli altri modelli che allora segnarono in profondità la società italiana. La famiglia come articolazione ultima di un'impalcatura istituzionale entro cui sussumere tutti i residui organizzativi del sociale era infatti un elemento fondamentale del progetto del regime mussoliniano racchiuso nello slogan «tutto nello Stato, niente al di fuori dello Stato». Esisteva poi tra i cattolici un familismo «oppositivo», fondato sull'autorità indiscussa del «buon padre», che, pur condividendo i fini ultimi del regime (l'ordine, la stabilità, l'abolizione del conflitto), ne rintuzzava semplicemente i tentativi egemonici. E c'era ancora una sorta di familismo «integrativo», al cui interno la famiglia diventava una risorsa a cui attingere («muovendo il sistema di clientele basato sui legami interfamiliari»),[1] per aprirsi la strada nel labirinto burocratico necessario all'ottenimento delle prestazioni sociali garantite dal regime. Più in generale, si tratta di analizzare il modo in cui, in seno all'antifascismo, funzionava il limite tra sfera pubblica e sfera privata, strategicamente decisivo dal punto di vista concettuale per definire l'ambito effettivamente occupato dalla famiglia.

La definizione della sfera pubblica «come luogo del potere» contrapposta alla sfera familiare «come luogo della cura» era infatti strutturalmente connessa con il concetto moderno di cittadinanza, decretando sia l'«impossibilità» per le donne di essere cittadine, sia l'assoluta rigidità di quel confine.[2] Non era praticabile (a meno di rivoluzioni tanto estreme quanto allora improponibili) una rottura drastica di quella «separatezza». Quel confine, però, pur restando invalicabile, poteva essere spostato in avanti o indietro, e i modelli familiari cambiavano a seconda della loro attitudine a fluidificare gli scambi con la sfera pubblica o a irrigidirsi accentuando i tratti dell'esclusione. Proprio in questa direzione, lo abbiamo visto, il fascismo scontò i più vistosi limiti strategici della sua concezione della politica: per le sue esigenze di «fascistizzazione di massa» quel confine andava, se non abbattuto, almeno spostato molto in avanti, giustificando ogni sorta di ingerenza dello Stato e ridimensionando drasticamente «la famiglia borghese con le sue tendenze individualistiche, le donne pretenziose e gli uomini egoisti»;[3] contemporaneamente, però, per l'ossessivo bisogno di ordine che ispirava la ricerca della «stabilità» a tutti i costi, quel confine andava ribadito e rafforzato valorizzando gli aspetti gerarchici e autoritari della famiglia come luogo in cui «si introiettavano le norme di comportamento, si strutturavano i meccanismi di repressione e divieto e gli atteggiamenti verso l'esterno».[4] Da un lato, quindi, la famiglia concepita come una «istituzione sociale e politica»[5] assunta come pietra angolare della costruzione delle politiche demografiche pronataliste del regime; dall'altro la rinuncia di fatto a operare direttamente «sulla struttura dei rapporti familiari e la distribuzione del potere e dell'autorità dentro la famiglia: tra il marito e la moglie, tra genitori e figli».[6]

Molte di queste contraddizioni furono invece sostanzialmente estranee al mondo cattolico, concentrato unicamente sulla sfera privata:

la famiglia era la cellula madre della società e, in quanto opposta allo Stato, garantiva meglio di quest'ultimo la continuità della razza e della religione attraverso le generazioni; «se lo Stato interveniva, doveva limitarsi al sostegno delle cosiddette funzioni naturali della famiglia, facendo attenzione a non danneggiarle con eccessive interferenze».[7]

Per l'antifascismo la realtà fu molto più variegata e accidentata, ricca di contraddizioni, balzi in avanti, chiusure retrive.

2. *Dalla famiglia alla politica*

Rari sono i ricordi, soprattutto tra le donne, in cui la scelta di «fare politica» appare in netto contrasto con le tradizioni politiche e culturali della famiglia. Nel caso di Alba Spina,[8] ad esempio, il conflitto riguardò proprio gli aspetti esistenziali del suo percorso di approdo alla cospirazione. La sua famiglia, infatti, era orientata nettamente in senso antifascista, ma questo non bastava: «Sapevo – dichiarò in una sua testimonianza resa a molti anni di distanza – che i miei non avrebbero preso bene se avessero saputo che andavo alle riunioni clandestine; difatti io ho sempre cercato di tener nascosto; quando poi l'hanno saputo, troppe me ne han dette». C'era una esplicita divaricazione tra l'impegno politico dei suoi familiari e gli stili di vita che le venivano imposti:

> A casa appunto dicevano, «Cosa può interessarti, sei una donna e come tale non devi interessarti di niente; a te piace vestirti bene, allora cerca di vestirti bene, di comprare quanto ti occorre e divertiti». Era difficile far capire che anche per quelle cose era necessario lottare, per avere paghe migliori e una vita più dignitosa. Anche essere come dicevano loro non era facile (...) Era dura per le donne allora. Vedevo in fabbrica 'ste donne che erano sposate: al lunedì o già la sera di domenica incominciavano a mettere a bagno le robe e poi andavano a strofinarle per pulirle. Poi facevano bucato martedì, mercoledì lo stendevano, giovedì lo stiravano, venerdì lo rammendavano ed era ora di cominciare da capo.[9]

Queste situazioni di tensione si ripetevano con una sostanziale uniformità, in una sorta di «modello» segnato dal permanente contrasto tra un «quieto vivere», indicato come l'ambito naturale in cui esplicare la propria domesticità, e una prorompente voglia di forzare quella dimensione, accentuando gli aspetti di rottura e di ribellione esistenziale del proprio impegno politico: «I miei non mi volevano nemmeno più (...) Non me l'han detto chiaro, sapevo che li avrei seccati. Loro erano gente tranquilla, normale, io ero fuori del normale», raccontava Maria Francesca Accossato;[10] e Clementina Ciecato:

> Ma sai Clementina, tu sei denunciata per Soccorso Rosso! Ti tolgono il permesso della tabaccheria. Stai attenta a non andare più in carcere a portare da mangiare, perché non è che tu porti solo per tuo fratello. Allora mio marito, la famiglia, tutti contro. Poi non volevo più andare a messa, non volevo più accettare tutti i consigli (...) Non so come spiegarmi, quando li abbiamo tutti contro si diventa più rabbiosi ancora, più ribelli.[11]

Per Teresa Noce, invece, le tensioni si addensarono solo sugli aspetti religiosi dell'educazione familiare e investirono esclusivamente il rapporto con la madre:

> Quantunque non credessi a quello che dicevano i preti e lo facessi soltanto perché mia madre me lo imponeva, seguivo le pratiche religiose. Forse anche perché credevo sempre in Dio, se non nella Chiesa. Decisi comunque che, credente o meno, in chiesa non ci sarei più andata (...) Mi presi molte botte. Il lunedì mattina mi ritrovai in laboratorio con il viso e le braccia coperte di lividi.[12]

Di fatto, però, la stragrande maggioranza dei percorsi di approdo all'antifascismo furono invece segnati dal loro snodarsi all'interno di reti familiari e amicali profondamente segnate da una vivace cultura di opposizione che portò spesso a identificare nella famiglia l'unica «zona franca» in cui rifugiarsi, ricavarsi spazi di autonomia. Alcune famiglie, come quella più volte citata degli Abbiati, sembravano il terreno ideale per far crescere quel tipo umano, «ribelle e sovversivo», che fu la linfa vitale a cui attinse l'antropologia antifascista su cui si modellarono i militanti rivoluzionari: l'ostinazione caparbia, il sentimento della comunità, la fierezza del mestiere, il solidarismo, il senso del dovere riproducevano tratti caratteristici della cultura operaia e contadina, mescolati insieme e dilatati nella loro carica antagonistica proprio dal fatto di coesistere dentro lo stesso nucleo familiare.[13]

Quanto in particolare alla «scelta delle donne», i 1527 fascicoli del Casellario Politico Centrale intestati a «comuniste» ce le mostrano in maggioranza «inserite in un contesto familiare politicizzato, con legami di parentela o affettivi con soggetti, per la maggior parte uomini, soprattutto fratelli, fidanzati o mariti, attivi nel partito comunista e per questo controllati dalle forze dell'ordine».[14] In alcuni casi questa realtà interveniva nell'orientamento verso l'impegno politico attraverso le modificazioni «oggettive» indotte dagli arresti, dal carcere, dal confino e dalle altre misure poliziesche che colpivano i propri uomini: «Di fronte alla disgregazione della propria famiglia – scrive Patrizia Gabrielli – iniziavano a intraprendere un nuovo percorso, a uscire dall'ambito strettamente familiare, a stabilire nuovi rapporti, assumersi responsabilità mai conosciute».[15]

Tu sai bene – scriveva Ada Bigardi a suo fratello Raffaele – che io non tenevo un Partito, ma oggi che trovo le cose ingiuste verso uomini che hanno un cervello, riflettono e capiscono le altrui sofferenze, che si cerca di opprimerli in celle o in isole lontane perché dediti agli interessi dei lavoratori, ho fatto la mia scelta.[16]

Moltissimi sono perciò i ricordi che si soffermano su una naturale predisposizione della famiglia a funzionare come «ponte» per il passaggio alla politica, soprattutto quelli che attribuiscono un valore di «classe» a una scelta antifascista indissolubilmente legata con la militanza comunista.[17]

Io non ho nessun merito se ho scelto una certa strada perché vengo da una famiglia antifascista. Sono nata a Sagliano Micca l'8 ottobre 1921. Mio padre era fra i fondatori del partito; prima socialista poi nel '21 è passato al partito comunista. Mia madre era anche lei socialista. Era tessitrice e mio padre era cappellaio (...) Alla domenica sera, sposati e non sposati, tutti i parenti ci trovavamo lì dalla nonna (...) E così ci sentivamo, scambiavamo le idee, ché non sapevamo niente! E c'era da comprare l'enciclopedia per poter discutere, ma i soldi mancavano e allora si faceva una raccolta di soldi:[18]

questa testimonianza di Iride Cappellaro fissa i tratti di una memoria collettiva che sottolinea il ruolo «soggettivo» di un «mediatore» interno alla famiglia in grado di spianare il cammino che conduce alla politica attraverso un intervento di tipo culturale, fatto cioè di letture e di studi suggeriti e consigliati.

Mio padre portava a casa tutte le pubblicazioni che trovava alla Casa del popolo. Cominciai così a leggere l'«Avanti». Allora le case editrici mandavano in giro i loro piazzisti a vendere dispense illustrate settimanali di libri famosi. I miei ebbero il buon senso di acquistare i *Promessi sposi* anziché i romanzi di Carolina Invernizio:

il padre di Felicita Ferrero era operaio qualificato alle Officine Savigliano, la madre faceva la pantalonaia in casa; un giocattolo all'anno, il cerchio, i birilli, la palla, le scuole elementari, i primi giornali («La domenica dei fanciulli») attribuiscono un carattere quasi ovvio alla scelta di Felicita.[19]

Lo stesso scenario di indigenza e povertà («come cambiavo asilo, così cambiavamo spesso di abitazione, e sempre per la stessa ragione:

mancavano i soldi per pagare l'affitto e il padrone ci dava lo sfratto (...) durante le vacanze tra la prima e la seconda classe elementare, cioè tra i sei e i sette anni, trovai un lavoro. Il fornaio sotto casa nostra, al quale mia madre doveva parecchie lirette per il pane comperato a credito, trovò il modo di recuperare il suo denaro mandandomi a portare il pane ai clienti»), lo stesso tipo di «mediazione» («mio fratello portava a casa l'"Avanti" e io lo leggevo») rimbalzano anche dai ricordi di Teresa Noce.[20] E le donne intervistate da Bianca Guidetti Serra, Rachele Farina, Annamaria Bruzzone[21] hanno sempre un marito (Albina Caviglione Lusso, Teresa Bosco, Lucia Rosso, Teresa Cerutti, Angelina Fenoglietto, Margherita Vercelli, Edera Felici, Francesca Guasco, Maria Francesca Accossato, Anna Fenoglio), un padre (Rosanna Rolando, Neila Benissone Costa, Anna Bechis, Teresa Cirio, Anna Anselmo, Pierina Capo, Anna Bonivardi, Maria Bronzo, Antizarina Cavallo), un fratello (Maria Grisino, Anna Cinanni, Rita Cuniberti Martini, Rita Comoglio, Clementina Ciecato, Gina Vanoli, Maria Barbero, Olimpia Ballario), un cugino (Carmelina Succio) che le hanno avviate alla politica, in un quadro segnato da una sostanziale uniformità di classe derivata da una comune origine proletaria, dalla scelta maggioritaria per il PCI, dall'essere tutte rimaste militanti di «base». Nessuna ricoprì cariche politiche di rilievo, né all'interno delle rispettive organizzazioni né negli affari pubblici; quando Bianca Guidetti Serra le intervistò, «vivevano tutte modestamente seppure con estremo decoro. Le loro abitazioni linde e curate, talvolta consistenti in una camera o due affacciate su un vecchio balcone comune, erano anch'esse il simbolo di una scelta di vita».[22]

Con impercettibili variazioni questo «modello» finisce con segnare i ricordi che affiorano anche in altri contesti sociali e geografici. Solidamente borghese era, ad esempio, la famiglia di Camilla Ravera: sette figli, il padre funzionario del ministero delle Finanze, un affetto profondo, rispetto e fiducia reciproci, fede comune in certi valori; pure, anche qui troviamo un «mediatore» (il fratello Cesare) la cui presenza è segnata da una forte componente pedagogica sfociata nel consiglio di leggere il compendio del *Capitale* e *Il manifesto dei Comunisti*:

Dopo di allora – scriveva Ada Marchesini Gobetti – si convinse che non nello slancio filantropico, ma nell'economia, nei rapporti di produzione e nel modo di ordinamento sociale e politico era la chiave per risolvere il problema di più umane condizioni di vita per i lavoratori. Quello che era stato slancio sentimentale divenne allora in lei convinzione ideologica.[23]

Cesare si iscrisse nel 1915 alla Federazione giovanile socialista; Camilla lo fece nel 1918 andando a pagare le quote per l'iscrizione del fratello.

Pure nelle famiglie contadine della «bassa» emiliano-romagnola, patriarcali, composte anche di più di venti persone, solidamente incentrate «intorno alla figura del capofamiglia che organizzava il lavoro dei campi e a quella della resdora che era responsabile del lavoro delle donne e della conduzione domestica», erano prevalentemente le figure maschili a trasmettere alle donne i rancori e le paure verso il fascismo.[24] È così abbastanza frequente il ritrovamento di interi alberi genealogici che confluivano nella cospirazione antifascista. Il padre di Novella Pondrelli, ad esempio, e gli zii Germano e Antonio, socialisti, erano capilega dei mezzadri di Molinella, protagonisti della grande vertenza del 1911. Cacciati dal podere vi tornarono due anni dopo. Nel 1914, alla nuova ondata di lotte mezzadrili parteciparono anche i fratelli di Novella, Aldo e Roberto. Nel 1923 tutta la famiglia Pondrelli si trasferì a Minerbio. Spossessati del loro fondo dai fascisti, diventarono salariati e giornalieri. Novella (nata nel 1911) sposò Oliviero Bordoni nel 1930; emigrati in Francia, aderirono al PCI nel 1931. Ritornati in Italia, furono entrambi mandati al confino nel 1939.[25]

Ci fu quindi nelle famiglie antifasciste una marcata predisposizione a rendere fluido il confine che separava la dimensione pubblica da quella privata e nei ricordi delle donne il passaggio alla politica viene prevalentemente connotato dall'assenza di ogni conflittualità nei rapporti familiari, presentati in prevalenza come armoniosi e dominati dall'amore e dal rispetto reciproco; inoltre, la presenza ricorrente di una figura maschile in grado di «mediare» efficacemente la carica dirompente di quel passaggio, si accompagna solo a sporadici accenni a eventuali discriminazioni. Ne risulta così drasticamente ridimensionato lo stereotipo dei padri e dei fratelli che spadroneggiano sulle figlie e le sorelle. Nelle famiglie borghesi il padre diventava un punto di riferimento soprattutto per le donne che entravano nelle professioni intellettuali; qui, nell'Italia popolare che si riconosceva nell'antifascismo, i padri e i fratelli, mettendo le donne in grado di condividere la propria specifica formazione politico-culturale, «ridefinivano i confini del loro agire tra sfera familiare e sfera pubblica, estendendo la rilevanza della loro presenza pubblica e ponendo le premesse di una loro emancipazione personale».[26]

Ne deriva un familismo antifascista connotato con tratti di assoluta specificità rispetto agli altri. Non c'è niente di naturale o di biologico nella sfera familiare; anzi, non solo la famiglia vi appare come collocata tutta all'interno della «società civile», ma assume anche i contorni di una sorta di avamposto spostato molto in avanti, quasi alle soglie del confine con la «società politica».[27] Un familismo propedeutico al senso dello Stato e della cosa pubblica risulta così quanto di più specifico si possa attribuire all'antifascismo, delineando un'alternativa radicale ai comportamenti rivolti esclusivamente a perseguire il bene della famiglia e all'endemica incapacità di agire per il bene comune che portano a riconoscere nel «familismo amorale» uno dei caratteri originari degli italiani.[28]

3. *Famiglia e identità*

Le famiglie antifasciste, dunque, allevavano cospiratori, militanti rivoluzionari e, soprattutto, «cittadini», attenuando, per le donne, il nesso tra appartenenza alla comunità familiare ed estraneità al coinvolgimento nella cosa pubblica. Ma non c'era solo questo. La famiglia, in mezzo a tutte le altre sfere di influenza culturale e sociale, è anche uno dei tanti sistemi di relazione in grado di sedimentare identità, di segnare in senso psicologico, caratteriale oltre che politico, i singoli individui. Al suo interno le «reti» di rapporti intrecciano riferimenti affettivi e condizionamenti economici così da influenzare in profondità i comportamenti e le scelte soggettive dei suoi componenti attraverso un insieme di «valori» che non si esaurisce certo nel ribadire la «separatezza» tra la comunità/unità familiare e la sfera pubblica dei cittadini. Si tratta perciò di considerare il familismo antifascista anche in questa prospettiva, valutandone cioè la capacità di influire non solo sui percorsi di approdo alla «cittadinanza» e sulla dimensione politica dei suoi membri, ma anche sui progetti esistenziali, sul modo di interpretare i vincoli affettivi, sul grado di accettazione delle regole che reggono le consuetudini interne al nucleo familiare, in particolare di quelle volte a garantirne la sopravvivenza economica.

In questo senso, la famiglia che gli antifascisti si portavano dietro anche nella scelta della cospirazione e della lotta politica sembrava fatta non solo di affetti ma anche e soprattutto di riti collettivi, tradizioni, esistenza quotidiana, lavori comunitari: «Cari genitori e famiglia (...) – scriveva dall'esilio Luigi Bagnolati[29] – come è andata coi piselli che penso li avrete venduti tutti verdi, ditemi pure della disposizione della melonaia, delle cipolle, del granoturco (...) appena letta questa lettera distruggetela. Informatemi delle cose del paese».[30] Le precauzioni cospirative adottate segnalavano l'ingresso in un nuovo mondo senza però che la vita che si svolgeva nel vecchio venisse dimenticata. Negli uomini come nelle donne spesso un oscuro senso di colpa si addensava intorno al forzato abbandono dei propri cari, affiorando insieme alla consapevolezza di sottrarsi in qualche modo alle angustie economiche della famiglia senza poter contribuire ad alleviarle. «Carissimi, mi parlate delle vostre condizioni che non sono buone (...) vi assicuro che alla fine del mese vi manderò qualche cosa», scriveva Agostino Novella[31] ai genitori.[32]

Carissimi genitori e famiglia (...) Ho rimorso di dirvi che sono così bene sotto ogni rapporto perché mi sembra un insulto alle vostre condizioni finanziarie; alle volte mi domando se meritavo veramente tutto questo. Ho sognato sempre delle cose strane nella vita e come tale le pensavo, ma mai mi sarei sognato di realizzarli questi sogni. Realizzerò anche il sogno di tornare alla mia cara patria presto?

Così Elgina Pifferi, ricamatrice, latitante, di Castellarano, che scriveva da Argenteuil il 9 maggio 1937.[33]

Per famiglie povere come erano nella stragrande maggioranza quelle antifasciste si trattava pur sempre di un paio di braccia sottratte all'economia familiare e questa realtà alimentava, insieme ai sensi di colpa, anche tutta una serie di tensioni non risolte, litigi appena affiorati e subito repressi, un gioco delle parti che coinvolgeva soprattutto i fratelli e le sorelle. «Umberto, fai attenzione perché essere distante dalla famiglia non si sta bene perché si spende troppi soldi e guarda di ricordarti della mamma che ella è vecchia e bisogna mangiare», scriveva a Umberto Boriani[34] la sorella Giulia;[35] «se oggi non posso aiutarti mentre ti stringe il bisogno, si è perché ho un figlio e una moglie che debbo, sia dal punto di vista borghese che da quello rivoluzionario, mantenere e proteggere»: in questi termini, con una punta di irritazione, Edoardo Macciò si rivolgeva al fratello Mario[36] che gli aveva chiesto di essere aiutato economicamente nel proprio esilio francese.[37] Tra chi era rimasto ad accudire alle cure domestiche e chi era andato via inseguendo le rotte della lotta politica sembravano stabilirsi ruoli precisi, efficacemente delineati in questo scritto del fratello di Pina Zolia, Tino:

Ho l'impressione che tu sia ancora troppo bambina e ti piaccia passare per una perseguitata quando non c'è ancora bisogno. Come quando da ragazzi si gioca a guardie e ladri (...) mi sembra che prima di guardare tanto in alto, verso l'ideale, come fate voi esaltati, dovreste un po' scendere tra noi terreni e allora potreste accorgervi che avete degli altri doveri: quelli verso i propri figlioli![38]

Da un lato, quindi, «tanti grilli per la testa» e una sostanziale irresponsabilità adolescenziale; dall'altro serietà e consapevolezza dei propri doveri, soprattutto di quelli verso i genitori e i figli. Ma non era sempre così. In altri casi prevaleva una solidarietà incondizionata, talvolta accompagnata dal rimpianto di non poter condividere quella stessa scelta di rottura e di fuga dalla banalità di una routine quotidiana sempre uguale a se stessa:

Ti ammiro Emilio caro, – scriveva ad esempio a Emilio Guarnaschelli la sorella Maria, il 31 maggio 1935 – perché tu sei ancora forte per chi ti vuole tanto bene, e sai mandare ancora sprazzi di luce e di gaiezza affinché non abbino a sapere il tuo soffrire (...) Di me poco ho da parlarti la vita trascorre monotona fra lavoro e casa e il nostro modo di campare è alla meglio. Circa un mese fa è morta la signora Saccomanni e ha lasciato due bambini che a loro volta dovranno mettersi a lavorare. La zia Marietta sta bene (...); e anche loro a stenti vanno avanti continuando a vivere in quella specie di tugurio dove il sole non mette mai il naso. La zia Rosa è invece a Villadeati dopo essere stata un intero inverno a servire a casa di una vecchia maestra bisbetica è tornata a casa magra e patita (...) Giovanin è stato richiamato in Africa orientale (...) Miserie, miserie, come vedi ci siamo abituati e si va avanti.[39]

E proprio Emilio Guarnaschelli ci consente uno sguardo riassuntivo attraverso il quale tentare di ricondurre a una sintesi unitaria la contraddittoria molteplicità e varietà di questi atteggiamenti. Nel fascicolo a lui intestato presso la Divisione Polizia Politica si addensano tutte le vicende del suo nucleo familiare (una madre che, nel 1931 – quando cominciano i rapporti del fiduciario dell'OVRA, il cavalier Venanzio Coda – aveva 55 anni, una sorella, Maria, tre fratelli, Mario, Alerino e Ludovico, le cognate), lasciando affiorare un impasto strettissimo tra i piccoli eventi che scandivano la normalità di qualsiasi famiglia italiana (matrimoni, coabitazioni forzate, la casa materna da vendere, i litigi per interesse) e la grandiosità degli scenari che segnavano la biografia di Emilio, prima nel suo lungo peregrinare di esiliato, poi scaraventato in Siberia dalla deportazione staliniana.

Da casa Emilio veniva minuziosamente informato su tutto. Il fratello Mario gli scriveva per lamentarsi dell'ostilità di una cognata:

Appena visto che poteva girarlo come voleva il marito, nostra cognata ha agito in modo di fabbricare il motivo per far abbandonare la casa e la mamma a nostro fratello (...) ha tessuto una sottilissima rete di menzogne sleali a danno di nostra madre;[40]

la sorella per raccontargli dei suoi studi e dei suoi svaghi:

In questi giorni ho ripassato le lezioni del poliglotta francese; ho studiato anche diverse poesie di Ada Negri, *Madre operaia*, *Gli ultimi saranno i primi*, ecc. (...) Credo che tu la conosca un poco, poiché devi sapere che sto facendo una scelta raccolta di poesia. Assiduamente frequento le lezioni di atletica leggera, ho constatato che giova alla salute e da un po' di svago alla mente;[41]

la mamma per informarlo delle sue ristrettezze economiche:

Ora si sposa Alerino il 10 giugno, e lui pure desidera di mettersi da solo cioè formarsi una casetta più vicina al lavoro ed invece bisogna che porta la sposa in casa altrimenti non posso pagare più l'affitto, ed è per questo e per altri motivi che io ho deciso di vendere (...) Tu da lontano non puoi comprendere in due anni che manchi da casa le cose si sono cambiate di molto, ma con ciò io e Angiolina andiamo pienamente d'accordo, si sta meglio così. Io fin'ora ho sempre fatta la volontà dei figli e l'ho sempre sbagliata, ora credo di poter comandare un po' anch'io e ho deciso di vendere. Non offenderti se sono franca, ma devi sapere che mi sono mangiata tutto per tirare avanti.[42]

Emilio è totalmente partecipe di tutte queste vicende. Risponde con puntualità a ogni lettera e non rinuncia a intervenire quasi col piglio del capofamiglia pur essendo lui il più piccolo dei fratelli. Dispensa così consigli a Maria:

Ti ripeto non sprecare tempo, studia e studia sempre e ti troverai contenta. Attingi più che puoi alla fonte del sapere, pensa che le possibilità vostre sono già ristrette, però si deve riuscire ugualmente, purché si voglia, la tua giornata la devi spendere in un piano di lavoro stabilito prima, cioè scegliere quello che desideri imparare e persistere fino in fondo. Devi importi il voglio d'Alfieri,[43]

esprime il proprio dissenso alla madre sulla decisione di vendere la casa, senza rinunciare a stigmatizzare duramente il comportamento di uno dei fratelli:

Credimi mamma che non mi posso persuadere che voi facciate una cosa simile. Ne soffro talmente ch'io non debba più rivedere quell'orticello che ti confesso che sarà meglio che non mi comunichiate quando l'avrete venduta (...) ma quel benedetto Vico cosa fa (...) Dove si trova quel Vico di un tempo, con tanti difetti ma con una virtù che gli faceva da paravento a tutte le sue passività, cioè il suo disinteressamento verso il denaro, quel Vico che se ne infischiava d'essere senza un soldo in tasca?[44]

Ma è, tra tutte, una lettera all'altro fratello, Alerino, quella che ci fornisce la cifra più giusta per dipanare il groviglio di fili che teneva unito Emilio alla sua famiglia:

La mia mano – gli scriveva da Barcellona il 14 maggio 1934 – si serrerà alla tua con tanta riconoscenza. Ch'io porto a coloro che hanno fatto qualcosa per il benessere di casa. Io ho preso una strada nella quale si può raccogliere fortuna solo sporcandosi, diversamente la mia meta è altra, per questa ragione io resterò e sono il fratello povero, ma per dio non sono meno orgoglioso di essere e restare tale. Sono certo che tu avendo deciso di convivere in casa con la tua compagna sarai certo che sarà una convivenza felice, questo sarà l'essenziale per la calma tua e di mamma.

Emilio, dunque, non solo non aveva abdicato a nessuna delle sue funzioni in seno alla famiglia, ma utilizzava l'eccezionalità delle proprie scelte per attribuirsi un'autorità e un carisma che il suo ruolo di fratello minore gli avrebbe negato se fosse rimasto racchiuso dentro le mura domestiche. Partecipava, inoltre, agli episodi che gli venivano raccontati con un totale coinvolgimento affettivo, ponendo alla pienezza dei suoi affetti familiari un unico limite, quello di non soffocare o stravolgere la propria scelta di vita. C'era insomma in Emilio, in maniera quasi paradigmatica nei confronti dell'intero universo del familismo antifascista, un'adesione completa e profonda ai valori sentimentali della famiglia, coniugata però con il rifiuto netto dei condizionamenti economici che da essi scaturivano.

4. *Suppliche e madri*

In un'altra lettera al fratello Rino, a proposito dell'eventualità che la mamma fosse costretta a traslocare, Guarnaschelli sbottava in tono ammonitorio: «Ciò che più mi addolora è il pensiero che mamma vada ad abitare sola, essa abituata a una nidiata di figli, la solitudine le farebbe versare lacrime. Il pianto di madre con lacrime di sangue, guai a quel figlio che non sappia sacrificare tutto pur di vedere sorridere la propria madre».[45] E alla madre – più che alla sorellina minore – egli riservava in esclusiva un atteggiamento di ammiccante complicità: «Una domanda indiscreta, mamma – scriveva nel poscritto di una lettera del 22 novembre 1933. – Molti mi domandano quanti anni hai, io non lo so giusto, però per non sbagliarmi dico sempre come mi dicesti una volta e cioè che hai 40 anni. Mi sbaglio? Ti prego fammi sapere».[46]

La mamma di Guarnaschelli era una delle tante che affollavano le lettere degli antifascisti: «La mamma è vanti a tutto, la mamma è me stesso», scriveva ad esempio Valentino Baroncelli.[47] Mamme sempre amate, mamme talvolta invocate in una dimensione in cui la morale eroica tendeva a dileguarsi quasi in uno slancio di regressione infantile: «Sono come un povero uccellino fuori nido e per di più solo al mondo (...) senza madre-padre-non più fratello, non più sorella», scriveva Vincenzo Mazzone.[48] Madri da rassicurare, informare sulla propria vita da esuli e da clandestini accentuandone enfaticamente tutti i tratti di tranquillizzante normalità:

Carissima mamma, – scriveva il 22 settembre 1925 Gigino Cinelli – da tre giorni mi trovo a Berlino, la ragione per cui ho dovuto lasciare la Francia è molto comprensibile. In questi giorni si sono avute in Parigi numerose espulsioni di operai stranieri ed in particolare modo di italiani, come io prevedevo sono stato espulso tra i primi (...) Questo non deve preoccuparti perché io qui mi trovo bene, sono ospite di una famiglia che sono dei compagni più che ottimi, hanno per me le cure materne, posso considerarli secondi genitori. Mi conducono sempre con loro a passeggio o a teatro;[49]

e Vincenzo Mazzone, l'8 ottobre 1929: «Io intanto non ti farò morire di fame e sempre riceverai aiuti dai miei fratelli esteri cui avranno sicuramente compassione e pietà per la mia famiglia (...) io mi sono già fidanzato con una bella ragazza italiana, se la passa bene può stare a mio confronto».[50] Madri, infine, da rendere partecipi e complici della scelta cospirativa, utilizzando come «copertura» proprio le apprensioni e i pudori che caratterizzavano tradizionalmente le loro figure: «Riguardo al fatto di quelli amici le cose stanno così, a quelli che mi domandano dove sei le diciamo che sei andato in America, ma a questi ti abbiamo già scritto che abbiamo detto che sei andato via con una donna, e non sappiamo dove ti trovi dato che tua madre non è contenta», scriveva Costanza Mancini al figlio Giovanni («Maraschi»), il 1° giugno 1927.[51]

Questa nuvola di sentimenti che si addensava sulle madri ci restituisce, così, un altro dei tratti tipici del familismo antifascista. Collocate al centro dello spazio familiare, esse rappresentavano un passaggio obbligato per i percorsi che si sforzavano di coniugare la carica emancipatoria e liberatoria della rottura con i vincoli e i condizionamenti della famiglia insieme alla continuità delle relazioni sentimentali e affettive tra i suoi membri. Da questa duplice esigenza scaturivano due diversi livelli di comunicazione: da un lato la necessità di trasmettere la consapevolezza che ormai ci si definiva come uomini e donne fuori dal contesto familiare, in un mondo in cui le regole della politica pesavano di più di quelle degli affetti; dall'altro la necessità di ribadire che in quella scelta non si sarebbe mai oltrepassato il limite segnato dall'amore per la propria madre. Oggettivamente, così, sul suo ruolo si scaricavano tutte le esigenze di continuità tra lo spazio della famiglia e quello della politica e il familismo antifascista, quindi, finiva col soggiacere in qualche modo alla riproduzione della figura materna in termini assolutamente tradizionali, riscoprendo per questa via la forza e l'efficacia di legami apparentemente recisi nel momento della «scelta».[52] In particolare nella cultura contadina, poi, la centralità delle madri si giovava anche della loro «capacità di reperire e utilizzare risorse e strategie, di coniugare sfera pubblica e privata, attraverso un atteggiamento pragmatico» consolidatosi nella gestione e nell'organizzazione dell'economia familiare in condizioni materiali assai precarie.[53]

Un profilo documentario di questa realtà ci è restituito anche dalle suppliche rivolte a Mussolini e alle altre autorità dagli antifascisti arrestati. Raramente sono scritte dai diretti interessati, quasi sempre invece scaturiscono dall'interno della famiglia, il cui ambito si ripresenta centrale ogni volta che ci si imbatte con la repressione e l'intervento dello Stato. La tipologia di questi documenti è consolidata: gli stessi giri di frasi, gli stessi svolazzi stilistici, le stesse formule stereotipe appartengono a migliaia e migliaia di documenti analoghi conservati negli archivi del Tribunale Speciale. Era come se l'«appello a Mussolini» appiattisse le differenze sociali, regionali, di cultura, in un'unica modalità espressiva secondo regole dettate ovviamente dagli avvocati e il cui requisito fondamentale doveva essere l'efficacia giuridica. Ciò nonostante, però, nel ribadire il valore strategico della famiglia come struttura difensiva, le varie figure familiari che vi si incontrano non sono tutte uguali, e le loro stesse modalità espositive cambiano a seconda dei ruoli ricoperti al suo interno. Sono sempre i padri, ad esempio, a mettere in campo benemerenze e virtù pubbliche pur occupando i gradini più bassi della scala sociale, mentre tocca alle madri l'esaltazione dei valori della domesticità. Così, il padre del detenuto Attilio Viola, Francesco, allega alla propria supplica un documento in cui «si certifica che Francesco Viola ha tenuto in appalto per dieci anni la manutenzione della strada vicinale della Salinella, dando prova di capacità nella sua arte»; sua madre Carmela, invece, in una lettera indirizzata al presidente del Tribunale Speciale, si affretta a spedire una foto con lei, il marito e le dieci figlie femmine: «Questa è la mia famiglia Viola, ci mancano i tre maschi: il maggiore trovasi al confino a Lipari, l'altro al carcere di Taranto, il più piccolo è malato di mente colpito dalla meningite».[54]

Sono rare le abiure esplicite come quelle di Attilio Sciava che dichiarava di essersi iscritto «al partito comunista agli inizi dell'anno 1925 (...) perché afflitto da una fortissima nevrastenia che mi aveva portato sull'orlo del suicidio».[55] In generale alla supplica si chiede di certificare anzitutto la rispettabilità del detenuto, tentando di rendere congrui quei documenti non solo con i valori politici del fascismo, ma anche e soprattutto con i suoi modelli esistenziali. Tra le benemerenze vantate per ottenere clemenza affiora, ovviamente, un attaccamento al fascismo e alla monarchia invocato anche in casi molto improbabili («Io domando, – scriveva a Mussolini Giuseppe Del Prete – chi mai è stato sovversivo? Il mio attaccamento al fascismo era evidente poiché facevo parte del circolo filodrammatico Taras di cui l'alto patronato era rappresentato da V.E. e da S.E. Federzoni. Come potevo mai essere un collaboratore del partito comunista?») o ancorato, come nel caso di Romanazzi Antonio, a «prove» molto discutibili: «La sera del 20 giugno quando andarono a perquisire in casa non trovarono che il quadro della famiglia reale e il quadro di sua eccellenza e il foglio del giuramento fascista di mio padre (...) non allungo la mia supplica di grazia per non rendermi troppo seccante».[56] In mancanza di meglio, si tenta di far funzionare anche un semplice attestato della scuola elementare frequentata dai propri figli, come nel caso di Giuseppe Guarrata di Palermo, arrestato il 27 ottobre 1926: «Si testa che la bambina Jolanda Guarrata (...) frequenta da 5 anni la scuola elementare di questo istituto Mamiani e ha sempre preso parte con la famiglia a tutte le manifestazioni religiose e patriottiche promosse da questo istituto».[57] In questa direzione, il tentativo forse più estremo (e per di più attraversato quasi da una consapevole autoironia) è quello operato da Teolda Montemaggi, la moglie di Emilio:

Un fatto che agli occhi degli altri potrà sembrare insignificante – scriveva a Mussolini il 2 maggio 1941 – a parer mio costituisce la dimostrazione più chiara che nessuna mira politica e nessun intento riprovevole ha motivato il gesto di mio marito. Sedici anni orsono, nel 1925, quando la Maestà del re e imperatore fece visita agli altiforni di Piombino, tre operai furono incaricati dalla direzione di offrire a Sua Maestà un mazzo di fiori a nome delle maestranze: uno di questi operai era mio marito.[58]

In prevalenza, comunque, si tende a esaltare, specialmente al Sud, i sentimenti religiosi («non ho mai appartenuto ad associazioni avverse, – scriveva Cosimo Sgobba – anzi sono io iscritto al Sacro Cuore di Gesù e la tessera di tale associazione la applico alla presente, come anche la mia famiglia per mia devozione ogni anno danno una piccola festicciuola in onore della Immagine di S. Cosma e Damiano») e la laboriosità, così che numerose suppliche recano in allegato certificati di associazioni religiose di paese o attestati rilasciati dai datori di lavoro: «Sempre attivo, ubbidiente a qualsiasi comando e ottimo lavoratore intelligente e appassionato», così viene presentato dall'Impresa di Costruzioni comm. Remo Gadola il detenuto Egidio Valeri, in una supplica scritta da sua moglie, Concetta Moro («Il marito della esponente, onesto lavoratore incensurato sotto ogni rapporto morale e politico, mai appartenente a partito sovversivo, ubbidiente e religiosissimo, come ne fanno fede gli allegati documenti»).[59]

La rispettabilità che si insegue non è mai quindi quella che deriva da una ortodossa militanza fascista, ma appare modellata sui valori tipici della borghesia, primo di tutti un tenace attaccamento alla famiglia e al lavoro, poi una robusta rete di relazioni sociali:

Orfano a due anni, scuole dei Confratelli Cristiani a 15 anni, operaio perfetto e ricercato, a 20 anni direttore di tipografia; nel 1912 sposai d'amore la mia consorte; mai la più piccola nube offuscò la nostra unione, le nostre pene, i nostri dolori, le nostre gioie furono sempre reciproche. Non feci mai parte di nessun partito – scriveva da Torino Mario Anesi. – Ero iscritto al Touring Club italiano (per qualche piccola gita in montagna per la mia malferma salute), alla Pro Arte e Cultura, alla Famija Turineisa a cui appartenevo quasi dalla fondazione e nella quale prestai con zelo la mia opera per il buon «Servizio d'Ordine»; fui confratello e fondatore della Conferenza dei Santi Vincenzo e Paolo, il quale scopo era di visitare i poveri nelle soffitte e donare loro l'obolo. Le imploro questo perdono: senza essere fascista sarò il più scrupoloso osservatore delle leggi.[60]

Alle madri erano riservate corde e tonalità del tutto diverse. In questo caso le regole del genere letterario dettate dagli avvocati venivano fedelmente ricalcate su tutti gli stereotipi più tradizionali raggrumatisi sulla figura della *mater dolorosa*, sia che si trattasse di invocare clemenza per se stessa, come nel caso di Anna Testa da Torino («sono una infelicissima madre di due giovani figli e ho sempre lavorato umilmente per tutta la vita al governo della casa, pensando soltanto alla crescita dei miei figli e al mio povero marito (...) Nel nome santo della Vostra mamma, un'altra mamma si rivolge alla vostra pietà. Sono ai vostri piedi con tutto il mio dolore e tutta la mia speranza»),[61] sia, soprattutto, quando si implorava pietà per i propri figli: Maria Vitti scriveva da Taranto a «S.M. la Regina d'Italia»:

La sottoscritta, madre di 11 figli, piangente e supplicante si rivolge alla maestà Vostra chiedendo grazia per quanto ha l'occasione di esporre (...) è la madre di Gabriele Cosimo di anni 17 (...) Maestà, voi madre dei poveri e dei pietosi, solo voi potete intervenire in un fatto di liberazione;[62]

Maria Caviglia, madre di Emilio Soncini di 17 anni («uno sventurato che deve la sua disavventura all'età tenera e inesperta. La patente deve mendicare la vita a frusto a frusto per sé e per la famiglia»), scriveva da Genova;[63] Angela Marchelli da Alessandria:

Duce, convinta che più che a qualsiasi altro, si commuove il vostro magnanimo cuore al disperato grido di una povera madre, permettete ch'io ardisca innalzarvelo per muovervi a pietà del mio stato. Da anni colpita da una sequela ininterrotta di sventure quali quelle atrocissime d'aver assistito impotente alla morte di una sorella e di una zia ambedue perite nel tragico disastro della rottura della diga di Ovada (...) Duce questo figliuolo mio, non è mai stato cattivo, non può aver mancato, viveva per la ricostruzione della sua casa e ci aiutava col suo lavoro;[64]

Maria Borgna, da Torino si rivolgeva a S.A.R. il Principe di Piemonte: «Io sono orfana e non ho parenti diretti; vivo e con me vivono i miei bambini dell'elemosina dei vicini di casa e dei conoscenti. Mi trovai nella dura condizione di vendere il letto e le poche stoviglie per non lasciare morire di fame i bambini».[65]

Dai contesti geografici più disparati rimbalzano sempre le stesse immagini: donne rassegnate e dolenti che cercano di commuovere i propri interlocutori lontani personalizzando la supplica, lasciandovi scorrere liberamente le proprie lacrime e le proprie sofferenze. Non era solo la finzione avvocatesca a promuoverle. I tratti sono troppo insistiti e uniformi per non lasciar pensare che in questo caso lo stereotipo sia anche uno specchio fedele della realtà. Era come se le madri assumessero su se stesse tutto il dolore della separazione, delle crisi esistenziali inevitabilmente legate al passaggio dalla sfera domestica a quella pubblica, dal silenzio e dalla passività casalinga al protagonismo politico e fossero perfettamente consapevoli di rappresentare l'estrema propaggine del tentativo di trattenere – attraverso la mozione degli affetti – i figli e le figlie sull'orlo del baratro della rottura definitiva con la famiglia.

La mamma di Altiero e Veniero Spinelli ci pare in questo senso una figura esemplare. Madre di otto figli, separata di fatto dal marito che le aveva preferito una donna molto più giovane, trepidante per la salute di una delle figlie gravemente ammalata di tubercolosi, un figlio in galera e gli altri due ricercati,[66] nei ricordi di Altiero (e lo vedremo meglio in seguito) Maria Ricci Spinelli appare come prigioniera di un nugolo di malattie da lei consapevolmente usate per tentare di fermare i figli, di farli desistere dalla loro scelta antifascista. La realtà restituitaci dal fitto carteggio intrattenuto in particolare con Veniero è molto diversa ed è anzi tale da far risaltare in maniera paradigmatica la complessità e lo spessore del ruolo interpretato dalle madri antifasciste. Maria Ricci non si limita a implorare i figli perché tornino alla normalità domestica, riacquistino ritmi di vita sereni e pacificati. Sempre i suoi appelli sentimentali si accompagnano con una vigile presenza, una ferrea determinazione a non perdere mai i contatti con i suoi ragazzi, la volontà di seguirli sul piano affettivo anche lungo sentieri di cui non si condividono i presupposti ideologici e politici. Certamente nella sua autorappresentazione ritorna insistita l'immagine di una madre circonfusa da un'aura di dolente mestizia:

> Le tue affettuose parole – scriveva a Bianca Tosoni Pittoni, la fidanzata di Veniero, il 3 aprile 1936, – sono di conforto al mio cuore, come quelle di persona che comprende il dolore materno, lo condivide. Io sono fisicamente assai sofferente; spiritualmente sempre presa da innumerevoli ansietà, da un continuo addensarsi di nubi dai colori più neri e minacciosi (...) Naturalmente questo stato di dolente ansia si riverbera sulle tre figliole che mi vivono accanto e incidono sulla loro giovinezza un solco la cui traccia rimarrà incancellabile;[67]

e direttamente a Veniero, una prima volta il 7 giugno 1935 («sento il dolore tuo, di tuo fratello, di queste figliole che accanto a me soffrono e tacciono accettando rassegnatamente il loro triste destino (...) il cuore mi si spezza per lo spasimo. Pure vivo ancora, vive soprattutto la mia anima che si permette il desiderio di sperare uno spiraglio di luce in mezzo a tanta tempesta») e un'ultima il 7 giugno 1941: «Da sette anni e mezzo non ti vedo: tu sei diventato uomo, io mi sono fatta vecchia, le illusioni sono svanite, le speranze cadute; altro non resta che questo immenso tenace affetto che mi lega a te come agli infelici figliuoli».[68] Poi, però, man mano che si scorrono le lettere che affollano il loro fitto carteggio si scopre che Veniero le si rivolge per chiederle di aiutarlo economicamente («I tuoi s.o.s. mi arrivano al cuore con uno spasimo che solo una madre può sentire; ma io non ne posso più. Cerca di capirmi. Ora scrivi appena ricevuto il vaglia e toglimi da questo tormento»),[69] le confida le sue pene d'amore («carissima mamma, tra giorni verrà a visitarti la mia compagna, la quale non sa che io ti ho informato della relazione che ci unisce, e quindi si presenterà come una conoscente. Sono sicuro che non tradirai il segreto»),[70] le racconta tutto di sé, anche le proprie disavventure politiche e la rottura con il PCI.[71]

Veniero quindi non rifiuta il rapporto con la madre, ne accetta anche il registro di comunicazione tutto impostato sulle emozioni e sui sentimenti; lo gestisce, però, con la consapevolezza che gli deriva dalla sua realtà di cospiratore. Come per Guarnaschelli, l'esperienza dell'esilio e del carcere lo induce a una modifica radicale del suo atteggiamento nei confronti degli assetti tradizionali delle gerarchie familiari e questo mutamento traspare anche dai toni e dal linguaggio delle sue lettere, nelle quali, senza rinnegare niente sul piano degli affetti, finisce per assumere un ruolo in cui non c'è più nessuna traccia di subordinazione filiale, operando una sorta di autoinvestitura pedagogica che lo porta a impartire a sua madre delle lezioni di vita quasi paradossali.

Tu, per esempio, – le scriveva il 3 giugno 1934 – te lo dico francamente, perché vorrei che così non fosse, non sei capace di conquistare questa libertà, per lo meno nella situazione attuale. Ti sei scelto un marito che non ha risposto affatto al tuo ideale? Bene, convengo che allorché constatasti questo definitivamente non devi averne provato una grande gioia; però tu hai commesso l'errore di supporre che tutta la tua vita fosse ormai spezzata e torni continuamente, anche se non lo confessi, a ripiegarti su questo che dovrebbe rappresentare un periodo della tua esistenza ormai superato ma che al contrario prolunghi, con danno tuo e di chi ti vuole bene. Escine mamma, prosegui il tuo cammino senza preoccuparti ancora di un individuo che ormai non ha più valore per te.[72]

E a questo radicale sovvertimento delle gerarchie tradizionali si lega un rapporto col padre definito in termini apertamente conflittuali, senza più nemmeno la mediazione affettiva che segna i rapporti con la madre. In una lettera firmata (senza nessuna traccia di autoironia) «Vindice», Veniero spinge così il suo nuovo ruolo protettivo nei confronti della madre fino all'eccesso più estremo, arrivando a sfidare suo padre in campo aperto:

Essendo arrivato e non da oggi – gli scrive dandogli ostentatamente del lei – alla ben fondata convinzione, basata d'altronde su documenti, che lei persegue quotidianamente un fine delittuoso, quello di provocare la morte di mia madre, per potersi liberare, così, anche degli altri figli, come ebbe occasione di comunicare, e unirsi infine legalmente con la sua giovine amante Angelina Moroni, non potrei non intervenire con tutte le mie forze per impedire che i miei parenti, privi di ogni difesa siano votati a tanta sciagura. Da questa breve premessa lei comprenderà facilmente che l'unico terreno su cui si svolgeranno da oggi in poi le nostre relazioni, che avrei volentieri spezzato per sempre, è il terreno della forza. La invito perciò, nella sua qualità di capo effettivo della famigerata banda Spinelli, a provvedere, dal 30 corrente in modo adeguato alle esigenze dei miei parenti. Se entro il 2 luglio lei non avrà dato atto all'accettazione di questa condizione (...) lotta accanita con tutti i mezzi, senza remissione di colpi e senza tregua.[73]

E tanto per ribadire la sua posizione, pochi giorni dopo scriveva alla zia Corinna: (...)

Sono convinto del mio atto (...) Certamente, invano si cercherebbe nei trattati moralistici esempi e regole per un operare conforme al mio, tuttavia il mio agire è informato da un concetto alto dell'umanità, concetto a cui non verrò meno nella lotta contro i miei nemici. Sono certo che la banda Spinelli non ardirà minacciare mamma, ma se qualcuno osasse (...) guai a lui, perché in questo caso non esiterei a rientrare per trucidarlo.[74]

Veniero, quando scriveva queste frasi truculente, aveva poco più di vent'anni e probabilmente questo era il modo che inconsapevolmente aveva scelto per congedarsi dall'adolescenza. Ma questo esempio forza i confini della sua vicenda individuale per diventare un piccolo compendio di tutti gli elementi che segnano il rapporto con la madre nelle famiglie antifasciste: continuità degli affetti, rottura con la famiglia/istituzione, modifica dei ruoli gerarchici interni al nucleo familiare, rifiuto netto dei «condizionamenti» economici.

Per le donne questo scenario si arricchiva di un'ulteriore specificità. Per quanto potessero essere concordi e solidali con le scelte delle figlie, le loro madri avevano alle spalle esperienze troppo dure perché le loro aspettative non si indirizzassero lungo i binari di un'esistenza che fosse almeno più serena e tranquilla della propria. Da entrambe le parti, così, la mediazione affettiva risultava meno efficace che nel caso dei maschi. Era come se il passaggio «dal ruolo privato al ruolo pubblico, dalla emarginazione alla presenza sociale portasse necessariamente se non a una rottura, a un distacco dalla madre concreta, ad un avvicinamento conflittuale con l'universo maschile».[75] Una volta diventate antifasciste, le donne avvertivano come più percepibile e più concretamente vicina l'esperienza dei propri padri e dei propri fratelli, misurando il distacco con la goffaggine delle madri, in gran parte totalmente sprovvedute quando venivano chiamate a frequentare uno spazio pubblico. Esperienze al femminile analoghe a quelle di Veniero Spinelli risultano così immediatamente più radicali: i toni della rottura sono drastici, il capovolgimento delle gerarchie e dei ruoli insegue rotte molto più estreme:

Mi dite di ritornare a casa pel *mio bambino* – scriveva Pina Zolia ai suoi genitori – (...). Per ora so che molti ostacoli si frappongono a questo mio desiderio, e purtroppo con molto dolore ci rinuncio, s'intende almeno per il momento. Vi prego, però, di non parlare mai più delle *autorità* a cui dovrei rivolgermi altrimenti io sarei costretta a sospendere ogni relazione con voi. Ciò mi costerebbe molto perché so che mi volete bene e io vi voglio bene. Posso perdonarvi alcune debolezze, ma non posso perdonarvi che voi dimenticate che io prima di ogni cosa sono e rimarrò una *comunista* ed in Italia ci tornerò quando ci sarà il governo degli operai e dei contadini. Vi parlo un po' duramente e questo non mi fa piacere e non farà piacere a voi. Sapete però bene che con le mie idee politiche, di cui sono pienamente convinta, non ho mai permesso a nessuno, neanche a quelli a cui voglio molto bene, che ci scherzassero sopra. Non ne parliamo più.[76]

7.
L'amore

1. *Innamorarsi durante il fascismo*

Per le donne che si innamoravano negli anni del fascismo si ripeteva uno schema ancorato a un sistema di norme tanto rigido quanto universalmente diffuso: «Il fidanzato era sempre considerato il promesso sposo; non c'era possibilità di mettersi insieme per coppie che, per quanto romanticamente legate, non fossero certamente o almeno probabilmente destinate a sposarsi»[1] e la prospettiva matrimoniale escludeva ogni contatto sessuale durante il fidanzamento. Erano tutte «fasi» di un processo consolidato dalla tradizione: c'era prima il corteggiamento, punteggiato da sporadici incontri, peraltro molto sorvegliati dai familiari; poi si arrivava al fidanzamento ufficiale e, infine, con l'indispensabile consenso dei genitori, al matrimonio. Soprattutto nelle campagne, intorno alla difesa dell'onore familiare si strutturava un occhiuto sistema repressivo per vigilare sulla rigorosa osservanza di queste regole: più che le ingiurie o il disprezzo degli uomini, le ragazze disonorate temevano lo scontro con i genitori. I costumi contadini consentivano che il padre bandisse la figlia rimasta incinta senza essere sposata non solo per l'onore offeso, ma per la delusione che essa aveva inflitto a coloro che contavano su una sua redditizia sistemazione.[2]

Con una efficacia appena attenuata, quelle regole valevano anche nei grandi complessi urbani più segnati dall'industrializzazione, sostenute e garantite da una rete capillare di controllo sociale: mancavano persino gli spazi fisici per l'intimità, dato l'affollamento delle case e l'angustia delle «comunità» di quartiere, e non c'era nemmeno la possibilità di sottrarvisi ricorrendo al buio di una sala cinematografica e alle alcove improvvisate sui sedili posteriori delle automobili (in Italia si contavano un'auto ogni 99 persone, un posto al cinema ogni 30).[3] Venivano guardati con sospetto anche i caffè, i teatri e i giardini se potevano fornire pretesti alle coppie per «accostarsi indecentemente». Nei loro eccessi più estremi, i moralisti di regime arrivarono a considerare i balli moderni «una vera cerimonia eccitatoria alla guerra e all'orgia sessuale»,[4] gli stabilimenti balneari «luoghi di scandalo e di eccitazione carnale»,[5] il cinematografo «un veleno e un afrodisiaco potentissimo né più né meno che l'alcool, la nicotina e il caffè»: «L'adolescente – scriveva Mario Bernabei – non conosce ancora nella realtà la gioia del bacio femminile e dell'abbraccio, e il cinema gli offre la visione musicale, e perciò ancora più dolce di questo bacio e di questo abbraccio».[6]

In questo scenario l'amore veniva considerato quasi un incidente di percorso, un surplus di turbamento sentimentale che alterava pericolosamente il succedersi di «fasi» la cui scansione era fissata in un immutabile copione. Non era solo un problema di castità; un amore depotenziato di ogni passione, lontano da ogni eccesso e da ogni pulsione, era più facilmente controllabile, meno destabilizzante per un modello di relazione la cui armonia richiedeva essenzialmente serenità, tranquillità, pacatezza: soprattutto nei confronti delle donne, «la passione, quella d'amore in particolare, distoglieva da percorsi prestabiliti già tutti predetti in termini di fedeltà, sacrificio, dedizione, silenzio».[7]

I condizionamenti che ispiravano questa concezione dell'amore e limitavano la libertà sessuale derivavano in gran parte dalla imperante morale sessuofobica che il fascismo aveva mutuato dalla Chiesa cattolica così come era stata codificata nell'enciclica *Casti connubii* pubblicata nel 1930 (il cui testo le autorità dello Stato italiano decisero di regalare a ogni coppia di nuovi sposi che contraevano il matrimonio). Il regime si assunse il compito di traghettarla sul piano statuale lasciandone assolutamente intatti i princìpi che la ispiravano. In questo senso la adottò in una versione «razionalizzata» che tendeva ad esaltarne, in nome della salute pubblica, essenzialmente i risvolti igienico/sanitari:

> La masturbazione portava tubercolosi, impotenza, malattie della colonna vertebrale; il controllo delle nascite causava nevrastenia, infezioni del tratto urinario e in alcuni casi la morte per peritonite. Il rossetto portava il cancro alle labbra, e i contatti fisici tipo il bacio diffondevano le malattie.[8]

Era una «medicalizzazione» della morale sessuale che la sradicava dalla dimensione totalmente privata in cui tendevano a confinarla gli istituti consolidatisi intorno all'«onore» familiare e tale quindi da legittimare un intervento pubblico funzionale al progetto totalitario del regime ma che, al solito, non rappresentava affatto una rottura nei confronti dell'impostazione della Chiesa. Semplicemente si agitavano gli stessi precetti accreditandoli sul piano della prescrizione scientifica: la castità si opponeva alla masturbazione o ai rapporti sessuali precoci in nome della lotta allo spreco delle risorse da convogliare nell'ambito del matrimonio e della procreazione; anche all'interno del matrimonio si raccomandava ai coniugi di moderare i propri rapporti sessuali per evitare un eccessivo affaticamento: «Sarà meglio sbagliare nel senso di essere troppo moderati, che in quello opposto. Non bisogna aspettare che giungano i mal di capo, la stanchezza, le vertigini, le nebulosità davanti agli occhi, il ronzio d'orecchi, il tremito delle dita e la paralisi».[9]

In questa direzione, l'altra strada percorsa dal regime fu quella di irrobustire quegli stessi precetti con una serie di sanzioni legislative e amministrative. Non si trattò soltanto di varare norme giuridiche funzionali al raggiungimento degli obiettivi della campagna demografica e della conseguente condanna del controllo delle nascite (a questi scopi potevano essere orientati il maggiore impegno messo nella battaglia contro l'aborto o provvedimenti come quello della tassa sugli scapoli); la previsione legislativa del «delitto d'onore», il modo in cui nel Codice Rocco furono considerati reati come l'adulterio o il concubinaggio, la violenza carnale o l'incesto, la diversa gradualità delle pene previste per gli uomini e per le donne, furono elementi di un disegno strategico più complessivo, incentrato tutto sull'enfatizzazione dei tratti più tradizionali della morale sessuale, soprattutto per quanto si riferiva al rapporto uomo/donna all'interno della coppia coniugale.[10] Il risvolto amministrativo di questo disegno fu un uso indiscriminato della censura, manifestatosi in forma precoce, già all'indomani della conquista del potere, nel febbraio-marzo 1923, quando, in una grande retata poliziesca successiva alla pubblicazione di *La garçonne* (il romanzo a causa del quale Victor Marguerite aveva perso in Francia la Légion d'honneur) furono confiscate non solo le cartoline erotiche, ma anche le riproduzioni delle Veneri di Tiziano. Tra i libri sequestrati figurarono *Le memorie* di Casanova e i romanzi di Oscar Wilde, Guy de

Maupassant, Pitigrilli, ma anche l'opuscolo *Come ci possiamo difendere dal pericolo venereo* di Lino Marchisio, pubblicato a cura della moralissima Associazione italiana per l'Igiene.[11]

Fu questo l'humus nel quale attecchirono stereotipi maschili sulle donne destinati a sopravvivere alla stessa vicenda storica del fascismo per radicarsi in profondità nel costume italiano, primo fra tutti quello che operava una netta distinzione tra le donne con le quali ci si poteva «divertire» e le altre «da sposare». Il cattolico Circolo della Gioventù femminile aveva dato una veste istituzionale a questa distinzione, offrendosi programmaticamente «come rifugio rassicurante e consolante dopo la rottura del fidanzamento» a quelle ragazze che avevano rifiutato le profferte di ballo del fidanzato e garantendo un immancabile matrimonio, perché «quando si tratta di sposarsi si viene a cercare voi del Circolo, perché di voi si è sicuri che ci sarete fedeli, ma delle ballerine no».[12] Non era il solo stereotipo a essere indicato con una coppia di termini che si contraddicevano a vicenda. Il binomio moglie/amante, che racchiudeva due degli elementi del classico triangolo a cui le famiglie piccolo-borghesi affidavano la sopravvivenza dei propri ménage domestici,[13] si legittimava anche con il rigore scientifico di Cesare Lombroso, con la sua teoria della limitata sensibilità sessuale della «donna normale» opposta alla sfrenatezza biologica della prostituta.[14] Ed era il modello in cui in realtà si identificava la vera morale sessuale del fascismo, a cominciare da quella praticata e teorizzata da Benito Mussolini.

Molte delle illazioni sui rapporti tra Mussolini e le donne poggiano sulla memorialistica che, a cominciare dai ricordi del suo cameriere personale, affollò il mercato editoriale dell'Italia degli anni cinquanta in un clima che preferiva i toni scandalistici a una riflessione seria su cosa era stato il fascismo per gli italiani. Le conseguenze di questi approcci sfiorarono il ridicolo. Sulla base delle dichiarazioni di Quinto Navarra che il Duce «voleva avere una donna al giorno e riceveva le prescelte a Palazzo Venezia», ci si avventurò allora in una grottesca contabilità di coiti e di amanti, compilando una lista di circa quattrocento donne, sulla base di una fantomatica agenda «sulla quale egli aveva annotato scrupolosamente tutti quei nomi arricchendo l'elencazione con date e episodi».[15] In realtà il suo ménage familiare era assolutamente tipico di quell'Italia, in una sorta di rispecchiamento in cui Mussolini rinviava agli italiani l'immagine di sé che essi stessi sollecitavano. Il mito della virilità lo costringeva a un approccio in un certo senso obbligato nei rapporti con l'altro sesso: «Non divaghiamo a discutere se la donna sia superiore o inferiore; constatiamo che è diversa. Io sono piuttosto pessimista (...) io credo ad esempio che la donna non abbia grande potere di sintesi, e che quindi sia negata alle grandi creazioni spirituali», aveva affermato alla Camera il 15 maggio 1925, in una discussione sulla concessione del diritto di voto alle donne, dichiarandosi favorevole con questa singolare motivazione: «Non accadrà nulla negli ambienti familiari. Per una ragione molto semplice. Non dovete credere che domani la vita della donna sarà dominata da questo episodio. La vita della donna è dominata sempre dall'amore per i figli, o per un uomo. Se non lo ama gli ha già votato contro».[16]

Riusciva così a convivere senza difficoltà con vari modelli femminili. La moglie Rachele era la «sposa» e la «madre dei propri figli», rispettata e amata solo come entità sublimata, pronta a sottomettersi a un ostentato matrimonio religioso il 29 dicembre 1925 – dopo quindici anni che vivevano insieme! – per soddisfare la smania di rispettabilità del marito, o a sfiancarsi in difficili gravidanze senili per dare l'esempio nelle battaglie demografiche decise dalla «ragion di Stato». Margherita Sarfatti, la sua antica collaboratrice all'«Avanti!» che lo aveva seguito dopo la «conversione» diventando direttrice della rivista ufficiale del fascismo «Gerarchia» e sua biografa personale, era l'«intellettuale» che lo gratificava nelle sue velleità culturali. Le mogli dei gerarchi, le signore dell'alta società romana, le giornaliste straniere, le amanti di un giorno che egli prendeva rapidamente, senza effusioni (in uno dei tanti gesti da «automa» che caratterizzavano la sua interpretazione del potere), sul davanzale di pietra del finestrone del suo stesso ufficio di lavoro a Palazzo Venezia, erano le «conquiste» che ne appagavano il desiderio di autoaffermazione virile. Claretta Petacci era infine l'«amante», forse la sua unica e autentica scoperta del sesso come momento di abbandono e di gioia, uno dei rari slanci di umanità che si era concesso nell'interpretazione del ruolo di Duce.

Mussolini rappresentava quindi in maniera paradigmatica tutti gli intrecci tra morale pubblica e vizi privati, tra l'esaltazione della famiglia monogamica e l'enfasi posta sulle visite al bordello come prova di virilità, tra «morale di massa» e «immoralità di élite» che segnavano il versante maschile dei rapporti con il sesso nell'Italia fascista;[17] perfino sul modello di bellezza muliebre imposto pubblicamente dal regime si scaricavano queste contraddizioni, delineando almeno due tipi ideali nettamente contrapposti: la «donna crisi», creatura «falsa e straniera», era il polo negativo, «la donna autentica», «fattrice nostrana», era il polo positivo. Nel 1931 Gaetano Polverelli, capo dell'Ufficio stampa di Mussolini, ordinò ai giornali di eliminare le immagini femminili troppo magre e mascolinizzate, scatenando un'ondata di barzellette e canzoni contro la «donna crisi» asessuata, androgina e socialmente inutile.[18] Ma le forme procaci della «donna autentica» erano quelle della «madre italiana» fertile e prosperosa o ammiccavano alla calda sensualità dell'«amante»?

Questo affollarsi di ossimori, di ircocervi concettuali e di sintesi tra termini anche semanticamente in contrapposizione rinvia, però, a una realtà storiografica più complessa, al cui interno lo scenario delineato all'inizio diventa più movimentato, meno ossificato nella rigidità degli schemi prefissati dalle tradizioni dell'Italia rurale prima e di quella piccolo-borghese dopo. Era come se durante il fascismo questo paese avvertisse i primi sussulti di una modernizzazione appena vagamente intuita, percepita al di fuori di ogni consapevolezza diffusa e pure presente anche sul piano dei costumi e della morale sessuale. Era un fenomeno che non riguardava solo quelle esigue fasce sociali (l'alta borghesia e gli aristocratici) che potevano tradizionalmente accedere agli standard internazionali di riferimento sia sul piano dei consumi che degli input culturali. La ricerca storica comincia oggi ad aggredire questo problema mostrando in che modo quello che veniva allora vissuto come l'inizio di una pericolosa corsa alla sfrenatezza sessuale cominciasse a far breccia anche in altri ambienti decisamente popolari e prevalentemente femminili:

> Molte osservazioni delle sartine riguardo i loro rapporti con studenti – scrive ad esempio Vanessa Maher – esprimono atteggiamenti emersi in altri contesti: indipendenza, desiderio di imparare, una certa aspirazione alla mobilità sociale, rivendicazione d'uguaglianza e notevole disinvoltura verso le norme di contegno «come si deve» per il loro sesso.[19]

Nelle fabbriche i contatti dei sessi e le mescolanze delle età rendevano possibili nuove esperienze, lontano dalla vigilanza della famiglia e dal controllo sociale della comunità. I primi percorsi dell'industrializzazione e dell'urbanesimo mostravano quindi di poter squarciare almeno potenzialmente il velo delle consuetudini e delle usanze più tradizionali. Il fascismo, al solito, accompagnò questi primi passaggi verso il mondo della «grande trasformazione» accentuando le sue caratteristiche di gigantesco mediatore collettivo: la «doppia morale» che ne segnò scelte ideologiche e attitudini mentali era lo strumento più efficace cui affidare questa mediazione, un ponte sospeso tra il passato e il futuro, nell'incapacità strategica di imboccare nitidamente una delle due strade.

2. *Amore e politica*

In quanto al mondo della cospirazione antifascista, e in particolare agli ambienti legati al partito comunista, i ricordi dei suoi militanti ci restituiscono non solo gli elementi salienti del moralismo sessuofobico di matrice cattolica e piccolo-borghese ma anche le identiche forme repressive di controllo comunitario contro ogni tendenza trasgressiva:

> Eravamo quattro o cinque compagne – ricordava ad esempio Albina Caviglione Lusso a proposito delle esperienze collettive dei giovani del Circolo Oltrepo nella Torino del 1919. – È arrivata un giorno una tipa che veniva solo per incontrare gli uomini. Io non ero soddisfatta. Girava la voce che la sera tornasse sempre a casa in carrozza. Per sapere la verità, una sera mi sono appostata vicino casa sua; e infatti verso mezzanotte l'ho vista tornare proprio in carrozza. A casa le ho buscate, perché ero rientrata troppo tardi, ma la sera dopo sono andata al circolo a testimoniare la verità delle voci che giravano e ho chiesto che quella ragazza fosse allontanata. Gli uomini invece erano contrari: «Dobbiamo accettare chiunque», dicevano. Il dibattito è andato avanti finché è arrivato Gramsci che ha voluto sapere il motivo della discussione e mi ha dato ragione: «Le donne comuniste devono essere di esempio».[20]

Lo stesso Gramsci aveva fondato nel 1917 un Club di vita morale impegnando il circolo di Borgo San Paolo nella lotta contro l'ubriachezza e l'amore mercenario.[21]

Tutte le «fasi» del modello dominante (dal corteggiamento al fidanzamento e al matrimonio) si ripetevano senza scarti e senza sbavature, rendendo straordinariamente simili sul piano dei comportamenti collettivi mondi che pure sembravano irriducibilmente divisi nel cielo dell'ideologia e della politica: «Palmiro con la fidanzata davanti, i genitori di lei e le sorelle dietro» ricordava Teresa Noce a proposito della prima fidanzata di Togliatti; quanto ai rapporti tra lei e Luigi Longo, «ci limitavamo a qualche bacio furtivo e a camminare tenendoci per mano». Quando decise di seguire Longo a Roma,

al circolo giovanile di Porta Palazzo successe il finimondo: come, per andare a Roma con Longo, per seguire uno studente, ero dunque disposta a lasciare tutto, a lasciare Torino? Si era mai sentita una cosa simile? I compagni erano scandalizzati come tanti seminaristi. E senza sposarsi legalmente, poi! Proprio io che ero considerata una ragazza così seria, così per bene.[22]

Perfino in un ambiente cosmopolita e intellettuale come quello dei Sereni e dei Silverberg la forza delle convenzioni si imponeva, anche solo per ovviare alla timidezza dei due partner: «Fare l'amore è sì naturale come bere un bicchier d'acqua: ma il bicchiere dev'essere ben pulito, e con le sbreccature del vetro ci si può ferire».[23] Questa frase detta da Emilio Sereni a Xenia nell'imminenza della loro prima prova d'amore era una citazione imperfetta di Lenin che invece recitava testualmente: «La sete si deve placare. Ma l'uomo normale, in condizioni normali si inginocchierebbe nel fango della strada per bere acqua da una pozzanghera? o magari solo da un bicchiere con l'orlo sozzo dell'unto di mille bocche?»[24] Il concetto, comunque, restava assolutamente identico. La «sfrenatezza della vita sessuale» era per Lenin un «fenomeno di decadenza (...) borghese».

Il proletariato è una classe in ascesa – aveva scritto. – Non ha bisogno della ebbrezza come narcotico o come stimolo – né dell'ebbrezza del sesso né di quella dell'alcool. Non deve e non vuole dimenticare il sudiciume, lo schifo, la barbarie del capitalismo. Riceve i più forti impulsi alla lotta dalla sua posizione di classe, dall'ideale comunista! (...) Inoltre la gioventù ha bisogno di gioia di vivere e di forza vitale. Un sano sport, ginnastica, nuoto, escursioni, esercizi fisici di ogni genere, molteplicità di interessi spirituali, imparare, studiare, intraprendere, e il più possibile in comune! Tutto questo darà alla gioventù assai più delle eterne conferenze e discussioni su problemi sessuali e sul cosiddetto godere a fondo la vita.[25]

Molte di queste impostazioni approdarono direttamente nelle file dei comunisti italiani, rafforzate, nel loro versante femminile, da un'idealizzazione dell'«amore puro» straordinariamente contiguo a un elogio della castità: «L'amore, – scriveva infatti Camilla Ravera su "L'Ordine Nuovo" – perduto il suo vero scopo, spogliato della sua funzione che consiste nella riproduzione e nella conservazione della specie, diventa un arido scopo sessuale, un pervertimento dell'amore». Pur indicando nell'amore «una grande forza creatrice in grado di espandere e arricchire l'anima di chi lo prova», la stessa Kollontaj prevedeva la sublimazione dell'eros individuale in favore dell'io collettivo.[26] È probabile, però, che le militanti trovassero naturale adeguarsi a questi precetti più attingendo al loro passato contadino e cattolico che al loro presente proletario e socialista.

E tuttavia, gli stessi percorsi della memoria collettiva lasciano filtrare crepe e smagliature nella monumentalità di questa ricostruzione, adombrando almeno la possibilità che anche nel mondo di «incontaminata purezza» della cospirazione comunista allignasse la pianta della «doppia moralità». Giorgio Amendola, ad esempio, ispirato dai modelli alto-borghesi della sua adolescenza e della sua giovinezza, ricordava con fastidio l'occhiuta sorveglianza esercitata dal partito sulla vita privata dei compagni:

> La mia relazione con Germaine – scriveva – fu scoperta dai compagni dell'apparato. A differenza di altri, come Nullo [Giancarlo Pajetta, *N.d.R.*], sempre intruppato con i compagni (e le compagne), con i quali divideva alloggio e divertimenti, io, finito il lavoro, preferivo starmene solo, conoscere Parigi e i parigini (...) Ero accusato di individualismo piccolo-borghese, ma me ne fregavo. Non mi piaceva quella promiscuità di apparato, fonte di pettegolezzi politici e di complicazioni, a volte, anche sentimentali. Ci sono stati veri drammi per compagne restate sole dopo l'arresto del marito, e poi unitesi ad altri compagni (...) Togliatti mi disse che non c'era veto alcuno, che ero libero di cercare la compagna che volevo, comunista o no, ma che riflettessi bene sulle responsabilità che mi assumevo. Erano buoni consigli da vecchi padri di famiglia.[27]

Altre volte, come nel caso di Teresa Noce, il ricordo si sofferma sulle conseguenze trasgressive che derivavano dalla semplice condizione oggettiva della clandestinità e della vita di un gruppo «chiuso», ad alto tasso di endogamia:

> Chi si trovava un partner fisso, – scriveva a proposito della sua permanenza alla scuola leninista di Mosca – poteva ottenere dalla Direzione una camera a due, nella quale vivere coniugalmente. Gli altri si arrangiavano, a scuola e fuori. Siccome io avevo orrore degli arrangiamenti e delle sostituzioni, i compagni e specialmente alcuni italiani cominciarono a guardarmi male. Arrivarono a dichiarare che se il partito invece di me avesse mandato a scuola un'altra compagna per loro sarebbe stato molto meglio.[28]

3. *Velio Spano e Felicita Ferrero*

La realtà restituitaci dalla ricerca è ancora più complessa. Esemplare, in questo senso, ci pare la storia che ebbe come protagonisti Velio Spano e Felicita Ferrero.

Nata a Torino il 31 dicembre 1900, in fabbrica a quattordici anni, alla Dubosc come segretaria di officina, Felicita era entrata nel PSI nel 1919, partecipando l'anno dopo – il 28 novembre 1920 – al Convegno nazionale femminile socialista, delegata del Piemonte insieme a Elvira Zocca. Aderì al PCI dopo la scissione di Livorno e, nel maggio del 1921, con Amalia Rizzini e altre, fece parte della delegazione inviata a Mosca per il III Congresso della Terza Internazionale. «Non dico l'entusiasmo di tutti nel varcare la frontiera sovietica e nel vedere sventolare le bandiere rosse»; quel viaggio, nei suoi ricordi, acquistava i contorni di una grande avventura conoscitiva: l'insalata condita con latte acido, il concerto «del famoso basso Scialiapin», la passeggiata notturna in una Mosca enorme, in un buio appena rischiarato dalla luna. «Svegliatevi, che siete a quattromila chilometri da Borgo San Paolo», le prendeva in giro il compagno Gorelli.[29]

Felicita in realtà era di Borgo Vittoria, un'altra periferia operaia della Torino d'allora. Il padre lavorava alle Officine Savigliano, la madre faceva la pantalonaia in casa. La decisione di aderire al PSI segnò, per lei, l'ingresso in una dimensione globale al cui interno definire anche amicizie, slanci sentimentali, tensioni emotive, segni caratteriali.[30] Erano amici oltre che compagni, uniti dai programmi politici ma anche da uno stesso progetto esistenziale. I riferimenti ideologici lasciavano oscuri i contorni di quello che avrebbe dovuto essere l'«uomo nuovo» prodotto dalla rivoluzione socialista; soprattutto rimanevano confusi – una sorta di «zona grigia» – i tratti relativi ai rapporti tra i sessi, i fondamenti su cui costruire un'educazione sentimentale da affiancare a quella ideologica. Così non si capiva bene cosa volesse dire essere «rivoluzionari» in amore, se abbandonarsi alle passioni rifiutando la cornice contrattualistica del matrimonio legale e religioso o, al contrario, sprofondare in una sorta di ascetica unione sentimentale il più lontano possibile dalle perversioni e dalle lascivie della decadenza borghese;[31] da un lato il tentativo di «fermare il tempo» della modernizzazione inseguendo l'austerità di un costume che escludeva «il ballo e il cinema» come divertimenti frivoli; dall'altro la consapevolezza che non si poteva rompere solo sul piano della struttura economica e dello sviluppo delle forze produttive e che la rivoluzione avrebbe dovuto innovare anche sul piano dei valori riposti nel profondo delle coscienze individuali.

Di qui una tensione irrisolta, un grande parlare d'amore, un fitto intreccio di relazioni tra compagni che alimentavano un tessuto di litigiosità direttamente proporzionale al loro tasso di endogamia.

A sentire gli altri – ricordava Felicita – tutte le compagne di Borgo San Paolo erano innamorate di Montagnana. Mario però saggiamente aveva deciso di trovarsi la fidanzata in un altro rione: era Anna Maria Favero, una dolce compagna che, pur presentandosi nel nostro ambiente sentimentalmente a lei ostile, seppe rendersi bene accetta a tutte (...) Mario apparteneva a quel gruppo ristretto di compagni da noi chiamato «scuola di Borgo San Paolo» che sosteneva un certo puritanesimo rivoluzionario: anche gli uomini, come le donne socialiste, non dovevano avere esperienze sessuali prima del matrimonio. Tra gli adepti di Mario erano Battista Santhià e Paolo Moschelli che si indignava contro Felice Platone che aveva fama di donnaiolo, snobbava il gruppo di San Paolo e ne derideva gli austeri princìpi.[32]

Nei suoi ricordi Felicita sembra condividere proprio questa posizione, indugiando compiaciuta sul suo primo amore, «un caposquadra del reparto fucine»,[33] sul primo rapporto sessuale con un altro collega di lavoro («al cinema Ambrosio davano una riduzione cinematografica della Tosca, poi una panchina in Corso Duca di Genova, poi in barca sul Po, c'era una bella sabbia fine e lui era tanto un bel ragazzo!»),[34] sui momenti felicemente trasgressivi della sua vita di gruppo:

Nel maggio del 1922, una domenica, il ritardo di Luigi Longo e di Teresa Noce alla consueta riunione del comitato provinciale giovanile ci apparve strano. Era un luminoso mattino di primavera e tutta quella luce metteva in evidenza lo squallore della nostra sede, impregnata dalla puzza di chiuso, di fumo, di inchiostro. Aspettammo. Infine Longo e la Noce arrivarono insieme, trafelati come se avessero fatto le scale di corsa. Lui sedette e ci guardò tranquillo, lei aveva un mazzolino di fiori in mano e lo sguardo raggiante. Più tardi si diffuse in tutto il partito la voce malignetta che Teresa aveva violentato Luigi.[35]

La vittoria del fascismo e, a Torino, le stragi del dicembre 1922 introdussero in quel mondo di giovani altre esigenze e diverse responsabilità. Nella semilegalità degli anni tra il 1922 e il 1925 si decise definitivamente anche il destino di Felicita. Non solo restò nel partito, ma i caratteri della sua militanza finirono per modellarsi compiutamente sulle esigenze della cospirazione e della clandestinità. Continuò a vivere in famiglia, cambiò impiego (andò a lavorare presso la ditta in metalli Torricelli), e, dopo le leggi eccezionali, si dedicò soprattutto all'attività del Soccorso Rosso. Questo il suo ritratto di allora, in un rapporto dei carabinieri di Torino del luglio 1927: «Conosce e parla il francese, il tedesco, l'inglese, il russo, è donna intelligente, dotata di grande scaltrezza, di somma rapidità di percezione, imbevuta di teorie comuniste che sostiene con fede e piena convinzione».[36] Le dispute amorose, le passeggiate in collina, le lunghe e appassionate discussioni sul futuro sembravano lontanissime, appartenenti a un'altra epoca; nella nuova dimensione cospirativa, Felicita sembrava essersi congedata anche dagli sporadici attimi di spensieratezza della sua gioventù. Pure, proprio nella visione totalizzante con cui abbracciò il suo nuovo abito di «rivoluzionaria di professione», si annidava l'imprevisto, il riemergere di una «questione sentimentale» che Felicita credeva di aver confinato nelle ingenuità dei suoi trascorsi giovanili.

Il rapporto dei carabinieri, infatti, completava il suo ritratto con un ulteriore, significativo tassello:

> La Ferrero – continuava il documento – anche nelle manifestazioni più intime della propria esistenza rivela la perfetta assimilazione delle più spinte teorie sovversive; essa dai primi mesi del 1926 ha allacciato una relazione con il compagno di fede Spano Velio (...) interessanti sotto ogni aspetto sono alcune lettere scritte allo Spano dove, se pur trattasi in maggior parte di cose sentimentali, si possono rilevare frasi che stanno a dimostrare come sotto la relazione amorosa, predomina in ogni espressione la più spinta teoria sovversiva.

Velio Spano era stato mandato a Torino per occuparsi dell'organizzazione giovanile e studentesca del PCI.[37] Il suo amore per Felicita era nato nella quotidianità della cospirazione, nell'abitudine a condividere gli stessi rischi, le solitudini e le attese della clandestinità; il partito non incoraggiava quelle relazioni ma comunque sembrava preferirle a rapporti «esterni» che avrebbero potuto provocare qualche smagliatura nella rete cospirativa. C'era poco trasporto e molta naturalezza in quelle storie e la stessa Felicita ha un ricordo quasi sommesso della sua esperienza: la prima notte in cui dormirono insieme («a casa costruii un castello di bugie per poter star fuori dal sabato alla domenica»), turbata dall'arrivo della polizia;[38] le infedeltà di Velio («mi sono innamorato di una ragazza: mi passerà, devi comprendere e avere pazienza»); l'epilogo infelice con l'arresto di entrambi avvenuto il 15 luglio 1927.

Fu, per lei, una vicenda amaramente frustrante. «Noi abbiamo in comune solo il nostro pensiero e la nostra lotta politica (...) – le scriveva Velio. – Tu sai che oltre alla non completa adempienza dei tuoi doveri di partito – e questo puoi a tuo piacere eliminarlo – c'è qualcosa che mi allontana da te».[39] Semplicemente non ne era innamorato; avrebbe voluto esserlo perché la «compagna Feli» – così la chiamava nelle sue lettere – rappresentava la sola possibilità di conciliare ortodossia ideologica e slanci sentimentali, ma non lo era.

C'è qualcosa che mi allontana da te, è la tua insincerità (...) – le scriveva il 4 luglio 1926. – Ho immaginato che tu stessi molto male dato che, come preambolo, mi era stato detto «Mi sembra che tu con Feli non agisca da comunista». E a dirmi queste parole è stata la Tina [Pizzardo, *N.d.R.*] che, nota bene, ha di me forse una eccessiva stima (...) E questo devi pensare tenendo presente che, dopo il partito al quale sono e resto affezionato sopra ogni altra cosa, tu sei oggi quanto di più caro e forse l'unica cosa interessante io ami.

«Mi diceva che dopo il partito, nella sua scala di valori venivo subito io»,[40] ricordava Felicita, senza brividi di emozione. Quando Velio le rivela il primo tradimento lo fa in nome della «sincerità rivoluzionaria», costruendosi un'autorappresentazione militante che in pratica finisce per diluire l'impatto della sua confessione:

Compagna Feli (...) delle abitudini, del temperamento, delle tradizioni borghesi del mio paese e della mia famiglia io ho respinto sdegnosamente tutto: la violenza (ciò è stato lungo e difficile), la passionalità, il formalismo, l'attaccamento ai pregiudizi (...) l'individualismo e il patriottismo di terra e di famiglia. Ho custodito però gelosamente una cosa: la sincerità che credo più che utile necessaria per un bolscevico nei rapporti con i compagni (...) se io non potessi più essere sincero (...) inquineremmo la fresca acqua del nostro cristallino amore di rivoluzionari (...) cosa ritroverei al posto di questo grande affetto sorto attraverso la conoscenza del nostro pensiero, del nostro essere rivoluzionari? Ma no, compagna tu non puoi volere che io faccia questa brutta cosa.

Spano spiega bene la contraddittoria frammentarietà con cui procede la costruzione interiore dell «uomo nuovo» rivoluzionario: da un lato la tensione verso una drastica rottura con i caratteri originari di un'identità segnata dal familismo e dall'angustia dei valori «etnici», il tentativo di cambiare «dentro se stessi» oltre che nei rapporti con la politica; dall'altro la difficoltà a scrollarsi quel retaggio proprio nella sfera più delicata dei rapporti con le donne, a inventarsi un modo di interpretare l'amore fuori dalle categorie tradizionali di un «maschile» vissuto come prorompente affermazione di se stessi, come dilagante bisogno di autoappagamento contrapposto a un «femminile» segnato dalla passività e dalla sottomissione:

Ah sì, – le scriveva ancora – io non conosco il dolore perché sono stato sempre il primo a cessare d'amare e mai l'ultimo, ma conosco quell'altro dolore ben più intenso e profondo che tu non conosci e che consiste nell'amare con tutta la violenza e tutta la totalità di dedizione che è nel mio temperamento e sentire la inanità di questo sentimento che si confonde con quello della donna amata soltanto alla superficie (...) Di nessuna donna le vene hanno pulsato con lo stesso ritmo delle mie, mai (...).

Felicita in modo molto piano, forzando le motivazioni «rivoluzionarie» della sincerità di Velio, nel sentirsi tradita, rivendicava il suo «diritto al malessere». Spano le rispondeva con una torrentizia dichiarazione di fede politica, venata da toni di distacco che non potevano ferirla più duramente:

Mi rimproveri ancora di averti paragonato ad un pezzo di marmo che inutilmente per un anno ho tentato di riscaldare (...) Mi rimproveri poi di aver detto che l'altra mi ha dato in 24 ore più che te in un anno (...) Io ti ho amata come un uomo, di più come un comunista ama una compagna che desidera e stima (...) Insoddisfatto del tuo sentimento corrispondente che non era al livello del mio mi sono dibattuto furiosamente (...) cercando di suscitare in te un sentimento equivalente al mio (...) Mi sono innamorato di una donna la cui garrula giovinezza tintinnante esercitava su me un'attrazione fisica viva (...) Questa donna era una borghesuccia che difficilmente avrebbe saputo sciogliersi dall'arruffato intrico della sua mentalità e delle sue esigenze sociali; non esito a dirti che se fosse stata una compagna mi avrebbe attratto irresistibilmente (...).

Felicita, la compagna di vita da amare «da comunista»; l'altra, «la borghesuccia», in grado di suscitare slanci di passione, istintivi abbandoni erotici; qui, nella riproduzione millimetrica del «triangolo» tradizionale e nella riproposizione del binomio moglie/amante, i contorni dell'«uomo nuovo» prodotto dalla rivoluzione socialista sfumano per davvero in quelli legati ai più ovvi stereotipi maschili annidati nelle pieghe della «doppia morale» della piccola borghesia italiana. Anche le formule di congedo scelte da Spano si inseriscono in queste coordinate:

Sei venuta con me portando la tua fatalistica remissione, la tua passività senza scatti, la tua tenacia senza volontà (...) Io penso che sarebbe forse meglio e più degno di noi tentare di costruire una franca *camaraderie*; un'amicizia no, perché come più volte abbiamo constatato, noi non abbiamo nessun terreno comune, all'infuori del nostro pensiero e della nostra lotta politica.

Era la formulazione «comunista» del tradizionale «restiamo amici», suggellata da una sorta di epitaffio: «Carissima (...) mi hai detto melodrammaticamente addio; ti dico arrivederci, forse».

La loro storia si era consumata; pure, l'incredibile intreccio con la militanza politica che ne aveva caratterizzato l'impianto, era destinato a lasciare altri tipi di strascichi. Felicita fu arrestata il 15 luglio 1927 per la delazione di una donna che l'aveva avvicinata chiedendole di aiutare un suo parente in carcere. La polizia la sospettava, a ragione, di essere il principale punto di riferimento per l'organizzazione torinese del Soccorso Rosso, ma a determinarne la condanna non fu il suo impegno nel partito ma proprio la sua relazione con Spano:

> Durante l'interrogatorio – ricordava Felicita – negai tutto, anche l'evidenza, sostenendo che non aiutavo affatto le famiglie degli arrestati (...) Nel perquisire il mio posto di lavoro la polizia aveva trovato le lettere di Velio. Erano lettere da lui scritte l'anno prima, mescolando amore e politica (...) Fui incriminata insieme a Velio come appartenente al Partito comunista, appartenenza dimostrata da quel nostro epistolario d'amore dove del partito si parlava spesso, non fosse altro per stabilire la priorità dei valori.

Sette anni dopo, dal suo esilio di Mosca, così Felicita scriveva alla mamma: «(...) un mese fa ho ricevuto una lettera da Velio con la quale mi domandava mie notizie; non gli ho risposto».[41]

4. *Amore senza politica*

Cesarina Merighi, Iolanda Stanzani, Noemi Pinaffo, a differenza di Felicita Ferrero non furono né arrestate, né processate e nemmeno mai «inquisite». Le loro storie restarono impigliate nelle maglie della rete poliziesca assolutamente per caso; con queste ragazze, tutte innamorate e corteggiate dallo stesso uomo, Umberto Boriani, sfioriamo, infatti, il margine estremo dell'opposizione antifascista, l'acqua in cui nuotavano i pesci della cospirazione; le loro lettere ci rinviano immagini di insistita normalità, di una quotidianità impermeabile all'epica della lotta clandestina, un universo di sentimenti mai attraversato da una qualche impennata ideologica: e Boriani stesso ci conduce ai confini del mondo comunista, in un settore in cui l'organizzazione si stempera in un sociale attraversato da una irruenta spontaneità, in preda alle pulsioni di un ribellismo estremista privo di quei riferimenti pedagogici così ossessivamente richiamati nelle scelte e nei comportamenti sentimentali di un uomo «di apparato» come Velio Spano.

Boriani era un comunista convinto. Nato a Calderara di Reno il 9 aprile 1906 ma per anni residente a Borgo Panigale, calzolaio, quando fu arrestato a Torino, il 28 aprile 1928,[42] era un bel ragazzo di ventidue anni, una fossetta sul mento, capelli lisci che incorniciavano due occhi sorridenti. «Fervente e accanito comunista» lo definivano i carabinieri in un loro rapporto. Non era comunque un funzionario di partito. A Torino, dove si era stabilito nel settembre del 1927, lavorava in un piccolo calzaturificio, il Laboratorio Magnavacca di via Bove 11. Prima di arrivare nel capoluogo piemontese, era stato – sempre per motivi di lavoro – a Paderno e, per qualche mese, a Padova. La documentazione che lo riguarda, conservata nei fascicoli del Tribunale Speciale, ne racconta poco più di un anno di vita, tra il dicembre 1926 e il febbraio 1928, lasciando emergere tre spostamenti lavorativi e un progetto di espatrio a Parigi, quattro fidanzate ufficiali e due tentativi di flirt epistolari; niente a che spartire, quindi, con la tradizionale immagine dell'operaio di mestiere, radicato nella fabbrica e nel quartiere, punto di riferimento stabile sia dal punto di vista territoriale che produttivo.[43] La giovinezza irrequieta di Boriani, la sua mobilità, la varietà delle sue esperienze, anticipano una marcata discontinuità nell'universo comunista nel quale, dopo le leggi speciali del 1926, fanno il loro ingresso i ribelli e gli insofferenti, una nuova leva di militanti che rifiuta, insieme al modo di produzione capitalistico, il grigio mondo del «ciascuno al suo posto» e del conformismo ossequioso. Tra i suoi libri, Boriani conservava oltre ad alcuni «classici» (*Il popolo dell'abisso* di Jack London e *Delitto e castigo* di Dostoevskij), l'amatissimo Stecchetti del quale ricopiava su un quadernetto nero a quadretti le poesie che più lo colpivano: ironiche, ribelli, provocatorie, Boriani le utilizzava anche nella sua fitta e intricata corrispondenza amorosa.

La spontaneità che segnava la sua interpretazione della militanza comunista, l'assenza di riferimenti pedagogici in una pratica politica vissuta come semplice prolungamento esistenziale del proprio ribellismo lasciavano Boriani senza difese nei confronti di alcuni dei valori dominanti, quelli che, annidati nel profondo delle coscienze individuali, sono i più difficili da scardinare. Si azzera, così, nella sua esperienza, la sofferta duplicità vissuta da Velio Spano mentre emerge un'interpretazione assolutamente tradizionale dell'«uomo cacciatore»;

ci sono nelle sue lettere alcune modalità espressive che si ripetono con monotona continuità, secondo un rigido rapporto di funzionalità per cui a ogni formula corrisponde un segmento del rapporto sentimentale. È una sorta di taylorizzazione dell'amore, al cui interno la relazione è come parcellizzata, frammentata in tante «fasi di lavorazione», lungo la catena che conduce dal corteggiamento iniziale al congedo finale.

Signorina, mi vorrà perdonare se sono un po' seccante con questa mia ma cosa vuole non posso più dominare il mio cuore che da un po' di tempo batte per lei (...) lei vorrà essere tanto gentile rispondermi subito e la prego di volermi accontentarmi con una parola che sappia darmi quella consolazione tanto desiderata. Lei signorina che è tanto buona non vorrà rispondermi con un negativo ma bensì che contraccambia il bene che le voglio;

l'incipit di questa lettera indirizzata a Iolanda Stanzani il 19 giugno 1926 si ripete, senza varianti significative, anche in quelle successivamente indirizzate a Simonetta Eglia («Signorina, dopo l'ultimo minuto di domenica mi ha lasciato nel cuore un amore che solo vive per lei! desidero signorina un appuntamento da lei indicato. Scusa se mi son permesso»), Angiolina Biscuola («Amatissima signorina, la sua conoscenza mi ha impressionato in tale maniera che non poso fare a meno di ricordarla spesso. Lo desidera o la disturba?»), Cesarina Merighi («mi deve scusare se con questa mia le vengo a recarmi noia e disturbo da parecchi giorni nel mio cuore arde una sì grande e vera affezione per lei che solo or mi son fatto anima ad esprimermi, ne sia certa»). Si tratta di un approccio quasi sommesso, segnato da scuse reiterate, come se Boriani volesse introdursi in punta di piedi nell'intimità altrui e soltanto perché travolto da una passione subitanea e straripante.

Esaurita la fase del corteggiamento e della «dichiarazione», il rapporto vero e proprio veniva gestito nel modo più consueto, alternando intemperanze e gelosie con suadenti ammiccamenti matrimoniali. Tipica, in questo senso, la lettera indirizzata a Carmelina, una delle più tenaci fidanzate di Umberto:

Cara Carmelina, mi ai da perdonare che l'ultima volta che ci siamo visti io son venuto via in stizzito e ti ho ancora offeso ma capisci dopo tanto tempo che non ci erano visti, non erano stati insieme nemmeno una mezz'ora, vorrei sperare se un'altra volta ci vediamo che tu fai differente? Carmelina io son qua a lavorare e guadagno molti soldi, come capooperaio ho sempre sette o otto operai da insegnarsi di lavorare. Carmelina ti dirò se avessi la fidanzata adesso mi sposerei perché con quello che spendo tra mangiare e fare pulire la biancheria mangieremo in due. Vedi Carmelina da quel giorno che avevamo cominciato a fare la more se tu avessi avuto un contegno più serio non come ai fatto certamente se tu mi volevi bene come tu hai scritto nella lettera non mi facevi fare quella figura come quella festa che erano andati (...) che io ero con tua sorella e tu eri con quello che ti pareva a te, pensa che erano già due anni che facevamo la more. Avrai forse fatto perché io ero innamorato era troppo il bene che ti volevo? e come te ne voglio adesso?

Carmelina stava a Persiceto, Umberto le scriveva da Padova dove nel frattempo aveva allacciato un'altra relazione con una giovane cameriera, Noemi Pinaffo. Sempre da Padova, indirizzava un'altra lettera a Cesarina Merighi, una ragazza di Paderno con la quale aveva aperto un'altra «trattativa» sentimentale:

Cara Cesarina, oggi ho ricevuto una sua lettera con grande piacere; ci va anche lei a ballare con le sue amiche? Si è fidanzata, spero di no? Spero che si ricorda del mio amore? Cesarina come ha fatto a fare l'amore con mio fratello? Cesarina qui c'è molti disoccupati e poi qua l'aria è molto pesante (...) per venire via da casa bisogna guadagnare circa 150 lire la settimana altrimenti non si può vivere:

il riferimento alle condizioni materiali, in una versione opposta a quella fornita a Carmelina, veniva in questo caso utilizzato per argomentare l'improponibilità di una futura prospettiva matrimoniale.

Eppure, fu proprio solo nella storia con Cesarina che Umberto introdusse elementi autentici della sua vita di ogni giorno, lasciando balenare i contorni di una dimensione politica ed esistenziale diversa da quella soffocata dal rigido formulario della sua corrispondenza galante. Le scrisse la verità sui motivi del suo trasferimento a Torino («mi sono rifiutato di pagare la tessera e così sono venuto a Torino con l'idea di trovare subito lavoro, invece sono venti giorni che sono disoccupato»), le raccontava gli episodi più significativi di un'esistenza precaria ed errabonda («è stato perché dove dormivo la padrona di casa non aveva la licenza di affittare le camere e una persona che ci ha voluto male è andata a fare la spia in questura così che la questura è venuta dalla padrona e ha fatto 500 lire di multa»), fantasticava con lei su progetti di evasione («Cesarina, ti racconto una novità; sai che giorno per giorno aspetto la richiesta per andare a Parigi. Prima di andare vengo a casa per fare il passaporto (...) saresti capace di stare degli anni senza vedere i tuoi genitori?»), si abbandonava, infine, a qualche scatto di triste amarezza: «Vedi – le scriveva il 18 gennaio 1928, poco prima di essere arrestato – io ti sono lontano come lontano sono da mia madre e tutto questo sacrificio il quale mi separa dalle persone più care, lo faccio per poter modificare le cattive avversità che oggi si attraversano nella vita, per potermi fare una posizione».

Sarà per questo progetto esistenziale così rassicurante e piccolo-borghese, sarà per il suo fascino, resta il fatto che nonostante la scontata ripetitività dei suoi approcci, Berto era amato dalle sue donne con grande trasporto: «In foto sei bellissimo ora vorrei esserti vicina per dirti quanto ti amo, vorrei ammirare la tua bellezza, vorrei baciarti, essere tra le tue braccia come un tempo che tu lo desideravi», gli scriveva Cesarina il 16 dicembre 1927. E Carmelina, tre giorni dopo, il 19 dicembre: «La tua fotografia quante volte lo baciata a vederti ancor tutto bello». Sono lettere appassionate e caste allo stesso tempo: «ti sussurerò tutto quando sarò tra le tue braccia, accarezzandoti con le carezze più voluttuose» è la promessa più esplicita a cui si spinge Cesarina, mentre Carmelina, dal canto suo, annegava nella tenerezza la sua richiesta di «perdono»:

Credi mi sono cambiata molto ora, ti chiedo perdono del passato e lascia tutto e guarda all'avvenire prendi informazione da chi vuoi del mio contegno il mio pensiero vola sempre a te (...) quanto desidererei averti sempre qui accanto, baciarti, baciarti, accarezzare la tua testolina ricciuta, passare le mie mani sulla bella testa, dormire il lungo sonno accanto a te.

Carmelina da Persiceto si trasferì a Castelfranco Emilia nel settembre del 1927, lavorando come cameriera presso la trattoria Masetti. Pur essendo via da casa, i suoi slanci per «Berto» e la sua disponibilità alla trasgressione si arrestavano, però, alle soglie di un massiccio condizionamento familiare e non potevano prescindere da accanite speranze matrimoniali:

Mentre ti scrivo è notte le mie sorelle sono già pronte per andare a l'opera ma io non mi sento di divertirmi e resto a casa sola con la mamma perché il mio pensiero è a te (...) se un giorno vorrai ti seguirò e ti farò da compagna per tutta la vita e essere felici insieme in una bella città ma prima aspettiamo il tuo lavoro così io spero che fra non molto di imparare a lavorare perché mi sono messa di volontà e lo faccio per te. Caro Berto posso sperare che mi farai felice o più tosto dimmelo subito così non spreco tempo e carta per darti risposta, scriveva il 10 ottobre 1927; e un mese dopo, così rispondeva a «Berto» che la sollecitava a raggiungerlo a Torino:

Ti ringrazio molto del tuo invito a Torino ma mi dispiace molto non poter venire a soddisfare il tuo desiderio ma come sai mi dispiace a far parlare la gente; sopportano ancora in casa mia e credi lo stesso ti amo con tutte le forze ma pensa se io venissi lì; un giorno tu stanco di me per le spese e tutto devo io correre a casa mia disonorata (...) non credere che la mamma sia ancora cattiva, no, è solo ha paura che tu mi ingannassi e poi mi lasci nel dolore più grande.

Cesarina, Noemi, Iolanda, le altre fidanzate di Berto, condividono con Carmelina gli stessi orizzonti esistenziali e ne ripetono i modelli di comportamento tradizionali. Noemi Pinaffo alimentava con la dolcezza struggente dei suoi ricordi («ricordi quando venivi a trovarmi le sere le domeniche, ricordi quelle domeniche che abbiamo mangiato l'uva del contadino in fondo a quell'argine»; «mi par sempre di sentir chiamare la sera fuori, ora non ci sediamo più nell'erba fresca come l'estate scorsa») e le prime concessioni a una tenue modernizzazione («lo sai che mi piace le canzonette moderne, mandami una di bella ora è moderna, se la trovi a Torino me la mandi, dice Fiocca la neve»), con più prosaici inviti a «regolarizzare» con suo padre la loro posizione: «Mio babbo mi vuole molto bene, sono figlia sola e così Roberto guardiamo di avvicinarsi lo stesso e per questo che lui voleva conoscerti per bene vuole che tu sii un ragazzo per bene di molto giudizio», gli scriveva il 7 ottobre 1927; e il 16 aggiungeva: «Di quello che tu mi hai detto che avevi piacere di aver conosciuto il mio babbo se non ti dispiace li mandi un saluto o una cartolina e scusa sono fidanzato di sua figlia e le dico io, così ti fai vedere un uomo (...) Il mio cuore si angoscia di passione, bacio la tua fotografia».

Tra tutte, Cesarina Merighi era quella che appariva la più sensibile al fascino di una vita più libera, meno ossessivamente scandita dal binomio casa e lavoro. Cesarina sapeva essere molto affettuosa con Berto:

Il giorno di Natale sono andata a letto alle 5 e mezzo, che vuoi Roberto, tu conosci il luogo come rimane isolato a tutti i divertimenti, specialmente quei giorni non vi è nessuno ed io preferisco coricarmi in letto per sognarmi del tesoruccio mio (...) Potessi essere fra la neve in cielo, poi calare adagio, adagio, posarmi sul tuo viso candido, e sfiorarti le labbra con un bacio d'amore,

gli scriveva il 4 gennaio 1928; ma era anche una ragazza allegra, ironica, divertente. Le piaceva ballare e annotare i piccoli eventi ludici che scandivano la vita del suo paese:

Se la passa sempre bene a Padova? – gli scriveva il 9 luglio 1927. – Qui a Bologna, cioè a Paderno, non c'è più nulla, c'è solo un gran silenzio specialmente in certi cuori. Non è più Paderno di anni scorsi. Ci sarà una festa per il 24 di questo mese che c'è l'inaugurazione della luce elettrica, c'è la Chiesa nuova ed anche la sede del Fascio chissà quanta gente ci sarà quel giorno. Ballano ancora tutte le domeniche, ma cosa vuole, passati i vent'anni, si lascia tutti i divertimenti, tutto passa nella vita;

e quando la loro storia durava già da un po' di tempo, il 29 gennaio 1928 aggiungeva:

Qui ballano spesso tutte società private. Ma noi non andiamo mai, siamo invitate tutte le sere, sabato scorso sono andata a ballare e sono rimasta fin alle 4 del mattino e domenica fino all'una e mezza. Sabato siamo invitate di nuovo per tutta la notte, vado con la Maria e il suo nuovo fidanzato (...) e tu vai a ballare? Non ti dispiace se io ci vado, è vero? diversamente dillo che farò quanto ti fa piacere.

Era comunque quella che conosceva meglio Berto così da prenderlo in giro – all'inizio della loro relazione – con maliziose allusioni: «Oggi ho ricevuto la sua gentilissima cartolina. Ne sono rimasta molto meravigliata nel sapere che si trova assente da Bologna. È forse in viaggio di nozze? Cordiali saluti»; «capisco che trovandosi di fronte alla fidanzata non pensa alle conoscenze lontane; non ho questa pretesa che si ricordi spesso ma almeno che potesse ricordarsi le fotografie. Non potevo credere che fosse così bugiardo!» Ma di fronte alla richiesta di Berto di seguirlo in Francia, anche lei chiese garanzie, temporeggiò, fece scendere in campo una mamma e il proprio attaccamento alla famiglia:

Mi chiedi – scriveva il 26 settembre 1927 – se vai in Francia che io ti segua e se sarei capace di stare degli anni senza vedere la mamma. Ti pare Roberto che io mi permettessi di seguirti, se mi fosti marito sarei convinta, ma come fidanzato è una cosa impossibile, e poi per dirti la verità non sarei disposta di recarmi così lontano da Bologna;

e tre giorni dopo ribadiva: «Non ho la forza di lasciare la mia famiglia, di togliermi dalle sue braccia per recarmi in luoghi lontani, perché vorrei essere presente alla mia mamma, vorrei servirla in ogni suo bisogno».

A Cesarina, però, Boriani si riferiva come a tutte le altre, almeno nell'ultimo segmento in cui articolava il rapporto d'amore, quello del congedo e dell'addio. Sfruttando la propria mobilità territoriale, Boriani semplicemente «sospendeva» le comunicazioni lasciando cadere un velo di impenetrabile silenzio tra sé e le sue amiche. «Dopo lungo tempo di silenzio inaspettato, sono ancora priva di tue notizie (...) Addio amore, ricorda sempre la piccola capinera del tuo cuore», gli scriveva Cesarina il 31 gennaio 1928. E esattamente in quello stesso giorno, da Padova arrivava una lettera analoga, di Noemi: «Mi dicevi Roberto se certo la tua fotografia io l'aspettavo sempre di vederla arrivare; chi sa forse l'avrai data alla tua fidanzata di Torino?» Proprio con Noemi, però, la tattica non funzionò e Roberto fu costretto a rompere il silenzio per fronteggiare un'iniziativa non prevista dal copione: «Roberto, io a Torino ho due amiche: se tu non mi scrivi, vengo a trovarle e così vengo anche da te»; per una volta toccò a lui, quindi, «prendersi la responsabilità» della rottura, così da ricevere da Noemi un ultimo, sprezzante messaggio: «Ai risposto perché ai inteso che vengo a Torino, io se vengo non lo saprai, lo so che tu credi che la tua cosa ti vada bene; non credere, questa volta ti andrà male anche a te (...) vorrei avere le mie due fotografie, faccia il piacere di spedirle».

C'è tuttavia una donna che nelle sue lettere appare in grado di spezzare la programmazione per «fasi» che condiziona le storie di Boriani lasciando irrompere la concretezza delle condizioni materiali e della vita da cospiratore che scandivano la sua realtà esistenziale. Una donna che lo chiama con il suo vero nome, Umberto, e che gli scrive frasi di questo tipo: «Tu dici che la voglia di venir a casa non ti viene mai, valà che non è vero tu se non fosse della vergogna io ci scommetto che venisti (...) Il mio Enzo è il più bravo della scuola ma tutti i giorni va in castigo perché non sta zitto né fermo». Non era una sua fidanzata, però. Era Giulia, la sorella, che il 14 marzo 1928, poco prima che Boriani fosse arrestato, gli scriveva: «Caro fratello (...) almeno sta in pace perché o sempre paura che ti arrestano».

4. *Tradizione e trasgressione*

Di comportamenti assolutamente tradizionali e rigidamente prefissati nei loro ruoli sia maschili sia femminili ci sono quindi tracce consistenti anche nel mondo variegato dell'antifascismo popolare, quello meno legato all'organizzazione e agli apparati cospirativi. Dalle sue profondità emergono uomini gelosi e possessivi, donne in lacrime, sedotte, disilluse, abbandonate.

Carisimo amico Rodolfo (...) tu mi scriverai una lettera da Roma ma però farai comparire che la scrive il mio papà e dicendomi che devo partire subito (...) mi è successo un bel guaio che facevo la more in casa e adesso la mia fidanzata è incinta di mesi 3 e pensi che cià sei fratelli che mi vogliono bastonare perché mi vogliono far sposare subito:[44]

era un amico di Rodolfo Sarti, un sarto che era il «contatto» romano per Adele Bei e il Centro estero del PCI, a scrivere questa lettera da Piacenza il 4 novembre 1933. I diversi contesti geografici alimentano un album le cui «figurine» si ispirano alle più ovvie caratterizzazioni regionali:

Assuntina – scriveva il siciliano Carmelo Caponetto ad Assunta Mazzone – se domani tu non potresti essere mia a causa dei tuoi – cui sono animati da bassi e vili sentimenti – stai pure sicura che allora se mi perderò, ma prima di perdermi dovrò essere un assassino, dovrò distruggere prima tutti coloro che anno collaborato contro di me, contro il nostro amore e sarò capace, se tu non dovresti essere mia, si mia perché io solo ho baciato la tua vermiglia boccuccia e solo io dovrò continuare a baciarla con i più ardenti e appassionati baci, solo a me deve restare il diritto di stringerti fra le mia braccia.[45]

Nelle dichiarazioni d'amore al femminile ricorrono accenti di sottomissione totale («giuravi che mai poteva spegnersi l'amore dentro il tuo petto. Questi ed altri furono i giuramenti tuoi che il cuore mi affascinarono. Se tu non mi ami, fedele sono io col pianto mio me ne starò. Benché mi odi non ti abbandono, il cuore in dono ti lascerò»),[46] insieme a masochistici abbandoni al piacere della sofferenza («sapendo che mai potrò godere il tormento dei tuoi baci di fuoco, sentendomi morire a poco a poco, provo lo stesso un perfido piacere e mi torturo l'anima nel ricordarlo»).[47] È un mondo abbarbicato ai gradini più bassi della scala sociale, affollato di cameriere e di operai, un universo che appare segnato da una marcata subalternità nei confronti di modelli consolidatisi in ambiti sociali e collocazioni professionali completamente diversi così che quelle espressioni di amore, quei sentimenti dai toni tanto accesi, smarriscono anche la loro carica di spontaneità originaria per fissarsi nelle formule stereotipe delle pagine di un qualsiasi manuale da «segretario galante»: «Come segno di puro affetto, porgo alla persona che tanto amo affinché egli possa ricordare, tua Teresa»; «Un saluto da chi ti ama fortemente. Ricordami come io ognor ti penso, Maria».[48]

La mancanza di autonomia si coniugava, così, con l'accentuarsi di tutti i meccanismi di controllo sociale, quasi che i tratti comunitari di quel mondo finissero col ribadire i vincoli che l'ufficio e la fabbrica potevano aver allentato. Dalle lettere dei giovani che vi appartenevano trasparivano i tratti di una sorveglianza familiare occhiuta e severa: «Io sono contenta di parlarti ma tu non sai che rischi mi metto (...) Senti, Armando, si è aperta in me una fiamma che non sarà tanto facile spegnere. Gli ostacoli della vita sono tanti e noi siamo ancora giovani e perciò abbiamo chi ci comanda», scriveva Maria ad Armando Bugatti; per corteggiarsi, vedersi, parlarsi dovevano impiegare un surplus di risorse, di astuzia, di accorgimenti:

Purtroppo mi è impossibile darti appuntamento alla sera, – scriveva ancora Maria – quindi se ti aggrada ti attendo sabato 9.c.m. alle sette meno un quarto al solito posto, se sarò sola e tu allora potrai venire solamente però che per pochi minuti perché è l'ora che devo recarmi a cena;

e pochi giorni dopo:

Armando, mi sembra che da qualche giorno il nostro amore sia perseguitato dalle continue visite di mia zia. Non so. Non ci capisco neppure io, ma temo che mi si nasconda qualche cosa (...) Intanto mi raccomando la massima serietà. Procura di non far sapere a nessuno ciò che passa tra noi. Procura di farti vedere durante il giorno (...).[49]

I rapporti sentimentali si nutrivano così di una fitta rete di appuntamenti furtivi, cenni di saluto appena scambiati, timori e vergogne reciproche:

Vi hanno detto che salutai la signorina colla mano, – scriveva Genunzio Guerrini ad Anita Montanari – ma potete dire a quella persona che si è ingannata perché quando passammo dirimpetto a casa era alla finestra solo la sorella grande, anzi lei salutò colla mano, io invece la salutai con la testa;

riguardo alla Rosina – aggiungeva in una successiva lettera – come sapevate eravamo amici, ma sebbene dopo a tante promesse che mi aveva fatto di essere pronti a qualsiasi sacrificio. Ora posso dirvi dove è arrivato il suo sacrificio. Dunque io sono partito come sapete il sabato sera da Ravenna e non volevo andar via senza parlarle. Decisi di parlarle il venerdì nel pomeriggio quando sarebbe andata al lavoro e andai via da casa risoluto a fermarla anche accompagnata da sua sorella, ma appena mi vide e intuì le mie intenzioni mi fece segno di non fermarla. E in questo modo mi ha dimostrato di sapersi sacrificare per me (...) preferendo che andassi via senza darmi un addio, a una sgridata di sua madre![50]

Lungo tali percorsi non sembra esserci una qualche soluzione di continuità tra fascismo e antifascismo, delineando anzi un mondo che aderiva all'altro senza nessuna diversità che non quella legata alle impostazioni politiche. Ma questi elementi di contiguità e di somiglianza – che pure sono largamente dominanti – si intrecciavano con aspetti di più netta differenziazione, la cui portata era anzi tale da sottolineare una marcata specificità, anche in questo campo, dei percorsi esistenziali di approdo all'antifascismo. Tra Velio Spano, assunto come campione rappresentativo della persistenza della «doppia morale» pure nel cuore dell'antifascismo organizzato, e Umberto Boriani, visto come un esempio della capacità di attrazione e di egemonia esercitata dalla «morale borghese» nei confronti dell'antifascismo popolare, è infatti possibile rintracciare una pluralità e una varietà di atteggiamenti che rende molto più accidentato il quadro fissato dalla coppia subalternità/autonomia.

In particolare, ci sono almeno tre tipologie di comportamento che ci restituiscono un'immagine di alterità più o meno marcata: l'attingere come risorsa da impiegare nel corteggiamento amoroso al proprio status di militante politico, magari anche perseguitato, utilizzandolo come un elemento di seduzione e di fascino del tutto atipico rispetto al modello tradizionale; tentare di utilizzare l'ideologia come grimaldello per scardinare le modalità classiche del rapporto uomo-donna, di cui si percepisce confusamente l'inadeguatezza e alle quali, pur senza riuscirci, si prova a proporre un'alternativa; rompere decisamente con la «morale borghese», sperimentando direttamente nella pratica delle proprie relazioni sentimentali una diversa configurazione dei rapporti gerarchici tra uomo e donna all'interno della coppia, lungo il difficile percorso del riconoscimento di categorie affettive improntate al rispetto della reciproca autonomia.

> Io sento che ho molta simpatia per lei, simpatia che si tramuterà certamente in amore se lei accetta di corrispondermi, però prima di tutto io devo essere sincero e devo farle questa dichiarazione: che io sono socialista. Può darsi che la nostra vita non sia tanto tranquilla (...) Con una dichiarazione così, ho pensato che non era un ragazzo che raccontava delle frottole, ma era un ragazzo serio;[51]

ci sono molte altre testimonianze, oltre a questa di Teresa Bosco, che indicano come elemento essenziale del proprio assenso alle dichiarazioni d'amore, l'aver tratto dall'impegno politico del fidanzato una serie di impressioni favorevoli sulla «serietà» delle sue doti morali e caratteriali: «Mi chiedeva della cooperativa, come stavo, quanto mi pagavano, s'interessava alla vita che avevo fatto, dove avevo lavorato. Ha poi cominciato a parlarmi che c'era il fascismo, che c'era una società capitalista. Parole nuove per me (...) mi piaceva perché lo vedevo serio»;[52] «Andrea, quando si è dichiarato, mi ha detto: devo dirti una cosa prima di tutto, sono perseguitato politico. Aveva fatto anche la prigione. Quel ricordo mi ha fatto sempre piangere (...) Io gli ho risposto "be' ancora meglio" anch'io la pensavo come lui e l'ho stimato ancora di più. E ci siamo sposati».[53]

Le regole del corteggiamento più accreditate prevedevano un altro tipo di autorappresentazione maschile, maggiormente incentrata sulle prospettive di carriera individuale e di agiatezza economica familiare; era una rottura del modello tradizionale che si accentuava se quello stesso intreccio tra impegno politico e doti caratteriali veniva declinato lungo il suo versante femminile.

Uno dei miei desideri – scriveva Giulio Turchi, in una delle sue prime lettere a Emma Forconi – è quello di avere con te, nel domani della nostra vita comune, insieme a tutte le altre cose, anche delle soddisfazioni intellettuali, con conversazioni da farsi in lieto simposio, su argomenti i più varii e interessanti. Comprendi da te, dopo quanto ti ho scritto, come non sia uno fra quelli che non ritengono necessario che la donna apprenda e discuta tutto quello che non ritengono necessario che la donna apprenda e discuta, tutto quello che i signori uomini vogliono per se stessi, onde trovarsi sempre e in ogni occasione in grado di superiorità rispetto alla donna, che vogliono vedere umile ed estasiata di fronte alla loro presunta erudizione.[54]

Le parole di Turchi ci introducono nel secondo dei tre ambiti prima indicati, nel quale, pur con molte concessioni alla morale dominante, si avverte comunque l'esigenza, se non di trovare un'alternativa ai modelli più diffusi, quantomeno di differenziarsene sul piano dei comportamenti concreti, magari – come in questa lettera del barbiere Giuseppe Roselli – mescolando in modo confuso motivi di gelosia tradizionale e orgogliose rivendicazioni di «alterità»:

Al mio sogno d'amore, nell'amore bisogna fare qualsiasi sacrificio e superare tutti gli ostacoli, tu intanto l'ostacolo che avrai a superare è imparare a leggere e scrivere così il nostro amore sarà più bello e forte. Nella vita bisogna essere filosofi, io rido in faccia all'amore volgare e abbraccio quello vero, che va ad intendersi il nostro, che non ci sono state delle opposizioni delle nostre famiglie, come io dicevo dell'amore volgare e solo utile ai giovani ma in seguito saranno delusi, che non potranno abbracciare la vita coniugale e sociale della famiglia. Riguardo a ciò che ti mandai a dire di questi sig. giovani ti ho già spiegato nella morale dell'amore che in seguito rimangono delusi e angoscianti che non portano rispetto ad un altro uomo che me, perché il dispetto lo fanno a me, che ti vengono sempre dietro, ma io gli calcolo come contrari alla mia teoria politica, quelli sono i straccioni della borghesia.[55]

Era difficile sottrarsi al condizionamento di norme introiettate in profondità, vissute come ovvie e naturali in tutti gli ambienti (da quello familiare a quello delle relazioni amicali e parentali) che contribuivano a scandire l'educazione sentimentale delle classi subalterne; eppure qui, in questa Italia accampata agli estremi confini dell'antifascismo organizzato, almeno questo tentativo c'è, se non altro si avverte l'esigenza di ridiscutere quelle norme, di non darle per scontate una volta per tutte. È un tentativo che si sviluppa lungo un percorso carico di ingenuità e talvolta di sofferenza, ma che da solo basta a richiamare l'attenzione sulle potenzialità alternative che in quel mondo erano racchiuse. Anche la gelosia, qualche volta, allenta la sua presa possessiva, lasciando trasparire motivazioni e scelte più limpide, più rispettose della libertà altrui:

Sono contento che tu mi sia fedele ma questo mi fa paura perché io penso che il tuo sacrificio è più grosso del mio, però io sarei contento che tu non fossi tanto gretta nel conservare il nostro onore e che tu prenda la libertà necessaria: come ti ho sempre detto, non ho bisogno di lutto, voglio che tu viva.[56]

Le figure femminili che si incontrano lungo questo percorso accentuano la sua contraddittorietà, restituendogli, però, autenticità e vivacità. Questa lettera di Aurora Rossetti[57] a Mario Spirito Coda[58] si apre, ad esempio, con un aperto riconoscimento di inferiorità («ammetto la mia poca cognizione, in certi casi la mia completa ignoranza, dunque se tu vuoi mi potrai illuminare un po' di più»),[59] ribadito subito dopo attraverso una efficace descrizione della «complementarità» del ruolo femminile nella coppia:

Sono con te che la donna sia un complemento della vita e non lo scopo principale, specie per gli idealisti che danno l'essenza per una causa, per uno scopo prefisso e che quindi la donna sarà un riposo, una necessità, dopo lo spreco dell'energia dedicata a dare vita a giorni futuri di libertà, purché essa sia per l'uomo una creatura immedesimata nei suoi più intimi sentimenti, purché essa sappia dare con tutta la sua tenerezza, compresa tutta dell'immenso desiderio di essere per l'uomo una dolcezza infinita.

Poi, però, Aurora s'inoltra in un tipo di considerazioni completamente diverso, lasciando Mario libero di misurare il distacco operato nei confronti dei valori correnti, soprattutto di quelli che circondavano l'atto sessuale:

Io, però, sostengo che l'atto materiale dei due sessi – aggiungeva infatti – non è giustificato se non è compiuto dall'impulso della passione, nel caso contrario diventa atto carnale, ove la soddisfazione che si crea del primo atto, si sfascia completamente nel secondo. Poi, che l'emancipazione della donna possa e debba avvenire nella camera da letto è assurdo, e che il connubio di due sia fatto solo allo scopo di procreare, è da presuntuosi (...) perché sento che ben altro deve determinare in me il desiderio e la gioia del possesso. Come pure non ammetto che l'amore sia eterno in due sposi perché esso, attraverso allo svolgersi della vita, può perdere il suo giusto significato (...) hai ragione nell'affermare che la donna pretende d'aver fedele l'uomo che sposa, ma ciò è determinato appunto dalla sua incompleta educazione, dall'ambiente in cui vive, influenzato da pregiudizi, ma se essa è educata sulla nostra direttrice, può darsi che essa sappia comprendere e aiutare per l'emancipazione (...) nell'ambiente in cui vive sarà necessario che la donna venga vegliata e redenta, se dovremo porla al livello in cui è necessario sia posta e perché essa possa dare all'uomo la gioia serena della sua emancipazione.

Pur con molte incertezze «teoriche» e con qualche «caduta» legata a un suo totale affidamento nei confronti dell'uomo che ama, Aurora mostra quindi di prendere in considerazione un'alternativa alla monolitica equazione emancipazione = ingresso nel mercato del lavoro, indicando per le donne altri ambiti di realizzazione, fino ad associare allo stesso impegno politico la possibilità di dischiudere orizzonti di autonomia e d'indipendenza anche nella sfera dei rapporti sessuali: «Io sono lieta che la nostra buona amicizia sia giunta ad unirci anche sul terreno dei rapporti sessuali, il che non ci farà difetto attraverso al lavoro in comune e ci preserverà dai pregiudizi», avrebbe scritto in una lettera successiva.[60]

Aurora si riferisce alla purezza dell'amore con una pluralità di immagini («l'amore è una parte del tempio umano, e non si deve contaminare solo per un possesso brutale»),[61] tra le quali, però, torna sempre, con insistenza, quella del calice e del bicchiere d'acqua («se, come tu mi auguri, io possa essere l'eletta e bere nel calice dell'amore, ti vorrei con me a fare l'ascesa»). È la conferma di come questo tentativo di costruzione di una «nuova morale», anche sessuale, si collochi in un incrocio importante, a cavallo tra i percorsi della «spontaneità» e quelli dell'«organizzazione», coniugando gli scarni e contraddittori riferimenti «teorici» agli insegnamenti dei classici del marxismo (ne affiorano echi anche nelle considerazioni sul matrimonio e sul divorzio) con la pratica di abbandoni sentimentali neanche sfiorati dalla «falsa coscienza» del moralismo piccolo-borghese («ti darò la bocca e me stessa come una dolcissima offerta, rifugio sereno di sublimi soddisfazioni») e, soprattutto, con un programma esistenziale di netta rottura con l'ambiente di provenienza: «Anelo a una vita intensamente attiva, anche perigliosa, ma utile».[62] Aurora non fu la sola a coltivare progetti di questo tipo, perché anche decisamente fuori dai confini dell'antifascismo organizzato si trovavano, infatti, tracce di esperienze simili alla sua. Luisa era una cameriera, Rodolfo Sarti un sarto:

Rodolfo, perché delle volte quasi mi respingi, non mi ami, non mi vuoi? Perché sei così cattivo? È colpa mia se non posso vivere senza di te, se quel senso che in me doveva rimanere ignoto tu l'hai acceso e lo hai fatto divampare in un modo che mi è ormai impossibile spegnerlo? Forse non ebbimo entrambi i requisiti necessari per formare una famiglia nel vero senso della parola dunque amiamoci adesso che siamo giovani senza pensare a un domani che per me non sarà mai. Innalzando l'amore al disopra del mondo e della società pensiamo a oggi non a domani (...) tua Luisa.[63]

8. Le culture

1. *Le letture*

Nel 1938 ogni italiano spendeva in media 2,2 lire in libri (prezzo medio sulle 10 lire), 2,75 per il teatro, 6 lire per i giornali (tre milioni di copie vendute), 9,1 per il lotto, 15 lire per il cinema, 60 lire per il fumo.[1] Era una graduatoria impietosa, che con le sue cifre inchiodava l'Italia fascista a una immagine intellettualmente molto povera, segnata da consumi popolari appena scalfiti dai processi di modernizzazione, lontana dal consolidarsi dei bisogni collettivi che sarebbero poi sfociati nella cultura di massa. Per la narrativa, l'autore più venduto fu Guido Da Verona (2 milioni e mezzo di copie) efficace interprete di un filone dannunziano popolare che riscosse un largo successo e che influenzò anche gli altri scrittori di *best sellers*, a cominciare da Pitigrilli (che ne costituì la variante pornografica) per finire con il romanticismo di Gotta, Brocchi e Milanesi.[2] Erano tutte figure che oggi rendono difficile parlare di una letteratura fascista in senso proprio, riproponendo, anche in campo letterario, il «nodo» della subalternità strategica del fascismo nei confronti dei modelli che lo avevano preceduto; come ha scritto Giocondi,

> la letteratura fascista non produsse niente di nuovo, né progredì di un solo passo dai notevoli risultati raggiunti dalla narrativa di fine Ottocento ma si limitò a svolgere opera di trasposizione a livello piccolo e medio borghese dei modelli letterari tardo-romantici e dannunziani, in un adattamento che indebolì quei messaggi piuttosto che completarli e li consegnò in forme ultrabanali, anche se appetibili, a un pubblico già culturalmente povero.[3]

A livello di massa, nella «cultura dopolavoristica» proposta dal regime si raggrumarono i detriti delle tradizioni precedenti, quella civica liberale e quella ispirata dalle organizzazioni del movimento operaio, confluiti in un impasto che non rendeva riconoscibile alcun progetto né di «cultura alta» né di «cultura bassa»;[4] restava l'obiettivo dell'organizzazione del consenso, perseguito, però, in una strategia che si fondava sul drastico ridimensionamento degli spazi consacrati alla lettura a favore delle attività più strettamente ricreative e meno «pericolose».[5]

Anche gli argomenti e il tono della letteratura femminile cambiarono rispetto all'effervescenza del primo dopoguerra: l'«esibizione di sé» lasciò il passo a una melanconica involuzione, «le donne fatali», con la loro sensualità dannunziana, subirono una metamorfosi; intristite e moraliste, si presentarono lacerate dal dilemma tra passione e dovere, tra «gli allettamenti mendaci» e «le voci di famiglia con encomiabile trionfo di queste».[6] Le frequentazioni letterarie femminili finirono, così, per muoversi in ambiti assolutamente predeterminati; in uno scenario in cui, nel 1930, una donna su cinque non sapeva leggere, le scrittrici in voga furono Milly Dandolo, Giana Anguissola, Luciana Peverelli (*Trovar marito* fu il titolo emblematico del suo grande successo del 1934), mentre la stampa più diffusa annoverava testate come «Novella» di Rizzoli, interamente dedicata ai romanzi popolari a puntate, «Eva» (un settimanale che avrebbe iniziato le sue pubblicazioni nel 1933), «Piccola» destinata alle ragazze.[7]

La rottura con questi modelli indica quindi un altro terreno sul quale verificare la dimensione complessiva della contrapposizione tra fascismo e antifascismo. Il conformismo dei riferimenti piccolo-borghesi che ispira ambientazioni e personaggi della narrativa più in voga nel ventennio finisce, anzi, per indicare proprio nelle letture uno degli ambiti in cui quella contrapposizione assume i propri contorni più netti e più radicali.

La biblioteca di Giorgio Agosti è in questo senso un documento esemplare. Le sue lettere scritte a Mino Castellani tra il gennaio 1940 e il marzo 1943 sono particolarmente preziose per il ricercatore proprio per fatto che esse parlano essenzialmente di libri.[8] Ci furono ragioni soggettive in questa scelta, legate alle comuni inclinazioni intellettuali dei due corrispondenti; ma vi contribuirono ovviamente anche ragioni oggettive, riconducibili alla censura cui erano sottoposte quelle indirizzate a Mino mentre era impegnato sul fronte russo.

Era lo stesso Giorgio a ricordare continuamente questo aspetto: «Caro Mino questa lettera è una specie di bollettino bibliografico. Ma di che altro vuoi parlare?», scriveva il 3 agosto 1941; «Ti ho parlato di me e ti ho parlato di libri: ciò che è pressappoco tutto quello di cui ti posso parlare in una lettera» aggiungeva il 22 marzo 1942. Pure, questi «bollettini bibliografici» acquistano oggi una portata conoscitiva particolare. Generalmente, il modo che ciascuno di noi ha di leggere un libro appare chiarificatore per i termini complessivi della propria personalità. C'è nella lettura una interpretazione attiva per cui alla fine «il testo non è più quello affidato alla scrittura, ma quello che risiede nella mente del lettore»; Roland Barthes ha sottolineato con efficacia come il rapporto tra libro e lettore sia attraversato da «una specie di choc, di frattura che spezza, infrange l'uniformità del testo: è un incontro, un riconoscimento (...) Sono degli inneschi di senso (...); gli elementi così riconosciuti sono poi organizzati, ordinati: è questa la risonanza intellettuale, la comprensione»; la lettura appare quindi come un filtro «tra la tradizione culturale condivisa e l'esperienza individuale», diventando una chiave per decifrare l'universo mentale oltre che le inclinazioni culturali di un individuo.[9] Per Giorgio Agosti questa chiave apre una porta in più, quella dell'accesso al suo io profondo, a una identità in cui è veramente difficile distinguere le linee di un intreccio inestricabile tra il leggere e il vivere. «Come leggo io, – scriveva il 2 marzo 1940 – è solo un piacere: un vizio che ci rinfacciamo scherzando con la mamma ed io, quando ci scopriamo perduti da ore in un libro, senza più sentire né fame, né sonno». In questo rapporto con la lettura, c'è un abbandono totale, un appagamento che va al di là del puro nutrimento intellettuale: scrivendo di *Furore* di Steinbeck, Giorgio esemplificava bene questa realtà parlandone come uno di quei libri «dove la tesi ti prende molto; li divori con i nervi tesi, con un ribollire di reazioni in testa, e non ti chiedi più cosa c'è di artisticamente vivo e eterno sotto il calore della polemica».

Quelle schede di lettura diventano oggi significative anche per ricostruire la mappa mentale di Giorgio e dei suoi amici, un percorso di formazione in cui la scelta della militanza antifascista era, come abbiamo visto, indissolubilmente legata a una traiettoria tutta per linee interne ai libri e alla cultura. Privi di riferimenti organizzativi politicamente credibili, rinchiusi in una sorta di «riserva indiana» in cui non esisteva spazio per frequentazioni diverse da quelle dei propri amici e dei propri colleghi professionali, c'era un solo sentiero che consentiva di traghettare dall'antifascismo esistenziale alla militanza politica e passava necessariamente per i libri. Giorgio raccontava a Mino dei suoi incontri con il «magnifico *Maometto e Carlomagno*» di Pirenne, «l'acuto *Talleyrand* di Duff Cooper», *Il finanziamento di una guerra moderna* di Cabiati, *Il Medioevo barbarico in Italia* di Pepe, *Storia del liberalismo europeo* di De Ruggiero, il *Cavour* di Omodeo, *Mascherata* di Moravia, «scadente ed equivoco», *Paesi tuoi* di Pavese, il *Saggio sulla rivoluzione* di Pisacane, le *Considerazioni sulle cose del '48* di Cattaneo, *Conversazioni in Sicilia* di Vittorini, *La badessa di Castro* di Stendhal ecc.; erano tantissimi libri affrontati da uno che non faceva l'intellettuale di mestiere, che doveva rubare il tempo per la lettura alla mole sterminata di lavoro, cadutagli sulle spalle come magistrato per l'entrata in vigore del nuovo codice, e ai disagi della guerra, per seguire non un iter professionale ma il richiamo di un impegno civile. Di qui l'importanza dei suoi giudizi non tanto in relazione al contenuto dei singoli libri quanto per l'incidenza da essi assunta nella costruzione della sua personalità politica. Elogiava Pepe, ad esempio, per il suo Medioevo in cui «i barbari sono tali nel senso più duro della parola, superstizione, brutalità, ignoranza, slealtà sono gli unici apporti loro alla storia di quei secoli». Non era così, e le tesi storiografiche di Pepe appaiono oggi ampiamente superate. Pure, il richiamo all'attualità nutriva in Giorgio un odio il cui obiettivo era trasparente: i nuovi barbari erano ancora una volta alle porte, brutali e sleali esattamente come allora. Tipica, in questo senso, era anche la sua invettiva contro Rudolph Wahl, del quale stava traducendo per Einaudi il *Barbarossa*:

> Quel cretino – scriveva – non ha capito niente della vera funzione storica di Barbarossa che è di aver tentato e condotto l'ultima grande battaglia dell'impero contro la Chiesa e le libere istituzioni comunali (...); [in realtà] Barbarossa non è riuscito né a galvanizzare le energie del Sacro romano impero né a promuoverne efficacemente l'unificazione in Stato contro le forze centrifughe dei grandi feudatari (...) giocando la parte di un reazionario che non poteva arrestare l'impulso del mondo europeo verso forme più libere e moderne di vita.

Lo spettro del «Nuovo Ordine Europeo» si coniugava con la fiducia negli ordinamenti istituzionali a più stretto contatto con la società civile, nati dal basso, nel vivo della spontaneità alimentata dai movimenti collettivi («quei milanesi – aggiungeva in un'altra lettera – non avevan molti scrupoli, ma erano della gran gente e sapevano quel che volevano»).

Quei libri furono quindi come delle tessere di un mosaico che lentamente prese forma, fino all'appuntamento con l'azione e la lotta partigiana, che la storia, a Giorgio e a tanti altri, fissò per l'8 settembre 1943.

2. *Romanzi e scuole-quadri*

Molte di queste tessere si ritrovano, però, anche nei percorsi dell'antifascismo popolare a testimonianza di un interscambio tra cultura alta e cultura bassa, tra le inclinazioni dei colti e quelle delle classi subalterne che finisce per caratterizzare in termini assolutamente originali lo spazio recintato dalla scelta antifascista. Le stesse pagine di *Furore* che avevano emozionato Giorgio Agosti ricompaiono, ad esempio, negli esordi cospirativi dell'operaio di Terni, Arnaldo Lippi, che si imbatté per caso nell'ultimo capitolo del romanzo, lasciato da un soldato nella bottega del suo barbiere.[10] Di fatto, l'impossibilità materiale di praticare un impegno politico diretto selezionava quasi automaticamente la cultura come l'ambito privilegiato in cui affermare la propria secessione dalla politica ufficiale, caricandola di valenze più complessive che finivano per caratterizzarla come l'alternativa più radicale ai valori diffusi che erano alla base del consenso nei confronti del fascismo. Anche in questo senso, quindi, essere antifascisti significava non soltanto definirsi come oppositori politici del regime ma rappresentarsi all'interno di un processo di autoeducazione che finiva per esaltare tutti gli aspetti pedagogici della propria scelta militante.

E per una volta i percorsi dell'autorappresentazione, quelli della memoria e quelli della ricerca storica coincidono perfettamente. Non è sempre così, lo abbiamo visto. Spesso i ricordi dei protagonisti dell'antifascismo tendono a indicare, come ambito in cui collocare la propria vicenda biografica, una sorta di oasi d'incontaminata purezza, radicalmente separata e altra rispetto al «deserto» del fascismo, laddove la ricerca storica lascia emergere una realtà molto più sfumata, con frequenti passaggi di campo, cedimenti, faticosi tentativi di coniugare il massimo della diversità ideologica con una sostanziale omogeneità dei comportamenti concreti. Niente di tutto questo avviene per i libri, le letture, le scelte culturali. I titoli che ricorrono nelle testimonianze sono esattamente quelli che ci vengono restituiti dai verbali di sequestro conservati nelle carte di polizia, così che è oggi abbastanza agevole definire i contorni di una biblioteca ideale dei militanti antifascisti.[11]

Scorrendone il catalogo si precisano meglio anche i termini della contrapposizione identitaria nei confronti dei fascisti. Il primo, e il più ovvio, è quello che affiora dal paragone tra Jack London e Massimo Gor'kij da un lato e Pitigrilli e Lucio D'Ambra (tanto per restare tra gli autori di *best sellers* italiani) dall'altro. La morale eroica che anima i personaggi di *Il tallone di ferro* e di *La madre* delinea scenari irriducibilmente estranei alle atmosfere dolciastre e ai paradisi artificiosi che filtrano dalle pagine degli scrittori più in voga nell'Italia fascista. Nelle parole dell'Ernest di Jack London il percorso del socialismo appare lineare e ineluttabile, «quella che passa è l'idea dell'inevitabilità del cambiamento, ma anche che la rivoluzione si prepara con l'attività clandestina e la rivoluzione», che il tallone di ferro esime da ogni calcolo individualistico, obbliga a lottare «qui e ora» nel nome di un futuro segnato dalla speranza e dall'utopia.[12] A sollecitare l'empatia e il rispecchiamento dei lettori non c'era quindi solo il percorso della «madre»[13] che per seguire il figlio si trasforma da passiva e devota casalinga in attiva clandestina del movimento rivoluzionario, ma una intera folla di personaggi che rinunciano alla propria vita privata in nome della lotta per la libertà di tutti:

Ernest e Svis non hanno figli (...); una delle rivoluzionarie più attive Anna Roylston, cui «bastava un cenno per sedurre un uomo», rinuncia alla propria sessualità e viene ribattezzata la «Vergine rossa»; Pavel scoraggia l'amore del suo amico Andrej per la loro compagna Nataša perché ciò li avrebbe allontanati entrambi dal lavoro clandestino.[14]

Per i militanti clandestini, in particolare per i comunisti, quelle letture non servivano solo a marcare la propria diversità ma anche a una complessiva rassicurazione sulla bontà della propria scelta così che sia il romanzo di London sia quello di Gor'kij sembravano appartenere più alla dimensione dell'antifascismo politico che di quello esistenziale. Su entrambi era come se si fosse depositata la patina di «una sorta di sacralità e incontrovertibilità» che ne aveva fatto delle piccole pietre per la costruzione di un monumento in cima al quale collocare il partito e l'organizzazione piuttosto che l'iniziativa dei singoli. Certamente erano libri che si leggevano con passione e trasporto, ma resta l'impressione che i romanzi fossero poco più di un pretesto, involucri espositivi che – per la facilità con cui ci si immedesimava nei personaggi sbalzati dagli scrittori –[15] erano ritenuti più efficaci nel favorire un primo approccio al marxismo scientifico, meno difficili delle opere con un impianto esplicitamente saggistico. La loro lettura finiva così per assomigliare molto a quella dei testi scritti consegnati dal partito per favorire l'esperienza culturale come una «trasformazione personale»; leggendoli, «il militante si emancipava dall'ignoranza e trovava canali di autoaffermazione, il gusto per il lavoro fatto bene si mescolava con la sublimazione della fatica»,[16] lungo un percorso che definiva gli obiettivi didattici tipici di una scuola-quadri.[17] London aveva indicato un modello umano e un esempio politico, ma era soprattutto quest'ultimo ad essere recepito nella sua valenza più «estremistica» e rivoluzionaria:

London – scriveva Trockij – si impone decisamente libero dalle illusioni riformiste e pacifiste. Nel suo quadro dell'avvenire non lascia assolutamente sussistere nulla della democrazia e del progresso pacifico. Al di sopra delle masse dei diseredati s'innalzano le caste dell'aristocrazia operaia, dell'armata pretoriana, dell'apparato poliziesco onnipresente e dell'oligarchia finanziaria che corona l'edificio.[18]

Non stupisce, quindi, ritrovare sia in *Il tallone di ferro* sia in *La madre* la conferma della più rigida ortodossia di partito anche sul terreno minato e pieno di contraddizioni del rapporto uomo-donna:

Nei due romanzi – ha acutamente osservato Mauro Boarelli – le donne sono protagoniste, ma non disegnano uno spazio autonomo di azione e di pensiero. Sia nella struttura narrativa, sia nella rappresentazione della politica esistono solo in funzione dei personaggi maschili. Gor'kij e London propongono immagini femminili che coincidono con valori sedimentati nella cultura dei lettori, e spazi politici riservati alle donne che non mettono in discussione quei valori...[19]

I termini che segnano quindi i confini di una più radicale «diversità» degli antifascisti sono quelli che affiorano non solo dal confronto con i contenuti di quelle letture, ma anche e soprattutto dal modo con cui venivano recepiti e utilizzati. In alcuni casi, alcuni dei titoli più banali e più ovvi ma di maggior successo, introdotti nell'universo cospirativo subivano una brusca torsione che ne stravolgeva in profondità il senso stesso della fruizione: un melenso *best seller* sentimentale, *L'amante di mille chilometri* di Angelo Frattini (120000 copie vendute tra il 1928 e il 1943), offrì le lettere d'amore pubblicate alle pagine 143 e 185 dell'edizione Corbaccio del 1928 come testo di riferimento in cifra per la corrispondenza clandestina tra un gruppo di comunisti emiliani e il Centro estero di Parigi.[20] Ma non era solo un problema di titoli e di autori; a cambiare radicalmente era il senso stesso del «consumo» letterario; si leggeva per diletto o per dovere, ma questo era solo il primo stadio di un processo molto più complesso, al cui interno la lettura diventava la pista sulla quale esercitarsi in una sorta di caccia al tesoro in cui ogni nuova tappa era un'avventura conoscitiva e la cui posta in gioco era la più compiuta realizzazione di se stessi come individui e come militanti:

A 13 anni mi iscrissi a una biblioteca circolante (...) – ricordava Danilo Masi –; prima lessi libri di avventure (...) finalmente misi le mani su *Resurrezione* di Tolstoi. In *Resurrezione* si parla d'un economista americano Henry George, assertore di una riforma agraria in favore dei contadini. Cercai ansioso quel libro e mi fu detto che lo avrei trovato alla biblioteca Marucelliana.[21]

«Se Martin Eden era così ignorante e ubriacone e faceva a cazzotti perché io non dovrei aprì un libro?» cominciò così il percorso, a cui abbiamo già accennato, di Arnaldo Lippi che si snodò successivamente attraverso Rousseau, Victor Hugo, i classici russi e, immancabile, *La madre* di Gor'kij, scovato dal suo amico Claudio Locci nella biblioteca di fabbrica a Papigno. Era un modo di «inseguire» i libri che rompeva con le strutture comunitarie e familiari che, tradizionalmente, guidavano l'approccio alla cultura delle classi subalterne: alla lettura collettiva nel mondo contadino fatta nella stalla, ad alta voce, alla veglia, si sostituiva la lettura privata «come prima affermazione dell'individualità e del privato contro il potere politico e contro i rapporti che regolavano la vita sociale e domestica»: «Il libro circolava di mano in mano e riacquistava così la sua caratteristica di esperienza collettiva. Si trattava, comunque, sempre di un'esperienza eccezionale, occasionale, non ordinaria. C'erano spiegazioni che si intrecciavano, commenti, verifiche del rapporto tra quello che si leggeva e la realtà che si viveva; non c'era mai, comunque, una fruizione passiva».[22]

Vedo che hai letto Martin Eden e che solo in parte l'hai capito – scriveva Luigi Viana alla sorella Alba –. Eppure è così facile. Come fai a non capire quando mette in vista le difficoltà che ha incontrato per fare accettare i suoi scritti sulle riviste solo perché non era conosciuto? (...) Vi è persino la ragazza che prima si allontana da lui povero scribacchino, senza un avvenire, senza nomi illustri, senza finanza, ricco solo di volontà e poi quando lui riesce ad imporsi allora essa ritorna e gli offre ciò che lui non aveva mai chiesto (...).[23]

Martin Eden sollecitava meccanismi d'identificazione forse più profondi di quelli che scattavano nei confronti dell'Ernest di *Il tallone di ferro*, ma era anche il pretesto per consentire al fratello di esercitare il suo impegno pedagogico, appropriandosi del libro per inserirlo all'interno di un autonomo spazio di relazione affettivo, di un «sistema» i cui confini venivano ribaditi anche e soprattutto in termini di radicale diversità dagli altri:

Cerca di leggere meno (direi anzi nessuno) romanzi, meno appendici di giornale, meno stupidaggini dei vari Gadda, Da Verona e simili e studiare di più i classici, quelli che descrivono la vita come è. Storia e filosofia per ora... – ammoniva ancora Luigi, in una lettera del 15 marzo 1934 –: Vi è pure qualche romanziere buono, ma devi cercarli con giudizio, gli scrittori russi, non tutti, tedeschi che in Germania furono bruciati ecc. e soprattutto devi saperli capire! Per esempio quello che ha scritto il *Quo vadis?* non lo scrisse per dimostrare ciò che si passasse a Roma in quel periodo ma lo scrisse per dimostrare come la classe lavoratrice polacca fosse sfruttata, soggiogata (...). Ricordati sempre che non si vive di solo pane. Lo studio della lingua è necessario perché leggere un'opera nella lingua in cui fu scritta dall'autore è certamente migliore che leggerla da una traduzione (...). Ho l'impressione che se la presente ti capita nelle mani in un momento di nervi tu mi mandi ancora a quel paese (...) ma non importa, insisterò finché tu non mi scriverai in francese (...).[24]

3. *La sociabilità*

Questa punta di autoironia ci avverte che Luigi Viana era assolutamente consapevole dei toni eccessivamente pedanti che caratterizzavano i rapporti con la sorella minore e di quanto fosse difficile per lei corrispondere al modello che le veniva proposto; così, forse per attenuare la nota un po' plumbea introdotta dai suoi consigli di lettura, lasciava spazio in fondo alle lettere per un poscritto affidato a sua moglie Olga che introduceva temi e scenari più allegri e divertenti: «Incomincia i bei giorni caldi; vai in campagna a raccogliere le viole, a fare qualche passeggiata per i campi con le tue amiche e a fare qualche scampagnata tra quei fiori e erba verde dei prati». Il fatto era che Alba, come tutte le altre sue compagne e come tutti i suoi compagni, non poteva racchiudere la propria esperienza vitale e nemmeno i propri bisogni culturali esclusivamente all'interno dei «recinti» costruiti dalla propria diversità rispetto agli altri, dalla fierezza di sentirsi inserita in una ristretta minoranza che le derivava dalla sua «appartenenza» antifascista.

Fascisti e antifascisti agivano comunque all'interno di un unico spazio di relazione, in una sorta di gigantesca arena il cui perimetro era tracciato dai processi di lungo periodo che agivano in profondità dentro le viscere più riposte della società italiana. Non c'erano solo il fascismo e la sua dichiarata invasività. Esisteva pure un mercato che sollecitava consumi, alimentava gusti, costruiva un'opinione pubblica in un *melting pot* italiano al cui interno le diversità tendevano a sfumare, le differenze ad appiattirsi e in cui la zona di confine tra le opposte identità politiche si faceva più contrastata, più accidentata, più difficile da definire. In un quadernetto nero sequestrato ad Armando Bugatti, insieme ad appunti su «uomini politici antichi e moderni» (Marat, Foch, Jashimito) e sull'*Introduzione allo studio della sociologia* di H. Spencer, era diligentemente ricopiata questa strofetta pornografica:

> E poi che questo secolo immorale
> il vizio dalla virtù più non distingue
> noi abbandoniamo la fica alla sleale
> continua concorrenza della lingua.
> Ma non s'illuda che la propria insania ella dovrà sempre maledire.
> Il monito ci vien dalla Germania
> al culo è riservato l'avvenire.[25]

Nei *block notes* usati da Umberto Boriani come copialettere nella tumultuosa corrispondenza amorosa con le sue fidanzate, era trascritta anche una poesia dell'amato Stecchetti:

> Conosci tu il paese
> dove non si è mortali
> dove alla fine del mese
> non scadono le cambiali?
> Quell'eden ben pasciuto
> pien di facce grasse
> che non han mai veduto
> l'agente delle tasse?
> Conosci tu il paese
> che non conosce preti

le bettole, le chiese,
le ciarle dei poeti?
Conosci tu il paese
dove non c'è soldati
dove non c'è catene
dove gli innamorati
si voglion sempre bene?
Ivi nessuno ha detto
che donna dice danno
perché lassù l'affetto esse scontar non sanno.[26]

Cesira Fiori, in carcere, rifiutava sdegnosamente ogni tipo di commistione con le detenute comuni; ne apprezzava però le canzoni, una in particolare che, sosteneva, «mi faceva pensare ai monti della mia terra sabina»:[27]

Rondinella fammi un favore!
strappati una pennuccia dalle ali
che voglio scrivere una lettera al mio amore.
Quando l'avrò scritta su carta bianca
ti renderò la penna che ti manca!
Quando l'avrò scritta su carta d'oro
la porterai tu stessa, al mio tesoro.

Nell'abitazione del comunista Raimondo Maritano fu sequestrata una oleografia di Gesù Cristo con la dicitura a stampa: «La natura ha stabilito la comunanza dei beni, la usurpazione ha prodotto la proprietà privata».[28]

Proprio le tipologie di questi reperti sequestrati come «corpi del reato» (oltre quanto filtra dai ricordi e dalle testimonianze) ci conducono decisamente all'interno di quella zona di confine, ribadendo una contrapposizione tra fascismo e antifascismo che anche sul piano dei bisogni culturali si articolava e si definiva secondo l'immagine di tanti cerchi concentrici che si propagavano dall'interno all'esterno: al centro quello in cui i termini della contrapposizione erano più netti e radicali e che coincideva, lo abbiamo visto, con le strategie di lettura e di apprendimento messe in atto; poi, però, progressivamente le distinzioni si facevano più sfumate e il piccolo mondo dell'antifascismo sembrava attraversato dalle stesse pulsioni e dalle stesse tendenze di fondo che segnavano il grande mondo della società italiana tra le due guerre. Il lavoro, la famiglia, la politica, le letture erano certamente dei perimetri difensivi che consentivano un riparo efficace nei confronti degli strumenti ideologici utilizzati dal fascismo nella «nazionalizzazione delle masse»; ma non bastavano. Il consumo e il tempo libero introdussero due variabili del tutto inedite nella definizione delle identità e delle appartenenze.

Entrambi questi aspetti della massificazione interagirono con una sociabilità popolare già strutturata sulla base dei riferimenti subculturali ereditati dalle tradizioni del movimento operaio. Tra Otto e Novecento si era infatti impiantato un nuovo spazio ludico intorno a un «modello sindacale» definitosi come alternativa sia alle forme preesistenti, ereditate come diretto prolungamento dell'Antico Regime e che coincidevano con gli appuntamenti tradizionali della vita comunitaria («celebrazioni religiose, fiere, mercati, feste legate al ciclo della produzione agricola e alle scadenze del calendario liturgico...»), sia a quelle nascenti che caratterizzavano lo «stile di vita» della borghesia. «Senza assumere ancora una esplicita connotazione politica – ha scritto Maurizio Ridolfi –, attraverso la frequente organizzazione di pubblici divertimenti e feste da ballo, i gruppi ricreativi paesani affermarono una nuova sociabilità festiva e concorsero nel corrodere la tradizionale natura delle stesse feste patronali e religiose».[29] Soprattutto nei confronti delle donne, ad esempio, le sociabilità festive avevano dischiuso inediti orizzonti di comportamento, allentando il rigido esclusivismo maschile che aveva in precedenza segnato alcuni spazi comunitari, a cominciare dalle osterie. Quella di Giovanni Marcolini, ad esempio, era vista dai benpensanti come «un luogo di depravazione» e la sua frequentazione da parte di Antonia Abbiati entrava in rotta di collisione con l'immagine tradizionale che, nei suoi ricordi, obbligava la donna ad

> essere di sentimenti religiosi, assidua frequentatrice della chiesa parrocchiale, delle pratiche di devozione e di pietà e non invece trascorrere le proprie giornate in luoghi dove si vivevano momenti di socialità – la bicchierata, il ballo, la festa, la discussione politica – che liberavano dagli infrenamenti inibitori.[30]

L'altro polo in negativo era uno spazio ludico altrettanto simbolico, il *café chantant*, indicato come perverso esempio di corruzione borghese:

> Non è il caffè concerto il luogo di ritrovo abituale dei giovani eleganti e delle *cocottes*, degli ufficiali e degli oziosi di tutte le classi? Non è quello il fungaio del parassitismo borghese, l'abitazione e la vita dei biscazzieri, dei garzoni compiacenti nelle informazioni, degli usurai, dei *souteneurs* e simili?[31]

Il «modello sindacale» segnò anche l'impatto tra il movimento operaio e le prime apparizioni degli sport di massa, definendosi all'interno di queste stesse coordinate, in negativo, quindi, contro la loro interpretazione «borghese» («occorre assecondare l'istinto dei giovani proletari sportivi a non confondersi nelle associazioni sportive che la borghesia ha creato e crea per i suoi scopi di classe») e, in positivo, per affermare

> lo sport come mezzo per l'elevamento civile della classe lavoratrice onde renderla migliore, più pronta, più capace nella diuturna lotta per la sua esistenza e per le sue conquiste sociali (...) come invito ai giovani a rafforzare il proprio fisico ma anche a non disertare per lo sport le lotte politiche e sindacali della loro classe.[32]

I circoli operai, organizzando gare di bocce, saggi ginnici, feste sociali, balli e veglioni carnevaleschi, si aprirono dunque alla partecipazione femminile offrendo nuove opportunità di divertimento che progressivamente inglobarono anche manifestazioni culturalmente più riconoscibili e più impegnative, a partire da quelle teatrali. Furono in questo caso i tumultuosi anni dell'immediato dopoguerra lo scenario al cui interno il «modello sindacale» si coniugò con una prorompente voglia di vivere e di divertirsi.

> E di colpo una frenesia – ricordava Aurora Rossetti –. Balli, ovunque c'erano dei balli (...) Si parlava soltanto di balli (...) Ammiravo i reduci, come ballavano bene! Andavano a prendere la fidanzata facendo un leggero inchino; il fazzoletto bianco in mano, la tenevano delicatamente per la vita tenendosi staccati. Era ardente nei reduci il desiderio dei giovani corpi acerbi. Ballavo con tutti, i capelli sciolti, pensavo ai vivi e rivedevo i morti.[33]

Aurora aveva allora 17 anni e la sua febbrile adolescenza ci consente oggi di riattraversare tutte le valenze, politiche, culturali ed esistenziali insite nei nuovi spazi ludici che si aprivano alla presenza delle donne. A Mongrando, il suo paesino nel Biellese, era attiva allora una sezione socialista.

> Io facevo parte della gioventù – ricorda ancora Aurora –. Crearono una banda musicale, che battezzarono «Banda Rossa», e la compagnia teatrale che entrò subito in competizione con quella della frazione Curanuova, che aveva un palco con il tappeto, parecchi decori. Noi avevamo delle quinte sbiadite, soltanto tre decori che rappresentavano una camera, un viale... e il mare.

E tuttavia c'era l'intero universo sociale di Mongrando ad assistere a quelle scalcagnate recite, distribuito secondo gerarchie inedite, fondate non più sulle collocazioni sociali ma sulle appartenenze politiche e sui ruoli sessuali e familiari:

Davanti al palco l'orchestra «Banda Rossa». Poi quattro file di sedie per le personalità, le mogli dei suonatori e i fidanzati che avevano fatto le pubblicazioni matrimoniali (...) Nei banchi le famiglie con i bambini e i vecchi, in fondo gli uomini in piedi. Al primo piano la galleria. Là c'era un po' di tutto; le coppie più o meno legali, le altre in formazione che arrivavano in ritardo (...), infine il loggione (...). Eccetto il sindaco, il segretario comunale, il notaio e qualche negoziante, gli altri venivano tutti.

Le rappresentazioni erano caotiche, ricche d'imprevisti comici, ma con pubblico entusiasta, caldissimo, partecipe:

Io ridevo, la gente rideva, gli spettatori della galleria tenevano il puntello del loggione, la «Banda Rossa» suonava *Stretti stretti nell'estasi di amor* (...). E si faceva la replica (...). A Curanuova si baciavano discretamente, ma si baciavano. Noi no. «Basta l'atto», aveva detto il direttore. «I baci sono inutili»; e nessuno si baciava. Durante una infuocata scena d'amore arriva una voce dal loggione. Baciala coglione! Incoraggiato, l'attore tenta un bacio. Gli dò uno spintone, va a finire nelle quinte, il decoro cade a terra; giù il sipario, applausi, su il sipario (...). Il puntello è in pericolo, il loggione in delirio, la «Banda Rossa» suona *Vieni o maggio*. Io trionfo, il suggeritore suda.

La compagnia teatrale ruotava intorno alla sua prima donna, si chiamava perfino *Aurora*, esattamente come lei. E Aurora continuava ad essere protagonista anche fuori dalle quinte, lontano dalla scena, nella scelta dei copioni, ad esempio:

Da Torino arrivò un impiegato, e fece parte della nostra compagnia teatrale. Quelli di Curanuova erano gelosi perché non era andato con loro (...) Ci impedì di recitare la *Linda di Chamonix*, dicendo che non eravamo pronti. E prove su prove, veniva alla stalla a farmi studiare (...). Con quella Linda e il torinese, finito di ridere. Piangevano tutti, dal palco i fazzoletti sembravano colombe bianche (...). Ora prepariamo *Scampolo* e se andrà bene *La maestrina* di Dario Niccodemi.

Poi l'atmosfera delle recite cambiò. Gli entusiasmi collettivi del biennio rosso presero a declinare sotto l'incubo della sconfitta, dell'avvento del fascismo. Prima, però, ci fu spazio ancora per le furibonde liti tra vecchi compagni che accompagnarono nel piccolo paese di Aurora la scissione socialista e la nascita del PCI:

I due partiti si riunivano uno nell'osteria di madama Berta, l'altro nel teatro (...) e le discussioni erano a volte violente. Com'era penoso vederli divisi; erano amici, avevano vissuto insieme una vita di miseria, di difficoltà e di lavoro, subìta la guerra, avevano i medesimi bisogni e andavano per strade diverse. Ma non capivano che la loro sola forza era nell'unione? (...) Quell'anno vollero dare una rappresentazione per la festa di S. Rocco che era patrono di Mongrando Ceresane. Ricevetti la parte, la lettura mi lasciò perplessa, non la capivo. Si trattava di un'operaia sedotta dal padrone, che poi la licenziava e sfrattava la sua famiglia dalla casa. Ma dove erano andati a prendere una recita così? *I vinti*.

Era l'apparire di un presagio.

4. *La ritualità*

Brandelli di questa «controsocietà» ludica, perfettamente autonoma e autosufficiente, filtrano prepotentemente dai ricordi collettivi legati anche ai primi anni del fascismo:

Mio papà mi portava al teatro della Camera del lavoro. Mi ricordo *La nemica* e poi mi ricordo il ballo dei bambini. Un grosso salone della Camera del lavoro, tutto addobbato, e tutti i bambini che facevano 'sto ballo, con le caramelle, molto bello;[34]

Ero iscritta al ricreatorio laico, un circolo giovanile di via Frejus. Facevamo il teatro, le canzoni, (...) Io ho fatto la Vispa Teresa ma non era solo poesia; proprio un piccolo spettacolo. Poi si andava al Borgo Vittoria che c'era anche lì il teatro e noi, che in San Paolo eravamo già allenati al canto, ci portavano.[35]

Ed è proprio in questa direzione che si scoprono, così, nuove linee lungo cui inseguire le resistenze al fascismo.

Il regime tentò di assorbire l'intero reticolo istituzionale e organizzativo e una parte dei valori che avevano strutturato il mondo della sociabilità popolare nella svolta di fine secolo. «Ogni forma ricreativa – ha scritto Victoria De Grazia – fu sottoposta al vaglio di consulenti tecnici nel settore competente degli uffici centrali e le sue finalità sociali venivano di volta in volta valutate alla luce dell'interesse nazionale».[36] Si tentò una sorta di progressiva irreggimentazione; l'OND riorganizzò le filodrammatiche, lo sport, l'escursionismo, il turismo, imponendo l'artificiosità di un progetto di burocratizzazione autoritaria laddove era fiorita la spontanea capacità creativa popolare. Dai copioni delle filodrammatiche furono espunti i drammi del realismo romantico ottocentesco (De Amicis, Hugo, Sue); nello sport, si definì un ambito privilegiato (affollato dal calcio, dal ciclismo, dalla motoristica), dal quale il regime poteva trarre prestigio e fama internazionale, relegando a un rango subalterno, «dopolavoristico», sport come le bocce, il tamburello o il tiro alla fune.[37]

Pure, la «dispotica ingerenza coordinatrice della burocrazia», non andò oltre la soglia di una fascistizzazione di vernice; al solito le ambizioni totalitarie del fascismo non furono sorrette da un'autonomia strategica in grado di proporre un'alternativa reale ai modelli precedenti. Proprio quegli stessi spazi ludici, in quanto geneticamente segnati dalle loro radici classiste e dai riferimenti pedagogici ereditati dal movimento operaio, finirono «per rinforzare inevitabilmente la solidarietà del gruppo, la sua esclusività e la sua resistenza a influenze esterne». «Giochi come quello delle bocce, le filodrammatiche, la musica da ballo e le bande in piazza, le orchestrine e le società di mandolinisti, furono tutte attività che continuarono a prosperare nelle cittadine e nei quartieri urbani nonostante l'enorme investimento di uomini e mezzi profusi dal fascismo». In questo senso, la De Grazia cita opportunamente l'esempio del gioco delle bocce; proprio lo sport giudicato il meno virile, quello da estirpare perché poco «nazionale», continuò invece ad avere il maggior successo in quanto a numero di praticanti: nel 1937, su 8000 sezioni sportive iscritte all'OND, 6434 erano circoli bocciofili![38]

Accanto agli sport più popolari, anche le feste, i balli, le gite restarono spazi aperti, una sorta di «terra di nessuno» attraversata dai fascisti e dagli antifascisti e le sale da ballo potevano così diventare, come in questa testimonianza di Rita Comoglio, anche l'occasione per i propri esordi cospirativi:

In quel periodo, naturale, uscivo con delle ragazze e cosa strana la simpatia spontanea mi portava sempre delle amiche che erano antifasciste. Infatti, per caso, in una delle sale da ballo incontro Mirka, la figlia del compagno Cappello; la figlia di Ceschi. Ad ogni modo abbiamo combinato che ogni domenica ci si incontrava nella propria casa, una domenica in casa sua, una domenica in casa mia (...) solo noi ragazze, eravamo in quattro o cinque.[39]

Ma, soprattutto, era il terreno della «religione civile» quello più ampio da percorrere per manifestare la propria opposizione al regime. L'«invenzione» di una tradizione socialista e operaia aveva comportato la costruzione di riti laici profondamente sentiti nella coscienza popolare, al punto da identificare proprio nella loro persistenza e nella loro continuità uno dei tratti più autentici dell'antifascismo «dal basso». Si definì pertanto una ritualità che incorporava – oltre agli elementi più facilmente riconoscibili dell'opposizione politica al fascismo – miti e tradizioni di lunghissimo periodo, segnata dalla puntuale applicazione di tecniche di capovolgimento tipiche del «mondo alla rovescia» del millenarismo contadino. Il 10 febbraio 1926, a Genova, in concomitanza con la cerimonia del battesimo del «gagliardetto del balilla», il rito ufficiale fu replicato in una parodia che ne riproduceva tutti gli elementi salienti (compresa «la madrina» immortalata in un ritratto fotografico di gruppo), da giovani «comunisti e antifascisti» che inaugurarono il «proprio gagliardetto rosso con falce e martello».[40] La pratica più diffusa, restituitaci con maggiore insistenza anche dalle testimonianze, fu così proprio quella di rovesciare le feste «degli altri», sia religiose («la prima occasione di battaglia politica è stata la lotta contro l'abitudine di offrire il 20 giugno, giorno della Consolata, un cuore d'argento al santuario. Dovevamo pagare per l'acquisto del cuore, dovevamo pagare per farlo mettere in prima fila con il cartellino del nostro maglificio, dovevamo perdere due ore per la Messa. Abbiamo deciso di smettere queste offerte e di regalare piuttosto zucchero, uova, biscotti, alle nostre compagne in sanatorio») sia civili («per le nozze di diamante dei nonni, ho visto che si erano intromessi i gerarchi, che avevano portato ai festeggiati cinquanta lire come dono del regime. Mi sono rifiutata di andare a pranzo con dei fascisti e così abbiamo diviso la festa facendo due pranzi, uno a mezzogiorno, uno la sera. I nonni sono andati a tutti e due»),[41] trasformandole in altrettanti pretesti di contestazione.

In questo senso, però, la pratica più diffusa (e certamente più significativa) fu quella dei «funerali rossi». Carte di polizia e testimonianze sono in questo caso concordi: al capillare controllo repressivo delle autorità di Pubblica Sicurezza corrisponde una trama altrettanto fitta di ricordi, che spaziano in tutto l'arco cronologico del ventennio, dal dicembre del 1922:

> Allora abbiamo organizzato per una domenica mattina e siamo andate al cimitero, ognuna aveva un mazzo di garofani rossi e avevamo combinato. Abbiamo fatto tutta la scala della croce grossa di garofani rossi, dal primo gradino. Quando è stata fatta, non mi ricordo se è stata la Picolato o un'altra, sono arrivate con una scritta «Le comuniste di Torino ai suoi caduti», e abbiamo messo questo striscione[42]

al 30 luglio del 1938:

> Mio padre è morto ed è stato un funerale civile che non ce n'erano mai nel periodo fascista. Certo è stata una manifestazione più che altro. C'erano molti fiori rossi;

i compagni di lavoro gli hanno fatto una corona tutta di garofani rossi. Hanno partecipato tutti e la musica non ha suonato i soliti pezzi, pur non suonando l'Internazionale o Bandiera rossa.[43]

Nelle carte del Tribunale Speciale sono finiti, così, innumerevoli slanci di pietà, segnati da un tenace attaccamento alla conservazione della memoria e al culto dei morti, in un ambito in cui, specialmente per le donne, «pubblico e privato si confondevano e gesti e riti dettati da un sentimento di pietà, ampiamente gestiti dalle donne in seno alle proprie famiglie, varcavano la soglia domestica» per assumere una piena visibilità politica.[44] Furono 86, tra uomini e donne, i confinati per aver organizzato funerali antifascisti.[45] Quei fiori freschi messi davanti al ritratto di Matteotti il giorno dell'attentato a Mussolini di Violet Gibson,[46] la partecipazione di un intero paese ai funerali del socialista Giovanni Rosetta, «sulla cui tomba vennero pronunziate parole inneggianti alla fede del compagno scomparso»,[47] una corona di fiori rossi introdotta di soppiatto al Cimitero di Madonna di Campagna,[48] i crisantemi messi il giorno dei morti sulla tomba di Spartaco Lavagnini,[49] la visita ai loculi dei «caduti del lavoro» reiterata ogni Primo Maggio,[50] ci restituiscono una ritualità forte, capace, come scrive Maurizio Ridolfi, «di rinsaldare i fattori dell'identità di gruppo e la condivisione di momenti pubblici da parte di uomini e donne unite dallo stesso ideale politico».[51] Sulla morte si giocava così una partita importante che riguardava direttamente la vita. Non si trattava di alimentare semplicemente la coscienza della propria diversità; c'era, soprattutto, la necessità di affermare «la continuità/immortalità di un'idea che il morto aveva rappresentato nella coscienza dei sopravvissuti».[52] La solidarietà, il dovere umano e morale di non tradire i propri compagni al momento dell'ultimo saluto, confluivano nella consapevolezza che la morte, come la nascita, come tutti i momenti più significativi dell'esistenza di un uomo, andasse presidiata da una ritualità in grado di certificarne la coerenza con un sistema di valori, ideologici ma anche morali, reso immediatamente riconoscibile dalle forme assunte dal rito. Nell'universo dell'antifascismo esistenziale i funerali sembravano, così, assumere una valenza talvolta anche superiore a quella di «uno sciopero, o di una dimostrazione pubblica per il lavoro»:[53] «Si potevano subire la disoccupazione, i bassi salari, ma non l'oltraggio alla memoria dell'amico/compagno».

Compagno Virginio – recitava il testo di un elogio funebre sequestrato dalla polizia a S. Antonino di Susa – giaci ora dinnanzi a noi inchiodato nella bara con il corpo consumato e ridotto in uno stato pietoso dalla lunga malattia che ti obbligò per oltre sei lunghi mesi a letto colpito dalla tubercolosi, malattia che (...) si estende in modo allarmante all'intera umanità (...) per cause che tu avevi compreso nel dare la tua adesione entusiastica al nostro partito (...) per questo, o compagno Virginio, fosti eletto a cariche di fiducia nella nostra Sezione, merito della tua opera assidua (...) Pur riconoscendomi, o compagno Virginio, essere indignato verso chi non ha rispettato le tue ultime volontà, a nome di tutti i compagni rivendico il diritto a cui ti investisti nell'entrata nel nostro Partito e appunto ora rivendichiamo sulla tua tomba, quanto tu concepivi nelle giuste nostre dottrine, mentre eri padrone di te stesso e delle tue piene facoltà mentali, coll'aver dimostrato sempre la tua avversione ad ogni sentimentalismo religioso e neghiamo recisamente l'imposizione dei tuoi familiari nel farti i funerali religiosamente. I tuoi funerali non sono stati fatti come era tuo desiderio e noi non potemmo accompagnarti con i rossi vessilli che rappresentano la fede che ti animava e ti incitava alla lotta (...). Addio a nome di tutti i compagni.[54]

5. *I consumi*

Dall'impossibilità per il fascismo di sradicare le precedenti appartenenze subculturali utilizzando gli strumenti ideologici e l'artificialismo delle forme organizzative della politica, derivò come conseguenza che gli apparati burocratici del regime, soprattutto l'OND, varati per l'educazione nazionale degli italiani, agirono piuttosto nella direzione di creare i presupposti istituzionali per avviare lo sviluppo di un mercato di consumo e dei mezzi di comunicazione di massa. È da discutere il grado di consapevolezza con cui si operarono queste scelte; resta il fatto, comunque, che fu soprattutto su questo terreno che si moltiplicarono le insidie per la preservazione di una identità antifascista altra e diversa rispetto a quella della maggioranza del paese.

«Avevamo parecchi tratti in comune: non sapevamo ballare, consideravamo il cinema un divertimento frivolo e assistevamo invece a tutti gli spettacoli più interessanti organizzati nei circoli rionali o presentati alla Camera del Lavoro»:[55] per una volta l'autorappresentazione non coincide con i percorsi della ricerca storica e questa testimonianza di Felicita Ferrero serve solo a restituirci uno dei tratti specifici delle donne che militavano nel PCI torinese ma non può più essere generalizzata ad altre situazioni. In realtà la fitta corrispondenza epistolare degli antifascisti lascia affiorare stili di vita, interni domestici, usi del tempo libero e riti collettivi in cui si avverte una presenza tenue ma significativa dei nuovi gusti e delle nuove tendenze legate ai bisogni di massa indotti dai primi timidi esordi di una modernizzazione italiana.

Tra gli arredi sequestrati a casa Anesi, ad esempio, accanto alle povere cose che costituivano il minimo indispensabile per rendere abitabile una casa (la cucina economica, il fornello a gas, una stufa elettrica, una sedia a sdraio, uno scaffale a muro con utensili da cucina) figuravano anche una macchina da cucire e, significativamente, un grammofono con 28 dischi.[56] Nelle lettere si parlava di biciclette come di oggetti familiari («sto insegnando a Bianchina ad andare in bici, la prima sera al passaggio al livello è sbandata al piccolo rialzo delle rotaie e va a finire abbracciata a un palo»),[57] ma si parlava anche di automobili, e con la stessa voracità e con lo stesso trasporto degli «altri» che ne avevano fatto uno *status symbol*: «Speriamo vederci presto come mi dici nella tua; allora non la moto ti comprerai ma l'automobile, così tutti quelli che ti hanno voluto male scoppieranno dall'invidia».[58] Ritornavano anche i temi dello sport, il tifo calcistico («sei sempre ponzianina? Le ha prese dall'Unione 4-1! Non ci badare son cose che passano»),[59] i campioni del ciclismo («spero che ti divertirai un mondo ora che è cominciato il giro d'Italia; hai visto come si porta bene il tuo Guerra, però gli dirai a Partano che Binda fa schifo, è vero?»),[60] talvolta un'attività agonistica svolta in prima persona, come nel caso di Armando Bugatti, valoroso calciatore dello Sport Club Juventus di Cornigliano Ligure,[61] e di Mariuccia, la sorella di Emilio Guarnaschelli: «Frequento assiduamente le lezioni di atletica leggera, ho constatato che giova alla salute e dà un po' di svago alla mente».[62] Le prime gite fuori porta, i primi vagiti di un turismo italiano «interno», filtrano con toni compiaciuti attraverso le lettere dal carcere di Camilla Ravera («Delle nuove e belle strade carrozzabili che si vanno facendo in quei luoghi, [la Valtournanche], io credo, Elena cara, che debba rallegrarsi ognuno. La grandezza di quei monti non può essere disturbata dalla maggiore affluenza dei visitatori e frequentatori (...); nuove strade e nuovi facili popolari mezzi di trasporto rendono le montagne più accessibili e frequentabili a tanta gente che, senza di quelli, non vi sarebbe potuta arrivare»)[63] ma anche dal carteggio, intriso di una dimessa quotidianità, intrattenuto con i propri amici dai familiari di Anna Testa:[64] acquisti dei biglietti per il «treno popolare» Ancona-Zara, gita di massa a Siracusa «per assistere alle splendide rappresentazioni greche». Talvolta, come in questa lettera di Mario Guarnaschelli al fratello, li si accompagna con sussulti d'indignazione ideologica: «Ho fatto un giretto nelle Dolomiti la settimana di ferie (...). Ho visto luoghi meravigliosi ove la miseria delle grandi città industriali è sconosciuta, ove la borghesia gode beatamente i suoi ozi»;[65] ma si sente qui come una forzatura, quasi una concessione dovuta al fratello esiliato nel gelo siberiano.

C'è anche la moda nelle corrispondenze femminili e nelle carte di polizia. Ma in questo caso il registro dominante rimane quello dell'austerità, con scarse concessioni ai «capricci» del mercato. Il confronto tra il corredo carcerario di Camilla Ravera («un vestitino per casa, semplice, alla buona, adatto a questo luogo; tanto per cambiare quello che ho indosso da un mese e che merita veramente di essere cambiato; un golf o una giacchetta di lana per le ore fresche (...) un cambio di biancheria; un paio di quelle sopracalze di lana che Elena porta in montagna (...) qualche asciugamano, qualche tovagliolo, pettine, spazzola per capelli, pettinetta e un pettinino, qualche sapone Palmolive, un tubetto di dentifricio, un po' d'acqua di Colonia»)[66] e quello di Violet Gibson (vi si segnalavano un boa di marabù nero, un abito di chiffon e uno di jersey sempre neri, una piccola mantiglia)[67] è in questo senso esemplare; nei verbali di sequestro affiorano solo piccole concessioni al trucco e alla civetteria, oscillando tra quelle ridotte all'osso di Anna Pavignano (un pettine e un piccolo specchio),[68] a quelle di poco più consistenti di Ena Viatto: «Una bottiglia con cipria, una spazzola per i capelli, uno spazzolino per i denti, la limetta per le unghie, uno specchietto, un pacchetto di shampoo in polvere, delle forbicette, un tubetto di Kaloderma».[69] Non era solo un problema di povertà e di diverse condizioni economiche: quando Alba Spina andò a trovare Anna Pavignano appena uscita dal carcere, «mi guardò storto per il rossetto».[70] Nel mondo dell'antifascismo popolare al femminile le fogge esteriori erano ancora influenzate più dalle appartenenze di classe e dalle consuetudini comunitarie che dalla moda: le operaie, ad esempio, andavano senza cappello, mentre le donne della piccola e della grande borghesia lo portavano;[71] e il lutto prevedeva delle rigide scansioni cronologiche che avevano ancora la meglio sui tempi dettati dalla produzione e dall'espansione del mercato:

Vuoi sapere come mi vesto ora che ho finito il lutto? Ma sì che te lo dico. Però faccio ancora mezzo lutto; in casa un vestito nero, calze e scarpe bianche, quando esco vestito di seta nera, quello che avevo l'anno scorso (...), cappello di seta nera, forma piccola, calze grigie, scarpe nere. Ora mi faccio fare un vestito di seta bianca; mi son comperato un bel paio di scarpe nere di camoscio che metterò colle calze bianche e vestito bianco.[72]

E però, quando Felicita Ferrero lasciò il carcere, notò subito che «in cinque anni la moda femminile era molto cambiata: le gonne si erano allungate, i tacchi si erano alzati e la vita era tornata al punto giusto»;[73] solo spirito di osservazione o anche qualche indulgenza verso altri gusti e altri comportamenti?

Felicita Ferrero era entrata in carcere nel 1927. Proprio nello stesso anno una canzonetta di un certo successo metteva così in versi la stessa moda da lei registrata nella sua memoria:

Le donne oggi giorno non san più cosa fare
una moda assai cretina or vogliono portare:
si conciano i capelli tagliati alla maschion
sembran tante scimmie, spelate del Giappon.
Vi sono tante ragazze, che fanno schifo assai
al vederle solo quando andiamo sul tramvai
mostran, certe gambe e la sottana che va in sù
fan vedere il Colosseo e la frutta del Perù
(...) Le commesse e dattilografe per farsi corteggiare
camminando fan la mossa a onda di mare
(...) Molte impiegate, per la moda ed il lusso
si cibano di latte, di polenta e merluzzo
(...) Anche le servotte, portan, vestiti belli
faccia incipriata, alla maschio hanno i capelli
sopracalze fini, e le scarpe di scevrò
camminando menano il culo da Milano a Rò.[74]

La volgarità dei toni e la stupidità delle rime (ancora più marcate nei brani omessi) ci restituiscono, intatta, la versione moralistica e perbenista della *flapper* e ci introducono, contemporaneamente, in uno dei settori, quello della musica leggera e delle canzonette, in cui i termini della contrapposizione politica e identitaria tra fascismo e antifascismo furono maggiormente insidiati dalla presenza di un mercato di massa.

Certamente si trattò di uno dei comparti dei bisogni culturali maggiormente attraversato dalle regole di un mercato le cui dimensioni l'ascolto radiofonico aveva enormemente dilatato rispetto al passato.

E certamente nei gusti popolari le canzoni riconoscibili esplicitamente come «politiche» furono segnate da una conflittualità così marcata da espungerle irrimediabilmente dai consumi di massa. La partita che si giocò tra canti fascisti e canti antifascisti coinvolse una quota minoritaria della popolazione e vide comunque i primi soccombere, al solito, per la propria mancanza di originalità, nei confronti dei modelli precedenti; una «musica da scippo» è stata definita quella fascista, una musica strappata con la forza alla classe operaia dalle spedizioni punitive e dalle aggressioni squadriste: Asvero Gravelli ricordava compiaciuto questo esproprio *manu militari* («talvolta le trombe cambiavano ritmo e da *Giovinezza* passavano a *Bandiera Rossa*. Le Camicie Nere dicevano che era la tromba che si ricordava del passato»), consegnando così se stesso e i propri camerati squadristi a una subalternità musicale resa ancora più esplicita dalle frequenti incursioni in un repertorio popolare in senso lato che preesisteva al fascismo e che era destinato comunque a durare anche dopo la sua scomparsa.[75] Diverso fu il contesto in cui sopravvissero i canti antifascisti, segnati dalla loro capacità di rendere immediatamente riconoscibile un'appartenenza ribelle e contestatrice. In questo senso, le carte di polizia ci rinviano a uno stillicidio di denunce e di sequestri che hanno come tema ricorrente il canto di *Bandiera Rossa* o dell'*Internazionale*:[76] tra gli altri, furono inquisite anche due ragazzine di dieci e dodici anni, Angelina Corelli e Concetta Cirillo, alunne della «5ª mista elementare della scuola comunale di Torre Annunziata», accusate dal loro maestro, Giuseppe Evangelista, di aver cantato all'uscita da scuola «quando si cantava *Bandiera Rossa* si mangiava due volte al giorno | adesso che si canta *Giovinezza*, si casca a terra dalla debolezza».[77]

Ma l'insidia del mercato non risparmiò nemmeno questo settore. Alcuni stereotipi al femminile, ad esempio, in particolare quelli addensatisi alla fine dell'Ottocento intorno alla donna proletaria costretta a vendere il proprio corpo e alla donna borghese ricca e corrotta, furono inglobati e assorbiti da melense canzonette alla moda che ne annegavano l'originaria carica di rabbia e di disperazione in una melassa sentimentale e dolciastra. Le canzoni della tradizione socialista che sviluppavano questi temi erano molte: l'*Inno dei pezzenti* di Carlo Monticelli:

Triste spettacolo le nostre donne
per noi primizie non han d'amor:
ancora impuberi, sciolte le gonne,

si danno in braccio di lor signor
son nostre figlie le prostitute
che muoion tisiche negli ospedali;
le disgraziate si son vendute
per una cena, per un grembial;

l'*Inno dei lavoratori* di Filippo Turati:

O sorelle di fatica
o consorti negli affanni
che ai negrieri, che ai tiranni
deste il sangue e la beltà;

la *Canzone* di Angiolo Cabrini:

Pace, pace al tugurio del povero,
guerra, guerra ai palagi, alle chiese!
Non si scampi all'odiato borghese, che alla fame, agli stracci insultò!
I signori ci hanno rubato
il sudor dei nostri padri,
le sorelle ci hanno stuprato
ogni gioia ci rapir;

l'*Inno degli oppressi*, di Tonello:

Uscite pezzenti, da le umide tane;
all'armi correte, volate a pugnar:
v'insidian le donne, vi rubano il pane,
è tempo il borghese dal trono cacciar;

Il canto delle tessitrici di E. Maiocchi:

Presto, compagne andiamo
il fischio già ci chiama
mentre la ricca dama, stanca d'amoreggiar
comincia a riposar
sono le cinque appena
ma già il padron ci vuole,
ci aspettano le spole
corriamo a lavorar.[78]

Per quelle che dilagarono nel mondo della musica leggera ne basta una, *Meridiana*, di Cherubini e Fragna:

... La meridiana le dodici fa; ma c'è un piccino che pane non ha (...) guarda ognun con passion che sen va a colazion (...) Passa una dama col suo cagnolin (...) Egli le chiede: «Signora un soldin» (...) «Va monello, e non seccarmi più!» (...) Ma un biscotto regala al suo Lulù (...) Nei salon d'hotel (...) nelle bische allor ferve giuoco, vizio e clamor mentre sgusciano, larve misere, le mercanti dell'onor.[79]

Per il resto, la maggior parte dei testi «confermava il persistente maschilismo che imperava nella società italiana sicché menzogna, infedeltà, tradimento erano appannaggio esclusivo della donna».

Ma il mercato orientò questa sua appropriazione del patrimonio musicale popolare anche in un'altra direzione che, per restare alle immagini delle figure femminili, spostò l'attenzione anche verso gli esordi di una donna-lavoratrice, presente, oltre che nelle alcove e nei postriboli, anche sul mercato del lavoro; non più, però, le filatrici e le mondine, ma

> segretarie, sartine, commesse, servette, postine, studentesse e, persino, una ragazzina d'officina (...) In queste canzoni – scrivono Cavallo e Jaccio – il mondo cittadino – e la società moderna di cui è parte – non è visto in modo negativo, non è necessariamente fonte di corruzione, a patto che esse sappiano, al momento giusto, rinunciare alle attrattive che la società urbana offre per dedicarsi completamente alla cura dello sposo e dei figli.[80]

Questa contaminazione dei generi non riguardava soltanto i temi e le immagini al femminile. A partire dagli anni del primo dopoguerra si registra un fitto interscambio anche tra le melodie e le basi musicali, con numerose incursioni nei campi «nemici», ripercorrendo a ritroso il cammino prima descritto e mutuando – grazie all'uso consolidato dello schema delle parodie – dalle canzonette più in voga musiche adattate ai canti del movimento operaio e dello schieramento antifascista: fu il caso di *Torna piccina*, diventata *Viva Lenin!*:

> Fuggite schiavi la malinconia
> perché incomincia la felicità
> sullo sfacelo della borghesia
> nasce l'aurora della libertà.
> Sì! la bandiera di Lenin
> s'innalzerà.
> Nella terra e nel cielo
> la legge di Lenin trionferà.
> La pallida figliola della via
> sul marciapiede il corpo trascinò
> e la vile sensuale borghesia
> per un tozzo di pane la comprò.
> Sì – geme l'afflitta – sì
> verrà Lenin
> che mi darà il mio pane
> e punirà l'infamia del destin;

di *Capinera*:

La chiamavan Capinera
era ancora una bambina
tanto fragile e piccina
un tesoro di bontà.
Lei viveva sola al mondo
col papà lavorator
che rendeva assai giocondo
col suo canto e col suo amor;

Come pioveva, trasformata in una *Canzonetta elettorale romana*:

Il macello scellerato
falciò vittime a milion
ma oggi alfine è terminato
col trionfo dei succhion, che gridando Italia Italia nelle bische e nei caffè
mandò in guerra la plebaglia a morir senza un perché (...).[81]

Non c'è da stupirsi, quindi, se la stessa polizia in qualche caso finiva per non raccapezzarsi più su quali fossero le canzoni sovversive e quelle alla moda; capitò così a un macellaio di Verona Gino Benetollo di essere arrestato il 18 settembre 1927 dal capo manipolo della MVSN, Enrico Lebrech, «per aver cantato una nota canzone comunista con la strofa "Quirinale conquistato - Bandiera rossa inalberata"». In realtà si trattava di un'altra canzonetta dei prolifici Cherubini e Fragna, dal titolo *Sogni* e dal testo fascistissimo che recitava così:

... nella notte placida e serena, fischia ansiosa la sirena (...) del gran vapor. Brillano le pupille tremolanti (...) sono i pallidi emigranti (...) tornano ancor (...) Vengon dall'America dell'oro con un sogno d'oro che sfumò (...) Sogni (...) Vane speranze e vani sogni (...) ad ogni colpo di piccone quanti singhiozzi di passione! Insulti fame (...) e delusione (...) Or gridano con fierezza: O Italia! È un vil chi ti disprezza/ Lungi dai confini consacrati, fuoriusciti e rinnegati stanno benon. Parlano, complottano adunati con i piani preparati (...) d'insurrezion. E s'addorme ognun come un eroe (...) sopra il motto della Libertà sogna (...) L'Italia messa alla vergogna (...) il Quirinale conquistato col drappo rosso inalberato (...) ed il sicario va all'agguato per compiere il misfatto. La bomba esplode, Mussolini è intatto! E sogna ancora la canaglia. Ma la risveglia il suon divino della campana del destino che in estasi rintocca: «L'Italia rinnegati non si tocca».[82]

6. *Il cinema e la radio*

C'è anche il cinema in quelle lettere e nei rapporti di polizia, un cinema che alimenta complicità fraterne («sei andato a vedere altri film Lucio con Pasqualino il barbiere? Fammi sapere se c'è qualche parolone in vista, voglio augurarmi che questa stagione non t'avrai fatto sfuggire nessuna pellicola buona come tuo solito»)[83] e momenti di sottile trasgressione, come questo che affiora dal rapporto di un agente che aveva pedinato la «spia» Camilla Agliardi:

Il primo dell'anno, i due amanti dopo aver lungamente peregrinato per la città si recarono al cinematografo, fra tutti, scelsero il Modernissimo ove si rappresentava il film a sfondo spionistico *Mata Hari* (...) l'Agliardi sottolineava i punti più salienti con commenti a bassa voce e sorrisi ironici: evidentemente non rimase soddisfatta del tragico epilogo (...).[84]

Certamente non si tratta di testimonianze copiose, soprattutto se confrontate con la progressiva espansione del pubblico cinematografico in quel periodo: nel 1929, esistevano 3180 sale cinematografiche, il 60 per cento delle quali concentrate al Nord, così che oltre tre quarti dei comuni italiani ne risultavano sprovvisti. Alla fine del decennio 1930-40 il numero dei film prodotti in Italia era invece salito da 12 nel 1930 a oltre cinquanta ogni anno e, a testimoniare il crescente interesse popolare, si vendevano oltre 400 milioni di biglietti l'anno (quasi il 50 per cento in più che nel 1935).[85] Le cifre assolute restavano modeste, ma gli incrementi erano senz'altro notevoli.

Ma la realtà della partita tra fascismo e antifascismo che in quegli anni si gioca sul terreno delle rispettive identità collettive è molto più complessa di quella restituitaci dal confronto tra l'esiguità delle testimonianze e il processo d'impianto di un cinema «di massa». Prendendo in esame le recensioni cinematografiche apparse sui quotidiani torinesi «La Stampa» e «La Gazzetta del Popolo» nel decennio 1933-43, con particolare attenzione – per quelli italiani – agli elementi contenutistici racchiusi nell'esposizione della «trama» fatta dal recensore, ci si imbatte in effetti in alcuni risvolti della questione che si riferiscono proprio ai messaggi esistenziali del cinema fascista.[86]

Innanzi tutto, su 957 film censiti, si registra una netta prevalenza dei film stranieri (620) su quelli italiani (337).[87]

Si ribadisce così un dato consolidato della storiografia sul cinema durante il fascismo, riferendosi a una realtà protrattasi fino al 1938, cioè fino a quando non entrarono in vigore le misure protezionistiche adottate dal regime (il R.D.L. 16 giugno 1938, n. 1061 – la legge Alfieri – e il R.D.L. 4 settembre 1938, n. 1389)[88] proprio per contenere l'«invasione» straniera. Fino a quell'anno, infatti, gli incassi della produzione straniera erano sette volte superiori a quelli della produzione italiana.[89] Sono cifre che testimoniano ancora una volta una debolezza strutturale del regime, il fallimento del suo tentativo di usare il cinema all'interno di un più vasto progetto di «nazionalizzazione», in senso fascista, degli italiani. In questo caso gli intenti pedagogico-autoritari del fascismo si dissolsero nell'urto con le pressanti esigenze commerciali imposte dal mercato; solo in prossimità della guerra si tentò di modificare questo stato di cose, con risultati però scarsissimi come ci testimonia anche l'altro filone delle nostre rilevazioni statistiche.

Se ci si riferisce ai «generi», infatti, vediamo che il «disimpegno» ebbe un'assoluta prevalenza contro ogni tentazione «militante». Alle «commedie» nelle loro varie accezioni (brillanti, sentimentali, comiche, farsesche, musicali ecc.), furono dedicate, infatti, 180 recensioni di film italiani e 240 di film stranieri, pari al 53,88 per cento e 47,66 per cento dei rispettivi totali. Era in qualche modo scontato che il flusso imponente della produzione estera fosse improntato al puro intrattenimento: se alle commedie si sommano western, cartoni animati, fantascienza, film di gangster, quelli storici e in costume, e quelli di avventura si raggiunge infatti un totale di 328 film «leggeri», che corrispondono al 65,59 per cento del totale. Più stridente, nei confronti dei presupposti «impegnati» della cinematografia fascista, è la conferma di quel dato in relazione ai film italiani, per i quali la somma degli stessi generi dà come totale 225, pari al 67,53 per cento. Ed è impressionante la continuità di questa tendenza al disimpegno e all'evasione fin dentro il cuore della mobilitazione bellica. Se nel 1933 le «commedie» italiane risultarono essere 9 su un totale di 12 film recensiti con una percentuale del 75 per cento, dieci anni dopo, nel 1943, la loro percentuale restò comunque del 51,5 per cento (23 su 43 film italiani recensiti). Sono dati quantitativi dietro i quali aleggiano risvolti qualitativi che rinviano a un mondo artificioso di «appartamenti sontuosi, nonnini baffuti in smoking, dame in abiti da sera lunghi sino ai piedi che allungate su letti con coperte di seta chiacchierano allegre al telefono, grandi andirivieni di servitù, lussuose automobili che si arrestano all'ingresso di un locale notturno (...)»,[90] a una illusoria rappresentazione di benessere collettivo tesa dapprima a enfatizzare gli esordi di un nuovo stile di vita consumistico, poi, negli anni della guerra, a esorcizzare gli orrori di una morte incombente.

Pure, questo mondo dal quale venivano espunti il delitto, l'immoralità, il dissenso politico, la miseria, doveva in qualche modo essere popolato, attraversato da figure che ricoprivano ruoli sociali e svolgevano mansioni produttive. Ed è proprio in questo senso che la ricerca quantitativa ha dato i suoi risultati più efficaci. Si sono annotate, infatti, tutte le occasioni in cui il recensore introduce nel racconto della trama del film una tipologia dei personaggi. La selezione di queste indicazioni è stata poi fatta in relazione a tre universi particolari (la società, il lavoro e la famiglia), che coincidono con i principali ambiti di socializzazione dell'Italia di allora.

Cominciamo dal lavoro. Sono 320 le figure che i recensori consentono di collocare nel processo produttivo indicandone la professione; tra tutte, ai primi due posti come categorie figurano quelle degli artisti, 46 pari al 13,65 per cento, e dei militari, 39 pari all'11, 57 per cento. Sembrerebbe ovvio leggere queste cifre come una conferma del tentativo del fascismo di ribaltare sul piano di una guerriera virilità lo stereotipo tradizionale dell'italiano «mandolinista». In realtà, il segmento lavorativo più rappresentato è comunque quello del mondo dello spettacolo le cui presenze, aggiungendo agli artisti anche cantanti, musicisti, cineasti e scrittori, arrivano a un totale di 82 unità, pari al 24,33 per cento; quasi il doppio di quanto fatto registrare dalla somma del 14,54 per cento ottenuta aggiungendo ai militari altre figure «guerriere» come i piloti (6) e gli atleti (4).

Più in generale, l'immagine del mondo del lavoro che ci rinvia il cinema fascista non è tanto quella tradizionale della piramide, quanto piuttosto di un cilindro assottigliato alle due basi ed enormemente rigonfio al centro. In «basso», ad esempio, assolutamente trascurabile è il numero degli operai, appena 4 (1,19 per cento), mentre di poco più significativa è la presenza dei contadini (10, pari al 2,97 per cento) che pure erano allora la stragrande maggioranza della popolazione attiva in Italia (52,4 per cento al censimento del 1931). Ad essere rappresentato era, essenzialmente, l'universo della subalternità domestica, con una pletora di autisti, camerieri, cuoche, governanti, guardarobiere, maggiordomi, portinai, segretarie, a popolare le scene fino a raggiungere le 34 unità, pari al 9,52 per cento del totale. Era un cinema d'interni, la cui impostazione teatrale rafforzava tutti gli elementi di irreale artificiosità insiti nel modello dei «telefoni bianchi». In «alto», al polo opposto della gerarchia sociale, si segnalava la presenza altrettanto rarefatta di figure imprenditoriali: 1 armatore, 4 banchieri, 2 editori, 1 gioielliere, 6 industriali; pochi, 14 in tutto, pari ad appena al 4,16 per cento.

Era il «centro» ad essere quindi il più popolato. Vistosi sono i dati relativi ai liberi professionisti, 47 (13,67 per cento), con una schiacciante presenza di medici (15), ingegneri (13) e avvocati (8), le professioni tradizionali ancora largamente prevalenti nei confronti di quelle legate al mondo delle comunicazioni di massa (appena 3 giornalisti), della finanza e degli scambi. In compenso, gli insegnanti (15), gli impiegati, i funzionari, i ragionieri aggiungevano altre 40 unità alla cifra delle libere professioni, contribuendo alla costruzione di un modello di società fondato sui ceti medi, ai quali il cinema restituiva un insperato e inedito protagonismo collettivo, consentendo a livello di autorappresentazione propagandistica quanto era negato dalla realtà politica e produttiva del paese.

Il confronto con la collocazione nella società piuttosto che all'interno del processo produttivo, fa emergere, invece, un modello polarizzato verso l'alto in cui però il vertice della piramide è occupato da figure che sembrano contraddire alla radice l'interpretazione modernizzante del fascismo richiamata a proposito di un film come *Acciaio*.[91] Tra i 437 personaggi per i quali i recensori forniscono connotazioni relative allo status sociale, la categoria più rappresentata in assoluto è quella dell'aristocrazia «di sangue» (nobili, teste coronate, principi e principesse), con 80 presenze pari al 23,46 per cento del totale (in compenso vengono segnalati solo 12 «ricchi», un unico «miliardario» e due «proprietari terrieri»). È ancora il mondo dell'operetta a segnare la visione che della società ha il cinema fascista. L'apparizione della figura del nobile spiantato (6, pari all'1,78 per cento) segnala un mutamento di grande rilievo, il declino delle *élites* tradizionali legate alla rendita e alla proprietà e l'emergere di nuovi soggetti sociali più dinamici. Ma siamo solo agli inizi di questo processo di sostituzione all'interno del blocco del potere che solo nell'Italia repubblicana si manifesterà nella maniera più dispiegata. E il cinema fascista non è in grado di coglierne la portata, perduto all'inseguimento dei sogni di grandezza di ragazzine innamorate d'improbabili arciduchi e affascinanti baroni. All'estremo opposto, gli ultimi gradini della piramide sono popolati dal mondo dell'illegalità e dell'emarginazione; presenze sporadiche (26 delinquenti, 1 falsario, 1 giocatore d'azzardo, 4 mendicanti, 5 poveri), 37 in tutto, pari ad appena il 10,80 per cento, tanto per confermare il messaggio edificante e rassicurante che il regime affidava al cinema.

Privo del respiro che deriva dal confronto con i problemi più scottanti della realtà sociale e del conflitto politico, il cinema fascista trovava i suoi accenti più convincenti nell'esplorazione capillare del piccolo mondo della famiglia italiana, confermando – nel cinema come nella società – la presenza assolutamente egemonica di una istituzione familiare intesa come solidarietà, calore affettivo ma, soprattutto, come struttura patriarcale che genera l'obbedienza al padre e il rispetto e l'amore per la madre, il dominio del maschio e intensi contatti tra generazioni.

Non stupisce quindi che questo «cinema dei telefoni bianchi» abbia lasciato pochissime tracce nella memoria collettiva degli antifascisti e nelle carte di polizia. Era un'altra «zona franca» attraversata però con leggerezza, senza coinvolgimenti emotivi, quasi che i termini complessivi della contrapposizione fascismo/antifascismo non potessero godere diritti di cittadinanza all'interno di un mondo dominato esclusivamente dalle esigenze del mercato e dello sviluppo commerciale.

Più significativi sono invece i dati riferiti all'ascolto radiofonico, l'altro settore – insieme al cinema – in cui l'OND esercitò più costantemente il proprio ruolo di «mediatore» tra il mondo della produzione e il pubblico dei consumatori. Seppure con molti ritardi rispetto agli altri paesi, negli anni del fascismo la radio «si trasformò da articolo di lusso avente un pubblico limitato in una merce di massa e in una delle fonti più importanti d'intrattenimento popolare»:[92] gli abbonati passarono da 27000 nel 1926 a oltre un milione alla fine del 1939, nonostante che un apparecchio Marelli costasse più di un salario mensile medio di un lavoratore (600 lire più 114 lire d'imposta governativa all'anno). Gli incrementi dell'ascolto furono costanti e distribuiti uniformemente nel tempo e fu allora che la radio manifestò nella maniera più dispiegata la sua capacità di incidere sulle coordinate dell'esistenza collettiva di milioni e milioni di individui. Non fu un fatto solo italiano.[93] La storia della radio coincide con la storia della società del secolo XX perché la radio, prima dell'avvento della televisione, è stato il principale «agente» attraverso il quale «l'esperienza culturale della modernità si è concentrata nella dimensione pervasiva e invasiva dell'ascolto domestico».[94] Il suo ruolo nella «grande trasformazione» fu quello di un formidabile «mediatore» in grado di «accompagnare» il mondo lungo i sentieri di una modernizzazione tumultuosa e irrefrenabile,[95] sancendo così la propria egemonia sugli altri mezzi di comunicazione di massa;[96] all'insegna di nuove abitudini, consumi, forme di comunicazione e di scambio il mondo tese a unificarsi, forzando la rigidità delle barriere ideologiche, la contrapposizione «muro contro muro» dei regimi politici. I primi «eventi mediali» furono quelli creati dalla radio. Il 2 luglio 1921, l'incontro di pugilato tra Dempsey e Carpentier, fu trasmesso in diretta dalla WJY a più di 300 000 persone, grazie a un sistema di altoparlanti collocati in luoghi pubblici, lontano incunabolo delle sterminate platee televisive che avrebbero assistito alle Olimpiadi di Barcellona del 1992.[97] Momento di disvelamento e di verifica del processo alimentato da questi meccanismi di trasformazione, la seconda guerra mondiale segnò così contemporaneamente la fine di un periodo storico e l'introduzione a una nuova fase che, in questi tratti essenziali, si manifesta in maniera totalmente dispiegata ancora nella società contemporanea.

Di questo mondo la radio accompagnò i primi passi, il travaglio della nascita, documentandone le speranze e le delusioni, il simultaneo spalancarsi d'immensi orizzonti di progresso e di orrendi abissi di terrore. Le voci della radio avvolsero in una ragnatela impalpabile ma reale sia i fascisti sia gli antifascisti. Le testimonianze raccolte da Gianni Isola ci restituiscono, infatti, alcune tipologie di ascolto che appartengono a entrambi gli schieramenti: la prima è segnata dalla dimensione cosmopolita introdotta dalla radio nei percorsi culturali ed educativi degli italiani; la seconda è legata alle modalità collettive che caratterizzavano il primo impatto con le trasmissioni radiofoniche. L'ebbrezza derivante dalla possibilità di rompere le barriere dello spazio e del tempo, di forzare le rigidità dei confini territoriali, di accedere a nuovi mondi frequentando una dimensione cosmopolita insolita per gli italiani, è una sensazione che affiora dalle testimonianze antifasciste ma che appartiene anche all'altro campo: «Ho sentito tutta la *Cavalleria rusticana* che era rappresentata al teatro Vittorio Emanuele di Torino, come se fossi stato in una poltrona di prima fila», scriveva da Parigi Giuseppe Berti a sua madre Evangelina Fasulo.[98] Ed Evangelina gli rispondeva: «Ieri poi mi sono intesa della bellissima musica da Mosca. Quando in Italia fanno qualcosa che non mi piace, vado all'estero, vi sono dei punti che fanno della musica meravigliosa»; e ancora 28 marzo 1934: «Sento molto volentieri le conversazioni italiane e francesi, che capisco e sono istruttive, e poi la musica dappertutto dove è buona, là mi fermo per ascoltarla, sento delle belle conferenze si capisce dove le capisco». Parole e sensazioni straordinariamente simili a quelle usate da una nobile romana che confessava: «Ora, lontane le mie figlie, assente mio marito, io apro la radio e, semidistesa in quella poltrona di cuoio, ascolto. La solitudine scompare e la musica si insinua lieve e ti assiste come una sorella Roma... Torino... Parigi... Londra».[99]

Stesse somiglianze anche per l'ascolto collettivo.

È venuta la vicina per un minuto a vedere l'aradio – scriveva Evangelina Fasulo a suo figlio –; poi la bambina di sopra ha fatto cadere uno straccio apposta, sopra la finestra, ben s'intende per avere una scusa di entrare in casa, poi è venuta la Pina con una sua compagna e la Dina, più tardi Italina.

La lettera era del 20 gennaio 1934 ed Evangelina aveva appena comprato «l'aradio»; poco più di un mese dopo, il 5 marzo, l'apparecchio continuava a suscitare curiosità, a calamitare l'attenzione dei vicini: «Oggi ho avuto in visita la Srerdori con le sue figlie che sono diventate due signorine e poi Italina con Dina e Carletta hanno assistito all'opera cantata da Gigli di Andrea Chenier». All'ascolto collettivo negli interni domestici si giustapponeva quello nei locali pubblici. I fascisti si ritrovavano nel Dopolavoro:

La Radio campeggia nella sala più grande del Dopolavoro paesano (...) robusta e quadrata, radio veramente pronta a tutte le battaglie, con un pubblico pittoresco e variato (...) Nella sala dove per cinquant'anni regnarono un piano e qualche violino (...) ora la radio è signora incontrastata.[100]

Tutti in gruppo, quindi, ma le analogie si fermavano qui. C'era un ascolto «proibito» che coinvolgeva gli uni e non gli altri: in questo caso le testimonianze e le carte di polizia documentano molti esempi significativi di un vero e proprio ascolto organizzato clandestinamente. Il primo condannato per essersi sintonizzato sulle stazioni delle radio estere, nel 1930, fu l'anarchico Francesco Rubeis, a L'Aquila. Poi, a ridosso della guerra d'Etiopia e dell'intervento in Spagna, le cifre della repressione si fecero più imponenti: tra il 1935 e il 1939 si contarono, infatti, 121 imputati condannati complessivamente a 1312 mesi di reclusione.[101] Si definiva così un altro ambito in cui confluivano i percorsi dal basso, dell'antifascismo popolare, e quelli dei colti, secondo quanto suggerito dai ricordi di Elio Vittorini: «Ogni operaio che non fosse un ubriacone e ogni intellettuale che avesse le scarpe rotte, passarono curvi sulla radio a galena ogni loro sera, ascoltando Radio Milano dalle stazioni di Madrid e Barcellona».[102] Radio Milano Libertà trasmetteva tutti i giorni per un'ora e mezza.

Abbiamo notizia – scriveva un gruppo di socialisti milanesi – dal Mantovano e dalle Romagne dell'interesse che prendono i contadini alle allocuzioni che alla radio vengono tenute in italiano dai nostri compagni in Spagna. In campagna è molto più facile che in città ricevere queste trasmissioni. Quando è annunciato che parla Nenni si raccolgono a gruppi intorno alla radio che possiede qualcuno di essi (o che magari si sono quotati per acquistare). È accaduto una volta che a un circolo fascista passasse la voce che di lì a poco si sarebbe potuto sentire Nenni alla radio. Fu uno squagliamento generale; ma gran parte dei presenti si ritrovò poi, senza alcuna intesa, intorno a una radio in una casa privata.[103]

Era la scoperta di una nuova forma di cospirazione, alimentata dalla sete d'informazione, dalla possibilità del tutto inedita di spezzare la propria solitudine esistenziale e politica inseguendo nell'etere voci amiche che rilanciavano speranze e progetti di libertà assopitisi negli anni del consenso al regime. Erano occasioni da cogliere sfruttando intelligenza e coraggio:

Siccome i mezzi finanziari non permettono a tutti di avere una radio e neppure coloro che la posseggono possono invitare in massa gli amici a causa dell'assiduo controllo poliziesco, allora si escogitano ogni sorta di trovate per rimediare a tali disgrazie. La più comune è quella di andare da un rivenditore di radio, fargli credere di comperarla e farsela dare in prestito per una decina di giorni o quindici, dopo naturalmente gli viene riportata. Infine molti radiotecnici improvvisati si hanno, e non è raro vedere da questi, con pezzi che a un radiotecnico non sarebbero serviti a niente, montare radio che servono benissimo allo scopo.[104]

Queste considerazioni valevano anche per i vagabondaggi nell'etere. La rottura delle barriere territoriali, non funzionava, infatti, solo nell'alimentare nuove esperienze culturali. Bianca Onorina Zenoni,[105] sarta, emigrata in Francia, così scriveva ai genitori restati a Bolzano Novarese:

Se non ci fossero tutti i pasticci politici che le nazioni creano (...) la vita sarebbe migliore ma disgraziatamente non si è mai tranquilli. Ora poi è peggio colle pretese, non dico dell'Italia, ma di Mussolini. Noi qui tutti gli italiani si biasima, le dimostrazioni che fanno in Italia, anche per le emissioni radiofoniche italiane, fanno dei discorsi guerrieri e rabbiosi che quasi quasi noi stessi si ha vergogna e non si arriva a capire come mai nella nostra patria la gente diventi così cattiva purché così cattolica, e che sempre abbiamo ragione e tutte le altre nazioni torto, non si capisce nulla. Avete avuto tante spese per l'ospedale? O è il comune che ha pagato? Noi, qui, una madre di famiglia, non importa che cura, è tutto il comune che paga.

Nell'antifascismo «dal basso» la radio diventava un terreno di confronto a distanza tra stili di vita e forme di governo, un banco di prova sul quale cominciare a misurare la veridicità dell'informazione di regime, in una battaglia propagandista che alla fine, nella seconda guerra mondiale, avrebbe visto il fascismo soccombere prima contro Radio Londra, poi contro la clamorosa evidenza dei fatti.[106]

Epilogo

1. Nell'immediato dopoguerra, un'accesa polemica oppose Carlo Lizzani a Massimo Mila. Intervenendo su «Il Politecnico», infatti, Lizzani aveva auspicato che il nuovo cinema destinato a sorgere sulle macerie di quello fascista fosse autenticamente «nazionale», sia sul piano delle risorse produttive messe in campo, sia, soprattutto, negli obiettivi da conseguire in almeno due direzioni: la prima, rivolta all'esterno, era quella di trasmettere in campo internazionale una nostra immagine finalmente edificante:

L'Italia – scriveva – potrà aver combattuto la sua lotta di liberazione con milioni di partigiani, ma a Parigi e a Budapest crederanno ancora per molto tempo che l'Italia sia la «vispa Teresa» (film di Mattoli) e i pochi amici che abbiamo al mondo, per quanto facciano, riusciranno a modificare l'opinione che i popoli hanno di noi sempre meno di quanto possa farlo un buon film italiano;

la seconda, rivolta all'interno, indicava come assoluta priorità il rilancio del progetto di «fare gli italiani», naufragato nelle secche del totalitarismo fascista:

L'Italia è ancora sconosciuta a se stessa, e deve trovare un linguaggio comune, e immediato che unisca le regioni, trascenda i dialetti, porti un messaggio di civiltà e una parola di incoraggiamento negli angoli più riposti del nostro Paese. Ebbene ci vorranno venti anni di democrazia, e di democrazia vera, perché le scuole, i libri, i giornali arrivino dappertutto: in un anno, invece, possono essere realizzati almeno cinque films e l'anno dopo dieci milioni di italiani avranno conosciuto e assimilato, storia, lingua, tradizioni, costumi italiani.

Il punto di partenza di entrambi i percorsi era il riconoscimento dell'importanza del cinema nell'avvento di una «cultura di massa»: «Il cinema può decidere dell'orientamento e dell'educazione di milioni e milioni di individui. Può contribuire a trasformarli, a liberarli – e a frenarli se questo interessi qualcuno».[1]

A questa visione politico-pedagogica del ruolo del cinema, Massimo Mila, su «G.L.», quotidiano del Partito d'Azione torinese, contrappose le ragioni dei «consumatori del cinema», di

quella enorme massa di poveri cristi che dopo aver sgobbato tutto il giorno, la sera paga le sue 40 lire – un pasto alla mensa del popolo – possibilmente per vedere qualcosa di bello, e se no per divertirsi, ma non, in ogni modo, per farsi fare dei clisteri di patriottismo, di comunismo o di liberalismo dai vostri dannati ministeri della cultura popolare.

Tra i sogni accarezzati in montagna dai partigiani, continuava Mila, c'era quello di

poter scendere un giorno o l'altro in pianura, tornare nel loro paese o nella loro città, e andarsene al cinematografo a vedere, non più le facce odiose di Osvaldo Valenti e di Luisa Ferida, ma un bel film di Clark Gable e di Mirna Loy, Jean Gabin, Annabella, Charlot.

Il cinema, affermava perentorio, «è un mezzo di svago e di divertimento, come le canzonette, il calcio e i tarocchi. E non seccateci oltre con la propaganda».[2]

Quella polemica divampata nel cuore dell'antifascismo politico tra le sue principali correnti organizzate, i giellisti da un lato e i comunisti dall'altro, ci introduce nel vivo della questione storiografica affrontata in questo libro. Nelle sue pagine abbiamo inseguito la definizione dell'antifascismo esistenziale a partire dal presupposto che il suo ambito di riferimento fosse molto più vasto di quello riconoscibile qualora se ne esamini solo la componente politica in senso stretto. Ne è scaturita una pluralità di immagini e una molteplicità di percorsi interpretativi che hanno reso molto accidentata la possibilità di leggere il profilo lungo il quale si consolidò la contrapposizione tra fascismo e antifascismo. Soltanto destreggiandosi tra le analogie e le differenze, lasciando affiorare nelle fonti e nella memorialistica il delinearsi di valori diversi nei due campi, è stato possibile definire una valenza complessiva del termine antifascista riferito agli uomini e alle donne, piuttosto che alle idee e ai programmi politici.

Per costruire questo «tipo umano» ci si è serviti di una casistica minuziosa, racchiusa in una varietà di esempi segnati, riassuntivamente, dal rifiuto del conformismo della maggioranza, dalla fiducia nelle libere iniziative popolari, dal tentativo di non accettare comunque i valori condivisi in seno al fascismo, anche nei terreni più «privati» come quelli della famiglia e del rapporto tra i sessi. Se il regime mussoliniano è stato, gobettianamente, l'autobiografia del nostro paese, gli antifascisti si sono definiti compiutamente come antiitaliani, o, meglio, come il popolo di un'«altra Italia». Il moltiplicarsi degli episodi e degli esempi citati porta, però, a una negazione radicale di una spartizione manichea del bene e del male tra i due campi. Il «male» c'era anche nelle file degli antifascisti. Ma di questi esempi e di questi episodi la ricerca offre la risultante ultima, una ricomposizione in chiave unitaria delle mille sfaccettature e dei molteplici segmenti in cui originariamente si mostravano frammentate le rispettive identità, ed è su questa che si è definito il tipo di «appartenenza» che sfocia nell'antifascismo esistenziale.

Fascisti e antifascisti agivano comunque all'interno di un unico spazio di relazione, in una sorta di gigantesca arena il cui perimetro era tracciato dai processi di lungo periodo che agivano in profondità dentro le viscere più riposte della società italiana. Rintracciarne le «identità» vuol dire, quindi, fare interagire entrambi i termini non solo con gli spazi recintati dall'organizzazione politica e dalle relazioni sociali, ma anche con i termini più generali che è possibile rintracciare nello sviluppo del capitalismo, nella capacità del mercato di creare consenso, nel ruolo dei fattori etnici, sessuali e generazionali, negli interessi e nei bisogni degli individui nella sfera privata, oltre che nelle coordinate tracciate dall'intrattenimento commerciale e dalle comunicazioni di massa.

Abbiamo visto, così, che proprio questa zona circoscritta da un mercato che sollecitava consumi, alimentava gusti, costruiva un'opinione pubblica, era quella al cui interno le diversità tendevano a sfumare, le differenze ad appiattirsi e in cui l'area di confine tra le opposte identità politiche ed esistenziali si faceva più contrastata, più difficile da tracciare. Nel ventennio questa zona non era affatto consolidata e si presentava come una potenzialità ancora inespressa della società italiana; negli anni successivi alla fine del fascismo, come si poteva già intuire dai risultati di questa ricerca, fu invece proprio quello il terreno sul quale la contrapposizione fascismo/antifascismo subì le modificazioni più massicce. In questo senso, il dibattito sul cinema, svoltosi in seno all'antifascismo politico subito dopo la fine della guerra, per una volta riveste una forte valenza esplicativa anche nei confronti dei percorsi seguiti dall'antifascismo esistenziale nelle vicende dell'Italia repubblicana.

2. Nel 1938 erano stati venduti 310 milioni di biglietti per spettacoli cinematografici; diventarono 417 milioni nel 1946, 532 milioni nel 1947, 819 milioni nel 1955.[3] La trilogia strappalacrime di Raffaele Matarazzo (*Catene*, *Tormento* e *I figli di nessuno*) fu vista da 37 milioni di spettatori. Tra il 1948 e il 1952 l'Italia superò la Francia e la Germania, diventando il più grande centro di produzione cinematografica in Europa. Riviste come «Grand Hotel», vendevano un milione di copie ogni settimana, seguite da altre dello stesso tipo come «Bolero Film» e «Sogno». In una situazione in cui appena il 10 per cento della popolazione leggeva soltanto un libro all'anno e le vendite dei quotidiani erano molto basse, settimanali come «Oggi», «Tempo» «L'Europeo», «Epoca» inseguivano e raggiungevano un pubblico autenticamente di massa.[4]

Erano le avvisaglie di un uragano mediatico che era destinato a ridisegnare i contorni complessivi della realtà di questo paese. Fino a tutti gli anni cinquanta, quella parte dell'antifascismo che si riconosceva nella subcultura comunista si confrontò con questi aspetti particolari della modernizzazione italiana operando alcune scelte essenzialmente difensive. Durante il ventennio, l'intangibilità del mondo della sociabilità popolare – sia nei suoi spazi ludici sia in quelli legati ai riti della religione civile – era stata la trincea scelta dall'antifascismo esistenziale per reggere l'urto dell'invasività del regime fascista. La forza di quella linea di resistenza era stata direttamente proporzionale alla capacità di coniugare il massimo della secessione dalla politica con il massimo dell'impegno sul terreno subculturale: si trattava di preservare dagli effetti disastrosi della sconfitta subita dall'antifascismo politico i tratti essenziali di una propria alterità nei confronti della maggioranza degli italiani che si riconosceva nel fascismo. Così, mentre l'antifascismo organizzato riusciva a stento a mantenere in Italia un velo di cospirazione politica, l'antifascismo esistenziale riuscì sostanzialmente nel suo intento tanto che alla fine della guerra, mentre in tutti gli altri paesi (Germania, Austria) dove il movimento operaio era stato sconfitto, il «modello sindacale» di organizzazione del tempo libero e dei bisogni culturali non era più riaffiorato,[5] in Italia quel mondo riapparve proprio come se il fascismo fosse stato soltanto la classica «parentesi» della definizione crociana: l'antifascismo esistenziale consegnò all'antifascismo politico un patrimonio intatto di valori e tradizioni.

Il PCI se ne impadronì, utilizzandolo, secondo quanto suggerito già dall'intervento di Lizzani su «Il Politecnico», in uno schema di netta contrapposizione ideologica alla nuova cultura di massa, lungo le linee suggerite da questo esempio di «lavoro culturale» restituitoci dalla prosa colorita ed efficace di Luciano Bianciardi:

Per introdurre il festival e inquadrarlo storicamente fecero venire da Roma un intellettuale, un tipo magro, biondo, curvo (...) un tipo triste ma ferratissimo. Fece una conferenza di due ore e un quarto; cominciò con un'ampia digressione sulla Cecoslovacchia: estensione, posizione geografica, confini, popolazione, densità, principali prodotti, industria e agricoltura. Ci parlò dei monti Tatra, ai confini con la Polonia, da cui han tratto il nome certi ottimi frigoriferi che si vendono anche in Italia; dei cristalli di Boemia, della Moldava, delle scarpe Bata, già note al pubblico occidentale e oggi nazionalizzate, degli stabilimenti Skoda, tristemente famosi per le omonime mitragliatrici, ma che oggi producono, invece, automobili, trattori, aratri plurivomeri e macinini da caffè (...) Accennò brevemente alla battaglia della Montagna Bianca e alla defenestrazione di Praga, poi passò al cinema.[6]

Alla propaganda dei funzionari Bianciardi contrapponeva un'immagine dei comunisti in carne e ossa che è anche quella che abbiamo imparato a conoscere nelle pagine di questo libro:

Comunista era lo sconosciuto che il ventotto ottobre metteva la bandiera rossa in cima al campanile della chiesa; era comunista il cappellaio Belardi; lo andarono a bastonare in sei, davanti alla moglie, che a un certo punto prese un paio di forbici e si avventò contro tutti. Erano comunisti i badilanti e i terrazzieri della campagna. Gente che la mattina si alzava all'alba: fiutavano l'aria per sentire se doveva piovere, si davano appuntamento alle Quattro Strade e partivano con le vanghe e la barella. A tracolla avevano il tascapane con la pagnotta, una cipolla (...) e via; dieci, dodici chilometri a piedi fino al fosso. Quelli la mota se la mangiano, diceva la gente parlando di loro, ed era quasi vero (...) anche i muratori erano comunisti, i muratori e i manovali. E i minatori: diecimila minatori venuti un po' dappertutto (...) Ma anche i mezzadri, i piccoli proprietari, i salariati, i braccianti.[7]

Poi, però, è ancora lo stesso Bianciardi a fornirci le coordinate letterarie della febbrile atmosfera che accompagnò il «miracolo economico». I suoi tre libri, scritti tra il 1957 e il 1962, scandiscono proprio gli anni della «grande trasformazione», restituendocene oggi tutto lo spessore storico. In quel periodo il boom introdusse un mutamento che non interessava soltanto la struttura economica del paese, ma anche le strutture sociali e demografiche, l'assetto territoriale, le caratteristiche professionali della forza-lavoro, il funzionamento dei servizi pubblici e l'organizzazione scolastica, quella assistenziale. Cambiarono antiche abitudini, tradizioni culturali, modi di vivere. Dal declino della piccola proprietà contadina risultarono stravolti anche tutti quei riferimenti ideologici «precapitalistici» che ne avevano sostenuto, insieme a un senso di chiusura esclusivistica, un forte sentimento di compattezza e di identità collettiva; i rapporti interpersonali, l'organizzazione familiare, i ruoli sessuali si decomposero contemporaneamente all'inserimento di migliaia e migliaia di individui in situazioni lavorative ed esistenziali completamente diverse da quelle originarie. L'urbanizzazione provocò una graduale, decisiva trasformazione in seno alle funzioni della famiglia; i giovani se ne andarono e dilatarono i propri orizzonti di esperienza e di conoscenza, la femminilizzazione dell'occupazione agricola investì le donne di nuove responsabilità ma anche di nuovi diritti. Si affermò un nuovo stile di vita (il consumismo) che stabilì anche sul piano dei comportamenti collettivi un'altra rottura con la parsimonia e la frugalità dell'Italia povera del dopoguerra.

Il risultato fu una sorta di straripamento del capitalismo italiano, che conseguì una vittoria addirittura «eccessiva». Anche i comunisti parteciparono insieme agli altri italiani alla scoperta vorace e scomposta di quella nuova realtà.

Gli operai – scriveva allora Giorgio Amendola – intendono sempre più largamente servirsi dei beni detti di consumo durevoli, che rendono meno dura la fatica quotidiana, ma non accettano che gli emblemi dell'espansione monopolistica – i televisori, i frigoriferi, le lavatrici, le motorette – siano oggi il piatto di lenticchie per cui dovrebbero cedere la loro primogenitura rivoluzionaria.[8]

C'era molta falsa coscienza in questa affermazione, il rifiuto di considerare il prezzo pagato, nell'immediato dopoguerra, nel lasciar cadere suggestioni del tipo di quelle espresse da Massimo Mila. In realtà, nell'«Italia del miracolo», per gli operai come per tutti gli altri, la vita era quella *agra* colta con crudo realismo da Bianciardi:

Un ubriaco muore di sabato battendo la testa sul marciapiede e la gente che passa appena si scansa per non pestarlo. Il tuo prossimo ti cerca soltanto se e fino a quando hai qualcosa da pagare. Suonano alla porta e già sai che sono lì per chiedere, per togliere. Il padrone ti butta via a calci nel culo, e questo è giusto, va bene, perché i padroni sono così, devono essere così (...) persone che conoscevi si uccidono, altre persone che conosci restano vive, ma fingono che non sia successo niente (...) È aumentata la produzione lorda e netta, il reddito nazionale cumulativo e pro capite, l'occupazione assoluta e relativa, il numero delle auto in circolazione e degli elettrodomestici in funzione, la tariffa delle ragazze squillo, la paga oraria, il biglietto del tram e il totale dei circolanti su detto mezzo (...) Chi non ha l'automobile l'avrà, e poi ne daremo due per famiglia, e poi una a testa, daremo anche un televisore a ciascuno, due televisori, due frigoriferi, due lavatrici automatiche, tre apparecchi radio, il rasoio elettrico, la bilancina da bagno, l'asciugacapelli, il bidet e l'acqua calda. A tutti. Purché tutti lavorino, purché siano pronti a scarpinare, a fare polvere, a pestarsi i piedi, a tafanarsi l'uno con l'altro dalla mattina alla sera.[9]

In questa trafelata corsa al benessere e al consumo si spalancò una sorta di gigantesco cratere che prese a ingoiare e a triturare appartenenze e identità. Ne risultarono ovviamente ridisegnati in profondità anche i termini della contrapposizione fascismo/antifascismo. Mentre i suoi aspetti politici assumevano una configurazione che per tutti gli anni settanta vide l'antifascismo militante fronteggiare i tentativi neofascisti legati alla «strategia della tensione»,[10] i suoi elementi esistenziali, squassati dalla «grande trasformazione» presero a precipitare nel buco nero di quell'«omologazione antropologica» descritta da Pasolini come l'innesto di una futura sconfitta per tutta la democrazia italiana.

Nessun centralismo fascista – scriveva Pasolini – è riuscito a fare ciò che ha fatto il centralismo della civiltà dei consumi. Il fascismo proponeva un modello reazionario e monumentale che però restava lettera morta. Le varie culture particolari (contadine, sottoproletarie, operaie) continuavano imperturbabili ad uniformarsi ai loro antichi modelli: la repressione si limitava a ottenere la loro adesione a parole (...) Ora, invece, l'adesione ai modelli imposti dal centro è totale e incondizionata. I modelli culturali reali sono rinnegati – l'abiura è compiuta – si può dunque affermare che la tolleranza della ideologia edonistica voluta dal nuovo potere è la peggiore delle repressioni della storia umana.[11]

Parte seconda

Le storie

1.

Tina Pizzardo

1. Nella prima edizione del diario di Cesare Pavese, solo tre asterischi segnalavano una inquietante presenza femminile (25 novembre 1937: «Scrivo:*** abbi pietà. E poi?»)[1] che ricorreva in moltissime pagine del testo senza che dalle frequenti citazioni fosse consentito al lettore di diradare il mistero di una identità ostinatamente celata. Nascosta dagli asterischi, scomparsa nei «tagli redazionali», quei «pochi [che] si imponevano là dove il contenuto era di carattere troppo intimo e scottante»,[2] la «donna dalla voce roca» fu condannata all'oblio o, peggio, ad affidare la propria sopravvivenza esclusivamente alla forza degli stereotipi che Pavese riuscì a cucirle addosso: alcuni fulminanti per la loro banalità (3 agosto 1937: «Una donna che non sia stupida, presto o tardi, incontra un rottame umano e si prova a salvarlo. Qualche volta ci riesce. Ma una donna che non sia una stupida, presto o tardi trova un uomo sano e lo riduce a rottame. Ci riesce sempre»;[3] 30 settembre 1937: «Le uniche donne che vale la pena di sposare, sono quelle che non ci si può fidare a sposare»;[4] 5 febbraio 1938: «Nella vita succede a tutti d'incontrare una troia. A pochissimi di conoscere una donna amante e onesta. Su cento, 99 sono troie»),[5] altri più sofferti, segnati da un rancore cupo (24 aprile 1936: «Che la coltellata venga tirata per scherzo, per ozio, da una persona fatua, non allevia le fitte ma le rende più atroci (...) E non si apre il campo a un'altra durevole tortura, ricordando che la persona feritrice è solitamente seria, comprensiva, tesa e che soltanto nel mio caso ha scherzato? Non solo quella persona non soffre il rimorso di avere straziato me in particolare, ma si sente divertita proprio nel mio caso particolare»),[6] alimentati da una devastante autocommiserazione:

Tu hai passato otto mesi di angoscia, hai sofferto nella carne l'orrore del tradimento, hai sofferto l'orrore della solitudine come esclusione, sei stato lasciato nell'avvilimento più atroce (quello dell'uomo di cui si dice: «È un pesce. L'ha mandato al confino e poi si è fatta fottere da un altro»), eppure sei scomparso, hai vivacchiato come hai potuto, hai perdonato e riteso la mano (17 gennaio 1938).[7]

A quarant'anni di distanza, quando nel 1990 *Il mestiere di vivere* fu ripubblicato in edizione rigorosamente integrale, tutto l'assetto originario del diario era stato ripristinato con grande scrupolo filologico e dei «pochi tagli» non c'era più traccia. Anche i tre asterischi erano stati aboliti e, se non altro, alla «donna dalla voce roca» era stato riconosciuto il diritto a chiamarsi Tina; solo questo, però. Una nota brevissima, a pagina 433, si limitava a indicarla come «Tina, la donna amata in quel tempo da Pavese, la cui identità i curatori, d'intesa con l'editore, hanno ritenuto di non rivelare per comprensibili motivi di riservatezza».

Forse Tina meritava un po' di più, anche perché i curatori avrebbero dovuto sapere che senza di lei quel *Diario* non sarebbe mai stato pubblicato. Le era stato dato in dono da Pavese e lei lo aveva rifiutato. Ripensandoci anni dopo, si chiedeva ancora il perché di un gesto che l'aveva condannata a disincarnarsi in uno stereotipo, ad assumere i contorni evanescenti di un fantasma letterario:

Lo avevo letto, – scriveva – sapevo che era l'unica copia, sapevo che lui dava grande importanza a ogni suo scritto (...). [Pensavo] che si sarebbe pentito di avermi sacrificato tante pagine. Forse speravo che rileggendo il diario avrebbe visto chiaro in sé, in me, chessò. No, non è solo questo; se ci ripenso torno a fare il gesto del rifiuto e torno a sentire che è un atto di generosità.

Quando Einaudi lo pubblicò la prima volta, nel 1952, Tina ne fu stupita, quasi incredula:

Mai avrei creduto che potesse essere pubblicato e tanto presto. Quando prima della pubblicazione mi è stato concesso, per la timidezza di Italo Calvino che non ha osato rifiutare, di leggere la copia dattiloscritta integrale, ho avuto il sospetto che Pavese avesse ritoccato la parte che mi riguardava, o tolto, per rancore, alcuni passi illuminanti.[8]

Ma Tina non è solo un incidente filologico dei curatori di quel *Diario*, una variante di cui una rigorosa edizione critica avrebbe dovuto necessariamente tener conto; e Pavese non è il solo scrittore ad averne sbalzato un ritratto letterario in negativo. Anche il questore di Ancona, infatti, descrive Tina come una «donna molto pericolosa specie per la sua cultura e condizione sociale». Ma questa Tina di cui parlano frequentemente i documenti delle questure e delle prefetture di mezza Italia ha, oltre che un nome, anche un cognome che le restituisce – finalmente – una identità compiutamente definita, quella di Tina Pizzardo, antifascista, arrestata il 1° settembre 1927 quale «fiduciaria del Partito comunista nella provincia di Grosseto», condannata dal Tribunale Speciale il 28 luglio 1928 a un anno di reclusione e tre di vigilanza speciale, scarcerata il 13 settembre 1928 e diffidata, di nuovo arrestata il 15 maggio 1935, scarcerata il 12 luglio 1935 e sottoposta ai vincoli dell'ammonizione fino al 10 maggio 1936.[9] Un percorso biografico di cui l'incontro con Pavese, avvenuto nel novembre 1932, rappresenta un segmento importante, significativo, ma non in grado certamente di riassumere da solo lo spessore e la complessità di una vicenda umana così segnata dall'impatto con la politica, così ricca di episodi, così dislocata in ambiti totalmente estranei alla banalità delle immagini femminili delineate dallo scrittore piemontese.

2. Battistina (Tina) Pizzardo era nata a Torino il 5 febbraio 1903. Figlia di un impiegato della Reale Mutua Assicurazione, nipote di un gesuita e di una badessa agostiniana, pronipote di due suore di San Vincenzo, cugina di un cardinale, era probabilmente destinata a un'esistenza molto perbene e molto cattolica se, come lei stessa avrebbe ammesso, «a cacciarla dalla classe di piccoli impiegati – onesti, magari virtuosi, ma tanto gretti – in cui la sorte mi aveva fatto nascere»,[10] non fosse intervenuto l'antifascismo.

Nei suoi ricordi Tina propone come chiave di lettura della propria biografia un modello antitetico a quello del professionismo politico, negandone alla radice l'idea di uno sviluppo lineare, progressivo della militanza, di un procedere per accumulazione di esperienze successive, di un definirsi nelle categorie dell'abitudine, della ripetitività, della routine, della normale amministrazione. Niente di tutto questo si ritrova nella sua esperienza politica, così segnata dal volontarismo, dal richiamo all'azione concreta, dal proprio, pieno coinvolgimento esistenziale. La sua concezione della politica, come la sua vita, ruotava intorno a un apogeo, un «punto alto» irripetibile e unico, come se nella sua vicenda biografica la scelta antifascista segnasse un appuntamento, l'attimo in cui si era attivata la parte migliore di se stessa, con una felice e immediata coincidenza tra emozioni, sentimenti, volontà, decisioni e azioni:

Tutta la mia vita, – ha scritto – quella che è veramente vita, il tempo delle scelte, il tempo dell'amore, è stata condizionata dalla prima scelta – non meditata, istintiva, inevitabile – di essere antifascista (...) e di restarlo a prezzo di miseria e di mia e altrui infelicità, sempre.[11]

Certo l'ipotesi di un solo momento alto è applicabile più a una figura geometrica astratta che a una concreta esperienza di vita. Non nel caso di Tina Pizzardo, però. Certamente, da quella cuspide, da quell'antenna si irradiano onde verso il passato e verso il futuro che consentono di ritrovare altri «momenti alti». Tra questi, comunque, non c'è l'incontro con Pavese mentre, viceversa, ne affiorano almeno due più significativi, propedeutici a quell'appuntamento con la storia che per Tina scoccò tra il 1925 e il 1926, «il solo periodo veramente felice della mia gioventù». Entrambi furono assolutamente casuali: il primo, un evento traumatico, fu la morte precoce della mamma, che la scaraventò a nove anni, insieme alla sorellina minore, in un collegio retto da suore dove rimase per otto anni; il secondo, la decisione del padre di assecondarne l'inclinazione per gli studi iscrivendola – fatto inconsueto per la loro collocazione sociale – all'università, scaturì dai proventi («poche centinaia di lire») di una imprevedibile vincita al lotto.

L'esperienza del collegio Tina riuscì a recuperarla (e ad accettarla) solo in carcere, quando la lezione appresa in quegli otto anni (i mille trucchi di dissimulazione, la capacità di districarsi tra le pieghe di regolamenti ottusamente repressivi, l'ansia di cogliere l'attimo fuggente per godere di un piccolo favore, di un momento di ilarità in grado di interrompere la monotonia della reclusione) le apparve come uno sterminato patrimonio di risorse a cui attingere, uno strumento per introdurre vivacità e dinamismo in un mondo in cui regnavano l'apatia e la rassegnazione.

Mi pareva di essere tornata in collegio – ricordava a proposito del suo arrivo nel carcere delle Mantellate a Roma, il 29 ottobre 1927, – dove l'attesa della libertà – a data incerta, adesso – dava, con un senso di provvisorio, la propensione a vivere alla giornata tra chiacchiere, monellerie, risate (...) ogni giorno dovevo trovare il modo di fare la doccia sotto l'unico rubinetto della sezione e, sdegnando il bugliolo, di servirmi solo del cesso. Altro tempo, e altre astuzie, per intrufolarmi in varie sezioni, specie in lavanderia, centro d'incontri, di notizie, di scambi.[12]

Più profonda fu invece l'impronta lasciata dai cinque anni di università, dove entrò nell'autunno del 1920, dopo la licenza magistrale e dopo l'anno integrativo che le aveva consentito di iscriversi alla Facoltà di Matematica e Fisica. Nella vita di una giovane donna, di solito, il periodo universitario rappresentava una sorta di «tempo sospeso» nell'attesa di consumare compiutamente il cambiamento di ruolo che accompagnava il passaggio alla maturità; momento di formazione, quindi, ma anche apertura a una dimensione ludica i cui tratti raramente, in seguito, sarebbero riemersi con altrettanta intensità. Fu così anche per Tina: buone letture, tanta poesia e tanto Stendhal, un rapporto profondo con l'amica Lucia con la quale «spasimare per Fiume», leggere «La Testa di ferro»,[13] lasciarsi affascinare dal vitalismo dei futuristi («nell'aprile del 1922 ho passato le mie giornate a spiegare, difendere, esaltare a un pubblico irridente le opere esposte alla mostra futurista della Galleria Subalpina»),[14] ritrovarsi con gli amici per vacanze collettive nell'Alta Langa, a Bossolasco.

Tina, però, negli anni dell'università scoprì in più due elementi destinati ad accompagnarla, con caratteristiche fondamentalmente immutate, anche nel suo futuro di donna matura: il rapporto con gli uomini e la militanza politica.

In un ambiente ossessivamente maschile, degli uomini conobbe rapidamente tutta la vasta gamma degli approcci nei confronti delle donne, dalla bruttura delle «molestie sessuali» dell'insegnante che la preparava all'esame integrativo per l'accesso all'università («lui che con voce monotona e viso impassibile spiega qualcosa e intanto allunga una mano sotto la tavola e mi accarezza le gambe, io che, non osando dir parola, di scatto, sposto la sedia per sfuggire, lui che senza interrompersi di scatto sposta la sua per avvicinarsi. A venti lire all'ora facciamo a scatti più volte il giro della tavola che è rotonda»)[15] alla tenerezza di un amore tanto casto quanto profondo, con uno «studente in legge, cattolico, liberale» filogiolittiano, conosciuto al secondo anno di università, «un amore senza confidenti, segretissimo; incontri ai piedi della collina appena buio, o, col pretesto della messa, di primo mattino».[16] Quel suo primo amore finì con un abbandono, la promessa di una rappresaglia («mi ripromisi di baciare cento uomini in un anno»),[17] e un impegno solennemente preso con se stessa: «Mi sentii rinnovata, adulta; ora sapevo che l'amore viene e passa, l'accetto quando viene, ne trovo un altro quando passa. "Per sempre" non lo avrei detto più».[18] Una consapevolezza immediata, precoce, che con gli uomini contavano essenzialmente i rapporti di forza («gli uomini di cui mi faccio beffe devono essere innamorati di me, se no che gusto ci sarebbe?»),[19] in una partita in cui amore e potere rappresentavano un intreccio inestricabile. Tina, finché le fu possibile, restò sempre fedele a quell'impegno.

Quanto all'incontro con la politica, questo coincise essenzialmente con una prima presa di contatto con il PCI. All'inizio si trattò solo di un'insistita curiosità. All'università si parlava molto di fascismo e antifascismo e tutta la cerchia dei suoi amici era moderatamente antifascista; ma i riferimenti «giolittiani» che ne ispiravano le posizioni legalitarie evidentemente non le bastavano. Dopo la «marcia su Roma», l'intransigenza nei confronti dei nuovi potenti fu il metro con cui cominciò a distinguere tra «chi accettava la svolta storica per trarne profitto; chi si rassegnava a una silenziosa inerme attesa; chi non si arrendeva e voleva lottare».[20] Tina scelse di stare con questi ultimi, cioè, in maniera allora quasi assiomatica, con i comunisti. Il primo impatto fu una sorta di «falsa partenza». Un compagno d'università le era stato indicato come «un comunista»; Tina lo avvicinò, affrontandolo «con l'ingenua richiesta di spiegarmi bene che cosa era il Partito comunista. Dubbioso rispose frettolosamente di leggere l'*Ordine Nuovo* e *Il Capitale*».[21] Non era proprio quello che Tina si aspettava per saziare le sue impazienze attivistiche, e tutto, per il momento, finì lì. Il secondo incontro fu più fortunato. Questa volta fu lei a essere avvicinata da «un giovane biondissimo», bulgaro, che l'aveva notata in aula durante una lezione di Peano. Liuben, così si chiamava lo studente straniero, le chiese di «fare conoscenza»: «Se lei non è fascista, sì, possiamo fare conoscenza. – Non sono fascista. Perché non vuole fascista? – Perché io sono socialista in attesa di diventare comunista (...) – Io sono comunista».[22]

3. Per Tina, questo dialogo scarno e concitato (e il rapporto con il PCI che ne derivò) fu una sorta di «rivelazione». L'insofferenza per il perbenismo del padre e per l'angustia di una soffocante educazione cattolica, il suo modo originale e personalissimo di accettare il rapporto con gli uomini, gli studi universitari dedicati alla matematica senza abbandonare, però, la passione per Stendhal, parvero di colpo ricomporsi in una sintesi unitaria immediata ed efficace. Tina era stata subito istintivamente e visceralmente antifascista; dopo l'incontro con

Liuben, inseguendo rigore e coerenza, si apprestava a diventare comunista. Ma la sua identità politica fu sempre definita più dal primo che dal secondo termine. Il fascismo le appariva la trasposizione in chiave politico-totalitaria dei valori più tipici del conformismo piccolo-borghese; di conseguenza l'antifascismo doveva essere coerentemente «antiborghese». Questo era il PCI visto da Tina, un'esperienza politica, quindi, entro i cui confini azzerare ogni soluzione di continuità tra teoria e prassi, all'insegna di un «sei quello che fai» che affermava l'esigenza di realizzare nel presente dei propri comportamenti concreti quello che si intendeva portare a compimento nel futuro dei propri progetti politici.

Insieme ai suoi compagni Tina si abbandonò ad appassionate discussioni su tutto e su tutti; erano giovani, coraggiosi, e insieme cercavano più o meno confusamente di delineare percorsi in grado di scoprire nuovi punti di riferimento non solo sul terreno della politica. «Mi divertivo ad analizzare i difetti piccolo-borghesi di cui credevo di essermi liberata», ricordava Tina, che, a distanza di anni, si soffermava ancora compiaciuta sulle piccole-grandi rinunce legate alla scelta della militanza («i bei vestiti, i cappellini capricciosi (...) sprecavo tanto tempo per fabbricarmeli – col bel risultato di non potermi mescolare anonima tra le operaie»),[23] sulla sua ricerca di una disciplina interiore che la indusse a «tagliare» anche gli spazi ludici che ne avevano rallegrato l'adolescenza borghese:

> Ieri sera mi sono permessa un grande scarto dalla mia vita monacale che conduco di solito: sono stata all'operetta (...) L'operetta non mi piace, non sono più abituata ad andare in palco, la compagnia, la vista di questa grassa borghesia mi annoia. Ho giurato di non andarci più. Sono piena di rimorsi per la sera perduta – scriveva ad Altiero Spinelli il 26 maggio 1927.[24]

Nella vita di gruppo che Tina conduceva insieme ai suoi compagni queste verifiche si intrecciavano continuamente e ognuno sottoponeva al giudizio degli altri i propri comportamenti, ricavandone consigli, incoraggiamenti, censure. C'era una comunicazione incessante e circolare che rompeva tradizionali compartimenti stagni, le mura di una riservatezza e di un riserbo che nella Torino degli anni venti costituivano ancora alcuni dei «caratteri originari» più tipici della città. La dimensione collettiva ridefiniva ruoli personali e collocazioni politiche, far parte del movimento significava agire in prima persona, impegnarsi direttamente per cambiare le cose; non veniva riconosciuto nessun diritto di parola agli apatici, ai disimpegnati, quelle scelte rompevano con l'isolamento individualistico della società borghese contrapponendo alla parsimonia e all'avarizia la totale *dissipazione* delle proprie energie intellettuali e di se stessi. Tina vi si abbandonò con trasporto, ricavandone un senso di esultanza e di liberazione.

All'amore furtivo e «clandestino» con il suo primo ragazzo sostituì il rapporto d'amore con Liuben, fieramente ostentato, quasi esibito: «Noi, liberati dalle convenzioni borghesi, giriamo la città, la collina, tenendoci per mano, guardandoci perdutamente negli occhi». Una nuova scala di valori interveniva ora a dettare i suoi comportamenti:

Contava anzitutto la lotta (...) e di conseguenza la solidarietà coi compagni; poi l'amicizia, che non mi poneva problemi perché non avevo amici nell'altro campo. Successo di prestigio, di denaro, di professione, di matrimonio, ecc. (...) non ci pensavo e non ci ho mai pensato. Morale cristiana corretta – a buon senso, senza metodo – da morale comunista valeva per tutto il resto salvo l'amore. Salvo l'amore, dove non c'è morale che tenga, tutto è permesso senza esclusione di colpi e non piangere se ti pestano che te lo sei voluto.[25]

Già, l'amore. Nelle lunghe passeggiate fuori città che punteggiavano il loro mondo giovanile, ogni pretesto era buono per accapigliarsi, soprattutto sui rapporti sentimentali tra uomo e donna, un terreno che la «teoria» codificata nella vulgata del partito lasciava totalmente scoperto:

In una delle nostre deambulanti discussioni Liuben salta su a dire che un comunista non deve frequentare prostitute (vittime della società borghese, ecc.) Amore libero? No, se inteso come «bere un bicchier d'acqua quando si ha sete». Sì, se è vero amore. Discussioni sul significato del vero amore. Ognuno dice la sua: volere il bene dell'altro; accordo spirituale; rispetto della donna che è, non dimentichiamolo, la nostra compagna; sentirsi infelici quando non si è insieme; legame non eterno, ma nemmeno fugace. Sull'aggettivo «libero» siamo tutti d'accordo, vuol dire: non sottoposto alle convenzioni borghesi. Insomma, pare che amore libero significhi matrimonio con diritto di divorzio a richiesta di una delle parti.[26]

L'iscrizione al PCI, nel luglio 1926, fu quindi per Tina solo la sanzione formale e burocratica di un percorso già consolidato; garantirono per lei, secondo la prassi abituale, due comunisti di provata fede come Velio Spano e Mario Montagnana. Un anno prima, si era laureata. In quel tornante decisivo della sua vita, le scelte private si intrecciarono in modo inestricabile con quelle politiche. Nel marzo 1926 era andata a Roma per partecipare al concorso «abilitante» all'insegnamento nelle scuole superiori. Lo vinse così che il 19 ottobre si trasferì a Grosseto, chiamata a coprire la cattedra di matematica e fisica presso il locale Liceo Classico Carducci-Ricasoli. Sola, lontana da Torino, subito autosufficiente dal punto di vista economico, Tina percorreva rotte inusuali per le sue coetanee, coniugando, per di più, queste «anomalie» esistenziali con un impegno politico gestito con molta consapevolezza.

A Grosseto, infatti, nel mondo della cospirazione comunista si respirava un'aria diversa da quella del «gruppo» torinese in cui Tina aveva avuto la propria iniziazione. Dopo la vittoria del fascismo i circoli, le sezioni, tutto il reticolo organizzativo del movimento operaio si era dissolto, la Camera del Lavoro era stata costretta a traslocare a Piombino, «i sovversivi rimasti o tornati dopo breve esilio, erano diventati i bersagli delle bravate degli squadristi», mentre, tra i sopravvissuti, prevaleva la cautela e si diffondeva la paura. Soltanto nell'autunno 1924 il Centro del partito comunista aveva inviato il funzionario Vittorio Ghidetti in un primo, infruttuoso tentativo di riallacciare i legami con la città, interrottisi completamente alla fine del '22. Al principio del 1925 gli stessi deludenti risultati avevano coronato una missione affidata ad Altiero Spinelli. Con l'arrivo di Tina, invece, si registrò un embrione di ripresa organizzativa, grazie anche all'iniziativa coraggiosa di un «carichino» di carbone, Assunto Aira.[27] Quella che i documenti del partito definivano pomposamente «la Federazione di Grosseto» erano in realtà cinque compagni di provata fede, isolati e sorvegliati a vista dalla polizia; ma erano comunque «il PCI» e Tina, nel ruolo inedito di «fiduciaria del partito», aveva la sensazione di riattraversare, almeno parzialmente, il febbrile attivismo della militanza torinese: la distribuzione della stampa illegale, la raccolta di fondi e sottoscrizioni, l'impegno per il «soccorso rosso», la costruzione delle cellule, introducevano nella sonnacchiosa routine della provincia maremmana i ritmi intensi dell'universo cospirativo. Ogni settimana Tina si incontrava con il corriere inviato dal Centro del partito; ne riceveva materiale di propaganda e informazioni che poi trasmetteva ad Aira. Per il resto, in ossequio alle norme della militanza, molto studio dei classici (soprattutto quelli dell'economia), una vita schiva e ritirata, amicizie limitate agli anziani coniugi Stellini presso i quali era andata ad abitare come pensionante.

In realtà non c'era molto da fare; pure, quei gesti cospirativi, pronti essi stessi ad alimentare una sorta di routine burocraticamente monotona, si inscrivevano in una clandestinità gravida di rischi. Allora – ma fu così anche per l'intero «ventennio» – essere antifascisti, diventare comunisti, voleva dire avere la certezza matematica di essere arrestati. L'attesa del carcere era una sorta di dimensione parallela della propria esistenza, con la quale ci si abituava a convivere, rassegnandosi agli incubi che ne derivavano («Stanotte non ho fatto altro che sognare il tuo arresto – scriveva Tina ad Altiero Spinelli, il 25 maggio 1927. – Ti portavano via, eri condannato a 60 anni di galera (e Velio a 30), io assistevo senza una lacrima, perché non vuoi che pianga, disperata di non poter far nulla, di non poterti parlare»)[28] e adattando a essa i propri progetti di vita.

In genere, tra l'inizio della militanza clandestina e l'arrivo della polizia non passava mai molto tempo. Per Tina, l'attesa durò meno di un anno. Il 19 giugno 1927, infatti, fu scoperto a Bologna, nella sede del Segretariato interregionale comunista, l'elenco dei fiduciari del PCI; c'era anche Tina.[29] Il 12 luglio fu denunciata, il 13 sospesa dall'incarico e dallo stipendio.[30] A confermare il suo ruolo negli organigrammi del PCI era stato proprio «Ovidio» (Aldo Penazzato), il corriere con cui Tina aveva i consueti appuntamenti settimanali. Pure non fu arrestata subito. La sua estrazione sociale, le sue parentele, il suo comportamento disinvolto e in apparenza frivolo, disorientarono i poliziotti: «La recisa affermazione della Pizzardo, che è insegnante nel Regio Liceo di Grosseto, lasciò perplessa quella R. Questura che, ritenendo trattarsi di uno sbaglio di persona, richiese a questo ufficio di interrogare nuovamente il Penazzato».[31] Nell'attesa, a Tina fu concesso di ritornare a Torino. In agosto, sia la prefettura di questa città sia quella di Grosseto continuarono a sottolinearne la «buona condotta morale» e il fatto che non si «era mai occupata di politica»;[32] poi, però, ulteriori dichiarazioni di Penazzato la inchiodarono senza scampo:

> Non solo fornì gli esatti connotati della Pizzardo e descrisse in modo perfetto la casa da quella abitata (...) Ma aggiunse che la Pizzardo aveva un fidanzato tale Spinelli Ulisse [*sic!*] il quale (...) aveva cariche direttive nell'organizzazione giovanile comunista del Segretariato interregionale n. 14 con sede occulta a Roma. È stato accertato inoltre che la Pizzardo aveva avuto contatti con i comunisti di Grosseto ed in modo speciale con tal Aira Assunto, il quale aveva la direzione del movimento giovanile di detta provincia.[33]

Il 26 agosto, dal Tribunale Speciale, arrivò la richiesta di avere in visione le lettere di Altiero Spinelli sequestrate in casa di Tina, a Grosseto.[34] Furono l'elemento decisivo: il 1° settembre 1927, «di ritorno da Albisola dove si era recata per i bagni», Tina Pizzardo fu arrestata.[35]

4. Come nel caso di Felicita Ferrero, quindi, l'accusa utilizzò come prova decisiva un fascio di lettere d'amore. Questa volta, però, quei «corpi del reato» restituirono all'occhiuta e impudica curiosità dei poliziotti («piacevano molto le lettere di amore ai poliziotti. Sghignazzando si leggevano l'un l'altro i brani di loro gusto: – Ma lei è pericolosa per gli uomini, non per il governo!»)[36] una storia molto lontana dalle note di dolente mestizia che avevano segnato i rapporti tra Velio Spano e Felicita Ferrero.

La relazione tra Tina e Altiero fu una storia d'amore vera, sanguigna, tumultuosa. Entrambi ne hanno parlato diffusamente e senza reticenze: Spinelli, come Pavese, offrendoci un ritratto di Tina in cui la banalità di alcune immagini («quando camminava o stava, le sue gambe snelle, ben tornite in ogni loro giuntura e ogni loro muscolo, mi facevano pensare ai movimenti e alle immobilità, eleganti e sicure, di un'antilope. I suoi fianchi erano quasi efebici, ma i seni provocantemente femminili»)[37] non riesce a dissimulare completamente l'acume del giudizio di fondo («era consapevole di quel che c'era di serio nella sua adesione al partito, ma era ben decisa a conservare per sé la parte più personale del proprio animo, le amicizie, le letture di romanzi francesi e dei poeti, il gusto delle cose belle»);[38] Tina, parlando di Altiero con più distacco:

> Di Altiero ricordo vagamente i nostri rapidi incontri e nulla di ciò che sentivo per lui, come se il nostro lungo legame, le lettere che gli ho scritto, i colloqui di mezz'ora in presenza di due guardie, sia stato un dovere che mi ero imposta e di cui riuscivo a esaltarmi. O era solo un modo di restare fedele al partito?[39]

Il contrasto tra le due «rappresentazioni» si intreccia in modo inestricabile con la diversità delle due «autorappresentazioni». Lo stesso episodio – il loro primo bacio, ad esempio – viene ricordato con pacata tenerezza da Tina («stretti sotto braccio, nella solitudine della campagna, sotto un cielo stellato – i discorsi muoiono in conturbanti silenzi. Lui – finalmente – arrischia un bacio. Bacio maldestro cui seguono timide parole, confessioni e anche promesse»), trionfante esultanza da Altiero («erano il mio primo bacio, la mia prima carezza, il primo senso esultante che questa donna che stringevo tra le braccia sarebbe stata mia»),[40] così come nel ricordo del primo rapporto sessuale, al fragoroso entusiasmo del racconto di Altiero («fu nell'aprile del 1927, quando Tina venne a passare le vacanze di Pasqua nella mia camera di corso Buenos Aires, per tre notti e tre giorni non facemmo che prenderci e darci ebbri e felici»)[41] si oppone la parca discrezione di quello di Tina («il 19 aprile 1927 vado a Milano, per tre giorni, di luna di miele (?) Mi sento tanto smarrita per la nostra prima e deludente intimità»).[42]

Pure, al di là di percezioni e stati d'animo scolpiti dagli anni e dai ricordi, la relazione tra Tina e Altiero si presta a essere oggetto di un racconto storico unitario, in grado di restituircela con una forte carica di rappresentatività rispetto all'universo politico-esistenziale che ne costituiva lo sfondo. Si conobbero nel marzo 1926, a Roma, dove Tina si era recata per il concorso e si rividero in giugno, quando lei restò dieci giorni nella capitale per sostenere gli esami orali. Tra luglio e agosto fu Altiero a recarsi a Torino. Poi, dopo il trasferimento di Tina a Grosseto, si incontrarono ancora in sei-sette occasioni fino ai primi di giugno del 1927, quando Altiero fu arrestato. L'ultima volta fu, anzi, proprio la sera del 21 aprile, quando a Milano consumarono «la loro prima volta».

Una storia, quindi, concentrata in pochi mesi, riassunta in sporadici appuntamenti, ma resa straordinaria da un groviglio di elementi: la giovinezza dei protagonisti, la stretta commistione con il mondo della cospirazione e della politica, il confronto tra due personalità in grado di declinare le proprie appartenenze al maschile e al femminile con pari intensità.

Altiero aveva allora 19 anni e da due aveva «scoperto» il PCI. Come Tina, aveva scelto i comunisti in nome dell'antifascismo, convinto più dalla loro intransigenza che dalla loro linea politica:

> I socialisti invocavano la protezione dello Stato, che pure consideravano Stato borghese contro le violenze dei fascisti. Erano perciò sempre lamentosi, imploranti, declamavano contro la violenza (...) I comunisti non attendevano nulla dalla polizia (...) sentivo che della tradizione socialista di lotta e di propaganda, ai socialisti era rimasta la declamazione e i comunisti avevano portato con sé l'azione.[43]

E ancora come Tina aveva tentato di coniugare la scelta politica con una radicale rottura nei confronti delle proprie origini borghesi: con un certo distacco «antropologico», considerava gli operai naturalmente «buoni» («anime semplici e serie, erano comunisti perché sentivano la miseria loro e delle loro famiglie, la pochezza e la precarietà dei loro diritti, la distanza odiosa dei ricchi, la prepotenza dei potenti»),[44] mentre a se stesso e agli altri studenti rimproverava «la cattiva coscienza di non riuscire a essere buoni comunisti perché intellettuali, provenienti dalla borghesia, privi dell'esperienza del lavoro operaio in fabbrica».[45] C'era un elemento, tuttavia, sul quale la diversità con Tina era irriducibile: per Altiero l'impegno politico era stato subito indissolubilmente legato a una prospettiva di potere, era cioè diventato comunista «come si diventa prete, con la consapevolezza di assumere un dovere e un diritto totale, di accettare la dura scuola dell'obbedienza e dell'abnegazione per apprendere bene l'arte ancora più dura del comando»;[46] per Tina, che non aveva progetti di carriera, era solo la testimonianza del fatto di non avere niente da rimproverare alla propria coscienza. Non solo, ma Tina era in grado di riconoscere sia in Altiero sia in altri compagni le stimmate di quell'atteggiamento e di ritrarsene come da qualcosa di irriducibilmente estraneo: così fu nei confronti di Velio Spano («ha scelto la milizia comunista per sete di potere. Ergo: lui crede in una società comunista, mentre io la vagheggio in un lontano avvenire dopo l'annientamento del fascismo»),[47] e così fu anche nei confronti di Veniero, il fratello minore di Altiero:

> Io so dov'è il disaccordo con Veniero – scriveva allora Tina. – Lui è un uomo di azione, ha certi scopi ben determinati e si dirige senza indugi verso di essi. Non sogna. Tutto ciò che pensa si traduce in azione. Non ha scrupoli (...). Io sono ancora troppo civile, se riesco a pensare mi piace pensare e non sempre il pensiero anima immediatamente un'azione.[48]

Questa diversa concezione della politica contribuì a rendere radicalmente diversi i loro percorsi all'interno del PCI. La carriera di Altiero fu subito folgorante: nell'autunno del 1925, a soli 18 anni, fu «promosso» da segretario della zona del Trionfale alla federazione giovanile laziale; ci rimase fino al luglio 1926, per diventare poi segretario interregionale per l'Italia centrale; in novembre si scambiò di posto con Secchia, andando al Nord (Piemonte, Lombardia, Liguria) a dirigere il movimento giovanile comunista.[49] Per Tina, invece, a parte l'incarico occasionale avuto in seguito al suo trasferimento a Grosseto, l'unica prospettiva concreta era quella di diventare «moglie di funzionario», un'ipotesi ventilata dopo l'ingresso in clandestinità di Altiero e subito scartata:

Ma a Milano che ci faccio io? La solita moglie-serva del compagno. Anzi non potendo tirare avanti in due con i pochi soldi che gli dà il partito, finisce che mettono anche me a fare il corriere. Moglie-serva e funzionaria di partito. Funzionaria io, negata all'obbedienza cieca?[50]

Rifiutando il modello di coppia, lui funzionario, lei «corriere», che le regole della cospirazione avrebbero contribuito a rendere una scelta obbligata per i militanti comunisti, Tina introduceva una nota di trasgressione che si affiancava a un altro suo atteggiamento «fuori della norma», quello legato alla consapevolezza dei rapporti di forza che percorrevano – come un fiume sotterraneo – le relazioni tra uomini e donne che pure mediavano i propri sentimenti attraverso il linguaggio arido e formalizzato della politica. In Altiero c'era una sorta di pedagogia autoritaria posta a fondamento della sua superiorità:

Ricordo – scrive Tina – che quando parlavo per dire la mia (...) lui non mi guardava. Ascoltava attento, gli occhi accesi e un lieve sorriso, come chi spera di ghermire la preda (...) sta per cascarci? Un lampo di trionfo, c'è cascata! Invano mi dibattevo con rettifiche, spiegazioni, nuovi argomenti: ancora una volta era riuscito a farmi dire ciò che – per il suo settarismo, la sua preparazione marxista – era una sciocchezza. Pago della vittoria, mi tirava stretta al suo fianco, si faceva gentile, indulgente: (...) ero «una cara bambina», col tempo sarei diventata una «buona compagna».[51]

Ma Tina, a cui Leone Ginzburg avrebbe un giorno detto: «A lei piace avere degli schiavi, li tratta con grande umanità, ma ciò non cambia nulla, restano suoi schiavi»,[52] era estranea alla logica che ispirava Altiero, attenta a spostare su altri terreni il baricentro del loro rapporto, spiazzando il proprio compagno grazie alla consapevolezza che, come si sarebbe espressa nei suoi ricordi, «Altiero era stato il primo uomo di valore che non volendo riconoscere in me un eguale m'ha costretto a conquistarlo».

In questa sorta di braccio di ferro permanente, a dividerli, comunque, non c'era solo il modo di vivere la militanza politica. Per quanto Altiero si autorappresentasse come irriducibilmente contrapposto ai fascisti e a tutto ciò che essi rappresentavano, in realtà i percorsi che si erano intrecciati nella sua educazione sentimentale erano quelli tipici di tutti i giovani borghesi di allora, delineando le coordinate di un mondo al cui interno, come egli stesso ricordava, le ragazze che si lasciavano sverginare prima del matrimonio erano universalmente disprezzate; il bisogno sessuale degli uomini non ammogliati era soddisfatto da donne prive di ogni dignità, le quali vivevano in case chiuse (...) alcuni uomini si lasciavano penetrare come se fossero donne, e per questo solo fatto diventavano spregevoli; l'uso eccessivo del sesso portava alla tubercolosi e ad altre malattie (...) la masturbazione, il nostro unico possibile sfogo, era anch'essa pericolosa perché al di là di certi limiti produceva mali di ogni sorta.[53]

Questa folla di stereotipi segnò in profondità l'adolescenza di Altiero, definendone il rapporto con il sesso intorno a un'immagine femminile inchiodata alla contrapposizione moglie/amante e a esperienze dirette che prevedevano rapporti sessuali completi solo con le prostitute («A 17 anni (...) ebbi il coraggio di entrare nel bordello di via Borgognona e di fare infine la mia prima esperienza sessuale, uscendone non tanto fiero di avere infine posseduto una donna, quanto leggermente nauseato dalla volgarità indifferente con cui ella mi aveva manipolato e si era lasciata coprire»),[54] niente più che baci e carezze con le «ragazze serie».

Tina era completamente diversa, potendo anche giovarsi di un'elaborazione collettiva che ne aveva rafforzato la consapevolezza che quanto da lei veniva vissuto come esperienza puramente ludica aveva anche una precisa valenza politica e ideologica, era il primo embrione di un'alternativa «rivoluzionaria» alla morale borghese. La Roma di Altiero, come lei stessa notava acutamente nelle sue memorie, era molto differente dalla Torino dove ci si appassionava in discussioni che non c'entravano niente con la politica tradizionale: nelle lunghe passeggiate fuori città dei giovani comunisti torinesi, rimbalzavano domande e risposte del tipo di queste restituiteci dalle «memorie» di Tina:

«Se non trovo il vero amore, se devo astenermi dalle prostitute, che faccio? Vivo in castità? O posso almeno cercare l'avventura», salta su uno. L'avventura, se gratuita, è concessa, ma solo con donne che la cercano, l'accettano senza mai farne commercio. Vietato sedurre vergini, anche se innamorate e consenzienti. Perché se una donna conosce l'amplesso non può più farne a meno, passerà da uno all'altro e chissà con chi, chissà come andrà a finire. Non sia un comunista ad avviarla su quella strada.[55]

Tina, con beffarda ironia, si soffermava sulle incongruenze, sulle contraddizioni che, specialmente gli uomini, avevano nel prendere le distanze dai modelli tradizionali (come nel caso del suo Liuben, che con il solito tono pedagogico le spiegava che «la gelosia viene da un un senso di proprietà ed è una caratteristica borghese», ed era pronto però a insorgere in scenate di gelosia pura: «Ti ho visto ieri che andavi non so dove con un uomo. Bada che noi comunisti... »),[56] e tuttavia apprezzava un senso «di ricerca» che non ritrovava in Altiero.

Proprio su quella collina torinese che era stata la palestra dialettica del «gruppo» di Tina, Altiero tentò rovinosamente di passare dalla teoria alla pratica. Per una volta, lo stesso episodio è ricordato esattamente negli stessi termini da entrambi:

Mi sollevò tra le braccia – ricorda Tina – e mi sdraiò in terra sotto di lui. No, non accadde nulla, non ci fu lotta; le mie parole, non di protesta, di allarmato avvertimento, lo fecero subito desistere. Più sbalordita che offesa, perdonai quel rozzo tentativo dovuto – mi dico – a un'inesperienza pari alla mia (...) Certo, se non fossi stata vergine lo avrei egualmente respinto, per il modo, per il luogo, ma non avrei detto la fatale parola che, lo capirò presto, di colpo lo inibì.[57]

E questa è la versione di Altiero:

Un giorno la ebbi nuda e virginea davanti a me in un bosco allora solitario della collina torinese. L'emozione fu così forte che uno strano timore prevalse sul desiderio e mi tolse ogni forza. Rimasi umiliato di questa improvvisa e inspiegabile impotenza. In incontri successivi mi ritrovai nella stessa vergognosa situazione.[58]

Dopo di allora, niente fu più come prima. La diversità si era concretizzata in modo tanto improvviso quanto nitidamente prevedibile: Altiero, nel tentativo di avere rapporti sessuali veri con la donna che amava, era naufragato nell'impossibilità di conciliare gli stereotipi della sua adolescenza romana con la realtà del «libero amore».

Fu così che nella loro storia il sesso acquistò una portata dirompente, sostituendosi di fatto alla politica nello scandirne emozioni, reazioni, atteggiamenti. Fino a quella sospirata «prima volta» di Milano, i due si videro ancora sette-otto volte «di furia, tra un treno e l'altro (...) E furono incontri-scontri che ci lasciavano amareggiati, delusi, persino feriti a volte, eppure smaniosi di rivederci presto e a lungo». Mettevano una cura maniacale nel programmare i loro appuntamenti, stretti tra le regole della clandestinità e il lavoro di Tina:

Mandami subito a dire se è possibile vederci venerdì sera, – scriveva ad esempio Tina il 25 maggio 1927 – perché io possa chiedere subito il permesso. Potresti tenerti libero venerdì pomeriggio per il viaggio, sabato e domenica, e possibilmente, lunedì mattina per il ritorno (...) Se possiamo fermarci passeremo la notte all'aperto, dovendo entrambi partire al mattino presto non ci conviene andare all'albergo (...) Rinnoveremo le imprese romane. Rivedremo il crepuscolo dell'alba, come quando ci arrivammo la prima volta in settembre.[59]

C'era un desiderio inappagato che rendeva quegli incontri frustranti, malsani, ma che pure li costringeva a rivedersi, a riprovarci; quella che per Altiero era diventata un'ossessione, era impietosamente vista da Tina come «un'umiliazione virile unita a un maligno se pur inconscio desiderio di rivalsa». E, negli anni, una folla di ricordi la soccorrerà in questa interpretazione:

La volta che tornando da un congresso clandestino durato tre giorni mi dice, con un sorrisetto di derisione: «Sai in questi tre giorni non una volta ho pensato a te». La disgustosa lettera dove, col pretesto di assoluta sincerità, mi racconta di aver cercato una prostituta e di essersi con lei saziato come un porco.[60]

5. Il confronto tra i due racconti, quello di Tina e quello di Altiero, racchiude delle opportunità conoscitive straordinarie. Lontani dalla monumentalità che segna in genere la memorialistica dei militanti comunisti, i due documenti sono di grande efficacia interpretativa non solo per sottolineare la «differenza» tra i due protagonisti della storia ma anche per illuminare alcuni particolari di quell'universo carcerario le cui consuete rappresentazioni tendono a sottolineare una dimensione esclusivamente epica ed edificante della militanza politica. Altiero è il primo a trovare accenti di grande sincerità nel ricordare come la loro «prima volta» fosse stata importante nella sua biografia non tanto per l'amore per Tina, che ne aveva costituito soltanto lo sfondo più immediato, quanto per la prova data a se stesso di «esserci riuscito»:

Ancora oggi, – egli scrive – un tale quale senso di orrore mi invade al solo pensiero del peso insopportabile di umiliazione segreta, di voglia pervertitrice di rivincita verso me e verso gli altri, che avrei dovuto portare e lasciar fermentare in me in prigione per sedici anni, se fossi stato arrestato prima di quelle tre notti. Invece, avevo in me, raccolta e vibrante, la coscienza di una virilità forte e tenera (...) assicurando l'equilibrio psicologico a tutto il resto della mia vita.[61]

Tina, dal canto suo, rifletterà su come quel desiderio così a lungo inappagato e la reciproca competitività avrebbero avuto una pesante ricaduta durante la lunga detenzione di Altiero:

Solo più tardi – affermerà dopo – nella lunga prigionia, per salvarsi sublimerà in amore il desiderio. Amore non per me come ero, ma come lui avrebbe voluto che fossi; amore in parte alimentato dall'orgoglio di riuscire, lui prigioniero, a tenermi legata col solo fascino delle sue lettere.[62]

Già, le lettere. Tina ne scrisse più di mille in una corrispondenza che scandì tutta la lunga prigionia di Altiero. Mentre lei, infatti, il 28 giugno 1928 fu condannata a 1 anno di reclusione e 3 di vigilanza speciale così da lasciare il carcere già il 12 settembre di quello stesso anno, per Altiero la pena era stata di 16 anni e 11 mesi. Quello sterminato epistolario servì a Tina per ricostruire l'ossatura fondamentale della sua storia con Altiero:

Per almeno sette dei nove anni che gli ho dedicato sono stata innamorata di Altiero, lo so dalle mille e più lettere che gli ho scritto e che sono adesso in mano mia (...) lo so con la testa non col cuore (...) Sana, normale e con un alto potenziale di vitalità io non gli sono stata così fedele come lui credeva e forse crede ancora. Però in quegli anni Altiero è stato in cima ai miei pensieri, è stata la mia guida, il mio maestro, il mio giudice.[63]

E più oltre: «Mi sono gettata nella corrispondenza con Altiero perché la sorveglianza m'aveva tagliato fuori dall'organizzazione».

Il carcere aveva determinato due solitudini. Quella di Altiero, racchiusa nelle mura di una prigione ma alimentata da certezze granitiche e sorretta da una grande fiducia in se stesso e nel proprio destino individuale; quella di Tina, affollata di dubbi, di pulsioni contrastanti, di slanci vitalistici destinati a entrare in una permanente rotta di collisione con il suo ruolo di compagna di un detenuto politico:

Io avevo 24 anni – ricorderà in seguito – e dovevo respirare, vivere (...) Aiutarlo durante la reclusione con lettere, libri, visite era un dovere che sentivo (...) mi piaceva volergli bene, ma anche avere amici con cui discutere, imparare, ridere e poteva anche piacermi scherzare con il fuoco.[64]

Ed è proprio dal confronto tra queste due solitudini e i comportamenti egoistici che ne derivavano che scaturisce l'assoluta originalità della loro testimonianza.

Lo scenario tradizionale restituitoci dalle lettere dal carcere è intriso di solidarietà, traboccante di affetti, affollato di buoni sentimenti; i due corrispondenti progressivamente entravano in una perfetta sintonia, acquisendo gli stessi ritmi narrativi, ricorrendo agli stessi giri di frase, in un lessico familiare che evidenziava, più che un rapporto d'amore, un vero e proprio «sistema» relazionale. Il compito fondamentale di quelle lettere era di dare e ricevere forza. Pure, «non erano mai sincere»: «in esse – ha scritto Giorgio Amendola – prevale una rappresentazione falsa, perché eccessivamente positiva, delle condizioni di vita e di soggiorno, per non aggravare le condizioni dei familiari». Il carteggio tra Altiero e Tina è tutto questo, ma è non solo questo. Con profondi accenti di verità, i suoi stessi protagonisti ne forniscono una chiave interpretativa che mostra quei «sistemi» minati dalle contraddizioni, quella solidarietà granitica attraversata dalle crepe dell'incomprensione, dei moti di ripulsa, dell'ansia continua di autorassicurazione. Tra chi stava in carcere e chi restava fuori si giocava una partita complessa; c'era il problema del «potere» dell'uno sull'altro che rendeva la posta in gioco molto alta per entrambi: nei confronti della propria donna, sentirsi sicuro del suo «possesso» era una sorta di garanzia di sopravvivenza psicologica; verso il proprio uomo detenuto si avvertivano una serie di obblighi che andavano però necessariamente mediati con altri impulsi di natura completamente diversa.

Nel caso di Altiero, al solito, il terreno scelto per affermare e confermare il proprio ruolo fu quello dell'impegno pedagogico. Sarà lui stesso ad ammetterlo con molta sincerità: «Mi sentii investito del ruolo di suo confessore e guardiano morale, e lo assunsi con severità quasi sempre pedantemente pedagogica, spesso quasi con voluta cattiveria». Le sue lettere avevano un prevalente tono ammonitorio e sotto una scrittura di altissima qualità lasciavano affiorare una insistita vena di pedanteria:

Studiare non è una felicità – scriveva a Tina l'11 ottobre 1929. – È una tensione continua, è un malcontento per la propria ignoranza, è un continuo dubitare e criticare e abbattere questa o quella costruzione mentale che avevi faticosamente innalzata e che ora vedi essere fragile e barcollante, è rimettere tutto in fusione e ricominciare ad innalzare da capo.[65]

Per Tina era diverso; le sue lettere ad Altiero rispondevano a molteplici impulsi. La solidarietà innanzi tutto: Tina in carcere c'era stata e sapeva esattamente cosa significava quell'esperienza.[66] Poi la necessità di fuggire la solitudine. E poi, ancora, un amore nutrito di rispetto, stima intellettuale, timore reverenziale. Pure, su tutti questi sentimenti continuava a dominare una prorompente voglia di vivere manifestata sempre in modo assolutamente sincero:

Qualche volta, se riuscivo ad avere i due permessi, della questura rionale e di quella centrale, andavo a un concerto, un teatro, una mostra e anche di questo Altiero era geloso (...) Non sapeva darsene pace Altiero che nella solitudine della prigione mi sognava bella e intelligente, innamorata e dotta. E mi esortava, mi rimproverava e infine si offendeva: se mi ami veramente come puoi rifiutarti di studiare Kant? (...) una sorta di *pin-up* per carcerato intellettuale, ecco che sono stata per lui.[67]

6. Quando iniziò il suo carteggio con Altiero Tina era appena uscita dal carcere e la sua situazione era assolutamente precaria. Senza lavoro, tesi i rapporti con il padre che non ne condivideva le scelte né sul piano politico né su quello esistenziale, Tina era molto sola: «La maggior parte dei suoi amici non politici avevano ormai paura di avere relazioni con lei e la maggior parte di quelli politici erano in carcere o in esilio».[68] Altiero tentò di aiutarla indirizzandola alla sua famiglia, invitandola a sfruttare soprattutto le relazioni di suo padre, Carlo, allora direttore del Credito Popolare Abruzzese. Tina ne conosceva già la madre, Maria Ricci, che le era stata particolarmente vicina durante il periodo trascorso in carcere a Roma. I contatti con gli Spinelli, però, non sfociarono in alcuna opportunità lavorativa concreta, anche perché Tina rifiutò di assecondare i genitori di Altiero nel loro tentativo di indurlo a «fare atto di sottomissione e domanda di grazia».[69] Fu in quell'occasione, comunque, che Tina stabilì un ottimo rapporto con i due fratelli minori di Altiero, Veniero e Cerilo. Entrambi, quando fecero il grande passo di staccarsi dalla famiglia per seguire le orme cospirative del fratello maggiore, ebbero Tina come punto di riferimento. Il primo fu Veniero, nel 1929;[70] poi toccò a Cerilo che si recò a Torino nel settembre 1934.

Maria Ricci Spinelli aveva allora 53 anni e aveva avviato con Tina un rapporto difficile e sofferto. Ricordandone l'opposizione alla sua scelta di entrare giovanissimo nelle file del PCI, Altiero la descrive come «una vecchia, che soffriva di diabete, era diventata molto grassa, aveva affanni e svenimenti facili e che pensò di ricattarmi con le sue malattie».[71] Tina, invece, la dipinge come «una donna che tra la scuola, otto figli estrosi, un marito dispotico, le frequenti difficoltà finanziarie, gli alti e bassi di una malattia cronica, era sempre riuscita, mossa dall'innata bontà e dagli ideali socialisti della sua lontana giovinezza, a prodigarsi per tutti».[72] La realtà restituitaci dal fitto carteggio con i figli conservato negli archivi di polizia si avvicina – come abbiamo visto – molto più all'immagine di Tina che a quella di Altiero, mostrandoci una donna che, nonostante la sua dolente mestizia, era in grado di non perdere i contatti con i figli, di seguirli nei loro percorsi accidentati, di costituire comunque, anche a distanza, un solido ancoraggio affettivo.

Quando mi scrivi che solamente la tua inaudita forza di volontà ti permette di resistere e di tirare innanzi, – le scriveva ad esempio Veniero da Parigi il 1° dicembre 1934 – comprendo sempre meglio quale è la base spirituale che ci unisce. Sì, è precisamente questa forza di volontà, l'attività dispiegata della coscienza universale, che tu hai trasfuso in noi (...) Ebbene, mamma diletta, tu sei riuscita nel tuo intento. Noi ci limitammo a proseguire il tuo lavoro su un piano più vasto, ma non di certo più elevato. Qualunque sia la sorte che ci attende e anche se cadremo prima della lotta finale, noi non verseremo lagrime gli uni per gli altri.[73]

Proprio a questo ruolo, non assimilabile certo soltanto a quello della *mater dolorosa*, va ricondotto il dissidio latente con Tina, esploso in occasione della fuga da casa di Cerilo e del suo viaggio a Torino, a casa Pizzardo.[74] Per Maria Spinelli, Tina era «oggettivamente» una nemica. Di fatto per Altiero l'incontro con Tina aveva coinciso prima con la clandestinità poi con l'arresto. Non solo. Anche Veniero era scappato a Torino, entrando nelle file della cospirazione comunista attraverso i contatti di Tina. Ora era la volta di Cerilo, il più piccolo, e questa volta Maria reagì, difendendo quell'ultimo figlio maschio rimastole da una Tina che, smarriti ormai i suoi contorni reali, aveva assunto le vesti di un simbolo, al femminile, di tutto quanto (latitanza, galera, esilio) la scelta antifascista aveva significato per la famiglia Spinelli. Il 27 ottobre 1934, quando Cerilo mancava da casa da più di un mese, Maria si risolse a scriverle in questi termini:

Cara Tina, è tuttora dolente il ricordo della risposta ch'ebbi da te cinque anni fa – quando ti chiesi notizie di Veniero che da Firenze erasi recato a Torino – perché io oggi debba convincermi che Cerilo lasciando la tua città, lasciando la tua casa in cui è stato così cortesemente accolto non ti abbia nemmeno accennato dove intendeva recarsi. Qui non è tornato, anzi ha scritto che le vostre condizioni economiche non gli consentono di venire ad accrescere il disagio materiale. Egli però sa troppo bene – per averlo vissuto sino a pochi giorni fa e per doverlo perciò accrescere – quale sia il disagio spirituale della nostra famiglia dove la disgrazia in forme svariate e molteplici, si è assisa sovrana facendo della nostra vita un inferno. Ti assicuro che, così parlando, non drammatizzo affatto ma faccio una semplice allusione a ciò che è il vero stato di cose e di fatti; nonché il vero stato d'animo d'una madre che seppe e praticò tutti i doveri senza mai conoscere i propri diritti, nemmeno quello di un'aperta affettuosa confidenza che anche questa volta le viene negata.

A questa lettera Tina rispose subito scegliendo un tono risentito che lasciava capire come tra le due donne fossero perfettamente chiari i termini di un confronto senza infingimenti o ipocrisie; poteva sembrare un dissidio tradizionale «tra suocera e nuora», ma non era così. Maria difendeva il proprio rapporto con i figli, proponendo il suo dolore come ambito di una legittimazione che a Tina era negata. Tina, che passava tutta la sua vita a rifiutare gli stereotipi che le si affollavano intorno, si impegnò in maniera vibrante per difendersi da questa ennesima immagine al negativo che le rimbalzava addosso:

Carissima mamma, – scrisse il 5 novembre 1934 – la sua ultima lettera mi ha molto addolorata e per dire la verità, anche adirata. A parte il fatto che Ella mi accusa ingiustamente di aver trascinato alla rovina i suoi figlioli, se anche fosse vero, sapendo che la mia posta è tutta censurata, non avrebbe dovuto scrivermelo. Ho già avuto troppe noie per Altiero e i suoi fratelli (...) Ma non veda nelle mie parole alcun rancore. Capisco il suo dolore e perdono le parole ingiuste che nella sua angoscia può lasciarsi sfuggire. Le ripeto che io non ho cercato Cerilo (...) Per prudenza avrei preferito non vederlo affatto. Ho sperimentato che tali visite mi attirano sempre seccature (...) Ora io vorrei che Lei mi dicesse sempre sinceramente come desidera che io mi comporti nei riguardi dei suoi figlioli. Se crede che la mia amicizia nuoccia loro, lo dica pure e io mi regolerò di conseguenza (...) Per conto mio so bene che nel mio interesse dovrei rompere ogni rapporto con Altiero e con i suoi. Troppe volte mi è stato consigliato e posto come condizione per ottenere semplicemente il diritto di lavorare. L'affetto che ho per Altiero e la certezza che io, almeno, non ho mai recato danno a lui, mi inducono a passare sopra a queste considerazioni.[75]

Quando scrisse questa lettera erano ormai passati sei anni dalla sua scarcerazione e Tina, come si dice, si era ormai «rifatta una vita». Non era stato facile. Non avendo ottenuto niente dalla famiglia Spinelli, nell'aprile 1929 aveva anche pensato di espatriare per andare all'estero a fare la funzionaria del PCI, una scelta che per lei sarebbe stata di assoluta disperazione. Ad aiutarla fu un mondo di amicizie tutte al femminile, anzitutto quella con Anita Longo, Rina Aliprandi e le altre militanti comuniste torinesi che le diedero sul piano affettivo quanto le era negato dalla sua stessa famiglia.[76] Nel settembre 1929, dopo aver avuto la sospensione della vigilanza, attraverso un'altra sua amica ottenne l'incarico di direttrice della Colonia Marina dei fasci femminili milanesi a Rimini (Igea Marina). Prese servizio in ottobre portandosi dietro le sue amiche («Carlottina Prochietto, diplomata da pochi giorni, Nina Pirini, comunista, come guardarobiera, Anita Longo per impostare il lavoro»). Una sorta di complicità tra donne la aiutò a mantenere quel posto senza iscriversi al PNF. Quando donna Bianca Fabbri, responsabile del Fascio femminile di Milano, la sollecitò in questo senso, Tina se la cavò con una sincerità che fu molto apprezzata: «La mia coscienza non mi permette di accettare perché non si tratta di una formalità, ma di cosa molto seria. Nessuno meglio di lei può apprezzarne l'importanza e quindi apprezzare l'onestà del mio rifiuto. Le presento pertanto le mie dimissioni». «Ammiro la sua coscienza e la sua rettitudine, se mai sono io che devo imparare da lei. A meno di interventi particolari da Roma lei può restare», fu la risposta.[77]

Gli «interventi particolari da Roma» ci furono, tre anni dopo. Tina fu infatti licenziata il 23 maggio 1932 «per condotta immorale».[78] In giugno, Altiero scrisse dal carcere di Viterbo chiedendo ai comunisti di Basilea di «farla espatriare e di affidarle mansioni di partito». La lettera, regolarmente intercettata, fruttò a Tina solo un'ammonizione.[79] Ma ormai nella sua vita erano maturati altri eventi, tutti decisivi. Proprio in giugno, infatti, appena tornata a Torino, aveva conosciuto Paola Lombroso Carrara[80] diventandone subito amica. Fu una svolta radicale in una sequenza di avvenimenti, tutti molto ravvicinati, che cambiarono letteralmente il corso della sua esistenza. In novembre seppe da Luigi Capriolo[81] che Altiero si stava staccando dal partito comunista; il 7 luglio 1933 morì suo padre e la sua amica Nina Pirini andò a vivere con lei e la sorella, in una casa di sole donne; nel frattempo, attraverso i Carrara, strinse nuove relazioni («gli inviti si seguivano, di cena in cena conobbi tutti gli intellettuali antifascisti di Torino»), divenne amica di Leone Ginzburg («con lui potevi parlare di tutto, della scelta di un cappellino come di filosofia e di politica, dei tuoi *soucis d'argent* come dei tuoi amori. E della tua infanzia, della tua famiglia, delle tue letture, di tutto»),[82] incontrò – restandone affascinata – la «cospirazione alla luce del sole» che a Torino si era organizzata intorno al movimento di Giustizia e Libertà.

Nelle file gielliste, allora, affiorava un misto di fermenti politici e impazienze giovanili, la cui caratteristica unitaria più rilevante era essenzialmente legata all'omogeneità della collocazione sociale dei militanti.[83] Che si trattasse di una «cospirazione di intellettuali» era quasi una ovvietà sociologica. I loro canali di proselitismo si snodavano all'interno di «piccoli mondi» conosciuti e frequentati da sempre, aderendovi, rispettandone codici di comportamento e antiche consuetudini: i portici di via Po, l'Università, l'osteria degli anarchici in via San Francesco d'Assisi, quella degli operai repubblicani in vicolo Santa Maria, tutto il dedalo di viuzze stretto tra il Monte di Pietà e la Cittadella. Era una Torino ancora piccola, ancora in grado di riprodurre nei suoi quartieri del centro e nelle sue barriere di periferia la propria immagine sociale, con un rapporto tra assetto urbano e classi sociali tale da rendere oggi agevolmente decifrabili equazioni del tipo Borgo San Paolo = cospirazione comunista, la zona tra via Po e il rione del Monte di Pietà = cospirazione giellista o anarchica o repubblicana.[84]

Ed era in quella Torino che si consumavano i riti di una quotidianità cospirativa, quelli che, alla fine, risultavano alla polizia fascista i più incomprensibili, i più difficili da controllare: negli interrogatori dei cospiratori arrestati, tra un accenno a una vertenza cavalleresca tra Franco Antonicelli e Felice Casorati o alla festa di matrimonio di Paola Malvano e un altro alle serate con gli amici («quando la sera si andava con gli amici e le amiche al cinematografo, si era soliti recarsi al bar Barovero prima di rincasare per una mezz'ora»),[85] rimbalzavano percorsi amicali e parentali, reti affettive che diventavano solidarietà politiche senza nessuna soluzione di continuità. Le sedi della cospirazione erano luoghi privati: casa Allason, casa Malvano, casa Levi, casa Carrara; un ballo mascherato tenutosi da Paola e Carla Malvano, nel carnevale del 1933, con quadri mitologici e storici (Teseo e Arianna) sceneggiati da Carlo Levi, veniva rivissuto in un'indagine di polizia come un pesante indizio di sovversivismo nei confronti di Giulio Muggia che si era mostrato «irrispettoso» truccandosi da Cavour; spesso, anche nelle «delazioni» sembrava emergere soprattutto il dispetto per essere esclusi da circoli in cui si intravedeva il calore protettivo di amicizie profonde:

Del salotto Allason – testimoniava Leo Levi – posso dire – secondo almeno le voci correnti a Torino – che vi si adunavano persone appartenenti alla media borghesia intellettuale o meglio a quella vecchia borghesia piemontese di tradizioni e tendenze liberali, lontanissime moralmente dal fascismo, e che tali persone si dilettavano a fare la «critica» in tutti i campi, seguendo l'indirizzo crociano. Non vi è dubbio che tra i frequentatori del salotto Allason vi fossero persone colte e intelligenti ma quasi tutte malate di un decadentismo snobistico che le pone nel campo politico in netta antitesi spirituale col clima storico del fascismo.[86]

Ma questi riferimenti sociali ed esistenziali avevano il loro risvolto più significativo in relazione a una politica che, come abbiamo visto, veniva concepita essenzialmente come un impegno etico, una scelta esistenziale d'opposizione e d'intransigenza coniugata con la continuità dei propri ruoli familiari e sociali:

Una domenica di tardo autunno – ricordava Barbara Allason – con Poli, Aldo Garosci, Andreis e alcune graziose signorine, si fece una passeggiata in collina (...) Quando uscimmo dallo chalet dopo aver chiacchierato, cantato, riso e i giovani ballato un po' a qualche musica trasmessa, il sole era tramontato (...) Tutto era così bello che rimanemmo a guardare in silenzio (...) Pochi giorni dopo sull'alba Andreis era arrestato.[87]

Per Tina questi riferimenti potevano considerarsi del tutto inediti. I suoi compagni comunisti, soprattutto dopo «la svolta» del 1930, si erano definiti lungo coordinate politiche ed esistenziali radicalmente diverse: l'ostinata chiusura verso l'esterno, il «sospetto» assunto come norma anche nei rapporti umani e affettivi, una rappresentazione di se stessi legata all'interpretazione totalizzante della propria militanza politica.

Di questa «diversità» Tina ebbe un'immediata consapevolezza e ne fu subito attratta. «I Carrara – scriverà nei suoi ricordi – mi davano il primo, confortante esempio di gente che pur desiderando salvare – col socialismo – l'umanità, sa amarla al dettaglio, nei suoi singoli componenti». Pure, la sua non fu una scelta facile. Proprio in quegli anni, infatti, le vicende politiche dell'antifascismo torinese erano segnate dalla durissima polemica sul «socialfascismo» condotta allora dal PCI, che, come abbiamo visto, selezionava i propri bersagli polemici proprio tra le file di quella cospirazione giellista alla quale Tina si stava avvicinando. Ma le perplessità di Tina non erano solo di tipo politico; anche il moralismo che aveva segnato la sua adesione al PCI era troppo forte per non tormentarla con un senso di colpa, che, come lei stessa confesserà, avrebbe continuato a turbarla per anni. Si confidò – su questo – a lungo con Altiero, informandolo di tutti i propri passi. Gli comunicò la serenità che sentiva aleggiare nelle sue nuove frequentazioni:

Ho scoperto il fascino di quell'ambiente = libertà. Ognuno è ascoltato con sincero interesse e rispettato. Il prof., la moglie, la zia Barbara[88] ed io, in una bella veranda sul Po, un pomeriggio di primavera. Sdraiata in una comoda poltrona, con una sigaretta tra le dita, il sole che mi scaldava le mani e il viso, ero beata. L'invito a scrivere mi lascia scettica ma mi fa sognare;[89]

tentò, anche, di spiegargli il gusto della scoperta intellettuale, l'ardita sperimentazione culturale di vie insolite che l'avevano spinta verso gli ambienti giellisti:

Ho sentito il bisogno di conoscere gente nuova e vado anche piano piano interessandomi e leggendo riviste che non avrei mai pensato di cercare. Dopo aver invano e docilmente rimasticato senza cavarne alcun succo, gli aridi frutti della nostra vecchia pianta sono andata a cercare altro nutrimento. Vi è ancora della gente giovane che pensa e che cerca; mi attira. Un grave pericolo per me che manco di senso pratico, quello di lasciarsi facilmente persuadere, di credere ove la diffidenza sarebbe doverosa (...) Tu non puoi aiutarmi, peccato. Ma dimmi qualcosa se preferisci che me ne stia sola o che conosca gente nuova, che legga i libri che tu mi consigli o quelli che tu non conosci ma forse ti interesserebbero.[90]

Poi alla fine, superate esitazioni e rimorsi, gli comunicò la rottura, dolorosa ma inevitabile, con i vecchi compagni:

Mio Altiero, la tua lettera ieri sera è giunta come una carezza consolatrice. Ero tanto triste. Proprio infelice ero, come una bambina ingiustamente sgridata e castigata (...) Ho molti amici nuovi – ma i vecchi amici mi abbandonano. E ieri ho sentito che fra me e loro c'è un abisso. Dapprima ascoltavano sorridenti, un po' scandalizzati un po' divertiti, le mie franche, eretiche parole. Poi mi hanno isolata e ieri, pare, addirittura rinnegata. Un giudizio spiccio, non sono stata interrogata, ma giudicata in camera segreta. Finito. Non ci saluteremo più. Non ci conosciamo più. I nuovi amici mi sono cari, ma ai vecchi volevo bene. Solitudine. Ma ci sei tu e questo basta a riempirmi di orgogliosa allegrezza.[91]

7. Nel 1933 Tina, intanto, era stata di nuovo ammonita; questa volta, però, non ebbe i soliti problemi economici. Grazie ai suoi nuovi amici aveva ottenuto, usando un nome di copertura, un incarico di insegnamento presso una scuola non statale arrotondando lo stipendio con un buon numero di lezioni private. Quella del 1933, anzi, fu proprio una «bella estate». Dopo una prima fugace conoscenza avvenuta nell'autunno precedente, il 31 luglio incontrò Cesare Pavese durante una gita sul Po. Si rividero pochi giorni dopo, il 9 agosto, per un'altra passeggiata in barca e questa volta si trattò del loro primo vero appuntamento.[92] Sempre ai primi di agosto, conobbe un comunista, ebreo, polacco, Henek Rieser, «malandato in salute, goffo, timidissimo» («Anita [Longo] dirà d'avermi mandato da Henek per farmi conoscere il più intelligente, il più colto dei compagni torinesi, l'unico capace di distogliermi dalle nuove amicizie disapprovate dal partito»):[93] a lungo, negli anni successivi, i rapporti con questi due uomini avrebbero scandito la vita di Tina, assorbendone lo slancio vitale fino a lasciarla esausta.

Con Pavese, Tina si incontrò per altre tre volte in quello stesso agosto: «Pensavo a lui con rapimento, perché era un poeta, un artista, una sorta di superuomo che mai avevo pensato di poter conoscere». In quei primi convegni, d'estate, sul fiume, nell'ambiente naturale di Pavese, Tina fu come preda di un vero e proprio rapimento. Il comportamento dell'altro sembrava fatto apposta per acuirne desideri e curiosità: il 18 agosto, Pavese le suggerì l'opportunità di sospendere le loro passeggiate; Tina accettò, consapevole che quel momentaneo rifiuto avrebbe però accentuato il suo interesse e la sua determinazione nel conquistarlo: «Che fosse un uomo forte e dispregiatore delle donne, questo continuavo a crederlo e mi faceva voglia di essere amica di un tipo così: fargli vedere che non tutte le donne erano lagne».[94]

Nell'immediato, però, alla sospensione dei loro incontri seguì una brusca impennata del rapporto con Henek: «Se avessimo continuato a vederci» – ricorderà in seguito Tina – «non sarei andata a cercare il compagno H. e le nostre vite avrebbero avuto chissà quali svolte». Invece, la sera del 5 settembre Tina andò a trovare Henek a casa sua e, a modo suo, se ne innamorò:

Timido, goffo, sì, ma distaccato, ironico pur nella sua squisita cortesia (...) Dirò solo che a un certo momento mi sono accorta d'essere innamorata di lui e questa volta tutto era diverso: l'amore mi riempiva di tristezza, di sfiducia in me, di smarrimento (...) Pietà! per me! Non potevo sopportarla. Gli avrei fatto vedere io se avevo bisogno di pietà![95]

Altiero, pedagogico e autoritario; Pavese, condiscendente e distaccato; Henek, ironico e comprensivo: tutti e tre, comunque, non immediatamente disponibili e, per questo, degni di attenzione.

Il 25 gennaio 1934 ritrovò Pavese a casa di Barbara Allason. Dal 27 gennaio, prendendo a pretesto le lezioni d'inglese, presero a vedersi tutti i giorni. Il 25 febbraio, soli in casa, si scambiarono i primi baci: Tina era esultante, convinta di aver trovato finalmente «un uomo forte, deciso, sicuro di sé che non avrebbe mai chiesto il mio conforto, la mia guida, la mia energia come gli altri tutti, amici, amiche, innamorati».[96] Avvertì subito Henek: «Nei giorni seguenti continuai a incontrarmi or con l'uno or con l'altro». Fu Pavese a cedere per primo: il 5 marzo, chiedendole di interrompere i rapporti con l'altro, si mise a piangere come un bambino, lasciando Tina assolutamente sconcertata («ricordo la delusione, il fastidio, l'imbarazzo per quei lacrimoni che venivano giù a pioggia e rotolavano sul bavero del paltò»). Non era certamente con le lacrime che si poteva convincerla e Tina restò con entrambi: «Uno parlava poco di sé e si lasciava amare con ironica indulgenza, l'altro, purché mi lasciassi amare, parlava molto e bene».[97]

In marzo, il piccolo mondo della cospirazione GL fu sconvolto dall'«operazione Togo»[98] che portò all'arresto, tra gli altri, di Barbara Allason e Leone Ginzburg. Ma per Tina cambiò poco; verso la fine di aprile, anzi, ci fu la sua «prima volta» con Pavese: «Un momento, solo un momento di lucida follia, d'abbandono, e mentre, rinsavita, mi rallegravo che non fosse successo niente, lui era già in ginocchio e diceva che ora dovevamo sposarci».[99] Naturalmente non si sposarono ma vissero, comunque, un'altra «bella estate», intere giornate in barca, in quel paesaggio fluviale in cui Pavese era come naturalmente portato a dare il meglio di se stesso, quasi che il timone di una barca, il senso di calma e abbandono delle piccole spiagge scavate dalle ampie curve del fiume, i rami protesi degli alberi in una verde galleria protettiva, fossero in grado di rassicurarlo, di lenirne angosce segrete e metterlo a proprio agio. Se ci fu un momento in cui Tina poteva veramente innamorarsi di lui, fu quello, ma passò e, con l'inverno, quasi in una scansione meteorologica della loro storia, finì anche l'incanto del fiume, della barca, delle nuotate, e dei corpi liberi di abbronzarsi e di tuffarsi.

Nelle sue memorie, Tina ci regala un'immagine invernale di Pavese che è già più di un addio. Con i suoi amici aveva organizzato una gita in montagna; Pavese si era accodato. Non è chiaro nei ricordi di Tina perché lo scrittore avesse acconsentito consapevolmente a lasciarsi estirpare dai suoi scenari abituali, accettando una sorta di scommessa con se stesso; resta il fatto che in quel rifugio d'alta montagna, tra giovani esuberanti, tutti sciatori provetti, entusiasti per la gioia di sfidare l'aria fredda e le piste rese difficili dalla neve fresca, Pavese ebbe quasi un crollo fisico e psicologico:

> Il lungo naso arrossato, il cappello calcato fino agli occhiali e la più sbagliata delle sue espressioni tragiche sul volto, Pavese se ne stava impalato dietro la porta della camera delle donne, addossato al muro in modo che chi apriva gli sbatteva l'uscio in faccia (...) Con occhi lacrimosi ogni tanto si lamentava piano: Tina! Un cane scacciato che guaisce, ecco cosa sembrava.[100]

Era la fine e Tina ebbe, nitida, la consapevolezza che non ci sarebbe stata mai più un'altra «bella estate».[101]

Pochi mesi dopo, il 15 maggio 1935, Tina fu di nuovo arrestata nella grande retata che portò all'azzeramento definitivo della «cospirazione alla luce del sole».[102] Questa volta restò a Torino, alle «Nuove», per essere scarcerata dopo poco più di un mese, il 27 giugno. Il 12 luglio fu ancora ammonita.[103] Quest'altra esperienza carceraria, se pure più breve e meno traumatica della prima, lasciò il segno. Il carcere e l'ammonizione misero di nuovo in forse il suo lavoro e la sua sopravvivenza economica; di nuovo i suoi amici erano stati arrestati e dispersi, di nuovo le si affacciava lo spettro di una sorta di precarietà esistenziale come dimensione permanente della sua vita. «Le poche mie conoscenze – scriveva a Cerilo Spinelli il 2 agosto – sono state tutte arrestate e sono ancora in prigione. Sono molto sola. Ma non vorrei fare nuove amicizie perché mi sono messa in mente che porto sfortuna agli amici, vanno sempre a finire tutti in prigione».[104] Anche i rapporti con Henek e con Pavese non potevano più reggere quel registro troppo sopra le righe, sempre più estenuante per le continue verifiche sui reciproci rapporti di forza. Qualcosa si ruppe nell'ottimismo e nello slancio vitale di Tina; ora era veramente «stanca di guerra».

8. Dal carcere di Civitavecchia Altiero intuì quello che Tina stava vivendo e le scrisse, il 17 luglio. Era stata Maria Spinelli a informarlo delle sue vicissitudini («ieri ricevo da mia mamma e leggo che hai avuto l'ammonizione, che ti è vietato in modo assoluto di scrivermi, che sei molto triste, che hai ricevuto le mie due lettere che ti ho mandato in carcere, e che ne sei stata commossa, ma che sei tanto scorata e non hai altro pensiero che quello di guadagnare il necessario per te e per tua sorella») e lui, per sollevarla, si appellò alla forza del loro rapporto epistolare, quasi che dalla sua continuazione potesse per lei derivarne un aiuto concreto; in questo senso le propose, oltre che di sposarsi («Con che diritto ti hanno vietato di corrispondere con me? (...) La via principale sarebbe quella di sposarci ora anziché tra un anno e mezzo quando verrò in libertà. In tal modo si eliminerebbero tutti questi odiosi interventi. Io sono contento di farlo. Tuttavia è probabile che il fatto di essere mia moglie ti possa creare una quantità di imbarazzi. Giudicane un po' tu (...) Un altro mezzo è quello di protestare o tu o io o tutti e due presso il competente ministero (...) Con il nuovo codice civile il fidanzamento o promessa di matrimonio è già di per sé solo un legame tra due persone (...) Infine pos-

siamo accettare che passi quest'anno e mezzo e nel frattempo mandarci reciprocamente nostre notizie a mezzo dei miei»), anche di rivolgersi alla famiglia Spinelli per chiederne, come già alla fine del 1928, un appoggio finanziario: «Se ti dovessi trovare in situazioni imbarazzanti simili a quelle in cui ti sei trovata alla fine del 1928 non esitare a rivolgerti per essere aiutata ai miei ed in particolare a mia madre e ai miei fratelli».

Se dovessi girare il mondo intero per raggiungerti solo alla fine della mia vita, – era la fragorosa conclusione della lettera – mi metterei in cammino senza esitare (...) Io verrò mia Tina se tu vorrai e prenderò su di me una parte delle preoccupazioni che ora pesano sulle tue spalle (...) Povera mia Tina quando penso alla solitudine in cui ti trovi nella rovina certamente accaduta di una buona parte della clientela di scolari che ti eri venuta costituendo negli ultimi anni, alle insidie di ogni genere cui sei esposta, io ho quasi vergogna di dirti di non scoraggiarti, di saper resistere con animo sereno. Può sembrare vanità la mia. Ma voglio ricordarti le parole che certamente conoscerai e che io recentemente ho avuto occasione di rileggere (...) Occorre non lasciarsi prendere tutto dalla meschinità della vita, saperla viverla dall'alto con la serenità di Goethe. Tanto più deve saperlo fare chi è altro che poeta. Così io ho fiducia che tu saprai fare.[105]

Ma ci voleva altro che una citazione di Goethe per aiutare Tina. Per mettere ordine nella sua vita bisognava anzitutto ridurne la complessità, bonificare un universo sentimentale troppo popolato di figure tanto importanti quanto ingombranti. E nel «nuovo corso» il primo a perdere il proprio posto sarebbe stato Altiero. Le citazioni letterarie, il rigore politico, i buoni consigli che ne alimentavano la tumultuosa vena pedagogica le apparivano ora remote, estranee, fredde esercitazioni epistolari. Altiero aveva capito da tempo e probabilmente aveva cercato anche di prevenire la crisi, anticipandone la precipitazione:

Temo – le aveva scritto già il 5 settembre 1931 – che questa lunga lontananza, questo svolgere ognuno di noi due la sua vita intima per conto suo, senza che l'altro ne sappia quasi nulla, con un legame reale fra noi due così sottile, così fragile, non finisca col convertire questo ostacolo esterno che ci separa ora in un reale ostacolo ai nostri animi che sarebbe ben più grave e più difficile da superare.[106]

Tra il febbraio 1933 e il giugno 1936 le scrisse più di un centinaio di lettere,[107] in un crescendo epistolare sempre più frenetico man mano che aumentavano la sua inquietudine e la sua insicurezza. Proprio nel maggio 1935, a ridosso dell'arresto, formulò una sorta di congedo che conservava, ancora, la sottile ambiguità del ricatto sentimentale:

Non sono stato saggio (...) Mi sono rivolto a te senza mai nasconderti l'impeto delle mie passioni, non ho notato che esse dovevano col tempo finire per apparirti fastidiose e vane, sono restato pieno di sgomento quando infine me lo hai fatto notare (...) Ora tu, se vuoi, scusami la mia poca saggezza. Per me è bene guardare in faccia la verità (...) Io sto in margine alla vita, e perciò non posso pretendere di conservare nel tuo cuore tutto il posto che ci avevo.[108]

Su Tina, però, l'effetto di queste parole fu quasi nullo. Di fatto, il divieto impostole dalla questura di continuare la sua corrispondenza con Altiero le apparve un'opportunità da cogliere al volo. Il 27 giugno, il giorno stesso della sua scarcerazione, scrisse subito un laconico biglietto alla madre di Altiero:

Carissima signora Maria, sono tornata a casa stamane dopo 44 giorni di prigione. Pare che sarò ammonita (...) Per il momento non posso scrivere ad Altiero; gli dia Lei mie notizie e gli dica che avevo ricevuto la sua lettera in prigione e mi aveva fatto tanto piacere. Con affetto, Tina.[109]

Alla lettera del 17 luglio di Altiero, non rispose direttamente, scrivendo, l'8 agosto, ancora alla madre:

Per ora la prego di dire ad Altiero di non fare la domanda di potermi scrivere. Mi meraviglio che Altiero non sappia che fra ammoniti e reclusi non parenti stretti è proibito corrispondere. Forse lui non sa che sono ammonita. La sua domanda sarebbe inutile e, ho ragioni di credere, dannosa.[110]

Con Altiero si trattava di una decisione dolorosa ma comunque facile da prendere sul piano operativo: bastava arrestare il flusso delle lettere, lasciare disseccare quel fiume epistolare che l'aveva alluvionata per otto anni e che era, in fondo, l'unico legame tra loro. Più difficile era affrontare il versante del binomio Pavese/Henek. Paradossalmente, durante la detenzione, Tina era stata inopinatamente aiutata proprio dai suoi inquisitori a maturare la decisione di avviare il «nuovo corso»; le indagini ne avevano setacciato la vita privata, rovistando tra i suoi affetti, frugando nelle sue carte, inseguendo la sua intimità. I poliziotti non volevano ripetere l'errore compiuto un anno prima, in occasione del fallimento dell'«operazione Togo», quando, puntando soltanto sulla colpevolezza di quattro imputati (Allason, Ginzburg, Mario Levi e Sion Segre), avevano tralasciato la complessa rete di complicità e di amicizie di cui erano circondati:

Ed infatti gli altri arrestati – era scritto in una nota dell'OVRA – dovevano, dati i loro rapporti sia di parentela che di amicizia con i quattro sopraccennati, essere con fondamento sospettati, se non di partecipazione diretta al movimento stesso, di connivenza con i responsabili, in quanto non era ammissibile che essi, per le ragioni su esposte, ignorassero l'attività di questi ultimi.[111]

Così di Tina ora sapevano tutto, anche quello che lei stentava a confessare a se stessa. In questo senso il giudice istruttore le parlò con cognizione di causa, emettendo una «sentenza» che, se non c'entrava niente con il procedimento penale avviato dopo l'arresto, per Tina fu come una sorta di rivelazione di cose che lei confusamente aveva sempre saputo:

il giudice (...) mi diede qualche consiglio. Pavese era da scartare; un presuntuoso, uno che non sapeva vivere se aveva scritto a casa – e mi lesse il pezzo che suonava all'incirca così: «qui giudici e carcerieri, tutti terra da pipe, potete immaginare come andiamo d'accordo». Maffi[112] deve essere un gran bravo figliolo, ma ha troppa voglia di ridere e giocare, e non ha una posizione. L'unico serio che dà affidamento è il terzo: un gentiluomo.[113]

E il terzo era Henek.

E proprio in quella malinconica estate del 1935, Henek le chiese di sposarlo. Tina accettò: «Sposando un ebreo di nazionalità polacca, avremmo potuto divorziare perché in Polonia il divorzio agli ebrei era consentito. Con diritto al divorzio per me il matrimonio con Henek fu, sul momento, nient'altro che una mossa di strategia amorosa». Ma non fu solo questo: «Con lui sarebbero finite le tempeste di cui m'ero anche troppo compiaciuta. Con lui sarei diventata anch'io seria, equilibrata, ed era ora».[114] Era questa, adesso, la vera Tina, stanca di interpretare l'amore come una sequenza di «mosse» tattiche, stanca di tempeste e di bufere.

Proprio alla vigilia delle sue nozze, nel marzo 1936, Pavese tornò dal confino di Brancaleone Calabro dove era stato inviato dopo l'arresto dell'anno precedente; svenne alla stazione, appena arrivato, quando lo informarono del matrimonio di Tina e Henek.[115] La data era stata fissata per il 9 aprile 1936. C'era anche il problema di come dirlo ad Altiero: «Gli ho scritto e ho inviato la lettera al direttore del reclusorio di Civitavecchia, pregandolo data la natura del messaggio, di consegnarla all'interessato o almeno comunicargli il contenuto. Il direttore mi ha rimandato indietro la lettera».[116] Tina si rivolse allora a Maria Spinelli:

Ora – scriveva quest'ultima a Veniero il 24 marzo 1936 – m'arriva tra capo e collo la notizia che la fidanzata di «Primo» si sposa perché le si offre l'occasione di mettersi bene a posto. Con molta disinvoltura ella me ne fa dare l'avviso a mezzo d'interposta persona. Ella non se la sente di scrivere direttamente a Primo, ma puoi ben immaginare dove io possa attingere il coraggio di dare un colpo simile a un figlio e a quale figlio! È proprio vero che succedono le cose più impensate. I ricordi di quasi 12 anni di amore, presi improvvisamente in fascio e scaraventati al vento come inutili e ingombranti cianfrusaglie. Io penso al colpo che ne riceverà Primo e mi sento rabbrividire; devo parlare? Devo tacere? Il cuore mi suggerisce di aspettare che venga a casa.[117]

Veniero fu d'accordo con la madre, rispondendole il 29 marzo:

Ho anch'io l'impressione che sia meglio nascondere provvisoriamente ad Altiero quanto concerne Tina. Ma tu sola puoi giudicare se ciò è attuabile dal punto di vista tecnico. Se egli venisse a saperlo per altre strade, magari senza particolari, la sua angoscia prenderebbe forme più crude. Allora sarebbe più umano prevenirlo inviandogli una parola di solidarietà e di conforto che lo aiuti in un primo momento. Sono sicuro che in seguito riuscirebbe a dominare le proprie sofferenze, perché la sua austera concezione morale, realmente vissuta e non semplicemente enunciata, lo pone nella condizione privilegiata, al di sopra dei patimenti personali, universalizzandoli.[118]

Alla fine, come scrive Tina, «Altiero fu avvertito da Azalea, la sola della famiglia che dopo molti rinvii trovò il coraggio di affrontare la situazione».

Né l'ostentazione di granitiche fermezze, né quella di recriminazioni sentimentali potevano comunque distogliere Tina dai suoi propositi. Le nozze ci furono, seguite da dieci giorni di viaggio di nozze in una scuola di sci, al Breuil. Fu un matrimonio quietamente sereno, senza sfarzi borghesi ma pur sempre un «rito» con la sua forza emotiva e la sua capacità di alimentare commozione, partecipazione affettiva, solidarietà amicali. Non c'era un grande amore, ma ci sarebbe stato in seguito e Tina espresse allora questa sua consapevolezza scrivendone, il 20 maggio, all'amica Nina Ferrero:

Per uno strano senso di pudore non ero stata capace di parlare agli amici del mio matrimonio se non all'ultimo momento. Alla mia età, dopo tanti anni di vita e pensieri quasi monastici (...) Temevo di essere un po' ridicola (...) La sua lettera è stata confortante. Ho capito che non ero poi tanto ridicola a sposarmi, mi sono sentita giovane e allegra come deve essere una giovane sposa. Comincio a credere che sarò anch'io un po' felice (...) La ringrazio tanto del bel servizio da the che mi ha regalato è molto originale e veramente di mio gusto. Anche la sua fiamma mi ha fatto un bel regalo, un tavolino scaffale della Casa del Sole, ora lo adopera mio marito con grande soddisfazione.[119]

Quello stesso giorno, «in considerazione della buona condotta serbata», le tolsero l'ammonizione.[120] Henek, «educatissimo, premuroso, indulgente, ma pur sempre ironico, silenzioso, impenetrabile» era adesso il compagno ideale per questa nuova Tina. Pavese si rifece vivo più volte; nel luglio 1937 sembrò quasi che la «vecchia» Tina fosse sul punto di riaccendere antiche fiamme di trasgressione; non fu così e in ottobre Pavese le scrisse una lettera «di odio implacabile».[121] Il 25 febbraio 1938, arrivò un'altra lettera, questa volta a Henek: «Lei mi ha portato via la donna che amo. Si consideri schiaffeggiato». Henek l'accolse con stupita ironia, quasi con condiscendenza. Ma sono quelle frasi che, per chi le pronuncia, segnano una sorta di dichiarazione di resa, un punto di non ritorno. Un anno dopo, Tina e Henek ebbero un figlio e Tina e Pavese non si incontrarono mai più.

2.

Iside Viana

La storia di Iside Viana (1903-1931), sarta, comunista, antifascista, è stata già raccontata. Attraverso lo studio attento e partecipe di documenti e testimonianze, Laura Mariani ne ha fornito le coordinate essenziali, ripercorrendo gli ambiti in cui si sviluppò la sua breve vicenda biografica: la famiglia, il paese, la militanza politica nel PCI, fino al carcere di Perugia, dove Iside morì a 28 anni.[1] Alcuni di questi scenari sono così tipici da sfiorare l'oleografia. La famiglia, ad esempio. «Il padre muratore e la madre casalinga – scrive la Mariani – erano di origine contadina e avevano vissuto l'esperienza dell'emigrazione, erano socialisti (il padre di Iside fu anche sindaco di Candelo) e furono perseguitati sin dai primi anni del fascismo». Il suo approdo alla politica fu segnato, così come per tante sue compagne, da un impasto di condizioni oggettive, «materiali», e di scelte soggettive, maturate senza soluzione di continuità all'interno delle relazioni familiari e amicali che articolavano i vincoli comunitari in un paesino come Candelo, nel Biellese.[2] Studiò fino alla quinta, poi cominciò subito a lavorare, a dodici anni, come sarta. Nel clima infuocato del biennio rosso, fu il fratello Luigi il «mediatore» con la politica, determinando l'adesione di Iside prima al PSI, poi, dopo la scissione di Livorno, al PCI.

Di qualche anno più anziano (era del 1896) della sorella, muratore come il padre, emigrante come il padre, sovversivo come il padre (ma anche la madre, Ernesta Scanzio, era nota in questura perché, «prima del 1916 professava idee socialiste e prendeva parte a manifestazioni e cortei sovversivi»),[3] Luigi fu tra i fondatori del partito comunista nel Biellese e introdusse la sorella nella cerchia dei suoi amici più stretti, in particolare Vittorio Flecchia e Mario Spirito Coda, tutti giovani insofferenti verso il gradualismo della tradizione socialista e il piatto economicismo di un riformismo incapace di dare risposte credibili alle loro impazienze rivoluzionarie.[4] Nei confronti di Iside e della sorella più piccola, Alba (nata nel 1909), Luigi fu affettuoso, quasi paterno, caricando però il suo ruolo di una marcata impronta pedagogica che, progressivamente, finì per conferirgli un tono autoritario e impositivo, tanto che le sue scelte politiche ed esistenziali cessarono di essere un esempio e divennero, per le sorelle, un punto di riferimento obbligato sul quale modellare le proprie aspettative e i propri progetti. Nelle lettere scritte da Luigi ad Alba dopo la morte di Iside («Pensa a queste mie parole, dedica qualche ora settimanale allo studio, pensa per cosa è morta nostra sorella e perché tuo fratello vive lontano da te, pensa chi sono i responsabili della distruzione della nostra famiglia, chi sono i colpevoli di tanta ingiustizia e miseria e poi scegli la tua strada e non tornare più indietro, (...) non essere più fatalista»)[5] l'aspetto normativo del suo ruolo di fratello maggiore si dispiega in tutta la sua ampiezza. Luigi interviene su tutto. Si propone ad Alba come un autorevole interlocutore cercando di influenzare sia le scelte esistenziali sia quelle più decisamente politiche. Il «nemico», dal punto di vista dei modelli identitari proposti, sono il fatalismo, la rassegnazione, l'accettazione passiva della propria subalternità di classe:

Mentre dici che conta il trattamento inumano sul lavoro, conta il maggior sfruttamento (...), conta la continua diminuzione del salario (...), poi ti arrabbi e concludi con il dire «si tira avanti finché un giorno si farà come quell'asino che causa la fatica crescente finì di crepare». A parte che l'esempio dell'asino non lo conosci bene, perché il proverbio dice che anche l'asino a forza di caricarlo si rifiutò di andare avanti (...), la tua ultima espressione è fatalista (...) Non si può far niente, fu sempre così e sempre lo sarà. Se tu leggi e studi la storia dell'umanità, tu vedi che ogni miglioria operaia, ogni aumento di salario, ogni riduzione di ore di lavoro, ogni conquista morale della classe operaia sono il prodotto di lotte sanguinose.[6]

Asseconda la radicalizzazione degli orientamenti politici della sorella, alimentandola con continui rimandi alla loro condizione materiale e a quello che allora si definiva l'«odio di classe»: «Babbo, dopo aver consumato la sua vita al lavoro finì moribondo in mezzo alla strada. I profitti dei padroni però non diminuiscono di un centesimo per questo ed a loro poco importa perché subito trovano a sostituire chi manca».[7] Si inserisce con forza anche nelle scelte sentimentali di Alba:

Non so cosa vi attira l'una all'altro. Se si tratta di sentimenti amicali continuate fino a tanto che ci credete. Se però vi sono legami intimi forse è ora che vi decidiate, altrimenti è facile che i fili si rompano ed allora addio ai sogni e al resto. Con questo non voglio spingerti a fare nessun passo che sia contro la tua volontà, o per meglio dire contro le vostre volontà. Per conto mio tutto quello che fai non può non avere la mia approvazione.[8]

Alba era di sei anni più giovane di Iside, ed era cresciuta quando Luigi si era ormai allontanato da casa, prima incarcerato, poi esiliato; su Iside invece la pressione del fratello era stata molto più forte e la sua vena pedagogica si era esercitata con maggiore efficacia. Sotto questa spinta Iside divenne così una militante comunista e questa caratterizzazione ha segnato, in seguito, le immagini e le memorie sedimentatesi sul suo breve percorso esistenziale, tanto da far coincidere il momento epico della sua biografia con l'arresto, a Milano, il 14 gennaio 1928, e con la successiva detenzione nel carcere di Perugia, protrattasi fino alla morte, il 22 novembre 1931. Al processo davanti al Tribunale Speciale, conclusosi il 30 gennaio 1929,[9] la Viana fu condannata a quattro anni di reclusione, essendo stato provato il suo coinvolgimento nell'organizzazione della Federazione giovanile comunista in qualità di addetta alla segreteria di Pietro Secchia. Un ritratto agiografico la mostra in quell'occasione sicura di sé e pronta a rivendicare con orgoglio la propria appartenenza al partito comunista:

Anche davanti al tribunale più infame – scriveva allora «The Worker», organo del Workers Party of America – essa risponde fiera e sorridente a chi le domanda di confessare la sua colpa: «Sì sono comunista, ho lavorato e lottato sempre nel partito comunista, non ho da pentirmi di nulla per quello che ho fatto».[10]

Più asciutto era il commento dedicatole da un opuscolo del PCI intitolato *Le lavoratrici sul fronte della lotta antifascista e davanti al Tribunale Speciale*:[11] «Tra di esse, è la compagna Iside Viana, di Candelo sorpresa in un ufficio del Partito assieme a diversi altri compagni. Dal processo è risultato che Iside Viana era la dattilografa di quell'ufficio del partito». L'opuscolo era stato pubblicato nel 1931, poco prima della morte di Iside. Ed è proprio sulla sua scomparsa che si addensano i ricordi più fitti, una memoria collettiva ancora sospesa tra rimozione ed emozione.

Iside in carcere si ammalò quasi subito. Non fu la sola. Tra le sue compagne, Anna Pavignano soffriva di «asma a sfondo isterico-nervoso», Francesca Rosa Corona di «cardiopalmo grave e deperimento»,

Ergenite Gili di «catarro e deperimento», Lea Giaccaglia e Anna Bessone di tubercolosi. Ma Iside fu la sola a morirne.[12] Restò in preda a «una febbre influenzale» dal 7 al 22 novembre; due settimane di una lenta agonia, consumatesi in una solitudine assoluta. Quando morì, anzi, le sue compagne gioirono. Andò una suora ad avvertirle: «"Guardate se volete vedere la vostra compagna; è in fin di vita". E loro dice: "Oh, beh sì, facciamo che andare". E dopo quando sono andate là e l'hanno vista che lei stava per morire e allora si sono messe a sputare».[13] Questa immagine carica di orrore, racchiusa in una testimonianza raccolta da Laura Mariani, è di fatto quella che ha fatto «passare alla storia» Iside Viana. Già allora, a caldo, ci si interrogò più sulle circostanze che avevano indotto le sue compagne (in particolare Francesca Rosa Corona ed Ergenite Gili, biellesi come lei,[14] come lei legate a Mario Spirito Coda e ai giovani amici di Luigi Viana) a una simile ostentazione di intransigente durezza che sui tormenti, le angosce, le speranze che avevano caratterizzato le scelte di Iside. L'episodio, infatti, rinviava a quella che nell'universo carcerario delle donne comuniste veniva definita la «questione religiosa».

Era, come abbiamo visto, un nodo aggrovigliato dall'incertezza ideologica e dai rapporti molto labili che le compagne avevano con la linea ufficiale del partito. Ma, soprattutto, fu il detonatore in grado di far deflagrare altre tensioni, caratteriali e psicologiche, il pretesto per dare una copertura politica alle pulsioni distruttive e autodistruttive che attraversavano il mondo del carcere. Per le donne comuniste, a differenza degli uomini, la reclusione coincideva con un isolamento politico quasi totale, con conseguenti grosse difficoltà nell'orientare la discussione interna lungo i binari dell'ortodossia e della fedeltà ideologica a posizioni poco conosciute e mal digerite. Così, in modo del tutto spontaneo, ci si era appropriati di una sorta di surrogato, ancorando le regole della coerenza rivoluzionaria alle occasioni comportamentali fornite dallo stesso regime carcerario.[15] Il regolamento, ad esempio, prevedeva per i detenuti l'obbligo di partecipare alle funzioni religiose. Il rifiuto di sottostare a questa imposizione parve alle donne comuniste una possibilità concreta per dimostrare la propria intransigenza ideologica: «L'osservanza cattolica – scrive Laura Mariani – costituiva uno degli obblighi del detenuto, mentre il Partito comunista condannava automaticamente quelli che cedevano: solo nel 1933 consentì la presenza alla messa purché non partecipata».[16]

Quando giunse al carcere di Perugia (vi entrò il 5 marzo 1929), Iside – insieme ad Anita Pusterla –[17] si dissociò dall'atteggiamento delle altre compagne così da essere giudicata una traditrice. La Pusterla, successivamente, fece una pubblica dichiarazione di ateismo e fu pertanto riammessa nel circolo delle compagne. La Viana restò sola. Così, in un rapporto del 1932, Camilla Ravera, dal carcere di Trani, descriveva a Togliatti l'intero episodio:

Si fece su questo problema molta confusione. Così a Trani giunse come prima politica Giorgina [Rossetti]. Aveva poco più di vent'anni: operaia di nessuna cultura politica ma di grandissima fede e che dopo arrestata aveva dato prova di grandissima fedeltà al Partito. Dei nostri princìpi poco o nulla sapeva. Alla questione religiosa non aveva mai pensato. In carcere qui come a Roma fece «come tutte le altre donne» temendo maltrattamenti da parte di monache, qualora avesse detto che non era credente: senza neppure immaginare di far cosa incompatibile con la sua qualità di comunista, pregò, si comunicò; Felicita [Ferrero] a Torino si convertì e si comunicò; a Roma non precisò la sua posizione andando però in chiesa per ottenere piccoli favori (...) In modo analogo si comportò [Giuseppina] Zolia (...) Feci e faccio specialmente a Giorgina e Felicita che ne è digiuna scuola di partito e le aiuto nei loro studi e nella lettura. Sono ora consapevoli loro errore e temono giudizio partito. Anna Pavignano (...) si è sempre comportata coerentemente come atea. È inferocitissima con le compagne che hanno sbagliato ritenendo, credo a torto, che causino persecuzioni alle altre (...) Ne derivò che Iside e Anita [Pusterla], in disaccordo con le compagne, che condannavano il loro abbandono della lotta, circuite dalle monache, indebolite dal loro pessimo stato di salute, finirono col cadere del tutto sotto l'influenza di quel piccolo ambiente, e finsero anche loro la conversione nella speranza di avere un po' di pace. Così ebbero termine i loro rapporti con le altre compagne (...) Quando qui Anna ebbe da una monaca la notizia della morte di Iside commentò con tali esaltative oscure allusioni al «tradimento» che quella monaca venne a domandarmi se [Iside] era stata spia.[18]

La morte di Iside non servì a sciogliere questi nodi. Per anni, il piccolo mondo della cospirazione comunista fu agitato dai veleni e dagli strascichi di rancore ereditati da vicende così tipicamente carcerarie; la reclusione aveva dilatato i confini della questione ben al di là dello specifico problema dei rapporti con la fede cattolica e con i suoi riti per trasformarla in un riferimento assoluto e totalizzante di un giudizio che coinvolgeva la stessa figura morale delle militanti, chiamate ad autocritiche altrettanto radicali e feroci di quelle richieste ai compagni maschi che avevano tralignato dall'ortodossia rivoluzionaria.[19] Nel frattempo il ricordo di Iside progressivamente sbiadiva, schiacciato dai più generali problemi di «linea» connessi alla sua morte. Brandelli di ricordi inducevano le sue vecchie compagne a confonderla con altre, ad azzerare lo spessore della sua vicenda politica e umana rappresentandola come una comparsa puramente occasionale nella recita eroica inscenata dalla militanza delle donne comuniste. Cesira Fiori ne ricorda «il viso dolce, delicato, composto, una figura modesta ma salda; una tessitrice di Biella che aveva tanti bambini» e la chiama Lucia;[20] Camilla Ravera indirizza la pietà dei suoi ricordi verso una Iside descritta come una «contadina segnata da una profonda fede cattolica»:

Quindi, con quella povera Viana, – essa racconta – la quale dal canto suo non voleva rinunciare alla sua fede, nacque uno stato di incompatibilità. Incominciarono a ingiuriarla, a dichiararle che non la consideravano più una compagna, poi non la vollero più insieme. Questa poveretta non mangiava più, piangeva sempre. Questo me lo dissero anche le suore; e morì (...) Quella stessa che me lo ha raccontato si era poi persuasa alla fine che avevano fatto male, si erano pentite veramente e difatti mi aveva fatto questo racconto molto emozionata.[21]

Iside non aveva figli, non era contadina, non era cattolica. Il fatto è che la stessa imprecisione, la stessa genericità caratterizzano anche i ricordi e le testimonianze di parenti, amici, di quanti con Iside ebbero una dimestichezza senz'altro maggiore di quella avuta dalla Fiori e dalla Ravera. Scopriamo così di conoscere la storia di Iside ma non Iside. È come se il racconto della sua biografia fosse interamente plasmato sullo scenario che ne segnò la morte, quasi che la conoscenza storica si fosse arrestata alle soglie della sua identità più vera e più profonda. Appaiono imprecise anche le sue fattezze fisiche. Camilla Ravera, in sintonia con il personaggio da lei costruito, la ricorda come «una ragazza robusta, abituata a una vita all'aperto»; il prefetto di Vercelli, in un rapporto del 1928, la descrive come

un po' nevrastenica, di dubbia condotta morale. È considerata un'attiva propagandista comunista (...) Statura m 1,63 – corporatura snella; colorito pallido; testa piccola, capelli castani, viso lungo scarno, fronte regolare, occhi castani, naso aquilino, labbra piccole, bocca media, mento tondo.[22]

Ed è questa l'immagine che ci è restituita anche dalle foto segnaletiche e da quelle scattate a Iside nel 1926 e che Laura Mariani ha potuto vedere conservate da Arturo Ferraris.[23] Ora, però, con la possibilità di accedere alla documentazione raccolta nell'archivio del Tribunale Speciale, quel «viso lungo e scarno», quegli «occhi castani» sembrano rianimarsi di colpo; da quei documenti emerge finalmente la vita di Iside, circondata da un'aura forse ancora più tragica di quella che avvolse la sua morte.

Sebbene la Ravera ne abbia parlato come di una «compagna di strada» («era stata condannata a quattro anni, non era considerata. Probabilmente le avevano trovato qualche manifestino»), Iside Viana era stata una vera comunista. A 18 anni, nel 1920, si era iscritta al «fascio giovanile socialista» di Candelo, diventando subito «rappresentante dell'elemento femminile nella federazione socialista di Biella». Aderì, dopo la scissione di Livorno, al PCI, rimanendo una semplice militante fino al 1924, anno in cui si trasferì per sette mesi in Brasile. Al ritorno, «perché non sopportavo il clima», la decisione più importante della sua vita, quella di diventare funzionaria del partito entrando in clandestinità. Il suo primo incarico – tra la fine del 1926 e i primi del 1927 – fu quello di «responsabile di zona» per il circondario di Biella e in tale veste organizzò due conferenze di officina a Biella e a Cossato; nell'estate del 1927, il grande salto, con il trasferimento a Milano, «con uno stipendio di L. 1275, come impiegata presso l'Ufficio 8, il fulcro per l'Italia di tutto il movimento giovanile comunista», alle dirette dipendenze di Pietro Secchia.[24]

Il contesto in cui maturò questa scelta filtra a fatica dai documenti. Il racconto di Iside si sviluppa infatti in un susseguirsi di «puntate», scandite dagli interrogatori polizieschi. Nel primo, del 14 febbraio 1928, Iside riconduce il suo incontro con il Partito comunista a una «gita che da sola avevo fatto nel 1925 sui monti vicino a Biella, dove incontrai una comitiva di uomini e donne. Un giovane si avvicinò a me e s'intrattenne con un discorso. Conobbi così che era comunista e io feci conoscere che ero delle stesse idee». Successivamente, Iside precisò che «l'uomo incontrato sui monti si chiamava Giovanni. Egli mi spiegava delle cose per me troppo difficili, economia, politica e altro, e mi propose anche delle letture in francese». La polizia era ovviamente scettica su questa versione («contestato – recita il verbale dell'interrogatorio del 21 febbraio 1928 – che pare non ammissibile che ella si fermasse a discorrere e discutere, quasi a ricevere lezioni da un individuo del quale ignora nome e abitazione in una cittadina come Biella, risponde: ignoro il nome e l'abitazione perché non gliel'ho mai chiesto»), anche perché conosceva già quasi tutto del percorso che aveva portato Iside alla militanza comunista.[25] Tra i documenti che le furono sequestrati, c'erano infatti due lettere di Vittorio Flecchia («non lo conosco neppure personalmente – si difese – avendo iniziato la corrispondenza quando era in carcere mio fratello») che riconducevano quella scelta alla cerchia degli amici di

Luigi, tra i quali, oltre Flecchia, spiccava in particolare Mario Spirito Coda.[26]

Era lui (con qualche traccia molto vistosa del fratello Luigi) il «Giovanni» del racconto di Iside. Ovviamente non perché lo avesse effettivamente incontrato sui monti di Biella. Nella dissimulazione dell'interrogatorio, aveva mescolato fantasia e realtà, ambientando in uno scenario verosimile un personaggio parzialmente inventato. Gli inquisitori sapevano che le «gite in montagna» erano spesso dei pretesti per mascherare riunioni organizzative e tentativi di proselitismo della cospirazione comunista. Interessante, in questo senso, è il rapporto dell'Ufficio Politico della questura di Genova del 3 dicembre 1927, proprio quello da cui prese il via l'operazione che portò all'arresto di Iside:

Venivano organizzate gite campestri, anche lontane, – recitava il documento – perché l'allettamento fornisse occasione di mantenere la compagine fra gli iscritti e invogliasse altri compagni, i quali, in tal modo, senza accorgersene, venivano presi nell'ingranaggio sovversivo (...) Si organizzavano conferenze tenute da capi, reduci da gite di istruzione in Germania e in Russia (...) la narrazione di episodi di vita esotica, il racconto spesso ampliato dalla fantasia di personaggi e visioni di terre lontane, incatenavano gli ascoltatori e preparavano mirabilmente il terreno sul quale accorti e subdoli propagandisti isolati gettavano poi il seme durante il giornaliero lavoro.[27]

La gita in montagna, l'incontro con la comitiva, il Giovanni che le parla di economia e le propone testi in lingua straniera, oltre a riecheggiare la figura del fratello Luigi, sembrano presi di sana pianta da questa ricostruzione poliziesca che probabilmente Iside conosceva essendo stata arrestata quasi un mese dopo la «caduta» dei compagni di Genova.

Questa piccola astuzia, però, non le era servita a molto perché i suoi rapporti «di conoscenza» con Coda, arrestato insieme a lei nella stessa villetta di via Jammelli 57, a Milano, dove c'era la sede dell'ufficio di Secchia («accortosi dell'occupazione del locale davasi a precipitosa fuga, per essere inseguito e catturato»),[28] erano stati subito ammessi sia da Mario Spirito («Conoscevo la Viana Iside prima ancora che io partissi per la Svizzera essendo sarta e avendo fatto qualche abito a mia sorella») che da lei stessa («sono da otto anni in rapporto con Coda, del resto siamo dello stesso paese»).[29]

Di un anno più giovane di lei, amico di suo fratello Luigi, Coda era il classico rivoluzionario di professione, con un ineccepibile curriculum di partito che lo aveva portato – tra il febbraio e il novembre del 1927 – a lavorare a stretto contatto con Longo in Svizzera («con uno stipendio di 410 franchi svizzeri al mese»). Le carte di polizia lo descrivono come un irriducibile comunista e ne parlano anche come dell'«amante di Francesca Rosa Corona», operaia dello stabilimento tessile Poma, di Occhieppo, amica di Luigi Viana, fiduciaria del PCI per il Biellese, ma, secondo la polizia, comunista «più per il fatto dei legami amorosi col Coda che per spontaneità di sentimenti».[30] Più anziana di Coda (era nata nel 1894), Rosina aveva convissuto con lui per ben otto anni; fu arrestata mentre Mario era in Svizzera, il 21 agosto 1927, per essere poi processata e condannata dal Tribunale Speciale a 4 anni e 6 mesi di reclusione.[31] Trasferita al carcere di Perugia, vi si trovava ancora quando Iside morì e, come abbiamo visto, fu una di quelle che sembrò gioirne in maniera particolare. Non sappiamo se un pizzico di gelosia si fosse insinuato in quella che sembrava solo una manifestazione di disprezzo ideologico per un «tradimento».[32] Resta il fatto che Mario, nel corso del soggiorno in Svizzera e ancor prima che Rosina fosse arrestata, era stato al centro di una vera tempesta di deliri amorosi, mantenendo una fitta corrispondenza con almeno altre due fidanzate, legato a una propria autorappresentazione («potrò vincere il mio scetticismo? Potrò trovare la fanciulla, la compagna che sappia comprendere, creare il nido atto a ritemprarti sempre e ovunque l'energia e la volontà fiaccata dal duro lavorio? O troverò sempre la femmina, egoista, incapace di comprendere? (...) Se mi credi meritevole di bere con te al calice dell'amore e di esserti a fianco quando accosterai le tue labbra, ne sarei felice») di amante inappagato e deluso, di *homme qui cherche* sospinto da un inesausto desiderio di perfezione sentimentale.[33]

Soprattutto, Coda continuò a essere un punto di riferimento per Iside anche quando questa si trasferì a Milano. Alla sua compagnia, anzi, si legarono i pochi attimi felici di un'esistenza resa grigia dalla clandestinità e dalle durezze caratteriali di Secchia. Iside abitava da sola in una camera presa in affitto presso la famiglia Melocchi, in via Campo Lodigiano. Gli orari da rispettare erano ferrei. Alle 8 e 30 la colazione; alle 9 e 30 in ufficio dove restava fino alle 19, con alle 12 una pausa per il pranzo, dalla quale, racconta in un interrogatorio, «tornavo all'ufficio quasi sempre a piedi essendo amante del camminare». Era un modo per alleggerire una routine soffocante («sbrigava il lavoro, copiava a macchina ordini e disposizioni»), interrotta solo dai brevi viaggi che ogni tanto faceva come «corriere» recapitando in altre città soldi (aveva portato 10 000 lire ai compagni di Roma) e documenti. «È vero – ammise Coda in un interrogatorio – che la signorina Iside parlando con me nelle passeggiate fatte insieme a Milano diceva di non trovarsi bene a Milano. Ciò essa diceva a quanto ho potuto comprendere, perché non le andava, né le piaceva il carattere di Secchia». Con Mario, Iside passeggiava, andava a mangiare al ristorante vegetariano («A Milano – ribadiva Coda – venne talvolta a far colazione con me al ristorante vegetariano e qualche volta ci trovammo anche di sera. Discorremmo di parecchie cose senza però entrare in merito alle occupazioni rispettive»), si concedeva piccole distrazioni negatele da Secchia il cui nome compare, in un verbale di interrogatorio, legato a un'unica parentesi ludica: «Una sola sera e precisamente l'indomani del mio arrivo mi recai a teatro in galleria al Manzoni con Bottecchia». Fu una sorta di cerimonia di benvenuto, uno strappo alle regole della riservatezza della clandestinità, un'eccezione che con un tipo come Secchia non si sarebbe mai più ripetuta.[34]

Iside non si era adattata alla durezza della vita dei cospiratori. Era diversa dalle altre compagne biellesi per le quali, come scrive Laura Mariani, «la purezza, l'intransigenza, la fedeltà all'organizzazione, la dedizione totale contro l'egoismo dei bisogni e dei sentimenti, erano le virtù del perfetto comunista». «Meno male che la corazza filosofica che mi ricopre è di acciaio del più duro, né si spezzerà tanto facilmente», scriveva dal carcere Anita Pusterla.[35] Iside, al contrario, si lasciava attraversare totalmente dai sentimenti. Viveva nella sua camera d'affitto, a Milano, in mezzo a poche cose sue: la foto del nipotino, un orologio, un ombrello, qualche libro (*Il diavolo a Pontelungo* di Bacchelli, Dante, Darwin, Mondolfo, Labriola), un libriccino per annotare le spese, da cui traspare qualche rara, piccola civetteria (39,50 lire per un profumo, 16 lire per un paio di calze nere), un guardaroba nel quale spiccano come unici capi fantasiosi «due sciarpe di seta e maglia a colori vivaci», un volantino pubblicitario del Parfum Fétiche inserito nelle pagine di un numero di «Informazioni internazionali» dedicato all'esclusione di Trockij e Zinov'ev dal PC dell'Unione Sovietica.[36] Cercava di non smarrire del tutto i riferimenti con il suo mondo di sempre, mantenendosi in contatto con la sorella Alba, partecipando alle vicissitudini della famiglia legate alle difficoltà per il padre di trovare lavoro. Ma era la stessa Alba a rimproverarle un progressivo, sempre più accentuato distacco dalla realtà: «Le tue lettere sono piene di cose belle, buone: tu speri in un avvenire radioso ma io credo che sia purtroppo ancora lontano (...) Qui invece di progredire va più peggio ancora per le cose di papà», le scriveva il 9 gennaio 1928, poco prima dell'arresto di Iside. C'era anche qualcuno del vecchio giro di amici che le scriveva: un certo Eros, Vanni Raichino («all'amica triste e tanto lontana» era la dedica apposta a una sua foto del 21 novembre 1927), Bianca («ora e sempre Bianca e Iside», era scritto sul retro di una foto che le ritraeva insieme). Ma fondamentalmente Iside era sola, con un unico sfogo liberatorio per la sua solitudine, un diario nel quale riversava le angosce di una condizione esistenziale sospesa tra le asprezze della vita cospirativa e gli abbandoni di una giovane donna piena di voglia di vivere:

Vi sono nella vita dei giorni così cupi, così tristi che tutto pare naufraghi in un mare di amarezza. Vi sono dolori così intensi che mettono sul cammino tappe doloranti di esasperazione, che si pongono come cupi ostacoli sull'orizzonte lontano, irraggiungibile. Come vi sono pure moti spontanei del cuore che sempre bisogna soffocarli, farli tacere, comprimerli perché la verità non è accettabile, non può innalzarci a vivere,

aveva annotato il 15 febbraio 1927.[37] Da questa tensione, da questa sua permanente contraddizione con la morale eroica dei comunisti, Iside è come spezzata dentro: «Come una quercia colpita dalla folgore | se ne va un cuore infranto | se ne va in balia della corrente che tutto travolge», scriveva sul diario alle ore 7 di venerdì 4 maggio 1927. E poi ancora: «Perché voler morire quando il tuo dolore è tanto soave?»

L'isolamento che ne circondò la morte acquista così una luce diversa. Iside era già sola prima del suo cedimento alle pressioni delle monache. Dalle sue compagne la separavano le corazze che le altre avevano deciso di indossare. Non solo. Iside aveva già tradito prima dell'episodio della messa e della sua decisione di assistere alle funzioni religiose, e aveva tradito nel modo peggiore possibile per una militante comunista, scrivendo cioè ben due suppliche a Mussolini. La prima, del 20 aprile 1928, era stata scritta quindi pochi mesi dopo l'arresto, mentre era ancora sottoposta ai pressanti interrogatori degli inquirenti; la seconda, invece, del 31 luglio 1928, seguì di pochi giorni la morte del padre, caduto da un'impalcatura in un incidente sul lavoro;[38] in entrambe Iside tentava di sollecitare la pietà del Duce nei confronti delle sue sfortune individuali e familiari: «Sono qui rinchiusa, inerme e passiva, dove soffro, dove l'energia si scioglie inutilmente. Vorrei tornare alla vita, lavorare, essere una buona figlia, una buona madre e soprattutto una buona italiana»; e nella seconda:

Sono stata in questi giorni provata da una grave sciagura; mio padre cadde mentre lavorava, fu morte: non ebbe che poche ore di vita (...) [le chiedo di darmi la possibilità] di essere degna figlia dell'Italia grande che Vostra Eccellenza ha plasmato (...) [di potermi occupare della mia famiglia] la mamma, una sorella giovane, la cognata con un bambino, due vecchi zii.

I due documenti riproducevano – come abbiamo visto – un modello largamente generalizzato: i riferimenti continui ai valori di un ordinato e laborioso universo familiare erano tanto insistiti da lasciare immaginare una sorta di modulo standard, diffuso tra i carcerati e i loro parenti tramite gli avvocati difensori o improvvisati consiglieri legali reclutati tra il personale di custodia. Il lavoro e la famiglia erano gli unici veicoli di redenzione che il regime pareva gradire, più ancora di inopinate abiure ideologiche o di repentine conversioni alla fede fascista.

Ma le suppliche di Iside avevano qualcosa di più e di diverso dalle altre. Così come era già successo negli interrogatori, gli intenti di dissimulazione e di mistificazione che segnavano i suoi rapporti con il potere repressivo di cui era prigioniera apparivano comunque sempre attraversati da un qualche brandello di verità. Di fatto, rivolgendosi a Mussolini, autorità lontana, disincarnata, freddamente istituzionale, Iside ritrovava gli stessi accenti lirici, intimistici che riversava nel diario, in particolare in relazione alla propria autorappresentazione.

Fui una debole creatura – scriveva nella supplica del 20 aprile 1928 – illusa da una utopistica e chimerica idealità, presentatami sotto una forma piena di luce e di speranza: appassionata, giovane, fui assorbita da quell'atmosfera impregnata di aspirazioni, di ascese, di nuovi orizzonti (...) Inconsapevole, con negli occhi visioni di un luminoso avvenire, incalzata da una volontà superiore alla mia, dimenticai me stessa (...) Vissi tanti giorni nell'illusione più grande e con il sogno più luminoso da raggiungere (...) Un giorno (...) Mi svegliai dal sogno (...) cercando in terre lontane di farmi una vita più vera (...);

e in quella del 31 luglio: «Ebbi è vero un passato politico, ma più di tutto fu un lieve sogno fantastico, e quando mi accorsi di seguire folli utopie, volli staccarmi ma non mi fu concesso».

La supplica a Mussolini e il diario, due forme di scrittura radicalmente diverse già nella loro rispettiva intenzionalità; totalmente pubblica la prima e come tale destinata già in partenza alla comunicazione, esclusivamente intima e privata la seconda.[39] Ebbene a Iside riuscì una sorta di contaminazione dei due generi, così da riprodurre nella domanda di grazia le sue contraddizioni più profonde fino a trasformarla in un documento assolutamente unico: nel momento in cui abiurava e sconfessava le proprie idee, lo faceva trovando parole tali da trasformare quelle suppliche nell'elogio più bello, più spontaneo, più efficace per quella grande scommessa su se stessi e sul mondo («il sogno più luminoso da raggiungere») che per le classi subalterne italiane fu l'adesione al socialismo prima e al comunismo dopo. I fascisti lo capirono e la trattarono con una durezza insolita per i «pentiti»: Iside chiese il 18 febbraio 1929 la restituzione degli oggetti che le erano stati sequestrati (penna stilografica, lettere, carte, fotografie); le dissero no allora e le altre quattro volte successive in cui reiterò quella richiesta.[40] Nel 1930 fu respinta un'altra domanda di grazia: «Per la natura del reato consumato deve ritenersi pericolosa sovversiva, non meritevole di alcuna considerazione»,[41] era la secca motivazione del provvedimento. Invisa alle sue vecchie compagne, Iside non si era conquistata nemmeno la benevolenza dei suoi aguzzini. La sua solitudine doveva essere ribadita fino alla morte.

> Ammalata da molto tempo in seguito ai patimenti della prigionia e della reazione da parte del personale carcerario (le suore soprattutto), le fu impedita ogni cura. Alla famiglia si nascosero le sue condizioni, tanto che le fu data comunicazione solo dopo il decesso avvenuto. Lo scopo era di non farla uscire viva dal carcere. E lo scopo è stato raggiunto: il nuovo delitto del fascismo è stato compiuto. La compagna Iside Viana non sarà dimenticata dalle masse lavoratrici del biellese e dai militanti del partito comunista.[42]

Con questo necrologio la stampa comunista la seppellì sotto il peso di una duplice menzogna: non erano state le suore le aguzzine di Iside; il suo ricordo sarebbe svanito prestissimo, sepolto dagli effetti di una gigantesca rimozione collettiva. «Praticamente siamo cresciuti insieme io, Secchia, il Bigiordi, il Roasio, Bricarello, le compagne bravissime che purtroppo non ci sono più: la Gili, la Corona, la Campagnolo, e l'Alba»: nelle immagini che affollavano la memoria di un Mario Spirito Coda ormai ottantenne, per Iside non c'era più posto.[43]

3.
Virginia Tabarroni e Viola Tabarroni Zamboni

Nel 1926, quando avvenne il suo incontro con la «grande storia», la piccola storia di Mammolo Zamboni aveva toccato il suo punto più alto. A 44 anni, sposato, con tre figli maschi (Assuntino, Vico e Anteo), un mestiere, quello di tipografo, interpretato con competenza e passione, una piccola azienda ben avviata, si compiaceva per una serenità e una prosperità che vedeva esemplarmente rappresentate nella propria villetta a due piani, in via Fondazza a Bologna: sopra la casa, ampia e confortevole, dove c'era posto, oltre che per la famiglia, anche per la sorella di sua moglie Viola Tabarroni, la cognata Virginia; sotto la tipografia, dove lavorava insieme ai figli; tutt'intorno un piccolo giardino, l'orto, gli alberi con le prugne, le pesche, le mele. A Bellaria, sulla riviera romagnola, possedeva anche una villetta per le vacanze estive.[1]

Nato a Granarolo il 13 marzo 1882, dopo un breve apprendistato presso la tipografia Guerzoni di San Giovanni in Persiceto, si era trasferito a Bologna, dove si era «definitivamente sistemato». Scrivendo di questo suo percorso ad Assuntino, nel 1923, così aveva espresso la propria soddisfazione per i risultati ottenuti:

> Dal niente sono riuscito a formarmi questa posizione di ricchezza; sono stimato, ben voluto dai nostri clienti e dagli amici; sono considerato quasi un uomo superiore, la mia famiglia è citata quale modello di attività e di capacità, i miei figli – anche se non l'affermassero gli altri questo lo affermerei io – non sono facilmente superabili.[2]

Non esisteva alcuna soluzione di continuità tra l'organizzazione del lavoro e quella del nucleo familiare, e lo stesso Mammolo, in un'altra lettera ad Assuntino, trovava un'immagine di particolare efficacia letteraria per esprimere questo concetto:

Quando ognuno di noi fa il suo dovere verso di sé e verso di me ed a seconda di quanto io stimo utile e buono e bello, tutto funziona, perché io sono il capo di casa, cioè sono il perno, l'asse, il sole attorno cui tutto armonicamente gira e che tutto muove in perfetta sincronia (...) Sono dunque i concetti del lavoro dell'uno per tutti e del tutti per uno; sono dunque i concetti del dovere singolo e della disciplina (...) che devono ispirare ogni nostra azione (...) Quando nei popoli mancano e si affievoliscono tali concetti anche le nazioni vanno a rotoli. Insegnamenti questi che io ho ereditato dai miei (oh, le belle famiglie antiche, nelle quali una sola era la mente direttiva!) e che mi darebbero anche la serenità nella Morte se sapessi che voi li trasmettereste ai vostri figlioli (...) ho cercato di costruire pezzo per pezzo (...) quella meravigliosa macchina che è la nostra officina e la nostra famiglia. Amore e lavoro sono il binomio della mia vita.[3]

Dei tre figli (Assuntino, nato nel 1906, Vico, nato nel 1908, e Anteo, nato nel 1911) che campeggiavano nell'orizzonte domestico di Mammolo, il prediletto era il primo, sul quale il padre riversava non solo la sua visione del mondo e i propri slanci pedagogici, ma anche sfoghi personali e confidenze intime. Lo incitava a studiare la «Storia» («essa vale a chi sa capirla e interpretarla, assai più di ogni studio letterario e filosofico»), fornendogli le coordinate di un percorso di formazione culturale totalmente modellato sulla propria esperienza personale («il babbo mio quando avevo appena 12 anni ed ero assetato di letture mi fece leggere tutti i romanzi storici, di Guerrazzi, del Dumas, del Sue e tanti altri, perché diceva, sia pur nel romanzo, qualcosa di vero c'era sempre da imparare, poi mi diede la storia universale del Cantù ancor prima dei classici della letteratura»),[4] nel nome di una continuità educativa che nel padre di Mammolo, anche lui tipografo, socialista con tendenze anarchiche, trovava un insostituibile punto di riferimento sul piano della dedizione allo studio e di un tenace e costante sforzo di emancipazione dalla subalternità e dalla miseria:

Ti cito qui il babbo mio perché dati i tempi nei quali esso visse mancavano le scuole e vi era una censura terribile esercitata da una polizia feroce ed i libri gli venivano portati di contrabbando dalla Svizzera; si era formata una cultura da solo, ed oltre alla storia gli eran familiari Dante, il Petrarca, l'Ariosto e gli altri che godevano fama, quali l'Alfieri e i tragici greci.

In Ludovico Mammolo aveva perpetuato il nome di questo padre tanto amato, in Assunto quello della madre; Anteo si era chiamato Ateo fino al momento dell'iscrizione alla scuola elementare. La famiglia era quindi non solo un modello di organizzazione aziendale, ma anche l'ambito in cui realizzare una prassi concretamente ispirata agli ideali dell'anarchia. Mammolo si autodefiniva anarchico, o meglio diceva di condividere l'ideale di suo padre pur avendo stemperato in una tranquilla esistenza piccolo-borghese l'odio di classe che aveva respirato da ragazzo.

Comunque si pensi della nostra origine, – scriveva sempre ad Assuntino – certo si è che la vita, vuoi per la cattiva organizzazione sociale, vuoi per ogni altra recondita ragione, certo si è che la vita è lotta terribile fra gli uomini per avere un posto più largo possibile al sole, che vuol dire avere il pane sicuro e se si può il companatico, i vestiti alla buona o alla moda, la casa e il palazzo e non la volta stellata e il tugurio, la poltrona a teatro e non il posto in loggione, l'orologio d'oro in tasca e non quello pubblico sulla torre del castello (...) in una parola anche tutto quel comfort moderno che la scienza e le arti han saputo creare e che solo una esigua schiera di uomini riesce a riservare a sé defraudandone la grande maggioranza che magari quelle comodità ha creato.

Lui aveva ottenuto il pane, la casa, l'orologio d'oro e aveva finito col confinare l'anarchismo nelle nebbie del futuro di un'utopia irrealizzabile, rinunciando di fatto a ogni progetto di cambiare un presente che non gli era affatto sgradito.

Ora ho 44 anni – scriveva all'amico Gian Dauli[5] il 30 gennaio 1926 – ma nella vita faticata l'animo mio si saturò di ribellione ed ogni ribellione mi sedusse (...) Ma quante disillusioni, ma quanti disinganni, quanti esseri amati come fratelli che mi hanno baciato come baciava Giuda (...) non so ora se ancora sperare.

Questa conciliazione con il mondo si risolveva in una pedagogia sostanzialmente ispirata all'accettazione della realtà così come era. Assuntino, ad esempio, aveva tradotto gli insegnamenti paterni in un atteggiamento spavaldo e provocatorio che lo aveva portato, agli esami dei premilitari, a proclamarsi «anarchico individualista» e a rispondere alla Commissione di ritenere necessario «l'esercito proletario, non quello della borghesia».[6]

Tu potrai ben dire che si vivrebbe ugualmente bene e si starebbe meglio e che il soldato dovrebbe farlo solo chi ha la passione della vita in armi; – gli scrisse Mammolo il 19 ottobre 1926 – ed io posso essere d'accordo con te ma con ciò si entrerebbe in un altro ordine di idee che non sono quelle che attualmente devono formare il nostro ragionamento. E in fondo se tutti gli uomini sapessero vivere anarchicamente, pronti sempre al loro dovere spontaneamente senza bisogno di alcuna coazione per questo loro dovere sociale da adempiere spontaneamente, sono anch'io convinto che non sarebbe necessario mantenere né gli eserciti, né le guardie, né avere le carceri.

Era lungo questo versante che Mammolo era giunto a esprimere un vero e proprio consenso nei confronti del regime mussoliniano, pur mediandolo attraverso una sua personalissima interpretazione che nel fascismo segnalava una sorta di stadio finale dell'anarchismo:

Per me la libertà, – scriveva ad Assuntino nel 1923 – in questo momento sarebbe il diritto tutto fascista di poter prendere a [calci] (?) alcune carogne che sono molto vicine a noi. Questa sarebbe libertà perché sarebbe anche giustizia. Ah, quella di fustigare le carogne sarebbe una grande soddisfazione in tutti i campi e in tutti i piani della vita sociale. E questo desiderio dell'anima mia assetata di questa verità, se non muore mai, mi fa restare sempre anarchico pur essendo sotto tanti rapporti fascista. Del resto per me il fascismo non è che anarchismo messo sul carro statale. Ma è sempre spirito di ribellione e di individualismo che domina.[7]

Amico personale del federale di Bologna, Leandro Arpinati, e di altri notabili come Aldo Oviglio (ministro della Giustizia nel governo che si trovò a fronteggiare la «crisi Matteotti»), si segnalò per alcune iniziative propagandistiche del tutto estemporanee (pubblicò con Vico e Assuntino, che frequentavano il Liceo Minghetti, un giornaletto studentesco, «Il cacasenno»), riconoscendosi nella «fronda» sostanzialmente innocua perseguita dagli ambienti che gravitavano intorno al «Becco giallo».[8] Non aveva battezzato nessuno dei figli nel nome della fedeltà ai vecchi ideali, ma aveva accettato di sposarsi regolarmente nel 1908, dopo che erano già nati Assuntino e Vico; soprattutto aveva sperimentato la via di una difficile coerenza, tentando così di riscattare sul piano dell'organizzazione familiare i compromessi accettati su quello politico e ideologico.

Era questa una contraddizione irrisolta nella vicenda biografica di Mammolo Zamboni. Perfettamente a suo agio in un tranquillo trantran piccolo-borghese, non aveva però completamente rinunciato all'irrequietezza trasgressiva che gli derivava dai suoi ideali di partenza trasferendola dal piano ideologico a quello esistenziale, alimentando un anticonformismo radicale proprio in quei settori (dalla morale sessuale all'interpretazione del ruolo paterno) dove più fortemente consolidato era il perbenismo del proprio ceto di appartenenza. Di qui la particolarissima educazione sentimentale impartita ai figli, improntata a uno scatenato vitalismo sessuale, efficacemente riassunta in questa lettera scritta ad Assuntino, diciassettenne, in vacanza con la madre:

Oh Assuntino mio, si vede proprio che riuscirai fatale al bel sesso! (...) Del resto, chiudi gli occhi alla mamma che non legga questo periodo, io invidio la tua gioventù, il tuo buon humor, il tuo esprit (...) e vorrei essere ancora di 17 anni come te per avere non più le 16 fidanzate di una volta, ma averne 32 (...) Vivi, figlio mio, il più largamente che puoi (...) lascia pure che il mondo dica, W la Turchia![9]

Era la sollecitazione a una virilità aggressiva, all'interno di una visione dei rapporti con le donne che restava saldamente ancorata ai riferimenti più tradizionali e ovvi:

Concedi pure all'Olga il tuo cuore, i tuoi pensieri, i tuoi madrigali – scriveva sempre ad Assuntino il 15 agosto 1923 – ma tieniti le mani libere. Le unghie di un uomo servono a dare l'impressione della zanna, ed unghie dorate e rasate artificialmente (...) non danno l'impronta della mascolinità e tolgono all'uomo quell'aureola necessaria di selvaggiume che è pure parte di tanto successo verso le donne, le quali bramano di gingillare un uomo, ma si stancherebbero di un uomo come gingillo.[10]

Molto lontana dai confini tradizionali che segnavano allora i rapporti padre-figli era invece l'abitudine di Mammolo a dialogare confidenzialmente su questi argomenti, usando un linguaggio («Su, su, allegri, allegri noi pure – scriveva Vico, il 20 agosto 1926 – e facciamo un bel balletto: giro, giro tondo in mezzo il più carino che è il buon babbino (...) vi bacio appassionatamente in mille modi: sulla bocca, sul cuore, sulle guance, sulle mani, sugli occhi, a sinistra, a destra, davanti, di dietro, su tutto il corpo adorato»)[11] totalmente libero e improntato a una marcata «fisicità». Era naturale e scontato per Mammolo sfogarsi con Assuntino sulle proprie pene d'amore o sulle scappatelle extraconiugali che punteggiavano il suo rapporto con Viola Tabarroni:

Sono peccati veniali, di desiderio, fanciullaggini che non hanno lasciato, né possono lasciare, solco alcuno nell'anima mia! (...) un solo vero e profondo amore è in me quello della mia famiglia (...) solo se mi capita a tiro o fra le gambe una farfalla (?) mi diverto (...) a divertirmi. E anche questo non sempre con tutte, ma solo ogni tanto. E poi nota che tutto in me si limita ad ottenere e a dare qualche bacio, così, quasi furtivamente e non di più (...) altra soddisfazione di sensi e di carne non sono capace e non mi va.[12]

Ed Assuntino mostrava di aver assimilato perfettamente la lezione così da impartirne, a sua volta, una analoga al fratellino minore, Vico:

Vico, – gli scriveva il 13 ottobre 1926 – non le pigliare mai sul serio, ma pigliale solo a calci nel sedere: divertiti a fare con loro la boxe, a dare bei strattoni e a ubriacarle di parole e di complimenti: per queste cose tutto serve. E più esse sono brutte dì loro che sono soli: e tu che sai che fingi creperai dal ridere vedendo le loro moine. Troverai chi ti bacia a occhi chiusi, aperti, chi a destra, a sinistra, in alto, in basso.

E dopo averle baciate, dì pure loro: sei una porca! Non se ne avranno a male. Non vedi p.e. la Danda?[13]

Danda era la zia Virginia, una delle due donne inserite in questo universo maschile; l'altra era la mamma di Assuntino, Vico e Anteo, una nota dolente di tristezza e di angoscia incuneata nella armoniosa organizzazione costruita da Mammolo Zamboni, almeno stando alla rappresentazione che ne dava lui stesso ad Assuntino: «La mamma (...) è purtroppo un disastro: quella è una donna che non sa assolutamente vivere nella sua famiglia, ed è una fatica enorme (...) sopportarla (...) Non parla mai: brontola e piange, non dorme, non mangia (...) è un inferno».[14] Le lettere di Mammolo grondano di accuse piccole e grandi nei confronti di Viola; le rimprovera le sue manie di risparmio che la portano ad acquistare vestiti invernali in piena estate, un esasperante bigottismo religioso («senza saper capire la differenza enorme che vi è tra fede e religione, la fede innalza, la religione abbrutisce»),[15] ma soprattutto l'ostinato rifiuto ad accettare l'ordine perfetto da lui stesso instaurato:

La mamma – scriveva al solito Assuntino – non sente e non vuole sentire la disciplina che la lega a quello che dovrebbe essere esclusivamente il suo lavoro. La mamma, purtroppo, è come Lucifero che scelto da Dio per stare con lui, a lui si credette uguale ed a lui si voleva sostituire (...) violando il concetto dell'anarchismo (il massimo ordine nella massima armonia che è disciplina) nella famiglia (...) Tutto deve essere fatto secondo il piacere che ne può avere il babbo, tutto deve essere fatto per piacere a lui e per la sua volontà (...) perché nel suo piacere troveremo il nostro piacere, che non troveremmo se contrastassimo la sua volontà (...) nessun orgoglio in me per ciò, anzi tutta l'umiltà possibile e tutta la volontà per ben raccogliere e coordinare il lavoro comune ad un unico intento: quello di servire alla vostra felicità e al vostro avvenire.[16]

Completamente diversa era la Danda. Virginia Tabarroni nel 1926 aveva 38 anni. Da tempo conviveva con la famiglia della sorella (di due anni più vecchia)[17] e si era perfettamente inserita nell'universo di Mammolo e dei suoi figli. Anche lei con un passato anarchico alle spalle (era stata scelta come portabandiera della loggia massonica Giordano Bruno ai funerali di Carducci),[18] si muoveva nella famiglia Zamboni perfettamente a proprio agio, ricoprendo una molteplicità di ruoli sia nella tipografia sia nell'organizzazione familiare. Tanto Viola se ne stava in disparte, avvinta dalle sue malinconie, tanto Virginia si lasciava coinvolgere con entusiasmo nell'insolito rapporto che legava Mammolo e i suoi figli. Era stata di sicuro l'amante del capofamiglia, ma senza lasciarsi imprigionare in questo ruolo, libera di avere altre avventure così da suscitarne spesso la gelosia:

È evidente che ti sei data alla pazza gioia e ora godi un mondo col tuo Battisti – le scriveva il 6 settembre 1923 – senza il tuo pensiero, il tuo affetto, che non sento più per me come era prima (...) io mi annoio, mi attristo, mi rammarico perché tu sei via, e tu non senti e non capisci niente e ti diverti e godi e salti.[19]

Negli anni tra lei e Mammolo si era stabilito un rapporto di totale complicità, una familiarità che si nutriva di slanci diversi da quelli sessuali di un tempo:

Io e la Danda abbiamo fatto Ferragosto nella maniera più placida e ritirata – scriveva Mammolo ad Assuntino il 17 agosto 1926 – (...) abbiam lavorato, un po' badato ai conti e verso sera, essendo andata a spasso la nostra ancella, ci mettemmo a sedere nell'orto nuovo a mangiare delle prugne; mangiammo anche l'unica pesca che c'era e mi voltai nell'erba, soddisfacendo così un pochino a quello che era un mio acuto e vecchio desiderio. Intorno a noi non si sentiva voce umana; e così passarono liete e tranquille due ore felicissime nelle quali non facemmo che pensare a te e agli altri di casa.

Con la compiaciuta approvazione di Mammolo era stato così Assuntino a subentrare nel cuore di Virginia, in un rapporto in cui prevalevano gli aspetti ludici e giocosi, in una dimensione estesa senza misteri e senza pudori a tutta la famiglia. Quando Assuntino partì soldato, le sue lettere venivano lette collettivamente, anche le frasi più scabrose riservate alla zia, e Virginia, a sua volta, comunicava con il nipote aggiungendo brevi poscritti alle lettere di Mammolo.

Chi va in brodo di giuggiole è la Danda. Poveretta io credo che ti sogni anche la notte: fa delle più pazze risate con le tue lettere, e ieri quando lesse la tua dichiarazione alla signorina Virginia non ci fu più verso di farla lavorare. Tirò fuori la storia del sabato inglese, ma io capii troppo bene che era in estasi per te e la trovai più tardi che leggeva di nascosto le tue parole;[20]

la Danda ne è rimasta impressionatissima, ed ogni tanto si tocca e si delizia le parti che più ti potrebbero sedurre, giacché l'è tutta lusingata al pensiero che non guardi tanto e tanto all'età e alla freschezza delle carni: e l'ho sorpresa che sfogliava una margherita gialla e almanaccava anche lei (...) Che porco quell'Assunto! Chissà quante porcherie che fa? almeno fossi là io con lui![21]

se questi erano due esempi di lettere di Mammolo, quelle di Assuntino, al solito, non erano da meno:

Eppure questa voce (...) si fece più stridula e spennata. «Oh, ma io ti conosco mascherina! So chi sei! Sei la Virginia! E perché stridi e t'agiti come un Calandrino t'avesse infitto il culo di aghi? Statti bona vecchia zitella che nessuno ti rapirà per esperimentare l'elettricità dei tuoi seni virginei e ti premerà il capezzolo come quei tali campanelli in cui ci sta scritto spingere!» Offesa al pudore? (...) No, è solo un chiamare pane il pane e bianco il bianco. Ti scandalizzi tu forse se io dico mano, viso, occhio, braccio, petto, ecc. Oh che la mano, l'occhio, il braccio, non appartengono al corpo stesso dell'individuo come gli appartengono le mammelle, i piedi, il sudore dei piedi?[22]

Assuntino cercava di dare una giustificazione libertaria e anticonformista alle espressioni oscene che utilizzava nella corrispondenza con la zia; Virginia, dal canto suo, vi si abbandonava per il puro piacere di assaporare l'emozione di una totale regressione adolescenziale, mescolando nei poscritti che aggiungeva alle lettere di Mammolo all'indirizzo di Assuntino volgarità a sfondo sessuale e associazioni di fonemi tratte da cantilene infantili: «Turapinella aveva un fratello che quando pisciava sembrava uno spinello» (23 luglio 1926); «dici tu che fa come quella porca troia della Danda che non sa tenere neanche la piscia» (24 luglio 1926); «benissimo, dissi fra me e me appena il mio maritafo(?) si sprofondò nel morbido divano e lui come bocca mia seconda fece il dovuto sospiro pensando che si poteva dire fortunato di essere culo mio. Che troia che sono!» (2 agosto 1926); «a quel porco di Assuntino i miei baci che sanno di verginal candore» (14 agosto 1926).

Viola era come sopraffatta dalla prorompente personalità della sorella. Progressivamente si era ritirata all'interno di spazi sempre più angusti tentando di manifestare in qualche modo la sua autorità nei confronti dei figli negli interstizi lasciati liberi da Mammolo e Virginia: l'organizzazione delle vacanze estive, l'acquisto dei vestiti, le piccole incombenze legate ai lavori domestici. Con grande cruccio di Mammolo non metteva mai piede in tipografia considerandola evidentemente il regno dell'«altra». Una volta sola si ribellò apertamente all'insolito ménage impostole dal marito, alla vigilia delle vacanze di Natale del 1925; allora, approfittando di un viaggio a Milano presso la propria famiglia, spalleggiata dalla madre scrisse al marito per definire Virginia «un vile animale che insediatosi nel mio uomo lo fa pensare secondo il suo volere». Ne seguì una crisi violenta, con la conseguente partenza di Virginia e le proteste querule di Mammolo («ora sono io e Assunto a tirare il carro. Ma non durerò e sarò costretto a liquidare») che difese la cognata a spada tratta.[23] Poi, però, la ribellione di Viola rientrò e la vita in casa Zamboni riprese come sempre. Un anno prima Mammolo le aveva scritto: «Pensa sempre che nessuno al mondo può volerti bene più di me, dei tuoi figli, della Virginia (...) se abbiamo mancato verso di te non era per cattiveria o per volerti male e che scontiamo il nostro desiderio di vita».[24]

Mammolo parlava a nome di tutti, tranne che di Anteo. Nel 1926 Anteo Zamboni aveva 15 anni e come Viola non aveva trovato una sua collocazione in quella famiglia. Quando nacque, tre giorni dopo il parto si ammalò con la madre di broncopolmonite e fu come il presagio di un legame intessuto di una comune melanconia. Il piccolo fu mandato a balia, alle Budrie di Persiceto:

Purtroppo – ricorderà in seguito Mammolo – sapemmo poi che la balia lo abbandonava in casa lunghe ore del giorno per recarsi ai lavori dei campi; ed il più spesso lo nutriva masticandogli bocconi di comune pancotto e minestra. Sì che un anno dopo, quando lo riprendemmo a casa, egli era malato di intestino e, sparsi pel corpo, aveva i segni della rogna.

Dopo un altro lungo soggiorno dai nonni, a 4 anni Anteo finalmente ritornò in famiglia: «Quando lo riprendemmo a casa, si comportava con noi come un piccolo estraneo, insubordinato ad ogni regola familiare e quasi senza affetto».[25]

Sempre solo, taciturno, malaticcio, infastidito da polipi al naso, Anteo restò complessivamente estraneo e indifferente nei confronti della prorompente vitalità del padre e dei fratelli. Per Mammolo fu un cruccio permanente.

Buono, servizievole, ubbidiente, sì, ma bisogna saperlo prendere dal lato debole per servirsene o saperlo comandare – scriveva al maestro di Anteo il 25 novembre 1922. – Quando una cosa lo appassiona fa miracoli ed è ammirevole, ma a contrariarlo – se non lo si corregge in tempo, diventa un animale. Di me ha molta soggezione perché come gli dimostro di volergli bene quando fa bene, so anche picchiarlo senza riguardi quando fa male.[26]

Nella sua corrispondenza con il maestro Cirri – protrattasi per l'intero anno scolastico 1922-23 – affioravano nitidi i contorni di questo tentativo permanente di «normalizzare» Anteo. Non era tanto un problema di profitto scolastico, di errori di ortografia e di «debolezza» in aritmetica; Mammolo esponeva al maestro la filosofia ultima del proprio progetto educativo («badi che io sono anarchico; ma anarchico (...) a mio modo: un concetto, cioè, di libertà assoluta qualora sia congegnata con quello del dovere verso gli altri: in altre parole il raggiungimento di una armonia sociale, così come vi è armonia nel movimento universale. (...) Così vorrei che Anteo riuscisse a farsi prima la testa (disciplina ed applicazione) e che poi la usasse (anarchia fattiva e (...) fascismo). Sbaglio?»), lamentandosi per l'inanità dei suoi sforzi, confessandosi amaramente impotente a penetrare nel mondo del figlio, a capirlo, a inserirlo nell'armonia degli organigrammi familiari che aveva disegnato con tanta cura:

Certo che anche la mia severità conta poco: e non lesino nelle punizioni: potrò astenermi dal lodare, ma non mi astengo dal punire. Eppure non mi spiego interamente la condotta del mio figliuolo. Differenza di metodo fra me e mia moglie, fra casa e scuola? Forse, giacché il ragazzo non mi pare proprio un completo imbecille.

Era una sorta di resa questa, scritta al maestro il 29 aprile 1923. Anteo non ubbidiva al padre, si scagliava con violenza contro i rimproveri della zia. Tre anni dopo, Mammolo nelle sue lettere parlava ormai di «Patata» con un misto di condiscendenza affettuosa e di irritata sufficienza:

Patata – scriveva ad Assuntino – quando leggiamo le tue pappardelle si mette a sedere quatto quatto, impronta la facciona a festa, apre la bocca a un largo sorriso e allarga ancor più il naso e poi tutto contento: «È Assunto eh...» e poi torna alle sue occupazioni preferite: sdraiarsi a terra nell'orto con il cane e contargli le pulci addosso.[27]

Di Anteo si segnalavano solo piccoli episodi insignificanti («Patata ha avuto un paio di pantaloni lunghi presi all'Old Ingland e adesso quando dovrà calarsi le braghe sarà un affare serio»);[28] per il resto Mammolo sembrava averlo assegnato definitivamente alla sfera di Viola, consapevole che l'affetto di Anteo era rimasto per lei l'unico argine difensivo contro gli assalti della depressione ma anche l'unico strumento a cui legare le residue speranze di riscatto e di rivincita nei confronti della sorella e del marito.

Anteo – scriveva ad Assuntino – è un temperamento ancor troppo animalesco ed irragionevole e per giunta non ha la volontà vostra per lo studio e per il lavoro (...) Chissà che cosa ci sia dentro quel testone? Ancora non mi è dato capirlo, e ritengo che se invece di restare tanto tempo in casa con la mamma fosse stato assoggettato alla disciplina della tipografia a quest'ora ne avrei fatto un ragazzo più sveglio.

Questa lettera di Mammolo era dell'11 ottobre 1926. A quella data, però, l'argomento del giorno nella famiglia Zamboni come in tutta Bologna era l'imminente visita di Mussolini annunciata per il 29 ottobre, in occasione dei festeggiamenti per il quarto anniversario della «Marcia su Roma». Nella corrispondenza tra Mammolo e Assuntino ci si diffondeva sull'argomento anche perché Assuntino sperava di poter contare su una licenza speciale e ritornare a casa proprio per l'occasione, così da poter «partecipare alla universale esultanza d'avere il Duce fra le patrie mura».[29] Mussolini era stato un argomento ricorrente negli intermezzi pedagogici che punteggiavano le lettere di Mammolo, una sorta di pietra angolare intorno a cui costruire il modello di uomo che tentava di imporre ai propri figli:

Altro che muovere guerra al Duce – scriveva ad Assuntino nel settembre 1926. – Il Duce ha dato dei dettami che se fossero seguiti ci darebbero una umanità migliore e più capace. Il guaio però si è che anche la parola del Duce resterà una voce clamante in deserto.

Anche dinanzi alle più facili illusioni bisogna conservare il proprio sangue freddo e non lasciarsi mai fuorviare dai sogni – aggiungeva in un'altra lettera del 13 settembre 1926. – Hai visto la forza d'animo del Duce? Così debbono essere tutti gli uomini (...) È una cosa meravigliosa: Lui non perde mai la calma e sbriga sempre il suo lavoro anche in mezzo al turbine. E tu che non credi alla fatalità delle cose, dovrai pur convincerti che questi sono segni tangibili dell'umano destino (...) Il Duce ama vivere pericolosamente! Le carogne che cospirano contro di Lui non sanno che aizzargli contro un povero illuso di un tagliapietre ma mai avrebbero il coraggio di esporsi personalmente.

Mammolo indugiava su queste considerazioni anche a tavola, con Vico e Anteo. Mussolini era un grande uomo e per ucciderlo ci voleva un uomo altrettanto grande. Vico e Virginia gli rispondevano, Viola e Anteo tacevano. Poi, però, «Patata» si ritirava nella sua stanzetta; e cominciava i suoi personalissimi viaggi in un mondo tanto segreto quanto inaccessibile alla zia e ai fratelli. Giorno per giorno ricopiava sul suo diario motti celebri: «Nessuno fece tanto bene ai suoi amici, tanto male ai suoi nemici. Silla»; «Veni, vidi, vici. Cesare»; «Ingrata patria, non avrai le mie ossa. Scipione». Poi, negli ultimi giorni di ottobre, le frasi dei personaggi famosi furono sostituite da annotazioni personali. La prima fu «Uccidi»; le altre: «Non posso amarti perché non so se vivrò dopo aver compiuto quel che mi sono promesso. A.»; «Uccidere un tiranno che strazia una nazione non è delitto, è giustizia. A.» «Per la libertà morire è bello e santo. A.».[30] «Patata» aveva scelto quel percorso per dialogare a distanza col padre. Mammolo si era posto troppo in alto agli occhi del figlio. Per costringerlo ad accorgersi della sua presenza bisognava applicare i suoi stessi insegnamenti, ricorrere a un gesto esemplare, inaccessibile al metro di giudizio usato per confinare «Patata» in una permanente marginalità affettiva. Mammolo sollecitava sempre nei suoi figli una sorta di tensione verso l'assoluto, verso forme di sacrificio estremo:

> Noi vediamo talvolta un uomo sdegnarsi tanto profondamente di qualche grande iniquità di cui fu vittima od anche solo testimonio, ch'ei fa con riflessione il sacrificio sicuro della vita pur di colpire con la sua vendetta l'autore del male (...) Per una creatura umana è un tratto di carattere raro, significante che eleva fino al sublime, il sacrificare il proprio individuo aspirando a divenire l'esecutore di quella giustizia eterna (...).[31]

Questa tensione, l'abbiamo visto, era in larga parte artificiosa, pronta a stemperarsi in una golosa voglia di vivere: Vico e Assuntino erano in grado di leggere e scoprire le contraddizioni paterne; Anteo non se lo poteva permettere ed era costretto a prenderlo terribilmente sul serio. Inoltre, c'era solo un uomo che, agli occhi dei figli, Mammolo Zamboni accettava di considerare superiore anche a se stesso, ed era Mussolini. Per Anteo si trattava dell'indicazione di un bersaglio, ma questo Mammolo non poteva saperlo.

Il 27 ottobre, due giorni prima dell'arrivo di Mussolini a Bologna, Anteo, per incarico di Mammolo, inoltrò al segretario del fascio la richiesta affinché una sua cuginetta potesse avvicinare il Duce e offrirgli un mazzo di fiori. L'autorizzazione fu negata. Ritornato a casa «Patata» tornò a rinchiudersi nel suo mutismo. La sera del sabato 30 Anteo chiese al padre il permesso di andare in piazza per assistere all'arrivo di Mussolini; mentre stava uscendo Virginia lo fermò sulla porta e, da sotto la giacca, spuntarono un pugnale costruito con una vecchia lima e una rivoltella che Anteo aveva scovato in un improvvisato nascondiglio.[32] Nessuno nella famiglia Zamboni riuscì a credere che veramente Anteo volesse attentare alla vita del Duce. «Sì, Anteo volle attentare a Mussolini – ricorderà in seguito Mammolo. – E noi non ne sapemmo nulla, non ne sospettammo nulla, perché – ed è qui che si dimostra ancora la grandezza dell'anima Sua – egli seppe non farci sospettare, seppe non farci sapere».[33] In realtà, l'incredulità e la sufficienza dei suoi familiari furono la molla definitiva per il gesto di Anteo. La pistola e il pugnale appartenevano allo strano mondo di «Patata», alla sua incomprensibile «animalità», e non era il caso di preoccuparsi. Mammolo, Viola, Virginia uscirono per andare in piazza dal Duce; come niente fosse successo. Mussolini restò a Bologna fino al 31 ottobre. Era una domenica. Anteo oziò in casa per tutta la mattina; nel pomeriggio si decise a uscire solo perché sollecitato dai familiari. La grande festa era infatti agli sgoccioli e tutta la città si era ora riversata nelle strade per accompagnare il Duce nel suo tragitto verso la stazione ferroviaria dove sarebbe avvenuto il saluto definitivo. Anteo si vestì con lentezza e con insolita cura. Indossò i pantaloni lunghi di Vico, fermandoli alla cintola con un fermaglio austriaco, cimelio della «grande guerra» avuto in regalo dal cugino, si appuntò sul maglione nero il distintivo di una società calcistica che aveva trovato per terra, tra le macerie di una casa: si era «decorato al valore» *motu proprio*, attribuendosi in un colpo solo la doppia identità di adulto e di combattente. Uscì di casa lasciandosi alle spalle per sempre «Patata», diventando per sempre Anteo. Mammolo era nell'orto a leggere *Il mondo prima della creazione* di Flammarion, Virginia in tipografia a tagliare la pasta da rulli, Viola in cucina.[34] Anteo lasciava il suo piccolo mondo in un ordine perfetto, così come era sempre piaciuto al padre; alle 17 e 45, era all'angolo tra via Rizzoli e via Indipendenza: con assoluta calma si fece largo tra la folla e sparò un colpo di rivoltella contro Mussolini, lacerandogli la fascia dell'Ordine Mauriziano che portava sul petto. Subito dopo fu linciato dalla folla: sul suo cadavere si contarono quattordici pugnalate, un colpo di pistola e un tentativo di strangolamento.

La sera dell'11 novembre 1926 la polizia arrestò Mammolo, Virginia, Vico, Viola e Assuntino (che era a Milano), i fratelli di Mammolo con le mogli e i figli, nonché un amico di casa, Emo Lenti, accusandoli tutti di complicità con Anteo. All'inizio l'istruttoria fu affidata al sostituto avvocato generale militare Vincenzo Balzano che, l'11 giugno 1927, propose il proscioglimento di tutti gli imputati «mancando assolutamente la prova che tutti questi avessero avuto in qualsiasi tempo, in qualsiasi modo, la coscienza del misfatto maturato e perpetrato dallo sciagurato Anteo»; successivamente gli atti furono trasmessi al Regio avvocato militare di Bologna Emanuele Landolfi, che optò, invece, per il rinvio a giudizio dei soli Vico, per mancato omicidio premeditato, Mammolo e Virginia, per concorso (istigazione) nello stesso reato. In sede di processo Ludovico fu successivamente assolto per insufficienza di prove, mentre il padre e la zia furono condannati (il 7 settembre 1928) a trent'anni di reclusione.[35] La possibilità del gesto compiuto da un «ragazzo un po' tardo di intelligenza, di carattere chiuso, straordinariamente impressionabile e sensibile» fu ostinatamente esclusa sia dai fascisti sia dai loro oppositori. Affiorarono, come sempre accade quando in una vicenda giudiziaria si innestano motivi più squisitamente politici, alcune ipotesi di «complotto», in particolare relative alle trame ordite contro Mussolini in alcuni ambienti dell'intransigentismo fascista bolognese e milanese e vicini a Farinacci e Arpinati. In realtà i giudici, seguendo una logica del tutto strumentale (bisognava a tutti i costi trovare dei colpevoli più «credibili» di Anteo per tacitare un'opinione pubblica inquieta e rassicurare Mussolini), decidendo di perseguire la famiglia si avvicinarono clamorosamente alla verità, pur senza mai nemmeno intuirla.

La motivazione della sentenza di condanna fu redatta con una scansione per capitoli dai titoli estremamente significativi («Senza religione», «Senza patria» ecc.), inseguendo le prove della colpevolezza di Mammolo e Virginia lungo i meandri del loro intricato ménage privato. Tutta la fitta corrispondenza degli Zamboni accumulatasi negli anni fu passata al setaccio per dedurne indizi relativi al carattere violento di Mammolo[36] e al «senso di depravazione morale e di conseguente degenerazione psicologica che guidava gli imputati nelle loro estrinsecazioni del pensiero».[37] I giudici si mostrarono stupiti della fermezza della *voluptas sceleris* di Anteo («senza della quale non poteva, dopo ore di naturale ansiosa attesa, conservare l'animo sempre disposto a qualunque inevitabile sacrificio personale»), attribuendola a un prorompente «genio del male» che si era impossessato del ragazzo;

> ma a 16 anni – proseguiva la sentenza della Commissione Istruttoria – il genio del male non può subito agire alla perfezione e poiché in tutto l'«iter criminis» l'Anteo agì alla perfezione, vuol dire che nell'opera criminosa l'attentatore ebbe prima, durante e dopo dei complici in quell'ambiente familiare, dove professando l'ateismo e vivendo secondo i dettami anarchici, comunisti, massonici, ognuno simulava di essere filofascista.[38]

I magistrati sfiorarono anche la realtà dei rapporti di Anteo con Viola e Mammolo («temeva il carattere violento del padre e perciò quasi timidamente si sentiva più affezionato alla madre di malferma salute»),[39] ma si intestardirono alla ricerca delle prove di un'istigazione diretta, di un mandato esplicito, «va' e uccidi», emesso da Mammolo e Virginia ed eseguito da «Patata». No, quell'ordine non era mai stato dato e Anteo fece veramente tutto da solo, *contro* suo padre e i suoi fratelli, per dimostrare a tutti che poteva essere lui, «Pacione»,[40] il perno intorno a cui doveva girare l'ingranaggio familiare messo a punto da Mammolo.

E fu proprio quello che avvenne, dapprima nel procedimento avviato davanti al Tribunale Speciale, poi negli anni della detenzione di Mammolo e Virginia.[41] Anteo fu da allora in poi il crocevia obbligato per tutti i percorsi che accompagnarono i destini incrociati dei suoi familiari, diventandone una sorta di nume tutelare. Dal carcere Mammolo scrisse una poesia in suo onore («Splenda in alto, o Pacione, il tuo nome | nel dolore che l'anima offriva: la tua morte | è per noi redenzione | è il pensiero di giustizia divina | Così per l'ossa infrante e non raccolte | oggi, che il sol tributo è di pensiero | le nostre Fedi sono a te rivolte | che l'ideal tu sei d'eterno vero»)[42] che avviava un nuovo culto domestico, allineando Anteo nel piccolo pantheon di casa Zamboni a fianco di Garibaldi e di altri eroi risorgimentali. La data del «martirio» sancì un appuntamento annuale con un rito che ne celebrava il ricordo per rinsaldare vincoli e legami familiari. Nacque anche un nuovo Anteo, figlio di Vico e della sua compagna, Maria Ciarravano, che era stata moglie dell'«anarchico Di Modugno, autore del barbaro assassinio del Console d'Italia Nardini»;[43] quando in carcere Mammolo apprese la notizia scrisse subito a Viola («una nuova vita viene a sostituire il povero e indimenticabile nostro Pacione, mentre a me, Assuntino e Danda è vietato abbracciarlo e dirgli "più che il benvenuto, bentornato"»)[44] e a Vico, indicando nel bambino l'erede della tipografia, quasi un simbolico passaggio di consegne che in «Pacione» redivivo segnalava il nuovo «capo di casa». In quella stessa lettera a Vico, Mammolo proponeva di chiamare il piccolo Anteo, Mammolo, Virginio.[45] Vico puntualmente accettò anche la sostituzione del nome della zia a quello della madre.

Pure, allora sembrava che Anteo oltre che per se stesso avesse vinto anche per Viola. Virginia era in carcere; Tina Pizzardo ce la descrive dapprima «serena, sicura di essere assolta, con un contegno distaccato, direi altero», poi, dopo la condanna a trent'anni, «urlante, agitata e strepitante come impazzita».[46] Era comunque lontana. Viola, restata da sola nella grande casa di via Fondazza, sradicata dal cupo isolamento della depressione dagli avvenimenti grandiosi e orribili che avevano violentato dall'esterno il suo «piccolo mondo», gestì quindi con straordinaria energia quell'angosciosa emergenza. Imparò a muoversi con disinvoltura nelle reti intricate della burocrazia carceraria e poliziesca, intraprendendo lunghi viaggi in tutte le città italiane dove Virginia (Trani, Perugia) e Mammolo (Volterra, Turi) espiavano la loro pena, alimentando – con i colloqui – i loro unici contatti con l'esterno e strappando, in questo senso, a Mammolo espressioni di insolita tenerezza («Viola mia amatissima, dovrei commentare il colloquio ahimè troppo breve e dire della dolcissima impressione lasciata nel mio cuore dal tuo volto caro»).[47] Soprattutto il biennio 1931-32 la vide assoluta protagonista di una dura battaglia legale per strappare i suoi cari dal carcere. Con Assuntino espatriato in Svizzera, Vico trasferitosi ad Alessandria, occupato come linotipista presso la tipografia Chiarvetto,[48] Viola fece tutto da sola. Affiancata dall'avvocato Vighi e sfidando il parere contrario del figlio maggiore («la nostra famiglia fu condannata senza prove (anzi con tutte le prove più favorevoli) per ragioni politiche di Stato. E la revisione del processo non potrà avvenire o non verrà concessa altro che in seguito a un movimento politico contrario. Chiedere oggi una revisione giudiziaria è un voler illudersi e vaneggiare»),[49] chiese innanzi tutto la revisione del processo senza peraltro ottenerla, così da attirarsi le inevitabili ironie di Assuntino: «Saprai, come so io, che il ricorso per la revisione del processo è stato respinto (...) spero che per questa faccenda d'ora innanzi tu non regali più agli avvocati neanche un centesimo».[50] Rimontando l'inevitabile delusione, adoperandosi per aiutare Mammolo a superare un profondo scoramento («sarò contento se non mi parlerai più di queste illusioni troppe volte rinnovate e che poi lasciano tutte le fibre spezzate e da cui non ci si rimette più. È la più pericolosa delle altalene morali quella di alzare speranze che mai si avverano»),[51] prese lei stessa l'iniziativa di intraprendere il tortuoso percorso che doveva sfociare nella concessione della grazia. Il suo primo interlocutore fu un vecchio amico di famiglia, proprio quel Leandro Arpinati che era stato molto «chiacchierato» in occasione dell'attentato compiuto da Anteo; a questo primo contatto (23 luglio 1932) seguì un telegramma, il 4 agosto 1932, inviato da Viola direttamente a Mussolini: «Auguro salute e pace, invoco vostro animo generoso consideri tragedia mia famiglia distrutta richiamando vigile vostra attenzione sul lento morire in carcere mio marito Mammolo e sorella Virginia di cui disperata grido innocenza». Trascorso tutto il mese di agosto, il 2 settembre Viola e Ludovico avanzarono ufficialmente la domanda di grazia, convincendo anche un riluttante Mammolo a sottoscriverla («Vico e Mamma – scriveva ad Assuntino – hanno tanto insistito che io mi sono piegato al buon volere di loro (...) E di mamma che dire? Tu sai bene l'animo suo e io darei tutto il resto della mia vita per vederla felice un'ora»);[52] poi, dopo una breve attesa, come si esprimeva Vico, «per particolarissima magnanimità di S.E. il Capo del Governo e in seguito a motu proprio di S.M. il Re»,[53] Mammolo (il 26 novembre) e Virginia (il 22 dicembre) furono graziati e scarcerati.[54]

Sono stati forniti resoconti molto coloriti di un colloquio tra Arpinati e Mussolini da cui sarebbe scaturito il provvedimento di clemenza;[55] ed è certo, per riprendere ancora le parole di Vico, che a favorire la concessione della grazia furono «le formali assicurazioni di benevolenza espresse dal segretario federale di Bologna, sig. comm. Ghinelli, dal sig. Questore e dalle altre autorità bolognesi interpreti certo delle intenzioni amiche di S.E. Leandro Arpinati».[56] Sarebbe stato bello poter pensare che in realtà si sia trattato, allora, solo di una vittoria della tenacia e della determinazione con cui Viola intraprese la sua battaglia per strappare Mammolo e Virginia dal carcere. Ma non fu così. In tutta la vicenda ci fu qualcosa di più complicato, di più inquietante, che non riguardò Viola ma Assuntino.

Il figlio prediletto di Mammolo in apparenza era quello che meno era stato attraversato dalle disgrazie che avevano sconvolto il destino della sua famiglia. Le sue lettere riecheggiavano così i toni consueti, alternando ironia e buon umore equamente distribuiti tra tutti i suoi cari; scriveva a Danda con appena un filo di malinconia per ricordare la dolcezza dei Natali trascorsi nella casa di via Fondazza («adesso siamo grandi e non abbiamo più la sorpresa dell'albero di Natale con i regali scintillanti. Siamo cresciuti e abbiamo cambiato di gusti»);[57] prendeva benevolmente in giro Viola, che gli rimproverava al solito le espressioni sboccate che punteggiavano le sue lettere («mi spiace che non ti garbi lo stile delle mie lettere per le quali desideri alcunché di raffinato e poetico (...) vorrei stampare un libro di versi a te dedicato»);[58] dialogava con Mammolo sul suo passato anarchico:

> È il 50nario garibaldino e io ricordo che dovetti il mio primo arresto per aver voluto che si suonasse l'inno dell'eroe in una festa dove erano permessi quelli di Rouget e di Turati e non si volevano camicie nere dove tutto era rosso (...) I socialisti ci aborrivano e (...) gli inquilini di palazzo Accursio si scagliavano contro di noi presi dalla fobia per le nostre cravatte nere svolazzanti al vento,

gli scriveva il padre il 1° maggio 1932.[59]

Questa fitta corrispondenza Assuntino la intratteneva dalla Svizzera, dove era espatriato clandestinamente il 13 maggio 1931. Lì, inseguendo i fili della confusa tradizione ideologica paterna, rinvigorita dal sacrificio di Anteo e dall'arresto di Mammolo e Virginia, era entrato subito in contatto con gli ambienti antifascisti, in particolare con quelli repubblicani che ruotavano intorno a Rodolfo Gunscher, Baldassare Londero e Randolfo Pacciardi, che lo fece assumere come tipografo presso il giornale «Libera Stampa». Sospinto da una febbrile impazienza e intravedendo la possibilità di forzare la soglia di quell'«azione diretta» mostratasi invalicabile per l'estremismo puramente verbale di Mammolo, Assuntino si lasciò coinvolgere nei progetti più arditi elaborati dalla cospirazione degli esuli. Insieme all'anarchico Gino Bibbi e ad Aurelio Natoli, frequentò un corso per piloti in Spagna conseguendo il brevetto di aviatore con l'intento di allestire un raid aereo per sganciare, nottetempo, alcune bombe su Villa Torlonia; con altri compagni di Lugano progettò anche un attentato contro la Delegazione italiana alla Società delle Nazioni.[60]

Tutto questo nel periodo in cui irrideva agli sforzi «legalitari» di Viola che lottava per ottenere la revisione del processo. Ma Assuntino era veramente figlio di suo padre; presto le sue impazienze vendicatrici si stemperarono in più dilettevoli passatempi. Si innamorò perdutamente di una ragazza italiana, Graziella Roda, conosciuta dall'OVRA come «donna di non buoni costumi ma di sentimenti italiani favorevoli al Duce e alla Nazione».

> Costei – recita un documento della polizia fascista – fu fatta avvicinare in una delle frequenti gite a Varese dal Questore del luogo e opportunamente preparata accettò l'incarico di vigilare l'attività dello Zamboni (...) essa, però, a sua volta innamorata dello Zamboni, volle la promessa che da parte nostra gli perdonassimo il passato e gli si consentisse di rientrare nel Regno. Tale condizione, presi gli ordini superiori, fu senz'altro accettata.[61]

Iniziò così la nuova vita di Assuntino Zamboni, fratello di un martire antifascista e spia dei fascisti. Graziella, infatti, chiese che in cambio della sua collaborazione fosse presa in considerazione anche la possibilità di elargire la «grazia sovrana» a Mammolo e Virginia e subito «il Capo del Governo autorizzò perché si consentisse alla Roda di negoziare con lo Zamboni anche la situazione del padre». A questo punto Graziella ne parlò con Assuntino che si dichiarò immediatamente disponibile a «collaborare»:

Zamboni, chiesto un colloquio con il Questore di Varese, gli rilasciò una dichiarazione scritta con la quale si impegnava di svolgere la sua attività piena contro l'antifascismo in ogni campo. Nel contempo chiese che venisse fatta la grazia al padre e alla zia. S. E. il Capo del Governo al quale veniva sottoposta la cosa consentì che gli si desse affidamento allo Zamboni circa la grazia al padre in un primo tempo e alla zia in un tempo successivo. Zamboni consegnò a noi tutti i documenti che aveva ripromettendosi di continuare la sua opera fedele al nostro servizio.

Eravamo nell'agosto 1932. Viola dovette intuire qualcosa, ebbe da lontano la percezione che quel figlio così diverso da lei e tanto simile a Mammolo stesse combinando qualche pasticcio; e Assuntino le scrisse per rassicurarla: «Sii tranquilla cara mamma per me; come ben sai non mi curo di nulla c'è infuori del mio lavoro in tipografia col quale vivo. Della politica sono disgustato e dalle cattive donne spero mi guardi Iddio».[62] In realtà la situazione stava precipitando. La Roda era ormai sospettata da tutti gli antifascisti e, in ottobre, Pacciardi la denunciò alle autorità elvetiche come spia dell'OVRA.[63] Assuntino si schierò senza indugi con la sua compagna:

Confermò le accuse di costei mosse contro Pacciardi e gli altri trovandosi di fronte alle minacce della polizia, agli insulti, alle violenze, alle intimidazioni, alle aggressioni dei fuoriusciti. Arrestato a sua volta si comportò ottimamente, non piegò né ai maltrattamenti né alle coercizioni (...) tanto egli che la Roda proclamarono alta e forte la loro fede nella patria e nel fascismo. Zamboni si dichiarò pentito di quanto aveva fatto contro il regime, accusò con fermezza Pacciardi e compagni (...) Pacciardi ed altri furono espulsi dalla Svizzera (...) Rimasero sconvolti tutti i piani dei quali Zamboni era a conoscenza, furono spezzate le fila che legavano alcuni degli elementi più pericolosi.

Assuntino fu arrestato il 13 novembre dalle autorità elvetiche e rinchiuso nelle carceri di Bellinzona. Vi restò poco più di un mese. Il 26 novembre arrivò la grazia per Mammolo; il 10 dicembre Assuntino fu espulso dalla Svizzera e rientrò in Italia; il 23 dicembre fu scarcerata Virginia: «Una intera famiglia – come scriveva il questore di Varese, il commendator Diaz – era stata ricostruita e reintegrata nella vita sociale dalla clemenza del regime per volontà del suo Magnifico capo».[64]

Il ritorno alla normalità pose fine alla breve stagione del protagonismo di Viola. Mammolo, pochi mesi dopo la sua scarcerazione, riaprì la tipografia di via Fondazza. Vico, Maria e il piccolo Anteo ritornarono a Bologna; Assuntino si stabilì a Genova con Graziella («la mancata partecipazione mia all'attività tipografico familiare non deve essere punto interpretata come assenza di affetto verso alcuno di voi, ma solo come espressione di una mia particolare organizzazione di vita diversa e indipendente»).[65] Mammolo acquistò nuovi macchinari, progettò di innalzare di un piano lo stabile di via Fondazza, acquistò una villa nei pressi di San Donato: «Le sue floride condizioni finanziarie si mettono in relazione all'amicizia che anche nel 1926 l'Arpinati nutriva per lo Zamboni stesso», annotava il solerte ispettore di polizia Giuseppe D'Andrea.[66] Mammolo aveva ripreso il suo posto come se niente fosse successo, diviso equamente tra la tipografia, i figli, i vecchi ambienti del dissidentismo fascista («quel che preme ora è il fatto che lo Zamboni è disposto a cantare su Giuseppe Ambrosi e gli altri camerati purché gli si garantisca protezione e libertà»)[67] e, naturalmente, Virginia.

Viola, questa volta, se ne andò, preferendo lasciare quella casa di via Fondazza che solo negli anni della detenzione di Mammolo era stata veramente sua. Nel 1936 la troviamo presso la famiglia di Ludovico, in via Venturali a Bologna: «Dà segni di squilibrio mentale e vive separata dal marito», annotava la polizia; nel 1938 è a Castelmaggiore, presso il cugino materno Falchieri; nel 1939 a Milano, a casa di Assuntino, in via Strambio 4. In quella stessa data, l'OVRA segnalava la presa di possesso di Virginia anche della villa di Bellaria.

4.
Renata Gradi e Maria Antonietta Falorni

Renata Gradi e Maria Antonietta Falorni erano fisicamente molto diverse: di «statura media, corporatura robusta, capelli biondi cresputi folti, occhi chiari, naso rettilineo, viso tondo, colorito roseo» la prima; piccola, minuta, bruna, vivacissima, «dall'aspetto nervoso» la seconda.[1] Queste differenze, però, si diluivano all'interno di tratti comuni molto marcati che le rendevano per molti aspetti sorprendentemente simili. Tutte e due toscane, nate a distanza di un mese (il 31 ottobre 1910, a Siena, Renata; il 21 settembre 1910, a San Polo, Maria Antonietta), condividevano un'estrazione sociale resa assolutamente identica dal mestiere e dall'humus culturale dei rispettivi padri: Grado Gradi era ufficiale postale a Siena, Antonio Falorni svolgeva le stesse mansioni a San Polo; il primo era massone, iscritto alla Loggia Arbia della sua città, il secondo, oltre a essere massone, aveva una spiccata predilezione per le tradizioni ispirate al libero pensiero e agli ideali laici che avevano animato il Risorgimento.[2] Un comune percorso scolastico, inoltre, aveva portato le due ragazze a iscriversi, nel 1928, alla Scuola di Magistero superiore «Giuseppe Fornari» di Firenze. Si erano conosciute due anni prima, a Siena, in un incontro in cui, come avrebbe scritto in seguito Renata, si promisero «tante cose strambe con un cervello da bimbe un po' esaltate che forse però presentivano l'amicizia dell'affinità».[3] Ne era nato un rapporto d'amicizia nutrito di abbandoni adolescenziali, accensioni di sensi, slanci sentimentali. Le due amiche, quando a separarle intervenivano le vacanze o altre scadenze, presero a scriversi con frequenza, intessendo un fittissimo dialogo epistolare che, a partire dall'autunno del 1929, diventò quasi il diario a quattro mani di una femminile giovinezza.

Era Renata, tra le due, quella più attraversata dalla tenerezza («Ho sempre davanti a me l'azzurro dei tuoi occhi (...) Come è bello l'Arno stasera. Hai visto che meravigliosi riflessi? Paesaggio lunare di una bellezza e una dolcezza che metteva addosso brividi di passione»),[4] la più pensosa sul futuro del loro rapporto («Vorrei fossimo insieme nella strada aspra del lavoro e della vita»),[5] quella maggiormente consapevole di un legame alimentato dall'affetto e, soprattutto, da una complicità totale, vissuta senza limiti o reticenze («Ti voglio tanto bene, sei stata la mia prima e unica amica, posso confidarti tutto senza che tu mi giudichi»).[6] Maria Antonietta appariva più schiva, più restia a lasciarsi andare così da sollecitarne una permanente vena pedagogica, quasi riconoscendole una leadership comportamentale non suffragata certamente dall'età o dall'esperienza. Di fatto Renata si prodigava in consigli («sei abbattuta, ti prende un certo nervosismo che deve essere vinto: è forse l'incostanza che te lo fa prendere: ci vuol pazienza bisogna perseverare e non sperare di far bene subito»),[7] si attribuiva un ruolo autoritario («però scusa per ora mi sembra che io debba ancora guidarti. Scusa lo sai non è presunzione: tu stessa mi hai sempre detto che ancora non avevi saputo uccidere la speranza e l'illusione, il fine e il desiderio. Ebbene io, nonostante le apparenze, le ho distrutte in me»),[8] che coniugava di volta in volta con toni di esortazione e di ammonimento: «Cerca di non pensare alla vendetta; quasi ti direi di leggere *Il nemico* di Oriani (...) Ti pongo nettamente il problema: non forse è il desiderio personale di vendetta che ti muove? quando finirà, tu finirai di agire?»[9]

Non a caso, tra i nomi segreti che avevano scelto di adottare in un loro mondo che volevano inaccessibile a tutti gli altri, Renata aveva optato per quello di Minerva, quasi a sottolineare la propria saggezza armata, una propria identità granitica; più complesso era stato trovarne uno per Maria Antonietta: «Un nome per te non so ancora trovarlo – le aveva scritto Renata all'inizio. – Nessuna deità ti somiglia; abiti un altro Olimpo».[10] Poi, però, in una delle lettere più tenere («ti voglio tanto bene, piccola mia»),[11] un nome per l'amica era finalmente venuto fuori:

> Se non fosse buffo o se insomma ti piacesse io proporrei Giovanna. Quale? Chi sa, tutte, Giovanna d'Arco e Giovanna la Pazza o le due Giovanne. Tutte in te sarebbero volenterose e ardenti. Chi fermerà Giovanna la Pazza se non Giovanna d'Arco e chi darà a questa la sapienza se non Giovanna I o II?[12]

Nel passaggio da Renata-Maria Antonietta a Minerva-Giovanna (ma vedremo che altri nomi arriveranno a scandire il percorso della loro amicizia) c'era la fondazione di un sistema relazionale chiuso, la scelta consapevole di costruire una cittadella affettiva entro le cui mura barricarsi per difendersi da una realtà esterna percepita come sgradevolmente ostile. Lo studio, la prospettiva di un lavoro immediato come maestre, fermenti culturali non riassorbibili negli ambiti tradizionali al cui interno si declinavano allora le letture al femminile («conosci Georges Sorel? – scriveva Renata. – Forse ti piacerebbe (...) Volevo studiare un po' di magnetismo e trasmissione della volontà e simili intrugli»)[13] avevano proiettato le due amiche in una dimensione sempre più incompatibile con i vincoli di un'educazione rigidamente ancorata a un perbenismo tanto formalmente definito nei propri codici comportamentali quanto povero di contenuti significativi:

Verrò – scriveva Renata per preparare un loro incontro – col babbo e con la mamma. Perciò se tu ti facessi vedere quando ci sono loro (...) non ti tingere, non ti dare rossetto, poca cipria e niente fumo. Capito? È importante perché non ci sia diffidenza verso di te (...) Che cosa voglio? La libertà. Odio questa ipocrisia che cuce tutte le bocche, che tarpa i pensieri, odio i preti perché hanno la forza di ingannare, che si valgono della paura dei cattivi (...) Odio la gente cretina, valorizzata, appunto, perché cretina e pecora.[14]

Renata e Maria Antonietta volevano lavorare per essere indipendenti («Anch'io ti consiglierei di andartene ma per ora è inutile e soprattutto impossibile visto che bisogna pur mangiare. Perciò sarebbe bene che tu acquistassi l'indipendenza necessaria con un impiego»),[15] guidare l'automobile («sai guidare l'automobile? Io no ma meglio imparare. Può far comodo»),[16] poter improntare i propri comportamenti nei confronti degli uomini a una certa trasgressiva disinvoltura:

Eravamo alle cascine a farci fotografare io la Biondi e la Guerrini (...) – scriveva Renata. – Si vede un'automobile ferma e si dice «si dice al padrone se ci fa fare le fotografie in macchina»; detto fatto io a domandargli il permesso e lui ci invita poi tutte all'Indiano, loro due non accettano io sì.[17]

Proprio per realizzare un simile progetto entrambe parteciparono al concorso per maestre di scuola elementare svoltosi il 3 settembre 1930 («al concorso cerca di metterti vicina a me, voglio aiutarti ed è meglio essere vicine»).[18] Maria Antonietta lo vinse (ebbe il terzo posto in graduatoria) e cominciò a insegnare a Cintoia, alle dipendenze dell'Ente Nazionale di Cultura diretto da Ernesto Codignola. Il non aver condiviso questa esperienza in seguito avrebbe contribuito a un drastico ridimensionamento dell'intensità del loro rapporto; nell'immediato, però, a prevalere fu soprattutto la consapevolezza che per entrambe la strada dell'autonomia e dell'affermazione individuale non era affatto semplice e che quella strada le due amiche avrebbero potuto percorrerla solo se strette da un patto di profonda solidarietà.

Le prime difficoltà nascevano direttamente nel cuore delle loro famiglie.

> Soffoco (...) – urlava Renata. – Sono nervosa, odio Siena e gli scrupoli dei miei (...) La mia mamma è qui che brontola con un gran muso lungo. È una gran noiosa; prima non voleva che studiassi, ora non vuole che faccia il concorso; io credo che se dicessi di fare la signorina senza far niente sarebbe sempre a brontolare![19]

Ma questa madre sempre presente e un padre tendenzialmente repressivo soprattutto nel campo minato dei rapporti con gli uomini («quella passeggiata in automobile mi ha messo la febbre anche per la prolungata tensione nervosa. Inventai un monte di trappole a tutti, ma credi stamani quando è venuto il babbo avevo paura che la madre parlasse»)[20] erano vissuti come avamposti di una serie di strutture autoritarie, come le maglie più strette di una cappa di piombo che soffocava entusiasmi, frantumava speranze, inaridiva il tumulto delle energie giovanili.

In questo senso, tra i diversi versanti lungo i quali poteva allora essere declinato il binomio fascismo/famiglia, era Renata a coglierne quello che al nucleo familiare attribuiva il ruolo di estrema propaggine, verso il basso, dello Stato totalitario.[21] Di qui, in Renata, un rifiuto della famiglia intessuto di motivi esistenziali e di considerazioni politiche.

> Il matrimonio è un organismo politico (...) – scriveva all'amica – esiste cioè non pel comodo dei due che si sposano, non in vista del loro benessere, ma in vista dell'utile della società, dello Stato. Infatti quando decade la famiglia decade lo Stato. È per una difesa della società contro il singolo, dell'io universale contro l'io individuale (...) L'uno e l'altra, Stato e famiglia sono inscindibili, l'uno richiede l'altro.[22]

Era la considerazione del matrimonio come di un puro vincolo istituzionale, assorbito in una dimensione contrattualistica che ne seccava le radici sentimentali, svuotandolo dal di dentro di ogni trasporto affettivo. C'era un solo modo di vivere intensamente l'amore coniugale, sosteneva Renata, ed era quello legato alla prospettiva di mettere al mondo un figlio: «Ma quando questo terzo è venuto – si affrettava ad aggiungere – il legame diviene quasi artificiale specialmente dopo un certo tempo, anche se l'amore prosegue; sarebbe necessaria una divisione, al solito in vista del singolo, sì, ma bisogna guardare all'universale».[23] No; per Renata e Maria Antonietta il matrimonio era decisamente l'antitesi più radicale a qualsiasi atto d'amore. La donna priva di risorse economiche «vi cerca un mezzo per continuare a vivere senza troppi grattacapi, di assicurarsi l'avvenire (...) per quando saranno morti i suoi genitori»; per quella che «lavora (...) c'è un altro elemento psicologico che la spinge al matrimonio: la vanità, l'opinione del mondo che conta non poco». Quanto agli uomini, Renata non aveva dubbi; a indurli a sposarsi contribuivano o il desiderio «di conquistare la donna, o l'interesse pecuniario o un rimorso quando già abbiano avuto la donna». La conclusione era drastica: «E l'amore? L'amore non conduce al matrimonio, cioè può essere un elemento concomitante ma non il decisivo per la donna: l'amore si può raggiungere senza matrimonio? Le obiezioni possibili riguardano non l'amore ma altri elementi, per esempio la morale».[24]

Non era facile per Renata e Maria Antonietta avventurarsi in questo percorso di negazione radicale del matrimonio quando le coordinate dell'esistenza collettiva di milioni di donne erano segnate dall'unica prospettiva di avere, come ricordava Irene Brin, «solo le quattro mura per vivere in pace».[25] Un fidanzato lo si concepiva esclusivamente come «promesso sposo» in un universo sentimentale depotenziato di ogni tensione, vietato alle passioni forti, alla febbre dei sensi, dove tutto era destinato a restare in sordina e il matrimonio appariva come il luogo ideale in cui la donna poteva esprimere nella «pacatezza» la sua virtù più significativa, quasi a dichiarare in quel modo la sua disponibilità «alla fedeltà, al sacrificio, alla dedizione, al silenzio». L'idea di rompere con la prospettiva matrimoniale era quella che il fascismo definiva «irredentismo spirituale femminile».

Allora, sul finire degli anni venti, questi spazi irredentistici tendevano progressivamente a restringersi. Dimenticati gli accesi entusiasmi dell'immediato dopoguerra, le speranze collettive delle donne si erano infrante in una accentuata stretta normalizzatrice. Gli argomenti e il tono della letteratura femminile erano cambiati in confronto all'inizio del decennio.[26] Era uno scenario che rendeva impraticabile – come alternativa al matrimonio – anche il possibile approdo a una duratura amicizia femminile e Renata ne era perfettamente consapevole:

Ci si potrebbe cercare una compagnia femminile per la vecchiaia? – si chiedeva in quella stessa lettera a Maria Antonietta. – La risposta è no perché non ci si sentirebbe così sicure data la posizione della donna in Italia, ora forse non a torto perché una donna ha meno diritti di un uomo (...) questo è dimostrato che dove i diritti sono uguali e la grande città toglie i pregiudizi di vanità il matrimonio si fa più raro.[27]

Ma una volta rifiutate le strade della «sposa» e della «madre» cosa restava? A Renata e Maria Antonietta sembrava di aggirarsi in un percorso fitto di ostacoli e barriere insormontabili. Renata aveva cominciato a scrivere novelle, indirizzando le sue impazienze attivistiche lungo l'alveo di una produzione letteraria intensa e disordinata; nel 1929, all'epoca del «carteggio» con Maria Antonietta, aveva già scritto un racconto (*Il senso del tradimento*), stava ultimando un romanzo, aveva perfino partecipato a un concorso bandito dal ministero degli Esteri, nel 1927, con un componimento sul tema *L'Italiano di Mussolini*.[28]

La Firenze letteraria era allora attraversata da un'ondata di prorompente dinamismo e di accentuata creatività: al modello atarassico di «Solaria» (nata nel 1927) si era aggiunta la sanguigna vitalità de «Il selvaggio» (trasferitasi in città nel 1927); poi, proprio in quel 1929, era stata la volta del pavoliniano «Bargello», di «Pegaso» (all'insegna del motto «libera letteratura in libero Stato»), del «Frontespizio» (che registrava gli entusiasmi concordatari di cui si nutriva allora la «complementarità» tra fascismo e cattolicesimo), della «Civiltà moderna» (il cui primo numero fu pubblicato il 13 giugno), seguite, nel 1930, da «La Nuova Italia» e nel 1931 dall'«Universale» di Berto Ricci.[29] Era troppo perché una congiuntura culturale così eccezionale potesse lasciare indifferenti Renata e Maria Antonietta; troppo poco per coinvolgerle veramente, per concedere spazio alle loro ansie di protagonismo giovanile. Soprattutto la sete di originalità che animava il gruppo raccolto intorno all'«Universale» avrebbe potuto costituire un punto di riferimento importante per le due amiche; ma si trattava di uno spazio esclusivamente maschile, assolutamente impermeabile ai temi che alimentavano la riflessione delle due giovani donne.[30] Così come rigorosamente maschili erano i luoghi della socialità intellettuale a Firenze, le trattorie come l'«Antico Fattore» in via Lambertesca o i grandi caffè di piazza Vittorio (Giubbe Rosse, Grappolini, Gilli, Paszkowskj).[31] L'unico che si era detto disponibile a pubblicare le novelle di Renata era stato lo scrittore Kiribiri.

La società costruita dal fascismo si rivelava per le donne appiccicosa, paralizzante, tesa a invischiarle in recinti e confini rigorosamente chiusi; a Firenze, il Lyceum, il circolo femminile di cultura e intrattenimento fondato nel 1908, aveva una propria sezione letteraria (allora diretta dalla marchesa Bianca Maria Viviani della Robbia) nel cui ambito fiorivano conferenze sui costumi rurali («dobbiamo amare i contadini nonostante che siano bugiardi e ipocriti, ci vuol pazienza»), letture collettive di *Il padrone delle ferriere*, sedute di informazione sui corsi di ricamo, francese, pianoforte, pittura che si tenevano all'Istituto Frascani e Signorini di piazza San Gallo. Metà delle otto componenti del Direttorio del fascio femminile fiorentino erano nobili.[32]

Irrimediabilmente escluse da questi ambiti organizzativi per nascita, interessi culturali, temperamento caratteriale, a Renata e Maria Antonietta restavano solo gli spazi della socialità universitaria, anche questi rigorosamente maschili, segnati, almeno a Firenze, da una goliardia falsamente scapigliata che, come ricordava Cantagalli, «poggiava un piede insicuro nel patetico e pittoresco e democratizzante mondo della bohème e l'altro, più solidamente, sul vaglia di papà».[33] Quanto, poi, alle organizzazioni del regime, almeno fino al 1931 non esisteva alcuna sezione femminile dei Gruppi Universitari Fascisti (GUF). La Facoltà di Magistero si rivelava, in questo senso, l'unico riferimento istituzionale praticabile assumendo però i contorni di un ghetto soffocante: nel 1935, i tre quarti delle iscritte alle scuole magistrali erano donne; nel 1938, i quattro quinti delle laureate erano sfornate dalle sole tre facoltà di Magistero, Lettere e Filosofia, Matematica e Scienze.[34]

Di fatto, in Renata e Maria Antonietta alla fine del 1929 era maturata la consapevolezza che non si potevano forzare i confini della «riserva indiana» in cui erano rinchiuse restando *dentro* il fascismo. Non avevano altra scelta. Il regime aveva ripristinato lo stesso soffocante clima denunciato da Mazzini («un triplice esercito di spie, di doganieri, di birri vigila notte e giorno a impedire la circolazione del pensiero (...) Le università sono schiave e chiuse»),[35] ossificando i rapporti sociali, costruendo intorno alla spontaneità che alimentava i fermenti giovanilistici affiorati nelle sue stesse file una gabbia di compartimenti stagni rigidamente separati.

Così, per le due amiche il primo significato dell'antifascismo in cui si imbatterono fu proprio quello legato alla possibilità di frequentare luoghi, persone, ceti sociali, altri e diversi da quelli rigorosamente prefissati sulla base del loro essere donne, studentesse, maestre. Nelle lettere che si scrivevano traspariva un vero e proprio senso di esultanza nello scoprire che ci si poteva avventurare nei quartieri proibiti (la trattoria «Carlino» nei pressi di piazza Madonna, frequentata da sovversivi), in quei rioni popolari come Borgo La Croce, il Pignone, il Madonnone dove si addensavano «piccoli artigiani, calzolai, trippai, falegnami, cenciaioli, operai di fabbrica», tutta la «poveraglia recentemente affluita dal contado»[36] che Renata e Maria Antonietta avevano naturalmente selezionato come gli ovvi interlocutori per le loro impazienze antifasciste. Progressivamente, i propri progetti esistenziali trasmutarono compiutamente in disegni cospirativi, senza soluzione di continuità. I rapporti con gli uomini, fino ad allora vissuti come un terreno in cui sperimentare pulsioni trasgressive e atteggiamenti non conformisti, divennero fili per una trama da tessere contro il fascismo. Come si sarebbero espressi i poliziotti che di lì a poco le avrebbero arrestate, avvelenate

da una vera e propria ossessione contro il regime, le due giovani cercarono di convincere alle loro idee compagni di scuola, amici, giovani che le corteggiavano con i quali stringevano fugaci relazioni di amore, ed ebbero un solo pensiero, una sola idea, quella di dar vita a un movimento antifascista.[37]

Il loro disegno era di un'ingenuità disarmante ma assolutamente logico all'interno del «sistema» da esse stesse creato. Quello che per Renata e Maria Antonietta poteva sembrare impossibile, non lo era per Minerva e Giovanna. Si trattava soltanto di declinare lungo il versante della politica i propri comportamenti spontanei.

Ho conosciuto un russo molto intelligente e colto, delle nostre (quasi) idee – scriveva Renata. – Feci con lui una passeggiata in automobile ieri sera dalle 7 alle 8, mi venne a prendere figurati a casa. Non ti posso far conoscere a lui ancora perché, come del resto tutti i popoli primitivi, è molto diffidente (...) Nello stesso giorno un'altra avventura che è la terza cosa che ti dovevo dire. Camminavo sotto i portici per andare a casa; uno alto, con gli occhiali, non bello però, mi venne dietro. In piazza della Signoria mi fermò e seppi che era un certo Bacci Aldo (...) che è un ex fiduciario del Partito. Gli dissi che mi interessavo di politica e mi domandò se ero fascista. Gli risposi (...) «Ho la tessera» e gliela mostrai. Capisci che essendo un ex fiduciario mi può far molto comodo se lo saprò far cantare e se saprò sfruttare la situazione.[38]

Ai loro occhi la casualità di questi incontri era solo apparente. Il russo era interessante per la sua nazionalità, esponente di quella Russia in cui le due amiche avevano collocato il luogo geografico della negazione più radicale del fascismo (per questi stessi motivi si misero a frequentare la chiesa russa di Firenze); il fiduciario poteva funzionare da cavallo di Troia per introdursi nei fortilizi del nemico. Nei primi approcci, comunque, la politica non figurava mai e solo successivamente i discorsi si facevano più diretti:

Al russo – scriveva ancora Renata – dissi che io volevo togliere l'oppressione dalla personalità senza infrangere lo Stato forte; insomma la conciliazione pratica di volontà e di libertà e dissi che questo lo aspettavo dalla Russia, perché è il popolo più oppresso e nello stesso tempo più giovane (...) Questo russo ha anche relazioni a Milano. Dunque Milano, Bologna (Mazzetti), Firenze (noi), Roma (Raf).[39]

Quest'ultimo elenco allineava gli elementi di quella che le due amiche ritenevano una rete cospirativa ormai saldamente installata. Raf era Raffaello Ferruzzi, cugino di Maria Antonietta, impiegato al ministero dell'Educazione nazionale, collaboratore di «Il becco giallo»; Roberto Mazzetti era iscritto al terzo anno di Magistero e insegnava in una scuola elementare di Brescia; a essi erano da aggiungere l'ex fiduciario Aldo Bacci, il giornalista Alberto Fanfani, lo studente albanese Giorgio Ashta, il muratore Luigi Bellini, lo studente valdostano Patrizio Gard e poi un Vittorio Failla, un tal Rigatti «il giovane più buono che lungo», un repertorio variegato di personaggi, tipi umani dalle due amiche un po' derisi («lui ha una paura dannata di tutto: a sentire dire guerra trema e ha sempre paura che mi perda con qualcuno»),[40] qualche volta disprezzati («tradisco il mio fidanzato con un tipo strano che mi potrà far comodo e al quale ti presenterò quando vorrai»;[41] «egli mi disse qualunque cosa tu voglia io la farò (...) non perché io creda sia innamorato di me (non lo è affatto) o perché creda di avere una certa autorità su di lui: lo dico perché egli è solo, non ha amici, i parenti sono lontani e contrari e lui è in piena balia di se stesso»),[42] spesso inseguiti sulla base di tenui indizi di affinità politica: «Il tranviere nominato nella lettera n. 7 – avrebbe detto Renata in interrogatorio – fu visto un giorno dalla Falorni durante una corsa tranviaria con il volume "La spia" di M. Gorki in tasca. Perciò si ritenne fosse delle nostre idee. Ma non lo vedemmo più».[43]

Parallelamente all'incremento delle dimensioni quantitative della loro «organizzazione», le due amiche si sforzavano di precisarne anche i contorni politici e ideologici. Era soprattutto Renata, in una sua lettera dell'aprile 1930, a tentare la strada di un'ardua sistematizzazione dei loro riferimenti programmatici:

Che voglio? Libertà di pensiero, giustizia, antifavoritismo, liberazione dell'industria dalla servitù delle organizzazioni organo di Stato; liberazione del commercio dalle pastoie di tasse inverosimili, di obbligazioni, ecc. (...) Libertà di discussione in qualsiasi campo. Abolizione completa dei palazzotti medievali altrimenti chiamati Casa del Fascio (...) Con quali mezzi? Tutti; stare in su la volpe e il lione, infiltrarsi e far cadere (...) Che forma di governo? Se non dà noia si può lasciare anche il re (...) sorvegliare molto la Chiesa e toglierle molta libertà d'azione senza farla arrivare a darle il diritto di credersi martire (...) appoggiarsi ai massoni non essere mai assorbiti (...) per la politica estera appoggiarsi alla Germania nel carbone alla Russia per i petroli e i grani.[44]

C'era tutto: ispirazioni strategiche e articolazioni tattiche, formule di governo e assetti istituzionali, perfino le linee di una politica estera fondata sugli interessi materiali del paese! La confusione ideologica che attraversava questa piattaforma programmatica («mentre da un lato esaltava il socialismo e il comunismo, non si peritava di insorgere in difesa delle banche e dell'industria», commentava perplessa la polizia fascista)[45] non era avvertita come tale né da Renata, né da Maria Antonietta. Erano altre le priorità inseguite dalle due amiche; l'avvio della «cospirazione» era stata vissuta da entrambe come l'inizio di una vita nuova, di un processo di rigenerazione spirituale destinato a incidere sul proprio carattere, in grado di spezzare le croste che imprigionavano una loro soggettività finalmente chiamata allo scoperto, messa alla prova: «Bisogna aver presente sempre il nostro fine, – scriveva Renata – infischiarsene dei mezzi, non farsi accorgere, non lasciare nessuna occasione, essere abili, forti, a seconda del caso, soprattutto non aver mai paura, mai sfiducia, anche se tutto fosse contro».[46]

Nel mondo che si apprestavano a esplorare, anche i loro nomi erano destinati a cambiare per sancire l'avvenuta catarsi:

Come chiamarti non so, perché non posso stringere in un solo nome tutta la tua molteplice attività. Forse Madame de Clarence non sarebbe inadatto. Non so se la conosci è una creatura furbissima che agisce in politica al tempo del Richelieu per amor dell'intrigo e dell'azione. Amò? Forse no, perché non poteva: sempre la sua anima subordinava l'uomo e il momento dell'amore alla più alta idea che girava in quel momento nel suo capo. Li disprezzava tutti. Ti piace?[47]

Come Madame de Clarence dovevano essere pronte a mettere in gioco tutte se stesse e dovevano farlo per due scopi: essere in pace con la propria coscienza senza pensare agli esiti della loro azione («Forse noi non vinceremo, vinceranno altri, forse non vinceranno, non importa, ora il nostro dovere è lottare»);[48] rinascere, questa volta sulla base di un atto della propria volontà, come una libera scelta per vivere e per operare:

Sai che in certi momenti odio tutti, diverrei anarchica? – scriveva Renata. – C'è in me il tarlo dell'individualismo, quello che fa cadere tutto. Perciò io lo distruggo continuamente in me (...) Distruggi te stessa e creati di nuovo con l'orgoglio di saperti indipendente (...) Il mondo, l'Italia hanno bisogno di queste persone create di nuovo dalla loro volontà. Per trascinare bisogna volere.[49]

C'era, però, una contraddizione irrisolta nel progetto di Maria Antonietta e Renata. Il loro «sistema» era stato pensato in funzione di un simbiotico rapporto a due che prevedeva la rigorosa esclusione degli altri. Ora, nella dimensione cospirativa, se gli aspetti soggettivi potevano essere padroneggiati senza fuoriuscire da quel «sistema», lo stesso non si poteva dire per tutto quanto riguardava la necessità di guadagnare consensi e adepti. Avventuratesi all'esterno del loro piccolo mondo, i loro sogni sembravano destinati a infrangersi subito, in una realtà prosaicamente avvinta alle piccole certezze di una quotidianità vissuta senza sussulti. Corteggiatori e fidanzati si mostravano esitanti, restii a condividerne scelte che giudicavano utopistiche e sbagliate: «Non intendevo affatto partecipare al movimento in parola desiderando che la nostra relazione fosse puramente sentimentale», avrebbe detto in un interrogatorio Luigi Bellini; Patrizio Gard aveva frainteso i termini stessi del loro progetto («una società segreta a sfondo religioso antifascista»); Roberto Mazzetti aveva capito benissimo le idee di Renata («auspicava l'affermazione dell'individuo secondo la concezione del liberalismo nell'ambito dello Stato forte»), ma la riteneva (almeno così si sarebbe espresso con la polizia) «affetta da ubbie romantiche, con delle manifestazioni da farla ritenere affetta di sadismo».[50]

Era soprattutto Renata a vivere con insofferenza l'angustia dei loro spazi cospirativi, la sordità di un ambiente ottusamente impermeabile alle loro giovanili impazienze:

L'idealismo non l'accetto più, è una grande chiacchierata fatta bene (...) So che si manifesterà la nuova forza: ho paura che sia senza organizzazione. Perciò che bisogna agire (...) per ora lo Stato non se ne va, la Nazione nemmeno, non essere troppo ottimista. Il popolo non sa vivere fuori del suo stretto cerchio e ognuno vuole avere la bocca piena allora sta zitto e lascia fare.[51]

E fu lei, proprio lungo questo versante, a incontrare per prima l'esigenza di coniugare l'antifascismo con il comunismo:

Perciò per ora in Italia si parla con le pecore, non con gli uomini. Mi pare che le conseguenze della Conciliazione lo stiano dimostrando (...) per amare il popolo bisogna anche saperlo odiare (...) Mi parli di Mazzini (...) è rimasto utopia. Il comunismo si è attuato. E molti anni fa che ti dissi: la luce verrà dall'Oriente. Non so se hai ancora quella lettera, è di tre anni fa.[52]

Era un approdo naturale, quasi scontato. Nel sistema Minerva/Giovanna la priorità strategica era quella di negare il fascismo, e il comunismo, ai loro occhi, ne costituiva la negazione più assoluta e radicale. Certamente i contorni ideologici di questo percorso restavano indistinti e confusi, ma la scelta etica che stava alla base di quell'opzione politica era invece assolutamente lineare. In uno dei volantini che le due amiche scrissero per sancire la loro «uscita» all'esterno, il comunismo, oltre che al fascismo, veniva contrapposto all'estenuato economicismo del riformismo socialista, accusato di perseguire «accordi temporanei con i padroni che se migliorano di poco le condizioni materiali dell'individuo nessun bene apportano al morale della classe sociale»:

Non si combatte per un pezzo di pane in più – concludeva il documento. – Ma l'uomo non vive di solo pane (...) Comunismo è un tutto, è fede, è verità (...) Quanti comunisti hanno affrontato serenamente una certa morte. Perché e per chi hanno fatto questo? Forse per i loro interessi? NO, l'hanno fatto per una fede (...) i socialisti sono dei vigliacchi. Noi non siamo vigliacchi e vogliamo lottare.[53]

Ma una cosa era incontrare il comunismo nelle speranze di una generosa utopia giovanile, un'altra era conoscerlo veramente, nella concretezza dei suoi riferimenti organizzativi. Soprattutto in quella fase, a Firenze il PCI versava in una crisi politica gravissima che lo aveva quasi estirpato dalla città. Con cadenze impressionanti, una serie di arresti ne avevano falcidiato le file nel 1927, poi nel marzo 1928, nell'ottobre 1929, nell'ottobre 1930, ancora il 2 novembre di quello stesso anno. A partire dal 1928, di fatto il centro direttivo del partito in Toscana si era spostato dal capoluogo a Empoli. Da questa crisi il partito sarebbe rinato, in una «svolta di rifondazione» che ne ridisegnò in modo irreversibile impostazioni programmatiche, gruppi dirigenti e base sociale.[54] Ancora nel 1932, però, un rapporto di Secchia avrebbe dovuto ammettere: «Firenze resta il punto debole di tutta la regione; in città abbiamo avuto sin'ora solo dei saltuari collegamenti con qualche compagno isolato».[55] In questa situazione, per Renata e Maria Antonietta era oltremodo difficile imbattersi casualmente in un «vero» comunista, pur nei loro frenetici andirivieni tra il Madonnone e il Borgo La Croce. D'altra parte, la necessità di raccogliere i propri slanci intorno a un coagulo organizzativo credibile, e politicamente legittimato, si faceva sempre più pressante. Le due amiche erano arrivate alla cospirazione e alla politica attraverso un percorso totalmente spontaneo; paradossalmente, ora era la politica a negarsi, a nascondersi, a ritrarsi dal loro approccio generoso ed entusiasta. I «mitici» comunisti c'erano ma non si sapeva dove trovarli, come incontrarli. Questa inafferrabilità, tuttavia, invece di scoraggiarle, sembrò raddoppiare l'intensità dei loro sforzi, sfrenare ulteriormente le loro risorse di creatività e fantasia.

Fu Maria Antonietta a trovare la soluzione; approfittando della disattenzione del padre, la ragazza sottrasse dalla scrivania dell'ufficio postale di San Polo l'elenco dei sospetti sovversivi la cui corrispondenza era sottoposta a censura. Quelle persone erano i comunisti, erano degli oppositori veri, schedati come tali dal regime, una realtà da contrapporre agli esitanti e pavidi corteggiatori e fidanzati. Il possesso di questa lista comportò il passaggio dell'iniziativa nelle mani di Maria Antonietta e un drastico cambiamento nei ruoli che avevano fino ad allora caratterizzato il sistema Giovanna-Minerva. Fu la Falorni, infatti, nell'aprile 1930, a scovare il primo vero comunista; era un tipografo, Luigi Naldini, che allora lavorava presso la tipografia Carnesecchi. Presentatasi come Maria Gentili (un nome da autentica clandestina, questa volta), gli si rivolse dicendogli di sapere che era comunista e che la sua posta era controllata. Era fatta. Il passo successivo segnò un salto di qualità nelle procedure cospirative delle due amiche; finita l'epoca dell'arruolamento degli spasimanti, si tentò un'opera di proselitismo più vasto, cogliendo l'occasione di una visita di Mussolini a Firenze annunciata per il 17-18 maggio di quello stesso 1930. Naldini si dichiarò disposto a stampare un volantino il cui testo fu redatto personalmente da Maria Antonietta;[56] nel documento c'era l'eco delle conversazioni con Renata («Impera il favoritismo politico e il gesuitismo religioso; nelle campagne la pronta ed ossequiente obbedienza di tutto un paese alle autorità e spesso al capriccio di un mascalzone portante una camicia nera come la sua coscienza nera; una grande disoccupazione, l'abbrutimento e l'avidità della massa operaia, la mancanza di una certa cultura porta gli operai a sfruttarsi l'un l'altro o a sfruttare altra gente e a desiderare unicamente di divertirsi (...) L'ideale di vita e una certa cultura in altri giovani che vedono per contrasto le condizioni loro e del paese, e la miseria costringe poi i più arditi e vigorosi ad emigrare lasciando solo i meno adatti alla riproduzione della specie e alla prosperità economica del paese (...) Ciò che per noi è un sogno, in Russia è una realtà (...) là gli operai vivono (...)»),[57] ma vi si poteva cogliere anche la presenza di più dirette esperienze autobiografiche vissute in prima persona.

Se il percorso di Renata era stato segnato esclusivamente dalla riflessione teorica e dall'impazienza giovanile, Maria Antonietta aveva alimentato la propria scelta antifascista sperimentando sulla propria pelle la brutalità dei metodi del fascismo nelle campagne. A San Polo si conoscevano tutti e tutti sapevano che le tradizioni della famiglia Falorni erano di netta opposizione al regime («intelligenti e colti, – erano definiti i Falorni in una nota di polizia del 18 aprile 1931 – portano nello spirito una educazione alla perversione morale e letteraria, sono pericolosi per le persone che avvicinano e per l'astuta propaganda che hanno sempre fatto»);[58] il ras locale era il marchese Lapo Viviani della Robbia, segretario del fascio di Panzano di Greve in Chianti (poi vicefederale di Firenze nel 1941), un fascista che sembrava appartenere, per la sua brutalità, alle più estreme rappresentazioni della propaganda antifascista; tra le sue malefatte, è rimasto celebre l'episodio di quella volta in cui «sospettando che alcune contadine da lui comandate in fattoria a fare i bucati, gli avessero sottratte delle uova dal pollaio, le costrinse – lui e il suo guardiano – a spogliarsi e farsi perquisire senza risultato».[59] Maria Antonietta era stata essa stessa vittima dell'arroganza del gerarca, che, secondo una testimonianza, «la investì con la macchina, e poi la lasciò, la buttò in una fossetta della strada e la lasciò lì».[60] Il «mascalzone portante una camicia nera come la sua coscienza nera» citato nel volantino non aveva quindi niente di metaforico: era proprio Lapo Viviani della Robbia. L'odio e il desiderio di vendetta (quello stesso stigmatizzato come immaturo in una lettera di Renata) rendevano quindi ancora più radicale il suo antifascismo. Altra esperienza, che rese diverso il suo percorso da quello dell'amica, come si è visto, fu la vittoria al concorso per maestra con l'assunzione di un incarico a Cintoia che la coinvolse nell'attività dell'Ente Nazionale di Cultura; l'Ente gestiva infatti centinaia e centinaia di scuole rurali, addestrando una vastissima schiera di insegnanti giovani ed entusiasti che svolgevano tirocinio e sperimentazioni didattiche nel vivo di una realtà scolastica e sociale con la quale non avrebbero avuto altrimenti occasione di un contatto immediato. Ogni scuola era appoggiata da un comitato di assistenza, diretto dall'insegnante, «che democraticamente raccoglieva attorno a sé tutti i genitori e le autorità locali civili politiche e religiose»[61] e che, nel caso specifico di Maria Antonietta, forniva un appiglio molto più concreto delle lettere di Renata al suo desiderio di forzare i confini della «riserva indiana», sociale e culturale, al cui interno il regime le aveva rinchiuse.

Questo retroterra favorì Maria Antonietta nei confronti di Renata quando si trattò di dare uno sbocco operativo ai loro progetti. Fu così lei a ritirare dal Naldini il pacco con i cinquanta volantini e a distribuirli («piegati in 4 tra le stecche delle persiane, nelle cassette per la posta situate nei vari portoni, sotto i portoni e i cancelli»), tra le 21 e le 23 del 3 maggio, nei quartieri di Firenze. Terminata la diffusione, trascorse la notte nella sala d'aspetto della stazione ferroviaria di Santa Maria Novella; un «gesto scandaloso» che sarebbe molto piaciuto a Renata. Ormai, però, era Maria Antonietta a condurre il gioco. Dopo il «volantinaggio» notturno, i contatti con Naldini si fecero più frequenti e finalmente venne anche il momento di conoscere un altro comunista, molto più importante; alla fine di maggio ci fu l'incontro con un giovane simpatico, cordiale, dal tratto squisito. Era Armido Cadenti, uscito di recente dal carcere dove aveva scontato una lieve pena inflittagli dal Tribunale Speciale; Maria Antonietta ne fu entusiasta e lo presentò successivamente anche a Renata. A quel punto, però, il sistema Giovanna-Minerva era completamente dissolto all'interno dell'ambito molto più vasto della cospirazione comunista e le due amiche entravano a far parte di scenari più complessi e intricati, sottratti comunque alla loro capacità di controllo. L'impatto con questo nuovo mondo fu subito orribilmente tragico. Armido Cadenti era una spia dei fascisti. Proprio a ridosso dell'incontro con Renata e Maria Antonietta, questo suo ruolo odioso, che aveva portato alla cattura del gruppo di Gino Tagliaferri, Barneschi e altri comunisti fiorentini, si era palesato senza più dubbi agli occhi dei compagni. In una sera d'estate, nel luglio di quel 1930, tre suoi amici lo aspettarono sotto casa e lo invitarono a fare quattro chiacchiere in uno scantinato di via Toscanella; Cadenti non ne uscì più vivo.[62]

Ma la polizia, ormai, sapeva già tutto delle due amiche. Anche dopo la scomparsa del «fiduciario» le indagini, i pedinamenti, i controlli continuarono finché, alla fine del novembre, scattarono gli arresti. Renata e Maria Antonietta si comportarono come se se lo aspettassero, tenendo un contegno fiero e spavaldo («si sono dimostrate ferme e audaci, tanto da affrontare la prova dell'arresto con indifferenza davvero impressionante»,[63] commentarono i poliziotti). Ma durò poco. La prima a cedere fu Renata. Lo scudo di Minerva andò subito in frantumi e la sua saggezza si dimostrò meno solida della follia di Giovanna. Un mese dopo l'arresto scrisse al giudice una lettera in cui, ancora, le sue giustificazioni si intrecciavano con l'appassionata rivendicazione di una scelta nutrita essenzialmente dalla voglia di sapere:

> Volevo sapere che cosa ci fosse al di là del muro: fu un desiderio di seguire la conoscenza anche a mio rischio e pericolo (...) Non era politica, era filosofia: era ricerca dei vari atteggiamenti del pensiero, era desiderio di conoscere. E questo non ha uno scopo fuori di sé, ma è un fine ultimo perché la conoscenza si desidera per se stessa.[64]

Poi, però, la sua capitolazione fu totale e Minerva si autorappresentò ai suoi persecutori nelle vesti, per lei innaturali, del figliol prodigo: «Ritrovo me stessa e riconosco di aver agito male (...) come il figliol prodigo sono ora tornata alla casa paterna»;[65] «mandate una persona fra i giacobini, ritornerà realista», con questa citazione di *La rivoluzione napoletana* di Vincenzo Cuoco concludeva la sua sofferta abiura.

Maria Antonietta scelse una linea di difesa più sobria, limitandosi a definire «una leggerezza» la trama cospirativa ordita insieme all'amica. Al processo, a favore di Renata testimoniarono Fabio Jacometti, direttore della biblioteca comunale di Siena («i suoi libri preferiti erano Oriani e Nietzsche»); il segretario di Magistero («studiosa e colta, ingenua e inesperta a ogni insidia della vita»); il preside Ernesto Codignola («si trattava di ingenue ragazze esaltate»). Il Tribunale Speciale fu clemente con entrambe, condannandole, il 19 aprile 1931, a 5 mesi di reclusione (il Naldini ne ebbe 8).[66] Scontata la pena, Renata, grazie all'intervento dello stesso Codignola e contro l'esplicito divieto di Pavolini, non solo riprese a frequentare regolarmente le lezioni ma ottenne anche le firme di frequenza relative al periodo trascorso in carcere.

Per la ex Minerva si era trattato solo di un incidente di percorso. Dopo la laurea, tornò nella «soffocante» Siena, definitivamente reinserita in quella routine provinciale da cui aveva tentato di evadere:

> La soprascritta Gradi – affermava una nota della prefettura di Siena del 31 ottobre 1938 – risiede tuttora in questa città ove è insegnante di filosofia nelle scuole magistrali, mansione che disimpegna con zelo e rettitudine (...) È iscritta all'Associazione pubblico impiego e ai fasci femminili dal 13 agosto 1936, dimostra di seguire con fede e simpatia le direttive del regime ed è presente in tutte le manifestazioni di carattere patriottico (...) In considerazione di quanto sopra propongo la Gradi per la radiazione dal novero dei sovversivi per aver dato prova di sicuro ravvedimento.

Il 7 novembre, a stretto giro di posta, arrivò il nulla osta per la radiazione da parte del ministero dell'Interno.[67] Renata, a quel punto, ricordava Minerva solo con imbarazzo e disagio.

Maria Antonietta no, era rimasta Giovanna. Andò via da Cintoia, da San Polo, da Firenze per allontanarsi dal suo persecutore, reso più tracotante dall'arresto e dalla condanna; si trasferì a Milano senza aver dimenticato. Ritornò a San Polo dopo la Liberazione; intorno a lei si raccolse un gruppo di giovani antifascisti per dare vita alla sezione locale del Partito Comunista Internazionalista. Uno di questi, Ilario Filippi, nella notte del 9 settembre 1946 uccise con due pallottole in fronte il marchese Lapo Viviani della Robbia,[68] che aveva attraversato indenne – mantenendo intatta tutta la sua carica di prepotenza e di arroganza – il crollo del fascismo. Dopo il 25 luglio 1943 il marchese, «s'era sentito in dovere di fare in San Polo un giro, diciamo così, di contrizione, invocando dai non pochi avversari che s'era fatto nel luogo negli anni precedenti un oblio sul passato, se non addirittura il perdono (...) Anche la famiglia Falorni consentì a dare un colpo di spugna al passato, ma non, dicono a San Polo, Antonietta».[69] Maria Antonietta, per tutti quegli anni, era rimasta Giovanna, sorretta da quel desiderio di giustizia e di vendetta che Minerva, la saggia, aveva tanto stigmatizzato.

Note

Parte prima

Introduzione

1. Da ultimo, cfr. N. Tranfaglia, *La prima guerra mondiale e il fascismo*, Utet, Torino 1995, p. 456. Ho anticipato una prima disamina di questi dati e l'interpretazione ripresa nel testo in G. De Luna e M. Revelli, *Fascismo/antifascismo. Le idee e le identità*, La Nuova Italia, Firenze 1995.
2. Per i dati dei deferiti al Tribunale Speciale, cfr. A. Dal Pont e S. Carolini, *L'Italia dissidente e antifascista*, La Pietra, Milano 1980; per quelli sui confinati, cfr. C. Ghini e A. Dal Pont, *Gli antifascisti al confino, 1926-1943*, Editori Riuniti, Roma 1971 che hanno censito, su un totale di 17 000 fascicoli personali di confinati politici durante il ventennio, 13 157 ordinanze di assegnazione al confino in cui ricorrono 12 330 nominativi (cfr. anche A. Dal Pont e S. Carolini, *L'Italia al confino, 1926-1943*, La Pietra, Milano 1983); per gli ammoniti e i vigilati speciali, cfr. G.B. Gianquinto, *Ammonizione*, in *Enciclopedia dell'antifascismo e della resistenza*, vol. 1, La Pietra, Milano 1968, p. 62. La discussione più approfondita sull'attendibilità di queste cifre è in L. Casali, *E se fosse dissenso di massa?*, in «Italia contemporanea», n. 144, 1981 che fornisce anche dei dati diversi relativi al numero dei confinati (17 000) tratti da A. Dal Pont, *I lager di Mussolini. L'altra faccia del confino nei documenti della polizia fascista*, La Pietra, Milano 1975, p. 52.
3. Cfr. A. Dal Pont, A. Leonetti, P. Maiello e L. Zocchi, *Aula IV. Tutti i processi del Tribunale speciale fascista*, a cura dell'ANPPIA, Roma 1961 che elenca 6507 nominativi, una cifra che comprende anche gli imputati rinviati alla magistratura ordinaria e militare. I dati disaggregati si riferiscono a una cifra complessiva di 5618 processati (122 donne); quelli riportati nel testo accettano invece le correzioni apportate da Luciano Casali, che segnala, inoltre, 49 donne rinviate alla magistratura ordinaria (cfr. Casali, *E se fosse dissenso di massa?* cit.).
4. Per questi dati, cfr. P. Ambrosio, *Vercellesi, biellesi e valsesiani confinati nel ventennio fascista*, in «L'impegno», n. 1, 1992 e *Vercellesi, biellesi e valsesiani deferiti al Tribunale speciale fascista*, in «L'impegno», n. 1, 1987. Le donne confinate furono Arcangela Casetti, Giulia Mosca, Giorgina Rossetti, Alba Spina, Amalia Campagnolo, Giuseppa Malinverni; quelle deferite, Bruna Caterina, Brusco Caterina, Casetti Arcangela, Cominetti Ermelinda, Cominetti Fiorina, Corona Francesca Rosa, De Carlis Emma, Ferrari Ardicini Carla, Gili Ergenite, Lucca Teresa, Mosca Giulia, Pavignano Anna, Rossetti Aurora, Rossetti Giorgina, Succio Carmelina, Viana Iside, Campagnolo Amalia, Marsiglio Angiolina. Altri dati statistici su base regionale sono in D. Gagliani, *I caratteri del comunismo parmense (1921-1943)*, in *Comunisti a Parma*, Biblioteca Umberto Balestrazzi, «Studi e ricerche», n. 4, Parma

1986, pp. 127-72 che attribuisce all'Emilia-Romagna il 21 per cento dei condannati dal Tribunale Speciale e il 12,8 per cento dei confinati. Nella provincia di Parma i deferiti al Tribunale Speciale furono 192 (61 condanne), i confinati 83. Sui 773 confinati campani, cfr. R. Spadafora, *Il popolo al confino: la persecuzione fascista in Campania*, Edizioni Athena, Napoli 1992. Nella stessa serie cfr. S. Carboni, *Il popolo al confino: la persecuzione fascista in Calabria*, Lerici, Cosenza 1977; S. Carboni e L. Grimaldi, *Il popolo al confino: la persecuzione fascista in Sicilia*, Roma 1989; K. Massara, *Il popolo al confino: la persecuzione fascista in Puglia*, Roma 1991; D. Carbone, *Il popolo al confino: la persecuzione fascista in Basilicata*, Roma 1994 (questi ultimi tre editi dal ministero per i Beni culturali). Una riflessione sui dati disaggregati sulla base dell'appartenenza politica dei condannati (comunisti, giellisti, anarchici ecc.) è in G. Amendola, *Il Tribunale Speciale e l'antifascismo all'interno*, in AA.VV., *Fascismo e antifascismo 1918-1936. Lezioni e testimonianze*, Feltrinelli, Milano 1962, pp. 217-46.

5. Cfr. Casali, *E se fosse dissenso di massa?* cit.

6. Queste ultime sono tutte censite nel 1927 (317) e nel 1928 (6). L'elenco nominativo delle deferite è in Tribunale Speciale per la Difesa dello Stato, Rubrica registro generale procedimenti 1927-1939.

7. Cfr. A. Spinelli, *Il lungo monologo*, Edizioni dell'Ateneo, Roma 1968, p. 24. Le cifre fornite da Spinelli indicano 10 000 confinati, 160 000 vigilati o ammoniti, 21 000 denunciati al Tribunale Speciale, con 5319 rinviati a giudizio e 5155 condannati.

8. Cfr. A. Ricci, *L'occhio della polizia*, in *L'Italia in esilio. L'emigrazione italiana in Francia tra le due guerre*, Presidenza del Consiglio dei ministri. Dipartimento per l'informazione e l'editoria, Roma 1984, pp. 258 sgg. Un censimento dettagliato è in *Antifascisti nel Casellario Politico Centrale*, una serie di «Quaderni dell'ANPPIA» che segue l'ordine alfabetico e che nel 1994 era giunta al numero 18 (*Tadeievic-Venturini*), con un elenco di circa 9500 nominativi. Per un esame qualitativo della fonte, cfr. A. Dal Pont, *Uno strumento di ricerca per lo studio dell'antifascismo: i fascicoli dei sovversivi del Casellario politico centrale*, in «Storia contemporanea in Friuli», n. 19, 1988.

9. Cfr. P. Milza, *Voyage en Ritalie*, Plon, Paris 1993, p. 224.

10. Per le cifre assolute indicate nel testo, cfr. B. Guidetti Serra, *Donne, violenza, politica, armi: un'esperienza giudiziaria*, in «Rivista di storia contemporanea», n. 2, 1988. Per le ricerche su scala locale che hanno messo a confronto le due serie numeriche, cfr. ad esempio B. Taddei, *Donne veronesi perseguitate prima e durante il fascismo*, Novastampa, Verona 1988, p. 148 con 47 «schede» (su altrettante donne ree di «aver manifestato idee socialiste, di mantenere rapporti d'amicizia con sospetti anarchici e corrispondenza con elementi sovversivi, di frequentare la società filodrammatica l'Operaia, di esprimere apertamente sentimenti antinazionali e invocare la fine della guerra») e gli elenchi delle donne partigiane cadute nel Veronese, delle reduci dai campi nazisti, delle decedute. Cfr. anche M. Papini (a cura di), *La donna e la resistenza nell'Anconetano*, Tipografia artigiana, Ancona 1989, p. 157, che riporta il numero delle partigiane, delle decorate, delle cadute in combattimento o per rappresaglia (in particolare sull'antifascismo, cfr. le interviste a Angelina Zingaretti, Derma Scandali, Livia Pergoli); D. Pilati, *Donne fabrianesi nella Resistenza*, in «Quaderni Marche contemporanee», n. 2, Centro regionale per la storia dei movimenti sociali e la Resistenza nelle Marche, Sassoferrato-Fano 1987. Per i dati aggregati sulle donne deferite (400) e condannate (122) dal Tribunale Speciale, cfr. L. Mariani, *Quelle dell'idea. Storia delle detenute politiche, 1927-1948*, De Donato, Bari 1982, p. 13 (entrambi, però, come abbiamo visto, sono approssimati per difetto).

11. Cfr. Casali, *E se fosse dissenso di massa?* cit. Un elenco incompleto, che comprende solo 25 nomi (Benna Aurora, Casetti Arcangela, Cavallucci Laura, Corona Francesca, Corona Maria, Ferrero Felicita, Gili Ergenite, Gobetto Lucia, Messina Rosa, Negro Brasilla, Pagliarello Enrichetta, Pavignano Anna, Pescio Anita, Pizzardo Battistina, Ponchione Maria,

Ravera Camilla, Renaudo Maria, Rossetti Giorgina, Rossi Pasqualina, Rosso Lucia, Secco Maddalena, Sugno Giovanna, Succio Carmelina, Viana Iside, Vienco Margherita) è in M. Magnani Noya, *L'antifascismo femminile in Piemonte*, in *Aspetti dell'attività femminile in Piemonte negli ultimi cento anni 1861-1961*, CAFT, Torino 1962, pp. 41 sgg.

12. Queste cifre, elaborate da Ada Gobetti nel 1953 sulla base di una statistica dell'ANPI regionale, sono in *La Resistenza taciuta. Dodici vite di partigiane piemontesi*, a cura di Anna Maria Bruzzone e Rachele Farina, La Pietra, Milano 1976.

13. Cfr. M. Paterlini, *Partigiane e patriote della provincia di Reggio dell'Emilia*, Reggio Emilia 1977, che enumera anche 10 partigiane uccise e 7 decorate.

14. Esemplarmente riassuntivo di questa tendenza interpretativa ci sembra ancora oggi G. Amendola, *Intervista sull'antifascismo*, a cura di P. Melograni, Laterza, Bari 1976.

15. Per una ricerca su base locale sulla stessa fonte, cfr. P. Ambrosio (a cura di), *I sovversivi e gli antifascisti della Provincia di Vercelli schedati nel casellario politico centrale, 1896-1945*, Borgosesia 1986.

16. Un'analisi di questa fonte (fondata su un'ossatura documentaria che vede come elementi ricorrenti il telegramma di segnalazione del fermo, il rapporto prefettizio e il telegramma ministeriale di assegnazione della sanzione) è in P. L. Orsi, *Una fonte seriale, i rapporti prefettizi sull'antifascismo non militante*, in «Rivista di storia contemporanea», n. 2, 1990.

17. Per un lavoro improntato a uno spoglio sistematico e globale di questo tipo di fonti, cfr. soprattutto S. Colarizi, *L'opinione degli italiani sotto il regime. 1929-1943*, Laterza, Roma-Bari 1991.

18. Cfr. G. Fabre, *Le polizie del fascismo*, in «Quaderni di storia», n. 31, 1990, p. 147. Sui problemi di ricerca sollevati dall'uso delle fonti di polizia, cfr. P. Carucci, *La repressione politica. Problemi di ricerca*, relazione al Convegno, *L'antifascismo in provincia di Firenze*, 5-8 dicembre 1979.

19. A insistere sui limiti di queste fonti («offrono un'immagine parziale dei fenomeni criminosi, in quanto permettono di analizzarne solo la parte emersa, senza nessuna garanzia che essa costituisca un campione rappresentativo dell'universo in esame. Notevoli difficoltà derivano inoltre dal fatto che essendo l'obiettivo del magistrato diverso da quello dello studioso, alcune informazioni rilevanti per una indagine storica o sociologica vengono riportate solo in modo incompleto negli atti giudiziari») è D. Della Porta, *Specificità delle donne e violenza politica*, in «Rivista di storia contemporanea», n. 1, 1989. Considerazioni più rassicuranti sono quelle di M. Palla, *Firenze nel regime fascista, 1929-1943*, Olschki, Firenze 1978, p. 404.

20. Per queste considerazioni, cfr. G. De Luna, *Una cospirazione alla luce del sole*, in *Carlo Levi. Un'esperienza culturale e politica nella Torino degli Anni Trenta*, Archivio di Stato di Torino, 1984.

21. Per illustrare il meccanismo con cui questo tipo di documentazione si alimentava e si sedimentava negli archivi polizieschi, cfr. per tutte la testimonianza di Antonia Oscar Abbiati («Gino mi scriveva spesso, e ogni volta che venivano a perquisirmi la casa leggevano le sue lettere che parlavano di noi. La cosa mi scottava parecchio») in P. Corsini e G. Porta, *Avversi al regime. Una famiglia comunista negli anni del fascismo*, Editori Riuniti, Roma 1992, p. 212.

22. Sul ruolo assunto dal Tribunale Speciale nell'organizzazione «dello Stato totalitario», cfr. R. De Felice, *Mussolini. Il fascista*, vol. 2, *L'organizzazione dello Stato fascista*, Einaudi, Torino 1968, pp. 134 sgg.; A. Aquarone, *L'organizzazione dello Stato totalitario*, Einaudi, Torino 1965; E. Gallo, *Il Tribunale Speciale per la difesa dello Stato e il suo ambiente politico-culturale*, Ministero della Difesa, Roma 1980; per altre notizie, cfr. C. Rossi, *Il Tribunale Speciale*, Ceschina, Milano 1952: il primo condannato (a nove mesi) fu un certo Giuseppe Piva (reo di aver esclamato «Li mortacci tua, stò puzzolente» all'indirizzo di Mussolini).

23. Cfr. Spinelli, *Il lungo monologo* cit., p. 25.

24. Cfr. V. Ceccarini, *Il Tribunale Speciale per la difesa dello Stato*, Istituto Storico della Resistenza «P. M. Beghi», La Spezia 1977, p. 17. Sugli aspetti più squisitamente giuridici del ruolo del Tribunale Speciale, in particolare sulla questione più generale dell'atteggiamento della magistratura ordinaria nei confronti del fascismo, cfr. G. Neppi Modona, *La Magistratura e il fascismo*, in AA.VV., *Fascismo e società italiana*, Einaudi, Torino 1973, pp. 153 sgg. (con un'accurata ricognizione del dibattito svoltosi nell'immediato dopoguerra tra Riccardo Peretti Griva, Arturo Carlo Jemolo, Mario Berruti).

25. Cfr. *Tribunale... maiale*, in «Il galletto rosso», I, n. 2, 1° aprile 1927.

26. Cfr. S. Trentin, *Dieci anni di fascismo, 1926-1936*, Editori Riuniti, Roma 1975, p. 133. Sulla risonanza propagandistica delle campagne di stampa avviate all'estero dall'emigrazione antifascista, in particolare quella che nel novembre 1932 coinvolse sulle colonne del «Times» Carlo Rosselli e il corrispondente da Londra del «Corriere della Sera», Gasparini, cfr. P. C. (Piero Calamandrei), *Il Tribunale Speciale*, in «Il Ponte», n. 10, 1952, pp. 1522-36.

27. Finora sono state pubblicate le decisioni emesse fino al 1940: cfr. F. Roselli (a cura di), *Tribunale Speciale per la difesa dello Stato*, Ministero della Difesa, Ufficio storico dello Stato Maggiore dell'Esercito, Roma. Il primo volume, quello relativo al 1927, è stato pubblicato nel 1980. L'ultimo, relativo al 1940, nel 1994. Ricordiamo che chi veniva denunciato al Tribunale Speciale era immediatamente messo in stato d'arresto e non poteva usufruire della libertà provvisoria. Per il caso di lieve entità il pubblico ministero inviava gli atti al giudice istruttore del Tribunale che emetteva la propria decisione con un'ordinanza, mentre i casi più gravi venivano assegnati alla Commissione istruttoria che poteva concludere o per il non luogo a procedere o per il rinvio a giudizio davanti allo stesso Tribunale o ad altro giudice. Le sentenze erano inappellabili.

28. Cfr. Amendola, *Intervista sull'antifascismo* cit., p. 143.

29. Cfr. B. Ceva, *Il processo di GL nel 1930-31*, in AA.VV., *Fascismo e antifascismo 1918-1936. Lezioni e testimonianze* cit., pp. 246 sgg. Sulle vicende del gruppo milanese di GL e in particolare sugli arresti e i dolorosi episodi che portarono alla morte di Umberto Ceva, cfr. E. Rossi, *Una spia del regime*, Feltrinelli, Milano 1955; B. Ceva, *1930. Retroscena di un dramma*, Ceschina, Milano 1955; M. Magini, *Il «processo degli intellettuali»*, in *No al fascismo*, Einaudi, Torino 1957, pp. 293 sgg.

30. Grazie alla legge 11 ottobre 1990, n. 291, i cui primi firmatari furono Gaetano Arfè e Giuseppe Fiori.

31. Per queste considerazioni, riferite più in generale a tutte «le prove di scrittura» condotte dalle classi subalterne fuori dall'istituzione scolastica, cfr. M. Boarelli, *Culture e percorsi di formazione dei militanti del Partito comunista italiano tra oralità e scrittura*, ora in *Militanti comunisti a Bologna. Autobiografie e percorsi di formazione tra il fascismo e il 1956*, tesi per il conseguimento del Dottorato di ricerca dell'Istituto Universitario Europeo, Firenze, febbraio 1995.

32. Cfr. per queste osservazioni, riferite però solo alle scritture femminili, C. Daniele e P. Gabrielli, *Linguaggio della politica e degli affetti nelle corrispondenze femminili, 1943-1945*, in «IG Informazioni», trimestrale a cura della Fondazione Istituto Gramsci, n. 4, 1991.

33. Per i termini generali di questa distinzione tra «l'essenzialità dell'informazione» e «i tratti dell'osservazione» come elementi di una marcata differenza tra scritture maschili e femminili, cfr. R. Rossi, *Introduzione* a C. Ravera, *Lettere al partito e alla famiglia*, Editori Riuniti, Roma 1979, pp. 9 sgg.

34. Cfr. E. Alessandrone Perona, *Sincronia e diacronia nelle scritture femminili sulla seconda guerra mondiale*, in «Passato e presente», n. 30, 1993, pp. 117 sgg.

35. Per alcuni titoli «classici» da ricordare in questo senso, cfr. C. F. Delzell, *I nemici di Mussolini*, Einaudi, Torino 1966; P. Alatri, *L'antifascismo italiano*, Editori Riuniti, Roma 1966; E. Collotti, *L'antifascismo in Italia e in Europa, 1922-1939*, Loescher, Torino 1975; A. Garosci, *Storia dei fuoriusciti*, Laterza, Bari 1953.

36. Cfr. in questo senso, L. Mariani, *Note di storia delle donne: l'Enciclopedia della Resistenza*, in «Storia e problemi contemporanei», n. 4, luglio-dicembre 1989.

37. Cfr. A. Scalpelli, *Memoria di militanti comunisti*, in «Italia contemporanea», n. 116, 1974 che cita, in questo senso, accanto a un classico della letteratura carceraria (A. Pesenti, *La cattedra e il bugliolo*, La Pietra, Milano 1972), *La storia del Partito comunista nelle «storie» dei suoi militanti*, a cura di E. Rava, Editori Riuniti, Roma 1971. Tra le opere più significative della memorialistica carceraria apparsa nell'immediato dopoguerra, cfr. B. Perotti, *Inferriate*, La Quercia, Milano 1948; G. Persico, *Quaderno di un detenuto*, Barbera, Firenze 1945; M. Giua, *Ricordi di un ex detenuto politico*, Chiantore, Torino 1945 e, naturalmente, A. Gramsci, *Lettere dal carcere*, Einaudi, Torino 1947.

38. Cfr. M. Palla, *L'antifascismo a Firenze*, in «Italia contemporanea», n. 138, 1980.

39. Cfr. in questo senso, C. Natoli, *Sulla classe operaia davanti al fascismo: l'Unione dei muratori romani. 1923-1945*, in «Italia contemporanea», n. 140, 1981.

40. Per queste considerazioni e la citazione di Ragionieri, cfr. Casali, *E se fosse dissenso di massa?* cit.

41. Cfr. Corsini e Porta, *Avversi al regime* cit., p. 17.

42. Cfr. G. Santomassimo, *Antifascismo popolare*, in «Italia contemporanea», n. 140, 1980.

43. Cfr. Corsini e Porta, *Avversi al regime* cit., p. 27.

44. Cfr. *ibid.*, p. 39.

45. Cfr. P. Calamandrei, *Per una storia del costume fascista*, in «Il Ponte», n. 10, 1952, pp. 1337-48.

46. Cfr. L. Passerini, *Torino operaia e fascismo, una storia orale*, Laterza, Roma-Bari 1984, p. 162.

47. Cfr. in questo senso, S. Bartoloni, *La donna sotto il fascismo*, in «Memoria», n. 10, 1982.

48. Per queste considerazioni, cfr. Tranfaglia, *La prima guerra mondiale e il fascismo* cit., p. 635, il cui giudizio («si trattò di una modernizzazione del paese [che sarebbe peraltro avvenuta sotto ogni altra forma di regime politico ed economico, come dimostrano i casi di altri paesi dell'Occidente] ma lenta e contraddittoria, pagata esclusivamente dalle classi meno abbienti di cittadini e caratterizzata da forti elementi conflittuali che la guerra e la disfatta avrebbero fatto esplodere in maniera tumultuosa») viene ripreso anche successivamente nel testo.

49. Cfr. V. De Grazia, *Le donne nel regime fascista*, Marsilio, Venezia 1993, p. 22.

50. Cfr. *ibid.*, p. 29.

51. Cfr. *ibid.* («esortate dai preti e col consenso, se non con il sostegno, delle autorità locali, migliaia di parrocchiane nelle piccole città fecero voto di rinunciare ai cosmetici, di indossare camicie con le maniche lunghe e gonne con l'orlo a non più di dieci centimetri sopra la caviglia»), p. 277.

52. Cfr. *ibid.*, p. 29.

53. Sui caratteri innovativi di questi filoni di ricerca nei confronti delle «tre fasi» che hanno in precedenza segnato il dibattito storiografico sull'antifascismo delle donne (l'identificazione dell'oggetto di studio, il rispecchiamento soggettivo rispetto a esso, la gratitudine verso le donne del passato, fino alla storia del genere), cfr. Mariani, *Note di storia delle donne* cit.

54. Cfr. De Grazia, *Le donne nel regime fascista* cit., p. 31.

1. *Il fascismo*

1. Per una efficace rassegna dei nuovi studi sui «fascismi locali» a cui si riferisce l'interpretazione ripresa nel testo, cfr. M. Lodovici, *I fascismi in provincia: orientamenti e ipotesi di ricerca*, in «Memoria e ricerca», agosto-settembre 1993, pp. 137 sgg. La disamina più sistematica di questo filone storiografico è in N. Gallerano, *Le ricerche locali sul fascismo*, in «Italia contemporanea», n. 184, 1991, pp. 388-97. Cfr. anche M. Palla, *La presenza del fascismo. Geografia e storia quantitativa*, *ibid.*, p. 400. Per un efficace modello interpretativo del rapporto centro/periferia, cfr. S. Tarrow, *Tra centro e periferia. Il ruolo degli amministratori locali in Italia e Francia*, Il Mulino, Bologna 1979. Da ultimo, riferito al Mezzogiorno in maniera molto convincente, cfr. L. Ponziani, *Il fascismo dei prefetti. Amministrazione e politica nell'Italia meridionale, 1922-1926*, Donzelli, Roma 1995.
2. Cfr. M. Salvati, *Il regime e gli impiegati*, Laterza, Roma-Bari 1992, p. 207.
3. Cfr. F. De Felice, *La storiografia delle élites nel secondo dopoguerra*, in *Le élites in Francia e in Italia negli anni quaranta*, in «Italia contemporanea», n. 153, 1983.
4. Cfr. Tranfaglia, *La prima guerra mondiale e il fascismo* cit., p. 365.
5. Cfr. G. Volpe, *Storia del movimento fascista*, ISPI, Roma 1939, p. 196.
6. Per il modello più compiuto «di partito di integrazione di massa», al quale si farà più volte riferimento nel testo, cfr. la definizione di P. Farneti, *Il sistema dei partiti in Italia, 1946-1979*, Il Mulino, Bologna 1983.
7. R. Martinelli, *Il Partito nazionale fascista come organismo burocratico-amministrativo*, in «Passato e presente», n. 6, 1984, pp. 175 sgg.
8. Cfr. Salvati, *Il regime e gli impiegati* cit., p. 197.
9. Cfr. *ibid.*, p. 183.
10. Cfr. in questo senso i saggi raccolti in *Libere professioni e fascismo* (a cura di G. Turi), Franco Angeli, Milano 1994.
11. Per questi tratti della specifica «identità» collettiva degli operai, cfr. M. Gribaudi, *Mondo operaio, mito operaio*, Einaudi, Torino 1987, pp. 68 sgg., e le interviste raccolte in B. Guidetti Serra, *Compagne. Testimonianze di partecipazione politica femminile*, Einaudi, Torino 1977, in particolare vol. 1, pp. XII sgg. Cfr. anche Passerini, *Torino operaia e fascismo* cit., pp. 75-134.
12. Cfr. L. Lombardo Radice, *Fascismo e anticomunismo; appunti e ricordi 1935-1945*, Einaudi, Torino 1946, p. 15.
13. Sui lineamenti ideologici del progetto fascista di «ricongiungere democratizzazione e nazionalizzazione», cfr. P. G. Zunino, *L'ideologia del fascismo. Miti, credenze e valori nella stabilizzazione del regime*, Il Mulino, Bologna 1985.
14. Cfr. P. Pombeni, *La forma partito del fascismo e del nazismo*, in *Fascismo e nazionalsocialismo*, a cura di K. D. Bracher e L. Valiani, Il Mulino, Bologna 1986, p. 251.
15. Per una discussione approfondita di questa tesi e per una efficace sottolineatura della circolare di Mussolini ai prefetti del 5 gennaio 1927, cfr. Tranfaglia, *La prima guerra mondiale e il fascismo* cit., p. 409.
16. Citato in Aquarone, *L'organizzazione dello Stato totalitario* cit., p. 90.
17. La lettera, del 22 gennaio 1933, è *ibid.*, p. 174.
18. Cfr. *ibid.*, p. 196.

19. Per questa e le altre interpretazioni storiografiche sul ruolo del PNF, cfr. E. Gentile, *La natura e la storia del partito nazionale fascista nelle interpretazioni dei contemporanei e degli storici*, in «Storia contemporanea», n. 3, 1985.

20. Cfr. *Lettera di A. C. Jemolo*, 28 luglio 1952, in «Il Ponte», n. 10, 1952.

21. Cfr. C. Levi, *Lo snobismo del conformismo*, in «Il Ponte», n. 10, 1952.

22. Per questo schema, cfr. M. Salvati, *L'inutile salotto. L'abitazione piccolo-borghese nell'Italia fascista*, Bollati Boringhieri, Torino 1993, p. 20.

23. Cfr. in questo senso G. Gribaudi, *Familismo e famiglia a Napoli e nel Mezzogiorno*, in «Meridiana», n. 17, 1993, pp. 9 sgg.

24. Cfr. Salvati, *L'inutile salotto* cit., p. 161.

25. Cfr. in questo senso le considerazioni generali svolte in A. Groppi, *Le radici del problema*, in G. Bonacchi e A. Groppi (a cura di), *Il dilemma della cittadinanza. Diritti e doveri delle donne*, Laterza, Roma-Bari 1993.

26. Cfr. A. De Grand, *Women under Italian Fascism*, in «The Historical Journal», n. 4, 1976.

27. Cfr. C. Saraceno, *La costruzione della maternità e della paternità nell'Italia fascista*, in «Storia e memoria», n. 1, 1° semestre 1994, pp. 31 sgg.

28. V. De Grazia, *Contadine e massaie rurali durante il fascismo*, in *Le donne nelle campagne italiane del Novecento*, a cura di P. Corti, «Annali dell'Istituto Alcide Cervi», n. 13, 1991, pp. 151 sgg.

29. Era questo il giudizio prevalente da parte delle organizzazioni antifasciste. Per quanto riguarda le ispettrici dell'Opera Nazionale Maternità e Infanzia (ONMI), ad esempio («spie, mogli e figlie di borghesi, industriali e commercianti (...) strumento di controllo che appena nascono i bambini arrivano per far pressione sulla madre che si affretti a battezzarlo (...) per sapere quali persone frequentano, quali giornali leggono»), cfr. *Il fascismo contro le donne lavoratrici*, in ACS, Tribunale Speciale, b. 263, Procedimento contro Ravera e altri 39.

30. Cfr. De Grazia, *Le donne nel regime fascista* cit., p. 345.

31. Cfr. Saraceno, *La costruzione della maternità e della paternità nell'Italia fascista* cit., p. 37.

32. Cfr., in questo senso, M. De Giorgio e P. Di Cori, *Politica e sentimenti: le organizzazioni femminili cattoliche dall'età giolittiana al fascismo*, in «Rivista di storia contemporanea», n. 3, 1980, pp. 357-72.

33. Cfr. *ibid.*, con le autrici che sottolineano anche il sostanziale insuccesso delle varie misure legislative e di politica demografica introdotte dal regime a partire dal 1926 e fino alla vigilia della seconda guerra mondiale (gli anni trenta furono, infatti, quelli in cui si verificò un aumento impressionante degli aborti e una costante diminuzione delle nascite). La tendenza al declino della fecondità (denunciata da Mussolini nel «discorso dell'Ascensione» nel 1927), «non poteva essere comunque fermata e tantomeno rovesciata in tempi brevi, dato che si trattava di un processo di lungo periodo e con radici profonde». Cfr. Saraceno, *La costruzione della maternità e della paternità nell'Italia fascista* cit., p. 31.

34. Cfr. S. Portaccio, *La donna nella stampa popolare cattolica. «Famiglia cristiana», 1931-1945*, in «Italia contemporanea», n. 143, 1981, pp. 45 sgg.

35. Cfr. P. Gaiotti De Biase, *Da una cittadinanza all'altra. Il duplice protagonismo delle donne cattoliche*, in Bonacchi e Groppi (a cura di), *Il dilemma della cittadinanza* cit. L'autrice sottolinea tra gli elementi costitutivi della superiorità strategica delle organizzazioni femminili cattoliche anche una concezione ispirata alle «due città» in drastica rotta di collisione con la «separatezza» tra sfera pubblica e sfera privata; la moderna concezione della citta-

dinanza (a cui anche il fascismo si riferiva) si è infatti strutturata sulla base dell'esclusione delle donne, marcando e consolidando il territorio maschile della storia in opposizione alla passività della sfera femminile; invece, «non solo la cittadinanza nella città di Dio non ha mai potuto essere davvero negata al sesso femminile ma, in ragione stessa del retaggio evangelico (...) dell'essere tutti figli di Dio, una tale cittadinanza resta caratterizzata fortemente dal fatto di comprendere in sé come elemento costitutivo le donne».

36. Cfr. De Giorgio e Di Cori, *Politica e sentimenti* cit.

37. Cfr. Gaiotti De Biase, *Da una cittadinanza all'altra* cit.

38. Per questi dati, cfr. L. Tomassini, *Mercato del lavoro e lotte sindacali nel biennio rosso*, in *Le donne nelle campagne italiane del Novecento* cit., pp. 87 sgg.

39. Cfr. Saraceno, *La costruzione della maternità e della paternità nell'Italia fascista* cit., p. 38.

40. Cfr., in questo senso, M. G. Ruggerini, *Appunti sul lavoro delle donne tra dittatura fascista e stato democratico nella stampa sindacale dell'epoca*, in «Movimento operaio e socialista», nn. 1-2, 1990. La percentuale delle donne nella forza lavoro scese dal 26,9 per cento nel 1921 al 24 per cento nel 1936: cfr. L. Fornaciari, *Osservazioni sull'andamento del lavoro femminile in Italia*, in «Rivista Internazionale di Scienze sociali», n. 4, 1956, pp. 222-25.

41. Cfr. M. De Giorgio, *Le italiane dall'Unità a oggi*, Laterza, Roma-Bari 1992, p. 27.

42. Cfr. *ibid.*, p. 38.

43. Cfr., in questo senso, G. Chianese, *Donna, famiglia, amore: questioni di metodo nella recente storiografia*, in «Italia contemporanea», n. 143, 1981, pp. 69 sgg.

44. Cfr. G. Nemec, *Identità femminile e lavoro. Le operaie tessili isontine durante il fascismo*, in «P e P», n. 24, 1990.

45. In questo senso, cfr. S. Soldani, *Lo Stato e il lavoro delle donne nell'Italia liberale*, in «Passato e presente», n. 24, 1990, pp. 23-71, pp. 23 sgg.

46. «Certo che lì ho imparato un sacco di cose proprio femminili: dell'amante, del marito, tutte 'ste tragedie. Tutte 'ste ragazze una più bella dell'altra, carine, ma le vedevi sempre con l'angoscia»: cfr. la testimonianza di Teresa Cirio, in Guidetti Serra, *Compagne* cit., vol. 2, pp. 423 sgg. Per i primi rudimenti di educazione sessuale ricevuti da una compagna di lavoro, cfr. T. Noce, *Rivoluzionaria professionale*, La Pietra, Milano 1974, p. 12.

47. Cfr. C. Saraceno, *Percorsi di vita femminile nella classe operaia. Tra famiglia e lavoro durante il fascismo*, in «Memoria», n. 2, 1981.

48. Cfr. L. Savelli, *Contadine e operaie. Donne al lavoro negli stabilimenti della Società Metallurgica Italiana*, in *Le donne nelle campagne italiane del Novecento* cit., pp. 119 sgg.

49. Cfr. S. Benvenuti, *Le lavoratrici del cotonificio di Gorizia. Paesi d'origine, contesto economico, condizioni in fabbrica (1925-1950)*, in «Qualestoria», nn. 2-3, agosto-dicembre 1990, pp. 179 sgg.

50. Cfr. P. Boccolari e G. Alfier, *Le donne della bassa tra case di latitanza ed eccidi*, in *Mimose e scarpe rotte. Le donne reggiane per l'assistenza ai combattenti della libertà*, Istituto Alcide Cervi, Reggio Emilia 1985, pp. 35 sgg. In un altro contesto geografico – la provincia di Gorizia – «il rifiuto del lavoro di fabbrica e la preferenza accordata invece all'apprendistato nel lavoro di cucito» viene rilevato in maniera molto marcata nelle famiglie operaie, mentre si presenta con tratti molto attenuati in quelle contadine: cfr. A. Di Gianantonio, *Le lavoratrici del cotonificio di Gorizia. Fondamenti di identità e percorsi di formazione politica*, in «Qualestoria», nn. 2-3, agosto-dicembre 1990, pp. 283 sgg.

51. Cfr. V. Maher, *Un mestiere da raccontare. Sarte e sartine torinesi tra le due guerre*, in «Memoria», n. 8, 1983.

52. È la testimonianza di Maria Bronzo in Negarville, pubblicata in Guidetti Serra, *Compagne* cit., vol. 1, pp. 310 sgg. Per analoghe considerazioni riferite alla Germania di Weimar, cfr. M. Aspmair, *Le donne impiegate nella Germania di Weimar: spunti per una ricerca*, in «Rivista di storia contemporanea», n. 2, 1982, pp. 198 sgg.

53. Per questi dati, cfr. De Giorgio, *Le italiane dall'Unità a oggi* cit., p. 9.

54. Cfr., per queste considerazioni riferite in generale alle donne tra le due guerre, Aspmair, *Le donne impiegate nella Germania di Weimar* cit.

55. Per il versante italiano della discussione sui rapporti simbolici e le valenze concettuali del binomio «donna nuova»/ modernità tra Ottocento e Novecento, cfr. M. De Giorgio, *Donne e modernità nel Novecento*, recensione a *Rappresentazioni della modernità. Teorie, esperienze, pratiche delle donne nel Novecento*, Roma, 7-8 giugno 1990, in «IG informazioni», trimestrale a cura della Fondazione Istituto Gramsci, II, 1990, n. 3. Sul valore simbolico della *flapper*, cfr. De Grazia, *Le donne nel regime fascista* cit., p. 166.

56. Cfr. Aspmair, *Le donne impiegate nella Germania di Weimar* cit.

57. Per alcune cifre comparative tra Italia e Stati Uniti in questo senso (ad esempio, se negli Stati Uniti, negli anni trenta, il 65 per cento dei parti avveniva in ospedale, in Italia il 93 per cento avveniva in casa; un cittadino su quattro possedeva l'automobile, in Italia uno su 90), cfr. De Grazia, *Le donne nel regime fascista* cit.

58. Cfr. *ibid.*, p. 168.

59. «Io non so, non credo che si possano definire regimi democratici quelli che avevamo prima del fascismo», disse l'allora presidente del Consiglio nel famoso discorso alla Consulta, per l'apertura dei lavori, il 26 settembre 1945. Cfr. F. Parri, *Scritti 1915/1975*, Feltrinelli, Milano 1976, pp. 179 sgg.

60. Cfr. Amendola, *Il Tribunale Speciale e l'antifascismo all'interno* cit., p. 221.

61. Cfr. G. Quazza, *Resistenza e storia d'Italia,* Feltrinelli, Milano 1974.

62. Cfr. G. Mazzetti, *Dalla crisi del comunismo all'agire comunitario*, Editori Riuniti, Roma 1992, p. 24.

2. *L'antifascismo organizzato*

1. Cfr. Amendola, *Intervista sull'antifascismo* cit., p. 97, che cita in questo senso l'«appello alle camicie nere» pubblicato su «Lo stato operaio» nell'agosto 1936. Per una puntuale ricognizione delle varie «fasi» che scandirono la linea del PCI negli anni del fascismo, cfr. N. Gallerano e M. Flores, *Sul PCI,* Il Mulino, Bologna 1992, pp. 23-67.

2. Per una compiuta ricognizione storiografica dei tratti salienti della «svolta», cfr. F. Ormea, *Le origini dello stalinismo nel PCI. Storia della «svolta» comunista degli anni '30*, Feltrinelli, Milano 1978; A. Leonetti, *Un comunista, 1895-1930*, Feltrinelli, Milano, 1977; U. Terracini, *Sulla svolta. Carteggio clandestino dal carcere, 1930-1932,* La Pietra, Milano 1975.

3. Cfr., in questo senso, Santomassimo, *Antifascismo popolare* cit. e Gagliani, *I caratteri del comunismo parmense, 1921-1943* cit. Nel 1932, ad esempio, si contavano 2000 iscritti nel reggiano mentre erano 10 000 in tutta Italia. Nel suo primo anno di vita, tra gli insegnanti, gli intellettuali e gli avvocati, il PCI contava 245 iscritti, lo 0,50 per cento dei propri mem-

bri. Cfr. P. Spriano, *Storia del Partito comunista italiano. Da Bordiga a Gramsci*, vol. 1, Einaudi, Torino 1967, p. 169. La netta accentuazione operaia e operaista del PCI delle origini non era un dato riferito solo alla realtà del «triangolo industriale»: in Umbria, nel 1925, si contavano 5 intellettuali, 2 studenti e 43 impiegati su un totale di 666 tesserati. Cfr. A. Portelli, *Biografia di una città. Storia e racconto: Terni 1830-1985*, Einaudi, Torino 1985.

4. Cfr. A. Ballone, *Storiografia e storia del PCI*, in «Passato e presente», n. 33, 1994, pp. 129 sgg. Su questi aspetti del rapporto con l'Unione Sovietica, cfr. anche C. Pinzani, *Le ragioni del socialismo. Nuovi sentieri dopo il comunismo*, Ponte alle Grazie, Firenze 1990.

5. Su un altro versante di ricerca, per la verità ancora agli esordi e non ancora sedimentatosi in interpretazioni consolidate, il mito dell'Unione Sovietica viene coniugato con la continuità della tradizione popolare del «rovesciamento», evidenziando le influenze millenaristiche confluite nelle rappresentazioni dell'Unione Sovietica «come regno della giustizia sociale, dell'uguaglianza, della felicità e dell'abbondanza che un giorno sarebbe stato patrimonio di tutti gli uomini»: cfr. Boarelli, *Militanti comunisti a Bologna* cit., p. 188, che cita, tra gli altri, G. Cocchiara, *Il mondo alla rovescia*, Boringhieri, Torino 1981 e V. Lanternari, *Millennio e messia*, in *Enciclopedia*, vol. 9, Einaudi, Torino 1980.

6. Cfr. *La fascistizzazione della socialdemocrazia e la nostra lotta contro di essa*, in ACS, Tribunale Speciale, b. 329. L'opuscolo, che ha per sottotitolo «materiale per una discussione sulla nostra politica», comprendeva una raccolta di scritti di Ruggero Grieco pubblicati su «Lo stato operaio» (*Alcuni insegnamenti dell'epoca nostra*; *Il processo di fascistizzazione della socialdemocrazia italiana; Le «originalità» di un programma*).

7. La lettera è in ACS, Tribunale Speciale, b. 581, procedimento contro Grassi Luigi e altri. Riferendosi al contenuto della lettera il pubblico ministero, nel chiedere la condanna degli imputati, aggiungeva: «Tale programma il Grassi attuava in pieno essendo riuscito ad aggiogare al carro dei rinnegati Giuseppe Lantero, fascista, proveniente dalle organizzazioni giovanili e fiduciario di stabilimento, Giuseppe Bensi, fascista dal 1933, ex fiduciario di stabilimento, Attilio Gaggero, fascista dal 1933». Luigi Grassi era nato nel 1904 a Torino; militante della Gioventù socialista dal 1918, nel 1920 prese parte all'occupazione delle fabbriche e aderì al PCI dalla fondazione. Arrestato nel 1927 e deferito al Tribunale Speciale, venne assolto per insufficienza di prove. Espatriato clandestinamente in Francia nel 1928 entrò a far parte del Centro estero del partito; tornò in Italia nel dicembre 1935 accompagnato dalla moglie Maddalena Secco. I due si stabilirono a Lavagna, adoperandosi per la ricostruzione della «rete» organizzativa del PCI in Liguria. La linea dell'«entrismo» nelle organizzazioni fasciste conseguì qualche risultato grazie ai contatti avviati da Grassi con Pierino Badino, calderaio presso i Cantieri Tirreno di Genova, che riuscì a coinvolgere nell'attività propagandistica Ruggero Beretti, operaio negli stessi Cantieri e «suonatore di cornetta nel gruppo rionale Tellini di Genova»: «Il Beretti divenne un attivo collaboratore del Badino aiutandolo a montare l'ambiente operaio dei Cantieri del Tirreno per muovere causa alla direzione dello stabilimento al fine di ottenere un aumento della indennità di L. 0,50 oraria a favore degli operai (...)». Cfr. Denuncia della R. Questura di Genova, 19 aprile 1937, in b. 581 cit. Dopo l'arresto del 1937 Grassi fu condannato dal Tribunale Speciale a 18 anni di reclusione. Sullo scenario complessivo in cui si inserì questa «fase» della linea politica del PCI, cfr. P. Spriano, *Storia del Partito comunista italiano. I fronti popolari, Stalin, la guerra*, vol. 3, Einaudi, Torino 1970, pp. 95-112.

8. Il documento è citato in A. Gobetti, *Camilla Ravera, vita in carcere e al confino*, Guanda, Parma 1969, p. 430.

9. Il documento è citato in Gagliani, *I caratteri del comunismo parmense, 1921-1943* cit., p. 153.

10. Cfr. Lettera dell'Ufficio Politico ai carcerati e ai deportati, febbraio 1932, in ACS, Tribunale Speciale, b. 442.

11. «Dove non arrivò la comprensione – ricordava Giorgio Amendola – fu alla base proprio per il fatto che tra i piccoli gruppi di compagni isolati e passivi non circolavano le idee politiche (...) Ci furono delle organizzazioni in cui non arrivò in maniera chiara non solo la coscienza ma neppure la notizia della svolta»; cfr. Amendola, *Intervista sull'antifascismo* cit., p. 96.

12. Per questi documenti, cfr. Procedimento contro Camilla Ravera e altri 36, 2 settembre 1930, in ACS, Tribunale Speciale, b. 263.

13. Il documento è citato in C. Pillon, *Il PCI nella clandestinità, 1926-1942*, in *I comunisti a Torino, 1919-1972*, Editori Riuniti, Roma 1974, pp. 49-78.

14. Cfr. Noce, *Rivoluzionaria professionale* cit., p. 129.

15. Cfr. *ibid.*, p. 154.

16. Cfr. Riassunto delle operazioni comuniste dal 1° gennaio 1931 al 30 aprile 1932 dell'Ispettore generale dell'OVRA, Francesco Nudi, in ACS, DgPS, Agr 1932, K 1b, Movimento comunista, b. 60, citato in A. De Bernardi, *Operai e nazione. Sindacati, operai e Stato nell'Italia fascista*, Franco Angeli, Milano 1993, p. 192.

17. Cfr. Noce, *Rivoluzione professionale* cit., p. 173.

18. In questo senso, cfr. Gagliani, *I caratteri del comunismo parmense, 1921-1943* cit., p. 137.

19. Cfr. l'intervento alla Conferenza del PCI a Basilea nel gennaio 1928 in Pillon, *Il PCI nella clandestinità, 1926-1942* cit.

20. Citata in Gobetti, *Camilla Ravera, vita in carcere e al confino* cit., p. 46.

21. Per un'affermazione ancora più recisa nel senso dell'interpretazione ripresa nel testo («noi volevamo affermare che il partito comunista come partito della classe operaia non poteva essere sciolto da nessuno se non dalla classe operaia e che era indistruttibile»), cfr. C. Ravera, *Il centro interno: problemi e organizzazione*, in *I comunisti a Torino, 1919-1972* cit., p. 81.

22. Cfr. in questo senso, Amendola, *Intervista sull'antifascismo* cit., p. 51.

23. È un giudizio sottolineato con particolare vigore da Giorgio Amendola, *ibid.*, p. 142. Cfr. anche P. Secchia, *L'azione svolta dal Partito comunista in Italia durante il fascismo, 1926-1932*, in «Annali» dell'Istituto G. G. Feltrinelli, n. 11, 1969, pp. 46 sgg.

24. Tale cifra si riferisce al 1934, secondo i dati contenuti nel Rapporto all'Internazionale di Manuil'skij, citato da Amendola, *Intervista sull'antifascismo* cit., p. 140.

25. Nel 1927, ad esempio, le tessere effettivamente pagate in Lombardia erano 240 (Milano 150, Sondrio 25, Pavia 28, Varese 37), in Piemonte 342 (Torino 150, Alessandria 62, Biella 130), in Liguria 100 solo a Genova. Il documento interno del PCI con questi dati è in ACS, Tribunale Speciale, b. 96). Le cifre ufficiali fornite da Camilla Ravera erano invece le seguenti: Piemonte e Liguria 1724; Lombardia 1371, Triveneto 1040, Emilia e Marche 1065, Roma, Umbria e Abruzzo 465, Sud 390. Cfr. Gobetti, *Camilla Ravera, vita in carcere e al confino* cit., p. 397. Per i dati di Milano al 30 giugno 1927, cfr. De Bernardi, *Operai e nazione* cit., p. 106. Sulla prassi di moltiplicare le cifre reali degli iscritti, cfr. la testimonianza di Tina Pizzardo – relativa alla sua breve permanenza a Grosseto come segretaria di quella federazione nel 1928 – nel dattiloscritto di un suo memoriale autobiografico (d'ora in poi citato come *Memorie*) che ho potuto consultare grazie alla gentilezza di suo figlio, Vittorio Rieser. Cfr. la nota 8 del cap. 1 della parte seconda.

26. Cfr. Gobetti, *Camilla Ravera, vita in carcere e al confino* cit., p. 360.

27. Cfr. Verbale della riunione del Comitato Centrale del PCI, Basilea 3 marzo 1927, citato in Gobetti, *Camilla Ravera, vita in carcere e al confino* cit., p. 394.

28. Cfr. R. Martinelli, *L'organizzazione del Partito comunista d'Italia dal 1921 al 1926*, in «Quaderni di storia delle donne comuniste», n. 6, gennaio 1921.

29. Cfr. Ravera, *Il centro interno: problemi e organizzazione* cit., p. 79.

30. Cfr. Gagliani, *I caratteri del comunismo parmense, 1921-1943* cit., p. 164.

31. Cfr. Amendola, *Intervista sull'antifascismo* cit., p. 133.

32. Cfr. Noce, *Rivoluzionaria professionale* cit., p. 146.

33. Cfr. il rapporto di Togliatti al Comitato Centrale del PCI del 23 febbraio 1929, citato in Pillon, *Il PCI nella clandestinità, 1926-1942* cit.

34. Cfr. la relazione di Mario Montagnana citata in S. Lunadei Girolami, *Partito comunista e classe operaia a Torino, 1929-1934*, in «Annali della Fondazione L. Einaudi», vol. 4, Torino 1970, pp. 161-96.

35. Cfr. Lettera all'organizzazione di Torino, 15 aprile 1929, citata *ibid.*

36. Cfr. la relazione di Montagnana citata *ibid.*, p. 176.

37. La testimonianza di Lucia Bianciotto è in Guidetti Serra, *Compagne* cit., vol. 2, pp. 319 sgg.

38. Cfr. Gagliani, *I caratteri del comunismo parmense* cit., p. 130.

39. Cfr. la testimonianza di Teresa Cirio, in *La Resistenza taciuta. Dodici vite di partigiane piemontesi* cit., pp. 72 sgg.

40. Cfr. Gagliani, *I caratteri del comunismo parmense, 1921-1943* cit.

41. Cfr. interrogatorio del caposquadra UPI, Leonardo Bottari, in Procedimento contro Mazzone Vincenzo e altri, in ACS, Tribunale Speciale, b. 207.

42. *Ibid.*

43. Cfr. ACS, Tribunale Speciale, b. 207.

44. Voccoli (1887-1963), di ricca famiglia borghese, era stato prima segretario della Sezione tarantina del PSI, poi fondatore del PCI nella stessa città. Nel gennaio del 1926 partecipò al III Congresso a Lione. Fu condannato una prima volta dal Tribunale Speciale (28 aprile 1928) a 12 anni e 6 mesi di reclusione, e una seconda, dopo essere stato scarcerato per amnistia nel novembre 1932, a 4 anni (sentenza del 14 febbraio 1935).

45. Cfr. Procedimento contro Voccoli Odoardo ed altri, 1926, in ACS, Tribunale Speciale, b. 117.

46. Gerolamo Pifferi (nato nel 1882) fu condannato dal Tribunale Speciale a 9 anni di reclusione; stessa sorte per il figlio Giuseppe (nato nel 1908).

47. Cfr. Procedimento contro Borghi Alceste e altri, 1937, in ACS, Tribunale Speciale, b. 581.

48. Cfr. Procedimento contro Giulio Montagnani e altri, 1927, in ACS, Tribunale Speciale, b. 1. Con sentenza del Tribunale Speciale del 28 ottobre 1927, Elisa Veracini fu condannata a 2 anni di reclusione, Ida Scarselli a 2 anni e 6 mesi.

49. Cfr. in questo senso la convincente interpretazione, riferita al bracciantato padano, di G. Crainz, *Padania. Il mondo dei braccianti dall'Ottocento alla fuga dalle campagne*, Donzelli, Roma 1994.

50. Cfr. lettera di 7 (Guglielmo Jonna) a B. (Giuseppina Zolia), 13 settembre 1927, in ACS, Tribunale Speciale, b. 176.

51. Cfr. Pillon, *Il PCI nella clandestinità, 1926-1942* cit.; Lunadei Girolami, *Partito comunista e classe operaia a Torino* cit.

52. Il materiale propagandistico prodotto dal gruppo di Andreis figura tra gli allegati alla denuncia della Regia Questura di Torino (firmata dal questore Giuseppe Stracca), 22 gennaio 1932, in ACS, Tribunale Speciale, b. 397.

53. Al primo, seguirono infatti i numeri del 1° ottobre e del 31 ottobre 1931.

54. Cfr. *La diagnosi marxista è esatta*, in «Voci d'officina», n. 1, 15 settembre 1931.

55. Cfr. *Vaticano e fascismo*, in «Voci d'officina», n. 2, 1° ottobre 1931.

56. La ricostruzione di queste due «catene» è in ACS, Tribunale Speciale, denuncia della Regia Questura di Torino (firmata dal questore Giuseppe Stracca), 22 gennaio 1932, già citata.

57. Sui risvolti giudiziari dell'iniziativa poliziesca e per tutte le notizie riportate nel testo, cfr. ACS, Tribunale Speciale, Procedimento contro Calligaris e altri 21, b. 396.

58. Cfr. Verbale interrogatorio di Claudio Bricca, 21 dicembre 1931, *ibid.*

59. Cfr. Requisitoria del Pubblico Ministero, 20 marzo 1932, *ibid.*

60. Sulle polemiche che minarono la compattezza e la credibilità dello schieramento antifascista in esilio, cfr. in particolare l'annosa ma ancora preziosa antologia di S. Colarizi, *L'Italia antifascista dal 1922 al 1940*, Laterza, Roma-Bari 1976. Più recente è B. Tobia, *Scrivere contro. Ortodossi e eretici nella stampa antifascista dell'esilio, 1926-1934*, Bulzoni, Roma 1993. Per lo scenario generale, cfr. S. Tombaccini, *Storia dei fuoriusciti italiani in Francia*, Mursia, Milano 1988.

61. Cfr. in questo senso, e per un esame riassuntivo della polemica, Amendola, *Intervista sull'antifascismo* cit., pp. 69 sgg. Dello stesso Amendola, cfr. *Con il proletariato o contro il proletariato*, in «Lo stato operaio», giugno 1931, esemplare per la durezza del tono e il dogmatismo degli argomenti.

62. Il documento è in ACS, Tribunale Speciale, b. 245.

63. Cfr. Verbale interrogatorio di Mario Andreis, 2 gennaio 1932, in ACS, Tribunale Speciale, Procedimento contro Calligaris e altri 21 già citato. Amendola, nell'*Intervista sull'antifascismo* cit., p. 75, riferisce la sua visita torinese all'ottobre del 1933 sostenendo di avere incontrato in quell'occasione Andreis (che era in carcere) e Garosci (che era in Francia). In realtà Andreis colloca giustamente quell'incontro nell'ottobre 1931 anche nei suoi ricordi pubblicati postumi: cfr. M. Andreis, *Settembre 1943*, in *L'ora del Partito d'azione*, ISRP, Torino 1991, p. 43.

64. Una spia significativa di come fosse difficile per gli organizzatori periferici del PCI adattare la realtà della loro vita quotidiana alle direttive del partito ci pare questa relazione di «Marino», sempre riferita a Giustizia e Libertà: «Uno dei tratti più caratteristici di questo fenomeno – scriveva – ed anche uno dei più pericolosi per la classe operaia, è l'indiscutibile onestà intellettuale e sincerità di intenti dei singoli che vanno costruendosi oggi, in Italia, una coscienza rivoluzionaria al di fuori del partito. È doloroso a dirsi per un comunista, ma io ho avuto la sensazione precisa che in questo momento la coscienza della propria avversione al fascismo sia più chiara in certi ambienti della piccola borghesia intellettuale che non nel proletariato torinese». Il documento, del 1931, è citato in Lunadei Girolami, *Partito comunista e classe operaia a Torino* cit., p. 180.

65. Cfr. *Ai compagni della Federazione di Milano*, riportata in De Bernardi, *Operai e nazione* cit., p. 194.

66. Cfr. Procedimento contro Conte Dante e altri 22, 14 marzo 1934, in ACS, Tribunale Speciale, b. 487.

67. Cfr. G. Amendola, *Un'isola*, Rizzoli, Milano 1980, p. 96. Sui criteri d'intervento dell'OVRA, cfr. G. Leto, *Ovra, fascismo, antifascismo*, Cappelli, Bologna 1952.

68. Cfr. il documento (a firma Antonio) *Come i comunisti debbono fare il lavoro tra le masse*, in ACS, Tribunale Speciale, b. 442.

69. Nato a Milano il 12 settembre 1907, Vaia fu arrestato il 28 gennaio 1928 mentre prestava servizio nella Scuola ufficiali di complemento; deferito al Tribunale Speciale il 30 gennaio 1929, fu condannato a 5 anni di reclusione. Scarcerato per amnistia nell'ottobre 1932, espatriò clandestinamente prima a Parigi, poi a Mosca.

70. La corrispondenza è in ACS, Tribunale Speciale, b. 207.

71. Cfr. Amendola, *Un'isola* cit., p. 70.

72. La testimonianza di Marcellina Oriani è riportata in Mariani, *Quelle dell'idea* cit. Un esempio clamoroso in questo senso, che tocca direttamente i vertici del PCI è quello ricordato da Amendola, il quale si servì di un unico colloquio con il fratello Antonio per definire «l'analisi politica sulla situazione esistente nella gioventù universitaria»: cfr. Amendola, *Il Tribunale Speciale e l'antifascismo all'interno* cit., p. 245.

73. Il riferimento, ovviamente, è al romanzo di Ignazio Silone, forse la descrizione più efficace – sul piano letterario, ma anche dal punto di vista storiografico – del percorso accidentato e angoscioso attraverso cui i comunisti perdevano la propria fede. Cfr. I. Silone, *Uscita di sicurezza*, Vallecchi, Firenze 1965.

74. Cfr. *Le spie*, in «Avanguardia», dicembre 1927.

75. La lettera, senza data, è in ACS, Tribunale Speciale, b. 241, Procedimento contro Vincenzo Mazzone e altri, 1929, già citato.

76. La lettera è in ACS, Divisione Polizia Politica, fasc. Emilio Guarnaschelli. Il fascicolo documenta in particolare l'intera esistenza collettiva della famiglia Guarnaschelli, fin da quando resta impigliata nelle maglie della repressione poliziesca, dal 1931 cioè, anno in cui si registra la prima segnalazione del fiduciario dell'OVRA, il cav. Venanzio Coda. Sullo sfondo ricco di ambiguità in cui operò Mario Guarnaschelli, cfr. G. Fabre, *Roma a Mosca. Lo spionaggio fascista in URSS e il caso Guarnaschelli*, Dedalo, Bari 1990.

77. La denuncia del vicequestore di Torino, del 17 luglio 1931, è in ACS, Tribunale Speciale, b. 366, Procedimento contro Battista Santhià e altri 13.

78. Cfr. C. Sereni, *Il gioco dei regni*, Giunti, Firenze 1993, p. 97.

79. Cfr. Amendola, *Intervista sull'antifascismo* cit., p. 112.

80. La lettera, da Pinega, in Carelia, è del 23 maggio 1935. È in ACS, Divisione Polizia Politica già citato. Emilio Guarnaschelli era nato a Torino il 30 luglio 1911. Arrivò in Unione Sovietica nel 1933. A testimonianza delle sue vicissitudini nel Gulag staliniano resta il carteggio con il fratello Mario (E. Guarnaschelli, *Une petite pierre. L'exil, la déportation et la mort d'un ouvrier communiste italien en URSS, 1933-1939*, François Maspero, Paris 1979) pubblicato in Italia da Garzanti nel 1982. Morì a Nagajevo, dove era stato deportato, nel 1939. Sui risvolti ancora oscuri della sua vicenda, cfr. Fabre, *Roma a Mosca. Lo spionaggio fascista in URSS e il caso Guarnaschelli* cit.

81. Si tratta ancora di Renato Salimbeni. Cfr. Fabre, *Roma a Mosca. Lo spionaggio fascista in URSS e il caso Guarnaschelli* cit., p. 328.

82. Lettera datata Torino, 24 giugno 1935, *ibid.*

83. Lettera datata Pinega, 10 luglio 1935, *ibid.*

84. Su Altiero Spinelli, cfr. parte seconda, cap. 1.

85. Per questi dati, cfr. la documentazione raccolta in ACS, CPC, b. 4916, fasc. Veniero Spinelli. Su Veniero Spinelli, cfr. la nota 70 del cap. 1 della parte seconda.

86. Le due lettere (quella alla mamma è del 3 ottobre 1934) sono entrambe *ibid.*

87. Giacomo Deana era nato a Talmassons il 26 novembre 1902. Le sue prime scaramucce con i fascisti risalivano agli anni 1920-21, quando Deana era socialista. Cfr. Procedimento contro Giacomo Deana, in ACS, Tribunale Speciale, b. 27.

88. Cfr. R. Prefettura di Udine, 30 marzo 1927, in ACS, CPC, b. 1632, fasc. 60226, Giacomo Deana.

89. Deana avrebbe ricevuto dal «fiduciario di Nizza del PCI» l'ordine di costituire delle Centurie Armate: «Ma poi non condusse a termine tale organizzazione perché le superiori gerarchie comuniste gli ordinarono di tralasciare ogni azione in tal senso, dato che si era capito che un'impresa di tal genere era pazzesca e improponibile». Cfr. R. Prefettura di Udine, 24 marzo 1927, in ACS, CPC, b. 1632, fasc. 60226, Giacomo Deana.

90. Cfr. Silone, *Uscita di sicurezza* cit., p. 114.

91. Il rapporto di Remo Scappini è in A. Agosti, *Il PCI nella Resistenza, 1943-1945*, in *I comunisti a Torino, 1919-1972* cit., p. 105.

92. Cfr. R. Levi, *Ricordi politici di un ingegnere*, Vangelista, Milano 1981, p. 27.

93. L'impianto organizzativo di Giustizia e Libertà si limitava, oltre che a Torino e Firenze, a Milano, Roma, la Venezia Giulia e il Trentino. Nell'ottobre 1930, tradito da una spia infiltratasi nel movimento (l'avvocato Carlo Del Re), il gruppo milanese di Ernesto Rossi, Riccardo Bauer e Umberto Ceva, fu arrestato mentre con la collaborazione di Ferruccio Parri era in procinto di far esplodere a scopo dimostrativo una bomba al palazzo delle Poste. Ceva, ossessionato dal timore che gli venissero estorte informazioni sotto la tortura, si suicidò in carcere; Rossi e Bauer, il 30 maggio 1931, furono condannati dal Tribunale Speciale a 20 anni di reclusione. Per un esame riassuntivo delle vicende politiche di GL in Italia e sul processo al gruppo milanese, oltre ai testi citati in precedenza nella nota 29 dell'Introduzione, cfr. Delzell, *I nemici di Mussolini* cit.

94. Cfr. A. Garosci, *L'era di Carlo Levi*, in *Carlo Levi, disegni dal carcere. Materiali per una storia*, Archivio Centrale dello Stato, Roma 1983, pp. 16 sg.

95. Sulle caratteristiche generali (politiche, sociali e culturali) di GL in Italia (soprattutto a Torino), cfr. De Luna, *Una cospirazione alla luce del sole* cit.

96. Cfr. D. Zucaro, *Lettere di una spia*, SugarCo, Milano 1977, pp. 146 sg.

97. Per questi dati cfr. la documentazione raccolta in ACSPG (Archivio Centro Studi Piero Gobetti), GL/ga 1. Si tratta di circa 500 carte che consentono di ripercorrere tutti i dettagli della cospirazione giellista a Torino nel 1935 (l'ambito cronologico coperto dai documenti va dal 16 gennaio 1935 all'8 giugno 1936). Un primo blocco riguarda gli interrogatori resi in questura tra il 18 maggio 1935 e il 18 giugno 1935 dai giellisti arrestati il 15 maggio. I verbali conservati riproducono gli interrogatori di Mario Andreis, Piero Martinetti, Norberto Bobbio, Clara Lollini Giua, Giuseppe Aimo, Michele Giua, Cesare Pavese, Franco Antonicelli, Augusto Civallero, Giulio Einaudi, Carlo Levi, Giuseppe Foa, Anton Dante Coda, Antonio Rainone, Carlo Zini, Adriano Bolleto, Enrico Rieser, Guido Ghesina, Leo Levi, Gian Franco Rossi, Alberto Levi, Alfredo Perelli. In qualche caso allegati a questi verbali o, per la maggior parte, come note di polizia, sono conservati anche i dossier personali di Vittorio Foa, Michele e Clara Giua, Massimo Mila, Alberto Levi, Vindice Cavallera, Adriano Bolleto, Carlo Levi, Mario Carrara, Aldo Bertini, Cesare Pavese, Giulio Muggia, Alfredo Perelli, Giulio Einaudi, Alberto Alberti, Giandomenico Cosmo, Anton Dante Coda, Antonio Zini, Ludovico Geymonat, Giuseppe Aimo, Giovanni Alietta.

98. In questo senso si esprimeva invece il PCI che agli uomini dell'apparato illegale dava il consiglio «di avvicinarsi al metodo di vita di persone insospettabili sia per le loro moderate opinioni politiche sia anche per il loro sistema di vita (...) di copiare rigorosamente gli individui che fanno parte della classe piccolo-borghese». Cfr. Spriano, *Storia del Partito comunista italiano. Da Bordiga a Gramsci* cit., p. 266.

99. Cfr. Levi, *Ricordi politici di un ingegnere* cit., p. 29.

3. *Le donne e la politica*

1. Cfr., in questo senso, P. Gabrielli, *Le origini del movimento femminile comunista in Italia, 1921-1925*, in «Critica marxista», n. 5, 1989, p. 105.
2. Cfr. P. Gabrielli, *La figura e l'opera di Camilla Ravera*, relazione al convegno promosso dall'ANPPIA, Roma, 24 gennaio 1991. Sul ventaglio molto più vasto, ma anche più generico, dei settori femminili privilegiati nell'azione politica del vecchio PSI («le donne reiette, doloranti, scoraggiate, disilluse dalle promesse della borghesia»), cfr. G. Falconi, *La questione femminile nella stampa italiana dell'epoca*, in «Quaderni di storia delle donne comuniste», n. 6, gennaio 1991.
3. Cfr. Gabrielli, *La figura e l'opera di Camilla Ravera* cit.
4. Cfr. Tomassini, *Mercato del lavoro e lotte sindacali nel biennio rosso* cit. Nel marzo 1922, iniziò le pubblicazioni «Compagna», «quindicinale di propaganda tra le donne», che in luglio si trasferì a Torino sotto la direzione di Camilla Ravera e Rita Montagnana: il diritto al lavoro, «mai disgiunto dalla parità salariale e dal valore sociale della maternità», fu il tema maggiormente trattato nelle sue pagine. Su «Compagna», cfr. A. Dal Pont, A. Leonetti e M. Massara, *Giornali fuori legge. La stampa clandestina antifascista, 1922-1943*, ANPPIA, Roma 1964, pp. 138-45.
5. Cfr. Gabrielli, *La figura e l'opera di Camilla Ravera* cit.
6. Per questo percorso, cfr. A. Camparini, *Presupposti teorici marxisti del dibattito comunista*, in «Quaderni di storia delle donne comuniste», n. 6, gennaio 1991.
7. Cfr. L. Mariani, *L'emancipazione femminile in Italia: Giacinta Pezzana, Giorgina Saffi, Gualberta Beccari*, in «Rivista di storia contemporanea», n. 1, 1990, pp. 3-31.
8. Cfr. A. Rossi Doria, *Rappresentare il corpo. Individualità e «anima collettiva» nelle lotte per il suffragio*, in Bonacchi e Groppi (a cura di), *Il dilemma della cittadinanza* cit., p. 164.
9. Il documento è pubblicato in «Compagna», n. 5, 1° dicembre 1924.
10. Il documento è in «Compagna», n. 6, 15 dicembre 1924.
11. Citato in Falconi, *La questione femminile nella stampa italiana dell'epoca* cit.
12. Cfr. Carlotta D., *La donna e la politica*, in «Compagna», n. 3, 1° marzo 1925.
13. Cfr. F. Ferrero, *L'educazione professionale della donna*, in «Compagna», n. 4, 15 novembre 1924.
14. Cfr. A. Zanetta, *Istruirsi e restare operaie*, in «Compagna», n. 4, 15 novembre 1924.
15. Cfr. *La schiavitù della casa*, in «Compagna», n. 3, 1° marzo 1925.
16. Cfr. M. Pistillo, *Ruggero Grieco e la «Questione femminile», 1921-1926*, in «Quaderni di storia delle donne comuniste», n. 6, gennaio 1991.
17. Cfr. Direttive del Segretariato internazionale femminile, *ibid.*
18. Cfr. *Partito comunista d'Italia. Sezione femminile. L'operaia in Russia e in Italia*, 1932, in ACS, Tribunale Speciale, b. 442, Procedimento contro Frausin e altri 28.

19. Cfr. in questo senso, *8 marzo 1927*, in «Compagna», n. 1, aprile 1927: «In un solo paese la manifestazione dell'8 marzo ha avuto un carattere di gioia e di vittoria, nella Russia dei Soviet dove la Rivoluzione ha emancipato la donna proletaria dalla schiavitù politica ed economica (...). Viceversa le lavoratrici italiane hanno dovuto in quel giorno curvare la schiena a meditare sulle loro condizioni».

20. Cfr. «Estella» (T. Noce), *In prima fila le lavoratrici per il pane ed il lavoro!*, edizioni del PCdI, 1931, in ACS, Tribunale Speciale, b. 444.

21. Cfr. *ibid.*

22. Cfr. *ibid.* Nella stessa direzione, cfr. *Il fascismo contro le donne lavoratrici*, 1930 cit.: «La reazione contro le pratiche cosiddette illecite è reazione assolutamente di classe. Non sono le donne borghesi che sono colpite dalle misure repressive (...) ma sono solo ed esclusivamente le lavoratrici. Benché la percentuale delle nascite sia infinitamente minore nelle classi agiate che non in quelle lavoratrici, non vi è esempio di una sola borghese colpita dalle misure di repressione. Esse hanno a loro disposizione tutti i mezzi preventivi scientifici, i più costosi e delicati dottori e specialisti e masseuses e i segreti di bellezza (...). E quando non riescono ad evitare la gravidanza trovano sempre qualche celebrità della scienza medica pronta a procurare in esse l'aborto per motivi di salute».

23. Cfr. R. Maier, *La donna nella società comunista*, in «Compagna», n. 6, 15 dicembre 1924.

24. Cfr. Estella (T. Noce), *In prima fila le lavoratrici per il pane ed il lavoro!* cit. A questi motivi se ne accompagnavano altri più direttamente legati alle condizioni del lavoro e della produzione, denunciando «i laboratori delle monache, dove le operaie non hanno orario e si consumano la vista sui preziosi ricami per qualche lira di salario» e «la predicazione della rassegnazione allo sfruttamento dei padroni degli industriali – cristiani e fascisti! –».

25. Cfr. *Il fascismo contro le donne lavoratrici* cit.

26. Cfr. *ibid.*

27. Cfr. *ibid.*

28. Cfr. *ibid.* Per un altro esempio di «piattaforma rivendicativa», cfr. il volantino (firmato «le donne comuniste»), distribuito in occasione del 1° maggio 1930: «Operaie, lavoratrici (...) manifestate contro il licenziamento delle operaie incinte; per il diritto al riposo e al salario durante il periodo di gravidanza, contro la legge sulle pratiche illecite, contro le leggi eccezionali, per l'amnistia». Il documento è in ACS, Tribunale Speciale, b. 241.

29. Cfr., in questo senso, M. Livi Bacci, *Donna, fecondità e figli*, Il Mulino, Bologna 1980, p. 342.

30. Cfr. Soldani, *Lo Stato e il lavoro delle donne nell'Italia liberale* cit., p. 60.

31. Cfr. Aspmair, *Le donne impiegate nella Germania di Weimar: spunti per una ricerca* cit.

32. Nell'ambito del PSI, sull'opportunità di varare a livello sindacale un'organizzazione separata delle donne si pronunciò favorevolmente, ad esempio, il Congresso regionale di Vercelli del 1919. Le piemontesi, tuttavia, si trovarono isolate al successivo Congresso nazionale dove passò una linea rigidamente «unitaria». Cfr., in questo senso, Tomassini, *Mercato del lavoro e lotte sindacali nel biennio rosso* cit. Sulle tradizioni di combattività e di protagonismo politico delle donne socialiste nel vercellese, cfr. G. Motta, *Le donne operaie biellesi nella lotta di liberazione*, ISPRV, Borgosesia 1982 e L. Moranino, *Le donne socialiste nel biellese, 1900-1918*, ISRPV, Borgosesia 1984. Per i ritratti di due protagoniste del passaggio dal PSI al PCI, cfr. P. Gabrielli, *Adalgisa Breviglieri* e M. G. Camilletti, *Fortunata*

Lucarone, in *Biografie di comunisti marchigiani: da Livorno alla clandestinità*, a cura di M. Papini, Istituto Gramsci delle Marche, Ancona 1993, pp. 19 sgg. e 55 sgg.

33. Cfr. Ferrero, *Un nocciolo di verità* cit., p. 21.

34. Cfr. Noce, *Rivoluzionaria professionale* cit., p. 46.

35. Cfr. Gabrielli, *Le origini del movimento femminile comunista in Italia, 1921-1925* cit.

36. Cfr. lettera di 19 a 11, 29 agosto 1927, in ACS, Tribunale Speciale, b. 176.

37. Cfr. *Il lavoro tra le donne*, in «Bollettino del PCI», gennaio 1931. In questo senso, cfr. anche *Organizziamo meglio il lavoro di partito*. La segreteria del partito, gennaio 1932: «Un grave errore organizzativo e politico da voi compiuto è quello di aver lasciato a parte le compagne. Esse devono essere invece legate all'organizzazione e fare parte dei gruppi e delle cellule delle località, avere dei compiti da svolgere, leggere la stampa che vi arriva, diffonderla (...) come tutti gli altri compagni. Nel nostro partito non vi sono uomini e donne ma vi sono solo dei comunisti: quando una donna ha dato l'adesione al partito essa deve essere considerata membro dell'organizzazione alla stregua di tutti i compagni. Ciò non toglie, naturalmente, che a essa siano affidati dei compiti speciali di propaganda e di organizzazione tra le operaie, perché essendo donna ha più facilità di fare questo lavoro».

38. «Deve svolgere la sua attività tra le donne lavoratrici, operaie e massaie, principalmente al fine di portarle sotto la direzione e l'influenza del P.C. Non vi deve essere perciò sotto nessun pretesto un'organizzazione femminile». Cfr. *Alle compagne dell'organizzazione di Torino*; il documento, firmato dalla Direzione femminile centrale, è del marzo 1931 ed è conservato in ACS, Tribunale Speciale, Procedimento contro Pietro Secchia e altri 29, 21 giugno 1931, b. 346.

39. Cfr. lettera di SF a CI, 1931, in ACS, Tribunale Speciale, Procedimento contro Pietro Secchia e altri 29, 21 giugno 1931, b. 346.

40. Il documento è *ibid.*

41. Cfr. *Il lavoro tra le donne*, in «Bollettino del PCI», gennaio 1931 cit.

42. Cfr. *ibid.*

43. Per tutti, questo di Morgari che le donne potessero attutire l'ardore combattivo degli uomini: «È molto da temersi però che gli allettamenti del luogo e specie l'intervento della donna liquefino a poco l'antica fierezza degli agitatori e li allontanino dalla pesante fatica mentale in pro del partito». Cfr. O. Morgari, *L'arte della propaganda socialista*, Uffici della lotta di classe, Milano 1896, p. 33, citato in M. Ridolfi, *L'apprendistato della cittadinanza. Donne e sociabilità popolare nell'Italia liberale*, dattiloscritto in corso di pubblicazione in «Meridiana», n. 23, settembre 1995.

44. Cfr. A. Spinelli, *Come ho tentato di diventare saggio*, Mondadori, Milano 1993 (1ª ed. 1984), p. 75.

45. La lettera, del 20 giugno 1925, è in E. Turchi, *La felicità è la lotta*, Marsilio, Venezia 1976, p. 28.

46. Cfr. Santomassimo, *Antifascismo popolare* cit.

47. Citato in Gabrielli, *Le origini del movimento* cit., p. 112.

48. Tra i primi in ordine di tempo, cfr. *Ostacoli all'attività femminile*, in «Compagna», anno III, n. 4, Roma, 15 novembre 1924: «Veramente potremo affermare che un progresso sarà stato compiuto dal nostro partito quando al segretariato femminile non giungeranno più delle lettere di compagne (...) le quali dicono di essere inscritte al partito, ma di non frequentare le riunioni di compagni, di non partecipare alla vita delle sezioni e di ricevere soltanto delle relazioni scritte su ciò che nelle sezioni viene fatto e discusso».

49. Per questa affermazione di Ruggero Grieco del 1925, cfr. Pistillo, *Ruggero Grieco e la «Questione femminile», 1921-1926* cit.

50. Cfr. *Un partito che trascura il lavoro tra le donne non è un partito bolscevico*, in «Bollettino interno del PCI», 25 luglio 1932, in ACS, Tribunale Speciale, b. 442, Procedimento contro Frausin e altri 28.

51. Cfr. *Conquistiamo la donna lavoratrice alla lotta rivoluzionaria. Direttive per la giornata dell'8 marzo*, «Bollettino interno del PCI», febbraio 1932, in ACS, Tribunale Speciale, b. 442, Procedimento contro Frausin e altri 28.

52. Cfr. *La mia donna non ha tempo di leggere* («Con queste parole molti compagni hanno risposto alla mia proposta di abbonare al nostro quindicinale femminile le loro compagne (...). Alla donna, alla proletaria s'intende, non è mai stata concessa la possibilità di abituarsi a desiderare o a esigere qualche forma di distrazione o qualche momento di libertà (...). Gli uomini hanno lo scopo di mantenere la donna quale essa è: una buona bestia da lavoro, rassegnata alla sua sorte e senza pretese che la distraggano dalle sue occupazioni e cure domestiche»), in «Compagna», n. 5, 1° dicembre 1924.

53. In tal senso, cfr. il testo di questo biglietto («Carissimo, anzitutto cambia quel nome di Solidea che non piace. I nomi debbono essere maschili per molte ragioni»), scritto da 7 (Guglielmo Jonna, «Latini», responsabile dell'Ufficio n. 7) a B. (Giuseppina Zolia) chiamata Solidea o Idea bionda per il colore dei suoi capelli. Il documento è in ACS, Tribunale Speciale, b. 176, Procedimento contro Hofmaier Emilio e altri, 1927, fasc. 1405.

54. Cfr. Amendola, *Un'isola* cit., p. 112. Emma Forconi andò a fare la donna delle pulizie all'Ambasciata dell'Unione Sovietica a Roma, insieme a «Maria, la suocera di D'Onofrio e altre due compagne di perseguitati politici», cfr. Turchi, *La felicità è lotta* cit., p. 52.

55. Cfr. il dattiloscritto autobiografico di Vittoria Guadagnanini conservato nell'Archivio del PCI a Bologna.

56. La testimonianza dell'operaio ternano è in Portelli, *Biografia di una città* cit., p. 226.

57. La testimonianza di Lucia Bianciotto è in Guidetti Serra, *Compagne* cit., vol. 1, pp. 319 sgg.

58. Cfr. *A tutte le donne italiane*, 8 maggio 1944, in «Critica marxista», nn. 3-4, 1988, p. 13.

59. Cfr. P. Gabrielli, *La solidarietà tra pratica politica e vita quotidiana nell'esperienza delle donne comuniste*, in «Rivista di storia contemporanea», n. 1, 1993, pp. 34-57.

60. Cfr. G. Isola, *Solidarietà popolare e repressione fascista: il Soccorso Rosso in provincia di Firenze 1924-1939*, in «Ricerche storiche», nn. 2-3, 1982. Sul Soccorso Rosso in generale, cfr. anche S. Bellezza e C. Paletto, *Documenti sul Soccorso Rosso in Italia*, in «Rivista di Storia contemporanea», n. 2, 1985.

61. Cfr. *Le lavoratrici sul fronte della lotta antifascista e davanti al Tribunale Speciale*, in ACS, Tribunale Speciale, b. 443, Procedimento contro Frausin e altri, già citato.

62. Cfr. Questura di Milano, 20 ottobre 1927, in ACS, Tribunale Speciale, b. 174, Procedimento contro Hofmaier Emilio e altri, 1927.

63. Il documento è in ACS, Tribunale Speciale, b. 254, Procedimento contro Natale Premoli e altri.

64. Cfr. *Direttive per i comitati di base*, 1933, in ACS, Tribunale Speciale, b. 473, già citato. Questa ultima affermazione sembra però essere contraddetta da una pratica che a volte portava a utilizzare il Soccorso Rosso anche come strumento di controllo sulla fedeltà alla linea e sulla condotta mantenuta nei confronti della polizia fascista. «Tutti gli imputati tutti comunisti hanno tenuto un fiero contegno di fronte ai giudici di classe del regime fascista. Altrettanto non può dirsi di Purger e Montanya che sembra abbiano avuto delle

debolezze durante l'interrogatorio e il processo»; per questa citazione, cfr. «Soccorso Rosso», ottobre 1933, in ACS, Tribunale Speciale, b. 473 cit.

65. Il documento è in ACS, Tribunale Speciale, b. 174, Procedimento contro Hofmaier Emilio e altri, 1927.

66. La lettera è del 25 novembre 1933; è in ACS, Tribunale Speciale, b. 473, Procedimento contro Bietolini Antonio e altri, 1934. La Bei risiedeva a Parigi col marito Domenico Ciufoli. Entrata in Italia il 16 novembre 1933, fu arrestata il 25 dello stesso mese. Fu condannata a 18 anni di reclusione il 3 settembre 1934.

67. Cfr. *Alle compagne dell'organizzazione di Torino* cit.

68. Cfr. in questo senso *Quello che hanno fatto e che debbono fare le donne operaie e contadine d'Italia per il S. R.*, in «Soccorso Rosso», marzo 1925 (non firmato ma attribuibile a Camilla Ravera).

69. Cfr. Gabrielli, *La solidarietà tra pratica politica e vita quotidiana nell'esperienza delle donne comuniste* cit. La prima responsabile di questo che a Firenze veniva chiamato «lavoro assistenziale» fu Zaira Cianchi. Sul ruolo delle donne a Firenze, cfr. anche la testimonianza di Gino Tagliaferri («organizzai un gruppo di ricamatrici (...) per un'opera assistenziale erano le più indicate, tanto più che si spostavano in varie zone per prendere e riportare il lavoro e una quindicina di loro presero a occuparsi con un certo entusiasmo del Soccorso Rosso»), in R. Cantagalli, *Cronache fiorentine del ventennio fascista*, Cadmo, Firenze 1981, p. 126.

70. Una circolare del PCI in questo senso è citata in Mariani, *Quelle dell'idea. Storia di detenute politiche* cit.

71. La Colonia costò L. 9188,40. A dirigerla fu chiamato l'ex deputato del PCI, l'avvocato Luigi Salvatori, confinato politico, arrestato poi il 22 gennaio 1927, condannato a 4 anni e 6 mesi il 19 ottobre 1927. La documentazione relativa è in ACS, Tribunale Speciale, b. 43, Procedimento contro Gigino Cinelli e altri, 1927. Notizie relative a questa iniziativa, anche in L. Salvatori, *Al confino e in carcere*, Feltrinelli, Milano 1958 e nel carteggio tra la prefettura di Lucca e il ministero dell'Interno, in ACS, Ministero dell'Interno. Divisione generale di P.S., Div. Affari generali, 1914-26, fasc. Lucca.

72. Per questa citazione, cfr. Gabrielli, *La solidarietà tra pratica politica e vita quotidiana nell'esperienza delle donne comuniste* cit.

73. Cfr. in questo senso, De Grazia, *Le donne nel regime fascista* cit., p. 158, con alcune considerazioni sulla pedagogia igienista che ispirava allora i princìpi educativi più diffusi.

74. Cfr. *Il nostro lavoro contro la fascistizzazione della gioventù*, in «Il fanciullo proletario», 1927.

75. Il documento, del 16 agosto 1934, è in ACS, Direzione Generale P.S. Affari Generali e Riservati, f. 15 citato in Cantagalli, *Cronache fiorentine del ventennio fascista* cit., p. 209.

76. Cfr. le lettere dell'8 settembre e del 26 novembre 1930, in Gobetti, *Camilla Ravera: vita in carcere e al confino* cit., rispettivamente pp. 124 e 142.

77. Per il suo testo completo, cfr. Gagliani, *I caratteri del comunismo parmense* cit., p. 154.

78. Cfr. V. Fiorino, *Essere cittadine francesi: una riflessione sui princìpi dell'89*, in Bonacchi e Groppi (a cura di), *Il dilemma della cittadinanza* cit., p. 186.

79. Cfr. *La violenza rivoluzionaria*, in «Compagna», n. 6, 15 dicembre 1924.

80. Cfr. lettera a Ercoli, novembre 1926, in Gobetti, *Camilla Ravera, vita in carcere e al confino* cit., p. 346.

81. La lettera di «Ercoli», del 20 ottobre 1927, è in ACS, Tribunale Speciale, b. 174, Procedimento contro Hofmaier Emilio e altri.

82. Cfr. in questo senso, soprattutto G. Perona, *Le forze della resistenza e l'insurrezione*, in *L'insurrezione in Piemonte*, Franco Angeli, Milano 1987, pp. 311 sgg., dove si parte dal riferimento iniziale all'opera collettiva A. Neuberg, *L'insurrezione armata*, redatta a Mosca nel 1928 a cura dell'Internazionale. Per quanto si riferisce alla tesi sostenuta nel testo, e in particolare sul dibattito alla II Conferenza che si tenne nel gennaio 1928, cfr. Secchia, *L'azione svolta dal partito comunista in Italia durante il fascismo, 1926-1932* cit. Con particolare riferimento alle posizioni emerse negli Arditi del popolo e sul problema dell'armamento proletario, cfr. P. Spriano, *Storia del Partito comunista italiano*, vol. 1, *Da Bordiga a Gramsci* cit., pp. 139-51.

83. Cfr. la testimonianza di Antonia Abbiati in Corsini e Porta, *Avversi al regime* cit., p. 24.

84. Cfr. Noce, *Rivoluzionaria professionale* cit., p. 50.

85. Sul valore metodologico della categoria interpretativa della «sconfitta operaia», cfr. la bella citazione di Trockij («sotto l'influenza della sconfitta i centri inibitori del proletariato si sono ipertrofizzati. Gli operai divengono cauti, diffidenti ed esitanti. Anche se l'eruzione vulcanica della reazione è cessata, la lava indurita dello stato fascista ricorda anche troppo minacciosamente quello che si è subìto») in G. Sapelli, *La classe operaia durante il fascismo; problemi e indicazioni di ricerca*, in «Annali» della Fondazione Feltrinelli, XX, 1979-80, Feltrinelli, Milano 1981, p. XVIII. Lo stesso Sapelli, muovendosi lungo un filone interpretativo profondamente influenzato dal Togliatti delle *Lezioni sul fascismo* (Editori Riuniti, Roma 1970), conclude comunque per la permanenza durante il ventennio di una coscienza di classe che «per le ragioni del dominio dittatoriale non si esprime nella mobilitazione collettiva così come siamo abituati a riconoscerla nei domini democratici, quanto invece nella lotta clandestina o nella conservazione passiva e non oggettiva della "memoria storica" e del "sovversivismo"». La tesi che l'insubordinazione operaia durante il fascismo abbia continuato a svilupparsi indipendentemente dalla tradizione politica e organizzativa del movimento operaio è, invece, in M. Tronti, *Operai e capitale*, Einaudi, Torino 1966.

86. Cfr. in questo senso G. Fogar, *L'antifascismo operaio monfalconese tra le due guerre*, Vangelista, Milano 1982, p. 192.

87. Per questa tipologia, cfr. A. Parisella, *Disagio e protesta sociale tra Roma e il Lazio, 1927-1939*, in *Geografia e forme del dissenso sociale in Italia durante il fascismo, 1928-1934*, a cura di M. Chiodo, Pellegrini, Cosenza 1990, p. 290.

88. Cfr. De Bernardi, *Operai e nazione* cit., p. 184.

89. Sugli scioperi della Valle Olona (24-27 ottobre 1927), cfr. *ibid.*, p. 90.

90. Esemplare in questo senso la testimonianza di Evelina Zenoni («a Marmore non ci avevamo l'acqua potabile. Allora organizzammo nel '31 di fare una protesta a Terni colle donne, un paio de cento, forse 250 donne (...). Casa per casa, voce per rione, c'era la moglie del segretario del fascio, de tutte le specie, fasciste, non fasciste, de tutte le qualità ce so' venute per l'acqua»), in Portelli, *Biografia di una città* cit., p. 223.

91. Cfr. De Grazia, *Le donne nel regime fascista* cit., p. 270.

92. Cfr. *Mosche cocchiere*, in «Italia Giovane», settimanale della Federazione novarese del PNF, 25 giugno 1927.

93. Per questa ricostruzione degli scioperi del 1927, cfr. Relazione del Prefetto di Novara, in ACS, Ministero dell'Interno, Direzione Generale di P.S., Divisione Generale Affari Generali e Riservati, 1927-33, cat. C1, b. 113. Cfr. anche U. Chiaromonte, *Economia e società in provincia di Novara durante il fascismo, 1919-1943*, Franco Angeli, Milano 1987, pp. 186 sgg.; E. Termini (G. Li Causi), *Crisi e lotta di classe in risaia*, in «Lo stato operaio», anno II,

nn. 1-2, gennaio-febbraio 1928; F. Omodeo Zorini, *Lo sciopero delle mondine del giugno-luglio 1927*, in «Ieri Novara Oggi», n. 3, 1980, pp. 139 sgg.

94. Cfr. 10 ottobre 1932. Denunzia dell'ispettore generale di P.S., in ACS, Tribunale Speciale, b. 428, Procedimento contro Bianciotto Lucia. La Bianciotto fu arrestata insieme a Giuseppe Rimola al valico di Domodossola, il 15 luglio 1932, proprio mentre si recava come emissaria della Direzione del Partito nelle zone del Vercellese. Era nata a Frossasco (To) il 10 luglio 1908, ed era coniugata con Paolo Scarponi, arrestato nell'ottobre 1931, condannato dal Tribunale Speciale a 12 anni. La Bianciotto beneficiò dell'amnistia, Regio Decreto 5 novembre 1932, n. 1403.

95. Cfr. Il Comitato sindacale del PCI e la Segreteria del PCI, *Bisogna organizzare lo sciopero delle mondine*, 29 aprile 1932, in «Organizzare lo sciopero delle mondine. Bollettino interno del PCdI», maggio 1932, in ACS, Tribunale Speciale, b. 442, Procedimento contro Frausin e altri 28.

96. Cfr. Rapporto di «sei» e «sette» sulla campagna di monda 1932, 7 luglio 1932, *ibid.*

97. Per quella stagione di monda gli agrari avevano sollecitato una riduzione dei salari del 35 per cento (da 14 lire al giorno a 8 lire); i sindacati fascisti avevano chiesto che fosse contenuta al 20 per cento; dopo gli scioperi spontanei del 12-13 giugno 1931, una sentenza della Magistratura del lavoro del 16 giugno fissò le paghe a 11 lire al giorno, con una riduzione del 24 per cento. Cfr. A. Colombo, *Le mondariso nel ventennio fascista*, in *Aspetti della storia della provincia di Vercelli tra le due guerre mondiali*, a cura di P. Dongilli, ISRSCPV, Borgosesia 1993, pp. 179 sgg.

98. In generale per questa ricostruzione delle lotte delle mondine, cfr. anche A. Pirruccio, *Conflitti di lavoro durante il fascismo: gli scioperi delle mondine*, *ibid.*, pp. 186 sgg.

99. L'anno precedente, durante gli scioperi erano state arrestate Angela Mainini, contadina, nata a Gravellona Lomellina il 9 luglio 1894 («persona di dubbia moralità in quanto in data 27 settembre 1916 venne arrestata perché responsabile di infanticidio e assolta») ed Enrichetta Tessera, nata il 6 agosto 1884, contadina, accusate di aver organizzato, il 13 giugno 1931, una manifestazione sovversiva alla risaia di Vignarello di Tornaco, condotta in affitto dai fratelli Mercalli: «Cominciarono a cantare l'inno Bandiera Rossa (...) mentre già ferveva tra le mondariso il malcontento per la nota vertenza sulle tariffe (...) e c'era una larga diffusione di manifestini che incitavano le mondariso alla resistenza». Successivamente furono denunciate anche Massini Esterina, contadina, anni 39, e Mantovani Maria, anni 34, contadina: «Quella mattina passarono tutto il repertorio di canzoni popolari conosciute, e ad un tratto, senza lontanamente immaginare che commettevano un'infrazione alla legge, intonarono Bandiera Rossa canto di battaglia del tempo delle leghe rosse quando in risaia la si cantava indifferentemente per allegria o per protesta contro i padroni (...) questo piccolo episodio si diffuse nella zona risicola della vicina Lomellina con un'aureola diversa da quella che non fosse la realtà, come tutte le cose riportate, ed ivi le autorità fasciste minacciavano di farne un casus belli». La denuncia, presentata il 2 luglio 1931, fu così archiviata il 15 agosto 1931 «per mancanza di dolo»; cfr. Rapporto del capitano dei carabinieri, Oscar Godino, 4 agosto 1931, in ACS, Tribunale Speciale, b. 278.

100. Cfr. De Grazia, *Le donne nel regime fascista* cit., p. 251.

4. *Gli antifascisti*

1. Cfr. G. Amendola, *Una scelta di vita*, Rizzoli, Milano 1976, p. 98.
2. Cfr. *ibid.*, p. 131.

3. Cfr. Portelli, *Biografia di una città* cit., p. 186.
4. Cfr. lettera di Carlo Del Re, 5 ottobre 1931, citata in E. Rossi, *Una spia del regime*, in «Il Ponte», n. 10, 1952, pp. 1538-78.
5. Citato in S. Lanaro, *Storia dell'Italia repubblicana*, Marsilio, Padova 1992, p. 37.
6. Cfr. il frammento autobiografico pubblicato in P. Gobetti, *L'editore ideale*, a cura di F. Antonicelli, Scheiwiller, Milano 1966; un tema analogo è ripreso nella lettera alla moglie del 25 agosto 1922, in Piero e Ada Gobetti, *Nella tua breve esistenza. Lettere, 1918-1926*, a cura di E. Alessandrone Perona, Einaudi, Torino 1991, p. 588.
7. Cfr. *ibid.*, p. 385.
8. Cfr. *ibid.*, p. 602.
9. Cfr. *ibid.*, p. 559.
10. Cfr. in particolare la lettera del 25 luglio 1919 («in treno. Intorno ho una famiglia sciocchina che discorre da un'ora e mi secca tremendamente per quanto non sappia che dire. C'è anche uno studente cretino che ha visto il mio Pareto e ci ha fatto su non so che osservazioni fisiologiche»), *ibid.*, p. 49; Ada non gli è certo da meno in questo atteggiamento: cfr. lettera del 29 luglio 1919 («Nel mio vagone c'è la gente più promiscua che tu possa immaginare; un vecchio signore che mi guarda scandalizzato perché ho tolto il cappello (una signorina, ohibò), una mammina con due bambini che fanno un chiasso d'inferno: ma sono carini i bambini e quindi pazienza (...) Siamo a Orbassano: è sceso il vecchio signore che si scandalizzava: è salita una signorina dipinta, scollata, l'aria equivoca. Mah, povera umanità!»), *ibid.*, p. 65.
11. Cfr. *ibid.*, p. 54.
12. Le due lettere (rispettivamente del 3 e del 10 agosto 1926) sono in ACS, Tribunale Speciale, b. 207 cit.
13. Cfr. lettera del 29 marzo 1925 in ACS, Tribunale Speciale, b. 27 cit.
14. Cfr. *ibid.*
15. Cfr. *ibid.*
16. Per tutte queste lettere cfr. *ibid.*
17. La lettera è in ACS, Tribunale Speciale, b. 161, Procedimento contro Giovanni Degasperi e altri 5. Annibale Lodone, zoccolaio, insieme al fratello Giacomo fu denunciato dai carabinieri di Masserano – nel Biellese – per aver partecipato ai funerali del socialista Giovanni Rosetta («sulla cui tomba vennero pronunziate parole inneggianti alla fede del compagno scomparso») l'11 novembre 1928.
18. La lettera, del 23 aprile 1924, è in ACS, Tribunale Speciale, b. 241.
19. Cfr. Denuncia della Questura di Roma, 23 giugno 1927, in ACS, Tribunale Speciale, b. 83, Procedimento contro Luigi Fuschini e altri 8.
20. Cfr. lettera del 20 aprile 1927, *ibid.*
21. Cfr. lettera del 21 maggio 1927, *ibid.*
22. Cfr. lettera del 19 novembre 1927, *ibid.*
23. La lettera è in ACS, Tribunale Speciale, b. 241 cit.
24. La lettera è *ibid.*
25. La lettera è in ACS, CPC, b. 5396, fasc. 16329, Luigi Viana. Sulla personalità di Viana e sul suo ruolo nel PCI, cfr. la nota 4 del cap. 2 della parte seconda.

26. Cfr. lettera del 15 luglio 1927 in ACS, Tribunale Speciale, b. 95, Procedimento contro Luigi Bagnolati e altri 71.

27. Cfr. lettera del 24 novembre 1927 a Candelora Carmignano in ACS, Tribunale Speciale, b. 118, Procedimento contro Voccoli Odoardo e altri. La Torre, nato a Ginosa l'8 gennaio 1903, prima dell'arresto era stato licenziato nel luglio 1925 dall'Arsenale Militare, dove era congegnatore meccanico, «per i suoi sentimenti sovversivi». Il 3 maggio 1926 fu licenziato anche dalla ditta Letti Zerbinetti perché aveva scioperato il Primo Maggio. La sua fidanzata, Candelora Carmignano, era stata prima denunciata per aver consegnato (il 5 agosto 1926) un mazzo di fiori all'equipaggio di un piroscafo sovietico attraccato nel porto di Taranto, poi inviata al confino a Corleo Perticara, in provincia di Potenza. Cfr. denuncia della Questura di Taranto, 5 novembre 1927, in ACS, Tribunale Speciale, b. 117. La Torre subì una prima condanna dal Tribunale Speciale nel 1928 a 12 anni di reclusione, e una seconda, nel 1934, a 14 anni e 8 mesi.

28. La lettera, del 16 agosto 1934, in ACS, Direzione Generale P.S. Affari Generali e Riservati, fasc. 15, è citata in Cantagalli, *Cronache fiorentine del ventennio fascista* cit.

29. La lettera è in ACS, Tribunale Speciale, b. 83, Procedimento contro Fuschini Luigi e altri 8. Guerrini era un muratore di Santerno, dove era nato nel 1904, emigrato in Argentina nel 1925. Anita Montanari, calzettaia, nata a Santerno il 26 gennaio 1893, arrestata il 1° aprile 1927, fu condannata dal Tribunale Speciale a 2 anni di reclusione con sentenza del 31 agosto 1928.

30. Cfr. lettera del 5 dicembre 1926 in ACS, Tribunale Speciale, b. 1, Procedimento contro Giulio Montagnani e altri.

31. Cfr. Amendola, *Il Tribunale Speciale e l'antifascismo all'interno* cit., p. 220.

32. Cfr. Amendola, *Intervista sull'antifascismo* cit., p. 62.

33. La lettera, del 3 giugno 1934, è in ACS, CPC, b. 4916, fasc. Veniero Spinelli.

34. La lettera di Velio Spano a Felicita Ferrero è in ACS, Tribunale Speciale, b. 87, Procedimento contro Felicita Ferrero e Velio Spano.

35. Cfr. Spinelli, *Come ho tentato di diventare saggio* cit., p. 56.

36. Cfr. *ibid.*, p. 67.

37. Cfr. lettera a Cerilo Spinelli, 26 luglio 1934, in ACS, CPC, b. 4916, fasc. Veniero Spinelli.

38. Cfr. *ibid.* la lettera del 10 agosto 1934.

39. Cfr. le lettere di Enzo Sereni al fratello Emilio, del 27 ottobre e dell'8 dicembre 1927 riportate in C. Sereni, *Il gioco dei regni*, Giunti, Firenze 1992.

40. Cfr. P. Scoppola, *La Chiesa e il fascismo durante il pontificato di Pio XI*, in Id., *Coscienza religiosa e democrazia nell'Italia contemporanea*, Il Mulino, Bologna 1966, pp. 362-420.

41. La lettera, del 26 marzo 1929, è in ACS, Tribunale Speciale, b. 298, Procedimento contro Mario Vinciguerra, Renzo Rendi, Liliana Vernon, Lauro De Bosis. Anche Olga Tentori, nata a Verona il 1° ottobre 1889, era insegnante elementare presso la scuola Montanari di Verona. La destinataria della lettera era Lauretta Rensi Ferrucchi, nata ad Ascona il 28 marzo 1873 e moglie del filosofo Giuseppe Rensi, nato a Villafranca Veronese il 31 maggio 1871, socialista riformista, animatore della rivista genovese «Pietre» e professore universitario presso l'Università di Genova fino al 1934, quando fu costretto a lasciare la cattedra per la sua opposizione al regime. Cfr. *ibid.* la Denuncia della Questura di Verona, 31 ottobre 1930. Il 22 dicembre 1930 sia la Tentori sia Benedetti furono assolti «per mancanza di dolo».

42. Citata in B. Taddei, *Donne processate dal Tribunale Speciale, 1927-1943*, Grazia, Verona 1969, p. 57.

43. Le lettere citate fanno parte del carteggio (gennaio 1940 - marzo 1943) conservato presso l'Archivio dell'Istituto storico della Resistenza in Piemonte, a Torino. Su Giorgio Agosti e Mino Castellani, cfr. G. De Luna, *La biblioteca di un magistrato cospiratore partigiano*, in «Belfagor», 31 gennaio 1994.

44. Cfr. P. Gabrielli, *Camilla Ravera e la Conferenza delle donne comuniste*, in «Quaderni di storia delle donne comuniste», n. 6, gennaio 1991.

45. Cfr. Gabrielli, *La solidarietà tra pratica politica e vita quotidiana nell'esperienza delle donne comuniste* cit.

46. I due documenti sono riportati in Sereni, *Il gioco dei regni* cit.

47. Cfr. Gabrielli, *Le origini del movimento femminile comunista in Italia* cit.

48. Cfr. *ibid.*

49. Cfr. «Iperea», *Ai compagni che mi leggeranno*, in «L'Azione comunista», 26 novembre 1921.

50. Le due lettere sono in ACS, Tribunale Speciale, b. 161 cit. Edvige era sorella del Giacomo Lodone citato alla nota 17 di questo capitolo.

51. Cfr. Di Gianantonio, *Le lavoratrici del cotonificio di Gorizia* cit., p. 289.

52. Le lettere di Maria Valussi sono tutte in ACS, Tribunale Speciale, b. 27 cit.

53. Su Felicita Ferrero, cfr. *infra*, pp. 207 sgg.

54. Su Paolina Giannella; cfr. *infra*, pp. 167 sgg.

55. Anna Pavignano (1900-1975), comunista, fu arrestata il 20 aprile 1928, al ritorno in Italia dopo aver partecipato alla Conferenza di organizzazione indetta dal PCI a Costanza. Il 10 novembre fu condannata a 6 anni di carcere. Cfr. ACS, Tribunale Speciale, b. 237.

56. Ines Gualla, nata a Milano il 10 giugno 1903, era la compagna del comunista Bruno Monfrini. Fu arrestata il 28 ottobre 1927. Con sentenza della Commissione Istruttoria del Tribunale Speciale fu prosciolta «per insufficienza di prove» il 5 febbraio 1929. Cfr. ACS, Tribunale Speciale, b. 174 cit.

57. Laura Cavallucci, nata a Pergola (Pesaro) il 29 settembre 1903, tipografa, fu arrestata a Torino il 1° marzo 1928; il 21 novembre 1928 fu condannata dal Tribunale Speciale a 1 anno di reclusione. Cfr. ACS, Tribunale Speciale, b. 156.

58. Su Lucia Bianciotto, cfr. la nota 94 del cap. 3 della parte prima.

59. Elsa Oswald, nata a Zurigo il 12 novembre 1913, fu, il 23 ottobre 1934, condannata per spionaggio a 12 anni di reclusione. Cfr. ACS, Tribunale Speciale, b. 480.

60. Cfr. *Le lavoratrici sul fronte della lotta antifascista e davanti al Tribunale Speciale*, in ACS, Tribunale Speciale, b. 442 cit.

61. Zaira Cianchi, nata a Firenze il 7 agosto 1902, cucitrice, fu arrestata il 25 gennaio 1926 e condannata dal Tribunale Speciale, con sentenza del 12 marzo 1927, a 3 anni e 6 mesi di reclusione. Cfr. ACS, Tribunale Speciale, b. 2, Procedimento contro Leonildo Tarozzi e altri 11. La sentenza della sezione di accusa della Corte di appello di Firenze del 24 giugno 1926 la definiva «giovane quanto ardente propagandista di idee rivoluzionarie» per poi aggiungere che, «perché donna e quindi più loquace aveva fornito negli interrogatori preziose e importanti notizie».

62. Lea Giaccaglia (1887-1936), nome clandestino «Cirano», moglie di Paolo Betti, segretario della Federazione comunista di Bologna fino al 1926, fu arrestata nel 1927, dopo aver svolto importanti incarichi di partito a Genova e Parigi. Condannata il 5 marzo 1929 a 4 anni e 3 mesi. Dopo la scarcerazione fu inviata per 4 anni al confino. Cfr. ACS, Tribunale Speciale, b. 174, 175.

63. Queste definizioni tutte in *Le lavoratrici sul fronte della lotta antifascista e davanti al Tribunale Speciale*, in ACS, Tribunale Speciale, b. 442 cit.

64. Cfr. Gabrielli, *La figura e l'opera di Camilla Ravera* cit.
65. Cfr. *Un'esperienza di antifascismo al femminile*, intervista raccolta da Gladys Motta il 13 ottobre 1986 a Biella, in «L'impegno», n. 3, dicembre 1988.
66. Cfr. Guidetti Serra, *Compagne* cit., vol. 1, p. XII.
67. Cfr. Noce, *Rivoluzionaria professionale* cit., p. 29.
68. La testimonianza della Faè è in Guidetti Serra, *Compagne* cit., vol. 1, pp. 191 sgg.
69. Cfr. *ibid.*, pp. 310 sgg.
70. Cfr. Gabrielli, *La figura e l'opera di Camilla Ravera* cit.
71. La testimonianza di Lucia Canova è in *La Resistenza taciuta. Dodici vite partigiane piemontesi* cit., pp. 212 sgg.
72. Cfr. Guidetti Serra, *Compagne* cit., vol. 1, pp. 98 sgg.

5. *Il carcere e il confino*

1. Tra i titoli «classici» ricordiamo A. Cicalini, *Nelle carceri e nelle isole di deportazione*, in *Trent'anni di vita e lotte del PCI*, Editori Riuniti, Roma 1952; A. Colombi, *Nelle mani del nemico*, Editori Riuniti, Roma 1958; Pesenti, *La cattedra e il bugliolo* cit.; P. Secchia, *Le carceri fasciste*, in *Enciclopedia dell'antifascismo e della resistenza*, vol. 1, A-C, La Pietra, Milano 1968, pp. 454 sgg. A. Spinelli, *Gli antifascisti in galera*, in *Lezioni sull'antifascismo*, a cura di P. Permoli, Laterza, Bari 1960; A. Bei, *Carcere femminile*, in P. Alatri, *L'antifascismo italiano*, Editori Riuniti, Roma 1961, pp. 745-50.
2. Cfr. Corsini e Porta, *Avversi al regime* cit., p. 112.
3. La lettera è in ACS, Tribunale Speciale, b. 243.
4. La testimonianza è in Guidetti Serra, *Compagne* cit., vol. 1, pp. 221 sgg.
5. Direttive per i Comitati di base, patronati fiduciari e attivisti, Soccorso Rosso Internazionale, 1933, in ACS, Tribunale Speciale, b. 473.
6. Cfr. Gobetti, *Camilla Ravera, vita in carcere e al confino* cit., p. 58.
7. La lettera è in ACS, Tribunale Speciale, b. 6. Violet Gibson era nata il 31 agosto 1876 a Dalkey, in Irlanda. Sorella di Lord Ashbourne, apparteneva all'aristocrazia. Convertitasi al cattolicesimo nel 1902, improntò tutta la sua vita a un fervore religioso febbrile ed eccessivo: «L'amore – scriveva il suo avvocato difensore Enrico Ferri – non ha mai turbato seriamente la sua vita ed essa è rimasta sempre nubile dedicandosi con forza alle pratiche religiose». Lungo questo percorso non erano mancati atti di vero e proprio squilibrio mentale: nel febbraio 1922 tentò di penetrare nel convento dei Carmelitani di Kensington aggredendo il frate che difendeva la clausura; il 3 ottobre 1923 ferì con il coltello una sua amica «per ripetere il sacrificio di Abramo»; il 27 febbraio 1925 tentò di suicidarsi con un colpo di rivoltella «per sacrificarsi per la gloria di Dio». Per queste notizie, cfr. *Memoria difensiva di Enrico Ferri*, 27 dicembre 1926, *ibid.*
8. Cfr. A. Bei, *Episodi di vita in un carcere femminile*, in «Il Ponte», n. 3, marzo 1949, pp. 372-77.
9. La testimonianza di Marcellina Oriani è in Mariani, *Quelle dell'idea* cit., p. 164.
10. Cfr. *I delitti dell'inquisizione fascista. Gastone Sozzi*, Edizioni della sezione italiana del Soccorso internazionale, 1928.
11. Cfr. Turchi, *La felicità è la lotta* cit., p. 55.
12. L'episodio della tentata corruzione di Tina Pizzardo è raccontato in Spinelli, *Come ho tentato di diventare saggio* cit., p. 150.

13. Cfr. G. Segre Giorgi, *Piccolo memoriale antifascista*, Lindau, Torino 1994, p. 76. Giuliana Segre fu arrestata il 13 marzo 1934 nell'ambito di una retata poliziesca che portò alla «caduta» anche di Barbara Allason e Leone Ginzburg. Fu scarcerata il 27 aprile 1934.

14. Cfr. C. Fiori, *Una donna nelle carceri fasciste*, Editori Riuniti, Roma 1965, p. 11.

15. Cfr. *ibid.*, p. 54.

16. Cfr. l'esposto alla direzione del carcere di Tina Pizzardo, 6 luglio 1928, in ACS, Tribunale Speciale, b. 243.

17. Cfr. R. Bauer, *Il regime carcerario italiano*, in «Il Ponte», n. 3, marzo 1949, pp. 238-55.

18. Cfr. Pizzardo, *Memorie* cit., p. 161.

19. Cfr. Bauer, *Il regime carcerario italiano* cit.

20. Cfr. in questo senso la lettera di Camilla Ravera del 1° settembre 1930, in Gobetti, *Camilla Ravera, vita in carcere e al confino*, p. 126.

21. Cfr. la lettera dell'8 agosto 1930, *ibid.*, p. 115.

22. La lettera è in ACS, Tribunale Speciale, b. 6.

23. Cfr. la testimonianza di Marcellina Oriani in Mariani, *Quelle dell'idea* cit., p. 164.

24. Cfr. Pizzardo, *Memorie* cit., p. 163.

25. Cfr. V. Foa, *Psicologia carceraria*, in «Il Ponte», n. 3, marzo 1949, pp. 299-304.

26. Valeria Wachenhusen (1900-1988), comunista, fu arrestata nel maggio 1937 a Brescia e condannata dal Tribunale Speciale, il 2 febbraio 1938, a 10 anni di reclusione.

27. Cfr. lettera di Valeria Wachenhusen a Carlo Iulg, 13 febbraio 1938, in *Lettere di antifascisti dal carcere e dal confino*, Editori Riuniti, Roma 1962, vol. 2, p. 337.

28. La lettera è in ACS, Tribunale Speciale, b. 6.

29. Cfr. C. Levi, *È questo il «carcer tetro»? Lettere dal carcere 1934-1935*, a cura di Daniela Ferraro, Il Melangolo, Genova 1991, p. 37.

30. La lettera del 18 febbraio 1928 è in ACS, Tribunale Speciale, b. 175. La lettera di Paolo Betti con i «consigli di lettura» è quella del 23 luglio 1927, pubblicata in *Lettere di antifascisti dal carcere e dal confino* cit., p. 45.

31. Cfr. Levi, *È questo il «carcer tetro»?* cit., p. 24.

32. La lettera del 22 settembre 1928 è in ACS, Tribunale Speciale, b. 179, Procedimento contro Repich Giovanni e altri. Giuseppe Gaddi, nato a Trieste il 1° settembre 1909, operaio elettricista, comunista, arrestato a Torino il 24 agosto 1927. Fu condannato dal Tribunale Speciale, con sentenza del 12 dicembre 1928, a 10 anni e 5 mesi di reclusione.

33. Cfr. Spinelli, *Come ho tentato di diventare saggio* cit., p. 153.

34. Cfr. Amendola, *Un'isola* cit., p. 152.

35. Giorgio Jaksetich, nato a Trieste il 17 luglio 1901, dirigente del PCI a Trieste, «data la sua professione di maestro, venne incaricato della propaganda fra i giovinetti e per vario tempo della organizzazione della gioventù proletaria ribelle»; fu arrestato insieme ad Albino Vodopivec nel 1929, poi andò in esilio in Francia. Cfr. ACS, Tribunale Speciale, b. 179, Procedimento contro Repich Giovanni e altri.

36. Giuseppina Zolia (*recte* Colia) era nata a Trieste il 9 febbraio 1903. Comunista attiva fin dal 1921, si trasferì da Trieste a Milano nel 1927 per occuparsi del Soccorso Rosso, insieme a Bianca Laurencich. Era chiamata Solidea o Idea bionda per i suoi capelli. Fu arrestata a Milano, insieme a Vladimiro Martelanz, il 28 ottobre 1927. Fu condannata dal Tribunale Speciale, con sentenza del 5 marzo 1929, a 3 anni e 3 mesi di reclusione. Cfr. ACS, Tribunale Speciale, b. 174 e b. 176, fasc. 1405, Zolia Giuseppina. Cfr. la nota 104 di questo capitolo.

37. La lettera, del 16 settembre 1927, è in ACS, Tribunale Speciale, b. 176, fasc. 1405 cit.

38. Cfr. Ferrero, *Un nocciolo di verità* cit., p. 71.

39. La lettera, del 15 settembre 1926, è in ACS, Tribunale Speciale, b. 6.

40. Cfr. «Soccorso Rosso», maggio 1933; il giornale è in ACS, Tribunale Speciale, b. 473, Procedimento contro Bietolini Antonio.

41. Cfr. A. Spinelli, *Esperienze di prigionia*, in «Il Ponte», n. 3, marzo 1949, pp. 308-13.

42. Cfr. L. Lombardo Radice, *Il carcere dei carcerieri*, in «Il Ponte», n. 3, marzo 1949, pp. 346-49.

43. Cfr. Bauer, *Il regime carcerario italiano* cit.

44. Cfr. M. Vinciguerra, *Chiarimenti*, in «Il Ponte», n. 3, marzo 1949, pp. 256-65.

45. La testimonianza di Giorgina Rossetti è in Mariani, *Quelle dell'idea* cit., p. 109.

46. Cfr. Amendola, *Un'isola* cit., p. 112.

47. Cfr. Fiori, *Una donna nelle carceri fasciste* cit., p. 155.

48. Cfr. *ibid.*

49. Cfr. F. Fancello, *Politici e comuni nelle patrie galere*, in «Il Ponte», n. 3, marzo 1949.

50. Cfr. Bei, *Episodi di vita in un carcere femminile* cit.

51. Cfr. Mariani, *Quelle dell'idea* cit., p. 25.

52. La lettera, dell'8 maggio 1933, è in L. Arbizzani, *Soggiorno di una detenuta politica antifascista a Longobucco nel 1933*, in «Rivista calabrese di storia contemporanea», Bollettino dell'Istituto calabrese per la storia dell'antifascismo e dell'Italia repubblicana, n. 1, 1990.

53. Novella Pondrelli, nata a Molinella l'11 febbraio 1911, comunista, attiva nell'emigrazione in Francia, arrestata al valico di Domodossola il 1° ottobre 1939, assegnata per 4 anni al confino.

54. Cfr. L. Arbizzani, *Due antifascisti bolognesi confinati a Girifalco: Novella Pondrelli e Oliviero Bordoni*, in «Rivista calabrese di storia contemporanea», Bollettino dell'Istituto calabrese per la storia dell'antifascismo e dell'Italia repubblicana, n. 1, fasc. 10, 1991, pp. 14 sgg.

55. Cfr. Corsini e Porta, *Avversi al regime* cit., p. 169.

56. Giorgina Rossetti, nata a Mongrando il 30 dicembre 1905, comunista, fu arrestata il 7 febbraio 1927, condannata, con sentenza del 12 giugno 1929, a 18 anni di reclusione. Cfr. ACS, Tribunale Speciale, b. 24.

57. La testimonianza di Giorgina Rossetti è in Mariani, *Quelle dell'idea* cit., p. 82.

58. Cfr. Pizzardo, *Memorie* cit., p. 101.

59. Cfr. Pizzardo, *Memorie* cit., p. 99. Un atteggiamento maternamente protettivo era invece quello di Lea Giaccaglia («le più sono sventurate piene di bontà e se alcune per cattiva educazione, per essere state troppo bistrattate dalla società hanno il cuore indurito, e non sanno concepire alcun sentimento di fraternità, debbono avere tutta la nostra pietà e la nostra comprensione»). Cfr. lettera a Paolo Betti del 27 gennaio 1931, in *Lettere di antifascisti dal carcere e dal confino* cit., vol. 1, p. 54.

60. Cfr. B. Corbi, *I libri nel collettivo*, in «Il Ponte», n. 3, marzo 1949, pp. 406-08.

61. Cfr. U. Terracini, *Prefazione* a Turchi, *La felicità è la lotta* cit., p. 14.

62. Cfr. Turchi, *La felicità è la lotta* cit., p. 122.

63. Cfr. Bei, *Episodi di vita in un carcere femminile* cit. Emblematica in questa direzione ci sembra la lettera della stessa Adele Bei al marito, Domenico Ciufoli («Abbiamo formato

una piccola famiglia che vive in piena armonia; ad esempio, io sono la mamma. Mi è dato questo onore perché sono la più vecchia di età, e anche perché, come dicono le compagne, saprò comprendere i loro desideri come veramente deve fare una buona mamma con i suoi bambini»), in *Lettere di antifascisti dal carcere e dal confino* cit., vol. 1, p. 43.

64. Cfr. *ibid.*, lettera di Adele Bei a Domenico Ciufoli del 13 agosto 1935, («Tu mi dirai – aggiungeva – se dormite separate, chi può controllare se studiate o dormite? Io ti rispondo: siamo separate, eppure vi è un severo controllo, ed è questo: il pomeriggio ognuna di noi deve fare il rapporto orale di ciò che ha studiato il mattino»).

65. Aurora Benna, nata a Torino l'11 agosto 1917, comunista, arrestata l'11 agosto 1937 fu condannata dal Tribunale Speciale a 2 anni e 6 mesi di reclusione, con sentenza del 21 settembre 1938. Cfr. ACS, Tribunale Speciale, b. 601, Procedimento contro Attilio Gombia e altri.

66. La testimonianza di Aurora Benna è in Guidetti Serra, *Compagne* cit., pp. 553 sgg.

67. Su Anna Pavignano, cfr. la nota 55 del cap. 4 della parte prima.

68. Anna Bessone, nata a Tirano il 9 giugno 1899, da padre e madre «saltimbanchi girovaghi», comunista, arrestata a Viareggio il 12 maggio 1928, condannata dal Tribunale Speciale a 8 anni di reclusione, con sentenza del 18 dicembre 1928. Cfr. ACS, Tribunale Speciale, b. 157, Procedimento contro Giuseppe Amoretti e altri.

69. La testimonianza di Giorgina Rossetti è in Mariani, *Quelle dell'idea* cit., p. 82. Sull'importanza che nella vita del «collettivo» avevano gli eventuali «matrimoni carcerari» (si parlò di quelli tra Anna Bessone e Giuseppe Amoretti e Rosina Corona e Mario Coda), cfr. lettera di Lea Giaccaglia a Paolo Betti, in *Lettere di antifascisti dal carcere e dal confino* cit., vol. 1, p. 53.

70. Cfr. Ferrero, *Un nocciolo di verità* cit., p. 76.

71. La lettera, dell'8 aprile 1932, è in F. Sannia, *I detenuti comunisti nelle carceri fasciste e il partito: storia di una corrispondenza clandestina, 1930-1935*, in «Passato e presente», n. 31, 1994, pp. 143 sgg.

72. Per un'analisi accurata dell'attività di Adamo Zanelli cfr. *ibid.*

73. Cfr. *Lettera ai carcerati e ai deportati*, in ACS, Tribunale Speciale, b. 442, Procedimento contro Frausin e altri.

74. Cfr. *Ai compagni liberati dal carcere e dal confino*, 15 novembre 1932, in ACS, Tribunale Speciale, b. 473, Procedimento contro Bietolini Antonio e altri.

75. Cfr. *Segreto. Cari compagni...*; il documento è in ACS, Tribunale Speciale, b. 509, Procedimento contro Borghi Ettore e altri, 1934. Alle spalle di questa durissima presa di posizione c'erano le numerose «cadute» verificatesi nell'organizzazione a seguito degli errori commessi «dai vecchi compagni tornati dal carcere e dal confino». Fu così, ad esempio, per la grande retata che azzerò la presenza organizzativa dei comunisti romani con gli arresti del 27 aprile 1933 in cui caddero Mario Brandani, Marcello Marroni, Donato Marini, Donato Leoni, Cesira Fiori, Clara Brugnoli, i fratelli Antonini, Fornari, Giorgio Lai, Sergio e Carlo Marturano, e molti altri, in tutto circa cinquanta tra «compagni e simpatizzanti». Cfr., in questo senso, *Note autobiografiche del compagno Pietro Grifone*, in A. Lepre Levrero e E. S. Levrero, *Pietro Grifone, aspetti della riforma agraria nel PCI dal 1944 al 1963*, Boccia, Salerno 1992, pp. 431 sgg.

76. Cfr., in particolare, U. Terracini, *Al bando dal partito. Carteggio clandestino dall'isola e dall'esilio, 1938-1945*, La Pietra, Milano 1976.

77. Cfr. A. Spinelli, *Gli antifascisti in galera*, in *Lezioni sull'antifascismo*, Laterza, Bari 1962, pp. 146 sg. Per una descrizione «in presa diretta» dell'atmosfera evocata dal brano di Spinelli, cfr. E. Rossi, *Miserie e splendori del confino di polizia. Lettere da Ventotene 1939-1943*, a cura di M. Magini, Feltrinelli, Milano 1981. Per i risvolti interni alla storia del PCI, cfr. U. Terracini, *Sulla svolta. Carteggio clandestino dal carcere* cit. e *Al bando dal partito* cit.; A. Coletti, *Il governo di Ventotene. Stalinismo e lotta politica fra i dirigenti del* PCI *al confino*, La Pietra, Milano 1978.
78. Cfr. Mariani, *Quelle dell'idea* cit., pp. 21-22.
79. Cfr. Ferrero, *Un nocciolo di verità* cit., p. 73.
80. La testimonianza di Lucia Bianciotto in Scarpone è in Guidetti Serra, *Compagne* cit., vol. 1, pp. 319 sgg.
81. Ergenite Gili, nata a Biella il 10 dicembre 1896, tessitrice, comunista, arrestata ad Arona, il 10 luglio 1930, condannata dal Tribunale Speciale a 10 anni di reclusione, con sentenza del 30 ottobre 1930. Cfr. ACS, Tribunale Speciale, b. 263, Procedimento contro Ravera Camilla e altri 38.
82. Cfr. la lettera del 14 aprile 1932, in Gobetti, *Camilla Ravera, vita in carcere e al confino* cit., p. 195.
83. Cfr. Fiori, *Una donna nelle carceri fasciste* cit., p. 37.
84. Entrambi i ricordi di Odinea Marintze Comollo sono in Guidetti Serra, *Compagne* cit., vol. 2, pp. 386 sgg.
85. Cfr. Pizzardo, *Memorie* cit., p. 118.
86. Cfr. Comunicato dell'Ufficio Politico del PCI, 24 maggio 1933, in ACS, Tribunale Speciale, b. 473, Procedimento contro Bietolini Antonio e altri.
87. Cfr. Pizzardo, *Memorie* cit., p. 114.
88. Cfr. Ferrero, *Un nocciolo di verità* cit., p. 73.
89. Cfr. Noce, *Rivoluzionaria professionale* cit., p. 235.
90. Cfr. *ibid.*, p. 347.
91. Prima, l'11 luglio del 1928, si era rifiutata di prendere cibo per tre-quattro giorni, «per essere di esempio alle altre»; il 18 luglio tentò di impiccarsi, per «perorare la causa delle altre compagne di fede e anche per protestare contro le autorità che non le permettevano di stare in compagnia e di comunicare con l'esterno». Cfr. ACS, Tribunale Speciale, b. 157 cit.
92. Cfr. Pizzardo, *Memorie* cit., p. 115.
93. Cfr. *ibid.*, p. 167. Adelaide Mingozzi, nata il 17 aprile 1895, fu condannata a 1 anno di reclusione il 28 luglio 1928. Cfr. ACS, Tribunale Speciale, b. 243, Procedimento contro Penazzato Aldo e altri.
94. Cfr. Noce, *Rivoluzionaria professionale* cit., p. 74.
95. Cfr. Ferrero, *Un nocciolo di verità* cit., p. 64.
96. Cfr. Gobetti, *Camilla Ravera, vita in carcere e al confino* cit., p. 69.
97. Cfr. lettera di Lea Giaccaglia a Paolo Betti, 21 ottobre 1931, in *Lettere di antifascisti dal carcere e dal confino* cit., vol. 1, p. 57. La lettera è immediatamente successiva alla morte di Luce Betti, la figlia di Paolo e Lea.
98. Cfr. Bei, *Episodi di vita in un carcere femminile* cit.
99. Lina Ranucci Bonelli, nata a Siena il 21 agosto 1902, fu arrestata il 27 luglio 1927. Cfr. ACS, Tribunale Speciale, b. 243-244-245, Procedimento contro Riccardino Bonelli e altri 50. A «testimoniare i buoni sentimenti religiosi e politici» della Bonelli intervenne anche il viceprefetto di Siena, comm. Francione. Nel suo memoriale difensivo, la donna insisteva

sui trascorsi fascisti del fratello e del padre, «tipografo in Siena, poi cassiere economo all'Istituto Cassa Nazionale per gli infortuni degli operai sul lavoro», per concludere testualmente: «L'unica mia sciagura è stata il matrimonio contratto a soli 19 anni con Riccardo Bonelli, comunista».

100. Francesca Corona, nata a Occhieppo Superiore il 18 giugno 1894, tessitrice, comunista, «con molta capacità a delinquere di reati politici», arrestata a Torino il 21 agosto 1927, condannata dal Tribunale Speciale a 4 anni e 6 mesi di reclusione, con sentenza del 30 ottobre 1928. Cfr. ACS, Tribunale Speciale, b. 208, Procedimento contro Fidia Sassano e altri.

101. Su questi episodi, cfr. Pizzardo, *Memorie* cit., pp. 66 sgg.

102. La lettera al direttore della London e Westminster Bank di Londra è in ACS, Tribunale Speciale, b. 6.

103. La lettera, del 19 settembre 1927, è in ACS, Tribunale Speciale, b. 176, fasc. 1405, Giuseppina Zolia.

104. La lettera è *ibid.* Pina, dopo aver scontato la pena, fu inviata al confino a Ponza; successivamente espatriò prima in Svizzera, poi in Francia. Le carte di polizia registrano puntigliosamente le tappe di una sua vita sentimentale molto tumultuosa, a partire dalla relazione con Agenore Dolfi (1933), per passare a quelle con Velio Spano (1936) ed Eugenio Reale (1938). Cfr. ACS, CPC, b. 1404, fasc. 8588, Colia Giuseppina; ACS, Polizia Politica, b. 1535, fasc. Zolia Giuseppina.

105. Cfr. in particolare le lettere di Francisco Elster de la Huarte, del 13 aprile 1926, e di Marianna Ashbourne, del 20 aprile 1926, in ACS, Tribunale Speciale, b. 6.

106. Cfr. Terracini, *Prefazione* a Turchi, *La felicità è la lotta* cit., p. 10. Cfr. in questo senso, la lettera di Antonio Bietolini alla sorella Anna («mia moglie mi ha parlato della sua situazione fisica, morale ed economica. Tu puoi bene immaginare quale essa può essere. Mi ha detto che aveva deciso come residenza Milano, così tornava con i suoi genitori e di lì attendeva la mia uscita, presto o tardi, dal carcere. La mobilia venduta a pezzi come la situazione le ha permesso e che se non riusciva ad avere il foglio di via in pochi giorni, sarebbe rimasta sprovvista di denari nuovamente»), in ACS, Tribunale Speciale, b. 473, Procedimento contro Bietolini Antonio e altri, 1934.

107. Cfr. M. Mila («era più volte riuscita con diabolica scaltrezza tutta femminile a fargli scivolare qualche notizia proibita o a ricavarne qualche biglietto da recapitare all'esterno»), *Le loro prigioni. Da Regina Coeli a Ventotene*, in «Il Ponte», n. 3, marzo 1949, pp. 272-98.

108. Cfr. Turchi, *La felicità è la lotta* cit., p. 191. In questo senso, cfr. anche la lettera di Valeria Wachenhusen a Carlo Iulg («Mi dispiace che al colloquio tu mi abbia trovato cattiva cera. Sto proprio bene! Quel giorno ero un po' stanca perché per alcune notti avevo più chiacchierato che dormito (...) e poi, siccome mi avevano chiamata al colloquio senza che me lo aspettassi, non avevo avuto nemmeno il tempo di pettinarmi»), 30 gennaio 1938, in *Lettere di antifascisti dal carcere e dal confino* cit., vol. 2, p. 334.

109. Le due lettere sono in Lepre Levrero e Levrero, *Pietro Grifone* cit., pp. 452 sg.

110. Esemplare in questo senso ci pare la raccolta *Lettere di antifascisti dal carcere e dal confino* cit. Nell'opera, in due volumi, sono pubblicate 1263 lettere di 157 autori. Di questi solo 7 (Lea Betti Giaccaglia, Camilla Ravera, Adele Bei, Marcella Oriani, Valeria Wachenhusen, Medea Molinari Toselli, Emma [*recte* Maria] Negarville Bronzo) sono donne. L'intento dei curatori della raccolta era documentare «il contributo di lotta, di valori ideali, di sacrificio dei diversi partiti, delle varie formazioni politiche, dei gruppi degli intellettuali militanti» (cfr. *ibid.*, p. IX) e «l'altissimo insegnamento morale» degli antifascisti. Erano state invece escluse «le lettere di argomento strettamente privato o familiare». Lo stesso Giancarlo Pajetta, però, nella *Prefazione*, in linea con l'interpretazione sostenuta nel testo, ammetteva: «Forse le lettere sequestrate, se qualcuno le cercasse negli archivi o se i signori

della giustizia non le considerassero una specie di corpo del reato di cui non è ammesso prendere visione, sarebbero le più interessanti» (cfr. *ibid.*, p. XVII).

111. Le due lettere sono in ACS, Tribunale Speciale, b. 179, Procedimento contro Repich Giovanni e altri. Su Gaddi e l'organizzazione comunista a Trieste e a Monfalcone, cfr. Fogar, *L'antifascismo operaio monfalconese fra le due guerre* cit., pp. 147 sgg.

112. La lettera, del 15 giugno 1927, è in ACS, Tribunale Speciale, b. 243.

113. La lettera è quella citata in precedenza a Gino Giassetti.

114. Cfr. la lettera del 23 giugno 1928 in Turchi, *La felicità è la lotta* cit., p. 74.

115. Cfr. Spinelli, *Come ho tentato di diventare saggio* cit., p. 156.

116. Tutta la documentazione utilizzata per la ricostruzione della storia di Paolina Giannella è in ACS, Tribunale Speciale, b. 104, Procedimento contro Riboldi Enrico e altri.

117. Cfr. ACS, Tribunale Speciale, b. 203. Questa volta Paola Giannella fu mandata per due anni al confino a Lipari, dove si ammalò di tubercolosi polmonare. Cfr. F. Mazzonis, *Confinati politici a Lipari nei documenti inediti del Presidente generale della CRI*, in «Il Trimestre», nn. 3-4, luglio-dicembre 1976.

6. *La famiglia*

1. Per la distinzione tra i vari «familismi» che operavano in seno alla società italiana durante il fascismo, cfr. De Grazia, *Le donne nel regime fascista* cit., pp. 118 sg.

2. Cfr. A. Groppi, *Le radici del problema* cit.

3. Cfr. De Grazia, *Le donne nel regime fascista* cit., p. 115.

4. La citazione di Agopik Manoukian è in Chianese, *Donna, famiglia, amore: questioni di metodo nella recente storiografia* cit.

5. Per una ricognizione puntuale della concezione che ispira la costruzione giuridica della famiglia da parte dello Stato fascista, cfr. P. Ungari, *Il diritto di famiglia in Italia*, Il Mulino, Bologna 1970, pp. 178-79 e C. Cardia, *Il diritto di famiglia in Italia*, Editori Riuniti, Roma 1975, pp. 204-05.

6. Cfr. Saraceno, *La costruzione della maternità e della paternità nell'Italia fascista* cit., p. 31.

7. Cfr. De Grazia, *Le donne nel regime fascista* cit., p. 115.

8. Alba Spina, nata a Chiavazza di Biella il 7 agosto 1911, operaia tessile, comunista, arrestata a Domodossola nel 1933 e inviata al confino a Ponza per tre anni.

9. L'intervista ad Alba Spina, raccolta da Gladys Motta a Biella il 13 ottobre 1986, è in *Un'esperienza di antifascismo femminile* cit.

10. La testimonianza è in Guidetti Serra, *Compagne* cit., vol. 1, pp. 25 sgg.

11. Cfr. *ibid.*, vol. 2, pp. 98 sgg.

12. Cfr. Noce, *Rivoluzionaria professionale* cit., p. 20.

13. Cfr. Corsini e Porta, *Avversi al regime* cit., p. 16.

14. Cfr. Gabrielli, *La solidarietà tra pratica politica e vita quotidiana nell'esperienza delle donne comuniste* cit.

15. Cfr. *ibid.*

16. La lettera, del 23 marzo 1930, è in Taddei, *Donne veronesi perseguitate prima e durante il fascismo* cit., p. 24. Ada Bigardi scriveva da Parigi al fratello condannato dal Tribunale Speciale a 10 anni di reclusione, con sentenza del 10 novembre 1928.

17. Cfr. in questo senso le testimonianze raccolte in Boarelli, *Militanti comunisti a Bologna* cit., p. 85, che sottolinea «una rappresentazione di continuità affidata all'idea della predestinazione quasi biologica ad essere antifascisti».

18. Cfr. Guidetti Serra, *Compagne* cit., vol. 2, pp. 590 sgg.

19. Cfr. Ferrero, *Un nocciolo di verità* cit., pp. 11-15.

20. Cfr. Noce, *Rivoluzionaria professionale* cit., pp. 8 e 20.

21. Cfr. Guidetti Serra, *Compagne* cit. e Bruzzone e Farina, *La Resistenza taciuta* cit.

22. Cfr. Guidetti Serra, *Compagne* cit., vol. 1, p. 163.

23. Cfr. Gobetti, *Camilla Ravera, vita in carcere e al confino* cit., p. 12.

24. Cfr. Boccolari e Alfier, *Le donne della bassa tra case di latitanza e eccidi*, in *Mimose e scarpe rotte. Le donne reggiane per l'assistenza ai combattenti della libertà* cit., pp. 35 sgg.

25. Per la storia di Novella Pondrelli cfr. Arbizzani, *Due antifascisti bolognesi confinati a Girifalco* cit., pp. 14 sgg.

26. Cfr., in questo senso, D. Dolza, *Gina e Paola Lombroso*, in *Padre e figlia*, a cura di L. Accati, M. Cattaruzza e M. Verzar Bass, Rosenberg & Sellier, Torino 1994, p. 244.

27. Sui confini tra società civile, società politica e società naturale e sul dibattito teorico sviluppatosi intorno alla collocazione della famiglia all'interno delle varie «sfere», cfr. P. Ginsborg, *Famiglia, società civile e Stato nella storia contemporanea: alcune considerazioni metodologiche*, in «Meridiana», n. 17, 1993, pp. 179 sgg.

28. Per una esaustiva ricognizione degli slittamenti semantici e concettuali operatisi su questa definizione, cfr. Gribaudi, *Familismo e famiglia a Napoli e nel Mezzogiorno* cit.

29. Nato a Bondeno il 26 settembre 1892, comunista, compagno di Maria Manfredini dalla quale aveva avuto una figlia, Cerere, arrestato nel 1928, fu condannato dal Tribunale Speciale a 15 anni di reclusione. Cfr. ACS, Tribunale Speciale, b. 97.

30. La lettera è in ACS, Tribunale Speciale, b. 95, Procedimento contro Bagnolati Luigi e altri 71, 1927-1928.

31. Agostino Novella, nato a Genova il 28 settembre 1905, fabbro, comunista, membro, nel 1925, del Comitato Centrale della Federazione giovanile del PCI, arrestato a Milano nel 1927 e condannato dal Tribunale Speciale a 4 anni di reclusione. Cfr. ACS, Tribunale Speciale, bb. 243-244-245.

32. La lettera è in ACS, Tribunale Speciale, b. 95.

33. La lettera è in ACS, Tribunale Speciale, b. 581, Procedimento contro Alceste Borghi e altri, 1937.

34. Su Umberto Boriani, cfr. la nota 42 del cap. 7 della parte prima.

35. La lettera è in ACS, Tribunale Speciale, b. 235.

36. Mario Macciò, nato ad Albenga il 21 luglio 1907, comunista, arrestato a Genova nel 1928. Cfr. ACS, Tribunale Speciale, b. 203.

37. La lettera, del 12 ottobre 1927, è in ACS, Tribunale Speciale, b. 203.

38. La lettera, del 2 settembre 1927, è in ACS, Tribunale Speciale, b. 176.

39. La lettera è in ACS, Divisione Polizia Politica cit.

40. Cfr. *ibid.*, lettera dell'11 settembre 1934.

41. Cfr. *ibid.*, lettera del 1° dicembre 1934.

42. Cfr. *ibid.*, lettera del 16 maggio 1934.
43. Cfr. *ibid.*, lettera del 22 novembre 1933.
44. Cfr. *ibid.*, lettera del 14 maggio 1934.
45. Cfr. *ibid.*, lettera del 7 luglio 1934.
46. Cfr. *ibid.*, lettera del 22 novembre 1933 cit.
47. Cfr. lettera del 21 maggio 1937, in ACS, Tribunale Speciale, b. 83 cit.
48. La lettera, del 1° novembre 1929, è in ACS, Tribunale Speciale, b. 241.
49. La lettera è in ACS, Tribunale Speciale, b. 43. Gigino Cinelli, nato a Pitelli d'Arcola (La Spezia) il 27 novembre 1903, fu arrestato il 16 settembre 1926 e condannato a 8 anni e 6 mesi con sentenza del Tribunale Speciale del 14 novembre 1927.
50. La lettera è in ACS, Tribunale Speciale, b. 241.
51. La lettera è in ACS, Tribunale Speciale, b. 245.
52. Cfr., per un esempio particolarmente calzante in questo senso, *Mussolini! restituite il cadavere di Matteotti alla sua mamma, almeno alla sua mamma!* («È questo che bisogna dire in questa rissa tumultuosa e diuturna per aver la lusinga di poter penetrare nel fondo buio delle coscienze intorbidate dall'odio e di essere ascoltato. Le Madri, le Madri, le Madri. Questo Mussolini e i suoi d'ogni genere, i mandanti dell'assassinio, i bruti sicari cinici e senza brividi, hanno potuto compiere tutte le orribili gesta perché hanno dimenticato le Madri»), in «La difesa della lavoratrice», giornale delle donne socialiste, anno XIII, n. 7, Milano, 1° giugno 1924.
53. Cfr. Boarelli, *Militanti comunisti a Bologna* cit., p. 87, che rinvia a sua volta a A. Signorelli, *Il pragmatismo delle donne. La condizione femminile nella trasformazione delle campagne*, in *Storia dell'agricoltura italiana in età contemporanea*, vol. 2, *Uomini e classi*, a cura di P. Bevilacqua, Marsilio, Venezia 1990, p. 653.
54. I due documenti sono in ACS, Tribunale Speciale, b. 118, Procedimento contro Odoardo Voccoli e altri, 1926.
55. Cfr. la lettera al giudice istruttore del 27 luglio 1927, in ACS, Tribunale Speciale, b. 245, Processo contro Aldo Penazzato, Negarville Celeste e altri 43, 1927; Sciava, dottore in lettere, nato a Pesaro il 22 maggio 1904, per rendere più credibile la propria abiura chiedeva «di essere messo in camerata con uno dei principali imputati Nischi o Penazzato, prestandomi a cercare di ottenere da loro tutte le informazioni utili su quegli argomenti che mi saranno indicati».
56. Entrambe queste suppliche sono in ACS, Tribunale Speciale, b. 118, Procedimento contro Odoardo Voccoli e altri, 1926.
57. Il documento è in ACS, Tribunale Speciale, b. 83, 1927.
58. Cfr. ACS, Tribunale Speciale, b. 731, fasc. Montemaggi Emilio.
59. Questi documenti sono tutti in ACS, Tribunale Speciale, b. 118 cit.
60. La supplica è in ACS, Tribunale Speciale, b. 233, Procedimento contro Li Causi e altri, 1927.
61. Il documento è in ACS, Tribunale Speciale, b. 487, Procedimento contro Conte Dante e altri 22, 1934.
62. Cfr. ACS, Tribunale Speciale, b. 118, Procedimento contro Odoardo Voccoli e altri, 1926.
63. Cfr. ACS, Tribunale Speciale, b. 204.
64. Cfr. ACS, Tribunale Speciale, b. 581, Procedimento contro Grassi Luigi e altri, 1937.

65. Il documento è in ACS, Tribunale Speciale, b. 233, Procedimento contro Li Causi e altri, 1927.
66. Per i dati sulla famiglia Spinelli, cfr. in particolare le note della questura di Roma del 20 aprile 1928 e del 18 febbraio 1932, in ACS, CPE, b. 4913, fasc. 4011: in famiglia, oltre ai maschi Altiero, Veniero (1909) e Cerilo (1915), c'erano Azalea (1906), la figlia maggiore, poi Anemone (1912), Asteria, (1916), Gigliola (1917) e Fiorella (1920).
67. La lettera è in ACS, CPC, b. 4916, fasc. Veniero Spinelli.
68. Entrambe le lettere sono *ibid.*
69. Cfr. lettera del 14 settembre 1935 *ibid.*
70. Cfr. lettera del 25 marzo 1935 *ibid.* La sua compagna era allora Maria Giaele Franchini, moglie dell'avvocato repubblicano Mario Angeloni.
71. Cfr. lettera del 3 ottobre 1934 *ibid.*
72. Cfr. lettera del 3 giugno 1934 *ibid.*
73. Cfr. lettera del 22 giugno 1934 *ibid.*
74. Cfr. lettera del 26 giugno 1934 *ibid.*
75. Cfr. L. De Rossi, *Il ritorno della madre*, in *Padre e figlia* cit., p. 276.
76. La lettera, del 22 marzo 1934, proveniente da Parigi, è in ACS, CPC, b. 1404, fasc. 8588, Colia Giuseppina.

7. *L'amore*

1. Cfr. De Grazia, *Le donne nel regime fascista* cit., p. 188.
2. Cfr. *ibid.*, p. 193.
3. Cfr. *ibid.*, p. 188.
4. Cfr. M. Bernabei, *Educazione del sesso*, Albrighi, Segati e C., Roma 1933, p. 44.
5. G. Agnese, *Con quale mezzo vedo possibile il risanamento dei costumi e il progresso sociale di una moderna nazione. Proposta di un codice dei costumi*, Botta, Torino 1929, p. 16.
6. Cfr. Bernabei, *Educazione del sesso* cit., pp. 45 sg.
7. Cfr. De Giorgio e Di Cori, *Politica e sentimenti: le organizzazioni femminili cattoliche dall'età giolittiana al fascismo* cit., p. 367.
8. Cfr. De Grazia, *Le donne nel regime fascista* cit., p. 190.
9. Cfr. R. Mazzini, *Prefazione*, in P. Babina, *L'amore e il sesso*, Istituto di propaganda libraria, Milano 1940, pp. 7-9, citato in B. P. F. Wanrooij, *Il «casto talamo». Il dibattito sulla morale sessuale nel ventennio fascista*, in *Cultura e società negli anni del fascismo*, Cordani, Milano 1987, p. 540.
10. Cfr., per una esposizione sistematica di questi princìpi, F. Loffredo, *Politica nella famiglia*, Bompiani, Milano 1936.
11. Cfr. A. Mieli, *Sequestri di libri e lotta contro la pornografia*, in «Rassegna di studi sessuali», n. 2, 1923, pp. 140-42, citato in Wanrooij, *Il «casto talamo»* cit., p. 537.
12. Cfr. De Giorgio e Di Cori, *Politica e sentimenti: le organizzazioni femminili cattoliche dall'età giolittiana al fascismo* cit., p. 366.
13. Cfr. in questo senso la lucida analisi di Wanrooij, *Il «casto talamo»* cit., pp. 537 sgg.

14. Per la tesi ripresa nel testo, cfr. l'interpretazione di G. Lombroso Ferrero, *La donna nella società attuale*, Zanichelli, Bologna 1927.

15. Cfr. in questo senso P. Monelli, *Mussolini piccolo borghese*, Garzanti, Milano 1959, p. 184.

16. Cfr. B. Mussolini, *Opera Omnia*, a cura di E. e D. Susmel, 35 voll., Firenze 1951-63, vol. 21, pp. 301-05.

17. Cfr. in questo senso le acute osservazioni di P. G. Zunino, *L'ideologia del fascismo. Miti, credenze e valori nella stabilizzazione del regime*, Il Mulino, Bologna 1985, pp. 281 sg.

18. Cfr. De Grazia, *Le donne nel regime fascista* cit., p. 287.

19. Cfr. Maher, *Un mestiere da raccontare* cit.

20. Cfr. Bruzzone e Farina, *La Resistenza taciuta* cit., p. 66. Le regole del controllo sulla moralità dei militanti avevano anche una valenza immediatamente politica, come in questo caso riportato da Teresa Noce, riferito alle candidature per le elezioni amministrative del 1920 a Torino: «Ricordo alcuni casi di esclusione dalla lista: per esempio, a un compagno si fece carico di essersi sposato in chiesa benché non fosse credente. Lo aveva fatto per accontentare i parenti della sposa? Allora questo voleva dire che per la sposa o per i suoi parenti avrebbe potuto fare altre cose non belle, quindi non poteva rappresentarci nel Consiglio comunale. Un altro compagno, commesso in uno degli spacci della Cooperativa, fu accusato di bersi un uovo fresco tutte le mattine, senza pagarlo. Era una forma di corruzione». Cfr. Noce, *Rivoluzionaria professionale* cit., p. 38.

21. Cfr. Gobetti, *Camilla Ravera* cit., p. 144.

22. Cfr. Noce, *Rivoluzionaria professionale* cit., pp. 54 e 59.

23. Cfr. Sereni, *Il gioco dei regni* cit., p. 164.

24. Cfr. C. Zetkin, *Erinnerungen an Lenin*, in *Ausgewahlte Reden und Schriffen*, vol. 3, Berlin 1960, pp. 139-42, citato in M. Merfeld, *L'emancipazione della donna e la morale sessuale nella teoria socialista*, Feltrinelli, Milano 1974, p. 129.

25. Cfr. *ibid.*, p. 142.

26. Cfr. C. Ravera, *L'amore è una colpa*, in «Ordine Nuovo», 11 gennaio 1922. Per le posizioni della Kollontaj, che costituiscono il nucleo teorico a cui attinge Camilla Ravera, cfr. A. Camparini, *Presupposti teorici marxisti del dibattito comunista*, in «Quaderni di storia delle donne comuniste», n. 6, gennaio 1961, p. 17.

27. Cfr. Amendola, *Un'isola* cit., p. 78.

28. Cfr. Noce, *Rivoluzionaria professionale* cit., p. 117.

29. Cfr. Ferrero, *Un nocciolo di verità* cit., p. 36.

30. Cfr. *ibid.*, p. 26.

31. Sui tentativi in seno al movimento operaio di definire una vita sentimentale e privata in una forma distinta e contrapposta all'ideale matrimoniale e familiare della borghesia, cfr. Merfeld, *L'emancipazione della donna e la morale sessuale nella teoria socialista* cit., che ricorda, in particolare, come la critica di Marx ed Engels si soffermasse soprattutto sulla discrepanza fra «la santità del matrimonio borghese, pubblicamente esaltata, e la sua base reale: l'interesse economico»: «Né il tabù che colpisce in genere il piacere, né la riduzione puritana della sessualità a semplice mezzo di riproduzione, né l'esigenza della castità femminile fino al matrimonio, né l'astinenza sessuale e la fedeltà vengono espressamente combattuti e denunciati come strumenti di oppressione. La critica colpisce solo l'iniquità più stridente della condizione della donna, la doppia morale. E poiché Marx ed Engels la fanno derivare dalla superiorità economica del maschio, l'interesse si concentra sul mezzo che dovrebbe liberare la donna dalla dipendenza economica: ossia il suo diritto a un lavoro retribuito indipendente» (p. 88). Per gli echi italiani di questo dibattito («l'istituto del matrimonio

ha sempre legalizzato la schiavitù della donna»), cfr. una testimonianza singolare in R. Belloni, *La donna e l'istituto del matrimonio*, in «La difesa della lavoratrice», n. 7, 1° giugno 1924. Anche i ricordi delle militanti come Teresa Noce («Strano matrimonio il nostro. Il giorno fissato ce ne andammo tutti a piedi al vicinissimo municipio di Crescenzago. Ci accompagnavano Mina, la sorella di Longo che era venuta ad abitare con noi, e i due testimoni. Rientrati a casa un bicchierino ai testimoni e via, tutti tornarono al lavoro») si soffermano con compiacimento sulla scarsa convenzionalità della cerimonia matrimoniale quale segno di una pur tenue trasgressione nei confronti della morale dominante.

32. Cfr. Ferrero, *Un nocciolo di verità* cit., p. 27.

33. Cfr. *ibid.*, p. 18.

34. Cfr. *ibid.*, p. 20.

35. Cfr. *ibid.*, p. 46.

36. Il documento è in ACS, Tribunale Speciale, b. 87, fasc. 1197, Procedimento contro Ferrero Felicita e Spano Velio.

37. Velio Spano (1905-1964) era entrato nel PCI subito dopo la marcia su Roma; nella sua attività clandestina a Torino fu tra i redattori di «Il Goliardo Rosso». Dopo un primo arresto, fu inviato al confino di Ustica. Dopo il secondo arresto e la relativa condanna, espatriò in Francia nel gennaio 1933. Entrato nell'apparato del Centro estero del partito a Parigi, fu addetto al lavoro tra gli emigrati. Le carte di polizia documentano, a fianco alla sua attività politica, anche una esuberante vita sentimentale fino al matrimonio con Nadia Gallico, «figlia del noto anarchico Renato Gallico e sorella dei noti antifascisti Loris e Ruggero Gallico». Cfr. ACS, CPC, b. 4899, fasc. 45613, Spano Velio. Sui percorsi di approdo di Spano alla militanza comunista e sulle radici soggettive della sua scelta («tra gli studenti dilagava la cattiva coscienza di non riuscire ad essere buoni comunisti perché intellettuali, provenienti dalla borghesia, privi dell'esperienza del lavoro operaio nella fabbrica. Il migliore, Velio Spano, – figlio dell'allora governatore di Rodi – ne trasse addirittura la conclusione di trasferirsi all'Università di Torino per poter lavorare alla Fiat»), cfr. Spinelli, *Come ho tentato di diventare saggio* cit., p. 77.

38. Cfr. Ferrero, *Un nocciolo di verità* cit., p. 52.

39. La lettera, come tutte quelle in seguito citate, sono in ACS, Tribunale Speciale, b. 87, fasc. 1197 cit.

40. Cfr. Ferrero, *Un nocciolo di verità* cit., p. 56.

41. Cfr. *ibid.*, p. 62. Il 13 aprile 1928 il Tribunale Speciale la condannò a 6 anni di reclusione; Spano ne ebbe 5. La lettera, del 13 marzo 1935, è in ACS, CPC, b. 2032, fasc. 71230, Ferrero Felicita.

42. Tra i capi d'accusa contestatigli, il più grave era quello di essere il responsabile dell'organizzazione sindacale del PCI. Il 26 settembre 1928 il giudice istruttore stabilì nei suoi confronti il «non luogo a procedere» per insufficienza di prove. Cfr. ACS, Tribunale Speciale, b. 179, Procedimento contro Repich Giovanni e altri.

43. Tutta la documentazione relativa a Boriani e al carteggio con le sue amiche è in ACS, Tribunale Speciale, bb. 235 e 237.

44. La lettera è in ACS, Tribunale Speciale, b. 474.

45. Cfr. lettera del 19 ottobre 1929 in ACS, Tribunale Speciale, b. 241 cit. In quel momento Assuntina era fidanzata con Vincenzo Guarniera (nato a Catania il 14 aprile 1906), segretario provinciale del sindacato fascista dei meccanici navali, pure lui arrestato e poi assolto per insufficienza di prove. Assuntina e il Guarniera, successivamente, si sposarono ed ebbero anche due gemelli, ma il loro matrimonio si concluse con un epilogo più grottesco che tra-

gico, con un tentato omicidio di Assuntina nei confronti del marito secondo le modalità restituiteci da questo articolo (*Una moglie infedele somministra al marito dose di narcotico*), pubblicato su «La Gazzetta» dell'8 novembre 1932: «Il Guarniera percepiva uno stipendio mensile di 1300 lire, che depositava nelle mani della moglie, tratteneva per sé le poche lire per le sigarette, non altro. Ma a quanto pare tutto questo non bastava alla vispa Assunta Mazzone di anni 19 la quale rimproverava al marito di non corrispondere all'ideale tanto sognato nelle notti insonni della sua giovinezza. A suo dire aveva sempre sognato un marito giovane, bello e soprattutto elegante (...) e non un lavoratore dalle mani incallite (...) I due amanti si davano alla pazza gioia nelle ore in cui il Guarniera dormiva serenamente per effetto del narcotico che la moglie gli somministrava con affettuosa premura». Cfr. anche 8 dicembre 1937. Istanza di Vincenzo Guarniera di proscioglimento dalle incapacità giuridiche derivanti dalla sentenza del Tribunale Speciale del 31 maggio 1930, in ACS, Tribunale Speciale, b. 241 cit. Vincenzo Guarniera, successivamente, si lascerà definitivamente alle spalle le sue disavventure sentimentali diventando l'eroico comandante partigiano «Tommaso Moro» della Resistenza romana. Cfr. sulle sue gesta la voce dell'*Enciclopedia dell'antifascismo e della Resistenza*, vol. 2, D-G cit., p. 687.

46. Cfr. lettera di Angelina Galtieri a Giuseppe Errante, operaio comunista emigrato a Grasse, in Francia, in ACS, Tribunale Speciale, b. 241.

47. Cfr. lettera ad Amedeo Bugatti, 22 marzo 1926, in ACS, Tribunale Speciale, b. 204. Amedeo era fratello di Armando Bugatti, nato a Cornigliano Ligure nel 1901 e allora residente a Genova in via Nicola Bonservizi 12.

48. Le lettere, entrambe ad Armando Bugatti, sono *ibid.*

49. Le lettere sono tutte *ibid.*

50. Cfr. lettera del 16 dicembre 1926, in ACS, Tribunale Speciale, b. 83, Procedimento contro Luigi Fuschini e altri. Guerrini, muratore, nato a Santerno nel 1904 e allora residente a Cordoba, in Argentina, era in realtà fidanzato con Rosina Savini di Santerno. Tornò in Italia l'8 ottobre 1932 e fu subito arrestato. Fu scarcerato per amnistia il 10 dicembre 1932. Anita Montanari, nata a Santerno il 26 gennaio 1893, calzettaia, fu arrestata il 1° aprile 1927 e condannata a due anni di reclusione con sentenza del Tribunale Speciale del 31 agosto 1928.

51. Cfr. testimonianza di Teresa Bosco in Guidetti Serra, *Compagne* cit., vol. 1, pp. 32 sgg.

52. Cfr. testimonianza di Lucia Bianciotto, *ibid.*, vol. 1, pp. 319 sgg.

53. Cfr. testimonianza di Maria Martini Rustichelli, in Bruzzone e Farina, *La Resistenza taciuta* cit., pp. 192 sgg.

54. La lettera del 9 agosto 1925, è in Turchi, *La felicità è la lotta* cit., p. 34. Nella stessa direzione di uno stretto intreccio tra militanza politica e scelte sentimentali si colloca la storia d'amore tra Veniero Spinelli e la moglie di Mario Angeloni, Maria Franchini, così come viene da lui stesso raccontata («la mia compagna è la moglie di un noto avvocato dirigente del Partito repubblicano. La nostra relazione si è intessuta su un piano spirituale. Per alcuni mesi siamo stati dei buoni amici che, con lunghe discussioni, cercavano di precisare i punti comuni delle loro aspirazioni verso la libertà. Si è venuto formando in questo modo una uguale concezione della vita, uno stesso indirizzo politico. La reciproca dedizione, completa e incondizionata, è sopraggiunta con l'epilogo vivificatore di una fase della nostra esistenza, che trova principio e giustificazione nella volontà di elevazione da cui siamo stati mossi lungo l'aspro cammino che ci ha riservato, come tappa, questa terra d'esilio») in una lettera alla mamma del 14 febbraio 1935, in ACS, CPC, b. 4916 cit. Pochi mesi dopo, però, questa relazione era già finita e Veniero, a riprova di un alto tasso di «endogamia»

anche nella piccola comunità degli esiliati, aveva intrecciato un'altra relazione con Bianca Pittoni Tosoni, che aveva già un figlio da Alberto Giannini.

55. La lettera è in ACS, Tribunale Speciale, b. 366, Procedimento contro Battista Santhià e altri 13. Nell'interrogatorio reso il 1° luglio 1931, Roselli ammette di aver copiato nelle sue lettere alla fidanzata intere frasi da un romanzo di Mariani e, per giustificarsi, sente il bisogno di aggiungere: «Faccio presente che non ho alcuna cultura avendo frequentato la terza elementare». Il romanzo (*L'equilibrio degli egoismi*) si ritrova anche nell'elenco dei libri sequestrati a Giuseppina Zolia, cfr. ACS, Tribunale Speciale, b. 176, fasc. 1405.

56. Cfr. la lettera di un fuoriuscito, spedita il 16 agosto 1934 dalla Francia, già citata, in Cantagalli, *Cronache fiorentine del ventennio fascista* cit., p. 142.

57. Aurora Rossetti fu arrestata il 1° febbraio 1927 nella retata poliziesca che portò alla cattura (e alla successiva condanna inflitta dal Tribunale Speciale) di Giorgina Rossetti e Marino Graziano. Era nata nel 1903, figlia di Francesco Rossetti, fratello di Giorgina, così descritto in un rapporto dei carabinieri di Mongrando: «Sebbene individuo di scarsa cultura, ha sempre fatto propaganda sovversiva con tutti i mezzi che gli erano possibili, specie negli anni in cui dominava il sovversivismo, inculcando nell'animo delle figlie l'idea comunista e fu visto anche in quei tempi scendere in piazza con la figlia Aurora ad arringare le masse riunite»; quanto ad Aurora, lo stesso rapporto così continuava: «Benché in età giovanissima, esortata dal padre Francesco, si fece interprete delle idee estremiste e, sebbene deficiente nelle qualità oratorie, fece nel periodo rosso diverse e svariate concioni alle masse allora alquanto esaltate. Nel 1919 e 1920 fu madrina della bandiera rossa della sezione comunista Mongrandese inauguratasi in quell'epoca, ed in tutte le manifestazioni ebbe sempre l'appoggio incondizionato del padre». Sia Francesco sia Aurora furono scarcerati il 3 marzo 1927, imputati solo di favoreggiamento e rinviati a giudizio davanti alla magistratura ordinaria «per aver cercato di occultare emblemi con simboli di sovvertimento sociale e di vilipendio contro lo Stato». Per la documentazione relativa, cfr. ACS, Tribunale Speciale, b. 24. Cfr. la nota 33 del cap. 8 della parte prima.

58. Coda era nato a Biella il 14 aprile 1903; operaio tessile, funzionario del PCI, fu condannato dal Tribunale Speciale, nel 1929, a dieci anni di reclusione. Cfr. *Enciclopedia dell'antifascismo e della Resistenza*, vol. 1, A-C, La Pietra, Milano 1968, p. 581.

59. Cfr. lettera del 23 giugno 1927, in ACS, Tribunale Speciale, b. 206.

60. Cfr. lettera del 2 luglio 1927, *ibid.*

61. Cfr. lettera del 9 agosto 1927, *ibid.*

62. Cfr. lettera del 3 novembre 1927, *ibid.*

63. La lettera è in ACS, Tribunale Speciale, b. 474.

8. *Le culture*

1. I dati (ricavati da U. Notari, *La crisi degli scrittori*, Milano 1939 e da *Sommario di statistiche storiche dell'Italia, 1861-1965*, Istituto centrale di statistica, Roma 1965), sono in M. Giocondi, *Lettori in camicia nera. Narrativa di successo nell'Italia fascista*, D'Anna, Messina-Firenze 1978, p. 8.

2. Cfr. G. De Donato e V. Gazzola Stacchini (a cura di), *I bestsellers del ventennio. Il regime e il libro di massa*, Editori Riuniti, Roma 1991.

3. Cfr. Giocondi, *Lettori in camicia nera* cit., p. 14.

4. Per gli aspetti di continuità e di rottura della politica culturale del fascismo nei confronti dei modelli precedenti, cfr. V. De Grazia, *Consenso e cultura di massa nell'Italia fascista. L'organizzazione del dopolavoro*, Laterza, Roma-Bari 1981, p. 13.

5. Cfr. in questo senso, T. Vecchio (*La politica sociale e dell'organizzazione del consenso durante il regime fascista in provincia di Modena. Il caso dell'Opera Nazionale Dopolavoro*, in L. Bertuccelli e S. Magagnoli, a cura di, *Regime fascista e società modenese*, Mucchi, Modena 1995, pp. 108 sg.), che cita in proposito la lenta asfissia economica che strangolò progressivamente le biblioteche popolari ereditate dal prefascismo. Per un altro studio che, sempre su scala locale, affronta lo stesso tema, cfr. M. L. Betri, *Dalle biblioteche popolari alle biblioteche rionali. Note per una storia della pubblica lettura a Milano*, in AA.VV, *Cultura e società negli anni del fascismo* cit., pp. 389 sgg.

6. Cfr. De Grazia, *Le donne nel regime fascista* cit., p. 320.

7. Per queste notizie, cfr. *ibid.*, p. 182.

8. Sul carteggio tra Giorgio Agosti e Mino Castellani, cfr. la nota 43 del cap. 4 della parte prima.

9. Cfr. per queste considerazioni, Boarelli, *Militanti comunisti a Bologna* cit.

10. Cfr. la sua testimonianza in Portelli, *Biografia di una città* cit., p. 223.

11. Abbiamo preso in considerazione, in particolare il materiale sequestrato a Umberto Boriani (ACS, Tribunale Speciale, b. 235), Aderito Ferrari (ACS, Tribunale Speciale, b. 96), Giuseppina Zolia (ACS, Tribunale Speciale, b. 176), Anselmo Pavesi (ACS, Tribunale Speciale, b. 177), Francesca Rosa Corona (ACS, Tribunale Speciale, b. 208), Umberto Terracini (ACS, Tribunale Speciale, b. 96), Armando Bugatti (ACS, Tribunale Speciale, b. 204), Mario Spirito Coda (ACS, Tribunale Speciale, b. 206), Alessandro Vaia (ACS, Tribunale Speciale, b. 207), Anna Testa (ACS, Tribunale Speciale, b. 487), Elgina Pifferi (ACS, Tribunale Speciale, b. 581), Diego Toscano (ACS, Tribunale Speciale, b. 731), Luigi Turatti (ACS, Tribunale Speciale, b. 731). Tra i titoli maggiormente ricorrenti figuravano J. London, *Martin Eden* e *Zanna Bianca*; C. Darwin, *Origine delle specie*; S. Benco, *Nell'atmosfera del sole*; E. De Zuani, *Novelle spagnole*; G. Leopardi, *Poesie*; F. Gaeta, *Novelle giocondè*; R. Kipling, *Novelle scelte*; F. Dostoevskij, *Delitto e castigo*; J. London, *Il popolo dell'abisso*; L. Stecchetti, *Postuma*; J. Locke, *Saggio sull'intelletto umano*; T. Frank, *Storia economica di Roma*; W. Sombart, *Il capitalismo moderno*; Schiller, *Maria Stuarda*; A. Graziadei, *Prezzo e sovraprezzo nell'economia capitalistica*; T. Campanella, *La Città del Sole*; R. Lewinson, *Histoire de l'inflation*; G. Plechanov, *Introduction à l'Histoire sociale de la Russie*; G. De Ruggiero, *Sommario di storia della filosofia*; F. Perrone, *Il problema del mezzogiorno*; G. Sorel, *Considerazioni sulla violenza*; A. Labriola, *Socrate*; W. Goethe, *Faust*; Hegel, *Filosofia del diritto*; A. Loria, *Le basi economiche della costituzione sociale*; V. Blasco Ibañez, *I quattro cavalieri dell'Apocalisse*; J. London, *Il figlio del sole*; D. Niccodemi, *La morte in maschera*; M. Mariani, *L'equilibrio degli egoismi*; A. Vitelli, *I volti del delitto*; A. France, *Sopra la pietra bianca;* P. Kropotkin, *La scienza moderna e l'anarchia*, *Parole di un ribelle*, *La conquista del pane* e *Memorie di un rivoluzionario*; L. Fabbri, *Dittatura e rivoluzione*; L. Trockij, *La mia vita*; G. Manacorda, *Il bolscevismo*; P. Gobetti, *Il paradosso dello spirito russo*.
Quanto alle testimonianze, oltre a quelle già citate di Arnaldo Lippi e Alba Spina («leggevo *La madre, Il tallone di ferro, I miserabili*»), cfr. in particolare quelle raccolte in Boarelli, *Militanti comunisti a Bologna* cit.

12. Cfr. *ibid.*, pp. 131 sgg. Sulla recezione del *Tallone di ferro* tra i militanti antifascisti, cfr. G. Fofi, *Jack London e il socialismo*, introduzione a J. London, *Il tallone di ferro*, Feltrinelli, Milano 1983; A. Portelli, *Jack London e la rivoluzione mancante*, in «Calibano», 1980, n. 5, ripreso in *Il testo e la voce. Oralità, letteratura e democrazia in America*, Manifestolibri, Roma 1992, pp. 237-41.

13. Del romanzo di Gor'kij in Italia, durante il fascismo apparvero due edizioni, Bietti (1933) e Monanni (1928).

14. Cfr. Boarelli, *Militanti comunisti a Bologna* cit., p. 138.

15. Sui motivi della predilezione dell'antifascismo popolare nei confronti del genere romanzesco, e in particolare del «romanzo cavalleresco» («un modo inconsapevole per saltare tutta la fase della cultura borghese e riconnettersi a un mondo popolato di uomini di forte sentire e di sovrani giusti e leali, che si muovono in una società naturalmente stratificata ma meno complessa e mercatile di quella creata dalla rivoluzione industriale»), cfr. Santomassimo, *Antifascismo popolare* cit.

16. Cfr. Flores e Gallerano, *Sul PCI* cit., p. 159.

17. Non ci si stupisce, così, di ritrovare *Il tallone di ferro* tra le letture inserite da Alessandro Vaia nel piano di studio prefissosi per il marzo 1928, in un programma che comprendeva «la Rivoluzione francese, Napoleone, la storia dei commerci e delle industrie, uno studio di psicologia, la biografia di un uomo illustre, appunti sulla natura di Soviet, note biografiche su Beneš, Drummond, Markovič ecc., una cronologia della storia del PSI dal 1919 al 1925». Cfr. ACS, Tribunale Speciale, b. 207.

18. Cfr. lettera di Lev Trockij a Joan London, in London, *Il tallone di ferro* cit., pp. 5-7.

19. Cfr. Boarelli, *Militanti comunisti a Bologna* cit., pp. 145 e 149.

20. Cfr. ACS, Tribunale Speciale, b. 581, Procedimento contro Borghi Celeste e altri. Il libro era in possesso di Elgina Pifferi. Una dedica («A Gina, non che le pagine di questo romanzo siano pagine da desiderare, ma che nella vita di un domani tu possa concepire che l'amore nel suo doppio senso è necessario come l'acqua nella caratteristica di amante. Aurelio») esplicitava la «diversità» anche nei confronti del contenuto del libro, rilanciando la consueta immagine legata al binomio amore/acqua pura.

21. Citata in Cantagalli, *Cronache fiorentine del ventennio fascista* cit., p. 140.

22. Cfr. Boarelli, *Militanti comunisti a Bologna* cit., p. 119.

23. La lettera, del 18 novembre 1936, è in ACS, CPC, b. 5396, fasc. 16329.

24. La lettera è *ibid.*

25. Questo materiale è in ACS, Tribunale Speciale, b. 204.

26. Cfr. ACS, Tribunale Speciale, b. 235. Per il testo integrale della poesia, cfr. *Le rime di Lorenzo Stecchetti*, Zanichelli, Bologna 1909, p. 61.

27. Cfr. Fiori, *Una donna nelle carceri fasciste* cit., p. 67.

28. Cfr. ACS, Tribunale Speciale, b. 731.

29. Cfr. Ridolfi, *L'apprendistato della cittadinanza* cit.

30. Citato in Corsini e Porta, *Avversi al regime* cit.

31. Cfr. C. Levi, *Perché la borghesia abbandona il teatro e frequenta il caffè concerto*, in «Critica sociale», 16 maggio 1896, p. 158.

32. Cfr. la proposta di costituzione di una Federazione sportiva del Lavoro, in «Sport e proletariato», settimanale di cronaca e critica, 1° dicembre 1923.

33. Cfr. A. Rossetti, *La via dei bači*, dattiloscritto autobiografico conservato (inedito) presso l'Archivio dell'Istituto storico della resistenza in Provincia di Vercelli, p. 82. Aurora finì di scrivere le sue memorie nel novembre 1978 a Conflans-Sainte Honorine in Francia. Era vedova di Arialdo Zanotti, garibaldino in Spagna, e di Jacques Loriux. È deceduta il 4 giugno 1980. Dopo la denuncia e il deferimento al Tribunale Speciale (cfr. la nota 57

del cap. 8 parte prima), nel 1927 Aurora fu sottoposta all'ammonizione. Sposatasi con Arialdo Zanotti, si trasferì a Milano dove gestì un negozio di frutta e verdura. Espatriò in Francia nel 1932. Dopo un breve periodo passato ancora in Italia (1935-37), si trasferì ancora a Parigi presso la sorella Giuseppina. Rientrò in Italia il 3 agosto 1941. Cfr. ACS, CPC, b. 4423, fasc. 40855.

34. Cfr. la testimonianza di Teresa Cirio, in Guidetti Serra, *Compagne* cit., vol. 2, p. 431.

35. Cfr. la testimonianza di Antizarina Cavallo, *ibid.*, vol. 1, p. 224.

36. Cfr. De Grazia, *Consenso e cultura di massa nell'Italia fascista* cit., p. 191.

37. Cfr. *ibid.*, p. 193.

38. Cfr. *ibid.*, p. 196.

39. Cfr. testimonianza di Rita Comoglio vedova Bazzanini, in Guidetti Serra, *Compagne* cit., vol. 2, p. 446.

40. Cfr. Denuncia della R. Questura di Genova, 3 dicembre 1927, in ACS, Tribunale Speciale, b. 254, Procedimento contro Natale Premoli e altri.

41. Cfr. la testimonianza di Albina Caviglione Lusso, in *La Resistenza taciuta. Dodici vite di partigiane piemontesi* cit., p. 66.

42. Cfr. la testimonianza di Pierina Capo, in Guidetti Serra, *Compagne* cit., vol. 1, p. 180.

43. Cfr. la testimonianza di Iride Cappellaro in Guerra, *ibid.*, vol. 2, p. 590.

44. Cfr. Gabrielli, *La solidarietà fra pratica politica e vita quotidiana* cit.

45. Cfr. Ruggerini, *Appunti sul lavoro delle donne tra dittatura fascista e Stato democratico* cit.

46. Cfr. denuncia a carico di Angelica Mancini, di Magliano Sabino, 18 febbraio 1927, in ACS, Tribunale Speciale, b. 2.

47. Cfr. denuncia dei carabinieri di Masserano, 23 novembre 1928, a carico di Giacomo e Annibale Lodone, Carolina Bianco, in ACS, Tribunale Speciale, b. 161.

48. Cfr. denuncia a carico di Caterina Gabbia, 17 giugno 1931, in ACS, Tribunale Speciale, b. 346.

49. Cfr. la denuncia a carico di Ernesta Masi, 2 novembre 1942, citata in Santomassimo, *Antifascismo popolare* cit. Su una precedente decuncia del 14 giugno 1927, cfr. ACS, Tribunale Speciale, b. 6, fasc. 6, Procedimento centro Serafino Masieri e altri.

50. Cfr. la testimonianza di Teresa Cirio, in Guidetti Serra, *Compagne* cit., vol. 2, p. 426.

51. Cfr. Ridolfi, *L'apprendistato della cittadinanza* cit.

52. Cfr. D. Gagliani, *Funerali di sovversivi*, in «Rivista di storia contemporanea», 1984, n. 1.

53. Cfr. *ibid.*

54. Il documento è in ACS, Tribunale Speciale, b. 254, Procedimento contro Natale Premoli.

55. Cfr. Ferrero, *Un nocciolo di verità* cit., p. 26.

56. Cfr. ACS, Tribunale Speciale, b. 236, Procedimento contro Agnese Ferrero. La Ferrero, nata a Torino il 25 gennaio 1894, era moglie del tipografo Mario Anesi. Fu arrestata il 10 agosto 1927 e scarcerata l'8 settembre 1928.

57. Cfr. lettera di Aurora a Mario Spirito Coda, 10 giugno 1927, in ACS, Tribunale Speciale, b. 206.

58. Cfr. lettera di Ottorina Pedini al marito Venturino, Livorno, 22 settembre 1927, in ACS, Tribunale Speciale, b. 243. In questa stessa direzione, cfr. la lettera di Amedeo Bugatti, fuoriuscito a Lione, al fratello Armando: «Verrà un giorno che ritorno e se dovessi trovare la macchina fuori uso chissà cosa potrà accadere in quel momento. Perciò mi prometti di farmi questo piacere che ancora una volta ti chiedo: l'ingrasserai bene tutta, dalle ruote dei raggi, sino ai freni». La lettera, del 31 maggio 1927, è in ACS, Tribunale Speciale, b. 205.

59. Cfr. lettera a Giuseppina Zolia, Trieste, 17 ottobre 1927, in ACS, Tribunale Speciale, b. 176.

60. Cfr. lettera di Michele Solombrino a Rodolfo Sarti, Bari, 17 maggio 1932, in ACS, Tribunale Speciale, b. 474.

61. Cfr. lettera ad Armando Bugatti, Gaeta, 11 giugno 1924, in ACS, Tribunale Speciale, b. 204.

62. La lettera del 1° dicembre 1934 è in ACS, Divisione Polizia Politica cit.

63. Cfr. la lettera del 15 agosto 1934 in Gobetti, *Camilla Ravera, vita in carcere e al confino* cit., p. 250.

64. Anna Testa, nata a Bra il 28 febbraio 1887, coniugata con Vitellio Vitelli, abitante a Torino, casalinga, arrestata il 5 marzo 1934, «perché nella sua abitazione sono stati rinvenuti pezzettini di una lettera scritta in inchiostro simpatico e di contenuto sovversivo». Prosciolta con sentenza istruttoria del 14 giugno 1934. Cfr. ACS, Tribunale Speciale, b. 487.

65. La lettera, dell'11 settembre 1934, è in ACS, Divisione Polizia Politica cit.

66. Cfr. la lettera del 15 agosto 1934 in Gobetti, *Camilla Ravera, vita in carcere e al confino* cit., p. 115.

67. Cfr. la lettera del 26 maggio 1926, indirizzata alla Madre Badessa del pensionato di suore dove risiedeva al momento dell'attentato al Duce, del 7 aprile 1926, in ACS, Tribunale Speciale, b. 6, fasc. 12.

68. Il verbale del sequestro è in ACS, Tribunale Speciale, b. 233.

69. Il verbale del sequestro è *ibid.* Ena Viatto, nata a Mogliano Veneto il 25 dicembre 1906, insegnante, quando fu arrestata a Marina di Pisa, l'11 maggio 1928, era la fidanzata di Li Causi. Fu assolta per insufficienza di prove dalla Commissione Istruttoria, il 29 settembre 1928. Vedi anche ACS, Tribunale Speciale, b. 237.

70. Cfr. *Un'esperienza di antifascismo femminile* cit.

71. Cfr. Maher, *Un mestiere da raccontare. Sarte e sartine torinesi fra le due guerre* cit.

72. Cfr. lettera di Edvige Levrone a Silvio Manassero, 2 luglio 1928. Edvige Levrone, nata a Mondovì il 9 settembre 1909, fu arrestata il 5 marzo 1931 dai carabinieri di Mondovì. Cfr. ACS, Tribunale Speciale, b. 295.

73. Cfr. Ferrero, *Un nocciolo di verità* cit., p. 82.

74. Cfr. E. Tedeschi, *La moda femminile*. Il testo della canzone figura nella raccolta «Canzonettistica italiana - Sogni», sequestrato dalla polizia al macellaio Benetollo Gino, di Verona, ora in ACS, Tribunale Speciale, b. 47.

75. Per la citazione di Asvero Gravelli e l'interpretazione ripresa nel testo, cfr. A. V. Savona e M. Straniero, *Canti dell'Italia fascista*, Garzanti, Milano 1979, p. 7.

76. Cfr., ad esempio, denuncia del 13 maggio 1927 contro Angelina Gini, nata a Vadano Olona il 27 agosto 1904, operaia alle Arti Grafiche di Tradate, in ACS, Tribunale Speciale, b. 47. La Gini fu condannata a sei mesi di reclusione dal Tribunale ordinario, con sentenza del 9 febbraio 1928.

77. Cfr. denuncia del 20 giugno 1931 contro Angelina Corelli, nata a Napoli il 29 aprile 1919 e Concetta Cirillo, nata a Boscotrecase il 16 marzo 1921, in ACS, Tribunale Speciale, b. 295.

78. Questi testi sono in *Canzoniere,* raccolta di biografie e canzoni del movimento operaio, in ACS, Tribunale Speciale, b. 731.

79. Il testo della canzone è in «Canzonettistica italiana - Sogni» cit.

80. Cfr. P. Cavallo e P. Jaccio, *La donna nella canzone italiana degli anni Trenta: vecchi e nuovi miti*, in M. Addis Saba (a cura di), *La corporazione delle donne*, Vallecchi, Firenze 1988, p. 326.

81. Questi testi sono in *Canti spartici. Raccolti in occasione del Primo maggio 1927 per aiutare le vittime politiche*. L'opuscolo figura tra i documenti sequestrati a Mario Spirito Coda ed è in ACS, Tribunale Speciale, b. 206.

82. Il testo è in «Canzonettistica italiana - Sogni» cit.

83. Cfr. lettera del 17 maggio 1932, da Bari, di Michele Solombrino a Rodolfo Sarti, in ACS, Tribunale Speciale, b. 474.

84. Camilla Agliardi, nata a Rezzato (Bs) l'8 settembre 1897, antiquaria, denunciata dai carabinieri per spionaggio il 27 gennaio 1933. Fu condannata a morte mediante fucilazione alla schiena il 10 maggio 1933. La pena fu poi successivamente commutata in ergastolo. Cfr. ACS, Tribunale Speciale, b. 437.

85. Cfr. P. Cannistraro, *La fabbrica del consenso. Fascismo e mass media*, Laterza, Bari 1975, p. 303.

86. Queste recensioni rappresentano un complesso documentario stilisticamente e analiticamente omogeneo grazie alla uniformità dei criteri seguiti rispettivamente da Mario Gromo per la «Stampa» e Mario Intaglietta per «La Gazzetta del Popolo». Sulla nascita della figura professionale del critico cinematografico e su Gromo e Intaglietta, cfr. G. P. Brunetta, *Cinema italiano tra le due guerre. Fascismo e politica cinematografica*, Mursia, Milano 1975, pp. 84 sgg.

87. Mario Gromo, in particolare, tra il 1931 e il 1943 recensì 193 film italiani su 409 prodotti. Cfr. M. Gromo, *Davanti allo schermo. Cinema Italiano, 1931-1943*, «La Stampa», Torino 1993. I dati della ricerca completa sono in G. De Luna, *L'occhio e l'orecchio dello storico*, La Nuova Italia, Firenze 1993, pp. 102 sgg.

88. Cfr. in questo senso, M. Mida e L. Quaglietti, *Dai telefoni bianchi al neorealismo*, Laterza, Bari 1980, p. 9.

89. Cfr. G.P. Brunetta, *Storia del cinema italiano*, vol. 2, *Il cinema del regime, 1929-1945*, Editori Riuniti, Roma 1993.

90. Cfr. Cannistraro, *La fabbrica del consenso* cit., p. 28.

91. Cfr., in questo senso, L. Passerini, *Linguaggio filmico e ideologia fascista del lavoro*, in «Il nuovo spettatore», 1988, n. 11, pp. 303 sgg.

92. Cfr. De Grazia, *Consenso e cultura di massa nell'Italia fascista* cit., p. 180.

93. Cfr. G. Isola, *Abbassa la tua radio per favore. Storia dell'ascolto radiofonico nell'Italia fascista*, La Nuova Italia, Firenze 1991. Nella direzione di una storia dell'ascolto Isola si era

già felicemente cimentato in *Evangelina e l'«aradio»*, in «Passato e presente», 1982, n. 1; in quel senso cfr. anche P. Ortoleva, *La radio e il suo pubblico: verso una storia degli ascoltatori*, in AA.VV., *La radio. Storia di sessant'anni* ERI, Torino 1984, pp. 54-59. Per il resto, i titoli che alimentano questi percorsi storiografici appartengono a una bibliografia consolidata in cui non si registrano novità importanti. Cfr. quindi F. Chiarenza, *Il cavallo morente. Trent'anni di radiotelevisione italiana*, Bompiani, Milano 1978; F. Monteleone, *La radio italiana nel periodo fascista. Studio e documenti 1922-45*, Marsilio, Venezia 1976; F. Monteleone, *Storia della* RAI *dagli alleati alla* DC, *1944-54*, Laterza, Roma-Bari 1979; A. Monticone, *Il fascismo al microfono. Radio e politica in Italia, 1924-1945*, Studium, Roma 1978; A. Papa, *Storia politica della radio in Italia*, Guida, Napoli 1978, 2 voll.

94. Cfr. F. Monteleone, *Storia della radio e della televisione in Italia. Società, politica, strategie, programmi, 1922-1992*, Marsilio, Venezia 1992, p. 123.

95. Per queste considerazioni applicate al caso italiano, cfr. N. Tranfaglia e G. De Luna, *Radio e potere in Italia dalle origini agli anni sessanta*, in «Problemi dell'informazione», 1986, n. 1, pp. 47-61.

96. Cfr. in questo senso, A. Goldfarb Marquis, *Written on the Wind: The Impact of radio during the 1930's*, in «Journal of Contemporary History», 1984, n. 19.

97. Anche in Italia il banco di prova delle «dirette» radiofoniche furono le grandi manifestazioni sportive di massa come l'incontro di pugilato tra Bosisio e Jacovacci trasmesso da Milano nel 1928. Cfr. in termini più generali Monteleone, *Storia della radio e della televisione in Italia* cit., p. 58.

98. La lettera, del 13 novembre 1933, è citata in Isola, *Evangelina e l'«aradio»* cit. Giuseppe Berti, lo ricordiamo, era stato tra i fondatori del PCI e primo segretario politico della FGCI. Evangelina era figlia di un pastore evangelico, sorella di un avvocato socialista. Quando scriveva al figlio, era ospite a casa dei consuoceri Baroncini a Imola, in un piccolo appartamento di una famiglia operaia.

99. Cfr. E. Franchi, *La solitudine e la radio*, in «R», 1934, n. 14, citato in Isola, *Abbassa la tua radio per favore* cit., p. 224.

100. Cfr. E. Franchi, *Radio di paese*, in «R», 1934, n. 3, citato *ibid.*, p. 125.

101. Per queste notizie, cfr. Isola, *Abbassa la tua radio per favore* cit., pp. 223 e 230. Per un procedimento davanti al Tribunale Speciale nel quale tra le imputazioni figuravano gli ascolti di Radio Barcellona e Radio Londra, cfr. denuncia contro Vincenzo Ravera, 3 marzo 1937, in ACS, Tribunale Speciale, b. 581, Procedimento contro Grassi Luigi e altri.

102. Citato *ibid.*, p. 229.

103. Cfr. Relazione del Centro socialista milanese, gennaio 1937, gruppo Morandi, in Dal Pont, Leonetti e Massara, *Giornali fuori legge* cit., p. 235.

104. Cfr. Relazione anonima da Empoli, Archivio del Partito comunista, f. 1452, citata in Santomassimo, *Antifascismo popolare* cit.

105. Nata nel 1908 a Gozzano, fa parte delle 54 donne della provincia di Novara schedate nel Casellario politico centrale e i cui fascicoli sono ora in fotocopia presso l'Archivio storico della Resistenza di Novara. La lettera è del 17 aprile 1939.

106. «Non solo Radio Londra fu ascoltata in modo massiccio, rendendo ridicole, prima ancora che feroci, le sanzioni sempre più draconiane comminate a chi vi si sintonizzava; ma era creduta più della radio italiana». Cfr. P. Ortoleva, *Guerra e mass media nel XX secolo*, in P. Ortoleva e C. Ottaviano (a cura di), *Guerra e mass media. Strumenti e modi della*

comunicazione in contesto bellico, Liguori, Napoli 1995, p. 14. Per le modalità dell'ascolto collettivo di Radio Londra, cfr. la testimonianza di Annetta Rech («Era molto bello la sera dopo cena, quando quei giovani si radunavano nella stua e, assieme alle donne, si alternava alla politica il gioco delle carte, della tombola, della dama e degli scacchi e poi si sentiva Radio Mosca, Radio Londra...») in *Una vita ai Morganti*, La Grafica, Trento 1991, p. 21. Sembra, in questo caso, che non ci sia soluzione di continuità tra le letture collettive nella stalla che avevano segnato le antiche consuetudini comunitarie e l'impatto con la modernità legato all'inedito ascolto radiofonico.

Epilogo

1. Cfr. C. Lizzani, *L'Italia deve avere il suo cinema*, in «Il Politecnico», n. 3, 13 ottobre 1945.
2. Cfr. M. Mila, *L'Italia deve avere il suo cinema*, in «G.L.», 26 ottobre 1945. Entrambi gli articoli sono stati riprodotti in *Folies, 1945. I film del 1945, dall'occupazione alla liberazione*, a cura dell'Archivio cinematografico della Resistenza, Torino 1985.
3. Cfr. L. Quaglietti, *Storia economico-politica del cinema italiano, 1945-1980*, Editori Riuniti, Roma 1980, p. 252.
4. Cfr., in particolare, A. Ventrone, *Tra propaganda e passione. «Grand Hotel» e l'Italia degli anni Cinquanta*, in «Rivista di storia contemporanea», n. 4, 1988.
5. Cfr., in questo senso, S. Gundle, *I comunisti italiani tra Hollywood e Mosca. La sfida della cultura di massa, 1943-1991*, Giunti, Firenze 1995, p. 8.
6. Cfr. L. Bianciardi, *Il lavoro culturale*, Feltrinelli, Milano 1991 (1ª ed. 1957), p. 58.
7. Cfr. *ibid.*, p. 29.
8. Citato in Gundle, *I comunisti italiani tra Hollywood e Mosca* cit., p. 202.
9. Cfr. L. Bianciardi, *La vita agra*, Rizzoli, Milano 1962, p. 174.
10. Sulla continuità della contrapposizione fascismo/antifascismo negli anni dell'Italia repubblicana, cfr. De Luna e Revelli, *Fascismo/antifascismo* cit. I suoi termini politici e culturali furono scanditi dalle fasi che hanno segnato la storia dell'Italia repubblicana, adeguando i propri contenuti ai diversi equilibri che nelle istituzioni e nel paese segnarono gli schieramenti parlamentari e le maggioranze governative. Entrambi i campi hanno di volta in volta allargato o ridotto la propria sfera d'influenza passando, per quanto riguarda l'antifascismo, dalla fase difensiva e minoritaria degli anni del centrismo degasperiano a quella tendenzialmente maggioritaria legata all'avvento del centrosinistra e all'intero corso degli anni sessanta; poi, dopo i tempi del «ferro e del fuoco» seguiti alle lotte operaie e studentesche, la fase puramente «celebrativa» degli anni ottanta ha finito per dissanguarlo di contenuti e di stimoli. La ripresa dei suoi aspetti esistenziali e militanti in questi esordi della Seconda Repubblica passa attraverso il riconoscimento di quel surplus di democrazia che è racchiuso nel suo patrimonio genetico quale anticorpo necessario contro la permanente tentazione autoritaria che impedisce a questo paese di diventare «normale».
11. Cfr. *Ampliamento del bozzetto sulla rivoluzione antropologica in Italia*, 11 luglio 1974, in P. P. Pasolini, *Scritti corsari*, Garzanti, Milano 1989, p. 51. Per un esame dettagliato dei termini antropologici della contrapposizione fascismo/antifascismo, cfr. *Studio sulla rivoluzione antropologica in Italia* e *Il vero fascismo e quindi il vero antifascismo*, *ibid.*, rispettivamente, pp. 37 e 41.

Parte seconda

1. *Tina Pizzardo*

1. Cfr. C. Pavese, *Il mestiere di vivere. Diario, 1935-1950*, Einaudi, Torino 1952, p. 68.
2. Cfr. *Avvertenza*, p. 9.
3. Cfr. *ibid.*, p. 60.
4. Cfr. *ibid.*, p. 61.
5. Cfr. Pavese, *Il mestiere di vivere*, Einaudi, Torino 1990, p. 89. Questo brano è omesso nell'edizione del 1952.
6. Cfr. *ibid.*, p. 46.
7. Il brano è a p. 79 dell'edizione del 1990. È omesso in quella del 1952.
8. Questi passi sono tratti da un memoriale di Tina, a p. 279. Il documento, dattiloscritto, conta 288 pagine e una nota in calce lo data «Luserna S. Giovanni, estate 1962». Si presenta come una vera e propria autobiografia, destinata anche a una eventuale pubblicazione, frutto però di successive stesure, alcune delle quali, come quelle relative alle pagine sul carcere, facilmente identificabili grazie alle annotazioni della stessa Tina («agosto 1968; 1972-1976»). *Memorie remote* e *Otto anni in collegio* sono titoli di altri racconti a cui Tina rinvia nelle sue memorie.
9. Per questi dati, cfr. la documentazione conservata in ACS, CPC, b. 4025, fasc. 4156, Pizzardo Battistina.
10. Cfr. *Memorie*, p. 2.
11. Cfr. *ibid.*, p. 1.
12. Cfr. *ibid.*, p. 86.
13. «Curioso giornale che era sì pro-Fiume, ma accoglieva anche articoli di sindacalisti, anarchici, futuristi», cfr. *ibid.*, p. 6.
14. Cfr. *ibid.*, p. 7.
15. Cfr. *ibid.*, p. 4.
16. Cfr. *ibid.*, p. 12.
17. Cfr. *ibid.*, p. 13.
18. Cfr. *ibid.*, p. 22.
19. Cfr. *ibid.*, p. 21.
20. Cfr. *ibid.*, p. 11.
21. Cfr. *ibid.*, p. 10.
22. Cfr. *ibid.*, p. 217.
23. Cfr. *ibid.*, pp. 24 sg.
24. La lettera è in ACS, Tribunale Speciale, b. 245.
25. Cfr. *Memorie*, p. 152.
26. Cfr. *ibid.*, p. 23. Sulla metafora del «bicchier d'acqua» e sulle discussioni su questo tema in seno al gruppo dei giovani comunisti torinesi, cfr. *supra*, la nota 24 del cap. 7 della parte prima.

27. Per queste notizie, cfr. A. Banchi, *Si va pel mondo. Il Partito comunista a Grosseto dalle origini al 1944*, ARCI, Grosseto 1993, pp. 60 sg. Su Aira, in particolare, cfr. *ibid.*, pp. 118 sgg.
28. La lettera è in ACS, Tribunale Speciale, b. 245.
29. Cfr. Nota del Ministero dell'Interno, 26 ottobre 1928, in ACS, CPC, b. 4025, fasc. 4156, Pizzardo Battistina di Francesco. Una nota manoscritta in fondo al documento aggiungeva «è parente di monsignor Pizzardo».
30. Cfr. Nota del Ministero della Pubblica Istruzione, 21 novembre 1927, in ACS, CPC, b. 4025, fasc. 4156 cit.
31. Cfr. ACS, Tribunale Speciale, b. 243, Processo contro Penazzato, Negarville e altri 43.
32. Cfr. rispettivamente le note del 10 agosto (Torino) e del 28 agosto 1927 (Grosseto) in ACS, CPC, b. 4025, fasc. 4156 cit.
33. Cfr. ACS, Tribunale Speciale, b. 243 cit. Ulisse era il nome assunto in clandestinità da Altiero Spinelli.
34. Cfr. *ibid.*
35. Cfr. Nota della prefettura di Torino, 2 settembre 1927, in ACS, CPC, b. 4025, fasc. 4156 cit.
36. Cfr. *Memorie*, p. 53.
37. Cfr. Spinelli, *Come ho tentato di diventare saggio* cit., p. 89.
38. Cfr. *ibid.*, p. 90.
39. Cfr. *Memorie*, p. 41.
40. Cfr. Spinelli, *Come ho tentato di diventare saggio* cit., p. 90.
41. Cfr. *ibid.*, p. 106.
42. Cfr. *Memorie*, p. 47.
43. Cfr. Spinelli, *Come ho tentato di diventare saggio* cit., p. 56.
44. Cfr. *ibid.*, p. 71.
45. Cfr. *ibid.*, p. 77.
46. Cfr. *ibid.* p. 67.
47. Cfr. *Memorie*, p. 26.
48. Cfr. lettera di Tina ad Altiero Spinelli, 24 marzo 1933, in ACS, CPC, b. 4025, fasc. 4156 cit.
49. Per questi dati, cfr. la Nota della Questura di Roma, 28 marzo 1928, in ACS, CPC, b. 4913, fasc. 4011, Spinelli Altiero.
50. Cfr. *Memorie*, p. 49.
51. Cfr. *ibid.*, p. 37.
52. Cfr. *ibid.*, p. 171.
53. Cfr. Spinelli, *Come ho tentato di diventare saggio* cit., pp. 42 sg.
54. Cfr. *ibid.*, p. 46.
55. Cfr. *Memorie*, p. 36.
56. Cfr. *ibid.*, p. 24.
57. Cfr. *ibid.*, p. 44.
58. Cfr. Spinelli, *Come ho tentato di diventare saggio* cit., p. 106.

59. La lettera, già citata, è in ACS, Tribunale Speciale, b. 245.
60. Cfr. *Memorie*, p. 44.
61. Cfr. Spinelli, *Come ho tentato di diventare saggio* cit., p. 107.
62. Cfr. *Memorie*, p. 45.
63. Cfr. *ibid.*, p. 42.
64. Cfr. *ibid.*, p. 153.
65. La lettera è riportata in Spinelli, *Come ho tentato di diventare saggio* cit., p. 144.
66. Per la durezza di alcune fasi della reclusione di Tina, cfr. la sua istanza alla direzione del carcere femminile di Roma, del 6 luglio 1928, con la denuncia delle condizioni in cui viene tenuta: cfr. ACS, Tribunale Speciale, b. 243 cit.
67. Cfr. *Memorie*, pp. 157-63.
68. Cfr. Spinelli, *Come ho tentato di diventare saggio* cit., p. 150.
69. Cfr. *ibid.*, p. 151.
70. Veniero si stabilì in modo permanente a Torino nel gennaio del 1931. Il 15 luglio di quello stesso anno fu denunciato al Tribunale Speciale e condannato a 6 anni di reclusione. Dimesso dal carcere l'11 novembre 1932 per amnistia, si allontanò da Roma tornando nuovamente a Torino il 25 marzo 1933. Il 22 maggio 1933 fu sottoposto all'ammonizione e il 6 ottobre espatriò clandestinamente in Francia. Per questi dati, cfr. le note della Questura di Roma del 21 settembre 1931, 16 maggio 1933, 3 maggio 1935, in ACS, CPC, b. 4916, fasc. Veniero Spinelli.
71. Cfr. Spinelli, *Come ho tentato di diventare saggio* cit., p. 86.
72. Cfr. *Memorie*, p. 126.
73. La lettera è in ACS, CPC, b. 4916, fasc. Veniero Spinelli.
74. Cfr., in questo senso, una nota del ministero dell'Interno, 20 settembre 1934 («come si è avuto occasione di rilevare dai colloqui e dalla corrispondenza epistolare dei due fratelli, è venuto nella determinazione di anticipare il servizio militare (...) scegliendo per sede la città di Torino (...) per avere occasione di allargare le sue conoscenze come annunzia il condannato Altiero Spinelli ad essa Pizzardo»), in ACS, CPC, b. 4025, fasc. 4156 cit.
75. Le due lettere sono entrambe *ibid.*
76. Anita Pescio, vedova Longo, nata a Torino il 26 aprile 1884, abitante in corso Racconigi 54, maestra elementare. Nel 1927 fu sospesa per due anni dall'insegnamento «per aver presentato un programma che non soddisfaceva l'autorità scolastica». Nel 1930 chiese il collocamento in pensione, visse dando lezioni private. Arrestata il 10 febbraio 1934, fu condannata dal Tribunale Speciale a 3 anni di reclusione con sentenza del 21 dicembre 1934. Caterina Aliprandi, nata a Torino il 1° agosto 1908, abitante in via Villa della Regina 37, impiegata, iscritta al II corso normale superiore presso il Regio Educatorio della Provvidenza, fidanzata del comunista Bruno Pontoni. Arrestata il 10 febbraio, scarcerata il 14 giugno 1934 «per insufficienza di prove».
Cfr. ACS, Tribunale Speciale, b. 487, Procedimento contro Dante Conte e altri 22.
77. Cfr. *Memorie*, p. 181.
78. Cfr. Nota della Prefettura di Forlì, 24 maggio 1932, in ACS, CPC, b. 4025, fasc. 4156 cit.
79. Cfr. Nota del Ministero dell'Interno, 31 luglio 1932; nota della Prefettura di Torino, 23 agosto 1935, entrambe *ibid.*

80. Paola Lombroso (1871-1954), figlia di Cesare Lombroso, sposò nel 1899 Mario Carrara, (1866-1937) che occupò la cattedra di Medicina legale lasciata libera da Lombroso; nel 1931 Carrara lasciò l'insegnamento schierandosi tra i dodici professori universitari che rifiutarono di giurare fedeltà al regime. Sull'impegno di Paola Lombroso Carrara nei settori della psicologia infantile e della psicopedagogia sociale, cfr. Dolza, *Gina e Paola Lombroso* cit., pp. 236 sgg.

81. Luigi Capriolo, nato a Cinzano il 18 novembre 1902, attivo organizzatore del PCI, fu condannato una prima volta dal Tribunale Speciale (nel 1927) a 7 anni e 6 mesi di reclusione; scarcerato, fu di nuovo arrestato nel 1934 e condannato ad altri 7 anni. Fu impiccato dai nazisti il 3 agosto 1944.

82. Per queste annotazioni, cfr. *Memorie*, p. 187.

83. Per queste osservazioni, cfr. *supra*, la nota 97 del cap. 2 della parte prima.

84. Cfr. Garosci, *L'era di Carlo Levi* cit., pp. 9 sg.

85. Cfr. l'interrogatorio di Carlo Zini, 18 maggio 1935, in ACSPG (Archivio Centro studi Piero Gobetti), GL/ga 1.

86. Cfr. l'interrogatorio di Leo Levi, 26 giugno 1935, *ibid.*

87. Cfr. B. Allason, *Memorie di un'antifascista*, Edizioni Avanti!, Milano 1961, p. 139.

88. Si tratta di Barbara Allason (1877-1968), arrestata nel 1934, poi prosciolta per insufficienza di prove, Michele Giua (1889-1966), arrestato il 15 maggio 1935 e condannato dal Tribunale Speciale a 15 anni di reclusione e Clara Lollini Giua.

89. Cfr. lettera di Tina ad Altiero Spinelli, 24 marzo 1933, in ACS, CPC, b. 4025, fasc. 4156 cit.

90. Cfr. lettera di Tina ad Altiero Spinelli, 3 novembre 1933, *ibid.*

91. Cfr. lettera di Tina ad Altiero Spinelli, 24 marzo 1933, *ibid.*

92. Delle gite in barca sul Po e sul Sangone e dell'incontro con Pavese Tina ha parlato per la prima volta pubblicamente in un'intervista a «Il Messaggero» pubblicata il 23 agosto 1980.

93. Cfr. *Memorie*, p. 213.

94. Cfr. *ibid.*, p. 211.

95. Cfr. *ibid.*, pp. 220 sg.

96. Cfr. *ibid.*, p. 226.

97. Cfr. *ibid.*, pp. 229 sg.

98. Sull'«operazione Togo» («Togo» era il nome in codice di una spia fascista infiltrata in GL, l'ingegnere René Odin), cfr. i saggi raccolti in *Carlo Levi. Disegni dal carcere* cit.

99. Cfr. *Memorie*, pp. 230 sg.

100. Cfr. *ibid.*, p. 238.

101. Probabilmente all'esperienza della gita in montagna raccontata da Tina allude questa nota del diario di Pavese: «Quale mezzo migliore per una donna che vuol fottere un uomo, se non portarlo in un ambiente non suo, vestirlo in modo ridicolo, esporlo a cose di cui è inesperto, e – quanto a lei – avere nel frattempo altro da fare, magari quelle stesse cose che l'uomo non sa fare? Non solo lo si fotte davanti al mondo, ma – importante per una donna che è l'animale più ragionevole che esista – ci si convince che va fottuto, si conserva la buona coscienza»; cfr. Pavese, *Il mestiere di vivere* cit., p. 48.

102. Su questa vicenda, cfr. De Luna, *Una cospirazione alla luce del sole*, in *Carlo Levi. Un'esperienza culturale e politica nella Torino degli anni Trenta* cit., pp. 69-85.

103. Cfr. Nota della Prefettura di Torino, 26 luglio 1935, in ACS, CPC, b. 4025, fasc. 4156 cit.

104. La lettera è *ibid.*

105. La lettera è *ibid.*

106. Cfr. Spinelli, *Come ho tentato di diventare saggio* cit., p. 177.

107. Cfr. *ibid.*, p. 209.

108. Cfr. *ibid.*, p. 209.

109. La lettera è in ACS, CPC, b. 4025, fasc. 4156 cit.

110. La lettera è *ibid.*

111. Cfr. *Servizio di GL a Torino*, pubblicato in «Lettera ai compagni», n. 4, aprile 1984.

112. Bruno Maffi fu anche lui arrestato il 15 maggio 1935. Nato a Torino il 12 aprile 1909, era stato condannato dal Tribunale Speciale, il 19 agosto 1931, in quanto aderente a Giustizia e Libertà, a due anni di carcere. Scarcerato subito dopo il secondo arresto, fu inviato al confino dove aderì alla frazione bordighista del movimento comunista. Il suo coinvolgimento nella retata del 15 maggio fu assolutamente occasionale, dovuto ad alcuni biglietti scritti a Tina con la quale, peraltro, aveva soltanto rapporti di amicizia. Cfr., in questo senso, Dal Pont e Carolini, *L'Italia dissidente e antifascista* cit., pp. 532 sg.

113. Cfr. *Memorie*, p. 247.

114. Cfr. *ibid.*, pp. 242-45.

115. La versione «pavesiana» del rapporto con Tina è in B. Alterocca, *Pavese dopo un quarto di secolo*, SEI, Torino 1974, pp. 62 sgg. L'accusa rivolta a Tina di averlo coinvolto a sua insaputa nella cospirazione si riferisce al fatto che, nell'aprile 1935, per due-tre volte alla redazione di «La Cultura», di cui Pavese era direttore, erano arrivate lettere indirizzatele in particolare da Bruno Maffi. Questa, invece, la versione di Tina: «Perché si sentiva politicamente innocuo e di "La Cultura" s'infischiava, perché aveva sempre vagheggiato di rovinarsi per una donna, Pavese ha preferito credere di essere finito al confino per i biglietti di Maffi e quindi per colpa mia». Cfr. *Memorie*, p. 251.

116. Cfr. *ibid.*, p. 255.

117. La pena di Altiero scadeva il 28 gennaio 1937. In realtà fu subito arrestato di nuovo e, il 17 febbraio 1937, mandato al confino per cinque anni. La lettera di Maria Ricci Spinelli a Veniero è in ACS, CPC, b. 4916, fasc. Spinelli Veniero.

118. La lettera di Veniero a Maria Ricci Spinelli è *ibid.*

119. Si trattava di Nina Raditza Lombroso Ferrero, figlia di Guglielmo Ferrero, allora a Ginevra. La lettera è in ACS, CPC, b. 4025, fasc. 4156 cit. In una nota manoscritta in calce alla lettera era scritto: «Il contenuto della lettera dimostra quale fiducia la Pizzardo goda nell'ambiente antifascista dei Ferrero-Lombroso».

120. Cfr. Nota della Prefettura di Torino, 30 luglio 1936, in ACS, CPC, b. 4025, fasc. 4156 cit.

121. Fu in questa fase che Pavese maturò la convinzione di essere stato mandato al confino «per colpa» di Tina, quasi alla ricerca di un motivo che giustificasse il suo devastante rancore. Cfr. Pavese, *Il mestiere di vivere* cit., p. 79 (il brano, in data 17 gennaio 1938, è riportato *supra*, cfr. nota 7 di questo capitolo. Era stato omesso nell'edizione del 1952).

2. *Iside Viana*

1. Cfr. Mariani, *Quelle dell'idea* cit.
2. Sullo scenario che segnò l'adolescenza e la giovinezza di Iside Viana, cfr. Moranino, *Le donne socialiste nel biellese* cit.; *Un'esperienza di antifascismo femminile*, cit.; *Aspetti della storia della provincia di Vercelli tra le due guerre mondiali*, a cura di P. Dongilli, IsrscpV, Borgosesia 1993.
3. Cfr. R. Prefettura di Vercelli, 7 aprile 1934, in ACS, CPC, b. 5396, fasc. 16329, Viana Luigi.
4. Sulla biografia di Luigi Viana (incarcerato una prima volta il 15 ottobre 1925, poi emigrato in Francia, combattente della guerra civile in Spagna nelle brigate internazionali, internato nel campo di concentramento del Vernet, infine estradato in Italia e confinato a Ventotene), cfr. ACS, Divisione Polizia Politica, b. 1479, fasc. Viana Luigi di Emilio e ACS, CPC, b. 5396, fasc. 16329, Viana Luigi. Sulle caratteristiche politiche «militanti» dell'organizzazione comunista nel Biellese nel suo «stato nascente» («Nel '22-'23 avevamo un'organizzazione attiva: allora eravamo centocinquanta iscritti ed erano centocinquanta attivisti. Quindi noi abbiamo affrontato il fascismo in condizioni di poter mantenere il partito (...) noi non abbiamo avuto compagni che sono passati dall'altra parte: alcuni non hanno resistito, si sono ritirati, ma la polizia non è mai riuscita a far entrare delle spie»), cfr. *Sono stato condannato a dieci anni*, intervista a Mario Spirito Coda, in «L'impegno», n. 3, dicembre 1992, intervista realizzata da Piero Ambrosio il 13 ottobre 1986. Le cifre esatte del tesseramento comunista a Biella (236 nel 1925, 143 nel 1926, 130 nel 1927) sono in *Tessere pagate*, materiale sequestrato ad Aderito Ferrari, in ACS, Tribunale Speciale, b. 96. Nel biellese il maggior numero di tessere era stato distribuito proprio a Candelo, il paese dei Viana (13 nel 1925, 17 nel 1926), seguito da Occhieppo Inferiore (8 e 3) e da Mongrando (3 e 3).
5. Cfr. lettera di Luigi ad Alba, 5 ottobre 1933, in ACS, CPC, b. 5396, fasc. 16329, Viana Luigi.
6. Cfr. lettera di Luigi ad Alba, 5 ottobre 1933, *ibid.*
7. Cfr. lettera di Luigi ad Alba, 18 aprile 1934, *ibid.*
8. Cfr. *ibid.*
9. Cfr. ACS, Tribunale Speciale, b. 44, fasc. 3395.
10. La trascrizione dell'articolo è in Ministero dell'Interno all'On. Casellario Politico Centrale, 10 luglio 1929, in ACS, CPC, b. 5396, fasc. 13166, Viana Iside di Emilio: «Giovane, – continuava l'articolo – piena di entusiasmo, senza timore, lieta soltanto di sacrificarsi per la causa del partito, che è la causa di tutti gli oppressi, Iside Viana aveva accettato i compiti più delicati e più pericolosi e li aveva adempiuti con luminosa serenità di coscienza e di audacia (...) sentiamo anche l'orgoglio di annoverare tra le nostre compagne, queste donne eroiche, di averle allevate e nutrite nella nostra fede».
11. L'opuscolo è in ACS, Tribunale Speciale, Procedimento contro Frausin e altri 28, bb. 442-443.
12. Cfr. Mariani, *Quelle dell'idea* cit., p. 15.
13. La testimonianza è *ibid.*, p. 34. Per un caso analogo di ostracismo e di isolamento, che in maniera altrettanto drammatica coinvolse un'altra militante comunista piemontese, Teresa Recchia (nata il 29 ottobre 1899, operaia alla Fiat Diatto, militante nel servizio d'ordine che assicurò la difesa armata della Camera del Lavoro e della sede dell'Ordine Nuovo, membro supplente del Comitato Centrale eletto al Congresso di Lione nel 1926), che fu espulsa dal PC francese nel luglio 1930 e «vilipesa, odiata, isolata nell'emigrazione

a Parigi e a Marsiglia dalle sue ex compagne (...) a causa degli stenti cadde gravemente ammalata fino a morire a Parigi il 19 aprile 1935», cfr. *Comunisti senza partito. Da Torino a Parigi*, in *L'Italia in esilio. L'emigrazione italiana in Francia tra le due guerre*, Presidenza del Consiglio dei Ministri. Dipartimento per l'informazione e l'editoria, Roma 1984.

14. Sulle compagne di Iside Viana e, più in generale, sulle donne biellesi perseguitate dal fascismo, cfr. Ambrosio, *Vercellesi, biellesi e valsesiani confinati nel ventennio fascista* cit. e Id., *Vercellesi, biellesi e valsesiani deferiti al Tribunale speciale fascista* cit. Sulla «fermezza» di Rosa Corona e sul suo comportamento in carcere, cfr. la testimonianza di Tina Pizzardo («Francesca Corona, detta Rosina, una tessitrice biellese dura e taciturna, ascoltava impassibile i discorsi, ora suadenti ora minacciosi, della reverenda e ironicamente obbediva senza protestare»), in *Memorie* cit., p. 67.

15. Cfr. Ferrero, *Un nocciolo di verità* cit., pp. 62 sgg.

16. Cfr. Mariani, *Quelle dell'idea* cit., p. 26.

17. Operaia tessile, nata a Como il 6 aprile 1903, comunista, processata dal Tribunale Speciale il 4 giugno 1928 e condannata a 9 anni e 8 mesi di reclusione.

18. Il documento, redatto da Camilla Ravera nel febbraio 1932, è stato ripreso dalla trascrizione dattiloscritta dell'originale conservata presso l'Istituto Gramsci ed è ora pubblicato in Mariani, *Quelle dell'idea* cit., pp. 36 sgg.

19. Cfr. in questo senso il «processo» subìto da Felicita Ferrero, in Ferrero, *Un nocciolo di verità* cit., pp. 89 sgg.

20. Cfr. Fiori, *Una donna nelle carceri fasciste* cit.

21. Per questa testimonianza di Camilla Ravera, cfr. Mariani, *Quelle dell'idea* cit., pp. 48 sg.

22. Cfr. R. Prefettura di Vercelli, 29 agosto 1928, in ACS, CPC, b. 5396, fasc. 13166, Viana Iside di Emilio.

23. Su Arturo Ferraris, cfr. Mariani, *Quelle dell'idea* cit., p. 28.

24. Cfr. Denuncia dell'Ufficio Politico della R. Questura di Genova, 20 aprile 1928, in ACS, Tribunale Speciale, b. 204; per le notizie su Iside Viana cfr. il verbale del suo interrogatorio del 28 giugno 1928 in ACS, Tribunale Speciale, b. 204.

25. I verbali degli interrogatori di Iside Viana (14 gennaio, 14 febbraio, 21 febbraio, 28 giugno) sono in ACS, Tribunale Speciale, b. 204.

26. Le due lettere sono in ACS, Tribunale Speciale, b. 205.

27. Il documento è in ACS, Tribunale Speciale, b. 293, fasc. 1581.

28. Sull'arresto di Coda cfr. Denuncia dell'Ufficio Politico della R. Questura di Genova, 20 aprile 1928 cit. e *Sono stato condannato a dieci anni* cit.

29. Cfr. interrogatori di Iside Viana, 14 gennaio 1928, e di Mario Spirito Coda, 15 febbraio 1928, in ACS, Tribunale Speciale, b. 204.

30. Cfr. R. Prefettura di Vercelli, 26 agosto 1927, in ACS, Tribunale Speciale, b. 209: «Nel suo paese di nascita – aggiungeva tuttavia lo stesso documento – ha sempre goduto poco buona fama, di misera condizione economica e sociale, vive col lavoro giornaliero. Essa ha molte capacità a delinquere di reati politici».

31. Sulle modalità dell'arresto – in particolare sull'abilità investigativa del commissario Zec-

chino che riesce a infiltrarsi nelle maglie dell'organizzazione comunista biellese, spacciandosi per un inviato di «Arco» (Giovanni Zaninetti) –, cfr. ACS, Tribunale Speciale, b. 208. L'ingenuità dimostrata in quell'occasione dalla Corona (consegna al poliziotto 150 lire raccolte per il Soccorso Rosso e i libri che i compagni volevano mandare a Zaninetti in carcere) può forse attribuire i tratti di una volontaria espiazione alla successiva intransigenza mostrata in carcere. Sul processo e la condanna, cfr. ACS, Tribunale Speciale, Procedimento contro Giovanni Zaninetti, Natale Premoli e altri, b. 254. Su Mario Spirito Coda, cfr. la nota 58 del cap. 7 della parte prima.

32. Sulla possibilità di una relazione affettiva molto intensa tra Iside Viana e Mario Spirito Coda, cfr. testimonianza all'autore di Alba Spina (20 gennaio 1992), che riferisce in questo senso alcune affermazioni della sorella di Coda.

33. La minuta della lettera di Coda si trova nella corrispondenza sequestrata, ora in ACS, Tribunale Speciale, b. 206. La lettera era probabilmente indirizzata ad Aurora Rossetti. Cfr. la nota 57 del cap. 7 della parte prima.

34. Per queste notizie, cfr. i verbali degli interrogatori di Iside Viana e Mario Spirito Coda, in ACS, Tribunale Speciale, b. 204. «Bottecchia» era il nome assunto da Pietro Secchia in clandestinità.

35. Citato in Mariani, *Quelle dell'idea* cit., p. 25.

36. Il materiale sequestrato a Iside Viana è in ACS, Tribunale Speciale, b. 205.

37. Il diario di Iside Viana, manoscritto su fogli di quaderno, è *ibid.*

38. I due documenti sono in ACS, Tribunale Speciale, b. 204.

39. Sulla peculiare intenzionalità che caratterizza le due forme di scrittura, in particolare nella loro declinazione al femminile, cfr. Daniele e Gabrielli, *Linguaggio della politica e degli affetti nelle corrispondenze femminili* cit.

40. La documentazione relativa è in ACS, Tribunale Speciale, b. 203.

41. La domanda fu inoltrata dalla famiglia il 1° febbraio 1930. Cfr. Tribunale Speciale per la Difesa dello Stato, Procura generale, 1° febbraio 1930, in ACS, CPC, b. 5396, fasc. 13166, Viana Iside di Emilio. Fu respinta il 29 marzo 1930.

42. Il necrologio (intitolato *Un'altra cara vittima*) era in un ritaglio di giornale inviato da Luigi Viana alla madre con una lettera da Parigi del 30 dicembre 1931; alla lettera era accluso anche un altro ritaglio (*Iside Viana a été assassinée par les bourreaux du duce*) che concludeva: «Son nom ne sera jamais oublié par le prolétariat». Entrambi sono in ACS, CPC, b. 5396, fasc. 16329, Viana Luigi.

43. Cfr. *Sono stato condannato a dieci anni* cit. Forse, l'unico a ricordare Iside con affetto e tenerezza fu proprio Luigi, il fratello più amato ma anche il più intransigente: «Cara sorellina Azzurra, – scriveva ad Alba dal campo del Vernet il 17 giugno 1941 – «mi ricordo l'appellativo che ti aveva dato la nostra cara Iside (...) Qui con me si trova anche il cognato di Flecchia ed è stato tanto gentile da darmi una fotografia di Iside che, io non avevo e mi ha fatto molto piacere. Avere di lei una fotografia poterla rivedere in effigie ogni tanto pur non essendo un sentimentale è però cosa grata». La lettera è in ACS, Divisione Polizia Politica, b. 1479, fasc. Viana Luigi di Emilio.

3. *Virginia Tabarroni e Viola Tabarroni Zamboni*

1. Per queste notizie, cfr. Denuncia della R. Questura di Bologna, 11 novembre 1926, in ACS, Tribunale Speciale, b. 184.
2. La lettera, del 15 agosto 1923, come tutte quelle che saranno citate in seguito, è in ACS, Tribunale Speciale, b. 184.
3. Cfr. lettera di Mammolo ad Assuntino, 25 luglio 1925.
4. Cfr. lettera di Mammolo ad Assuntino, 22 luglio 1923.
5. Gian Dauli, tra l'altro, tradusse *Il tallone di ferro* di Jack London, pubblicato dalle edizioni Modernissima nel 1928.
6. «Essendo stato interrogato sull'organizzazione di casa Savoia, dell'esercito e se l'esercito era necessario, dichiarava, "sì, non quello della borghesia, perché tutto ciò non risponde alle mie idee di anarchico individualista"»: cfr. Sentenza n. 165, 16 agosto 1927, riportata ora in ministero della Difesa. Stato Maggiore dell'Esercito. Ufficio Storico. *Tribunale speciale per la Difesa dello Stato. Decisioni emesse nel 1927*, Roma 1980, p. 173.
7. La lettera di Mammolo ad Assuntino è senza data, ma agosto 1923.
8. Per queste notizie, cfr. l'appendice redatta da Mammolo Zamboni in R. Vighi, *Anteo Zamboni nel ventennale del suo olocausto*, Mammolo Zamboni editore, Bologna 1946, pp. 56 sgg.
9. Cfr. lettera di Mammolo ad Assuntino, agosto 1923 cit.
10. Cfr. lettera di Mammolo ad Assuntino, 15 agosto 1923.
11. Cfr. lettera di Vico a Mammolo e Virginia, 20 agosto 1926.
12. Cfr. lettera di Mammolo ad Assuntino, 15 agosto 1923 cit.
13. Cfr. lettera di Assuntino a Vico, 13 ottobre 1926.
14. Cfr. *ibid.*
15. Cfr. lettera di Mammolo a Vico e Assunto, 29 luglio 1925.
16. Cfr. lettera di Mammolo ad Assuntino, 25 luglio 1925.
17. Oltre a Viola, Virginia aveva un'altra sorella, Cesira, maritata Tamburrini, e un fratello, Paolo, «pericoloso pregiudicato, più volte condannato per reati contro la proprietà, falso e porto abusivo di rivoltella» (cfr. Nota della R. Prefettura di Bologna, 18 giugno 1931, in ACS, CPC, b. 4994, fasc. 899, Tabarroni Paolo fu Luigi). Tutta la famiglia Tabarroni era originaria di Malalbergo, in provincia di Bologna.
18. Cfr. in questo senso Sentenza n. 87, 7 settembre 1928, riportata ora in Ministero della Difesa. Stato Maggiore dell'Esercito. Ufficio Storico. *Tribunale Speciale per la Difesa dello Stato. Decisioni emesse nel 1927* cit., p. 195.
19. Cfr. lettera di Mammolo a Virginia, 6 settembre 1923.
20. Cfr. lettera di Mammolo ad Assuntino, agosto 1923 cit.
21. Cfr. lettera di Mammolo ad Assuntino, 16 agosto 1926.
22. Cfr. lettera di Assuntino, 13 agosto 1926.
23. Cfr. lettera di Mammolo a Viola e Vico, 18 dicembre 1925.
24. Cfr. lettera di Mammolo a Vico, Assunto e Viola, 29 luglio 1925.

25. Queste notizie, nell'appendice redatta da Mammolo Zamboni in Vighi, *Anteo Zamboni nel ventennale del suo olocausto* cit., pp. 49 sgg.

26. Questa lettera, come le altre del carteggio tra Mammolo e il maestro Cirri, è in ACS, Tribunale Speciale, b. 184, n. 32, Anteo Zamboni. Rapportino settimanale per la famiglia.

27. Cfr. lettera di Mammolo ad Assuntino, agosto 1923 cit.

28. Cfr. lettera di Mammolo ad Assuntino, 24 luglio 1926.

29. La lettera di Assuntino, del 14 ottobre 1926, è riportata nella Sentenza n. 165, 16 agosto 1927, riprodotta ora in Ministero della Difesa. Stato Maggiore dell'Esercito. Ufficio Storico. *Tribunale speciale per la Difesa dello Stato. Decisioni emesse nel 1927* cit., p. 174.

30. Cfr. Denuncia della R. Questura di Bologna, 11 novembre 1926, in ACS, Tribunale Speciale, b. 184.

31. La lettera, dell'agosto 1926, è citata in Sentenza n. 87, 7 settembre 1928, riportata ora in Ministero della Difesa. Stato Maggiore dell'Esercito. Ufficio Storico. *Tribunale speciale per la Difesa dello Stato. Decisioni emesse nel 1927* cit., p. 191.

32. Cfr. Vighi, *Anteo Zamboni nel ventennale del suo olocausto* cit., p. 13. Dal racconto del padre che introduce questo opuscolo sembra che Anteo abbia trovato per caso le tre rivoltelle che in casa Zamboni venivano custodite in un nascondiglio praticato in una macchina da stampa.

33. Cfr. *ibid.*, p. 15.

34. Per questi particolari, cfr. *ibid.*, pp. 16 sg. e la deposizione di Viola citata nella Sentenza n. 165, 16 agosto 1927, riportata ora in Ministero della Difesa. Stato Maggiore dell'Esercito. Ufficio Storico. *Tribunale Speciale per la Difesa dello Stato. Decisioni emesse nel 1927* cit., p. 174.

35. Il processo ebbe un iter particolarmente accidentato; per una ricostruzione attendibile, cfr. A. Lorenzetto, *Il Processo Zamboni*, in «Il Ponte», ottobre 1945, pp. 629 sgg. Sugli scenari politici che ne costituirono lo sfondo, cfr. De Felice, *Mussolini il fascista. II. L'organizzazione dello Stato fascista* cit., pp. 204-08; Rossi, *Il Tribunale Speciale* cit., pp. 209-34; L. Salvatorelli e G. Mira, *Storia d'Italia nel periodo fascista*, Einaudi, Torino 1964, p. 314. Nell'opuscolo di Vighi del 1946 sono citati in questo senso anche un articolo di Salvemini su «Controcorrente», giornale antifascista di Boston, e un intervento di Francesco Volterra (cfr. Vighi, *Anteo Zamboni nel ventennale del suo olocausto* cit., p. 42).

36. «Per la Madonna, ho davvero voglia di massacrare qualcuno di quei mascalzoni (...) a costo di tutti i costi, provocherò una cagnara da fare spavento. Ma il gesto del braccio a Renato glielo caccerò in gola. Non avere paura perché è fascista. Sono fascista anch'io ed anarchico per giunta»: questa lettera, scritta nell'agosto 1925, dopo che Viola gli aveva comunicato la distruzione del loro capanno sulla spiaggia di Bellaria, è citata nella motivazione della Sentenza n. 165, 16 agosto 1927, riprodotta ora in Ministero della Difesa. Stato Maggiore dell'Esercito. Ufficio Storico. *Tribunale Speciale per la Difesa dello Stato. Decisioni emesse nel 1927* cit., p. 150.

37. Cfr. Sentenza n. 87, 7 settembre 1928, riportata ora *ibid.*, p. 184.

38. Cfr. Sentenza n. 165, 16 agosto 1927, riprodotta ora *ibid.*, p. 168.

39. Cfr. Sentenza n. 87, 7 settembre 1928, riportata ora *ibid.*, p. 182.

40. «Questo soprannome di Pacione gli fu dato in casa da noi, perché quando mangiava (per corruzione dialettale: paciare) si metteva quieto al suo posto, tutto intento al suo piatto, incurante di guardare gli altri»; cfr. in questo senso il racconto di Mammolo Zamboni in Vighi, *Anteo Zamboni nel ventennale del suo olocausto* cit., p. 53.

41. Sulla detenzione di Virginia, cfr. ACS, MGG, Detenuti politici, b. 23. A rendere particolarmente dura la reclusione fu specialmente il direttore del carcere di Trani, Costanzo, che le rifiutò perfino l'autorizzazione a farsi fotografare: «Il motivo – scriveva in una nota del 6 luglio 1929 – trova la spinta nel fatto che vuole mostrare ai suoi come nella carcere abbia risentito nel suo fisico. Non merita un tale trattamento, perché remissiva in apparenza, nutre indifferenza e dispetto contro tutto ciò che sa di legge e di disciplina». Successivamente, il 18 febbraio 1930, il direttore aggiungeva: «Quanto a lavori in camera, non è il caso di autorizzarne, perché non si volle sottomettere a lavoro per conto governo in camera, sotto pretesto che il suo fisico nol comportava, onde fu anche necessario segregarla con altre tre compagne sovversive per evitare propaganda dannosa in mezzo a gente facile ad essere montata (...) e potrei citare tante miserie della sua vita per cui si può dire di lei che è una delle poche detenute che si devono lasciare al loro destino senza nemmeno un atto di clemenza superiore».
42. Citata in Sentenza n. 87, 7 settembre 1928, riportata ora in Ministero della Difesa. Stato Maggiore dell'Esercito. Ufficio Storico. *Tribunale Speciale per la Difesa dello Stato. Decisioni emesse nel 1927* cit., p. 193.
43. Cfr. Ispettore generale Giuseppe D'Andrea, Bologna, 14 agosto 1936, in ACS, Polizia Politica, b. 1511, Zamboni Mammolo.
44. Cfr. lettera del 25 gennaio 1932, in ACS, CPC, b. 4994, fasc. 190065, Tabarroni Viola.
45. Cfr. lettera del 15 marzo 1932, in ACS, CPC, b. 4994, fasc. 17970, Tabarroni Virginia.
46. Cfr. *Memorie* cit., p. 97.
47. Cfr. lettera del 28 settembre 1932, in ACS, CPC, b. 4994, fasc. 190065 cit.
48. Cfr. Prefettura di Alessandria, 29 agosto 1933, in ACS, Polizia Politica, b. 1511, Zamboni Mammolo.
49. Cfr. lettera da Lugano, 22 gennaio 1932, in ACS, CPC, b. 4994, fasc. 190065 cit.
50. Cfr. lettera da Lugano, 8 marzo 1932, *ibid.*
51. Cfr. Mammolo a Vico, 1° maggio 1932, *ibid.*
52. Cfr. lettera del 5 settembre 1932, *ibid.*
53. Cfr. lettera di Vico al Questore di Varese, comm. Diaz, dicembre 1932, in ACS, CPC, b. 4994, fasc. 17970 cit.
54. Cfr. rispettivamente Prefettura di Bologna, 19 marzo 1933, in ACS, Polizia Politica, b. 1511, Zamboni Mammolo, e Prefettura di Bologna, 28 dicembre 1932, in ACS, CPC, b. 4994, fasc. 17970 cit.
55. Una versione molto dubbia, raccontata dall'avvocato Mastellari al quale era stata riferita dell'ex Questore di Bologna e segretario di Arpinati al ministero degli Interni, comm. Luciani, è ospitata in Vighi, *Anteo Zamboni nel ventennale del suo olocausto* cit., p. 10.
56. Cfr. lettera di Vico al Questore di Varese cit.
57. Cfr. lettera del 23 dicembre 1931, in ACS, CPC, b. 4994, fasc. 17970 cit.
58. Cfr. lettera del 20 marzo 1932, in ACS, CPC, b. 4994, fasc. 190065 cit.
59. Cfr. lettera del 1° maggio 1932, *ibid.*
60. Cfr. Promemoria su Assunto Zamboni, 19 settembre 1933, in ACS, Polizia Politica, b. 1511 cit.
61. Cfr. *ibid.*
62. Cfr. lettera del 13 agosto 1932 in ACS, CPC, b. 4994, fasc. 190065 cit.

63. Cfr. in questo senso la versione di Pacciardi in *Cuore da battaglia. Pacciardi racconta a Loteta*, Nuove edizioni del Gallo, Roma 1990, p. 29.
64. Cfr. lettera di Diaz al Capo divisione polizia politica, Michelangelo Di Stefano, 10 dicembre 1932, in ACS, Polizia Politica, b. 1511 cit.
65. Cfr. lettera di Assuntino a Mammolo, 27 giugno 1933, *ibid.*
66. Cfr. lettera di D'Andrea a Di Stefano, 28 settembre 1933, *ibid.*
67. Cfr. 1° luglio 1933, Relazione del console generale della Milizia a Michelangelo Di Stefano su una riunione tenutasi alla Casa del Fascio di Bologna il 26 giugno 1933, organizzata da Ambrosi e altri fedelissimi di Arpinati contro il nuovo segretario federale, *ibid.*

4. *Renata Gradi e Maria Antonietta Falorni*

1. Per queste descrizioni, cfr. rispettivamente, Rapporto della R. Prefettura di Siena, 31 maggio 1931, in CPC, b. 2496, fasc. 93628, Gradi Renata di Grado e R. Prefettura di Firenze al Ministero dell'Interno, 8 dicembre 1930, in ACS, Min. Int. Dir. gen. PS, AGR (1927-1933), sez. I, C2A, 1930-1931, b. 6, fasc. Firenze.
2. Per queste notizie, cfr. rispettivamente, Rapporto della R. Prefettura di Siena, 30 novembre 1930, in ACS, Min. Int. Dir. gen. PS, AGR (1927-1933), sez. I, C2A, 1930-1931, b. 6, fasc. Firenze cit. e La signorina Falorni, 18 aprile 1931, in ACS, Min. Int. Div. Polizia Politica, b. 476, fasc. Falorni.
3. La lettera è in ACS, Tribunale Speciale, b. 295.
4. Cfr. *ibid.*, lettera n. 4.
5. Cfr. *ibid.*, lettera n. 5.
6. Cfr. *ibid.*, lettera n. 6.
7. Cfr. *ibid.*, lettera n. 7.
8. Cfr. *ibid.*, lettera n. 8.
9. Cfr. *ibid.*, lettera n. 9.
10. Cfr. *ibid.*, lettera n. 10.
11. Cfr. *ibid.*, lettera n. 11.
12. Cfr. *ibid.*
13. Cfr. *ibid.*, lettera n. 12.
14. Cfr. *ibid.*, lettera n. 13.
15. Cfr. *ibid.*, lettera n. 15.
16. Cfr. *ibid.*
17. Cfr. *ibid.*, lettera n. 16.
18. Cfr. *ibid.*, lettera n. 15 cit.
19. Cfr. *ibid.*, lettera n. 16. Sull'ambiente senese e sulle convenzioni che regolavano i modelli femminili allora prevalenti soprattutto negli ambienti cattolici, cfr. B. Bocchini Camaiani, *Devozione e cristianità. Chiesa e cattolici a Siena tra fascismo e antifascismo*, in «Passato e Presente», n. 32, 1994 che cita, in questo senso, un articolo, *Per la castigatezza del vestire* (in «Bollettino ufficiale mensile per l'archidiocesi di Siena», nn. 7-8, 1930): «Abito dal collo

fino a mezza gamba, maniche lunghe, abiti non aderenti né trasparenti, calze non trasparenti né di sola carne». Per gli appelli contro il ballo e contro il cinematografo, cfr. Appello di mons. Arcivescovo per la settimana cittadina della donna, in «Bollettino ufficiale mensile per l'archidiocesi di Siena», n. 4, 1937. Per l'«altra Siena», cfr. *L'antifascismo senese nei documenti della Polizia e del Tribunale Speciale, 1926-1943*, a cura di R. Cirri, Nuova Immagine, Siena 1993.

20. Cfr. lettera 10 cit.

21. Cfr., in questo senso, De Grazia, *Le donne nel regime fascista* cit., p. 115.

22. Cfr. ACS, Tribunale Speciale, b. 295, lettera 12 cit.

23. Cfr. *ibid.*

24. Cfr. *ibid.*

25. La citazione è in De Grazia, *Le donne nel regime fascista* cit., p. 318.

26. Cfr. *ibid.*, p. 320.

27. Cfr. ACS, Tribunale Speciale, b. 295, lettera 12 cit.

28. Per queste notizie, cfr. lettera di Renata Gradi al giudice istruttore, 2 gennaio 1931, in ACS, Tribunale Speciale, b. 295 cit.

29. Per un esame dettagliato delle caratteristiche delle varie testate, cfr. R. Gori, *Le riviste di cultura a Firenze tra afascismo e fronda*, relazione al Convegno di studi su *Presenza e attività dell'antifascismo a Firenze e provincia*, Firenze, 5-8 dicembre 1979. Più in generale su Firenze in questo periodo, cfr. Palla, *Firenze nel regime fascista* cit.

30. Cfr. in questo senso, G. Luti, *La letteratura nel ventennio fascista. Cronache letterarie tra le due guerre: 1920-1940*, La Nuova Italia, Firenze 1972, pp. 210 sgg.

31. Cfr. Cantagalli, *Cronache fiorentine del ventennio fascista* cit., p. 189.

32. Cfr. *ibid.*, p. 179.

33. Cfr. *ibid.*, p. 236.

34. Per queste notizie, cfr. De Grazia, *Le donne nel regime fascista* cit., p. 223.

35. Cfr. il volantino redatto dalle due amiche nel settembre 1930, in ACS, Tribunale Speciale, b. 295 cit.

36. Cfr. Cantagalli, *Cronache fiorentine del ventennio fascista* cit., p. 124.

37. Cfr. denuncia della R. Questura di Firenze, 20 dicembre 1930, in ACS, Tribunale Speciale, b. 295 cit.

38. Cfr. ACS, Tribunale Speciale, b. 295, lettera 10 cit.

39. Cfr. *ibid.*, lettera 11 cit.

40. Cfr. *ibid.*, lettera 17.

41. Cfr. *ibid.*, lettera 9 cit.

42. Cfr. *ibid.*, lettera 18.

43. Cfr. interrogatorio di Renata Gradi, 30 novembre 1930, in ACS, Min. Int. Dir. gen. PS, AGR (1927-1933), sez. I, C2A, 1930-1931, b. 6, fasc. Firenze cit.

44. Cfr. ACS, Tribunale Speciale, b. 295, lettera 19.

45. Cfr. R. Prefettura di Firenze al Ministero dell'Interno, 8 dicembre 1930, in ACS, Min. Int. Dir. gen. PS, AGR (1927-1933), sez. I, C2A, 1930-1931, b. 6, fasc. Firenze cit. Un giudizio analogo («una notevole confusione ideologica (...) in un singolare intreccio di personale e politico, continuamente sotteso da una forte determinazione a vincere gli scru-

poli e le paure») è in E. Ronconi, *Antifascismo borghese, 1922-1930*, in «Italia contemporanea», n. 140, 1980, che resta tuttavia l'unico segno di attenzione storiografica ricevuta dalla vicenda di Renata e Maria Antonietta.

46. Cfr. ACS, Tribunale Speciale, b. 295, lettera 11 cit.
47. Cfr. *ibid.*, lettera 17 cit.
48. Cfr. *ibid.*, lettera 11 cit.
49. Cfr. *ibid.*, lettera 1 cit.
50. I verbali degli interrogatori sono in ACS, Min. Int. Dir. gen. PS, AGR (1927-1933), sez. I, C2A, 1930-1931, b. 6, fasc. Firenze cit.
51. Cfr. ACS, Tribunale Speciale, b. 295, lettera 20.
52. Cfr. *ibid.*, lettera 2 cit.
53. Il testo del volantino, dell'agosto 1930, è in ACS, Tribunale Speciale, b. 295 cit.
54. In questo senso, cfr. soprattutto Santomassimo, *Antifascismo popolare* cit. Sulla base sociale del PCI fiorentino, cfr. anche M. Palla, *L'antifascismo a Firenze*, in «Italia contemporanea», n. 138, 1980.
55. Citato in T. Gasparri e R. Martinelli, *Il Partito comunista d'Italia a Firenze, 1921-1943*, relazione al Convegno di studi su *Presenza e attività dell'antifascismo a Firenze e provincia* cit.
56. Per questa ricostruzione, cfr. R. Prefettura di Firenze al Ministero dell'Interno, 8 dicembre 1930 cit.
57. Il documento è in ACS, Tribunale Speciale, b. 295 cit.
58. Cfr. La signorina Falorni, 18 aprile 1931, in ACS, Min. Int. Div. Polizia Politica, b. 476, fasc. Falorni cit.
59. L'episodio è citato in Cantagalli, *Cronache fiorentine del ventennio fascista* cit., p. 218.
60. Cfr. intervista a Ilario Filippi, registrata il 14 dicembre 1985 da G. Verni e M. G. Bencistà, depositata presso l'Archivio dell'Istituto storico della Resistenza in Toscana. Sull'episodio, che risaliva al 1928, cfr. anche *Il movente fu la vendetta?*, in «La nazione del popolo», 11 settembre 1946.
61. Cfr. Cantagalli, *Cronache fiorentine del ventennio fascista* cit., p. 212.
62. Sull'episodio, cfr. *ibid.*, pp. 138 sg. e Gasparri-Martinelli, *Il Partito comunista d'Italia a Firenze* cit.
63. Cfr. R. Questura di Firenze, 20 dicembre 1930 cit.
64. Cfr. lettera di Renata Gradi al giudice istruttore del 2 gennaio 1931 cit.
65. Cfr. lettera di Renata Gradi al giudice istruttore, 10 gennaio 1931, in ACS, Tribunale Speciale, b. 295.
66. A rendere più mite la pena contribuì anche l'imbarazzo del ministero dell'Interno nei confronti dell'amministrazione postale chiamata in causa dalla negligenza del padre di Maria Antonietta. Il rifiuto della Direzione delle RR. Poste «di disporre una inchiesta formale» e l'obbligo di tacere in tutti i documenti questa circostanza ispirò una linea «morbida» tesa a chiudere il caso frettolosamente. Cfr. in questo senso, R. Prefettura di Firenze al Ministero dell'Interno, 8 dicembre 1930 cit., il dispaccio telegrafico del Ministero dell'Interno del 16 dicembre 1930, una successiva lettera della R. Prefettura di Firenze, del 20 dicembre 1930 in ACS, Min. Int. Dir. gen. PS, AGR (1927-1933), sez. I, C2A, 1930-1931, b. 6, fasc. Firenze.

67. Entrambi i documenti sono in CPC, b. 2496 cit.

68. Sull'episodio, cfr. testimonianza di Ilario Filippi cit. Il marchese fu ucciso mentre al volante della propria automobile stava raggiungendo la sua villa di Rubbiana nei pressi di San Polo, cfr. *Il marchese Viviani della Robbia ucciso con due colpi di mitra*, in «La Nazione del popolo», 10 settembre 1946.

69. Cfr. *La vittima una notte subì un assalto alla villa di Rubbiana*, in «La Nazione del popolo», 12 settembre 1946.

Indice dei nomi

Nuova Cultura

1. Silvana Seidel Menchi, Erasmo in Italia (1520-1580)
2. Karl Marx, Quaderno Spinoza (1841)
3. Karl Polanyi, La libertà in una società complessa
4. Otto Pächt, La miniatura medievale
5. Victor Farias, Heidegger e il nazismo
6. Maria Michela Sassi, La scienza dell'uomo nella Grecia antica
7. Alain Caillé, Mitologia delle scienze sociali
   Braudel, Lévi-Strauss, Bourdieu
8. Geoffrey Cocks, Psicoterapia nel Terzo Reich
   L'Istituto Göring
9. Roger Caillois, I demoni meridiani
10. Hans Robert Jauss, Alterità e modernità della letteratura medievale
11. Peter Galassi, Prima della fotografia
    La pittura e l'invenzione della fotografia
12. Ernest Labrousse, Come nascono le rivoluzioni
    Economia e politica nella Francia del XVIII e XIX secolo
13. Francis Haskell, Le metamorfosi del gusto
    Studi su arte e pubblico nel XVIII e XIX secolo
14. Costanzo Di Girolamo, I trovatori
15. Michela Nacci, L'antiamericanismo in Italia negli anni trenta
16. Stefano Zecchi, La bellezza
17. Norman L. Kleeblatt (a cura di), L'Affare Dreyfus
    La storia, l'opinione, l'immagine
18. Günther Anders, L'uomo è antiquato
    Sulla distruzione della vita nell'epoca della terza rivoluzione industriale
19. David S. Landes, Banchieri e pascià
    Finanza internazionale e imperialismo economico
20. Carlo Augusto Viano (a cura di), Teorie etiche contemporanee

21. Peter Bürger, Teoria dell'avanguardia

22. Paolo Costantini, «La Fotografia Artistica» 1904-1917
Visione italiana e modernità

23. Antonio Gibelli, L'officina della guerra
La Grande Guerra e le trasformazioni del mondo mentale

24. Denis Hollier (a cura di), Il Collegio di Sociologia (1937-1939)

25. Gianfranco Folena, Il linguaggio del caos
Studi sul plurilinguismo rinascimentale

26. Domenico Losurdo, La comunità, la morte, l'Occidente
Heidegger e l'«ideologia della guerra»

27. Edward W. Said, Orientalismo

28. Claudio Pavone, Una guerra civile
Saggio storico sulla moralità nella Resistenza

29. Ferdinando Bologna, L'incredulità del Caravaggio e l'esperienza delle «cose naturali»

30. Zygmunt Bauman, La decadenza degli intellettuali
Da legislatori a interpreti

31. Eduard Hüttinger (a cura di), Case d'artista
Dal Rinascimento a oggi

32. Alphonse Dupront, Il sacro
Crociate e pellegrinaggi. Linguaggi e immagini

33. Julia Blackburn, Cavalcare il coccodrillo
Vita di un ambientalista, Charles Waterton 1782-1865

34. Mariuccia Salvati, L'inutile salotto
L'abitazione piccolo-borghese nell'Italia fascista

35. Richard Krautheimer, Architettura sacra paleocristiana e medievale
E altri saggi su Rinascimento e Barocco

36. James Clifford, I frutti puri impazziscono
Etnografia, letteratura e arte nel secolo XX

37. Lutz Klinkhammer, L'occupazione tedesca in Italia (1943-1945)

38. Otto Pächt, Metodo e prassi nella storia dell'arte

39. Ugo Bonanate, Nascita di una religione
Le origini del cristianesimo

40. Pietro Laureano, Giardini di pietra
I sassi di Matera e la civiltà mediterranea

41. Roberto Zapperi, Eros e Controriforma
Preistoria della galleria Farnese

42. Gabriele Ranzato (a cura di), Guerre fratricide
Le guerre civili in età contemporanea

43. Peter Galassi, Corot in Italia
La pittura di plein air e la tradizione del paesaggio classico

44. Irenäus Eibl-Eibesfeldt, L'albero d'oro della vita
Ricerche, avventure, scoperte

45. Ugo Bonanate, Bibbia e Corano
I testi sacri confrontati

46. Michele Battini, L'Ordine della Gerarchia
I contributi reazionari e progressisti alle crisi della democrazia in Francia 1789-1914

47. Giovanni De Luna, Donne in oggetto
L'antifascismo nella società italiana 1922-1939

48. Eugène-Emmanuel Viollet-le-Duc, Gli architetti e la storia
Scritti sull'architettura

49. Ian Kershaw, Che cos'è il nazismo?
Problemi interpretativi e prospettive di ricerca

50. Pietro Laureano, Oași
La piramide rovesciata

51. Georges Bataille, Le lacrime di Eros

52. Adolfo Mignemi (a cura di), Storia fotografica della Resistenza